9787010 059020

U0561760

26 揭开未来科技的神秘帷幕——科技预测学 …………………… 219
27 "阿波罗—13"紧急返航和科学社会学 …………………… 221
28 科学流派和科学流派学 …………………………………… 222
29 科学心理学 ………………………………………………… 224
30 从新闻照片的信息谈科学情报学 ………………………… 226
31 追踪溯源的科学词源学 …………………………………… 228
32 不可缺少的学科——科学法学 …………………………… 229
33 科普也登大雅之堂——科普学 …………………………… 230
34 严防"电脑渎职"和"电脑犯罪"——计算机管理学 …… 232
35 当代科学技术的宠儿——生物工程 ……………………… 233
36 在分子水平上探索生命奥秘——分子生物学 …………… 236
37 在电子水平上研究生命现象——量子生物学 …………… 238
38 从化学角度揭示生命奥秘——生命化学 ………………… 240
39 生物与物理结缘——生物物理 …………………………… 242
40 "对牛弹琴"有新解——话说生物声学 ………………… 243
41 动物也有"主义"——社会生物学 ……………………… 245
42 海洋生灵知多少——海洋生物学 ………………………… 246
43 铝有毒吗——生命无机化学 ……………………………… 248
44 看"蚂蚁上树"也是学问——动物行为科学 …………… 249
45 "会说话的大猩猩"——动物生态学 …………………… 250
46 揭开生物能量转换及其他生理、生化过程的秘密
    ——生物电化学 ………………………………………… 252
47 一个体细胞能培育出一个人吗？——全息生物学 ……… 254
48 "时钟"就在你身上——生物时律学 …………………… 255
49 遗传基因的时间信息——时间表遗传学 ………………… 258
50 "杂交"出奇迹——数学生态学 ………………………… 259
51 生物系统的控制——控制论生物学 ……………………… 261
52 非达尔文主义进化学说——分子进化学 ………………… 262
53 气候影响人的智力——生物气象学 ……………………… 265
54 磁和生命——生物磁学 …………………………………… 266
55 通向生命王国的蹊径——生物力学 ……………………… 268

56 在分子水平上看人类进化——分子人类学 ………… 270
57 研究植物的"语言"——信息化学 ………………… 271
58 草木有情——趣谈植物心理学 …………………… 273
59 "植物医生"与农业医学 …………………………… 275
60 人造气候与生物——电气候学 …………………… 277
61 异中求同、触类旁通、探索未知——相似学 …… 278
62 魔术般的伪装学 …………………………………… 280
63 新兴的仿生经济学 ………………………………… 281
64 向生物索取设计蓝图——仿生电子学 …………… 283
65 向跳蚤学跳高——运动仿生学 …………………… 285
66 生物学与建筑学攀亲结缘——生物建筑学 ……… 286
67 冶金专家的眼光转向生物——生物冶金学 ……… 287
68 让机器人用双腿走路——生物机构学 …………… 289
69 医学与工程学联姻——生物医学工程 …………… 290
70 生命中的电现象——电生理学 …………………… 292
71 "安乐死"和医学伦理学 …………………………… 293
72 裂脑人和脑科学 …………………………………… 295
73 放射技术三姐妹——放射学、放射医学、核医学 … 297
74 医学、电子技术、超声技术 珠联璧合——超声医学 … 299
75 微波"行医"显神通——微波医学 ………………… 300
76 建立中的社会医学 ………………………………… 302
77 富翁遗产和胚胎医学 ……………………………… 303
78 第三医学——康复医学 …………………………… 305
79 心理与疾病——心身医学 ………………………… 306
80 处方权的再分配——临床药学的崛起 …………… 308
81 "哪吒再生"、"柳枝接骨"与生物材料学 ………… 310
82 "人烛"——气流生物学 …………………………… 311
83 陀思妥耶夫斯基的怪病和神经生物学 …………… 313
84 －196℃下的生命——低温生物医学 …………… 315
85 生物医学和电子技术结合的产儿——生物医学电子学 … 317
86 揭示导致肿瘤的细胞学机理——癌生物学 ……… 319

87	老树新花——神志病学	320
88	发源于力学之巅的新河——血液流变学	322
89	针灸机理的揭晓——中国经络学	324
90	一束头发揭开百年之谜——奇妙的毛发诊断学	325
91	花粉与疾病——孢子花粉学	327
92	男士们的福音——男性学	328
93	衰老之谜与老年医学	330
94	青春长驻的秘密——青春学	331
95	您想健美吗——型体学	333
96	穿着生理学	335
97	医学未来学	336
98	古老而年轻的医学心理学	338
99	开发人的心理潜力——暗示学	339
100	分娩心理学	341
101	从海难事故谈起——航海心理学	342
102	婚姻家庭关系心理学的兴起	344
103	罪犯心理学与犯罪心理学	345
104	谈谈预审心理对策学	347
105	从罗蒙诺索夫的预感谈超心理学	348
106	"他山之石"——行为科学	349
107	"大经济"和"小经济"的学问——宏观经济学和微观经济学	351
108	经济预测学	353
109	国土经济学	354
110	一门研究工程投资效益的新学科——工程经济学	356
111	电力机车的兴衰——技术经济学	357
112	消费经济学	359
113	智力投资——教育经济学	360
114	餐桌上的学问——餐桌经济学	362
115	洋豆腐为什么不受欢迎——经济效果学	363
116	"兵家谋略"用于企业管理——企业经营谋略学	365
117	打开物质宝库的金钥匙——新产品开发学	366

118	任重道远的环境科学	367
119	为了"技术圈"和"生活圈"的平衡——人工生态设计	368
120	"城市病"和社会工程	370
121	当心大自然"报复"——环境生物学	371
122	事关人类生存的科学——生态经济学	373
123	保您安居乐业的环境试验工程	374
124	电磁干扰公害与环境电磁学	375
125	"环境病"与环境医学	377
126	武器装备为何失灵——工业产品环境工程	379
127	环境和内燃机的辩证关系——环境内燃机学	381
128	传统教育向新型教育过渡的"桥梁"——教育技术学	383
129	教育学与社会学汇流——教育社会学	385
130	控制论教育学	387
131	研究文学接受和影响的新方法——接受美学	388
132	美学向信息论伸手求助——信息论美学	390
133	五颜六色总关情——流行色学	392
134	用数学工具研究语言——数理语言学	394
135	文艺控制论简介	395
136	地震社会学	396
137	现代人口学	397
138	服务学	398
139	一门研究"关系"艺术的新学科——公共关系学	400
140	浅谈人才学	402
141	新鲜学科——妇女学	403
142	系统与系统论	404
143	信息与信息论	407
144	迅猛发展的横断学科——控制论	408
145	从混沌走向有序——协同学浅说	410
146	探索学科联系的泛系分析	412
147	乱中求治——紊乱学简介	414
148	寻踪探源的追溯学	415

149 一种跨学科的新理论——突变理论 …………………… 417
150 灰色系统及其应用 …………………………………… 419
151 开放系统中的有序组织——耗散结构理论 …………… 421
152 富有生命力的系统动力学 …………………………… 422
153 从齐王到田忌赛马谈起——系统工程学 ……………… 423
154 现代科学技术三大支柱之一——信息科学 …………… 425
155 决策和管理的得力工具——运筹学 …………………… 426
156 领导的科学——决策学 ……………………………… 428
157 "软技术"的"明星"——适用技术 ……………………… 429
158 让机器迁就人——人体工程学 ……………………… 431
159 "大农业"的"指挥家"——农业工程学 ………………… 433
160 研究"模糊事物"的科学——模糊数学 ………………… 435
161 应用广泛的计算数学 ………………………………… 436
162 用计算机设计汽车外形——计算几何学 ……………… 438
163 风景几何学 …………………………………………… 439
164 中国人提出的新学科——物元学 …………………… 441
165 "纸上的实验物理学"——计算物理学 ………………… 442
166 联系天体演化和物质结构的纽带——宇宙线物理学 … 444
167 雷霆万钧中的科学——闪电物理学 …………………… 445
168 摆脱"实验科学"的束缚——理论化学 ………………… 447
169 新兴的等离子化学 …………………………………… 449
170 风味和风味化学 ……………………………………… 450
171 电化学长出的新枝——化学电子学 …………………… 451
172 开发海洋化学资源——海洋化学 …………………… 452
173 探索海底世界——海洋地质学 ……………………… 454
174 地质学从经验描述转向科学抽象的"杠杆"——数学地质学 …… 455
175 协调人类与地球的关系——环境地质学 ……………… 456
176 风景地质学 …………………………………………… 458
177 年轻的法庭科学 ……………………………………… 459
178 从阿基诺被刺谈到声纹学 …………………………… 460
179 一个牙齿可破案——法牙学 ………………………… 461

180	侦探故事和痕迹学	462
181	古人吃些什么——考古营养学	464
182	耶稣的裹尸布和放射考古学	466
183	模拟古代条件作考古——实验考古学	468
184	年轮的秘密——树木年代学	469
185	大洋海底告诉我们什么——古海洋学	471
186	新技术革命的"主角"——微电子技术	472
187	前景广阔的能源科学技术	474
188	现代化技术的实力——材料与材料科学	476
189	神奇的激光技术	477
190	空中"千里眼"——遥感技术	479
191	超声和激光"手拉手"——声光技术	480
192	奇迹般的光纤通信	482
193	四盘胶卷就能"装"下美国国会图书馆——新兴的缩微技术	483
194	光子化学加工技术	484
195	微小有巨大的作用——超微粒子技术	486
196	超临界的奇迹——超临界流体分离技术	488
197	从人造器官表面加工谈起——等离子体表面加工技术	490
198	画片的花香和微囊技术	491
199	大有作为的复合材料力学	493
200	为机械作病理解剖——失效学	495
201	热纹有路——热纹学	497
202	让风为人类造福——风力工程学	498
203	体育电子学	500

后记 ……………………………………………………… 503

Ⅲ 科技写作漫话

不可或缺的"另类"写作 ……………………………………… 507
科技写作的"特殊功能" ……………………………………… 509

洋洋大观"四大类" …………………………………… 511
新的"边缘文体" …………………………………… 512
远非一日之功 ………………………………………… 514
科技中的"应用文" …………………………………… 515
科技论文诸要素 ……………………………………… 517
科技论文"六性"显风格 ……………………………… 523
科技论文中的常见错误 ……………………………… 527
科普读物的门类及体裁 ……………………………… 531
科普写作的资料积累 ………………………………… 535
科普写作的选题和构思 ……………………………… 537
科普作品的评价标准 ………………………………… 539
科普作品标题的"点睛术" …………………………… 542
科普作品的开头和结尾 ……………………………… 546
科普知识短文的写作 ………………………………… 550
科学小品的写作 ……………………………………… 551
科学杂文的写作 ……………………………………… 553
科学史话的写作 ……………………………………… 555
科学家传记的写作 …………………………………… 556
科学广播稿的写作 …………………………………… 557
"科学诗"话 …………………………………………… 563
序何松新科学诗集《聪明窗》 ……………………… 570

Ⅰ 为科学辩护

本部分收集了作者多年来散落于报刊杂志中的科技述评,更好地向读者揭示了科学的真相。

为科学辩护

英国出过两个培根。法国出过一个卢梭。都算天才吧。

出生于13世纪的那位培根——被教会幽禁了15年的实验科学的前驱者罗吉尔·培根,坚定地认为"唯有科学才能造福人类"。

生于16世纪的那位培根——当过掌玺大臣、升大法官的近代科学的旗手弗兰西斯·培根,极力向人们证明:科学进步"完全符合造物主的旨意",必能提高人的道德水平,使人的行为更理性化,以达到"正德、利用、厚生"。

生于18世纪的卢梭却大唱反调。他在《论科学和艺术是否败坏和增进道德》这一杰作中宣称:"已经看到美德随着科学与艺术的光芒在地平线上升起而逝去",认为科学的发展导致了道德的败坏。

那么,科技之于人类,究竟福星乎?灾星乎?

认同卢梭的高见,我们只好回到刀耕火种穴居野处的时代去。

而认同两位培根的"福星说"吧,现实又警示我们:在科学之树上,人类收获的并非都是"幸福果"。科技,真能"正德"吗?

19世纪末,尼采曾突然间惊呼——"上帝死了!"在他看来,上帝"死因"有二:一是科技进步;二是人本身的沉沦。

但其实弥漫于西方社会的不是对"上帝死了"的恐惧,而是对科技进步的欢欣鼓舞和乐观自信。人们在日新月异的科技进步中找到了新的精神慰藉,科学取代了上帝,成为人们崇拜和信仰的偶像,以至于后来形成了"科学万能论"的思潮……

然而,怪哉!在世界进入高科技时代的当今,相信"科学万能"的人反而锐减,倒是"悲观派"日多。

有人担忧:人将沦为高科技的奴隶,听凭高科技的摆布,丧失自己的本性。

有人怀疑:"科技对完善人生究竟有益还是有害?"

有人叫喊："科技是应该受到彻底诅咒的使人异化的力量！"

历史，似乎又兜了一个"怪圈"。

这当然"事出有因"。对科学的非议和敌视，起因于现代科技的某些"负效应"，尤其是高科技对人类传统的伦理道德观念、社会行为规范、生活生存环境、精神文化形态乃至人际关系、现行法律等诸多方面的挑战和"发难"。

对此，争吵之声四起——

有人大声疾呼："暂停科学！"

有人宣扬"技术自主权"，即技术不受任何制约，而人则必须受技术的统治。

有人主张："建立以科学为中心的'新人道主义'。"

有人则鼓吹"技术无政府主义"。

……

众说纷纭，莫衷一是。

见仁见智，孰是孰非？

笔者不才，并无多少真知灼见，权且露一露浅薄意见：

——科学本无过。有过错的是人。"电脑犯罪"，罪在人而不在电脑。核能可发电造福人类，也可带来"血疑"、"广岛"悲剧。所谓科学技术的"负效应"、"副作用"或"灾难性后果"，说到底是人的因素使然，且往往是人们滥用、误用或不正确地应用科技成果所致。

——历史发展的经验昭示我们，以往人类命运的深刻变化，没有一次是绝对地有利无弊的。工业化、都市化带来环境污染和生态平衡是为例。任何进步，都会繁衍出一种针对这种进步的"反作用"，科技进步亦然。假若我们从哲学的高度细细品味这一历史的辩证法，那么，面对与现代科技结伴而来的种种"反作用"，就不应有过多的惶惶然。

——人类亲手创造了科学技术，而科学技术却随之"创造"一种威胁和挑战反作用于人类，也反作用于科学技术本身，岂不可悲？不！别忘记："魔高一尺，道高一丈。"电脑带来电脑病毒，电脑病毒又会"孕育"出"抗病毒计算机"。威胁和挑战的"反作用"反把人类和科技一起推向新境界，你说何悲之有！

——科学技术以不断突破为本性，传统却是个相对保守相对稳定的体系。"突破传统"，自然使人感受到威胁和挑战，自然产生矛盾、冲突和摩擦。

这无疑将在人们的观念、情感及人际关系中引发震荡和嬗变，心理"阵痛"实为难免。

——现代科技在人、自然、社会之间扮演媒介角色，使人、自然、社会与科技之间的伦理道德关系变得更加复杂。同是摘取利用死胎儿器官一事，用于做美容化妆品赚大钱很可能受到强烈谴责，但假如用于科学实验或者用于抢救濒死的孩子，是否也应受到同样的谴责呢？对科学技术带来的那些难以马上作出简单道德评判的新问题，我主张宽容待之。

——在科技水平低下的时代，人处处受制于自然界。在科技繁荣的今天，人获得了空前的自由——在大自然面前的自由，在社会中的自由。人们增加了社会行为的选择机会，这种机会必然改变人们对社会行为的选择性。改变了的选择性逐渐概念化和习惯化，最终便成了一种新的价值观念。在这个意义上说，科技进步难道不是促进新的社会道德体系形成的动力？

——现代科技的开拓和发展，无疑必须高度重视与人类生存空间、人类伦理道德框架相协调。人类重要的是自律，提高对自己的道德责任要求，对科技成果的社会应用进行必要的道德约束和法律控制。亲手创造科技奇迹的人类，一定能发挥"万物之灵"的聪明才智，协调好自己与科学技术的关系。人，永远是科技的主人！

崇尚独立思考的读者，万勿被这篇信笔写的"辩护"所"误导"。

1993年夏于罗浮山莲花楼

（此文为本书作者为其著作《科学本无过》所作的"自序"）

回顾百年科技风云

周镇宏 科技评述

《二十世纪广东科学技术全记录》经过500多名专家学者和采编人员的紧张劳动，编撰工作已基本完成。

二十世纪是中国历史发生翻天覆地大变化，广东得到空前发展的时代。在这个世纪的伟大变迁中，科学技术起着极其重要的作用。今天，我们正走向二十一世纪，一个新千年即将开始。站在世纪之交的时间门槛上，以近代科学技术的发展为大背景，回顾广东百年科技发展的风云，梳理广东百年科技发展的历史脉络，将有助于我们总结过去，开创未来，迎接下一世纪新一轮科技浪潮的挑战。

假若我们以全国、全世界科学技术发展的时空背景为参照考察广东，就会发现二十世纪广东科学技术的发展值得大书特书。

——二十世纪广东科学技术的发展出现过两次相对意义上的"后发性跨越"。第一次发生在十九世纪与二十世纪之交，广东从原来开发较晚，科技比较落后发展成为二十世纪初在全国"开风气之先"的地区，科学技术伴随着时代前进的节拍而发展，许多领域居于全国领先水平。第二次发生在二十世纪九十年代中期。经过改革开放十几年科技事业发展的积累，广东科技综合实力由原来排名相对落后到1997年评估跃居全国30个省份的前三强，仅次于上海和北京，实现了相对意义上的"后发性跨越"。

——二十世纪广东科技的发展最早具有现代精神。广东是受西方资本主义侵略最早和反侵略最早的地区，也是最早学习西方先进科学技术的地区。特别是八十年代以来，广东得改革开放风气之先，因而广东科技发展最早表现出现代的和开放的态势。

——二十世纪广东科学技术的发展具有世界意义。由于特殊的地理位置，广东素来是中国的南大门。二十世纪广东科技的对外交流较之其他省份更多，其科学技术的内涵由于包容了外来科技的因素而更为丰富。改革开放以来，广东引入国外智力，吸取和利用国外先进科学技术作为自己的起点，科学技术快速发展，空前繁荣，已经使广东科技融入了世界发展的大体系。

正是因为具有了上述特点，从而使20世纪广东科技的发展呈现出一幅多姿多彩的图景和图像，也使广东培育和凝聚了一大批学有专长的科技专家。他们为推动科技进步和经济社会发展作出了不可磨灭的贡献。

盛世修志。非凡的世纪应当有非凡的记录。我们组织编撰《二十世纪广东科学技术全记录》的初衷和目的，就在于通过对20世纪广东科学技术领域的重要成果、重大事件、重要科技人物作历史性记录和世纪性总结，梳理广东百年科技发展脉络，再现广东百年科技发展风云，从而展示我省各行业依靠科技进步，推动社会发展所取得的巨大成就，弘扬科技工作者的创造精神和光辉业绩，宣传"科学技术是第一生产力"的伟大战略思想，激励广大科技工作者承前启后、继往开来，迎接下一世纪新一轮科技浪潮的挑战，再创广东科技新辉煌。

(此文节选自作者1997年11月5日在有关会议上关于《二十世纪广东科学技术全记录》编撰情况所作的报告。该书580万字，广东经济出版社1998年12月出版。作者为该书主编之一。)

"第一生产力"再思考
——在广东省委党校的报告

写下这个题目，不由想起西方某哲学家的一句名言："人类一思考，上帝就发笑。"但理性的人总得思考，有些事情还得"再思考"。这里要思考的是科技第一生产力。科学从不承认上帝。

一、命题的思想渊源及发展脉络

科学技术是生产力，这是马克思主义历来的观点，其思想渊源出自马克思的《资本论》、《经济学手稿》等著作。

马克思在《政治经济学批判（1857—1858年草稿）》中首次指出："资本是以生产力的一定的现有的历史发展为前提的——在这些生产力中也包括科学。"马克思在这里只提出观点，没有展开论述；而在《资本论》等著作中作了补充论证。他认为，生产力中的基本要素是劳动者、劳动资料和劳动对象，这三要素中都渗透了科学和技术。

恩格斯在马克思墓前演说中说道，在马克思看来，科学是一种在历史上起推动作用的革命的力量。任何一门理论科学中的每一个新发现，即使它的实际应用甚至还无法预见，都使马克思感到衷心喜悦，但是当有了立即会对工业、对一般历史发展产生革命影响的发现的时候，他的喜悦就完全不同了。例如，他曾经密切地注意电学方面各种发现的发展情况，不久以前，他还注意了马赛尔·德普勒的发现。这里说的是1882年在慕尼黑展览会上展出的德普勒的一条实验性的远距离输电线路。马克思和恩格斯为此事往来通信，认真讨论，认为它将"使工业几乎彻底摆脱地方条件所规定的一切界限"，"如果在最初它只是对城市有利，那么到最后它终将成为消除城乡对立的最强有力的杠杆。"德普勒这个实验，是一系列预示着一个新的技术革命时代即将到来的技术成就中的一项。在它刚刚萌芽的时候，马克思和恩格斯就给予它这样高的评价。

马克思、恩格斯在考察了近代科学技术在工业革命发展和建立资本主义制度过程中的巨大作用后，推崇"科学是历史的有力的杠杆"，"科学是一种在历史上起推动作用的、革命的力量"；认识到"随着机器大生产的出现，生产力获得了巨大的发展，使资产阶级在它不到一百年的阶级统治中所创造的生产力，比过去一切时代创造的全部生产力还要多，还要大。"因而他们首次提出了"生产力中也包括科学"这一命题。

早在1975年，邓小平同志主持各条战线的整顿，在指导起草《中国科学院工作汇报提纲》时，就以马克思的"生产力中也包括科学"的论述为根据，指出科学技术是生产力。1977年，他又提出"我们要实现现代化，关键是科学技术能上去。""不抓科学、教育，四个现代化就没有希望，就成为一句空话。"

1978年3月，邓小平同志《在全国科学大会开幕式上的讲话》中重申了"科学技术是生产力"这个马克思主义观点，当时他还没有加上"第一"两字。十年之后的1988年9月5日，他在会见捷克斯洛伐克总统胡萨克时进一步指出："马克思讲过科学技术是生产力，这是非常正确的，现在看来这样说可能不够，恐怕是第一生产力。"一年之后，邓小平同志明确地提出了"科学技术是第一生产力"的科学论断。1992年初，他视察南方发表重要讲话，又再次指出"我说科学技术是第一生产力。"

有学者提出，国外早就有关于科学技术是第一生产力的说法。的确，原西德的哈伯马斯在分析发达工业社会时曾指出："科学研究与技术之间的相互依赖关系日益密切，使科学变成了名列第一位的生产力。"（J. 哈伯马斯：《作为意识形态的技术和科学》，《哲学译丛》1978年第6期，第26页。）国外的学者有类似的提法并不奇怪，科学技术作为第一生产力是当今世界科学发展的现实所表现的客观存在，而对这种客观存在的认识都因各国的条件而不相同。哈伯马斯的说法是他在1968年的论文中提出的，邓小平同志的论断的理论渊源和发展脉络却如上文所述。因而，这两者之间并没有理论的继承关系。

"科学技术是第一生产力"，这既是对马克思主义关于生产力原理的继承，又是创造性发展；既是对中国乃至世界政治、经济与科学技术发展规律的历史性总结，又是对现代科学技术进步与社会经济发展趋势的预见性论断。这一论断，丰富和发展了马克思主义关于科学技术和关于生产力的学说。我国的科技发展方针——"经济建设必须依靠科学技术，科学技术工作必须面向经济建设"，以及科教兴国战略，充分体现了"科学技术是第一生产力"这一指导思想。

二、生产力公式与"第一"的含义

邓小平同志提出"科学技术是第一生产力"的理论，不是简单地重申或复述马克思、恩格斯有关生产力的理论，而是在新的历史条件下，进一步研究和探讨了生产力发展所具有的新的规律性。

关于"生产力"概念的含义，有时指的是"潜在生产力"，有时指的是"现实生产力"；有时指的是"物质生产力"，有时指的是"精神生产力"。马克思在《资本论》中有关科学技术是生产力的论述，是将"生产力"作为"物质生产力"来对待的。邓小平同志在提出"科学技术是第一生产力"的科学论断时，也是就科学技术在增进物质财富生产中的作用而言的。因此，应将"生产力"界定为"物质生产力"。

生产力是人类改造自然、协调人与自然的关系的能力。马克思提过三个生产力要素的问题：第一是劳动者，第二是劳动资料，第三是劳动对象。这三个要素里没有科学技术，怎样理解它是第一生产力？

"科学技术是第一生产力"，这一具有历史阶段性的命题，是就现代科学技术而言的。

在19世纪中期以前，科学技术对社会生产虽然具有一定的影响，有一定的联系，但是这种影响并不大，联系也不紧密。马克思在1861－1863年《政治经济学批判手稿》中指出，在资本主义生产方式兴起之前的生产阶段上，"范围有限的知识和经验是同劳动本身直接联系在一起的，并没有发展成为同劳动相分离的独立的力量。"一方面，由于科学发明和发现一般不能及时用于生产，另一方面，由于技术基本上是以经验形式存在，作为其载体的能工巧匠，只能在有限的范围内进行总结、创新和传授。因此，如果说当时的科学技术是生产力，那是非常牵强的，那时科学技术对生产力的推动作用还十分微弱。所以，表征那时生产力的公式并不含科学技术，基本上表现为：

生产力＝劳动者＋劳动资料＋劳动对象

自19世纪后半期以来，到第二次世界大战前，随着资本主义工业的建立、资本主义生产方式的萌生以及工场手工业的出现，科学技术才在生产中得到了广泛的应用和发展。"只有资本主义生产才第一次把物质生产过程变成科学在生产中的应用，变成运用于实践的科学。""这样一来，科学作为应用于生产的科学同时就和直接劳动相分离"，而成为"与劳动相对立的、服务于资本的独立力量。"科学技术与生产力之间的关系发生了根本性的变化。人们为了发展生产力，提高劳动生产率，开始重视提高生产力系统科学技术的有机构成，并致力于科技成果向商品的转化，科技成果转化为商品的周期，由19世纪的70年缩短为20世纪上半叶的20年。科技进步因素在发达国家国民生产总值增长中比重由19世纪以前的分量甚小，上升到20世纪初的5%至20%，到第二次世界大战前上升为30%至40%。这表明，科学技术只是发展到近代才成为生产力。

但是，由于近代甚至20世纪初，科学技术就总体而言是相互分离、独立发展的；科学和技术被应用于生产也不是大规模的、全面性的；科学教育也不普遍，特别是以技术教育为目标的工科大学很迟才出现；生产工具的发明者大多是文化程度很低的工匠，因此，这些发明并不是自觉地以科学技术为指导，而主要是凭工匠的经验，此时的生产工具还不能划入科学技术的范畴，所以近代科学技术在生产力系统中并不占有决定性的地位，并未成为"第一"。

在此期间，科学技术对生产力发展所起的作用，基本表现为下述这种情形：

生产力＝（劳动者＋劳动资料＋劳动对象）×科学技术

第二次世界大战以来，科学和经济的关系日益密切，科学的分工也越来越细。某个学科的突破触发某个部门的突破，进而引起某个产业的飞跃，基本形成了"科学革命——技术革命——产业革命"的顺序。进入20世纪中叶，以电子科学为先导的突破，使得科学技术在现代生产力系统中越来越显示出其决定性的作用。以信息技术、生物技术、新材料技术、新能源技术、空间技术和海洋开发技术为代表的高技术群以及相应的高技术产业，极大地推动了生产力的迅速发展，劳动生产率的提高60%－80%要依靠科学技术。科学技术在此期间对生产力发展所起的作用，已明显地呈现为下述这种情形：

生产力＝（劳动者＋劳动资料＋劳动对象）×科学技术

从上述三个公式中，我们可以看出科学技术对生产力的推动作用，呈现为不可逆的正向加大的趋势。在自然经济手工生产条件下，其推动作用并不明显；在传统工业生产条件下，表现为几何的倍增作用；在现代高科技生产条件下，表现为函数的指数作用。

随着人类社会的进步，生产力也在不断发展和进步。生产力的进步实际上就是生产力三要素及其相互关系的进步。三要素中哪一个都离不开科学技术。我们说科学技术是第一生产力，并不是把科学技术当作与三要素并列的新增项加到这个公式中去。科学技术并不是作为独立的一个要素存在于生产力中，而是融化在其中，作为一个"函数指数"作用于三要素的；科学技术发展越来越快，这个"函数指数"对生产力的贡献就越来越卓著。正是从这个意义上讲，科学技术作为生产力的特殊构成部分，成了生产力中主要的、决定性的力量，成了"第一"。

三、科学技术对三要素的改造和变革

当然，就科学性而言，上面的公式的描述是不严格的。事实上，科学技术的重要性是无法定量描述的。正如马克思所说，"对脑力劳动的产物——科学的估价，总是比它的价值低得多"。今天，科学技术正日益强劲地渗透到劳动者、劳动资料、劳动对象三要素中去，并与这些要素相结合，使这些要素发生量的扩增和质的变革：

对劳动者的变革。表现为劳动者掌握越来越多的科学知识、科学技能和科学方法，逐步形成并不断发展科学观念和科学精神，从总体上使劳动者认识世界改造世界的能力空前提高，使劳动者在生产力中的创造性作用得到空前的放大。科学技术作为知识、经验和技能渗透在生产力第一要素的劳动者身上，其渗透程度决定了劳动者的素质。几乎所有的马克思主义经典作家在论及劳动者这一生产力要素时，都以"具有一定科学技术知识、生产经验和劳动技能"作规定，因为这里所说的劳动者，已不再是自然的人，而是进入社会化生产过程中社会的人。人类社会进入社会化大生产阶段，知识经验和技能就成为社会化生产对劳动者的主要要求。众所周知，与古代和近代不同，衡量当代劳动者的素质，不是体力，而是潜力。劳动者智力的提高可以迅速、大幅度地提高劳动者的生产力功能，而体力的提高对于劳动者生产力功能的提高是相当有限的。由于劳动者智力水平的高低，是由物化在劳动者身上的科学技术水平决定的，因此，科学技术对当代劳动者要素的生产力功能的决定作用是不容置疑的。

对劳动资料，包括劳动手段和劳动工具的变革。历史上的劳动资料都是同一定的科学技术相结合的，劳动资料的开发和利用与科学技术不可分割。现代科技对劳动资料的变革，突出表现在劳动手段的高效化和劳动工具的自动化、智能化等方面。计算机、机器人、航天飞机、人造卫星、人工降雨、风力发电、深海采矿……科学技术的运用使劳动手段和劳动工具面貌日新月异，使生产力进入一个全新的发展阶段。工业和机器是科学技术的物化。以劳动工具为主要内容的劳动资料，历来被认为是生产力水平的主要标志。马克思说："各种经济时代的区分不在于生产什么，而在于怎样生产，用什么劳动资料生产。"因为劳动资料可以突破人类体力和智力的限制，可以放大人类的劳动能力。我们把古人制造的石斧、陶罐和铁犁等工具，同现代的精密车床、电子计算机和自动化机器体系作比较，就不难发现决定劳动工具先进程度的只能是科学技术。石斧同精密车床同属劳动工具，却有着质的差别，前者不过是劳动经验的物化，后者却是多种科学技术的物化。有人认为，制造工具的材料决定工具的先进程度，从而标志生产力水平，这是一种误解。因为同一种材料可以制造出天壤之别的工具来，决定工具先进程度的只能是科学技术。

对劳动对象的变革。自然资源能否成为劳动对象，以及如何发挥它的作用，要靠科学技术去发现、利用和改造，并创造出大量新的劳动对象。现代科技的发展使劳动对象这个多年最保守的因素，正变成活跃的因素，以全新的面貌进入生产过程成为直接生产力。这突出表现为劳动对象的科技含量越来越高，科技信息越来越密集。也表现在现代人不断地发现和拓宽新的可作为劳动对象的自然资源，变革自然物，创造出具有特殊用途的人工劳动对象。小小的硅片上，浓缩着一座"电子城"；细细的"光缆"中，容纳着万千条电信通道；大型计算机里，凝集着亿万"神经元"。超导材料、大规模集成电路材料、核工业原材料铀235等，都是人类通过科学技术变革劳动对象，拓宽生产力领域，丰富生产力物质内涵的例子。科学技术对劳动对象的渗透有几个方面：一是使同一劳动对象的用途日益扩大，像煤炭，除了以前众多的用途外，科学技术可以使它直接变成汽油。二是进入生产力系统的自然物、原料、材料等，将其存在形态、分布范围、物理化学性能等奥秘，越来越充分地展示于劳动者面前，使人们对自然界的认识越来越深入，从而不断地增加着劳动对象的数量。三是通过不断深化加工程度，提高了劳动对象的质量。四是科学技术还可以创造出许多非天然形态的劳动对象，如合成橡胶、塑料、合成纤维等。各种性能优良的材料的人工合成，就是科学技术渗透于劳动对象的结果。因为地球上的大部分资源都是有限的，都是非再生资源，所以寻求新的能源，发现和利用新材料，以及提高资源利用率、治理环境污染，也必须依靠科学技术。

科学技术不仅渗透于生产力诸要素中，而且起着组合、调度和控制其他生产力因素的作用。只有将孤立的生产力因素，组成一个整体的、综合的、均衡的、有序的、衔接的、多层次的系统，才是现实的生产力。科学技术就是组成并推动着这个系统有效地运转的神奇的力量。这是因为：科学技术提供了一系列的理论（如管理理论、经济学理论、运筹学理论和技术手段）使各因素之间的组合合理化、最佳化；科学技术可通过其对社会上层建筑、生产关系的影响，去改变社会、政治、经济等条件，使之有利于生产力诸要素的结合，使生产力系统能够合理的运行。如果说科学技术对生产力诸要素的渗透是通过改变各因素状况去影响生产力的话，那么科学技术对生产力诸因素的组合、调度和控制，则是通过改变因素间结构状况去影响生产力的。前者作用的结果是生产力水平，后者作用的结果才是经济成果。

因此，"科学技术是第一生产力"应包含以下的含义：

（1）劳动者一旦吸收和掌握了科学技术，其本身就会发生质的飞跃。

（2）现代生产手段和劳动工具，凝聚着大量的科技成果。

（3）科技使人类发现、改造、扩大和提高劳动对象。

（4）科技既可物化为诸如机器、设备、生产线之类的有形的生产能力，也可通过精神武装和组织管理化为无形的生产能力。

四、"第一生产力"与"最活跃的生产力要素"的关系

邓小平同志指出："人是最活跃的生产力要素。"（《邓小平文选》（1975－1982）第85页）

邓小平同志又强调："科学技术是第一生产力。"

这两个命题并不相悖。不存在着人（劳动者）与科学技术谁第一，谁第二的问题。

首先，作为第一生产力的科学技术是人类智慧发展的结晶，是人的本质力量的确证。任何科学成果，任何先进技术，都是人创造的产物，同时又用于武装人。劳动者掌握劳动资料，作用于劳动对象。科学技术的发展，提高劳动者的劳动和创造能力，改进劳动资料的效能，开发劳动对象的新领域和新深度。

其次，科学技术要成为改造世界的力量，还必须有人这个"最活跃的生产力要素"。劳动者在劳动过程中是支配劳动资料和劳动对象的。生产力发展是指劳动者掌握和创造科学技术，用以不断开发劳动资料和劳动对象，并在劳动过程中运用劳动资料作用于劳动对象的过程。其中，劳动者处于主体地位，成为生产力发展中最积极、最活跃的能动因素。当然，这里讲的"劳动者"，应是掌握一定的科学技术知识、科学方法，具有科学观念、科学精神，能驾驭劳动手段、劳动工具，能改造劳动对象的人，尤其是科技人员。科技人员是科技第一生产力的载体，是科技第一生产力的开拓者。

再次，作为劳动者的人的劳动能力包括体力和智力，劳动者总是以其体力和智力的总和参与劳动过程。人的体力发展是极其有限的，而人的智力发展是无限的。作为人类智力结晶的科学技术，可使人的能力得以延伸。即便是人间大力士，也不过千斤之力，而借助科技所能驾驭的自然力都可达到几千万吨；即使是世界冠军的"飞毛腿"，目前最快也不过每秒10米左右，而科技帮人创造的速度却可达每秒十几公里；即使是长着一对"火眼金睛"，直观所及也不过10±5米的范围，而人借助科技却可使宇观视野达到200亿光年，微观视野深入到基本粒子内部夸克以下的层次。一句话：人的劳动能力的提高主要是靠科学技术。人的智力与生产技术武装、人对客观世界的认识，取决于人类积累的科学技术知识的总和及那个时代科学技术发展的水平。

最后，现代科学技术的最新成就为提高劳动者的科学文化素质和创造能力提供了广泛而坚实的理论的和技术的基础。同时，科学技术的发展也向劳动者提出了更高的要求，促使劳动者向更高的素质、更高的智能层次演进。

可以说，"科学技术是第一生产力"与"人是最活跃的生产力要素"本质上完全一致。

五、本义的回归：只有并入生产过程的科学技术才是生产力

"科学技术是生产力"并不是给出科学技术的一种定义，也并非给出科学技术的一种归属，而是对科学技术功能的一种描述。这种描述是舍弃了一些中间环节的。如果要将这个命题向其原本的具体的含义回归的话，至少要在以下判断间作出一个选择：或说科学技术可以转化为生产力，或说只有并入生产过程的科学技术才是生产力。

马克思曾经指出："用于生产过程的自然力，为蒸汽、水等，也不费分文……利用科学也是如此。电流作用范围内的磁针偏离规律，或电流绕铁通过而使铁磁化的规律一经发现，就不费分文了。……因此，大工业把巨大的自然力和自然科学并入生产过程，必然大大提高劳动生产率，这一点是一目了然的。"马克思还在一些地方谈道，科学技术是知识形态的生产力或潜在的生产力，通过科学技术在生产中的应用，才可以转化为物质的生产力或现实的直接生产力。

这就是说，科学技术与生产力并不等同。科学技术并不都是现实的生产力。其相当部分属于潜在的生产力或知识形态的生产力，这些部分要转化为现实的生产力，还需经过一些中间环节和过程。

科学是正确反映客观世界某一领域的客观规律的知识体系，它只有通过技术的环节再通过技术创新并入生产过程，才能成为生产力。

技术作为改造世界的方法，也只有被应用到生产中才能显示生产力功能。即使是可以直接应用于生产的科技成果，目前其使用率也只是15%－20%。我国的各种发明专利不少，但真正实施的不到10%。

因此，科学技术成为生产力是有条件的。条件就是"转化"，就是"并入生产过程"。当年，要不是蒸汽机每马力的耗煤量由塞维利机的83公斤降到纽可门机的25公斤，再降到瓦特蒸汽机的4.3公斤，蒸汽机就不会成为"全世界所需要的动力"。只有自瓦特对蒸汽机作了重大改进使其真正投入生产过程之时起，蒸汽机这一重大技术成果才变成了生产力。离开"并入生产过程"，离开科学技术在生产和经济领域的推广和应用，离开科技成果的商品化和产业化，科学技术就仅仅是一种潜在的生产力。要使这种潜在的生产力变为直接的现实的生产力，关键在于转化。

科学技术转化为直接的现实的生产力，主要通过如下途径：

（1）提高劳动者素质；

（2）改进劳动手段和劳动工具；

（3）提高管理水平；

（4）生产要素的优化组合和合理配置。

我们强调"只有并入生产过程的科学技术才是生产力"，意在强调对科技成果转化为现实生产力应予以重视。这丝毫没有轻视不能归入生产力的那一部分基础理论的意思。相反，现代科学技术的发展越来越依赖于基础理论的突破。这一点，与18世纪、19世纪显著不同。瓦特发明蒸汽机时，热力学第二定律尚未发现。马可尼或是波波夫发明无线电通信时，也没有借助麦克斯韦的电磁理论，爱迪生是个"多产"发明家，但同时也是个"数学盲"。而现代科技的重大成就，无一例外地都与基础理论研究的突破有关。"哲学、社会科学同自然科学一样，绝不能忽视基础理论的研究，这些研究是理论工作的任何巨大前进不可缺少的。"

基础理论研究提高作为一个整体的科学的水平，通过作为一个整体的科学技术的各个环节，作用于生产力的发展。所以，它是以间接的、潜在的方式转化为生产力的，是为生产力的未来发展进行探索、提供科学储备的。强调"只有并入生产过程的科学技术才是生产力"，绝不是说可以目光短浅，忽视那些不能立即和直接转化为生产力的基础理论研究，而是应当认真地思考怎样才能把科学研究的各个有机组成部分（基础理论、技术科学、应用研究、技术开发）最优地协调和配合起来，以求得科技作为一个整体对生产力发展的作用。

六、科学与技术的差异性和同一性

在我国，把"科学"与"技术"并联而形成"科学技术"这个"复合概念"，始于20世纪50年代末"国家科学技术委员会"的成立。后来，或许是语言的"经济原则"起作用，人们又把它缩略为"科技"。这种并联和缩略确有其优越性，但用词上的简略与科学上的准确毕竟不是一回事。

1978年3月18日，"全国科学大会"开幕；1995年党中央、国务院召开了"全国科学技术大会"。叫"科学技术大会"要比叫"科学大会"更科学、更全面、更准确一些。因为科学与技术就其本质、底蕴、内涵、外延而言，实在不是同一回事。

按照马克思主义科学社会学家 J. D. 贝尔纳的定义，科学是一种知识体系，一种特殊的社会活动和一种社会建制（Institution）。科学指的是运用理论的概念，采取实验的和逻辑的方法，揭示自然界自身的规律而形成的系统的知识体系。这个定义使科学与古代的自然哲学思辨区分开来，也与近现代的生产技术区分开来。而技术是为了完成人类的特定实用目标而协调动作的工具和规则的体系，主要指人类为生产物质财富而运用的材料、能源、动力、工具以及工艺和控制的整个系统。

具体说来，科学与技术的差异可概括为12个方面：

——形态不同。科学一般表现为知识形态、理论形态，如爱因斯坦的相对论，达尔文的进化论等；技术则一般表现为物质形态，如爱迪生的灯泡，西门子的电缆等。

——目的不同。科学的目的是现象之中求本质，发现和揭示新的规律，增加人类知识宝库中的财富，使人类更好地认识自然；技术则是来自某认识或者经验的升华，其目的在于应用规律，发明方法，创造产品，增加人类的物质财富，使人类更好地利用自然、改造自然并协调人与自然界的关系。

——对象不同。科学的研究对象是自然界；技术的研究和作用对象是人工自然系统。科学从自身的发展逻辑中选题；技术从社会需求或某一方案实施过程中选题。

——功能不同。科学主要解决"Knowing"，即"是什么"和"为什么"的问题，它顾及的因素较少；技术则要直接解决"Doing"，即"做什么"和"怎么做"的问题，它必须顾及经济的、社会的、法律的、地域的、资源的、环境的以及生理心理的因素。

——功利性不同。科学成果的传播遵循"无偿共享原则"；技术成果的推广遵循"有偿使用原则"。科学没有强烈的沽誉主义色彩、商业性质、近期经济效益和功利因素。谁也不会去买爱因斯坦的相对论。技术则相反，可以出卖和转让。爱迪生不会把制造灯泡的技术无偿奉献给别人，西门子不可能不考虑电缆工程的经济效益。

——密级不同。科学无国界，技术有专利。科学是不保密的，各国的科学研究成果无不抢先公布发表。而技术则需要保密甚至封锁，谁想弄到"可口可乐"的详细配方，谁就必须付出足够弄到它的代价。

——稳定度不同。科学具有相对稳定性，科学真理只能发展而不能被推翻。阿基米德原理尽管时间久远，现在的造船工业无论怎样发达，如果违背了这个原理船照样要沉。技术的特点则是更新换代快，旧的技术可以而且应当不断为新的技术所淘汰。

——追求的境界不同。科学无止境，技术有极限。科学面对的是广阔无边的未知领域，科学探索无顶峰、无穷尽。而技术作为一种实践活动，却要受到诸多制约。科学原理上认为可以达到的目标，技术上却未必能够通过有限的步骤和手段达到。技术操作的完美性、精密性、准确度等指标都有一定的极限，技术上尽善尽美的彼岸，只能不断接近而永远不能到达。

——人才类型不同。科学家要紧的是必须有丰富的知识，善于观察和发现问题，具备抽象思维和综合概括能力，能够从杂乱无章的现象、事实中揭示规律。而技术专家最需要的是具备运用知识解决问题的能力和经验，只懂得技术原理而不会处理实际问题，就不是称职的技术专家。科学家关心的主要是原理上的可能性；而技术专家关心的则是利用某一原理的技术可行性和经济合理性，如成本、配件供应、操作细节、安全程度、外部形态等。爱因斯坦是典型的科学人才，他毕生从事的是对未知领域的科学探索，他的贡献几乎都是理论形态的科学成果。爱迪生是典型的技术人才，他一生中取得上千项的技术专利，他的贡献几乎都是物质形态的成果——技术或产品。爱因斯坦和爱迪生这两个名字在英文中都以"E"打头。所以，爱因斯坦式的科学人才与爱迪生式的技术人才的差别，可权称"两E之别"。

——评估标准不同。对科学成果（通常以论著为主）的评估应以对人类科学知识的贡献为准，主要看其是否有新知；对技术成果（通常以产品、工艺、方法等为主）的评估应以对生产和经济的贡献为准，主要看其是否有应用效益。对待科学不应该持过分的功利主义态度；对待技术却不能不反复拨弄经济效益的"算盘"。

——可计划性不同。科学计划应该有足够的"弹性"、"宽容"和"自由度"；技术计划则应相对强化其"指向性"。在科学探索之始，目标是相对不确定的，难以预见何时会有何种发现，也难以计算做出某种发现的劳动时间和成本。技术活动虽说也有不确定因素，但诸如产品设计和研制，可以而且必须有相对明确的目标、步骤和经费预算。因此，对科学的管理只能强调

"工作得如何";对技术的管理则应注重"如何工作"。

——发展动力不同。科学发展主要遵循"认识推力模式";技术进步主要遵循"市场拉力模式"。推动科学发展的主力是人类对认识大自然的强烈追求,鼓励这种追求需要高瞻远瞩的洞察力和雄厚资力的投入。推动技术进步的主力靠市场需求的拉力,这种拉力通过市场规则起作用。

强调"科学"与"技术"的这些差异性,并不妨碍我们认识它们之间相互依存和相互促进的关系。科学的发现加快了技术发展的进程,决定了技术发展的方向;而技术进步又对科学理论的发展和完善提供了物质条件。或许正是这种同一性才使人们把"科学"与"技术"并联成"科学技术"吧。科学技术作为一个整体具有一定的同一性,因而可以有统一的发展科学技术的"科技政策"。但"科学"与"技术"诸多方面的差异性,又决定对它们必须分别管理。我们应当把"认识推力模式"和"市场拉力模式"有机地结合起来,促进科学与技术的协调发展和良性循环。

七、"科学技术"与"技术科学"

这两者并不相同。前者是"科学和技术"的缩略,后者应叫"技术的科学"。

在科技与经济之间,有个中介环节,如建立工程中心,这是很重要的一个环节。但还有一个中介环节也非常重要,就是开发应用与基础研究之间,这个中介环节就是技术科学。

技术科学的作用,一方面是关于自然科学新规律的应用前景的探索。理论上的应用前景的实现不光是一个基础原理问题,而且还必须注意到许多应用方面的制约条件,这些条件要进行深入研究,要积累许多基础数据,才能真正进入到工程技术阶段。另一方面是从工程技术的要求反馈到基础问题上。最典型像光纤通信,因为要得到一个长距离的光纤通信,所以要找一个光纤,它的光的群波的色散要等于零。但真正要用好它,必须从这方面又反馈到光纤材料上面,假设能再进行改进的话,可以使光纤通信技术更好地提高一步,使它的频带做得更宽。这些问题确实已反馈到了基础研究来进行解决,然后再用来进一步发展新的技术,使它再前进一步。

技术科学还有一个任务,就是它要作为基础研究的一个技术支柱。现代的基础研究需要庞大的设备来武装，这些设备的武装也需要很复杂的技术上的综合，如果没有技术科学力量的支持，对于现代的一些基础研究恐怕是很难办的。举一个实在的例子：高能加速器——对撞机，作为物理研究它是研究物理高能粒子对撞的现象，但是要做到，必须有一个庞大的加速器，原则上说起来加速器是个设备，不是科学本身，是它的一个技术支柱。而这个技术支柱是要用各种高技术来支持来工作的，它能走到多远，在自然科学方面就能进展到多远。这个"技术支柱"就属于技术科学。先进的科学研究需要先进的科学工具，而工具的先进性代表着某种高技术，从而也在技术上取得前沿性进展，而这正是技术科学工作者所应该致力的。

八、"软科学"与"硬科学"

1. "软"和"硬"的概念及由来

软科学（Soft science）这一概念是二十世纪七十年代从国外引入的，它是自然科学、社会科学、工程技术、数学、哲学、管理科学等多种学科交叉融合与综合运用的结晶，是一门新兴的综合性、应用性、决策性学科。

硬科学和软科学的概念，最先是借用计算机术语"硬件"和"软件"引申而来的。硬件是计算机系统的有形装置和机器，比如存储器、运算和控制器、通道、外设和终端等；软件则指计算中使用的程序、代码等。一些科学家和学者由此得到启迪，把现代科学分为硬科学和软科学。

所谓硬科学，主要指自然科学方面的知识体系，如微电子学、物理学、材料科学、能源科学、代间科学、生物工程等。它研究的是诸如物质、能源材料等较为具体实在的对象。

所谓软科学，其功能大致相当于计算机软件。计算机软件的作用在于它能提高计算机的使用效率，扩大计算机的功能。软科学在整个科学体系中的地位和作用与此类似。它研究的是有关科技、社会、经济协调发展中有关战略、规划、政策、体制和管理等理论和应用问题。

2. 软科学的形成与发展

任何一门科学的产生与发展均离不开客观的必然性和主观的推动性。软科学的形成，首先是现代科学发展的必然结果。现代科学的发展有着两个显著的不同趋势。一方面，由于社会进步分工愈加精细的结果，使得一些大学科不断衍生裂变分化出许多新学科，如：由物理学中分出核物理学，由化学中分出高分子化学等；另一方面，由于社会开放协作愈加紧密的结果，又使得许多不同的学科相互渗透交叉融合成一些新的学科，如：由物理学与化学结合而产生的物理化学，由生物学与工程学结合而产生的工程学等。软科学正是沿着第二条途径产生和发展起来的，属于软科学范畴的许多学科，如计量经济学、经济控制论、规划学等，就是一些自然学科与社会学科相互交融的结果。其次，软科学的形成也是由于社会经济发展的需要与推动。在我国，尤其是改革开放的伟大实践对决策科学化所提出的迫切要求，才是软科学形成与发展的强大动力。

3. 软科学研究的特点

软科学研究较之其他的研究活动有其明显的特点，主要表现在以下四个方面。第一，多因素性。软科学研究是一门着重研究生产力诸因素的科学，这些因素包括科学、技术、管理、教育、人才、经济等；第二，战略性。软科学重点研究各个系统、各个层次的战略问题；第三，高智能性。软科学的研究需要发挥高度的智能的作用。据报道，美国的兰德公司，其人员中博士占36.6%，硕士占32.5%；第四，系统性。软科学的研究主要采用系统分析的方法。钱学森教授曾说："软科学实际上是现代科学技术体系中一个大部门——系统科学的应用"。

4. 科技进步必须"硬软兼施"

正如软件操纵计算机一样，软科学是操纵硬科学的科学。它横跨自然科学和社会两大领域，综合运用哲学、经济学、管理学、计量数学、系统工程等学科的理论和方法，以及交叉研究和系统分析的手段，对科学和社会各个领域、各个部门出现的错综复杂的现象和问题进行综合分析，其研究的范畴十分广阔。如研究科学的科学，叫做科学学，它探索科学本身的发展规律，从而促进科学的加速发展，进一步扩大科学的社会功能；研究未来问题的学问，叫做未来学，当今对世界新技术革命和未来社会前景的种种议论和预测，就大多出自未来学家。从纵向看，研究预测、决策、规划、组织、控制、监督和评价等全过程，便产生了管理科学；从横向看，研究整个科技、经济、教育、社会如何协调发展，也有一门叫做社会工程的学问。此外，据我们所知，运筹学、协同学、战略学、政策学、决策学、对策学、事理学等，都属于软科学的范畴。至于在较小范围、较低层次研究此类课题的软科学，那就更多了。从实质上看，软科学是关于规划、组织、管理、决策、协调、预测的科学。

在计算机系统中，硬件和软件是相辅相成的。没有硬件，无所谓计算机；没有软件，计算机就失去了"灵魂"。同样的道理，人类社会的进步，需要硬科学，又离不开软科学。考察现代科技和现代生产的发展，人们不难发现这样一个显著的趋势：一方面高度分化——学科和分工越来越多，越来越细，专业化程度越来越高；另一方面又高度综合——各学科、各行业互相渗透，互相交叉，左连右挂，纵横交错，协作越来越趋紧密。这一趋势使得规划、组织管理、协调等的职能日益重要。没有规划和协调，科学就难以加速发展；离开科学管理，先进的科学技术就难以发挥应有的社会功能，社会化大生产的机器也无法正常高速运转。所有这些，正是近些年来软科学勃兴的原因之一。

软科学研究的重点，在于各个层次的战略问题。在宏观方面，它可以为人们制定科技、经济、社会发展的战略规划、方针政策等，并提供决策方案和可行性研究。在微观方面，它是科研管理、企业管理、行政管理等良师益友，可为人们提供各种信息服务和咨询服务。概括地说，软科学不仅可以解决科学技术发展所面临的问题，而且能解决包括人类和社会现象的广泛问题。

5. 经济增长方式的转变有赖于软科学的介入和突破

我们正在实施两个根本性转变，其中，经济增长方式的转变一般认为取决于七个因素：企业活力、科技进步、技术创新、劳动者素质、外部环境、科学管理、宏观调控。其中，科技进步包括软科学进步；提高劳动者素质包括提高劳动者的决策能力；科学管理和宏观调控中，更有许许多多属于软科学的课题。所以，软科学的介入和突破，将有力地促进经济增长方式由粗放型向集约型转变。

6. 软科学也是第一生产力

软科学项目往往被人们认为不能直接产生经济效益，多属闭门造车，纸上谈兵。其实，软科学是一门集广泛的社会实践、众多的理论分支、严谨的逻辑思维以及较强的洞察水平为一体并通过科学管理来体现的系统工程学科。在经济增长方式转变中，实施集约型的经济增长方式的部分内容，就是应用软科学对企业进行严谨的科学的生产、工艺、成本、质量、销售等方面的管理，向科学管理要效益。经济增长方式的精度所涉及的关键性问题——

国有资产重组,也属软科学范畴。此外,社会全面发展中方方面面的协调、平衡等,大有软科学应用的文章可做。我们讲科学技术是第一生产力,科学技术中当然包括软科学。因此可以说,软科学也是第一生产力。

九、"小科学"与"大科学"

早在1961年,美国物理学家温伯格就提出,当代科学已经从小科学变成了大科学。

1963年,美国科学家普赖斯在他的名著《小科学、大科学》中指出:"现代科学不仅硬件如此璀璨不朽,堪与埃及金字塔和欧洲大教堂相媲美,而且国家用于科学事业的人力和物力的支出,也使科学骤然成为国民经济主要环节。现代科学规模巨大,面貌一新,而且强大无比,它使人们不得不用大科学这一名词美誉之。"

温伯格和普赖斯这里所讲的"科学",实际上包含了"科学与技术活动"。大科学是相对于小科学而言的。

所谓小科学是指传统的在个人研究或发明兴趣指引下,以个人的自由研究为主要特征的科学与技术活动。这是资本主义工业化初期的科学研究模式。20世纪40年代以来,科学技术研究模式发生了很大变化,具体表现为:研究对象常常是一些综合性很强的课题;研究程序十分复杂,靠单个人难以完成;研究活动常把自然科学、技术科学、社会科学等多方面的专业资料和知识联系起来;研究所需要的经费、人员等需要在整个国家甚至几个国家的国力范围内解决。由此就使科学研究由集体规模发展到国家规模,甚至国际的规模,形成了科学技术的劳动大军。40年代美国研制原子弹的曼哈顿工程,60年代的阿波罗登月计划,以及目前我国正在实施的三峡工程等,都是大科学时代到来的标志。

大科学的特征主要可归纳为三点:

一是规模巨大的科学技术社会产业。科学技术研究已成为一种高度社会化活动,其规模越来越大,社会建制越来越复杂,社会支持系统也日益扩大和完备,因此,其经济、社会效益和战略意义也更大。

二是科学技术高度一体化。在现代高技术领域,许多基础研究的课题几乎是与应用研究、开发研究课题同时并进的。

三是科学系统整体化。如果把基础科学、技术科学和社会科学每一类科学比为一维空间，大科学则为纵向、横向、侧向三维立体的"全方位科学"，它实现了自然科学技术知识和社会科学知识的综合化发展。

每一个时代都有与该时代科学技术发展状况相关联的，并代表该时代特征的主导思维方式。随着21世纪"大科学"时代的到来，我们也必然树立大科学的观念。

首先，要建立大科学的系统观。要用系统的观点来看待科学技术活动本身，包括它的知识体系、社会建制、认识过程和实践活动等。要把科学技术看成是整个社会大系统的一个子系统，从战略高度规划科学技术的发展，分析科技发展内部的机制并制定相应的促进发展政策。

其次，要树立大科学的经济观。小科学时代那种以个人研究兴趣为导向，"为了科学而科学"的科研观念已经陈旧过时。一个国家要保持经济的持续发展，必然依靠大科学不断注入新的发展活力。而要发展大科学又必然依靠大经济对它的推动和支持。大科学与大经济是相互促进，共存共荣的。

最后，要树立大科学的价值观。要正确认识和全面评价科学技术的社会价值。科技的发展，一方面为人类创造出灿烂的物质文明和精神文明，造福于人类社会。但另一方面也会带来一些人类预想不到的与人类利益相悖的社会后果。为了限制和克服科技发展可能带来的负效应，一方面要依靠科学自身的继续发展完善，另一方面还要通过社会实践对社会制度和社会关系进行调整和变革，使自然、人和社会最终能协调发展。

十、高技术·中技术·低技术

既然人们已经把某些技术领域定义为"高技术"，那么，高技术以外的技术领域未尝不可称之为"中技术"或"低技术"。

其实，技术工作在本质上并无高低之分，从事高技术领域的工作而不积极进取，马马虎虎，那也只能是"低"水平；反而，从事中、低技术领域的工作而能积极进取，精益求精，则完全可能达到高的水平。"节水抽水马桶"的发明，尽管称不上是"高技术"，但这项发明所体现的创造精神和追求社会效益的责任感，确实应给予很高的评价。

高、中、低技术之间并不存在什么固定的界限，1990年日本新日铁公司提出三项经营方针：第一，以高技术化的钢铁为基本；第二，推进钢铁和新材料的复合化；第三，开发新材料。这些方针正反映了一个重要事实：第一，非高技术（比如钢铁技术）可以高技术化；第二，非高技术与高技术可以结合；第三，即便是高技术本身，其中也包含着许多中、低技术，比如，新日铁公司在进入新材料这个高技术领域时，就特别注意要在新材料领域中充分发挥该公司在传统的钢铁技术领域中锤炼出来的各种技术专长，例如将炼铁技术运用于开发功能性新材料，将传统的压延加工技术运用于开发钛伸展材料，将传统的熔解精炼技术运用于开发新金属材料，将该企业在传统技术领域中长期培养出来的"降低成本，提高可靠性"这两项看家本领运用到各种高技术开发活动中去。

作为高技术的核心领域的半导体集成电路技术，在很大程度上也有大量的中、低技术的"集成"，比如，在"前部工序"中有关硅片在石英母里如何安放，从腐蚀液中取出硅片时如何夹持，如何减少用镊子夹持硅片的次数，如何保持车间环境的清洁，采用什么衣料的防尘服不易沾上灰尘，进入车间之前如何施行空气浴可有效去除身上的浮土等都有很多讲究，甚至还要动员女工们不化妆以减少污染源（因为发现化妆品也是一种污染源），禁止在车间内使用普通铅笔和纸张作生产记录（因为发现使用铅笔会产生粉尘），这些技术一一看来都算不得什么"高技术"，毋宁说是地地道道的"低技术"，即使中学毕业的普通工人也完全能琢磨出来，然而，正是这些不用胜枚举的大量的"低技术"的"集成"、积累，构成了支撑半导体集成电路这个高技术金字塔的重要基础。

高技术不仅在其内部需要大量的低技术作支撑，而且在其外围也需要各种低、中技术的协助。仍以半导体集成电路来说，它需要其他企业提供"掩模"（用以"印制"集成电路图形成形的"低版"），供应引线架，供应金线，供应陶瓷或树脂管壳，供应石英炉管和器皿，供应各种化学药剂，供应各种高纯度气体，供应防尘工作服，甚至还要有专门企业为其洗涤防尘工作服等。

据说，美国高速公路的56万座桥梁已有近一半需要更新，193万公里的主要道路中有60%以上已成为"老龄化"道路而需改修，这些都意味着对钢铁材料的巨大需求，可以说，目前还远不能找到任何一种高技术新材料可在价格与数量（全世界每年要生产7亿吨钢）上可与钢铁匹敌。这说明，即使在发达国家，传统技术也并非是夕阳西下，更何况在我们这样一个发展中国家，许多传统技术领域更如同旭日东升，所谓中、低技术的发展余地还大得很。现在，不少人一说要搞科技，就往往表现出一种非干高技术不可的气概，其实，中、低技术领域还有许多空白需要填补（尤其在发展中国家这种空白更要比发达国家多得多），人们大可不必都往高技术这一趟"公共汽车"去挤。

发展技术需要一种锲而不舍的钻研精神，有了这种精神，即便是低技术企业，经过长期的努力，也可能向高技术企业"升级"。例如，日本的味之素公司从创业之初以来，为了提取海带鲜味的精华，几十年如一日地钻研氨基酸技术，先后开发出分解抽出法、合成法、发酵法等，在长期积累起来的氨基酸与发酵技术的结实基础之上，一举踏入遗传基因工程、细胞融合等生物高技术领域，陆续开发出抗癌药剂、人工甜味剂、界面活性剂等多种高技术新产品，成为日本在生物高技术领域的先驱企业之一。日本的迪斯柯公司是一家创立于1937年的磨刀石企业，从50年代以来，该公司一门心思搞刀片，最初是给钢笔尖切缝，后来又制造用于切割集成电路芯片的薄刀片，1969年受东京大学的委托，将美国"阿波罗"飞船带回的月亮上的岩石标本切成极薄的试片用于显微观察。这家数十年如一日、迷上了一个"切"字的中小企业，目前在集成电路的一项重要设备—高精密硅片切割机的世界市场上，占有70％以上的份额。可以说，生产最讲研究实际，管你什么高、中、低技术，哪种技术最符合生产的需要，就选择那种技术。

总之，无论是高技术、中技术、低技术，都是大有可为、大有前途的技术领域，而且它们之间存在着相互渗透、相互依靠、相互转化的丰富的辩证关系。

十一、科学·非科学·伪科学·科学骗局

1. 科学

科学是反映自然、社会、思维的客观规律的知识体系。"客观性"、"规律性"和"系统性"，是科学的最基本的规定性。

科学来源于实践。实践是检验科学的唯一标准。实践对科学的检验并非都是由一两次实践能完成的，科学结论一般都在接受长期的检验。因为真理

都是相对与绝对的统一体，世上没有绝对的真理。

实验属于实践，但不等同实践。凡是科学都可用实践作最终证明，但未必都能由不同的人做重复实验和观察。如 N（N≥4）维空间的实在性，显然连一次实验都不能做。反之，此例同时也证明了做不出实验的理论，未必不是科学。

在此还要指出的是，即使在多次实验或实践中遭到失败的理论，也未必不是科学。

2. 非科学

本文提出"非科学"概念，是为了与伪科学区别。非科学产生于人对真理的探索过程。

所谓非科学，是指对客观存在即对自然、社会和思维的客观规律，未能作出客观的、系统的和规律性解释的学说。简单地说，就是指对客观存在未能作出正确解释的学说。因此，非科学的本质源于客观的存在。

机械论、唯心论、宗教教义，以及我们在各种实践活动中作出的错误理论，都只是对客观存在作了不正确的解释，并没有作任何伪装，所以虽非科学，但也绝非伪科学。判断非科学与伪科学的标准，不应是创立者有否声明其为科学，而只能是学说本身的实践。如对"四色定理"，世界上有很多数学家发表过研究论文，声明自己已作出了证明，但实际都是错误的，显然谁也不能说它们是伪科学。所以，判别的标准只能是事物本身的性质，不能是事物以外的东西。否则会扩大打击面，伤害无辜，使伪科学感到并不孤立，同时也会对科学研究的发展和学术研讨的展开产生负面影响。

3. 伪科学

所谓伪科学，笔者认为有以下两类：

（1）凭空胡诌编造的学说；

（2）有伪证乔装的原本错误的学说。

上文说过，宗教学说、唯心论，以及在实践中产生的各种错误认识和错误的科研结论，都不是伪科学。但事情会在一定的条件下发生质的变化。如有人给错误的科研结果制造假实验作伪证，乔装成科学发表，则原本不属于伪科学的科研结果转化成了伪科学。

伪科学与非科学的质的区别，有以下两点是最明显的：

（1）伪科学是无视客观事物的胡编，或者是给非科学造假作伪证乔装骗人、害人。而非科学是人类在实践中由于受到各种主、客观条件的局限，对客观事物作出了自以为正确、实际是错误的反映。

（2）伪科学的制造者是故意的、有预谋的、有卑劣目的的。而非科学的创立者没有预谋，没有卑劣的企图。

所以，伪科学的要害即核心是"伪"，而"卑劣"是伪科学制造者的丑恶灵魂的特征。

4. 伪科学有罪无功

谬误是真理发展的推动力，这谁都没有异议，包括伪科学的反对者和制造者。

谬误之所以对真理发展有功，是因为谬误作为人认识真理过程中难免的产物，也是客观存在的反映，从而迫使人类为纠正谬误而努力实践、深入探索、获取真理性认识。但这并不是说谬误是真理的源泉。真理的源泉只能是实践。

但伪科学不是客观事物的反映，不是人在认为真理的过程中难免的事物，没有任何学术价值。对人类认识真理只能起干扰作用，不起丝毫的推动作用。因为伪科学的荒谬之处，人类早已在实践中认识，不需要再作探索。至于人类实践目前尚不能证明的新兴领域中的属于想象性质或假设性质的学说，如关于宇宙人存在与不存在的各种理论，本来就不属于伪科学，它对人类进行空间探索的推动作用，当然也不属于伪科学的作用。因此，在能量守恒定律发现以前的永动机学说，本来就不属于伪科学，把它对人类发现能量守恒定律的推动作用归为伪科学的功劳，是显然不妥当的。若在能量守衡定律发现之后，有人再用假实验宣扬永动机理论，那才是伪科学。

伪科学制造者利用伪科学骗取名誉、金钱，甚至图财害命。而人类为了揭穿伪科学，也是浪费本可以用于创造的大量的时间、精力、物力和财力。

因此，伪科学只有罪，无功可表。

5. 当代伪科学活动的十大表现

（1）神化"神功人物"愚弄百姓。自称"超人"、"佛人"、"大师"、"麒麟子"、"释迦牟尼传人"等"称号"；吹嘘意念"预测卫星发射"、"扑灭森林大火"、"改变分子结构"种种"神话"；公开表演"特异功能"发功治疗绝症、顽症、疑症，给头面人物戴上各色"光环"，甚至实行"个人崇拜"，以此愚弄"信徒"及老百姓。

(2) 借助"名人效应"扩大影响。四处拜见名人,寻找各种途径与领导同志的亲属、工作人员拉关系,利用或伪造题词、书信、合影、录像等进行自我吹捧。有的还胡吹为公安、安全等要害部门培训人才,拉大旗虎皮。

(3) 制售"信息产品"大肆敛财。信息水、信息茶、信息酒、信息卡、信息照片、信息挂历、信息鳖、气功奶粉等所谓"带有气功信息"的产品名目繁多,有的形成产业化,高价骗取钱财。

(4) 采取"免费"、"优惠"诱人上当。因人而异,投其所好,瞄准离退休老干部、知识分子、企业家、疑难杂症患者、残疾人等群体,先以"免费咨询"、"优惠服务"为诱饵,引人入门,然后举办辅导班或"连环"推销"信息产品",伸手要钱。

(5) 自办"学术社团"迷惑群众。挂靠学术社团或自办"学术社团"、"科技企业"进行包装。

(6) 网络秀才构建"理论体系"。与某些记者、作家、科技工作者联手,加工提炼,拼凑理论体系,使"江湖神功"摇身变为"生命科学"、"人体科技"、"预测学"、"法轮功"、"宇宙语"等。

(7) 渗透舆论阵地为其张目。以资助、承包、合作等形式获取版面或办报办刊,向舆论阵地渗透,为自己张目。

(8) 制造虚假新闻混淆视听。公然歪曲事实,制造或传播虚假信息。如美国情报部门已决定终止研究"人体特异功能",而某气功杂志却声称"美国正在开发'人体特异功能'",并说"我们别无选择,只有奋起直追……"

(9) 玩弄诡辩术自欺欺人。反复鼓噪"信则灵"、"诚则灵",声称"在100个类似的表演中,即使有99个做了假,只要有一个完全排除了作弊的可能,那就值得研究。"但是,又以各种借口拒绝正规的科学实验。

(10) 形成具有邪教色彩的组织网络。以传师授徒为方式,在各地成立分会、辅导站、推广站等,形成"老鼠会"式多层次庞大体系。

6. 中国现代十大伪科学代表作

不久前,《中华读书报》"科技视野"专刊、《科学与无神论》杂志社等邀请部分专家、学者评选出当代中国流行的十大伪科学代表作以示读者。

评选结果如下:

(1)《发现黄帝内经》(上、下册)柯云路著,作家出版社,1998年。(此书只是柯先生众多宣传伪科学的著作之一,此书神吹胡万林,影响极坏。)

(2)《人是太空人的试验品》李卫东著,甘肃人民出版社,1994年。(此书作者当时为北京某大学的博士生,此公毕业后又推出两部惊世著作。李卫东在此次评选作者中学历最高。)

(3)《周易与预测学》邵伟华著,花山文艺出版社,1990年。(此书1991年9月27日被新闻出版署取缔,被定为迷信图书。此公后来又出版此书的修订本,改名为《周易预测学讲义》,出版时封面还贴有激光防伪标签!)

(4)《沈昌人体科技——21世纪的曙光》尹一之著,中国文联出版公司,1993年。(此书宣扬沈昌神鬼学说,影响很大。)

(5)《严新气功科学实验纪实》经纬、艾人编著,中国友谊出版公司,1998年。(此书汇集严新主要的"科学"实验论文,是其最新四卷本著作之一。此书所收内容代表中国神功"科学研究"最高水平。)

(6)《大气功师出山——张宏堡和他的功法秘宗》纪一著,华龄出版社,1990年。(此书宣扬张宏堡为"中功"壮大立下汗马功劳。作者本人后来也自立门户,当起了大师,近来卖开了信息茶。)

(7)《中华奇宝"万法归一功"秘传真经》张小平著,华艺出版社,1993年。(此书为"佛子"张小平神化自己的著作,此书称东方红太阳升,中国出了个张小平。张曾两次被公安部门拘捕。)

(8)《转法轮》李洪志著,中国广播电视出版社,1994年。(不用介绍,李洪志的代表著作,可能不是他本人所著。)

(9)《大自然的魂魄——记自然中心功传授者张香玉》李培才著,长虹出版社,1989年。(吹捧女巫张香玉的专著,作者曾为某报记者。)

(10)《中国元极功法》张志祥著,科学出版社,1995年。(元极功在全国甚至海外都有影响,尤其在湖北省莲花山已经建成基地,并办有学术期刊《人天科学研究》,以"科学"开路,更是盛极一方。)

7. 科学骗局

一般来说科学本是最讲求真实性的,但近些年来所谓轰动一时的"科学事件",却颇多骗局,下面列出本世纪著名的十大科学骗局。

(1)百慕大"死亡三角"

在众多科学骗局中,"百慕大"传说是影响最大且流传最广的一例,但它的起因只是第二次世界大战中几个美国飞行员的传说而已,由于百慕大地处太平洋中心,为了吸引更多的旅游者,百慕大地方政府不仅没有尝试去澄清这个显然不存在的"死亡三角",反而大肆渲染,甚至绘声绘色地将其印在旅行手册中。直到1980年,美、澳科学考察队联合发表了声明,声明中称:"百慕大没有任何超越自然的地方。"但流言仍遍布天下,直到16年后,尚有"科学家"自称"发现"了"百慕大之谜"。

(2) 尼斯湖"怪兽"

尼斯湖"怪兽"的起因比"百慕大"还要离奇。几十年前,一张不甚清晰的尼斯湖"怪兽"照片震动了整个科学界,而拍这张照片的盖斯是当地的旅游接待人员。10年前,他承认所谓的尼斯湖"怪兽",是他用洗衣机排水管、泡沫塑料及塑料桶拼接而成的,他的这个"工艺品"在短短几年内,为尼斯湖地区创造了10亿英镑的旅游收入。

(3) 诺亚方舟的"发现"

1984年,英国考古人员宣布在埃及"发现"了《圣经》中记载过的"诺亚方舟",并配发了多张图片。但事实上,按《圣经》记载,诺亚方舟为世界上每个物种都留了一个位置,据此算来,这样大的船,至今人类都无法造出来。更重要的是,《圣经》中记载的诺亚方舟,从没有到过或试图接近过埃及。

(4) 有"人造心脏"的木乃伊

1991年,一些"科学家"宣称,他们在金字塔发现了一个拥有"人造心脏"的木乃伊,而且这个心脏至今仍在跳动,据称它是"黑水晶"制成的。但事实是,金字塔内所有木乃伊都已搬进了博物馆,没有人能在1991年在金字塔内部看到木乃伊。

(5) 常温下的"超导体"

1989年12月,印度科学家宣称他们"制造"出了常温下的超导体,这种合金居然在37℃中电阻仍为零,而直到今天,最先进的超导体合金也需在零下100℃左右。有趣的是,不久之后,斯里兰卡"科学家"亦宣称他们制造出了常温下的超导体。于是,两个科学本不发达的国家,一夜之间成了科技大国。

(6) 牛皮西红柿

20世纪80年代中期,英国一家实验室宣传他们成功地将牛的基因移植到西红柿的基因上,结果他们"得到"了一个果皮似牛皮、果肉似西红柿的成品。这一发现轰动世界。不久,人们才发现,这个牛皮西红柿的消息是在

"愚人节"那天发布的。

(7)"星球大战"计划

美国总统里根宣布的这个"计划"煞有介事地宣称,美国将在太空设立三道激光"防线",以抵御可能遭受的核攻击。一些不明就里的美国科学家纷纷指出其不可操作性,但前苏联却信以为真,先后投资数千亿美元,以求也搞一套"星球大战"体系,结果是人财两空。数年后,美国政府宣布,"星球大战"计划是为了欺骗前苏联政府白花钱的一个诡计,美国从没有为这个设想投资过一分钱。

(8)改写热力学定律

80年代中期,一名侨居英国的斯里兰卡学生宣称,他发现热力学定律是错误的,因为在冰箱中,热水冻结速度快于冷水。与牛皮西红柿一样,这位学生也是4月1日公布他的"发现"的。

(9)活捉"外星人"

"发现""外星人"在美国平均一天有200起,其中活捉外星人的报告平均一天便有10起以上。可笑的是,美国一位心理学家经研究得出了这样的结论:凡宣称见过外星人的人,可能真的见过外星人。

(10)次声武器

1984年,法国几名科学家宣布,他们"发明"了次声武器,只要一开动它,它便会发出"次声",杀死方圆10公里以内的人。他们称他们曾不小心开动过它,结果毁灭了一个村庄,但奇怪的是,这几名"科学家"却没有因为这次"不小心"而丧失性命。

十二、社会科学技术是否第一生产力

我们说科学技术是第一生产力,这"科学技术"是否包括社会科学技术?

在一些人的观念中,"科学技术"仅仅指自然科学技术,而不包括研究人的社会行为和社会生活的社会科学技术,这是一种偏见和误解。

江泽民同志在1995年5月25日召开的全国科技大会上就以不容置疑的语调指出:"科学当然包括社会科学。"中国要进步,不可能只靠自然科学;社会科学不"硬"起来,中国的发展就是跛脚的。因为马列主义也要在新的历史条件下发展,在中国建设社会主义市场经济这一前无古人的伟大事业必然会有许多新课题需要我们解答。事实上,我们说引进外国的管理技术,这"管理"不就是社会科学问题吗?我们在企业管理上的落后往往甚于技术的落后。

学习邓小平同志关于社会主义本质的论述,可使我们正确认识"社会科学技术也是第一生产力"这一命题。

1. 以社会科学理论指导的改革就是解放生产力

1992年邓小平同志的南方讲话,把改革开放和发展生产力直接联系了起来,强调改革也是解放生产力。"过去,只讲在社会主义条件下发展生产力,没有讲还要通过改革解放生产力,不完全。应该把解放生产力和发展生产力两个讲全了。"

这就是说,科学技术是生产力,改革开放是扫除束缚生产力发展的障碍,解决生产关系以促进生产力的发展。两者统一于社会生产力的发展上。"要发展生产力,就要实行改革开放的政策。不改革不行,不开放不行。"而解放思想是改革开放的前提。思想不解放,改革开放就不可能继续深入,也不可能有新的突破。

根据邓小平同志对社会主义本质的论述,在社会主义条件下,提高生产力,包括两个密切联系的内容,一是"解放生产力";二是"发展生产力"。把"解放生产力"与"发展生产力"相提并论,作为社会主义本质的基本点、作为社会主义的根本任务,具有深刻的理论价值和重大的实践意义。从理论上看,它深化了社会主义根本任务的内涵。过去我们认为,在对生产资料的私有制改造结束以后,解放生产力的任务已经完成,社会主义的任务只能是在新的生产关系下保护和发展生产力。邓小平的谈话突破这一传统观念,把社会主义条件下发展生产力和解放生产力统一起来。"改革是中国第二次革命","革命是解放生产力,改革也是解放生产力","经济体制,科技体制,这两个方面的改革都是为了解放生产力。"发展生产力,必须依靠科学技术;通过改革解放生产力,必须依靠科学社会主义理论指导改革实践。邓小平同志充分肯定了科学技术在发展生产力中的"第一"的作用,又深刻指出以社会科学理论为指导的改革是解放生产力。这样,邓小平同志就阐明了自然科学技术与社会科学技术在提高生产力中各自的重要作用(一个是发展生产力,一个是解放生产力)及其相互关系,由此,也可以得出"社会科学技术也是第一生产力"的结论,或者说,"科学技术是第一生产力"中的"科学技术",也包括社会科学技术。

2. 社会科学生产力的客观性

生产力是一个有机系统，其构成因素在客观上分为三个逻辑层次：第一层次是构成生产力的实体性因素，有三个有形的物质实体：劳动者、劳动资料和劳动对象。第二层次是构成生产力的有形物质实体的技术性提高因素，包括工人的平均熟练程度的提高、劳动工具的改进、劳动对象的优化。第三层次是构成生产力的有形物质实体的单项优化和组合优化因素，主要包括社会科学的应用使某些工艺优化、实体性因素组合优化等。这三大层次因素在生产力系统运动中互相渗透，互相作用，促成社会生产力不断发展壮大。因此，从总体上说，社会科学也是生产力。社会科学是生产力的客观性表现在：

（1）社会科学在工艺上的应用，促进了生产工艺的改进。如工艺美学已被很多产业部门普遍应用，成为改进劳动工具、厂房以及产品外观设计的必要因素，最终表现为劳动资料和劳动对象。第二次世界大战后蓬勃发展起来的工程心理学作为研究人机关系问题的新学科，也已经在机器设计、生产环境的控制等方面得到广泛的应用，从而物化在劳动资料之中。还有更重要的是电子计算机除了电路的逻辑分析与设计外，各种程序的设计都需要运用逻辑学知识；某些应用软件，特别是专家系统，以及各种电脑辅助设计系统、电脑辅助教学系统等，还要运用各自相关的社会科学知识。根据科学预测，综合运用思维科学、自然科学和社会科学的人工智能，在不久的将来有可能成为新生产力的突破口。

（2）社会科学对生产过程的渗透，是使生产力诸实体性因素合理组合的必不可少的桥梁。在社会化大生产条件下，企业生产活动离不开管理。生产管理过程就是使生产力诸实体性因素合理组合的过程，离开这个合理组合，就不能形成现实的生产力。也就是说，在这一合理组合之前，企业所具有劳动生产力、资本生产力都还是"潜在的生产力"，只有实现这一合理组合，才能使之变成现实的生产力。否则，即使拥有再多的"潜在生产力"，也是毫无实际价值的。然而，实现这一合理组合并非易事，需要实行科学来指导。并且，除着新技术革命的发展，科技与生产的联系不断加强，在自然科学转化为现实生产力的过程中，必然会越来越需要社会科学的参与。我国的功勋科学家钱学森同志指出："科学技术是第一生产力。这里科学技术包括社会科学，而且在我国目前，社会科学比自然科学更有关键性。"这是在新的历史条件下，对社会科学的新认识和高度概括。

（3）社会科学对生产管理的渗透，不仅使"潜在生产力"转化为"现实生产力"，而且还创造了一种生产力。马克思在分析资本主义生产过程时指出，通过协作不仅"提高了个人生产力"，而且"创造了一种生产力"。当代生产管理在生产力中的作用越来越大，集中表现在通过其在生产力其他因素的合理组合，最大限度地扩大生产能力上。从微观看，一个具体生产企业总的生产过程，一般包括生产准备过程、基本生产过程和生产服务过程。各个过程又分为不同阶段和工序。同时各个生产过程中都需要有生产力诸因素参加进去。生产管理的作用就在于把各个生产过程、各工序和诸因素科学地组合起来，使它们发挥最大的效能。从宏观上看，整个国民经济各部门、各地区的生产力诸因素需要在时间上有序安排，在空间上合理布局和位移，都需要科学合理的指挥、组织和协调。否则，其中某一环节管理失误，则会给社会生产力的发展造成重大损失。

3. 社会科学生产力的三大特征

（1）具有生产力功能的社会科学外延的不完全性。由于论题"社会科学是不是生产力"中的"生产力"是指"物质生产力"，因而，只有涉及生产物质财富关系的社会科学部分，如经济科学、管理经济学、管理心理学、工艺美学、工程心理学、会计学等，有可能渗透到生产力各实体要素及其组合中去，才具有生产力功能，才能成为生产力；而不涉及生产物质财富关系的社会科学部分，如政治学、民族学、宗教学、伦理学、文学等，不可能渗透到生产力各实体要素及其组织中去，故不具有生产力功能，不能成为生产力。

（2）社会科学生产力表现形式的双重性。即具有潜在生产力与现实生产力之分。众所周知，企业所拥有的劳动力、资本等在相互结合之前，还是一些潜在的生产力。劳动力、劳动资料和劳动对象只有相互结合之后，才能成为现实的生产力；自然科学技术在运用于物质财富生产活动之前，也是一种潜在的生产力，是一种潜在的第一生产力，只有将其运用于物质财富生产活动以后，才会表现为现实的生产力。社会科学生产力表现形式也不例外，社会科学技术在应用于物质财富生产活动的生产诸因素的组合、协调和控制之前，表现为一种潜在的生产力；只有将其运用于物质财富生产活动中的生产诸因素的组合、协调和控制之后，才会表现为现实的生产力。例如：管理科学——泰罗制在应用于物质财富生产活动之前，还仅仅是一种潜在的生产力。当其运用于物质财财富生产力活动之后，确实在一定程度上促进了物质财富的增长，表现为现实的生产力。这就是说，社会科学要成为现实生产力，也必须经历一个转化过程。

（3）社会科学生产力的乘数性。生产力是整体有机合力，就像有生产的机体那样，由多种特殊功能的因素"融合为一个总的平均数，一个总的合力"，而不是简单相加。长期以来有一种错觉，以为生产力就是诸要素生产力的简单相加，说到发展生产，就是追加投资、增添设备和人员，以为把这些东西添加在一起就是生产力的增长。殊不知，现代化大生产是一种由物质流、能量流、信息流都具有规定的结构、规模、时序和运行空间的一系列庞大子系统所构成的，纵横交错、多层次、多方位的立体网络。这种系统的能力，是由多种因素、多条规律相互作用的结果。因此，现代生产力绝不是其他诸要素生产力的简单相加，而要在诸要素生产力的组合中，多种因素、多种规律的交互作用中加以确定。现实生产力的最终结果的状况，在其他诸要素生产力既定的条件下，主要取决于这种组合的合理程度和有关规律交互作用的程度。如果我们将这种诸要素生产力组合对现实生产力的最终结果和状况的作用程度看作是扩张缩减系数的话，那么，现实生产力总量就等于诸要素生产力的基础合力与扩张缩减系数之乘积。

（原载 1993 年 9 月号《广东工学院学报》，又载《绿色 GDP》，人民日报出版社，2002 年 5 月第 1 版，有增删）

科技创新纵横谈

科技创新关系到一个国家和地区的前途命运。科技创新是科技进步的核心,是科技与经济的结合点,是现代产业发展的动力。在当今这个越来越依赖于科技进步的时代,一项工艺的变革可能带来一个产业的腾飞;一个成果的推广可能使企业的经济效益成倍增长;一个产业的发展可能促进资源的深度开发。我们作为发展中国家,具有后发优势。利用科技创新取得的突破性进展,使我们有可能实现生产力水平的跨越式提高,从而赶上或超越发达国家。在目前,加强科技创新,是我们实现经济结构战略性调整和"两个根本性转变"的重要前提,是我们迎接加入WTO的挑战、实施"走出去战略"参与西部大开发的迫切要求,同时也是企业生存和发展的生命线。"增创新优势,更上一层楼",根本出路在于科技创新。

创新则兴,不创则亡。每一个新产业的出现和传统产业的复兴,无一不与科技创新息息相关。

科技创新,如箭在弦,别无选择。

一、若干视角

第一个角度,从讲政治的高度看科技创新。江泽民总书记多次要求党的领导干部要学会从政治上观察问题,要讲政治。对科技创新也有一个如何从讲政治的高度去认识的问题。有的同志会说,科技就是科技,怎么往政治上扯?小平同志有两个著名论断,一个叫社会主义的根本任务是解放和发展生产力;一个叫科学技术是第一生产力。两句话连在一起,生产力作为一个中介,就把科学技术与社会主义紧紧地连在一起。事实上,社会主义从诞生那天起就同科学技术结下了不解之缘,甚至可以说同科学技术有着天然的联系,从社会主义三次历史性飞跃的事实可以说明这个问题。第一次飞跃以

1848年《共产党宣言》的发表为标志，社会主义从空想变成科学。为什么《共产党宣言》是在1848年发表？因为当时世界上科技界有三大发现，一个是细胞学说；一个是能量转化与守恒定律；一个是达尔文的生物进化论，正是这三大发现为辩证唯物主义奠定了基础。马克思、恩格斯在后来的著作中讲得很清楚，他们起草《共产党宣言》正是从当时科技界的这三大发现中吸取了营养，找到了根据。第二次飞跃是1917年以俄国十月革命胜利为标志，社会主义从理论走向实践。如何建设社会主义，列宁提出了一个很著名的公式，叫做社会主义等于苏维埃政权加电气化。电气化就是科学技术。社会主义跟科学技术的关系密切到可以用一个等号来相连。第三次历史性飞跃大家都知道，是邓小平理论的建立和形成，社会主义从一种模式发展到几种模式。邓小平同志创立的理论，以宽广的眼光观察世界、观察历史、观察科技。世界科技发展大趋势与小平同志对这种趋势的观察，是邓小平理论的重要思想源泉。我们从这三次社会主义的历史性飞跃可以看出，每一次都跟一定的科学背景相联系。21世纪将是社会主义与科学技术结合得更加紧密的世纪，科学社会主义会跟科学技术更加紧密地结合在一起。因此科技进步与政治是紧紧地联系在一起的。这是从讲政治的角度看科技创新。

　　第二个角度，从时代特征看科技创新。我们现在所处时代的社会特征最重要的有两点，第一，政治冷战已演变为科技竞争，和平与发展成为世界发展的主流。第二，经济的全球化。全球化生产，全球化销售。经济全球化的主导是谁？是美国等发达国家。马克思、恩格斯不是说帝国主义是资本主义的最高阶段，是腐朽的、没落的、垂死的吗，怎么还能主导经济全球化呢？为什么还垂而不死、腐而不朽呢，还能表现出一定的活力呢？其最根本的原因在于发达国家的科技进步和科技创新。经济全球化最本质的原因就是科技创新。面对经济全球化等时代特征，一个国家一个地区生存得怎么样，发展得怎么样，在很大的程度上取决于这个国家、这个地区的科学技术发展水平、科技创新能力。

　　第三个角度，从全局性眼界看科技创新。我们很多同志往往习惯认为科技是科技部门的事。这种看法在以前情有可原。因为在过去漫长的岁月里，科技进步还没有成为第一生产力，没有上升到经济社会发展关键位置，科技活动一直在科技系统内部进行小循环。但环境不同了，现在我们所处的时代，科学已经成为第一生产力，成为经济社会发展最关键的因素。科技也从科技系统里面的小循环,进入了整个经济发展的大循环,所以现在科技工作不再仅仅属于科技部门的工作,而是全局性工作。因为是全局性工作,就提出了第一把手抓第一生产力,要从全局性眼界看科技创新。

第四个角度,从加快湛江发展的内在需求看科技创新。大家都说,这些年湛江在很多方面都落后了,我想,落后的方面有很多,但最根本的一条就是科技发展水平的落后。我们全市科技进步对经济增长的贡献率在1997年底是18.6%,名列全省倒数第一。全省建立了一大批科技研究中心,我们湛江到1997年底还没有一个。我们的高新技术企业数、高新技术产品数、高新技术的产值占全省的比重都在两个百分点以下,落后的程度是严重的。我们实施《988科技兴湛计划》之后,短短一年多时间,情况就有很大的改观。现在我市科技进步贡献率已经达到34.81%,但还没有达到全省的平均水平。我们再抓一年,到今年底,可望达到全省的平均水平。从湛江加快发展的内在需求来看,我们没有理由不狠抓科技创新。GDP的增长讲到底是三块构成。一个是劳动力投入,现在职工下岗较多,劳动力的投入基本上是负增长。一个是资金投入,银行贷款也不容易了,银行给企业贷款也要讲信用,讲效益。再一个是科技贡献率,现在只剩下这一条路,就只能在提高科技贡献率这一点上做文章。

第五个角度,从争创湛江发展新优势的必然选择来看科技创新。讲到我们湛江优势,很多人很容易想到湛江有港口优势,海洋优势,还有热带亚热带优势,我们的优势可以讲很多,这些确实是有利条件。但也要看到,这些优势不过是自然优势,它不是经济优势,不是产业优势,自然优势要变成产业优势和经济优势,还有一系列的中间环节,实现转化过程,要靠科技进步,要靠科技创新。所以,我们争创湛江发展新优势,最根本的一条就是要争创科技新优势。

二、中共三代领导核心与科技创新

毛泽东同志对科学技术有许多论述。早在1940年,他《在边区自然科学研究会成立大会上的讲话》中,就把科学区分为自然科学和社会科学,并对两类科学的功能作了很好的说明:"自然科学是人类争取自由的一种武器。人们为着要在社会上得到自由,就要用社会科学来了解社会,改造社会进行革命。""自然科学是很好的东西,他能解决衣、食、住、行等生活问题,所以每个人都要赞成办它,每个人都要研究自然科学。"

1957年2月,我国试制成功一台30马力单缸轮胎式拖拉机,喜讯报告了党中央,毛泽东立即批示将此件印发参加中共八大二次会议的各同志阅读,并要求"中央各工业交通部门各自收集材料,编成一本近三百年世界各国(包括中国)科学、技术发明家的通俗简明小传(小册子)。"

毛泽东在其亲自主持制定的《一九五六到一九六七年全国农业发展纲要(草案)》的第二修改稿中,特别列出一条:"加强农业科学研究工作和技术指导工作,系统地建立,充实和提高农业科学研究工作和技术指导工作的机构。"

1960年,毛泽东号召全国人民"向科学进军!"1963年他还指出:"科学技术这一仗一定要打,而且必须打好,不搞科学技术,生产力无法提高。"他还把"科学实验"与"阶级斗争"、"生产斗争"并列为人类三大实践活动。

毛泽东一生中交了许多科学家朋友。他甚至对科学也有过很重要的贡献,提出了"毛粒子"的概念。毛主席接见过几个物理学家,跟他们大谈原子,原子核。科学家告诉他,原子是由原子核和核外的电子构成的。毛主席说:那原子核又由什么构成?科学家告诉他:原子核由质子和中子构成。他又问:那质子和中子又由什么来构成?科学家说:没有了,那就是最小的基本单元了。毛主席说:不对,质子和中子肯定还由更小的粒子构成,它照样有内部结构。毛主席懂哲学判断。他的根据是,一尺之棰,日取其半,万世不竭。后来,毛主席到苏联参加苏共党代会,在那里大谈物质结构,他说:我认为质子、中子还可以分的,它是由更小的粒子组成。后来,科技的发展证明他说得对。科学发现证明,质子是由更小的粒子叫做层子构成的。所以科技界把构成质子、中子更小的粒子非正式地命名为"毛粒子"。在很多科技"野史"中可以找到这种说法。当然,毛主席由于他所处的那个时代和历史的局限,不可能把科技创新提高到我们今天这样的高度。

邓小平同志以马克思主义的宽广眼界洞察当代世界科技发展的大趋势,提出了"科学技术是第一生产力"、"高科技领域的一个突破,带动一批产业的发展"、"发展高科技,实现产业化"等一系列重要思想,奠定了"科教兴国"的理论基础。

江泽民总书记一贯高度重视科技创新。他在党的十五大的报告中就提醒全党:"要充分估量未来科学技术特别是高技术发展对综合国力、社会经济结构和人民生活的巨大影响,把加速科技进步放在经济社会发展的关键地位。"他还高瞻远瞩地指出:"创新是一个民族进步的灵魂,是国家兴旺发达的不竭动力。"

1999年,江总书记在成都、武汉、西安、青岛等地主持召开国企改革和发展座谈会上的讲话中,就解决国有企业面临的困难和问题,着重指出,要"积极推进技术改造和技术创新,使国有企业竞争水平能够适应市场变化的要求。国际经济竞争的核心是知识创新和高新技术的产业化。如果不努力增强技术创新能力,开发新产品、新品种,提高产品质量,增强竞争能力,国有企业就不能在激烈的市场竞争中站住脚。国有大型企业要建立自己的技术开发中心,加强技术开发力量和资金投入,保持发展后劲。"

2000年2月,江总书记在视察广东的重要讲话中,站在历史的高度,对科技创新作了精辟论述:"一百年前,当20世纪来临之际,世界科技进步取得了重大的突破,对当时和以后世界生产力的发展产生了难以估量的影响。而当时处在政治黑暗、兵荒马乱、民不聊生的悲惨境地的中国,根本没有可能去追赶世界科技发展的先进潮流。现在,当21世纪来临之际,无论是中国的面貌还是世界的经济社会生活,同一百年前比已发生了历史性的巨变。世界科技又出现了新的重大突破,为世界生产力的发展打开了新的广阔的前景。当今的社会主义中国完全有条件、有能力去追赶世界科学技术发展的先进潮流,实现中华民族的更大发展。""面向21世纪,我国经济的进一步发展,必须大力依靠科技创新和体制创新。""广东以及经济特区的进一步发展,主要应该依靠科技创新和体制创新。""如何在新的国内外条件下通过科技创新和体制创新增创经济发展的新优势,要加紧研究和实践。要抓紧通过科技进步和创新来实现我们经济结构的战略性调整……"

2000年6月5日,江总书记在中国科学院第十次院士大会、中国工程院第五次院士大会上指出:"面对世界经济和科技发展的新形势,我们必须在全国兴起一个科技进步和创新的高潮。""有没有创新能力,能不能进行创新,是当今世界范围内经济和科技竞争的决定性因素。"他勉励广大科技工作者,要坚持"创新、创新、再创新。"

党的三代领导核心关于科技创新的重要论述,是我们推进技术创新的强大精神动力和宝贵思想武器,为科技创新工作指明了方向。我们要全面贯彻落实中共中央、国务院《关于加强技术创新，发展高科技，实现产业化的决定》和中共广东省委、广东省人民政府《关于依靠科技进步推进产业结构优化升级的决定》，全力推进技术创新，增创发展新优势。

三、"三个代表"与科技创新之逻辑关系

江总书记在视察广东的重要讲话中，第一次阐述了"三个代表"的思想："我们党之所以赢得人民的拥护，是因为我们党在革命、建设、改革的各个历史时期，总是代表着中国先进生产力的发展要求，代表着中国先进文化的前进方向，代表着中国最广大人民的根本利益，并通过制定正确的路线方针政策，为实现国家和人民的根本利益而不懈奋斗。"江总书记强调：在新的历史条件下，我们党要"更好地代表中国先进社会生产力的发展要求，更好地代表中国先进文化的前进方向，更好地代表中国人民的根本利益"。"三个代表"的思想，既坚持和继承了马克思主义的建党学说和邓小平同志关于党的建设的思想，又科学分析总结了新时期党建工作的新情况、新问题和新经验，丰富和发展了我们党的建党学说，对于在新的历史条件下全面加强党的建设，提高党的领导水平和执政水平，保证党和国家事业永远兴旺发达，具有重要的理论意义和实践指导意义。"三个代表"的思想，对新时期党建工作提出了新的更高的要求，我们要以"三个代表"作为党的建设的总要求、总目标和总纲。

江总书记在讲话中还强调："面向21世纪，我国经济的进一步发展，必须大力依靠科技创新和体制创新。""广东以及经济特区的进一步发展，主要应该依靠科技创新和体制创新。""如何在新的国内外条件下通过科技创新和体制创新增创经济发展的新优势，要加紧研究和实践。"此前，他还提出了"创新是一个民族的灵魂，是国家兴旺发达的不竭动力"的精辟论断。

江总书记的重要讲话是个有机联系的整体。"三个代表"与科技创新。密不可分；其内涵、外延和底蕴，有着内在逻辑关系。我们要认真研究深刻领会牢牢把握有关精神实质，并用于指导实践。

我们党要更好地代表中国先进社会生产力的发展要求，全党同志的一切奋斗，归根到底就都是为了解放和发展社会生产力。而当今时代，"科学技术是第一生产力"。科学技术是现代生产力发展的根本动力。现代科技每前进

一步，都引起社会生产力的深刻变革。特别是20世纪以来，量子力学、相对论等具有划时代意义的科学成果，孕育产生了第三次新技术革命；以信息技术和生命科学为核心的当代科学和高新技术突飞猛进，使世界生产力的发展发生了革命性的变革；初见端倪的知识经济，更是为社会生产力发展和人类的文明进步开辟了广阔的空间，产生了深刻的巨大的影响。总之，科技已越来越成为生产力解放和发展的重要基础和标志。特别是高新技术，已成为当代人类社会生产力的制高点。谁掌握了高新技术的优势，谁就掌握了经济和政治竞争的主动权。我国作为独立的社会主义大国，必须在高科技的发展上占有自己的位置。只有大力推进科技进步，发展高科技，实现高新技术产业化，抢占当代先进生产力的制高点，才能代表先进社会生产力的发展要求，才能在国际竞争中立于不败之地。要抢占高新技术这一现代生产力发展的制高点，就必须立足于创新。当今世界各国综合国力的竞争，其核心和关键在于知识创新和科技创新，以及高新技术产业化。科技创新越来越成为当今社会生产力解放和发展的重要基础与标志，越来越决定着一个国家、一个民族的发展进程。如果不能创新，一个民族就难以兴盛，难以屹立于世界民族之林。因此，在当代历史条件下，要代表先进社会生产力的发展方向，不断地解放和发展生产力，就必须高度重视科技创新和知识创新。所以，通过深化改革，从根本上形成有利于科技成果向社会生产力转化的体制和机制，加强科技创新，促进科技与经济的紧密结合。正是科学技术第一生产力新解放和大发展的现实要求，因而也是中国先进社会生产力的发展要求。

我们党要更好地代表先进文化的前进方向，就要在努力继承和发扬中华民族的一切优秀文化传统的同时，努力学习和吸收一切外国的优秀文化成果，从而不断地创造和推进有中国特色的社会主义文化，使两个文明协调发展，使社会全面进步。而科学技术及其创新活动，本身就是一种文化，而且是一种最有穿透力和震撼力的文化。科学技术包含着可物化和非物化两大形态，前者如设备、生产线、图纸、软件等，后者如科学思想、科学精神、科学方法、科学观念体系和科学的社会建制等。因此，科学技术及其创新活动，不仅具有第一生产力的物化力量，而且具有重要的精神文化价值和社会教育功能，它既是推进经济社会发展的第一生产力，又是促进精神文明建设上新台阶的强大杠杆，是思想武器和精神武装，是马克思所说的"最高意义上的革命力量"——包括物质力量和精神力量。正如江总书记在中国科协第五次代表大会的讲话中所指出,"科学技术是精神文明建设的重要基石"。科技及其创新活动不仅影响和作用于物质文明建设,而且影响和作用于包括理想、信仰、社会价值观、行为准则为内容的精神文明建设。它具有冲击错误观念,激发思想更新,震撼人的心灵,推动人类观念进化的巨大力量。例子不胜枚举:人工有机物的合成使"生命力论"不攻自破;达尔文的进化论推翻了"神创论"和"物种不变"等宗教神学的思想统治;相对论使人们对时空获得了崭新的认识……在人类已经能创造新物种的今天,谁还信奉"上帝创造万物"?在航天登月的时代,谁还信奉"天圆地方"、"地球中心说"?可以说,人的精神文化活动的领域有多宽广,科技的精神文化价值的影响面就有多宽广。从包括科技史在内的历史的发展规律来看,凡是科学的事物都具有先进性;凡是腐朽、腐败、落后的东西都是不科学或反科学的;凡是高级的精神文化活动都具有科学基础;凡是缺少科学基础的精神文化活动都是低级的或蒙昧的。因此,加强科技创新,追赶世界科技发展的先进潮流,正是先进文化的前进方向。

我们党要更好地代表中国人民的根本利益,就要努力实现好、发展好、维护好最广大人民群众的利益。人民群众利益的实现和发展,必须解决落后的社会生产力与人民群众日益增长的物质文化需求的矛盾。而制度创新和科技创新,正是促进社会生产力新解放和大发展的关键和根本。要维护好与国家利益相一致的人民群众的利益,除了全党同志全心全意为人民服务之外,最根本的是维护国家安全,包括主权安全和经济安全。国家安全有赖于以经济实力、国防实力和民族凝聚力为主要内容的强大综合国力的保障。经济实力和国防实力的增强,科技创新和科技进步是决定性因素;民族凝聚力的增强也与科学技术的精神文化价值和教育功能密切相关。因此,只有加强科技创新,加速科技进步,我们才能实现好、发展好、维护好从而代表好中国人民的根本利益。

四、技术创新的内涵和特征

何谓"技术创新"?

"技术创新"理论最早是 1912 年美籍奥地利经济学家熊比特提出来的。八十多年来,各国都在研究,特别是从五六十年代以后,科学技术在经济发展中所起的作用越来越显著，技术创新普遍被各国关注。技术创新是随着市场经济的发展而孕育产生的，是市场经济的产物。

技术创新，是指应用创新的知识和新技术、新工艺，采用新的生产方式和经营管理模式，提高产品质量，开发生产新的产品，提供新的服务，占据市场并实现市场价值的经济技术活动。

技术创新的成功例子很多。比如：十九世纪二十世纪以后，现代经济发展很快，运输怎样才能既经济、快捷而又可靠，成为一个大问题。当时大部分运输是海洋运输，货物也是各种各样的，最后人们发明了集装箱。这个集装箱从技术来讲没有什么了不得，不就是一个箱子吗！但是，把这个箱子用于运输，这是一个创新，最终被消费者所接受，大量的货物都用集装箱来运输。现在无论海洋运输、航空运输、铁路运输、公路运输都用集装箱，它成功地引入了市场，并取得商业利润。

技术创新与技术改造、技术引进、技术开发有联系，更有区别，不能等同。技术改造是技术创新的一种手段，它未必能实现技术创新，弄不好还可能改造一落后一再改造一再落后。技术引进属于模仿创新，如果只引进而忽略了消化、吸收、转化和自主创新，也可能陷入引进一落后一再引进一再落后的不良循环，引进只能填补今天的空白，创新才能开拓明天的世界。技术开发只是技术创新链条中的一环或一段，而不是技术创新的全程。本文后面还有专门的文字论述技术创新与技术改造、技术引进的关系。

技术创新是一种能力。它体现在市场机会与技术机会的结合上，它是一种能够把握市场机会与技术机会，并且能够正确作出一种决策，有效地实施这一决策，并成功地引入市场的能力。

技术创新是一种过程。它是抓住市场机遇，使生产力要素重新优化组合，以获取最大效益的过程，是科技与经济结合一体化的过程，是科学技术向现实生产力转化的一条重要途径。

技术创新是一种理念。其本质是一种不断追求卓越，追求进步，追求发展的理念；是一种通过技术变革培育新的经济增长点，有效地促进经济增长的可行思路。

技术创新有三个鲜明的特征：

1. 强调市场实现程度是检验技术创新成功与否的最终标准

技术再先进，但产品卖不出，经营亏损，那不是成功的技术创新。市场经济条件下开展技术创新，成败的关键往往不在技术本身。大量的调查研究分析表明，由于技术方面的原因导致技术创新项目失败的仅占10%；而由于市场选择失误、项目管理不善、缺乏谈判技巧、缺少资金或项目管理者的无能造成的失败要占到90%。

2. 新技术首次商业化应用

技术创新，不论是研究开发型，还是生产应用型，其中心环节都是千方百计把科技成果创造性地抢先应用于商品的开发和生产实践。就技术创新活动而言，科技成果的获得固然重要，而将技术成果首先成功地应用于商品化的开发和生产中更重要。

3. 企业是技术创新的主体

从微观角度看，企业是技术创新活动的主体，体现在企业是技术创新过程中决策的主体、开发的主体、投入的主体、承担风险的主体、利益分配的主体；从宏观角度看，众多企业的技术创新活动影响着经济结构变动，是促进经济发展的主要力量，在国家技术创新体系中，企业群体占主导地位。无论从宏观的还是微观的层次看，企业都是技术创新的当然主体。

技术创新对企业家素质提出了新的更高要求。它要求企业家具有三种与众不同的素质：一是极强的创新精神。即具有不断创新的能力，善于洞察问题把握时机敢为人所不为。二是对经济生活有高度的灵敏性。企业家应善于从每一个细节信息中发现别人尚未觉察的潜在机遇，并加以充分利用，及时调整经营策略。三是把企业扩张看成自我价值的实现。真正的企业家往往已是资本的人格化，一天不扩张就难受。

五、技术创新与观念更新

观念具有相对稳定性，而科技发展和技术创新的特征却是不断追求突破。观念的稳定性与技术创新的突破性往往成为一对矛盾。因此，开展技术创新，首先要观念更新。

技术创新是市场经济孕育的产物。技术创新活动属经济学范畴。企业技术创新的全部目的在于追求商业利润，获取商业利益。要切切实实从计划经济观念转变到市场经济观念上来，一切按市场经济规律办事。项目来自市场，市场配置资源，市场检验成果，人员报酬按价值规律分配。否则就会受到市场经济规律的惩罚。

技术创新要以市场为导向，按照开拓市场和市场营销的需要，按照比较成本的原则，采用先进适用技术，达到增强市场竞争力的目的，而不应片面追求"先进技术"，要有投资回报，取得较好的经济效益。没有市场机遇，没有还贷能力，不能增加效益的项目绝不能盲目上马。恩格斯曾经指出："社会一旦有技术上的需要，则这种需要就会比十所大学更能把科学推向前进。"以往我们对市场和社会需求的导向和推动作用重视不够，这与人们往往习惯于用计划经济体制的思维模式来考虑问题有关。

举个例子。到现在为止，还有人在提"科技先导企业"。企业是个经济细胞，它的产品要成为商品，要销售，要取得利润，这是市场经济的基本法则。如果这个企业科技再先导，产品卖不出去，亏损，企业倒闭，你这个"科技先导"有什么用？某市有个医用导管企业，是在美国留学的三个博士生回来创办的，效益很好。有人找厂长说，做导管的原材料很重要，应该攻关。原材料研究出来，就可以获科技进步奖。厂长说：我不干，我的目标是达到二百万条导管，充其量用两吨材料，我买最划算，花这么多钱攻关给谁用？后来有人又跟厂长讲：你生产尿道器，技术含量低，你是高技术企业，不应该生产。厂长说：这是我吃饭的产品，我现在还靠它吃饭呢。这就是两种观念的碰撞。这个厂长的观念算是转到市场经济上来了。关键是企业要根据市场包括潜在市场作决策。

高技术（高质量）往往不意味着高效益。据说，美国有家厂商近年研制开发出一种电脑捕鼠器，每个售价2000美元。这种高质量的新产品大量刊登报纸广告后，却反应冷淡，无人问津。无独有偶，我国北方某地一家企业前不久推出了一种带有小电视屏幕显示客人尊容的"可视门铃"，每只售价3000元。很遗憾，这种高贵的门铃在几家大商场试销不足一个月，便因无人购买而悄悄退出市场。很显然，这些质量不可谓不高的产品之所以惨遭失败，乃是其质量高得"过剩"所致。应该明白，所谓产品质量，是指产品满足明确和隐含需要的能力的特性总和。换言之，产品质量优劣的根本标准，是由人们的消费水平决定的。而在消费者心目中，质量最好的产品未必就是技术含量高质量最高的，恰恰是质量最适合自身消费需求的。灭鼠，无需采用电脑，采用化学药物或其他器具、方式即可；看清来客面孔，只需门上安装一个"猫眼"就完全能达此目的。所以，企业要使自己的产品取得最佳经济效益，就须走出"高技术含量、高质量＝高效益"的误区，首先要了解清楚消费者需要什么样的产品，同时还要了解清楚他们需要什么样的质量，然后据此作出准确的最经济的质量定位，从而开发推出最适合目标顾客"胃口"的产品。否则，不讲质量市场定位的产品，质量越高，反而很有可能效益越低。

技术创新是市场经济条件下的必然要求，技术创新反过来又要求建立与之相适应的市场经济体制。市场经济有两条最基本的法则，一个叫竞争法则，一个叫利润法则。市场经济的本质就是竞争的经济。所以在市场竞争的环境中，企业只有积极参与竞争，不断向市场提供用户需求、质优价廉的产品和服务，并获取相应的利润，企业才能求得生存和发展，否则就难逃亏损和破产的厄运。而技术创新就是要把握市场机会和技术机会，向用户提供更新更好的产品和服务。这个就是提高企业竞争能力的有效手段。现在竞争非常激烈，市场经济就必然要求企业持续不断地开展技术创新，事实上不创新就是死亡，这已经成为市场经济条件下的一条规律。

另外，推动企业技术创新必须考虑全社会。不能眼睛只盯着国有企业，要把眼光扩展到各种经济成分的企业。要制定面向全社会的技术创新政策，凡是符合国家产业政策的技术创新项目，不论是什么经济成分的企业，都应按政策给予引导、鼓励和扶持。这样才能有利于进一步优化整体经济结构，加快整个国民经济的技术讲步。

六、技术创新与"两个根本性转变"

在传统的计划经济体制下，技术创新的主体是政府，企业只是被动地实施。西方技术创新理论认为，创新的主体只能是具有创新意识的企业家，企业家进行技术创新，就必须有能够独立决策、独立自主的企业，这是创新的内部的条件。中央提出的实现经济的"两个根本性转变"为这一设想创造了前提条件，我们要培植起一大批自主经营、自负盈亏的市场经济的主体——企业，只有企业的以获取潜在利润为动力的创新活动才是有效和持久的，而其他外在的创新动力，如政府的要求、行政指令等都不会持久。

从某种意义上讲，技术创新和技术进步是中国企业改革的目标取向和支撑点。现代企业发展与技术进步紧密相连，一个企业的竞争力来源于技术的竞争力。技术进步使企业保持技术优势。企业产品在市场的竞争力主要取决于产品的技术含量和技术优势。技术进步使企业保持管理优势。技术进步是企业管理现代化的动力，技术现代化推动管理现代化。技术进步使企业保持劳动者素质优势。企业通过技术革新，不仅使技术设备、生产工艺得到改造，而且使劳动者素质得到提高。现代企业制度，说到底，必须建立在现代技术基础上。我国企业改革的重要目标之一，就是要建立现代企业技术进步机制，以达到提高企业素质和经济效益的目的。企业技术进步也是深化企业改革的重要支撑条件。只有依靠企业技术进步，才能较好地解决企业经济效益低下问题，才能较好地解决企业退休职工养老保险负担问题，才能较好地解决企业冗员分流问题。

两个根本性转变，一个是计划经济体制向市场经济体制转变，一个是经济增长方式由粗放型向集约型转变，都离不开技术创新。江总书记指出："要把建立技术创新机制作为建立社会主义市场经济的重要目标，特别是要把建立健全企业的技术创新体系作为建立现代化企业制度的重要内容和搞好国有大中型企业的关键环节。"搞好国有企业是实现两个根本性转变的基础。要搞好国有企业，就必须抓住两大关键：一个是以建立现代企业制度为目标的企业改革，而建立健全企业技术创新体系，正是建立现代企业制度的重要内容；一个是以提高经济效益为中心的技术进步，而技术进步的核心正是技术创新。所以大力开展技术创新工作，并且与企业改革密切结合，对加速两个根本性转变有着至关重要的作用。衡量是否实现两个根本性转变，最直观的办法是看"科技开发——生产制造——市场开拓"是否已由两头小中间大的"橄榄型"向两头大中间小的"哑铃型"转变。从这个意义上来讲，技术创新是事关我国社会主义市场经济体制能否建立、经济增长方式能否转变，以及国民经济能不能真正地走上持续、快速、健康发展道路的一个长远大计。在今后相当长一个时期内，有着极为重要的战略意义。

七、结构调整的关键是技术创新

江总书记到广东考察，再次提醒广东要"抓紧通过科技进步和创新来实现经济结构的战略性调整"。

朱总理的 2000 年的政府工作报告颇有深意地第一次把"结构调整"捻出

来，让其独立成篇。

无独有偶，1999年岁末广东经济发展国际咨询会的主题亦是"世界科技发展趋势与广东产业结构调整"。

我国经济经过较长时间的高速增长后，正进入一个关键的调整期。这时，国内外市场环境发生变化，短缺经济已经结束，买方市场初步形成，整体经济从超高速起伏增长进入稳步发展，从外延扩张模式转向内涵发展模式，转向技术创新为主。国内全方位改革开放格局的形成以及经济全球化愈演愈烈，产业升级已从区域视野扩大到全球视野。这样，实施结构调整，加快产业升级，已是刻不容缓。

结构调整包括产业结构、产品结构、技术结构、市场结构、出口结构和就业结构的调整。而技术创新是实现结构调整的重要前提。比如，产业结构问题说到底是高新技术产业占经济总量比重和份额不够高的问题；产品结构问题说到底是产品技术含量不高而缺乏市场竞争力的问题。还有个自主知识产权问题。目前几乎所有的电子信息产品我们都能生产，但知识产权和关键技术却在外国人手里。计算机硬件、通信设备制造业的基础是集成电路芯片。芯片有800多个工序，一个工序不过关都不行，所以它是电子信息产品的关键。而恰恰是这个"关键"的东西，我们得依赖进口。我们用的系统软件、支撑软件也基本上是国外产品。我们能生产VCD，但解码技术都是别人的知识产权。在产品更新周期较快、技术创新较为活跃的计算机与办公设备制造业和电子通信设备制造业等领域，由于较多依赖于国外技术，或只进行简单的加工生产，获得的仅仅是微薄的加工费。我国生产的集成电路、移动通讯产品几乎都是外国品牌，知识产权基本上掌握在外国人手里。程控交换机、数控机床、计算机软件产业虽有自己知识产权的产品，但外商独资及合资企业掌握了2/3以上的国内市场，许多国产品牌已被外方挤垮或吞并。可以说，目前构成中国信息基础设施的网络、硬件、软件等产品几乎完全建立在外国的核心信息技术之上。因此，结构调整的关键在于技术创新。结构调整的中心内容就是技术创新。也可以换个角度讲，技术创新的重点就在于推动产业结构优化升级；加强技术创新，最终要落实到实现产业结构的优化升级和提高经济整体素质上来。

未来经济增长的动力在于创新。经济创新的源泉在于技术创新。所谓经济增长，就是在现有资源的基础上，或通过开发新的资源，使创造出的财富持续增加。实现这一目的,关键在于对现有资源的利用率和生产效率,也就是对资源可用性的认识和具备可开发的手段,而这两条,归根到底都是一个技术问题。因此,围绕这两个问题进行的技术创新,会推动经济增长的持续出现。社会发展的历史表明,技术创新是不断的,每一个创新的出现,都意味着给下一次创新提出新的课题。正是技术创新的不断出现,推动了经济的不断增长。随着科技含量在经济增长中的比重不断提高,技术创新已被认为是一切经济形态发展过程中具有至高无上作用的因素。经济学家普遍认为,经济持续增长的内在机制在于不断的技术创新及其扩散的多重效应。这种扩散效应的大小决定于企业的创新行为。

八、"两张皮"与"两个轮子一起转"

据国家科技部和经贸委的资料:我国目前有5100多家科研机构,每年发明的科研成果近3万项,其中可转化为产品并批量生产的仅20%左右,能形成产业规模的只有5%。技术进步对经济增长的贡献率不到30%,高新技术在经济增长中所占比例还不足10%。有些成果,出自高校和研究院所,学术水平不低,但都是实验室成果,要真正变成商品,工艺问题没有解决,需要到企业进行二次开发。而"两张皮"的弊端,严重制约着科技成果向现实生产力的转化。

"两张皮",一张是科技,另一张是经济。"两张皮"合不到一起,各自着急,这就是"两张皮"的毛病。

为什么会弄出"两张皮"的毛病呢?原因不少,最主要的是科技体制及科技运行机制不适应市场经济要求,众多的科研机构和科研人员还是市场经济的"门外汉"。美国全国科研人员总数的80%是企业研究人员,企业的科研开发经费占全国总量的65.1%。日本的这两个数字分别是66.6%和67%。而我国的80%的科研人员是在企业之外的,企业内的应用研究仅占全国总量的10%。企业研究开发的投入虽逐年增加,但到目前,也仅为全国总量的40%。

我国的科研力量,包括机构、人员、经费等项,与美国、日本比,说不上占整体优势。因此,集中有限力量在某些产业发展上构成相对优势显得极有必要。但这种相对优势也未构成。本来就是极弱的力量,结果还有那么多的人端事业单位的财政饭碗，搞那么多的"纯学术"研究，开发那么多的"四品"成果（样品、展品、礼品、废品），实在是令人吃惊的事。

世界各强国都在算知识经济的账，无论怎么算，谁也不愿摊上如此高的科研成本的。他们并不在意有多少学术论文换来了多少顶高级职称的帽子，他们也不会乐意见到那么多的科研经费换来的却是好看不好生产的"四品"成果。

世界贸易组织各成员国，都是以国际市场为目标不断整合本国的科技力量，为本国的经济实力的增长提供高新技术的。我们正在努力加入这个竞争俱乐部式的组织，想想我们还有许许多多的科研人员是企业和市场的门外汉，这怎么得了！只有解决科技"游离于企业之外"的问题，加入世贸组织才是件快事，只有逼科研机构"进入经济建设主战场"，我们才能在竞争俱乐部中与那些强手出牌。

如何治这"两张皮"的病呢？从美国贝尔实验室和美国电报电话公司的"分离"、"聚合"的故事中可以得到些许启示。

贝尔实验室是老牌的著名科研机构，1984年脱离美国电报电话公司独立运作后便不断萎缩衰落，1996年贝尔实验室与美国电报电话公司重结秦晋之好，前者的大批业务与后者的电话设备业务结合成立了一家科技企业——朗讯公司。这家公司两年时间便以一系列极具市场的产品而迅猛发展。美国《商业周刊》曾为此大声喝彩。看得出，"两张皮"合则两美，离则两害。

要从根本上解决科技与经济"两张皮"问题，保证科技与经济的紧密结合，必须制度创新与技术创新"两个轮子一起转"，通过改革，建立适应社会主义市场经济体制的和科技自身发展规律的新的体制和机制。

现在最大的弊病，是企业的技术创新能力薄弱。十四届三中全会关于建立社会主义市场经济体制若干问题的决议中，就已明确指出"要使企业成为技术开发的主体"。因此，建立以企业为主体的企业技术创新体制，是促进科技与经济相结合的最有效的途径。而"企业为主体的技术创新体制"的建立，本身就是一种制度创新。

九、技术创新的实现模式和链条

技术创新有多种实现模式。它可以是通过"技术推动"来实现，也可以通过"市场需求"而引发，而最成功的技术创新则往往是技术推动与市场需求两者结合的产物。

"技术推动"模式的技术创新，从新技术的构想产生（或叫技术发明、技术专利）开始，进而进行技术开发、工程设计、样品的制作、小试、中试、工业性试验，到批量生产、开拓市场、规模销售，取得商业利润。这好像一条"链"一样，一环扣一环。这条链在任何一个地方断开，都不叫技术创新。往往有人认为技术创新是研究所或大学的事，其实，真正能大批量生产商品，有很强的销售营销体系，并取得商业利益的，不是大学或研究所，而是企业。一些发达国家大型企业的决策者认为，只要创新产品符合人性化的特点、能够满足人的潜在需要，就一定会创造出市场需求。因而，这些企业所进行的技术创新活动和市场的现实供求情况相比较，往往具有一定的超前性和先导性。

"市场需求"模式的技术创新，按市场经济要求有个"从后做起"原则。也就是先从市场调查、市场销售开始，消费者有没有这种需求？可能接受的价格是多少？如何组织销售？组织什么样的销售网络？然后决定如何组织生产，采用什么样的工艺和技术，这个技术如何获取？是购买还是自主开发？这又是一条"链"。大多数发展中国家企业的技术创新活动就是跟着眼前的市场走。市场的近期需求是诱发企业进行技术创新活动的主要因素。企业从事技术创新活动的主要目的也是为了短期内在市场中获得高额利润或提高产品的市场占有率。发展中国家企业技术创新行为的这种短期化的特征固然有其客观必然性，但我们知道，科学技术及产业技术水平的提高都具有渐进性和积累性的特点。这种在短期市场导向下零打碎敲的分散型技术创新方式，不但会使企业的技术水平长期得不到明显提高，而且也使国家拟通过企业技术创新活动来推动社会整体技术进步的构想难以实现。

在实际运作中，技术创新往往是技术推动与市场需求兼而有之，因而，两条"链"往往相互交叉，形成"矩阵式"链条。

十、企业技术创新境界的升级

我国很多企业在没有创新产品的时候，企业家就像寻宝一样四处寻访，千方百计找能人找专利找祖传秘方。一旦有所收获，我们很快就会通过广告、通过新闻、通过商场发现一种创新产品诞生了。接下来这个创新产品就会成就一个优秀企业。再然后，这个创新产品就一成不变不再有任何技术的再完善，这个企业也不再趁着好时机推出其他创新产品。我们的企业就像大功告成一样，逮着一个大金娃娃死吃，一直到最后这个创新产品被别人的产品超越不再有竞争力了，然后我们的企业也就吃死了。只有到这种时刻，我们的企业才会如梦方醒，然后又开始新的一轮寻找大金娃娃，开始新的一轮死吃大金娃娃，然后重复一次由死吃到吃死的过程。

这种"一次创新"、"单一产品创新"现象值得我们警醒，而另外一种现象则更应该引起我们深思，那就是所谓"能人创新"。

众所周知，美国通用电气公司是依靠爱迪生的发明起家的。至今，通用公司的支柱产业之一——GE照明，说白了就是爱迪生的灯泡事业。但是，爱迪生早就仙逝了，通用电气公司的事业为什么还能延续至今呢？为什么还能保持强大的创新能力呢？

今天，年轻的世界首富比尔·盖茨先生是靠发明DOS起家的，他的发明成就了自己，也成就了一个令世人惊讶不已的微软公司。而此刻的盖茨先生已不再是一个技术创新者或者叫发明人，准确地说他已经是一个创新企业的经营者，是一个创新集体的组织者。那么，不再充当发明人的盖茨所领导的微软公司为什么还能够层出不穷地创造出新产品呢？

我们今天时时刻刻都在感受松下、西门子产品，他们的创新产品像自来水一样流到我们眼前，有时候像变戏法儿一样令我们眼花缭乱，但谁能知晓这些创新产品的背后那个三头六臂的发明人是谁？

我们的企业还很少有人去思考这些问题。首先，一个人的智慧终究是有限的，企业把技术创新的重担压在一个人的肩上，一定会出现创新能力不足，一定最终会把企业自己压死。还有一个问题，如果这个人有个不测，譬如跳槽，譬如生老病死等，那个企业岂不坐以待毙？中国企业为什么常常会发生单一产品创新然后就难以为继的现象？为什么会发生虎头蛇尾的只有一次创新没有二次创新的现象？与我们奉行的这种能人创新哲学有没有关系？

假如和我们一样，爱迪生逝去的那个时候就是通用电气公司的衰亡之日。假如比尔·盖茨还是独自充当那个创新发明的独行大侠，微软公司也定然不会有蓬勃发展的今天。但是人家不这样做，人家早早就建立了一个承担创新责任的集体，这个集体有许多个爱迪生，有许多个比尔·盖茨，每个人只承担一项创新产品的一个环节。然后，这个集体就保证了企业的创新产品像自来水一样源源不断。

由此看出，一个企业如果要保持旺盛的技术创新活力，就必须完成一次创新向持续创新的过渡；完成单一创新产品向系列创新产品的过渡；完成能人创新向集体创新的过渡。完成这些过渡，才能实现企业技术创新境界的升级，才能做到生产一代、储备一代、研制一代、预研一代。企业的发展也才能获得永恒的动力。

十一、技术改造是企业技术创新的重要手段

长期以来，我国经济的增长主要是靠新建企业、新上项目这种粗放型的方式来完成的。结果，固定资产投资规模越来越大，基本建设战线越拉越长，进而导致资金严重短缺，资金利用效率越来越低。这就有一个如何利用现有企业进行技术创新的问题。

现有企业的陈旧主要表现在生产工艺的陈旧和产品的陈旧，前者导致企业产品成本的上升，后者导致企业产品在市场上缺乏竞争力。这是目前大多数国有企业的困境所在。一个企业的落后，往往只是某些关键的环节落后，只要用少量投资对关键环节进行技术改造，就可以使企业获得新生，而且比新建企业要节省投资。因此，技术改造是实现企业技术创新的重要手段之一。

但是长期以来我们的企业技术改造存在以下突出问题：

企业技术改造投入不足。多年来我国经济建设热衷于铺新摊子、上新项目，对现有企业技术改造的格局非但没有彻底改变，反而进一步加剧。主要表现在，技改投资占国有企业固定资产投资的比重和技改投资中银行贷款所占比重均逐年下降。"七五"期间，技改投资占国有企业固定资产投资的比重为31.8%，"八五"期间五年平均为27%，低于"八五"计划确定的35.1%的要求。而工业发达国家固定资产投资中，70%—80%是用于设备更新和技术改造。

技术改造投资效益低。其主要表现在：投资决策不准确，建设周期长，项目管理缺乏科学性，浪费严重等。造成技术改造投资效益低的主要原因是：第一，真正的制约机制尚未形成。目前我国正逐步形成中央和地方多级调控的企业技术改造体系，投资主体多元化，投资决策分散化和投资资金来

源多渠道的技术改造融资格局正在形成，但企业投资责任和风险约束机制并没有真正地建立健全。第二，技改投资宏观调控和管理能力薄弱。技改项目的立项还是以企业申报、政府主管部门审批为主。政府有关部门的主要精力都用在对具体项目的研究和审批上，而利用财政补贴、贴息贷款、税收减免、投资优惠等宏观调控手段，引导技改资金的投向和投量方面的能力还很弱。

引进技术的消化吸收进展缓慢。在我国普遍重视设备硬件的引进，而忽视技术软件的引进，对引进技术的消化吸收和国产化重视不够。我国现已消化吸收的项目只占引进技术的10％左右，造成了引进技术和资金的大量浪费。

一个奇怪的现象是，技术改造的必要性人所共知，而企业对技术改造的热情却不高。甚至可以说，许多企业冷落了技术改造。这可从"三个比重、一个增幅"的统计数据中看出。90年代初以来，全国技术改造投资占全社会固定资产投资的比重，技术改造投资中银行贷款的比重，技术改造投资中用于工业项目的比重以及技术改造投资的增长幅度，均呈下降趋势。据统计，与90年代初比较，以上三个比重分别由18.6％、41.4％、76.2％下降到去年的15.68％、18.42％和54.59％。技改投资增幅，则由1993年的50.31％，猛降到1997年的8.25％，去年首次出现回升，也仅仅达到13.9％。更令人忧虑的是，近些年来，企业直接融资额每年都超过千亿元，但其中真正用于技术创造的不足10％。而据对我国15个工业行业调查，关键技术的掌握与应用以及大中型企业普遍的技术水平，比国际先进水平落后5年至10年以上，有的行业甚至落后20年至30年。专家分析，我国产业结构的层次和技术水平，仅相当于低收入与中等收入国家。

既然技术改造的好处人所共知，它的迫切性又那么强烈，为什么企业对技术改造的热情反而还在降低而要冷落技改呢？《经济日报》目前载文就此问题进行分析认为，一是在过去的技术改造中，有不少失败的先例，令有些企业吃足了苦头，如今谈虎色变，远离技改；二是近些年来企业技改资金确实缺乏来源，银行对技改贷款发放比较谨慎，特别是过去国家鼓励企业进行技改的优惠政策，都相继到期暂停执行，断了企业筹集资金的来源；三是在社会舆论方面，有将技改与重复建设等同，将技改与企业脱困割裂的倾向。

企业冷落技术改造还有更深层的原因。人们在做经济决策时，都有一个成本核算的过程，这其中"风险系数"是一个很重要的核算参数。首先，技术改造是需要大量资金投入的，通过技改，企业在市场上的竞争是否能因此增强，还是一个未知数，还需要经过实践的检验，企业要考虑所投入的技改资金和所要冒的市场风险这两者之间是否相应称。退一步说，企业假如不作这种技术改造，仍然用原先的设备、技术和工艺，又可能会有怎样一个结果，企业家也要考虑，并且将以上两种考虑加以综合权衡。最终作出的决策肯定是决策者认为是有利于自身利益的（至少他自以为是）。假如这个企业是决策者自己所有的，那么，他的决策就会自以为也是有利于企业的，在这里，决策者和企业两者的利害是统一的。但对国有企业来说，由于企业利益和决策者亦即经营者自身利益未必是统一的，因此一般来说，决策者的决策首先将考虑自身的利益而不是企业的利益。假如技改所要冒的市场风险较大，而目前企业的日子又尚能过得去，决策者就很可能对技改难以有较大的热情而拖延技改的实施；即使他预见到过几年企业可能会因此遭遇困境，但一般来说，这不会被主管部门认为是他的责任（缺乏远见对国有企业经营者来说根本算不得什么"毛病"，至多只是个能力问题），何况那时的厂长或经理未必还仍旧是他。而对于民营企业来说，就不会——至少是较少存在这样的问题，因为拖延技改之后将会遇到的困难，同样也是完全要由他们自己面对和承担的。

可见，推动企业技术改造与制度创新密切相连。现在我们推动企业技术进步仍有旧计划经济体制的深刻痕迹，如大项目要纳入计划，要靠安排贷款，要由政府从上而下推动企业进行技术改造。这种以政府决策行为为主的做法，容易导致长官意志而作出缺乏科学的决策，甚至引起失误，并导致一些企业争项目、争贷款，盲目上马，技术改造最后变成了企业沉重的包袱，影响了企业技改的积极性。这就要求我们应加快推进企业改革，创新企业经营机制、组织结构和产权制度的步伐，鼓励企业自主推进技术进步，为企业自行解决技术资源、资金和人才等投入创造有利条件。同时，要创造技术进步的宽松环境，充分发挥各方面的积极性，政府要抓好各方面的协调配合工作，制定鼓励性的政策。

十二、技术创新与技术引进

与发达国家相比，发展中国家的企业技术水平还比较落后。借助于开放的市场环境,引进发达国家的技术,以提高自己的竞争能力和技术水平,是发展中国家技术创新的重要方式。

但引进只能填补今天的空白,创新才能开拓未来的世界。一些企业不注重自主创新能力的培养,自主开发项目单一、小型、低水平重复。一些企业在与外商合资中,自动或被迫压缩、撤销技术开发机构,成为外商的加工单位,缺乏发展后劲。有的企业盲目引进技术和设备,只重使用,不重消化吸收和创新,陷入了"引进——落后——再引进——再落后"的恶性循环。于是,出现了这么一个怪圈:国内产品滞销积压,国外同类产品大量进口。

我国的技术经济战略始终贯彻直接引进生产能力,以满足国内短期社会需求为目标的发展思路,引进技术的消化吸收和自主创新一直在国家发展战略中处于配角地位。从一定意义上说,改革开放以来,我国的产业技术源主要在国外而不在国内,大量的技术引进虽然促进了国内技术的发展,但由于技术的"外生性"和技术升级的跳跃性,技术引进隐含极大的"陷阱"——技术引进国家弱化本地的研究开发能力,在技术上越来越依赖于国外技术。作为发展中国家,我国必须通过引进、消化和改进、创新这样一条渠道来追赶发达国家。

十三、技术创新与"走出去"战略

"走出去"和"西部大开发"是党中央的重大战略部署,是关系我国现代化建设全局的大战略。实施好"走出去"战略,要靠技术创新和制度创新。

江总书记要求广东抓紧实施"走出去"的战略,明确指出:"能不能抓住这个机遇,把'走出去'这篇大文章做好,也是直接关系广东的经济发展能否'增创新优势,更上一层楼'的又一个重要前提。"我们必须充分认识到,"走出去"和"引进来"是对外开放国策中两个相辅相成的侧面。"引进来"是为了"走出去","走出去"才能更好地"引进来"。两者都有利于我们充分利用国内外两种资源、两个市场,优化资源配置,使我们获取比较利益,发展壮大自己。

实施"走出去"战略,必须明确5点:①政府的角色是"政策鼓励、信息引导、组织协调、培训人才",而不是直接去投资,更不允许拿财政资金去海外投资。②"走出去"是企业行为,主体是工业生产企业。多年来对外开放的经验证明,在境外搞贸易型的企业多数是失败的,特别是绝对不能搞夫妻档口式的贸易型企业。③"走出去"干什么?重点是开展加工贸易,转移长线生产设备,在海外建立自己的生产基地、销售网络,利用自己的品牌、设备、技术、人才去参与国际分工和交换,开拓国际市场。④"走出去"的企业必须是有技术创新优势、有品牌、国内企业领导班子较好、管理制度健全的优势企业,带着自己的名牌和技术出去占领市场,而不是带一笔钱去办一个摊子为别人搞简单加工赚点可怜的加工费。⑤"走出去"要以经济效益为中心。要改变过去海外企业只注重卖了多少产品、占领那个地方多少市场份额,而不问亏本还是赚钱的倾向,要把是否实实在在赚到钱,资金是否安全放在首位。

十四、技术创新与西部大开发

实施西部大开发战略,是小平同志"两个大局"思想的具体体现,是全党全国的大事。实施好这个战略,加快中西部地区发展,对于促进地区协调发展和最终实现全国人民的共同富裕,具有深远意义。我们要自觉服从和服务全国这一发展大局的要求,响应中央的号召,充分发挥湛江的区位、地缘、港口等方面的优势,通过产业转移和区域经济技术协作等市场经济的手段和方式,大力支持并积极参与西部大开发战略的实施。

翻开历史画轴,中国汉、唐、元、清几朝政府,均对西部尤其是现在的新疆、西藏地区进行过大规模的开发活动。

西汉时期,郎官张骞两次出使西域,史家称之为"凿空",它是中西交通开拓的标志,建立了汉朝与西域诸国的直接联系,也揭开了中央政府开发和治理新疆地区的序幕。公元前60年,西汉王朝在西域设置"都护",完成了对西域的统一。在此前后,西汉王朝为开发和治理新疆地区实施了一系列措施,主要包括:屯垦戍边,在西汉开发西域地区的100多年时间里,屯田军民共开荒50余万亩,不但解决了军粮问题,而且引入了先进的农业技术和生产方式,促进了当地经济的发展;驻扎军队,修建国防及交通设施,保证西部边境的安全和"丝绸之路"的畅通;因俗而治,实施宽松的民族政策。

唐朝开发新疆地区有几个值得注意的特点:一是建立了十分完善的军政管理机构。唐朝在西域地区的最高军事、行政机关是都护府。二是着眼于综合开发，使各方面建设相辅相成。三是尊重各民族的权益，不搞民族歧视。正是以上这些措施和政策，使新疆地区的开发在唐代形成了第二次高潮。

元朝统治者对西域的开发和治理，采取了一系列行之有效的措施：对西域实施全方位的经济开发。实行军屯、民屯，促进了冶炼业、织染业的发展，设立驿站，统一了西域货币，实行轻税薄赋政策，限制官吏的盘剥，减轻人民的负担。西域人才得到了元朝中央政府的重视和重用，获得了较为充分的施展才能的空间。但是，由于元代西域地区多次发生叛乱，缺乏稳定、和平的环境，加之中央政府开发时间较短，故这一时期对西域的开发效果远不如唐朝。

清朝统治者，尤其是康熙、雍正、乾隆几代皇帝均将维系和开发西部提到攸关社稷安危的高度予以重视，并为此倾尽全力，从而迎来了历史上西部开发的又一个高潮。

在中国近现代史上，已经有过三次著名"西进"。我们要从这三次"西进"中得到启迪。

1. 洋务运动播种西部。19世纪中叶，随着洋务派把资本主义的制造业引入中国的封建经济体系，近代工业也在闭塞落后的西部洒下一缕光华。其中，西北近代工业与左宗棠在该地的军事、政治活动有着紧密联系。在西北近代工业发展的同时，西南亦出现了近代工业火种。1886年，洋务派在贵州省镇远县兴办青溪铁厂，使其与江南造船厂等并列，成为中国最早的民族民用工业之一。由于历史的局限，洋务运动失败了，对西部开发所起的作用很有限。

2. 抗战时期工业西迁。抗战前，中国资本主义经济很不平衡，工业布局大部分集中在东北和东南沿海地区，内地和边疆省份很少。1937年11月，国民政府成立了以工矿调整委员会为主的厂矿迁移监督委员会，开始全面负责战区厂矿的西迁工作。截至1940年12月底，内迁厂矿共448家，技工12164人。1938年，国民政府拟定《西南西北工业建设计划》，确立了以西南为中心的大后方经济战略。到1941年6月底止，政府对内迁民营厂矿的各种放款达2003万元，同时，5年间，农业贷款增加了1627%。由于这一次"西进"主要是战争的需要，虽有企业搬到西部，但大多数属"物理性迁移"，谈不上有多少制度创新和科技创新。

3. "三线建设"。1964年5月，毛泽东首次提出要搞"三线建设"：集中人力、物力、财力，建设以四川、贵州、云南、陕西、甘肃及河南、湖北、湖南西部8个省区为主的"三线"。来自全国各地的精英人才大量云集西部，"三线建设"持续了10余年时间。在贵州，是以铁路为先导，以国防工业为重点，能源、钢铁、机械、化学工业等相互配套的全面建设。据统计，到1975年，该省共完成基本建设投资94.23亿元，其中工业建设投资58.89亿元，平均每年4.91亿元，为1963年的7.25倍，最高的1970年达到14.93倍，使得省内一些主要地区工业企业数成倍增长，工业产值为1963年的3.41倍。"三线建设"对西部开发当然有推动，但由于当时"左"的指导思想的影响，不可能有真正的制度创新，使得"三线建设"的成效大打折扣。

这次西部大开发与历史上的三次"西进"不可同日而语。其中有两点至关重要：

1. 制度创新——遵循市场经济规则。我们正在建立社会主义市场经济体制，西部大开发必须按市场经济规律办事。要坚持市场原则、互利互补原则和按经济法规操作原则。"政府搭台，企业唱戏"，"政府推动，企业为主体"。政府只引导、推动而不能用行政手段去组织。我们鼓励有条件的优势企业，结合企业的市场战略，自主决策，积极参与西部大开发。

2. 技术创新——依靠科技第一生产力的进步。不论是到西部投资设厂，发展高新技术产业和新兴产业，还是与西部开展科技合作，或者是帮助西部培训各类人才，都离不开技术创新方面的优势。"有条件的优势企业"之"优势"，固然也包括资金、品牌、管理等方面的优势，但首先是技术和技术创新优势。

（原载2000年第2期《湛江研究》，又载《绿色GDP》，人民日报出版社，2002年5月第1版）

邓小平科技观的全球眼界和时代精神

江泽民同志在党的十五大报告中指出:"邓小平理论坚持用马克思主义的宽广眼界观察世界",对当今时代特征和总体国际形势,对世界上其他社会主义国家的成败,发展中国家谋求发展的得失,发达国家发展的态势和矛盾,进行了正确分析,作出了新的科学判断。报告特别把注意的焦点聚集在当代世界的科学技术发展上:"世界变化很大很快,特别是日新月异的科学技术进步深刻地改变了并将继续改变当代经济社会生活和世界面貌,任何国家的马克思主义者都不能不认真对待。"

这一精辟论述启发我们从时代特征、总体国际形势和国家发展得失成败的高度去认识邓小平的科学技术观。

邓小平科技观以敏锐的全球眼界洞察当代世界科技发展的大趋势。早在七十年代,邓小平同志就以战略家的敏锐眼光深刻地指出:"现代科学技术正在经历着一场伟大的革命。近三十年来,现代科学技术不只是在个别的科学理论上、个别的生产技术上获得了发展,也不只是有了一般意义上的进步和改革,而是几乎各门科学技术领域都发生了深刻变化,出现了新的飞跃,产生了并且正在继续产生一系列新兴科学技术。"同年他在另一场合又说道:"世界上先进技术发展很快,发展速度不是用年来计算,而是用月、用日来计算的,叫做'日新月异'。"科学技术蓬勃发展的客观事实和未来态势已经并将继续证明邓小平同志的正确判断。

邓小平科技观因牢牢把握时代脉搏而高瞻远瞩。1979年,欧洲核子研究中心总主任阿姆斯访华,在与邓小平会面时,他提出了一个问题:中国目前经济并不发达,为什么要开展高能物理研究,提高能加速器这样花钱的工程?他指的是当时拟议中的北京正负电子对撞机工程。邓小平回答:这是从长远发展的利益着眼,既然要搞四个现代化,就得看高一点,看远一点,不能只看到眼前。邓小平同志这里所说的"看高一点"和"看远一点",就在于把当代科技发展摆在观察时代发展和世界发展的突出位置上。他在1988年10月24日到中国科学院高能物理研究所视察并祝贺北京正负电子对撞机首次实现正负电子对撞时说得更加明确:"现在世界的发展,特别是高科技领域的发展一日千里,中国不能安于落后,必须一开始就参与这个领域的发展……因为你不参与,不加入发展的行列,差距会越来越大。""……不仅这个工程,还有其他高科技领域,都不要失掉时机,都要开始接触,这个线不能断了,要不然我们很难赶上世界的发展。"

敏锐的全球眼界和鲜明的时代精神,正是邓小平科技观的显著特色。这种特色在他八十年代中后期多次论及或提及世界科技发展的讲话中体现得尤为突出:

——1985年6月4日,邓小平在军委扩大会议上的讲话中指出:"世界新科技革命蓬勃发展,经济、科技在世界竞争中的地位日益突出,这种形势,无论美国、苏联、其他发达国家和发展中国家都不能不认真对待。"

——1986年11月9日,他在会见日本首相中曾根康弘时的谈话中说:"现在的世界,人类进步一日千里,科学技术方面更是这样,落后一年,赶都难赶上。"

——1987年6月12日,在会见南斯拉夫共产主义者联盟中央主席团委员科罗舍茨时,他又说:"现在世界突飞猛进地发展,科技领域更是如此,中国有句老话叫'日新月异',真是这种情况。我们要赶上时代,这是改革要达到的目的。"

——1989年5月31日,他还对两位中央负责同志讲:"现在世界的发展一日千里,每天都在变化,特别是科学技术,追都难追上。"

邓小平同志多次用"日新月异"和"一日千里"概括当代世界的科技发展,通俗而又中肯和深刻。人们把现在的时代称为信息时代和知识经济的时代。当今时代的特征是科学技术迅猛发展,综合国力激烈竞争,各种思想变化互相激荡,经济与科技全球化趋势加速。现代科技极大地改变了和改变着现代社会的生产力,从而极大地改变了和改变着现代社会的产业结构、经济结构、社会结构,乃至社会的政治生活和思想、文化、精神生活。这种改变的深度、广度和急剧程度,在近几十年来达到了前人难以想象的境界,以致每个国家和民族的生存与发展都无不决定于、维系于其科学技术的实力和潜力。

我们现今已经走近新世纪、新千年的时间门槛。可以预期，下一世纪的科学技术还将以更加壮观的图景令人炫目地展现在人类面前，以其"第一生产力"的强大突破能力推动人类社会发展。这对我们既是机遇，又是挑战。我们一定要按照江总书记在党的十五大报告指出的那样，"充分估量未来科学技术特别是高技术发展对综合国力、社会经济结构和人们生活的巨大影响"，牢牢抓住世纪之交的历史机遇，真正把加速科技进步放在经济社会发展的关键地位。以邓小平科技观为指导，创造中国科学技术繁荣发展的新时代。

（原载《从"三大规律"到"三个代表"》，中共中央党校出版社，2003年12月版。）

论社会主义与科学技术的关联和结合

社会主义与科学技术有着天然的联系。社会主义制度的建立本应为科技发展提供良好的条件和环境，而科学技术本应为社会主义的巩固和发展提供强大的物质力量。但长期以来社会主义与科学技术未能紧密结合互相促进，彼此之间互欠了一笔债。站在世纪之交的时间门槛上，考察世界历史发展轨迹和全球经济科技竞争态势，科学技术在当代社会经济结构中占有日益重要的位置已是不争的事实。因此，研究当代社会经济和当代社会主义就必然涉及科学技术问题。社会主义能否与现代科学技术紧密结合起来，关系到社会主义在21世纪的命运和走向。

一、社会主义三次历史性飞跃都与一定的科技发展背景相联系

社会主义作为资本主义的对立物继起者，从产生到现在已经出现三次历史性飞跃：19世纪40年代以《共产党宣言》发表（1848年）为标志的由空想到科学的飞跃；20世纪以1917年十月革命胜利为标志的由理论到实践的飞跃；20世纪下半叶从单一模式到多种模式、以邓小平建设有中国特色社会主义理论的形成为标志的飞跃。每一次飞跃都令社会主义更符合时代发展要求和各国国情，从而进一步加深并扩展人们对社会主义的认识。

考察社会主义产生与发展的历程不难发现：科学社会主义是在吸收当时包括自然科学重大发展和最高成就在内的最优秀的思想文化科学成果基础上创立的；而且社会主义三次历史性飞跃都与一定的科技发展背景相联系。

在社会主义学说出现第一次飞跃、由空想走向科学的19世纪40年代，自然科学已经取得一系列重大成就和新发展，特别是细胞学说、能量守恒和转化定律、生物进化论三大发现的相继问世，推翻了宗教唯心主义和形而上

学自然观，奠定了辩证唯物主义和历史唯物主义的坚实基础，为科学社会主义理论的形成提供了科学依据。马克思在评价进化论的代表作《物种起源》一书时指出："达尔文的著作非常有意义，这本书我可以用来当作历史上的阶级斗争的自然科学依据。"（《马克思恩格斯全集》第30卷，第574页）恩格斯在《英国状况十八世纪》中说，"科学和哲学结合的结果就是唯物主义"（《马克思恩格斯全集》第1卷，第666页）。

马克思、恩格斯在走向历史和现实的深处，揭示历史发展的动力和最深刻的基础生产力时，看到了这样两个重大事实，一个是，在18世纪发源于英国的以大机器生产取代工场手工业为主要标志的工业革命中，科学技术革命发挥着重大的作用，其结果导致人类历史上生产力的空前发展。另一个是，当时以电的应用为标志的科技革命，促成了电力、电器、化工、运输等新兴产业的诞生。这有力地说明了科学技术革命在生产前头，成为生产力发展的巨大推动力。马克思、恩格斯正是在考察一历史后指出："生产力也应包括科学技术"。在马克思看来，作为科学存在形式的"一般社会知识，已经在多么大的程度上变成了直接的生产力，从而社会生活的条件本身在多么大的程度上受到一般智力的控制并按照这种智力得到改造。"他指出："科学的力量也是不费资本家分文的另一种生产力。""科学作为社会发展的一种精神产品在这里同样表现为直接包括在资本中的东西……表现为自然力本身，表现为社会劳动本身的自然力。"可见，在当时的历史条件下，马克思、恩格斯不仅看到了科学技术推动生产力发展这一客观事实，并为继资本主义之后的社会主义如何发展生产力，提出一些最为基本的原则和目标。正因为如此，在马克思逝世之后的第三天，恩格斯在马克思墓前用英语发表著名的悼亡演说时指出："在马克思看来，科学是一件在历史上起推动作用的、革命的力量。任何一门理论科学中的每一个新发现，即使它的实际应用甚至还无法预见，都使马克思感到衷心喜悦，但是一旦有了立即会对工业、对一般历史发生革命影响的发现时，他的喜悦就完全不同了。例如，他曾经密切地注意电学方面各种发现的发展情况。"

可以这样说，19世纪上半叶无产阶级革命运动的潮流，同自然科学取得重大突破而带动的技术革命潮流的结合，促进了社会主义从空想到科学的飞跃。

随着我国十月革命的胜利和苏维埃政权的建立，社会主义从理论进入实践。列宁在着手探索向社会主义过渡的具体步骤和形式时指出："为了造成使资产阶级既不能存在也不能产生的条件，必须在全国提高劳动生产率，而提高劳动生产率应该建立在科学技术的基础上。"他号召全国劳动人民"必须在现代最新科学成就的基础上恢复工业和农业。"认为"社会主义＝苏维埃＋电气化"。这说明了列宁在社会主义实践的新探索中对科学技术十分重视。

标志着社会主义理论第三次历史性飞跃的邓小平理论的重要思想源泉之一也来自于当代科学技术，来自于他对当今世界科技发展态势和未来走向的洞察和思考。20世纪是人类历史上科学技术发展最为辉煌的时代，无论深度还是广度，都大大超过了19世纪所取得的成就，也远远超过了过去几千年的总和。在20世纪的最后二三十年，一方面，由于历史和现实的某些影响，许多社会主义国家纷纷发生剧变走向解体，社会主义遭遇了有史以来最严重的挫折。另一方面，第三次科技革命风起云涌，发达的资本主义国家不必说，即使是一些与社会主义国家处于同一起跑线上的发展中资本主义国家或地区，正以资本主义的"后起之秀"的态势，拉大了同社会主义国家的距离。社会主义如何超越自我，走出低谷，迎接挑战，严峻的现实急切地呼唤着社会主义、马克思主义的新发展。包括"科学技术是第一生产力"在内的邓小平理论正是高科技时代呼唤的产物。

二、社会主义的本质特征决定社会主义与科学技术密不可分

什么是社会主义？社会主义的本质是什么？这是科学社会主义理论必须首先回答的基本理论问题。虽然马克思提出科学社会主义理论有近二百年的历史，苏联的诞生作为一种社会主义制度也有70余年，但是对社会主义本质是什么这个问题并没有完全搞清楚。20世纪上半期是一个无产阶级革命和民族解放革命的时代，那时，人们更多地着眼于社会政治变革方面。问题是第二次世界大战后，尤其是近30多年来，出现了新的情况：新科技革命日新月异，深刻地改变着整个世界的面貌。在发达国家中科学技术在生产力发展中的作用已从本世纪20年代的20％上升到80年代的80％。当代国际范围的竞争，实质上是经济的，尤其是科学技术上的竞争；对于走上社会主义道路的国家来说，发展生产力已成为根本的中心任务。然而，对于这些新的情况、

新的变化在一段时间里，我们的认识是不敏锐的，不充分的，从而影响了马克思主义理论和社会主义建设事业的发展。

以前的社会主义理论，把公有制、计划经济与按劳分配作为社会主义的三个本质特征，但是，没有抓住社会主义最本质的东西。其实，公有制和按劳分配是实现社会主义根本任务的保证；计划经济本身不是目的，而是发展经济的一种手段。

邓小平同志关于社会主义本质的论述，是邓小平建设有中国特色社会主义理论的重要内容。邓小平同志对什么是社会主义这个首要的基本理论问题，给予了精辟的澄清和概括。他坚持用马克思主义的宽广眼界观察世界，对当今时代特征和总体国际形势，对世界上其他社会主义国家的成败，发展中国家谋求发展的得失，发达国家发展的态势和矛盾，进行正确分析，作出了新的科学判断。

邓小平同志把注视的焦点之一聚集在当代世界科学技术发展上："现代科学技术正在经历着一场伟大的革命。近三十年来，现代科学技术不只是在个另的科学理论上、个别的生产技术上获得了发展，也不只是有了一般意义上的进步和改革，而是几乎各门科学技术领域都发生了变化，出现了新的飞跃，产生了并且正在继续产生一系列新兴科学技术。""世界形势日新月异，特别是现代科学技术发展很快。现在的一年抵得上过去古老社会几十年、上百年甚至更长的时间。不以新的思想、观点去继承、发展马克思主义，不是真正的马克思主义者。"

邓小平同志正是根据这种世界潮流，紧紧地把握时代特征，对社会主义的本质特征作出了高瞻远瞩的科学判断——社会主义的根本任务是发展生产力。

那么，在社会主义条件下，如何发展生产力？邓小平同志深刻认识到当代科学技术在发展生产力中的首要的、第一位的作用，因而明确提出另一个著名论断——"科学技术是第一生产力"。

社会主义的根本任务是发展生产力。科学技术是第一生产力。这既是对当代社会主义的新观察和新概括，也是对当代生产力的新观察和新概括。社会主义的本质特征决定了它与科学技术密不可分。在当代条件下，如果不能把社会主义发展与科学技术发展紧密结合，就不可能充分发挥社会主义的优越性。因为正如邓小平同志所说，"社会主义的优越性归根到底要体现在它的生产力比资本主义发展得更快一些、更高一些，并在发展生产力的基础上不断改善人民的物质文化生活。"

三、科学技术进步是巩固和发展社会主义的重要保证

社会主义社会要有坚实的物质基础。马克思、恩格斯在创立科学社会主义理论、领导共产主义运动时指出"无产阶级运动的第一步是争取政治统治，然后运用政治力量去增加社会生产总量。"列宁领导建立了第一个社会主义国家，强调："共产主义就是利用先进技术的、自愿自觉的、联合起来的工人所创造的较资本主义更高的劳动生产率。"科学技术的发展将可为社会主义的巩固和发展提供重要条件。

新中国是在半殖民地、半封建社会的基础上建立起来的，生产力水平很低。建国以来，尤其是改革开放以来，经济、科学技术得到空前发展，某些科学技术在世界达到了先进水平。但从总体上看，经济和科学技术仍然处在欠发达阶段。我们正承受着发达资本主义国家在科技和经济上长期占优势的压力。要巩固和发展社会主义，需要大力发展科学技术。邓小平同志多次指出，贫穷不是社会主义，社会主义要消灭贫穷，要消灭贫穷的途径只能是依靠科学技术。

社会主义制度的巩固和发展有赖于社会的稳定和国家的安全，而保持社会安定和国家安全同样离不开科学技术的进步。旧中国饱受外国侵略者的欺凌，原因在于落后。敌对势力寄希望于我国社会主义制度的和平演变，反映希望寄托在我们以后的几代人身上。要彻底粉碎敌对势力对我国搞和平演变的阴谋，必须大力发展科技和经济，增强综合国力，不断提高人民的生活水平。

一个显而易见的事实是，第二次世界大战后，许多殖民地和半殖民地国家获得政治上的独立，可是在经济上很不发达，科学技术非常落后，人民生活还很贫困。这些国家在经济上对发达国家的依赖性很大，有的甚至受发达国家的操纵和控制，国内政局往往受外国敌对势力所左右，很不稳定。

可见，社会主义制度的巩固，社会主义国家国际他们的提高，说到底要靠雄厚的经济实力和发达的科学技术。正如邓小平同志所指出的："在无产阶段专政的条件下，不搞现代化，科学技术水平不提高，社会生产力不发达，

国家的实力得不到加强，人民的物质文化生活得不到改善，那么，我们的社会主义政治制度和经济制度就不能充分巩固，我们国家的安全就没有可靠的保障。"

四、当代社会主义的命运取决于它能否与科学技术紧密结合

作为共产主义初级阶段的社会主义，比历史上任何一种社会制度，都更加需要科学技术，同时也为科学技术的高度发展开辟了美好的前景。马克思曾经指出：只有社会主义才能"把科学从阶级统治的工具变为人民的力量"，"只有在劳动的共和国里，科学才能起到它的真正作用"。

但是，二次世界大战结束特别是20世纪60年代以来，由于各种原因，传统的社会主义，没有能够同新科技革命的浪潮很好地结合，没有能为科学技术的发展提供一个良好的环境和条件。前苏联、东欧剧变，世界社会主义运动遇到了前所未有的危机和挑战，原因固然是多方面的，但是，这些国家在新科技革命面前，没有良好地把握时机，没有运用科技成果改造传统产业，发展社会生产力，提高人民生活水平，不能说不是一条重要原因。应当说，这是由于没有把社会主义同现代科学技术紧密结合起来而付出的沉重代价。

当今世界日新月异，突飞猛进的新科技革命，对社会主义和资本主义都产生了重大影响。现代科学技术和生产力的发展正把人类社会推进到一个新时代。人类社会已经从资本主义时代、帝国主义时代发展到社会主义同资本主义和平共处，协作竞争的时代。对立、对抗转向对话、合作。"政治冷战"转变为"经济科技竞争"。和平与发展成为当代世界的主题。由科技革命推动的世界经济发展，促使各国包括不同社会制度国家之间的经济联系日益紧密。相互依赖和相互制约的世界市场体系的进一步扩大，更加使世界经济的有机性和整体性不断增强。与世界经济发展的这种新情况和新特点相适应，资本主义国家和社会主义国家都相应调整了彼此之间的经济关系和对策。资本主义国家逐步放宽、程度不同地改变了对社会主义国家的经济封锁和禁运等政策；社会主义国家也逐步改变了对"自力更生"等的片面理解，实行对外开放，积极参与国际交换和国际竞争。另一方面，当今世界科学技术迅猛发展，综合国力激烈竞争，各种思想变化互相激荡，经济与科技全球化趋势

加速。现代科技极大地改变了和改变着现代社会的生产力，从而极大地改变了和改变着现代社会的产业结构、经济结构、社会结构、乃至社会的政治生活和思想、文化、精神生活。这种改变的深度、广度和急剧程度，在近几十年来达到了前人难以想象的境界，以致每个国家和民族的生存与发展都无不决定于、维系于其科学技术的实力和潜力。

因此，在当前，观察生产力发展，观察整个世界发展，观察社会主义和资本主义的较量和前景，一个需要特别注意的因素，就是科学技术的发展。科学技术与经济、社会发展的关系越来越密切。高科技领域的一个突破就可以带动一批产业的发展。可以预测，未来的科学技术还将以更加壮观的图景令人炫目地展现在人类面前，以其"统一生产力"的强大突破能力推动人类社会发展。社会主义只有顺应时代的潮流才能不断壮大和发展。社会主义在当今世界的命运，很大程度取决于社会主义国家能否在两种社会制度的竞赛和竞争中，通过改变和建设，通过发展科技和经济，把社会主义的优越性进一步发挥出来，逐步缩短与发达资本主义国家在经济和科技上的差距，为社会主义最终取代资本主义创造物质条件。

正在向我们走来的21世纪，是科学技术大发展的新世纪，也应当是社会主义同现代科学技术更加紧密结合的新世纪。对我国来说，能否充分发挥科学技术第一生产力的作用，把国民经济搞上去，关系到党和国家的前途和命运，关系到社会主义现代化建设的成败，也关系到社会主义能否最终战胜资本主义。从某种意义上讲，社会主义在21世纪的命运与走向，将取决于社会主义能否同现代科学技术更加紧密地结合。

（原载《从"三大规律"到"三个代表"》，中共中央党校出版社，2003年12月版）

人与自然关系的重新定位

江泽民总书记在党的十五大报告中指出:"我国是人口众多、资源相对不足的国家,在现代化建设中,必须实施可持续发展战略"。这是我们党和政府依据我国国情,总结我国建设的历史经验,汲取世界上工业化国家的教训,不断认识和把握经济社会发展规律,正确处理人与自然关系所作出的重大战略抉择。

可持续发展在一定意义上讲就是建立人口、资源、环境的各种形式的良性循环,确保人与自然、人与环境、资源与环境的协调发展,迎接现代文明的新曙光。实施可持续发展战略已成为世界各国经济社会协调发展的共识。可持续发展的思想基础是人世界观的转变,是人与自然关系的重新定位。

人与自然的关系历来就是社会发展的核心问题,也是自然辩证法中的重要命题。人类社会的发展是在人类认识、利用、改造和适应、协调自然的过程中不断演讲的。人与自然的关系贯穿于整个人类社会发展的历史长河,从远古到现代,大致经历了萌发、原始、冲击和协调四个时期。如果说在前两个时期,人类担忧的是大自然的任性,那么在后两个时期,自然环境开始承受着人类的贪婪。

自工业革命以来,人类文明具备了影响全球环境而不是仅仅影响局部环境的能力,人类与生存环境的整个关系发生了转变,今天人类面对的是全球性正在恶化的生存环境,也许最危险的威胁,还不是恶化本身,而是人类对它的认识。

人与自然的关系也就是主体与客体的关系,主体指认识者,客体指同主体相对立的客观世界,是主体认识和活动的对象。辩证唯物主义认为,主体与客体的对立,只有在认识论范围内才有绝对意义。客体不依存于主体而存在。同客体相对的主体并不是消极地适应客观世界,而是通过实践主动认识和改造客观世界。哲学和科学的使命之一就在于用理性思维来探索,揭示人、自然及相互关系的奥秘，提高人类认识自然和改造自然的能力。正是在这一意义，人与自然的关系问题吸引无数智者贤人的关注。本文通过回顾有关的历史发展，对这一命题进行再思考，探究人与自然的关系及其重新定位。

一、人与自然关系的历史演变

原始时代，由于生产力水平极其低下，人类认识、控制自然的能力极其微弱，不得不盲目地服从和依整自然，因而人类不可避免地产生了一种对自然极为强烈的畏惧而又崇拜的心理特征。这样，人类对人与自然的原始认识循着两条线索萌发了：一是神话的产生，这是人类借助想象力去征服自然的一种尝试；二是原始宗教的兴起，反映了人类对大自然异己力量的屈服。原始的"人与自然关系"只是一种粗糙、朦胧，十分幼稚的认识，但却十分深刻地反映着当时人类和自然界的真实关系。

随着生产力的发展，古希腊、古罗马时代的自然主义精神孕育了对"人与自然关系"科学认识的幼芽。公元前五世纪，希腊医生希波克拉底（Htippocrates）首先在其著作《论空气、水和地方》中提出了气候影响人类的体质、性格和行为的观点，柏拉图（Plato，公元前483—前348）、亚里士多德（Aristotle，公元前348—前322）和斯特立玻（Strabo，公元前64—公元20）进而讨论了地理环境和国家民族兴衰的关系。但古希腊学者关于"人与自然关系"的认识未免失之零碎、片面，而中国古代则"有机统一自然观"的框架下开始从整体上把握"人与自然的关系"。

在中国古代浩瀚的史籍中，记载着极其丰富的"人与自然关系"的认识。《管子·水地篇》、《周礼·地官》叙述了地理环境影响以致决定人的外貌、性格的观点；《沿羽·禹贡》的"导山"、"导水"两篇记述则反映了人类可以改造地理环境这一较为深刻的思想；《左传》、《国语》等史籍也记载了森林破坏所带来的水、旱灾等史实；而长期的农业实践，更形成了许多因地制宜改造自然的思想。《荀子·天论》立足于以客观物质的"天"（自然）取代神秘的有意志的"天"（上帝），较为系统地论证了自然界变化发展是有其自身规律的，它不以人的意志为转移；人类不仅能够正确认识也应该正确对待"人与自然的关系"；强调人应该发挥主观能动性去利用自然，因为人"最天下贵也"，能"制天命而用之"；并认识到人和自然是相关的，必须循"天时"，不得对自然为所欲为，滥施人意，否则自然界要报复的。总而言之，数千年中国古代文明对于"人与自然的关系"的认识达到了很高的程度。

　　随着人们对自然界的利用、改造能力的逐渐提高。从18世纪以来，人们形成了这样一个观念：人类智慧的能力是神圣的，只要人类征服了自然，人类的生活就会越来越幸福；只要人有能力，大自然就会服服帖帖地为人类奉献取之不尽、用之不竭的资源；人类是主人，自然界则是任人摆布的奴隶。所以，人类也自诩为"万物之灵"、"真正的上帝"。

　　须知这是人类自然观、世界观的一大误区。人类在这种认识的引导下对大自然的掠夺性、破坏性开发，引发了自然界无声而有力的报复。人类为此付出惨痛的代价——生态失衡、环境污染、能源危机、资源短缺、物种灭绝、气候异常……人类自身的生存受到了严重的威胁！这使人容易联想起公元前八九百年地中海沿岸盲诗人荷马在其著马史诗中的预言：人类将自己埋葬自己；历史将由黄金时代、白银时代、青铜时代，回到黑铁时代。正是这位诗人的故乡——古希腊，被不幸而言中。古希腊创造了人类历史上空前灿烂的文化之后，由于对生态环境和土地资源的人为破坏，最后走向衰亡。

　　这一段曾引起无数后人叹息的史实，是否被当今的人们深刻注意了呢？人类应当走出妄自尊大的怪圈。人类的生存和发展的危机使我们开始懂得恩格斯所说的那句话的深刻含义："我们不要过分陶醉于我们对于自然界的胜利。对于每一次这样的胜利，大自然都报复了我们"。

二、大自然对人类的报复和警告

　　唯物辩证法告诉我们，人类并不是自然界的"上帝"，也没有摆脱自然界这无限序列中的一员的地位，人类不能够无视自己与其他生命伙伴保持不可分割的、相互制约的联系。如果我们肆虐于大自然，忽视人类赖以生存的星球、赖以相互扶持的生命世界的要求，忽视对它的"尊重"，那么，人类几千年营造起来的赖以生存和发展的基础大厦，就有倒塌的危险。

　　在人口稀少的古代，人类对自然界的侵害无伤大局，矛盾一直未曾激化。但是自从产业革命以来，尤其是20世纪，滥用农药、毁灭森林，一桩桩污染环境和大气的举动已相继带来严重恶果：

1. 土地资源丧失

随着森林的砍伐破坏，地球的森林面积大幅度减少，土地沙化和土壤侵蚀日益严重。目前全世界沙漠面积达40多亿公顷，100多个国家受其影响，仅在亚洲由于沙漠而受害的人口，1977年为5700万。1985年增加到1.5亿！而受沙漠化影响的非沙化土地，在非洲占总地面积的40％，南美占20％，北美和中美占19％，大洋洲占20％，亚洲占32％。

目前全世界有100多个国家出现沙漠问题，每分钟有10公顷土地变为沙漠，每年损失土地500多万公顷，有史以来共损失土地20亿公顷，如此发展下去，沙漠化给人类带来的经济损矢，每年达260亿美元，有7亿人口身受其害。

现在全世界土壤风蚀面积占地球面积的34％；水蚀面积占地球总面积的31％，每年有600亿吨肥沃的表土被冲失流入海洋。

2. 淡水资源危机

全世界的淡水资源仅占全球水贮量的1％，由于人口膨胀和工农业生产的发展，用水量急剧上升，加上水源污染严重，致使目前全世界60％的地区面临淡水不足，全球20％的人口饮用水紧张，18亿以上人口不得不饮用被污染的水。水资源危机已成为很多国家经济发展的制约因素。

3. 空气污染严重

据统计，目前全世界每年向大气中排放的二氧化碳有500多亿吨，二氧化硫、氮氧化物等有毒气体的排放量也迅速增加。不仅严重损害了人类健康。污染物在空气中含量的增加还形成酸雨、酸雨造成的经济损失，全世界每年达2000亿美元。

震惊世界的八大公害事件其中5大事件（1930年12月比利时的缪斯河谷烟雾事件；1948年10月美国多诺拉事件；20世纪40年代美国洛杉矶光化学烟雾事件；日本四日市烟雾事件；1952年英国伦敦烟雾事件）就是因为大气污染所造成的中毒事件。

4. 全球平均气温上升

根据来自世界各国科学家的报告，80年代地球表面的平均温度，是130年以来最高的。这是由于二氧化碳和其他工业废气罩住了大气层，使得地球气温上升，犹如温室一样。"温室效应"引起南极冰川和阿拉斯加的冰川融化，到2050年，大气中二氧化碳的浓度将增加一倍，按最保守的估计，那时海面将上升400－500毫米，较保守的估计是200毫米，若气温升高4－5℃，南极西南角的冰川将加速融化,那时,海面则将上升 5000—6000 毫米。地球上大陆面积显著缩小,沿海地区发生严重的洪水泛滥,沿海大片良田受到大海的浸吞,一些城市将受到威胁,一些海拔低的岛国,将沦为水乡泽国。

暖和的气候不仅可使地球两极的冰层融化大大改变世界陆地结构,还可能促成特大飓风的形成。由于热能的作用,海洋上升的空气将使飓风密度增加,形成更猛烈的风暴,使未来飓风的破坏力将比现在增大 50%。

地球每个角落的温度普遍上升,科学家们认为,其原因之一无非是二氧化碳的增多以及广泛使用暖房设备的结果。

5. 生物种群消失

生物消亡灭种,在地球上已出现过多次。早在人类起源之前,主要生活在海洋里的 90% 以上的海洋生物都绝灭了。白垩纪末(距今六千五百万年前),恐龙类又大量消亡,50% 的海生无脊椎动物也同时毙命。但是,人们始终不明白造成这些生物大规模消亡的原因。

当今,我们所目睹的生物大幅度消亡,则和从前完全不一样。今天,生物的绝迹原因在于人。这一严重事件已经殃及各大类生物、动物、植物、昆虫、鸟类乃至哺乳动物等。全世界每天有一千多物种灭绝,2000 年已有 200 万种生物灭绝。生物消亡给人类以沉重的"打击"。尤其严重的是黑猩猩的濒临绝迹。由于它和人类有着密切的"亲缘"关系,因此,危及人类的生物消亡问题,向人类发出了一个危险的信号。

三、人与自然关系的现代思考和重新定位

不能不说,在维系我们赖以生存的生态环境过程中,我们做了很多蠢事。所以,今天我们就不得不付出更大的努力,来补偿我们的过失。今日的觉醒,也许为时不晚。

现代意识要求人类附和于大自然,强调人类的命运同地球的命运有机结合在一起。这一半是大自然施教的结果,一半是人类文明进步所进行的反思。

现在人类已经从"人是万物之灵"这一传统的意识中解放出来,树立一种人与自然界和谐的生态大系统意识。"人类是宇宙一切事物的中心","人类的使命就是要征服大自然"这类传统旧观念已根本上为全新的观念所代替,现在,人类对"人与自然的关系"的认识终于跨入了这样一种境界:一方面

人类只不过是我们这个互相制约、互相依赖的大千世界的一部分，人类的命运和她周围的自然环境是如此密切相关，以至于要保护人类，就必须首先保护自然，人与自然的关系必须是一种"协调"的关系；另一方面，在人和自然的关系中，人类还是居于主动地位，自然始终是被认识、被改造的对象，尽管人类在改造自然的过程中，不断地遭到了自然的"报复"，但人类也在不断地提高自己对自然界的认识，从而不断提高人类改造、适应自然的能力。

四、人与自然的协调——人类社会可持续发展的必然选择

在人类受到大自然"报复"后，人们应当作一番深刻的反思，人类是否在创造物质文明的同时制造了一个不适于人类生存的环境？人类共同生存的地方只有一个地球，我们应该如何争取一个美好的生存环境？

东方传统思想历来主张"天人合一"，强调人与自然环境的和谐一致，为了子孙后代，必须合理地控制自己的活动，以尽量减少大自然的报复，这是当今人类的责任，全球行动，保护环境，已成为当今不可逆转的趋势。人类与自然环境资源的协调发展是人类得以生存的必然选择。

发展是人类社会的基本目标和基本战略，但是不同的社会制度或者在不同的历史阶段，其发展战略也是不同的。

20世纪以来，随着科技进步和社会生产力的极大提高，人类创造了空前的物质财富，加速了世界文明的发展过程。但与此同时，人口剧增、资源过度消耗、环境污染和生态破坏等问题亦愈演愈烈，严重地阻碍了经济的继续发展和人民生活质量的不断提高，甚至威胁到人类长远的生存和发展。在这种严峻形势下，人类不得不重新审视自己的社会经济行为和发展历程，认识到传统的发展方式所暴露出来的弊端，如果继续循着传统发展战略走下去，势必导致人类社会的崩溃，因而必须改弦易辙，寻求一种新的发展方式，就是走一条可持续发展的道路。

早在70年代起，人们由一系列全球生态环境问题对经济发展所带来的影响和危害进行反思中，认识到环境的污染和恶化，已成为制约社会发展和人类生存的重大因素，联合国和一些国际组织开始把保持环境与产业发展结合起来，提出了可持续发展的生命资源保护问题，并把可持续发展应用于农

业、林业等产业，把发展问题同人类的基本需求结合起来，把发展的概念由经济推向社会，把对工业污染的控制推向全方位的环境保护。可持续发展由此成为一种新的发展思想和发展战略，其目标是保证社会具有长期持续性发展的能力。1992年6月，联合国在巴西召开有146个国家元首和政府首脑参加的第二次环境会议，发表了《里约环境与发展宣言》、《21世纪议程》，并签署几个单项环境保护公约。这次大会和通过的文件，提出了建立经济、社会、资源和环境相协调、可持续发展的新模式。大会以后，许多国家相继制定了自己的可持续发展战略，有的制定了本国的《21世纪议程》。同年7月，我国也开始组织编制《中国21世纪议程》，经过反复论证和讨论修改，于1994年经国务院批准颁布，并把实施可持续发展战略纳入我国《国民经济和社会发展"九五"计划和2010年远景目标纲要》。

    江泽民同志曾在《正确处理社会主义现代化建设的若干重大关系》中指出：我们不仅要安排好当前的发展，还要为子孙后代着想，绝不能吃祖宗饭，断子孙路，走浪费资源和先污染、后治理的路子，在党的十五大报告中，江泽民同志再次强调实施可持续发展战略。这是我国对联合国等世界组织作出的庄严承诺，也是中国进一步发展的必然选择。我们应当充分认识和正确把握可持续发展战略的主攻方向和基本内容，坚定不移地把这个战略贯彻到现代化建设的各项工作中去。

五、结语

    协调人与自然的关系始终是社会发展的一个核心问题。人类社会的发展是在人类认识、利用、改造和适应自然的过程中不断演进的。人与自然的关系随自然的演变、人在价值观念和活动能力的变化而变化。追求人与自然关系的和谐是人类活动的共同价值选择和最终归宿。因此，必须系统地把握人与自然关系的发展规律，从而实现人类合理利用自然，与自然共生共荣的和谐目标。人类已经并将继续面临来自人与自然关系的挑战。由于人类活动的不断膨胀，以及人口、资源、环境与经济的不协调发展，人与自然之间的不和谐程度还将不断扩大。可持续发展在实质上就是为了解决人类不断增长的需求与自然有限供给能力之间的矛盾。人类正在为实现发展而采取世界范围内的一致行动。人与自然的矛盾十分迫切。调整人类行为，合理利用自然，不断提高人的生活质量，是实现可持续发展的基本依据和根本保证。

（原载《从"三大规律"到"三个代表"》，中共中央党校出版社，2003年12月版。）

电脑对人脑的启示

计算机技术的出现和发展，是20世纪科学技术的一座丰碑，也是人类最值得引为自豪的科技成就。电脑的出现，极大地、全方位地影响和改变了人类生产和生活的各个领域和各个角落，极大地改变了人类世界的图景和图像。

回顾电脑科技发展和应用的历程，考察电脑科技取得的各种成就，我们至少可以得到以下若干有益的启示。

启示之一：科学技术之所以是第一生产力，就在于它能极大地延伸人类的能力。人的体力、视力、听力、脑力等，都是有限的；而作为全人类智慧结晶的科学技术，其突破能力却是没有止境没有终极的。以计算机速度而言，即便是我的老朋友，前几年从北京迁居深圳的速算专家史丰收，其脑瓜也没办法每秒钟完成上亿次的运算，没办法与计算机的神机妙算相比拟。所以马克思才说，"科学是最高意义上的革命力量。"所以我们才以"科教兴国"作为基本国策。

启示之二：现代科技发展的明显趋势之一是国际化和全球一体化。国际互联网Internet风靡世界的每个角落，就是个最好的例子。科技发展的全球化趋势，大大地缩短了时空尺度和时空距离，使世界变成一个每个角落都息息相关的"地球村"。所以，江泽民总书记在党的十五大报告中指出，我们要以宽广的眼光看世界，要把注意的焦点聚集在当代世界科学技术的发展上。《报告》说："世界变化很大很快，特别是日新月异的科学技术进步深刻地改变了并将继续改变当代经济社会生活和世界面貌，任何国家的马克思主义者都不能不认真对待"。敏锐的全球眼界正是邓小平科技观的重要特色之一。邓小平同志多次指出："中国的发展离不开科学"，因而"中国的发展离不开世界"。闭关锁国没有出路。所以我们要坚持和扩大对外开放，要利用国外智力为我所用，要大胆吸取全人类文明的共同财富，包括学习资本主义国家一切好的先进的东西。特别是要以世界先进的科学技术成果作为我们发展的起点，努力促成后发式技术跨越。

启示之三：科技的价值不仅在于其物化和有形方面，而且在于其对人类思想观念的冲击、改革和更新。科学技术的每一次重大突破，比如电脑的出现和广泛应用，都强烈地震撼人的心灵，激发思想更新，推动人类观念进化。电脑文化、网络文化的生长和成长，就很能说明问题。所以，科学技术除了是第一生产力，是"摇钱树"之外，它还具有精神价值和文化教育功能。党和政府一直重视发挥科学技术的精神价值和文化教育功能。江泽民同志在党的十五大报告中，就明确地把发展科技作为文化建设的基础工程之一，把普及科学技术，弘扬科学精神，倡导科学方法，作为社会主义精神文明建设的题中之意。我曾经有个概括，叫"四个凡是"：凡是科学的事物都具有一定的先进性，凡是腐朽、腐败、落后的东西都是不科学的或反科学的；凡是高级的精神文化活东西都是不科学的或反科学的；凡是高级的精神文化活动都有科学作基础，凡是缺少科学基础的精神文化活动都是低级的甚至蒙昧的。科学技术是精神文明建设的基石。只有提高精神文明建设的科技含量，才能升华精神文明建设的质量。所以，我们科技工作者要当好精神文明建设的排头兵。

启示之四：基础研究是新技术新产业产生的先导和源泉。按我们习惯上对基础研究、应用研究和开发研究的划分，第一代搞电脑的人是搞基础研究的。20世纪40年代发明的电子管计算机E－NIAC，用了18000个真空管，几万个电子元件，占地167平方米。那时搞电脑的人，没有直接的经济效益可图，有的穷得吃饭也成问题。但在几十年之后的今天，电脑业、信息技术已经成为赢利最丰厚的产业之一。没有基础研究，技术发展将成为无源之水，产业发展将缺少后劲和支撑。最近江泽民总书记在国家科技领导小组报送的一份纪要上，作了"要重视基础研究"的长篇重要批示。这些年我国经济和社会的持续高速发展，为基础研究的加速发展提供了条件，也提出了新的要求。对于我国的基础研究工作者，这是机遇，是号召。今天在座的同志，有搞基础研究的；今天表彰的电脑科技成果中，也有属于基础研究方面的。我非常希望，在我们颁发下一届电脑科技奖的时候，有多一点的基础研究的成果获奖。

启示之五：任何科技成就，只有为大众所理解所掌握所应用，才能最充分焕发第一生产力的潜能。电脑的普及，电脑用户天文数字般的增加。电脑技术介入社会生活和精神文化领域的广度和深度。以及由此而来的对现代社会产业结构、经济结构和社会结构的变革，就充分说明：公众理解和应用科学技术之日，才是科技第一生产力焕发出最大潜能之时。邓小平同志生前在参观上海市微电子技术及其应用汇报展览时指出："计算机的普及要从娃娃做起。"娃娃要普及，成人更要普及。所以，我希望搞计算机技术的专家们继续多做一些普及电脑科技的工作。

关于电脑科技，话题多多，点到为止，就此打住。最后，我衷心希望，在今天荣获首届"安利电脑科技奖"的朋友们中间，特别是在获奖的大学生、研究生之中，若干年后能冒出两三个全国、全世界知名的电脑专家、电脑大王。

（这是作者于1997年10月23日在首届"安利电脑科技奖"颁奖大会上的讲话。）

试论"科学美"

周镇宏 科技评述

科学美学在国外是一个受到注意的课题,但在国内却有争论:科学美学作为一门独立的新学科能否成立?

这个课题是复杂的。

一、科学家的论述证明科学中具有审美特征

关于美的问题,西方最早由毕达哥拉斯学派的一群年轻的科学家从自然科学的角度提出。他们认为美在于"数的和谐"和"比例的适当"。古代的年轻科学家们之所以在自然科学的领域内注意到了美的问题,说明了自然科学和美学并非毫不相干。

有一个奇怪的现象:虽然科学美学至今还未得到普遍承认,但在自然科学家中,否认科学美的存在者却甚为少见。许多有成就的科学家,如爱因斯坦、海森堡、玻尔、狄拉克、彭加勒、劳厄、德布洛意、韦尔等等,都能从科学中发现美,看见美和运用美。

较早年代的科学家的论述不算。在科学大大发展的今天,美国芝加哥大学的名誉讲座教授S·钱德拉萨克在《美与科学对美的探求》的文章中就曾这样举例:彭加勒说科学家研究自然"是为了从中得到乐趣,而他得到乐趣是因为它美,如果自然不美了,它就不值得去了解……";而G·N·华特逊则说模函数公式

$$\int_0^\infty e = \frac{-3\pi x^2 \text{Sinh}\chi x}{\text{Sinh}3\pi x} dx =$$

$$\frac{1}{\sqrt{3}e^{\frac{2\pi}{3}}} \sum_{n=0}^{\infty} e^{-2n(n+1)^*}(1+e^{-\pi})-2(1+e^{-3\pi})^{-2}\cdots(1+e^{-(2n+1)^*})-2$$

给了他一个深入心窍的感觉,这种感觉正像他"进入开普莱·梅迪奇的

圣器室并见到米盖兰杰罗放在朱里安诺·梅迪奇和劳仑左·梅迪奇幕前的'白昼'、'黑夜'、'早晨'和'黄昏'的质朴的美时所感到的震颤没有什么两样";甚至玻尔兹曼还说一个数学家也能像音乐家那样来表现自己的"风度",并说麦克斯韦的气体动力学理论,当"速度变量"开始展开后,"状态方程"、"中心场中的运动方程"的杀出,使他感到"混乱",两个分子间的相对速度V使他想到像"魔鬼",而"令 n＝5"的出现,却使他感到像"铜鼓"发出的"四个音节",又如"魔杖"一挥,不但"魔鬼"V 隐去了,连同那些不可克服的东西也像"音乐"、"低音"中的主要修饰音一样"沉寂"了……

这些科学家的语言到底说明了什么？毫无疑问,他们在这里是使用了联想法。但是却有一点值得注意：科学家们在这里都从科学里面看到了美,他们不但看到了科学研究中所具有的审美情趣（看到了乐趣,感受了激动）,也看到了科学理论中所包含有的美的形式要素和价值（看到了风格,想到了音乐等形象）。我们可以看到,科学的审美对于科学家来说,也和其他的审美一样,是有着相同的审美心理状态和感情冲动,是有同等的创造力的。

二、科学美的两个哲学存在基础是合目的性和合规律性

关于美的哲学本质问题,过去所涉及的首先都是关于美的性质是"主观"还是"客观"方面的争论。这种争论是必要的,但是在目前情况下不可能有断然的结果；而且也不可能从本质上证实科学美的存在。我们宁可转而从审美的主体方面和审美的客体方面,分别去考察这种美的存在的哲学基础,具体是在哪些方面。也即是说,从人的方面感到美,你为什么感到美？从物的方面使人感到美,有什么让它令人感到美？

这首先从人这一主体的审美观念来说。苏格拉底曾经有过一段话反映在阿斯木斯的《古代思想家论艺术》中：

美不是事物的一种绝对属性,不是只属于事物,既不依存它的用途,也不依存于它对其他事物关系的那种属性。美不能离开目的性,即不能离开事物在显得有价值时它所处的关系,不能离开事物对实现人愿望它要达到的目的适宜性……[①]（着重号为本文作者所加）

注意：苏格拉底在这里所说的美是不单纯依存于"它的用途",及其对它事物关系的"属性"的。所以他所说的美的目的性第一是对于主体愿望来说

的；第二是这种主体愿望具有最广泛的适应意义，而并不限于某种事物所具有的单一用途。当然，苏格拉底这里所说的"人"也不应是单指个人。

按照我们的认识，人对客体的审美判断，内核是价值判断。在审美过程中，人对客体的功利观念、目的观念在思想内层上是始终起着作用的。甚至在人的审美意识的形成中，人的这种功利观念和目的观念也是无时不参与其中的。事实上，关于审美中的这种人的价值观念过去已经有人作了不少论述，而车尔尼雪夫斯基则提出了一个"美是生活"的著名定义；甚至提出了乡下美人的必备条件是"鲜嫩红润的面色"、"体格强壮，长得很结实"，而上流社会的美人条件则是"弱不禁风"、"手足纤细"、"偏头痛"来加以证明。这个人的审美价值观念，是人与客观现实间所第一个产生的也是最为基本的审美关系准则。

人们过去喜欢提出美和善的统一，也是出自这一相同角度的解释。

苏格拉底虽然处在美学的朦胧阶段，他的关于美的本质解说不可能十分准确。但是他把美的事物和人的目的效用联系起来的学说，正是在这里显示出他的价值来。因为一切科学在其事实上，正是最符合于人的最广泛的功用目的。迄今为止，还没有哪一门科学有人能指出它是不合人的功用目的而去作研究的，没有哪一门科学是作为人的目的对立物而产生的，也没有哪一门科学在其最初不是作为人们解释自然世界及其内奥的最为理想的美的形式提出来的。科学美的存在正是在这一点上取得了其哲学存在根基。

它在这里取得了人的审美要求的基本底蕴，因此便具有了美的特质，加上了其他条件便具有了美的征象。这种征象使存在于科学家的那种科学的理论形式像"圣器室"和"画面"，像"铜鼓"的"音节"，像"魔鬼"和"魔杖"，像"音乐"的"修饰低音"的语言中。

这就是我们关于科学的美在于合目的性的哲学存在的第一个方面的解释。

当然，关于科学的美和目的性的相统一，在其哲学存在的基础上也许有人仍会提出疑问，认为美的事物并不统统都合目的性。像有的时候，人置身于某种美好的色彩、声音和环境中，你并不知道它有什么用，而你却感到了美。但这是不难解释的。因为美的事物总不能干扰人的生命存在，而应该反过来有利于人的生命存在甚至发展。科学的美的哲学基础正是在这方面得到了它的存在的反证。

关于科学的美的哲学基础的存在的另一个方面。基茨曾经有过一首短诗：

美即真，真即美，

这便是一切，

世上你所知，

以及你须知。②

狄拉克则有一个论断："一种正确的理论就应该是美的"。③惠勒又指出："你们可以把它（指科学美——本文作者注）叫做艺术，也可以把它叫做美，但我认为，它在某种意义上接近于正确和公正。"④

过去的人们，喜欢把美的事物和真相持并论。美即是真，即是正确、即是公正。这实际上不过是符合于大自然的规律性和事物真面目的别称。

事实上，科学是专门发掘大自然的规律的，它的本身也最具有规律性。这种自然的规律性，哪怕是它隐蔽在自然再深的内部，通过科学这面镜子的观照，最终也是会被发现的。而当着这种科学的成果以其观照了自然内奥的完善形式出现，也就和其他艺术一样成了美好的事物。

关于美和真的这种关系。海森堡曾经说过这样两段话：第一，"如果自然给我们显示了一个非常简单和美丽的数学形式——说到形式，我是指假说，公理等的统一体系——显示了任何人都不曾遇到过的形式，那么我不得不相信它是真的，它揭示了自然界的奥秘"；第二，"我感到，通过原子现象的表面，我窥测到一个异常美丽的内部，当想到现在必须探明自然界如此慷慨地展示在我面前的数学结构这一宝藏时，我几乎晕眩了"。⑤

美和真在科学上关联。美和真在科学上同一。（但在其他事物上真并不一定就等于美，这里所说的只是凡科学上美的一定必须是真的）这里，科学上的所谓真，即大自然的规律性。这就为科学美的存在又在哲学的基础上争得了一席的位置。

当然，关于科学美和自然规律性相联系，还有一个问题必须解释。有人可能会说一张美的画，一只蝴蝶身上的斑斓色彩，一片随意点缀的风景，一场美妙的舞蹈，它们体现的是什么规律性？一朵美的纸花，其规律性既又在哪里呢？这也不难回答：这些东西，就它们本身的美而言，则它们本身构成得和谐恰当；就它们与自然的关系而言，则它们是自然及其创造力（其中包括人）的显现；就它们与人这个审美主体的关系而言，则体现了审美对象与审美主体的心理和谐吻合。这些都体现了自然世界变化万方，具体万端，却有一条内在和谐统一的锁链。这就是它们与自然规律性的联系点。

三、科学上审美要素的具体的存在显现

科学美要求科学必须具备有一定的审美要素存在。

正像一切美的感受必须有赖于审美者的审美知识及辨识力一样，科学审美必须懂得科学的抽象语言。一般不懂自然科学的人，也许能看出数学中的行列式"像一个美丽的园子，每边都可以扩展"。但是，物理学家黄克孙对基本粒子物理学的赋词：

袋里非常奇特

层子三三成格

只怕运行时

违反泡利原则

颜色，颜色

抹上三般颜色

这里的诗情画意，就非一般外行人所能领略了。

科学上，目前具有下列审美要素存在：

（一）简单美

哥廷根大学的物理学报告厅里，刻着一句拉丁格言：

"Simplex sigillum Ven"（简单是真的印记）

这是一句极有意思的话。法国哲学家狄德罗就曾说过："所谓美的问题，是指一个难以解决的问题，所谓美的回答，是指一个困难复杂问题的简易回答"。⑥科学上的简单美，"既不是理论内容上的简单性，也不是数学形式上的简单性，而是理论体系基础在逻辑上的'简单性'。"⑦许多科学家都相信，一个成功的理论必须是简单的。牛顿在他的《自然哲学的数学原理》中论述了他的四条推理法则，其中第一条就是"简单原则"（也叫"经济原则"）。他写道："自然界不做无用之事，只要少做一点就成了，多做了却是无用；因为自然界最喜欢简单化，而不爱用什么多余的原因以夸耀自己。"爱因斯坦也有一条"逻辑简单化"原则，他认为，"一种理论的前提的简单性越大，它所涉及的事物的种类越多，它的应用范围越广，它给人们的印象也就越深。"⑧

科学理论中的简单美，不胜枚举。请看麦克斯韦方程组，只有四个方程：

$$\oint_s \vec{D} \cdot \vec{ds} = \Sigma q \qquad \oint_L \vec{E} \cdot \vec{dL} = -\int_s \frac{\partial \vec{B}}{\partial t} \cdot \vec{ds}$$

$$\oint_s \vec{B} \cdot \vec{ds} = 0 \qquad \oint_L \vec{H} \cdot \vec{dL} = \Sigma I - \int_s \frac{\partial \vec{D}}{\partial t} \cdot \vec{ds}$$

但偌大的一个电磁世界的基本规律尽在其中，其高度简单之美真是令人惊叹！关于电和磁的关系，在此之前由于其联系未被彻底揭露，因此人们虽有丰富知识但却显得纷繁复杂，直至麦氏方程组出现，人们才突然感到其理论体系的简洁。可见，自然界总是"突然在我们面前展开这些关系的几乎令人震惊的简单性。"

简单美在相对论和量子论中也有突出表现。这两门理论共同构成了现代物理学以致整个现代科学的基础，其规律的普遍性和精确性超过了以前的任何理论。但是，它们的逻辑前提却是异常简单：狭义相对论只有"相对性原理"和"光速不变原理"两个理论前提；量子力学也只有很少的几个假设。这两个理论以它们的简单之美而得到人们的欣赏。问世不久就征服了科学界。

（二）深远美

首先指出，简单美的"简单"，并非单纯，也非浅显。一个美的理论，必须既有"简单美"，也有"深远美"。内容不深远的"简单"是浅薄，无所谓美；逻辑前提不简单的"深远"则是繁冗，也无所谓美。

科学史表明，一个真正成功的理论，必定有简单的前提和深远的内容背景。麦氏方程组只有四道方程，但由它出发进行分析、演绎、推论、展开，却可以展现整个电磁学基本理论的体系的脉络。方程中：

$\vec{E} = \vec{E}^{(1)} + \vec{E}^{(2)}$，既包括了自由电荷产生的电场强度，又包括了变化磁场产生的电场强度；

$\vec{D} = \vec{D}^{(1)} + \vec{D}^{(2)}$，既包括了自由电荷产生的电场中的电位移，又包括了变化磁场产生的电场的电位移；

$\vec{B} = \vec{B}^{(1)} + \vec{B}^{(2)}$，既包括了传导电流和运流电流产生的磁感应强度，又包括了位移电流产生的磁感应强度；

$\oint_s \vec{D} \cdot \vec{ds} = \Sigma q$，既适用于无旋电场，又适用于涡旋电场；

$\oint_s \vec{B} \cdot \vec{ds} = 0$，既适用于传导电流产生的磁场，又适用于变化电场产生的磁场；

$\oint_L \vec{H} \cdot \vec{dL} = \Sigma I - \int_s \frac{\partial \vec{D}}{\partial t} \cdot \vec{ds}$，既反映了安培环路定律，又反映了变化

电场激发磁场的规律；

$\oint_L \vec{E} \cdot d\vec{L} = -\int_s \frac{\partial \vec{B}}{\partial t} \cdot d\vec{s}$，既反映了磁场强环流定律，又反映了变化磁场激发涡旋电场的规律；

……

够了！麦氏方程组，何等的简单，又何等的深远！

爱因斯坦的狭义相对论只有两个公式，却开创了物理学的新纪元。以这两个公式为基础，加上必要的数学工具，可以导致许许多多的理论。例如：

洛仑兹变换 $X \dfrac{x'+vt'}{\sqrt{1-(\frac{v}{c})^2}}$ $t+\dfrac{t'+\frac{v}{c^2}x}{\sqrt{1-(\frac{v}{c})^2}}$

"钟慢"：$\Delta t = \Delta t_o / \sqrt{1-(\frac{v}{c})^2}$

"尺缩"：$L = L_o \sqrt{1-(\frac{v}{c})^2}$

"质增"：$m = m_o / \sqrt{1-(\frac{v}{c})^2}$

"频移"：$v = v_o \sqrt{\dfrac{1+\frac{v}{c}}{1-(\frac{v}{c})^2}}$

等重要公式以及"四维速度"、"四维力"等重要的物理概念和物理量，从而建立起比牛顿力学框架更大，容量更大，层次更高，适用范围更广的力学体系，促成了第三次物理学革命。相对论内涵的深远，令人惊叹！

关于简单美和深远美，彭加勒曾经这样论述："简单和深远两者都是美的，所以，我们特别喜欢寻求简单的事实和深远的事实；我们喜欢寻求具体的巨大轨道，我们喜欢用显微镜细勘那种极其细小而又浩瀚的东西，我们喜欢在地质年代中寻觅过去的痕迹……"[9]

如果需要回答科学理论的简单美和深远美的来源基础，那么答案就是："宇宙是以其伟大的简单统一性为特点的"，"宇宙同时又是以错综复杂的物理结构为特点的。"[10]

（三）对称美

左、右、前、后，正面、反面、正数、负数，正电、负电、阳极、阴极，物质、反物质，圆的太阳、方的窗户……对称的情形，在自然界中比比皆是。

然而，我们在这里所要讨论的对称并不限于这些，还要涉及科学理论的内涵。对于科学理论中广泛存在的对称性，不可能也不必要全面罗列。我们只仍然以大家已经熟悉的麦克斯韦方程组为例释。

麦氏方程组集多种美于一身。它除了简单和深远美之外，还有着十分吸引人的对称美。杰出的物理学家和史学家劳厄称它是"美学上真正完美的对称形式"。它的对称性，不仅显示在数学形式上，而且更丰富的是在其物理内容和意义上：

$\oint_S \vec{D} \cdot \vec{ds}$ 是通过封闭曲面 S 的电位移的通量；

$\oint_S \vec{B} \cdot \vec{ds}$ 是通过封闭曲面 S 磁通量；

$\oint_S \vec{D} \cdot \vec{ds} = \sum q$，是电场的高斯定理；

$\oint_S \vec{B} \cdot \vec{ds} = O$，是磁场的高斯定理；

$\oint_L \vec{E} \cdot \vec{dL}$ 是电场的环流；

$\oint_L \vec{H} \cdot \vec{dL}$ 是磁场的环流；

$\oint_L \vec{E} \cdot \vec{DL} = -\int \frac{\partial \vec{B}}{\partial t} \cdot \vec{ds}$ 表示磁场的变化 $\frac{\partial \vec{B}}{\partial t}$ 能产生电场；

$\oint_L \vec{E} \cdot \vec{DL} = -\int \frac{\partial \vec{B}}{\partial t} \cdot \vec{ds}$ 表示磁场的变化 $\frac{\partial \vec{B}}{\partial t}$ 能产生磁场。

麦氏方程组给我们展现了一幅赏心悦目的"电"和"磁"的对称图景。

近几十年来，人们把群论应用于物理学，终于发现，物理学理论中的守恒定律与自然界的对称性有着十分密切的联系。物理世界千变万化，但物理学家常常能够在变化的物理量中找出一个"不变量"，用这个不变量就能表示出变化的规律，这就是守恒定律。守恒定律在物理学中占有极为重要的地位，对守恒定律的寻求是物理学中的重要任务。守恒律与对称性具有怎样的联系呢？

人们现在已经知道，自然界的对称性是守恒律存在的原因，一个守恒律，是宇宙中一种对称性的必然结果。例如：

空间平移对称性导致动量守恒；

空间转动对称性导致角动量守恒；

时间平移对称性导致能量守恒；

空间反演对称性导致宇称守恒；

电荷规范变换对称性导致电荷守恒。

必须指出，对称也不是绝对的。有时对称性也会遭到部分的破坏。例如，CP守恒在某些场合就不成立。但这丝毫也不会影响科学理论的对称美。人们可能从对称被破坏中寻求更大范围的新的对称！例如，人们从CP守恒在有些场合不成立的对称破坏中，发现在更大范围内，CPT联合守恒，即发现了新的联合对称。因此，对称性部分破坏，其实也还是一种对称，只不过是一种"破缺对称"或称"隐蔽对称"。

（四）对应美

在千姿百态，丰富多彩的科学世界中，还有一个令人感兴趣的现象：不同理论领域之间，或同一领域的不同部分之间，存在着许多"地位相当"或"相似"的对应的概念、定律、常数、图像等。这虽然也许是人们的方法应用所导致的结果，但它也是对于自然规律的一种反映。这些"对应"使人感到理论世界的条理和谐。我们把这种令人悦目之美，称之为"对应美"。

例子可以信手拈来：

经典力学中有机械波，电磁学中有电磁波，量子力学中则有物质波；

万有引力遵循牛顿反平方定律 $F_{引}=G\dfrac{m_1 m_2}{r^2}$，静电作用力遵循库仑点电荷反平方定律 $F_{电}=k\dfrac{q_1 q_2}{r^2}$，磁作用力遵循磁荷反平方定律 $F_{磁}=k\dfrac{q_{m1} q_{m2}}{r^2}$。

在电学与磁学之间，这种对应之美呈现得尤为显著。请看下面所列各种对应：

电荷——磁荷 电力线——磁力线

电阻——磁阻 电通量——磁通量

电矩——磁矩 电介质——磁介质

电动势——磁通势 电偶极——磁偶极

电场强度——磁场强度

电场高斯定理——磁场高斯定理

电场环流定律——磁场环路定律

电路欧姆定律——磁路欧姆定律

物理学中的一些基本物理常数，也表现出这种对应美。请看所列的表：

常数名称	普朗克常数 h	光速常数 C	引力常数 G
标志对应	量子论的标志	相对论的标志	引力理论的标志
作用对应	微观领域起主要作用	高速领域起主要作用	宇观领域起主要作用
量级对应	微观体系作用量（k）的量级	"相对论速度"的量级	引力作用的量级
效应对应	k～h 时量子效应显著	V～C 时相对论效应显著	$\frac{M}{Rc^2} \sim \frac{1}{G}$ 时引力场是强场
判断对应	K>>h 时量子物理过渡为经典物理	V<<C 时相对论力学过渡为牛顿力学	$\frac{M}{Rc^2} << \frac{1}{G}$ 时广义相对论过渡为牛顿引力理论

理论世界存在的这种对应美，也许是作为科学理论描述对象的宇宙的一种和谐联系的表现吧！

（五）统一美

人类对自然界的认识，总是经历着从特殊到一般，从部分到整体，从孤立到联系的过程。这种过程，是综合整理，寻找事物联系统一的过程。海森堡说："两个原来是彼此独立的部分配合成一个整体，这样就产生美。"[11]

科学的任务之一是在于实现理论的统一。普朗克 1908 年 12 月 9 日在题为"物理世界图像的统一"的一次演讲中就指出：自然科学从一开始就把各种各样的物理图像概括成一个统一的体系或者一个公式作为自己最伟大的目标。[12]科学发展的过程和趋势充分表明了这一点。

自然科学家大都是"统一论者"，喜欢寻求事物根本的潜在的统一美。他们大都有寻求普遍规律的癖好，一旦发现同一现象可以用几个定律在不同方面进行描述，便立即尝试将这些定律结合起来，得出统一的普遍规律，使之能概括所有的方面。

牛顿和爱因斯坦，是寻求统一美的典型。牛顿的四条科学研究法则中，第二、三条就是"统一原则"。他认为：对于自然界中的同一类结果，必须尽可能归于同一种原因。爱因斯坦则致力于统一场论的研究几十年，为寻求物理学世界的统一贡献了他的后半生。

统一美往往表现为各个理论之间，或理论的各个部门之间的有规律可循的统一联系。科学的历史，表现了人们对物质世界的认识的不断提高，各事物间的联系层次不断被揭露，科学理论的各个领域也就逐步地走向这种联系和统一了。

1821年，塞贝克发现了温差电现象，说明"热能生电"；1843－1844年，焦耳和楞次发现电流的热效应，说明"电能生热"，从而揭示了热、电关系。这是热、电现象的统一。

1831年法拉第的电磁感应实验证明了变化的磁场能产生电场；1864年麦克斯韦引入位移电流概念说明变化的电场能激发磁场，进一步揭示了电、磁关系。这是电、磁的统一。

1842年焦耳对热功当量的测定揭示了热运动和机械运动的转化，联系和当量，热运动和机械运动又达到了统一。

20世纪初，"光电效应"和"逆光电效应"的成功解释，则是光、电的统一。

1924年，德布洛意提出"波粒二象性"理论，统一了长期争论的光的波动性和粒子性。

早在1905年，爱因斯坦建立了狭义相对论，统一了时间——空间、质量——能量，动量——能量等理论概念关系。

到1917年，爱因斯坦创立了广泛相对论，又把引力场和非惯性系中的时空结构及物质运动规律统一成一个场方程。

统一美从广泛和最高度的意义上说是人们对于自然物质世界的内在规律所趋向的最简化而又最深化的掌握。

科学上的美是一种综合表现。它们可能共同存在于任何一个美的理论之中。虽然，有时它以某一表现特征为显著，但仔细分析，你却可以发现各种美的表现因素同时存在。

物质世界常常变动不居。科学理论必须一步步地进步。依据于物质世界的变化多样而又普遍联系的和谐统一和科学美学在于美和真统一的准则，我们认为科学美学的根本任务，正是在于发现科学理论中的和谐关系并促进其修正其余。

如果你在某种有道理的理论中暂时看不到上述的美的表现，那么你最好的办法是坚信席勒的语言："真正美的东西，必须一方面跟自然一致，另一方面跟理想一致。"一切还在于继续发现。

参考文献

①参见朱光潜《西方美学史》上卷，人民出版社1963年版，第21页。

②⑤⑨见 S·Sandrasekhar,"physis Today",July1976。

③④转引自：嵘岍,《知识就是力量》1982 第 7 期, 第 12 页。

⑥转引自《百科知识》1982 年 12 期, 第 67 页。

⑦钱均惕《自然辩证法通讯》1982 第 3 期。

⑧《爱因斯坦文集》第一卷, 商务版（1976), 第 15 页。

⑩S·R·威尔特,"Physics Today" 34, 11 (1981)。

⑪转引自《自然科学哲学问题丛刊》1982 年第 1 期, 第 40－41 页。

⑫见 E·阿玛地,《世界科学译丛》1979 年第 2 期, 第 29 页。

（原载 1984 年第 3 期《海南大学学报》,另一作者为黄汉忠）

再论"科学美"

周镇宏 科技评述

我们在《科学美学初论》（见《海南大学学报》1984年第3期）一文中，论述了科学美学的两个哲学存在基础和科学美的种种概念和具体表现。本文将就科学美学对科学的推动和科学美学对一般美学的改造等两个方面，继续深入展开论述。

科学美对科学发现和发展的推动作用，首先在于科学家对科学本身所体现出的美的追求。狄拉克说："我没有试图在直接解决某一物理问题，而只是试图寻求某种优美的数学。"[①]爱因斯坦说："照亮我的道路，并不断地给我新的勇气去愉快地正视生活的理想，是善、美和真。"[②]科学家们之所以追求美的道理，是在于美与真在科学上的关联，它们是一个科学事实的两个不同侧面。一个正确的理论，就其反映了客观事物的本质和规律来说，就是真；就其表现了人的认识和能动的创造欲求，及其形式反映的恰当来说，则是美。因此，在这种意义上说来，追求美，就是追求真理。

科学家们对于美的追求，在总的方向上指导着他们去建立科学的理论。如爱因斯坦在构造其理论时，所采用的方法就往往与艺术家有着相似之处。他的目的在于求得简单美，因为他认为世界的物质前提，就其本源来说就是简单的。他的相对论，就是在这种思想方向的指导下取得的突破性成果，并且，他的一生都在追求着科学理论上的这种简单美。1943年，当他的秘书杜卡丝将他1905年的论文重新读给他听，读到某处时，爱因斯坦就感叹说："我现在觉得，这几句话本来可以说得更简单些。"

科学美对于科学发现和发展的推动作用，还在于美与真的统一。美的表现，在核对结果和衡量理论的是否成功时被证明是非常宝贵的。对一个理论的评价，除了实践标准和逻辑标准的检验之外，还必须有审美标准来参与检验。沙利文甚至说得很干脆："一个科学理论之被认可，一个科学方法之被证明，是在于它的美学价值。"[③]科学史上就不乏这样的例子，像简单美就常常被人们作为判断一个假设、模型或理论是否"真实"的依据之一。例如过去的天体运行规律，出现了第一个描述的假说是托勒密的地球中心说，这个假说引入了"偏心轮"、"本轮"、"均轮"等概念达80多个，并让太阳和五个行星都作几种复杂的运动，其体系繁复芜杂，令人望而生畏。人们难以相信它是"真"的，不久遭到了抛弃。与此相反，哥白尼根据宇宙简单和谐的思想，提出日心说，以开普勒的行星三定律，牛顿的万有引力定律，爱因斯坦的引力场方程等为补充，比托勒密的假说大为简单而又正确地解决了问题，因此得到了人们的普遍承认。再如生物学中，DNA双螺旋模型一出现，便为许多科学家所认可，甚至有人说："刚一看到模型就很喜欢它"。其原因之一，也就在于它的那种十分简单而又和谐之美。

1864年，麦克斯韦统一了电磁理论，建立了以他的名字命名的方程组，并预言了电磁波的存在。这在当时，并没有直接足够的实验论据。但这个理论一出现，就引起了物理学界的高度重视，受到了许多物理学家的厚爱，究其原因，在很大程度上就是由于方程组的美学特色。在物理学家们看来，这样优美的东西不可能不"真"！事实也正是这样。在麦氏方程组出现二十多年以后的1887年，赫兹做了电磁振荡实验，"美"的麦氏方程组终于被证明了是正确的。

所有这些，都从同一侧面就科学美对科学的推动意义作出了解释。

科学美对科学发现和发展的推动，还有一个方面是在于科学审美常常为科学家的科学研究提供了重要线索和突破口。一个很好的说明，是爱因斯坦1905年发表的三篇划时代意义的论文。这三篇论文有着一个共同的特征：就是一开始便从审美的角度讲到某种形式上的不对称或别的不符合流行的美学性质的地方，然后提出一个原理，消除某种不对称或别的不"美"的地方，最后得出可用实验加以证明的伟大预言。由此可见，科学的审美对于科学发现和发展具有重要的启示意义。

科学美对于科学发展的推动，在科学史上，例子不计其数。单是"对称美"对科学发现的导引作用，就有不少相似的例子。

1820年，奥斯特发现了电流的磁效应以后，法拉第根据"电"与"磁"应该对称的原理，认为既然"电"能生"磁"，那么"磁"也应该能生"电"。基于这样的信念，他从1822年开始做磁生电的实验，一直坚持十年之久，终于在1831年发现了电磁感应现象，建立了电磁感应定律，为电磁理论奠定了基石。

　　1928年，狄拉克根据对称原理，认为有电子，就应该有"反电子"即"正电子"；并从理论上预言，正电子带正电荷＋e，其质量与电子质量相同。1932年科学家终于在宇宙射线中发现了反电子，这是人类在科学史上第一个发现的"反"粒子。现在，基本粒子研究的理论和实验都已指出，每种粒子都存在它的反粒子。例如，有质子就有"反质子"，有中子就有"反中子"，有中微子就有"反中微子"等。

　　科学美的意义是如此的重要，科学美学的建立当然也是不无意义的。从上面提到的科学史上的事实，我们可以看到，科学美对科学具体推动的作用意义，是在总的发展方向和认识方法上给科学研究提供指导，给科学家的科学研究和发现启示可能的线索和突破口，反过来又有助于检验和评价现有的科学理论，日臻完善。

　　我们可以预言，随着科学美学的研究和运用，人们的科学理论将会变得更加简练而深入。因为它既能真实地反映物质世界的全般面貌和内在规律，不漏过任何细致的细节，也能捡出过去不曾注意的差错，沟通不同领域的可能联系，构成一个前提简单的和谐理论体系。当然这必须依靠现有的理论发现和所有的理论定律为前提，我们相信这是一个伟大的工程。

　　美学的研究至今已有一定的历史。现在在一般美学研究的体系中，突然出现一门科学美学的理论分支来，也许会使人感到难以接受。

　　其实，美学问题首先就是从自然科学研究的角度提出来的。自公元前五世纪中叶至前四世纪初叶，德谟克利特和苏格拉底才开始从社会科学的角度去看待和寻求美学问题的解释。不过，德谟克利特还从原子论的角度为人的感受性寻求物质解释，为人的美学认识打下了最早的唯物主义基础；苏格拉底则补充了美对于审美主体的效应关系，具有朴素的辩证精神内质。他们所走的道路方向基本是正确的。只是到了后来，随着人类社会科学的进一步发展，美学的问题才完全地进到了社会科学的范围中去。随着近、现代科学的发展和认同，对于美学的认识当然必须有所发展，而在事实上，人的审美活动一开始便包含了科学的审美因素在内。这里，除去美是"数的和谐"和"比例的适当"这一确实对后来的审美的形式要素认识产生了很大影响的说法不提之外，单就"对称"美这一概念来讲，它就不无科学的因素在内。对称，也许它最先来自人对人体自身的器官的相应认识，因为它相应于人体生命的力量对应和生理上的舒适生存，而在日常生活中又给人们以种种物件设置及运动平衡的好处，所以形成了一个合目的性并被认为合理存在而且美好的概念。之后，便可以把它引进到绘画、舞蹈、建筑、音乐乃至于其他的艺术中去。但事实上它所体现的却是人对于自然适者生存这一创造生命形式的必然规律的不自觉认识和运用，从更深一层的科学底蕴去认识，则它完全符合于某种世界物质运动变化环节的必要几何关系。科学的审美观念对于审美观念的影响和改造，由此可见一斑。

所以，我们还是较为同意"美学是关于美和美的规律的科学"的说法，而且依我们的认识，美学甚至应当成为一门对人们带有熏陶、教化、欣赏、激动、启发性质的对于一切客观外界事物的价值判断和价值检验的学说。（当然它和哲学有区别，对于客观外界事物及其内在关系的真正认识那是综合了各门科学基础的哲学的事。它只是可以推动这种认识的假设和验证，或是加以判断。）

这就是我们依据科学的发展和种种认同之后，对于美学所重新得出来的认识！

事情既然如此，那么科学美学就要对现存的一般美学进行改造，使其真正包容自己在内。这种改造首先涉及的就是关于美和审美的基本特征。（关于美的性质基本问题和审美过程的其他基本问题，一如以往可以继续讨论，没有什么改变。如果有什么改变的话，则是美的客观存在性质由此而更加显得坚实，审美的主观欲求由此而显得更加强烈了。）

关于美和审美的基本特征，过去一般所强调的都是具体性、形象性和感情性。但这适应的不过是艺术的美和审美方面。而且就美而言，还仅是适应其形式，而不能适应于内容的全部。

对于理智美（过去有人把理智美用来完全等同于科学美，这是误会，是我们所不能同意的）的问题，过去的美学一般都予以否认。但是根据我们对于科学美学的哲学基础的认识和科学家们对于科学美的一系列的真切感受，这方面是值得重新讨论的。关于人的审美意识和审美活动的解释，过去，唯心主义美学家黑格尔，虽然不同意把艺术观照等同于科学理智的兴趣，但却提出过人在其中必须具备"文化修养"和"完整的理性"。④唯物主义和唯心主义的调和论者康德虽然反对审美包含有"利害关系"，但他也不得不承认审美判断的规定根据"只能是主观的，不可能是别的"⑤。唯物主义的哲学家费尔巴哈也承认人的"理智"如果"坠落"了，他就无法知觉和感觉"神圣"和"善"的东西，审美力的"灵魂"坏了，便感觉不到图画的"美"，只有"审美的理智"才能感觉到"我外面的美"⑥。从这些唯心主义以至于唯物主义哲学家对美的认识中，我们能够意味到什么呢？从他们的这些语言中，我们完全可以明白地看出在审美意识和审美活动中人的思想到底处于什么地位！虽然，这些哲学家们所说的这种理性的光辉也许只存在于审美的主体，而不存在于审美对象的本身。但是，这又正如费尔巴哈所说的："理性的对象就是对象化的理性"⑦科学美的存在基础是在于它的合目的性和合规律性以及具备完善的反映形式，三者缺一不可。

正是依据这些，我们认为，那种认为"理智"缺乏"美"的一般美学观念是必须改正的。

再之，即使是单纯从艺术本身，也可以找到突破口。譬如哲理诗，有时它的理智色彩便使你感到很美。因为这种哲理恰好道出了某种自然、社会的规律，甚或合乎你的理想，因之合乎美和审美的哲学存在基础——真与善，所以便具有了美。这里如果去掉理智的美，那还有什么呢？当然还有词句与字眼音韵形式排列组合的妙处，但对这种美妙的排列组合的领受，也还需你有关于诗歌形式的各种基本的知识参与并加以感受和判断，这正是人的理智在诗歌中的外化，正是一种理智美。

提到抽象性的东西，过去的一般美学在审美的可能性上也是对它予以否认的。这也是一种不全面的观念。对此可以首先从艺术本身方面来论述。像鲁迅的《阿Q正传》中的那个人所共知的阿Q形象，便曾经历了一个艺术的抽象过程。鲁迅先生从辛亥革命前后中国的各种国民性格中分离并抽象出了上述的种种因素，最后重新组合成了血肉生动的阿Q形象。正是由于具备了这种艺术抽象的底蕴，才使得阿Q的性格具有了广泛的典型意义，当时的许多人物都从阿Q身上照见了自己。这个生动的艺术例证，正好说明了艺术的形式有时尽管十分具体、形象和生动，但它实际上却经历了一个抽象的阶段。没有抽象也即没有艺术的存在，这难道不是一个事实？这个抽象后来便成艺术中美的蕴积。而科学美的情况也是如此。一个科学理论的提出，它往往是经过科学家的许多观察和实验，并予以分析、综合、概括，从而抽象出了各个事物的性质及其内部规律关系，最后才找到合适的形式来加以表现或者描述的。所以，艺术和科学在抽象阶段和形式的恰如完善这些美学的要求底蕴上，是完全相通的。

科学理想上的理智的美和抽象的美又是科学美的两个重要立足的根基。科学美学以自然物质规律性和人类利益目的性为其存在的哲学基础，以理智美和抽象美为美的普遍表现特征，把具体形式、外部的简单、深远、对称、对应、统一等与世界物质本源多样统一变化规律相通的存在表现概念联结起来，形成一个严密的美的整体存在。但它在审美的可能和过程上又是和其他一般美学领域共通的。它对一般美学的体系作出了这样的补充：美学的研究范围和对象从此应该抛弃个别而走向一般；美的范畴应该从规定的自然美、人体美、艺术美三个方面，或者从加上社会美在内的四个方面，增加到包括科学美（这里面将来也许还可以把诸如技术领域的所谓"生产美学"等新概念包括进来）在内的五个方面；美和审美的基本特征，也应该在保留感情直观性判断的基础上从具体性、形象性的表象性阶段上，深化进入到理智性和抽象性的阶段上来；美学的各个学科分支更应从此根据其不同表现特征相应地独立出来。这是美学上从动物人走向智能人在美和审美的认识上提出的必然要求，也是现代社会中科学发展所提供的可能条件。

当然，科学美学作为一门相对独立的专门美学分支学科，它除了在美和审美上具有理智性和抽象性的特有特征，在美的创造、运用和审美检验上也和其他美学的分支学科有所不同。它在美的蕴积和审美上偏重于理智性和抽象性，在美的创造和美的运用上偏重于启示性和激发性，主要在于向人们提供对于科学理论上的直观迅速理解和对于科学发现提供突破线索，在审美检验上对于科学理论的简练、修正和完善提供高瞻远瞩的预见！至于科学的审美联想这个特有过程，它的主要作用是为科学家在科学认识中，在部分和部分的理论之间、部分和全部的理论之间提供直观形象的沟通联系，为他们勾画出科学内质中肉眼所不能预见的客观世界画面，这是它的特质。

科学的目的，是在于提高人们对于客观自然规律的深入认识，掌握更多获取生活物质资料的能力。现在，现代心理学已经有一个关于人的知觉选择的证明，为人们在科学的理论认识上的"理论框架"学说提供了有力支持。也即是说科学理论作为人对外部物质世界规律的主观认识和描述，你尽可以按照你自己所选准认为正确的逻辑角度和恰当完善形式去概括，但必须通过理论证伪来检验其真还是非真。正是在这个意义上，科学美学的运用将有助于人们从真、善、美统一的角度出发，去对于现存的和前人的理论提出更多合理的要求、验证和假设，以开拓更宽的理论领域和实验领域，尽可能获取更多科学的伟大发现！

　　音乐的声音必须有音乐的耳朵来听。一尊维纳斯女神像对于一个毫无历史、美术和雕塑知识的人来说，是难以看出她的真正的美的。科学美的本质只存在于一系列的科学理论和科学实验的事实中。这也是我们的一般美学所必须注意到的。国内著名的美学家朱光潜先生曾经这样说过："美学不是孤立的科学，还是个整体观点。过去一般是把自然科学和社会科学分开，现在好多人还是这个观点，自然科学是一回事，社会科学又是一回事。现在看这也不妥。马克思在手稿里瞭望到将来自然科学和社会科学将合成一种科学，即'人的科学'。美学能不能脱离自然科学？很难哪！"⑧朱先生的真知灼见，应该值得我们深思！

参考文献

①见《美国科学新闻》，1981 年 42 期第 11 页。

②《爱因斯坦文集》三卷，商务印书馆 1979 年版，第 42 页。

③沙利文，——Physics Today，Tuly 1976。

④参见黑格尔《美学》第一卷，商务印书馆 1979 年版，第 40—48 页。

⑤参见康德《判断力的批判》上卷，商务印书馆 1965 年版，第 39—74 页。

⑥⑦见费尔巴哈《十八世纪末——十九世纪初德国哲学》，商务印书馆 1975 年版，第 571、551 页。

⑧引自朱光潜《怎样学美学》，见北京师范大学出版社 1981 年版《美学讲室等》，第 9 页。

（原载 1985 年第 1 期《海南大学学报》，另一作者为黄汉忠）

咬文嚼字话"科技"

形式的"//"与内涵的"≠"

有一句重视科学而又不太科学的流行语言:"发展经济,一靠政策,二靠科学。"

有一个未必谬误但大可商榷的提法:"科学是生产力。"

有两个指称各异却不时被人相提并论的短语:"高技术"和"高科学"。

有两种性质不同而又常常被人混为一谈的"革命":"技术革命"和"科学革命"。

有一种不能界定确切身份的"身份":"科技人员"。

……

凡此种种,不能不归因于一个约定俗成的"复合概念"——"科学技术",或简称"科技"。

笔者素不喜欢学究,但推崇"欲为真,非科学不语,非全科学不语。"对"科学技术"也作如是观。

在我国,把"科学"与"技术"并联而形成。科学技术,始于20世纪50年代末"国家科学技术委员会"的成立。后来,或许是语言的"经济原则"起作用,人们又把它缩略为"科技"。这种并联和缩略确有其优越性,但用词上的简略与科学上的准确毕竟不是一回事。"科学技术"作为一个概念所暴露出来的诸多缺陷,已经引起的诸多含混,已经导致的政策上、管理上的模糊效应和偏颇失误,实在有必要对它来一番重新审视和澄清辨析。

问题的要害在于:在"科学技术"这一复合概念中,"科学"与"技术"在形式上是一种并联(符号为"//")关系,表现的是两者的同一性,而就"科学"与"技术"的本质和内涵而言,连接两者的却无疑地应该是一个"不等号"（≠）。

"是什么？为什么？"与"做什么？怎么做？"

科学一般表现为知识形态、理论形态，如爱因斯坦的相对论，达尔文的进化论等；技术则一般表现为物质形态，如爱迪生的灯泡、西门子的电缆等。

科学的目的是现象之中求本质，发现和揭示新的规律，增加人类的知识宝库中的财富，使人类更好地认识自然；技术则是来自某认识或者经验的升华，其目的在于应用规律，发明方法，创造产品，增加人类的物质财富，使人类更好地利用自然、控制自然、改造自然并协调人与自然界的关系。

科学主要解决"是什么"和"为什么"的问题，它顾及的因素较少；技术则要直接解决"做什么"和"怎么做"的问题，它必须顾及经济的、社会的、法律的、地域的、资源的、环境的以及生理心理的因素。

科学家关心的主要是原理上的可能性和合理性；而技术专家关心的则是利用这些原理的方法和实际问题，如成本、配件供应、操作细节、安全程度、外部形态等。

强调"科学"与"技术"的这些差异，并不妨碍我们认识它们之间的相互依存和相互促进。科学的发现加快了技术发展的进程，决定了技术发展的方向；而技术进步又对科学理论的发展和完善提供了物质条件。或许正是这种同一性才使人们把"科学"与"技术"并联成"科学技术"吧。

"无国界"与"有专利"
"无止境"与"有极限"

科学没有强烈的沽誉主义色彩、商业性质和功利因素。谁也不会去买爱因斯坦的相对论。技术则相反，可以出卖和转让。爱迪生不会把制造灯泡的技术无偿奉献给别人，西门子不可能不考虑电缆工程的经济效益。

因此，科学是不保密的，各国的科学研究成果无不抢先公布发表。而技术则需要保密甚至封锁，谁想弄到"可口可乐"的详细配方，谁就必须付出足够弄到它的代价。

简言之：科学无国界，技术有专利。

就各自追求的境界而言,"科学"与"技术"也是不同的。科学面对的是广阔无边的未知领域,科学探索无止境、无顶峰、无穷尽。而技术作为一种实践活动,却要受到诸多制约。科学原理上认为可以达到的目标,技术上却未必能够通过有限的步骤和手段达到。技术操作的完美性、精密性、准确度等指标都有一定的极限,技术上尽善尽美的彼岸,只能不断接近而永远不能到达。换言之,科学无止境,技术有极限。

在"经验"的天平上

科学家与技术专家对待经验(已知的实验事实、观测结果、计算方法等)的态度是截然不同的。

科学家关心的是如何把知识过程中的经验升华为理论,从众多的经验事实中抽象出规律。在他们看来,经验的东西只是认识的初级阶段,只是为了上升到更高阶段所必经的阶梯和基石。在科学研究中,科学家的追求是尽可能完美的理论,对经验的估计是不会令人们满意的。

技术专家则把经验看得很重,甚至视为技术的组成部分。不论是古代的能工巧匠,还是近代和现代的工程技术人员,都得时时处处运用自己的或别人的经验。就说技术上的安全系数吧,虽然有特定的公式做理论上的计算,但终究还是离不开经验的估计判断。

对于数据,科学家在其研究活动中总是要求尽可能地精确,即使出现微小的偏离也要进行深入的探究;工程技术人员虽说也审慎地对待数据,但工程技术的实施和进行,毕竟要受到经济成本、时效工期等诸多因素的制约,常常必须在数据、指标上有些"弹性"和有所"折中"。

此"高"非那"高" 此"革命"非那"革命"

"高技术"之于技术,除了在难易、规模、社会影响的深广度不同之外,本质上没有区别。

但"高技术"与"高科学"却不能画等号。任何一个高技术项目,无一例外地都是从解决某项任务出发的;任务的选择和确定的依据,是它的社会效益、经济价值、潜在市场、技术风险等。绝不能把一个长远追求的高科学的目标作为一个高技术项目。

举个例子,"设计具有创造力的机器人"这样的课题属于哪个"高"?这不难判断,人类所具有的无穷的创造力,与生物所具有的复杂生命现象一样,属于有待长期研究和长远规划的问题,是有待从原理上去探索的高科学课题,而不是高技术项目。

至于"技术革命"与"科学革命",就更不能当作一回事了。它们之间不但有"量"的差异,而且有质的区别。

科学革命迄今只发生过两次:一次是哥白尼、伽利略一直到牛顿、焦耳,实现了科学理论的首次"大综合",建立了经典物理原理论体系,揭示了物质宏观低速运动的规律;第二次是20世纪初叶普朗克量子论的建立和爱因斯坦狭义相对论的出现,奠定了近代物理学的理论基础,发现了微观高速运动的规律。目前正在酝酿之中的第三次科学革命,将以生命科学为主旋律。

技术革命至今已明显地经历了三次;一次是蒸汽机革命;一次是电气革命,再一次就是以原子能和电子计算机为标志的革命。现在,世界正面临着第四次技术革命。

谁更"有用"

技术作为劳动手段、工艺装备、加工技艺的总和,属于直接创造物质财富,介入商品流通的实践领域,其"实用性"是显然的,谁也不会怀疑技术"有用"。

那么,科学"有用"吗?

答案当然是肯定的。但它的"有用"不能理解为"实用",也不能理解为"直接的应用"。

有一位领导对一批从事基础科学研究的科学家讲话,劝他们"别搞那些无用的纸上谈兵的东西",要求他们"理论联系实际","弄出些能发展生产力的实用的玩意来"。此君实在是未曾搞清何为"科学",何为"技术"。

"科学技术是生产力"。这个著名的论断当然是正确的。但假若说"科学是生产力",那就值得推敲了。须知作为知识体系的科学,并不是直接的现实的生产力。科学只通过技术的中介进入生产过程,才能转化为直接的生产力。否则它就只能潜在的"不实用"的"一般社会生产力"。而科学向生产力的转化，不仅周期长，而且成功率甚低。据统计，一般性的科学新概念、新理论转化为具有经济意义的技术的成功率只不过1%—3%，97%以上只是探索。

但这不能成为要求科学"实用化"的理由！没有这97%，就没有那1%—3%产生的基础。

"不实用"的科学是"实用"的新技术的先导。没有当年肖克莱在贝尔实验室那"不实用"的发现，何来今天的电子技术和信息技术？

回到本节的小标题上来。假若有人一定要追问科学与技术谁更"有用"？那我只能说：它们"各司其职"！

两"E"人才之别

由于科学与技术从形态、目的、任务到研究过程、劳动特点、成果体现等各方面均有明显的区别，因此它们实际上是两种有明显不同的社会文化。这就决定了它们对人才素质的要求各不相同。

爱因斯坦是典型的科学人才。作为近代物理学的理论奠基人之一，他毕生从事的是对未知领域的科学探索，他的贡献几乎都是理论形态的科学成果。

爱迪生则是典型的技术人才。作为一个技术专家，他一生中取得上千项的技术专利，他的贡献几乎都是物质形态的成果——技术或产品。

爱因斯坦和爱迪生这两个名字在英文中都以"E"打头。所以，爱因斯坦式的科学人才与爱迪生式的技术人才的差别，我们权称"两E之别"。

从人才智能结构来看，科学工作者要紧的是必须有丰富的知识，善于观察和发现问题，具备抽象思维和综合概括能力，能够从杂乱无章的现象、事实中揭示规律。而技术工作者最需要的是具备运用知识解决问题的能力和经验，只懂得技术原理而不会处理实际问题，就不是称职的技术人员。

从取得成果的统计学意义上的"最佳年龄"来看，科学工作者偏小，技术工作者略大。科学史上不乏年纪很轻的数学家、物理学家；技术史上却相对来说较少有作出重大贡献的"小字辈"。这很好理解。因为"经验"在两"E"人才智能结构中所占的地位是不一样的，"经验"对于技术人才至关重要，而"经验"的积累需要时间。

管理的差异

科学技术作为一个整体具有一定的同一性,因而可以有统一的发展科学技术的"科技政策"。但"科学"与"技术"的种种很不相同的基本特点,又决定对它们必须分别管理。

对科学成果的评估应以对人类科学知识的贡献为准,对技术成果的评估应以对生产和经济的贡献为准。

对待科学不应该持过分的功利主义态度;对待技术却不能不反复拨弄经济效益的"算盘"。

推动技术进步的主力靠市场需求的拉力,这种拉力通过市场竞争起作用;推动科学发展的主力是人类对认识大自然的强烈追求,鼓励这种追求需要高瞻远瞩的洞察力和雄厚的资力的投入。

科学的"计划"应该有足够的"弹性"和宽容。在科学探索之始,目标是相对不确定的,难以预见何时会有何种发现,也难以计算做出某种发现的劳动时间和成本。技术则应有较强的计划性。技术活动虽说也有不确定因素,但诸如产品设计和研制,可以而且必须有相对明确的目标、步骤和经费预算。因此,对科学的管理只能强调"工作得如何";对技术的管理则应注重"如何工作"。

对科学活动要允许较大的"自由度"和较强的个体性;对技术活动则应相对强调"指向性"和集体性。

当然,这远不是对科学与技术分别管理的全部,只是略作说明而已。

勿忘"铁血宰相"的预言

中国是一个曾经创造了辉煌科学文化的文明古国。"四大发明"常常被我们引为自豪。

中国又是一个重技术轻科学的国家。"四大发明"是技术而不是科学。在小农经济的汪洋大海之中,科学常常被实用技术化。

明末著名科学家宋应星在其科学著作《天工开物》的序言中就激愤地写道:"丐大业文人,弃掷案头,此书与功名进取毫不相关也!"

看来,"不实用"的科学在我国受到冷遇,可谓"古已有之"。

对待科学的功利主义态度已经给我们留下了沉痛的历史教训。当年,中国在德国的留学生热衷的是学造船、造枪炮等可以谋生的技艺,而日本留学生却在那里学中国人视之为"不实用"的科学、哲学等知识。德国首相俾斯麦当时就据此预言:"日本将兴盛而中国将衰落!"清代没落的事实使我们不能不痛苦地叹服这位"铁血宰相"的眼光。

斗转星移,天翻地覆,今天的中国已不能与当年同日而语。但中国人对待科学的功利主义态度有无根本改变?你看近些年,多少科研单位和科研人员推开基础科学研究的"冷板凳",迈入实用技术开发的"热门槛";多少院校的基础学科报考问津者寡,而培养能工巧匠式人才的那些专业却门庭若市。原因嘛,可一言以蔽之——爱因斯坦的相对论没人买,爱迪生的灯泡制法可卖钱!

但愿国人勿忘曾使我们痛苦地叹服的那位"铁血宰相"的预言!

(原载 1990 年 1 月 9 日《现代人报》)

再审科学史疑案

周镇宏　科技评述

爱因斯坦 1905 年创立狭义相对论之前，是否受到别人的假说或实验的启发？这是一个争议颇多甚至爱因斯坦本人的表白也出尔反尔的科学史疑案。

笔者由于工作和爱好之所系，时常接触、涉猎科学史料。七八年来，无意之中竟收集和积累了关于这一疑案的不少有用的考证材料。细细品味和推敲这些偶然所得的素材，越觉得这一疑案的微妙。

一般认为，与爱因斯坦的狭义相对论关系最为密切的早期研究，首推 1887 年的迈克尔逊—莫雷实验（Michelson—Morly experiment）。因此，这一疑案的关键在于弄清该实验对爱因斯坦的影响。

一种观点认为：迈克尔逊—莫雷实验对爱因斯坦创立狭义相对论起过重要的历史作用。密立根（R·A·Millikan）就曾指出："狭义相对论可以看作实质上是以迈克尔逊实验（指迈克尔逊—莫雷实验——本文作者注）为开端的一种概括。"[①] 劳厄（M·V·Lalle）也说过："在迈克尔逊的和若干类似的实验影响下，狭义相对论出现了。"[②]

另一种观点则认为：爱因斯坦 1905 年创立狭义相对论时并没有考虑迈克尔逊—莫雷实验的结果，因为那时他还不知道这一实验。[③④]

这第二种观点有两个主要论据：其一，爱因斯坦本人曾这样表白过；其二，爱因斯坦关于狭义相对论的第一篇论文[⑤]没有援引或解释迈克尔逊—莫雷实验。

对这第二种观点及其论据，笔者认为很有商榷的必要。

首先，后人对爱因斯坦本人的所谓"表白"必须审慎考究。因为，据笔者所知，爱因斯坦在不同时间、不同场合对这个问题的说法是前后不一致的甚至是不相容的。

这里，我们列举爱因斯坦对这个问题的几种不同说法。

A．在创立狭义相对论 17 年之后的 1922 年 12 月 14 日，爱因斯坦在日本京都大学作了题为《我是怎样创立相对论的》的讲演，他说：[⑥]

"我第一次想创立相对论是在十七年以前……，我试图从物理文献中寻找以太流动的明显的实验证据，但没有成功。"

"后来，我想亲自证明以太相对于地球流动……，实验思想与迈克尔逊实验很相似，但未能付诸实现"。

"还在学生时代，……我就知道迈克尔逊实验的奇怪的结果，我很快得出结论，如果我们承认迈克尔逊的'0结果'是事实，那么，地球相对于以太运动的想法就是错误的。这是引导我走向狭义相对论的最早想法。"

爱因斯坦这篇讲演，由石原（Ishiwara）教授记录，于 1923 年发表于日本《改造》（*Kaizo*）杂志，后曾摘要发表在《日本科学史研究》，1982 年又发表在《今天物理》（*PhysicsToday*）八月号上。

B. 1952 年 2 月 4 日，美国 Cleveland Case 工学院的 R·S·Shankland 教授访问爱因斯坦，问他是怎么知道迈克尔逊—莫雷实验的，据 Shankland 后来说，爱因斯坦当时是这样回答的：⑦

"我是通过洛仑兹的著作知道它的，但是只有在 1905 年以后才引起我的注意，否则，我会在我的论文中提到它。"同年 10 月 24 日，爱因斯坦接受 Shank land 第二次访问时又说：⑦

"我搞不清楚我第一次听到迈克尔逊实验是在什么时候，我并没有意识到，在相对论成为我的生活的那七年中间，它曾经直接影响过我。"在这两段话是 Shankland 根据记录整理，在事隔 10 年以后的 1963 年才发表在《美国物理学杂志》上，发表时，爱因斯坦已经逝世八年了。

C. 1952 年 12 月 19 日，美国 Cleveland 物理学会集会纪念迈克尔逊诞辰 100 周年，爱因斯坦在给大会的贺信中写道：⑧

"著名的迈克尔逊—莫雷实验对我的思考的影响倒是间接的。我是通过洛仑兹关于动体电动力学的决定性的研究（1895 年）而知道它的，而洛仑兹这一工作在建立狭义相对论以前我就已经熟悉了。"

D. 1954 年 2 月 9 日，爱因斯坦又告诉美国 Monmouth 学院的 Davenport：⑧

"在我自己的发展中，迈克尔逊的结果并没有引起很大的影响。我甚至记不起，在我写这个题目的第一篇论文时（1905 年）究竟是否知道它……"

概括一下，爱因斯坦在回答。1905 年以前是否知道迈克尔逊—莫雷实验这个问题上，至少有几种前后不一的说法：

A. 知道并"引导我走向狭义相对论"

B. 知道但未引起注意

C. 知道但影响是间接的

D. 记不起是否知道

到底哪一种说法符合事实呢？

笔者倾向于认为，说法 A 比较可靠，理由有下面几条。

（一）说法 A 有其他的史实印证。据爱因斯坦的同事 P·Frank 记载：⑨爱因斯坦还在 Zurich 工业大学就读时，就特别注意研究关于以太与地球的运动，以及设计如何用实验去判断的方法。那时他就已经知道了迈克尔逊—莫雷实验和洛仑兹的理论。事实上，在 1905 年以前，爱因斯坦就已经在 Zurich 专利局构想过用一种新的方法来分析迈克尔逊—莫雷实验的否定结果。⑩这些情况与爱因斯坦 1922 年演讲的说法具有内在一致性。

（二）爱因斯坦在 1905 年写的第一篇关于狭义相对论的论文中已经提到："……企图证实地球相对于'光介质'运动的实验的失败，引起了这样一种猜想：绝对静止这个概念，不仅在力学中，而且在电动力学中也不符合现象的特征"。⑪这段话暗示着，爱因斯坦当时已经知道了迈克尔逊—莫雷实验的否定结果。这一点，Shankland 也曾指出过。

（三）说法 A 是爱因斯坦 1922 年公开演讲时所说，且在 1923 年便已发表，其时他本人尚健在，应该是比较可靠的；而 1952 年以后的那几种说法，则是别人采访他并在他逝世多年后才由别人发表，那些话是否都出自爱因斯坦之口，实在难以考证。

（四）即使上面列举的各种说话均属爱因斯坦的原话和本意，也还有理由认为说法 A 更可信。因为，说法 A 发表时离 1905 年只有 17 年，其时爱因斯坦才 43 岁，回忆应该比较准确，而 1952 年以后的谈话，距 1905 年已近半个世纪，爱因斯坦已是 70 多岁的老人，离去世不久。也许正像他本人所意识到的："要把那些值得讲的东西讲清楚，毕竟是不容易的——现在六七十岁的人已完全不同于他五十岁、三十岁或二十岁的时候了。任何回忆都染上了当前的色彩，因而也带不可靠的观点"。⑫我们从爱因斯坦 1952 年及 1954 年前后矛盾、混乱的几次谈话中也可看出这一点。

基于上面的分析，笔者认为，爱因斯坦在 1905 年创立狭义相对论时是已经知道迈克尔逊—莫雷实验。

那么，爱因斯坦为何在 1905 年的论文中不援引或解释这个实验呢？

这个问题就更微妙了。

首先，爱因斯坦作为狭义相对论的出发点的基本前提，恰恰是迈克尔逊—莫雷实验所证实的结论，他"仅仅把它当作一个既成的事实接受下来"。因此没有援引或解释它的必要。

其次，狭义相对论隐含着逻辑循环，爱因斯坦不援引迈克尔逊—莫雷实验，而把光速不变作为一个"原理"，目的在于使逻辑循环在这一点打断，以回避更深的追究。这可谓用心良苦。

最后，作为本文结尾，有必要申明：笔者虽然认为爱因斯坦创立狭义相对论以前知道迈克尔逊—莫雷实验并受到一定的启发和影响，但不认为该实验是狭义相对论的实验基础。因为，狭义相对论的真正实验基础，应该是半个多世纪以来的实验事实，而不是一个或少数几个实验。正如爱因斯坦本人所说的，无论多少个实验都不足以证明他的假说是对的，但只需要一个实验就可以证明他的假说错了。

参考文献

①赵中立等，纪念爱因斯坦译文集，上海科技出版社，1979 年，第 240 页。

②M·V·Lauec，物理学史，商务印书馆，1978 年，第 69 页。

③现代物理学参考资料（第三集），科学出版社，1978 年，第 55 页。

④何维杰，大学物理，1982（9）年，第 24 页。

⑤A·Einstein. Ann Physics 17，1905 年，第 891 页。

⑥A·Einstein. Physics Today，1982 年，第 8 页。

⑦R·S·Shankland. Am. J. Phys. 1963（31）年，第 47 页。

⑧G·Holton. Isis 1969 年（60），第 194 页。

⑨J·Robont. Oppenheimer，近代物理学论文集，中华文化出版事业委员会，1945 年，第 164 页。

⑩程惠波等译，《新境界的物理学》，正中书局。

⑪《爱因斯坦文集》第一卷（商务版）1976 年，第 1 页。

(原载 1990 年 9 月号《广东工学院学报》)

当"公众理解科学"之时

有三个具体事例引起了我的思考，使我选择了这样一个题目。

事例一：广州街头，一对打扮很时髦的青年情侣。男的要到一个卦摊去"算一算命"，女的阻拦说："那是迷信！"可一转身，那女郎却拉着男士奔向一个用电子计算机给路人"算命"的摊档，还正儿八经说："我们相信科学！"看这对生活在20世纪90年代大都市里的青年，居然相信"电脑算命"是"科学"，这实在是科学的不幸！

事例二：香港影星周润发飞抵哈尔滨，几百名少男少女手持花束等候在机场，他们听说同机到达的还有一位叫"杨振宁"的大名人，纷纷询问："杨先生是唱什么歌的？"而哈市一家电台在广播杨振宁来访的消息时，竟然又把名字错念成"杨振宇"……如今这"星"那"星"被"炒"得火暴，而人们（包括电台播音员这种职业的人）对杨振宁这样的科技巨星却如此陌生，唉！

事例三：我国权威部门在全国抽样调查得出这样两组数据：

数据A　青少年知道牛顿其人的仅占31％；

　　　　知道达尔文的占25％；

　　　　知道哥白尼、爱因斯坦的各占21％；

　　　　知道李四光的占14％；

　　　　知道杂交水稻之父、为人类第二次绿色革命作出巨大贡献的当代中国科学家袁隆平的只占11％。

数据B　23.6％的公众不知道"人类是从类人猿进化而来的"；

　　　　17.6％的公众不知道地球和太阳谁绕谁转；

　　　　41.2％的公众不知道地球绕太阳转的周期是一年；

　　　　68.6％的公众不知道"电子比原子小"；

仅从这三个信手拈来的例子已略可看出，让公众理解科学，任务何其紧迫，何其艰巨。

"公众理解科学"，这是当今国际上一项轰轰烈烈的社会性工程。不久前，英国皇家学会、大不列颠皇家协会和英国科学促进委员会联合组建成立了"公众理解科学委员会"。美国科学促进会和美国科学研究协会在佛罗里达州奥兰多市联合举办了"公众理解科学"国际讨论会。来自世界各国的 400 多位科学家参加了会议。我国也派出代表团在大会上作了报告。我们常常讲，这个要与国际接轨，那个要与国际接轨，依我看，"公众理解科学"这个社会工程，也应该与国际接轨，把它作为一种社会性活动广泛、深入、扎实、持久地开展起来。

"公众理解科学"所达到的广度和深度，常常直接作为衡量和评价一个国家、一个地区科技发达程度和综合实力的重要标志。人类的科技活动总体来说应包括探索和普及两个部分：探索是科学技术的生命所在；普及是科学技术的力量所在。打个比方：科学技术这只智慧之鸟有两只翅膀，一只是探索，一只是普及，只有双翅都展开才能腾飞。科学技术作为第一生产力，它强大的程度一方面取决于其自身的发展水平，另一方面取决于它被公众理解的程度。因此，推进公众理解科学，正是为了更好地高扬科技第一生产力的旗帜。

要推进公众理解科学，我们的领导干部、公务人员、宣传文化教育工作者首先要理解科学。我们高兴地看到，经过多年来的反复宣传、倡导和实践，"科学技术是第一生产力"已成社会共识，已日益深入人心。"科技兴省"、"科技兴市"、"科技兴农"、"科技兴工"、"科技致富"……科技受到前所未有的重视，这是一个可喜的社会进步。但仅仅着眼于科技的物化力量还不够。我认为，这些我们严重地忽视了科技的另一个很重要的方面——忽视了充分发挥科学的精神文化价值和教育功能去促进公众理解科学。

科技的物化力量比较容易认识。科学养猪、科学养鱼在经济上带来的好处，连文盲也看得见。但科技对精神世界所产生的影响，它的精神文化价值，则往往容易为人们所忽略。当我们在谈论科学技术是第一生产力的时候，不应该忘记那些非物化的部分，即科学思想、科学精神、科学观念体系和科学的社会建制；不应该忘记科学首先是马克思所说的"最高意义上的革命力量"——包括物质力量和精神力量。科技的精神文化价值和教育功能，往往能强烈地震撼人的心灵，冲击错误观念，激发思想更新，推动人类观念进化。

人工有机物的合成使"生命力论"不攻自破；达尔文的进化论推翻了"神创论"和"物种不变"等宗教神学的思想统治；相对论使人们对时空获得崭新的认识。在人类已经能创造新物种的今天，谁还相信"上帝创造万物"？在航天登月的时代，谁还信奉"天圆地方"、"地球中心说"？可见科技是生产力，又是思想武器和精神武装。既应使它进入生产，进入经济，又应使它进入人的大脑，进入人的思维。只有公众的头脑中有了科学，才能形成巨大的变革社会的力量。我们不应该把科技仅仅当作一种工艺或器具，不能让本来就不浓的科学空气更稀薄。可能有人会说，我们最需要的是科技带来的经济效益而不是它那看不见摸不着的精神价值。请注意：弄清太阳和地球究竟谁绕着谁转，似乎没什么经济效益，但假如没有公众接受和理解日心说的那段历史，欧洲就绝不会有后来的产业革命和经济繁荣！假若仅仅把科技当作"摇钱树"，那就难怪我们的同胞有人把计算机用于"电脑算命"；有人把医院里的"B超"用于"创收"为孕妇鉴定胎儿性别；有人用海上作业的电子打鱼器把水库中的大鱼小鱼一网打尽，有人用电子游戏机开赌场……

事实上，科技不仅影响和作用于物质文明建设，而且影响和作用于包括理想、信仰、社会价值观、行为准则为内容的精神文明建设。可以说，人的精神文化活动的领域有多宽广，科技的精神文化价值的影响面就有多宽广。除了观念方法等认识上的价值以外，科技还具有伦理的和审美的等多方面的精神文化价值。凡可称为科学的事物都具有先进性，凡腐朽、腐败、落后的都是不科学或反科学的，科学是一切精神文化活动的基础，缺少科学基础的精神文化活动必定是低级的或蒙昧的！

基于这样的认识，我建议：把"公众理解科学"列为我省精神文明建设的重点基础工程，有领导、有计划、有措施、有组织地推进公众理解科学。

本来，宣传和普及科技明明白白就是精神文明建设的题中应有之义。《中共中央关于社会主义精神文明建设指导方针的决议》不仅强调了理想建设、道德建设，而且强调了科技知识的普及和科学思想、科学精神和科学方法的倡导。可惜我们在实际工作中未能重视科技对社会主义精神文明建设的直接推动作用，未能充分发挥科技的精神文化价值和教育功能，以致在人们的印象中精神文明建设似乎就是"五讲四美三热爱"、"学雷锋、微笑服务"等活动，科技方面的内容少，"科技含量"低。这种状况，既不利于推进公众理解科学，也使精神文明建设缺少科学技术这一可靠的基石。

推进公众理解科学是一项功德无量的社会工程。我期望我省有关领导部门把它摆上重要议事日程，作出规划和部署，大张旗鼓地组织实施。我期望社会各界都来关心和促进公众理解科学。我相信：我省公众充分理解科学之时，将是科技第一生产力在广东大地释放出最大潜能之日！

(原载1994年第4期《同舟共进》)

生命伦理观的震荡

生命，一个最迷人而又最严峻、最基本而又最复杂、最具体而又最抽象、最吸引人而又最困惑人的不朽主题。

生命伦理领域，历来就是派系林立、千家争鸣、见仁见智、众说纷纭的"是非之地"。

新技术革命的时代，更是生命伦理界的"多事之秋"！

代表当今科学潮流的高科技，正以其强大的群集力量和突破能力，向人类的生命领域发来全方位的强劲冲击波。传统的生命伦理道德观念面临"危机"和挑战，经受"阵痛"和跌宕，走向裂变和重组；崭新的生命伦理观念和道德规范在一片争吵声中逐步生长、发展、形成……

一

现代人的面前，摆着一串串"生命攸关"的伦理、道德、法律、社会难题：

——无生育能力的A、C夫妇用B男的精子和D女的卵子体外授精，经试管育成胚胎再植入E女的子宫中妊娠至分娩，孩子生下来后又由A、C夫妇养育。从血缘和养育关系看，这个孩子有两个父亲（A与B）和三个母亲（C、D、E）。那么，谁是真正的父亲、母亲？谁是合法的父亲、母亲？谁有抚养孩子的责任和义务？孩子将来对谁有遗产继承权？判决上述问题的法律依据是什么？遗传的、妊娠的父母身份与养育父母身份的分离会不会影响和危及社会和家庭结构？

——丈夫死于意外事故的新寡，竟然要求取出丈夫生前储存在精子库的精子为亡夫传宗接代。她有这个权利吗？精子到底是什么？是财产还是器官？精子能否被"继承"？精子算不算生命？精子的生命应该受到保障吗？

——已进行体外授精的夫妇双双身亡,保存在医院中的"试管孤儿"该向何处去?能否把它植入任意一位女性体内孕育、出生?他(她)长大后有没有权利继承已死亡父母的遗产?这种"受精卵"到底是什么?

——"代理母亲"、"出租"子宫符合道德规范吗?把自己的子宫变成制造婴儿而换取货币的机器,这在伦理上是进步还是退化?

——人工生殖工程可引进非人类的材料培育胚胎(人与动物无性杂交)使人产生新的能力。但这样做带来的后果怎样?人伦,关系如何确定?这是不是对人类尊严的亵渎?

——无性繁殖和基因工程造人技术虽无血统问题,但会从根本上使婚姻、家庭和生育的面貌改观。用人工合成的个体,与精子、卵子、夫妻、性行为均无关系。那么还需要婚姻和家庭吗?如不需要,社会将是什么面貌?

——现代医学可以安全地在妊娠的任何时刻将妊娠中止,也可使一个过去无法生活的不成熟胎儿在人工特定环境中活下来。那么产前诊断确认为先天畸形或先天愚型的胎儿应中止妊娠还是任其问世?可否作出不准生育的决定?在什么情况下终止一个胎儿的生命便是对一个有人权的个体的"谋杀"?有严重遗传疾患的新生儿是否有生活的权利?是救治还是放弃救治?这些选择对人类和社会将会带来什么结果?

——外科手术的发展和一些新药物的出现,有可能使人类的行为脱离自身大脑的控制而为外界所操纵。如精神外科的双侧白质切除术,可使某些精神病得到治疗,但同时又抑制人的一些正常行为。这样做合乎道德吗?

——现代复苏技术,人工呼吸器和心脏起搏器的使用,以及其他生命支持方法的改进,可以使停止心跳或呼吸的病人重获生命,或者使不能复苏的病人维持"植物人"状态达数年之久。那么何时停止抢救才合乎道德?怎样对待濒死的病人?能否让"植物人"安乐死?

——器官移植技术的发展使可供移植的器官的需求量越来越大。为了移植的成活率,供体器官越新鲜越好。这就必须适时对供体作出死亡诊断。但过早确诊死亡等于变相杀人,过晚确诊死亡而摘取坏死的器官又是对受体不负责任之举。如供者一息尚存,受者又危在旦夕,急不可待,及时移植则一生一亡,失去时机则二人俱亡,这时医生该怎么办?

——一个长期抗税的企业主在法庭上振振有词:"死人是不纳税的。我的心脏停止跳动已经两三年了,我是借助人工心脏生活的,理所当然不在纳税人之列。"那么,"死亡"的新定义是什么?如何重新划定"死亡线"?对一个已被宣布为"脑死"的病人。什么时候可以拔除人工呼吸器?

……

诸如此类的问题何其多!

诸如此类的问题何其棘手!

难怪有人惊呼:"人类将面临一场伦理革命"!

二

为了解决科学技术带来的伦理道德难题,为了回答科学技术对生命伦理的挑战和发难,为了协调科学进步与伦理道德成长的关系,现代生命伦理学应运而生。

1971年,美国的鲍特(V·R·Potter)第一次使用了"现代生命伦理学"这个术语,并下了这样的定义:它是利用生物科学提高生命质量的事业,它通过帮助我们更好地了解人的本性和世界来帮助我们制定目标,它是"生存的科学";它帮助我们开出"幸福而丰富的生活"的处方。

现代生命伦理学是传统伦理学的辩证否定的发展。它不仅是对传统医学伦理观念的变革,而且是对传统的社会伦理观念的变革。

现代生命伦理学与传统医学伦理学在主旨上存在着严重的分歧。

传统医学伦理学的宗旨是维护生命。其基本特征是生命神圣论——人都有生的权利。毕达哥拉斯讲:"生命是神圣的,因此我们不能结束自己和别人的生命。"中国封建伦理认为:"身体发肤,受之父母,岂可毁伤,孝之始也"。

现代生命伦理学则以优化生命为己任。它主张生命神圣论与质量论统一,生理价值与社会价值的统一,对病人尽义务与对社会尽义务的统一。

具体说来,现代生命伦理学与传统医学伦理学的分歧和冲突主要表现在下列四个方面。

(一)生命与死亡观念

传统的伦理观念基于生命神圣论的医学人道主义,一方面强调在任何情况下,保存和延长人的生命是道德的,不论是残废婴儿或罹患遗传病的婴儿,都应予以保护,使其生存下去,绝不能以优生或减轻负担为由予以废弃或中止生命；另一方面，强调对待濒死的病人，特别是患不治之症的晚期病人，要给予积极的对症治疗，直至"尊严死去"，对于"植物人"也要不惜一切代价维持其"生命"。

现代生命伦理学则认为不能把生命神圣论绝对化。它首先肯定，就社会整个人类而言，生命是神圣的，人作为社会的主宰，其生命应当受到尊重。但就某一个具体的生命来说，是否神圣则要作具体分析。有的学者认为，维持一个不可逆的濒死病人的生命，只能增加和延长他的痛苦，而不能给他带来任何实际意义，维持一个"植物人"的生命更是一种医药资源和人力的浪费。有人认为，人类既然可以选择"好生"，也应该可以选择"好死"，对那些不可避免的死亡，应任其自然死亡或让其"安乐死"。无条件的维护生命，并不都是善行；有条件的让病人安乐地死去，并不一定是恶行。

（二）生命价值观念

现代生命伦理学强调生命对社会，对人类的意义，而这正是传统医学伦理学所忽视的内容。生命的取舍应与生命的价值联系起来考虑。人的生命之所以宝贵，是因为人是社会生产和社会生活的主体，是社会存在和社会进步的主体。一个人只有为（或将为）社会作出应有贡献，于社会有益，他的生命才有价值。生命价值并不是单纯依据金钱或经济准则而作出的估量，而是从人的精神价值（思想情操、感情、爱等）和创造效能综合进行评价。同时，应动态地评估人的生命价值。因为绝大多数人的生命价值是随时间和条件的变化而变化的，故应从人的过去、现在和将来全面评估生命的价值。

（三）生命质量观

生命质量是与生命价值紧密联系在一起的。现代生命伦理学认为，医学的目标不仅仅是消除疾病，更重要的是完善生命的质量，增强和发展人的潜力。生命质量含义有三个层次：生存质量即第一质量，劳动质量为第二质量，发展质量是第三质量。生命质量是决定生命价值的基本条件。那些残缺的生命并非统统无条件地值得花大量人力和物力来维护。那种不可避免的死亡不值得花费大量的人力和物力来延长其一两天的寿命。假如说，延长某个体一两天的生命积攒了大量人力物力是符合"个体的道德"的话，那么它能符合整个社会、整个人类的"统计的道德"吗？答案当然是否定的。

（四）医生义务观念

传统的医学道德强调：医生的唯一责任是防治疾病，维护人的生命，这是医生的天职,是医生对病人应尽的义务。现代生命伦理学的视野则大为扩大。它不是把伦理关系局限在医患之间的小范围内,而是看到整个社会人群,它不仅看到人类的现在,而且瞻望到人类的将来。它不仅要求处理好医生与病人的关系,而且要求处理好医学与社会、与人类的关系,对整个人类的生存和繁衍负责,把义务关系由医生与病人之间扩展到医学与社会。

总之,现代生命伦理学从生命神圣论、生命价值论、生命质量论的辩证统一和人类社会发展的全域去看待生命。从传统的医学伦理学到现代生命伦理学,反映了人们对生命认识的进一步提高和深化。

三

现代生命伦理学是在论战中诞生和成长起来的。可以说,它发端于20世纪60年代末至70年代西方发达国家的几次大争论。

第一次是关于死亡标准的争论。由于医学科学的发展,使肺、心、肾等人体器官可以靠机器来维持,器官移植也日趋成熟,人们不得不重新考虑死亡的标准。传统的死亡标准是心脏停止跳动和呼吸停止,它沿袭了几千年。1968年,美国哈佛医学院特设委员会发表报告,改变了传统的标准,把死亡标准定义为不可逆的昏迷或脑死。哈佛委员会的脑死亡定义引起了激烈的争论,这场争论超出了国界,波及了许多发达国家。

第二次是关于器官移植的伦理争论。器官移植提出了以前不存在的新的伦理学问题。使用活的器官供体必须做出史无前例的伦理学决定,人们要求活的器官供体经受大手术,这种手术对于他(或她)的身体没有好处,可能还会有很大的危害和死亡,移植医生面对着受体和供体两种人,而这两种人的利益又未必一致,这就出现一个如何保护活的供体的利益的问题。使用尸体供体同样产生伦理学问题:要求或迫使一个刚刚痛失亲人的家庭同意贡献死者的器官是否缺乏"人情",是否合乎伦理?再就是受体的选择问题:用什么标准来选择接受器官移植的病人?所有器官衰竭的病人都应有同样的机会吗?有机会而不给移植器官,这符合人道主义精神吗?给那些对社会贡献很小的病人施行昂贵的器官移植合适吗?老年人、盲人以及精神有缺陷的人应该接受移植吗?还有在移植的实验方面,新技术的临床应用通常是在动物实验之后,无论技术在动物身上效果多么好,在人身上效果未必也好。在新技术应用于人之前，动物实验要进行到什么程度呢？数据要积累到什么程度才算有充分把握呢？最后一个问题是：到底应不应该进行器官移植？社会是否应该为少数人的治疗投入大量的人力、财力和医药资源？……这些争论，直接导致了美国医学会制订出"器官移植的伦理学原则"，美国政府公布了"统一解剖捐赠法"。这是美国政府第一次把医学新技术的伦理讨论付诸实施。

第三次是关于安乐死的争论。生物医学的技术已经能使一个只有生物学生命而没有社会学生命的植物人长期存在。到底是生命质量重要还是维护生命为重？许多学者认为，为了判断一个垂危病人是否应当继续活下去，人们不仅需要考虑病人，而且还要考虑那为了维持他们的现状，在感情上、经济上付出巨大代价的其他人以及那些因被垂危病人占用而得不到稀有医药资源的人。这些观点遭到了"人都有生存权利"传统医学伦理学的激烈反对。

第四次是关于DNA基因重组的伦理学争论。20世纪70年代初，当DNA基因重组的研究刚起步时，美国科学院的一些专家认为，DNA重组可能给人类带来灾难，有可能造成人类遗传的混乱，建议暂停研究。在科学史上，这是科学家们第一次停止这种前景诱人的科学实验。1975年，140名分子生物学家和一些律师起草了一份DNA基因重组研究的安全准则。在这个安全准则下，科学家们又开始了DNA基因重组的实验。但是关于DNA基因重组的伦理争论至今仍未停止。

第五次是关于人工生育技术的争论。1978年7月25日第一个试管婴儿的诞生，标志着人类的繁殖过程已经不完全是"自然的事了"。紧接着，人工生育技术——试管受精、胚胎移植、借腹怀胎等等——走出了实验室，开始应用于那些不育的妇女。迄今为止，全世界人工授精出生的婴儿已达数十万，试管婴儿超过千人，由"代理母亲"生出的婴儿也不少。人工生育技术作为人类自然生殖过程的补充，有效地解决了一部分人的不育，"修补了大自然原应赋予但却疏忽了的一些东西"，并防止了某些遗传病的发生，但同时也给社会带来一系列的难题，有关的案件接二连三地发生，争吵之声此起彼伏，抵制人工生育技术的运动愈演愈烈。反对者多次举行集会，出版书籍抗议，呼吁全面禁止使用人工生育技术，直到人道主义标准发生改交的那一天。就在不久前在法国巴黎举行的人工生育讨论会上，许多专家学者还指出：人工生育技术在超越传统法律和固有伦理道德方面走得太远了。

目前在西方发达国家，关于上述种种问题的讨论已达到了一定的深度和广度。有的国家已把讨论的有关内容作为新的道德观加以宣传,形成舆论约束,并付诸法律法规,有的形成了成文法,有的形成了案例法。比如,关于人工生育技术,为了防止它被滥用,减少可能引起的风波和纠葛,英国已设立一个法定机关,监督人工授精的应用、精子和卵子捐赠等事项,英国国会还采取措施,禁止一切商业性的代人生育行为。澳大利亚维多利亚省通过了世界上第一部管制人工生育的法律,严禁无性行为的繁殖、异类杂交和代客生育。目前,苏联和捷克斯洛伐克也正在拟定管理与控制人工生育技术的法律。

四

完全可以肯定,科学技术与传统生命伦理道德之间的矛盾还将长期存在甚至越来越尖锐,关于生命的伦理道德论战和争论也会此起彼伏,旷日持久。这主要有以下几个方面的原因。

原因之一:科学技术具有突破性而传统伦理道德观念具有稳定性、继承性和一定的保守性。

关于生与死、个体与社会、父母与子女、自体与异体、性与婚姻、家庭与社会等等问题的看法,许多世纪以来,已形成了一些固定的观念,凝结于道德、法律、风俗、习惯之中,成了人类价值观念和传统文化的重要组成部分。这些观念的发展和变化,比起以不断突破为本性的科学技术的发展和变化来,速度要缓慢得多。因此,先进的科学技术与传统的伦理道德观念的冲突和矛盾不可避免。

原因之二:许多科学技术尤其是生命科学其指称对象都是人。

人具有两重性。人不仅是生物学意义上的人,而且是社会学意义上的人,涉及人的生命的问题是最严峻的问题。生命伦理道德所影响到的不是一般个人利益的得失,而是生命的去留。所以,当新技术革命如不可阻挡的洪水冲击着传统的生命伦理道德时,导致了最为强烈的冲击和震荡。

原因之三:"人"和"生命"还是一个斯芬克司之谜。

早在3000多年前建造的古希腊德尔斐神庙前,就耸立着刻有"认识你自己!"的铭文的碑石。但时至今日,谁也不敢说。"我认识自己了!"古希腊哲学家赫拉克利特在临终前说:"我已经寻找过我自己!"但他不敢说:"我已经认识我自己了！"德国大诗人歌德涉足人世、探索人生半个多世纪后，迷茫地感叹："人，这个受到赞美的半神，他究竟是什么呢？"

人的本质、本性、需要是什么？人与自然、人与社会的关系是什么？人的未来是什么？……这是古今中外无数先贤哲人苦苦探索、激烈争辩的问题。人们试图找到这些折磨人、困惑人的问题的答案，但在回答"人是什么？"这个问题上，却产生了无数神话和故事、宗教学说和哲学体系、科学的假设和臆造的结论。意大利古典政治家马基雅弗利宣称："人和畜生在本质上是一样的。因为在尔虞我诈的社会里，人往往不是凭借力量，而是靠计谋取得成功。人或许比狐狸更狡猾，但没有武装的人的力量远不如狮子。"法国浪漫主义作家雨果则认为："人是二元的，有兽性，也有灵性。"其他一些学者也先后宣称："人是社会动物"；"人是理性动物"；"人是经济动物"；"人是符号动物"；"人是传播动物"等。马克思提出"人是一切社会关系的总和"的著名结论，把人的研究提高到一个新的阶段。但"人是什么"，毕竟至今仍无结论。

关于"生命"也是莫衷一是。别的不说，就拿"人的生命从何时开始"这个问题而论吧，就有许多大相径庭之说：

"出生是人的生命的起点。"

"人的生命起始于大脑皮层形成的时期。"

"受孕是人的生命开始的标志。"

"人的生命出现在胎儿发育的后期。"

"受精卵也是一个人的生命。"

……

这些见仁见智之说，不仅是个理论上，学术上的问题，而且是个重要的现实问题，因为它与受精卵、胚胎、胎儿、婴儿的价值和权利，与流产是否合乎道德，与胎儿实验是否符合人道主义等等问题紧密相连。

既然"人"与"生命"都还是一个谜，那么，当科学技术以"人"、"人体"、"生命"为指称对象时，伦理道德评价判断的冲突就不足为奇了。

原因之四：现代人对同一事物的判断标准多元性。

人类进入信息社会后，涌现出几千门的新学科。众多的学科给人们对同一事物的判断提供了太多的标准，使人们面对任何一件事，都可以作出太多的互不相干甚至相互矛盾的判断，反正怎么说都有理，好像一个精神迷宫找不到出口。

且看现代人怎样回答"人是什么"这个问题：

物理学家说："人是熵的减少者。"

化学家说："人是碳原子的减少者。"

生化学家说："人是核酸与酶的相互作用器。"

生物学家说："人是细胞的聚集体。"

天文学家说："人是星核的孩子。"

人类学家说："人代表着如下特性的缓慢积累：两足的外表，敏锐的目光，勤劳的双手和发达的大脑。"

考古学家说："人是文化的积累者，城市的建设者，陶器的制造者，农作物的播种者，书写的发明者。"

心理学家说："人是复杂而非凡的大脑的拥有者，具有思维和抽象的能力，这种能力压倒他从自己的祖先那里继承来的天性和感性。"

社会学家说："人是他所归属的社会的依次更替的塑造者。"

神学家说："人是犯罪和赎罪这出大闹剧中恭顺的参与者。"

文学家说："人是唯一知道羞耻和需要羞耻的动物。"

……

五

科学技术的进步、政治文化方面的社会变革必然会带来伦理道德上的变化，并具有正负两方面的效应。所以，正确认识和处理科学技术与伦理道德的矛盾和冲突，对于科技的进步和社会观念的发展都极为重要。

我们应当如何看待与科技进步结伴而来的生命伦理难题、道德评价难题以至法律难题呢？

首先，任何伦理道德都是构建在一定的社会、经济和科学技术水准上的。传统的医学伦理学认为生命神圣不可侵犯，医学的目的就是清除疾病，维护和延长生命，以此作为衡量善恶的标准，这种认识背景是自然科学发展的程度和人类对自身认识程度的局限。过去的人们把人类生命看成是一种"天命"，在"天命"面前人们无能为力，只能听凭自然。培根吹响了近代自然科学的号角。人们尝试了改造宇宙的种种可能性，但从未实践对人类自身的改造。直到 20 世纪初，情况才有所改观。

其一，现代科学的进展、医学的发达、人类的进步，使医学科学面临着历史性的转折，不仅面对疾患；而且面对健康的人，人们才越来越重视生命的质量问题，传统的生命伦理观念和道德规范也才面临挑战，发生震荡。这种挑战和震荡的出现，正是人类社会取得历史性进步的标志。

其二，科技进步和社会发展会促进人类伦理道德观念的更新。这是一种历史的规律。近在 50 年代，人们还在流产的伦理道德问题上争论不休，而现在，人们已经提出各种各样的理由来证明流产的合理性，比如，保护母亲的生命，维护母亲的身心健康；对强奸或乱伦这些不正义行为采取补救措施；防止有缺陷婴儿的诞生，维护妇女决定本人生殖次数和支配自己身体的权利，维护妇女的名誉；缓和经济、社会或人口上的一些问题等。目前，在一般公民的心目中，一般的流产行为已经不存在伦理道德方面的问题了。

其三，作为上层建筑一部分的伦理道德必须适应经济基础的发展。从科学的角度考虑问题，当科学技术同固有的伦理道德发生冲突和矛盾时，只能是逐步改变旧的伦理道德观念，而不应该用旧的伦理道德去束缚新技术。显然，如果我们的祖先反对火的利用，扼杀弓箭的发明，反对金属的冶炼和使用……人类社会就不会进步；相应地，曾被人类祖先认为合乎道德的群婚、对偶婚，也不会演化到今天的一夫一妻制。重温人类发展史，对我们如何看待科学技术与伦理道德的矛盾，应有借鉴作用。

在当今世界上，鼓吹科学"万能"的人已经不多了，倒是科技道德观上的"悲观派"的队伍有所壮大。一些人认为，科技不再是救济人类的希望之星，而是造成种种祸害的根源；科技发展对人们的道德起败坏作用；科技越发展，人类道德越堕落，随着生命科学的发展，人将沦为科学的奴隶，听凭科学的摆布，丧失自己的本能。

这种论调反映了一些人对科学技术发展而产生的"副作用"的忧虑，也从一个侧面反映出科学技术冲击伦理道德从而影响社会心理的力度。但这种悲观论调是片面的和不足取的。诚然，科学技术对伦理道德的影响具有两重性，在某一时期、某个局部或者某个事件上，科学技术确实可能给伦理道德带来消极的影响，但从总的趋向来看，科技进步与伦理道德成长的基本趋势是一致的。应该辩证地认识它，对待它。其实，科学技术对伦理道德的所谓"败坏"，原因是多方面的，其中一个重要的原因往往是由于科技成果被人滥用所致,这不是科学技术本身之过,而是人为的结果。因此,人类重要的是发挥自己的聪明才智,摆脱矛盾对自己的困扰,协调科学技术与伦理道德的关系,对科技成果的社会应用进行必要的道德约束和法律控制,使科学技术的发展和应用沿着"副作用最小值路径"前进,而不是用固有的旧的伦理道德规范去束缚和限制科学技术的突破。

亲手创造科学技术奇迹的人类,一定能够回答科学技术的挑战和发难,解决科学技术带来的伦理道德难题。

人类永远是万物之灵!

(本文是本书作者为《生与死的新困惑》一书所写的"代序"。该书于1990年5月由新世纪出版社出版,作者为吴泽伟、周镇宏)

情场"魔尺"

北京。某婚姻介绍所开张周年庆。记者举杯向所长祝贺:"甜蜜的事业,功德无量啊!"所长却摇头苦说:"来者踊跃,成者寥寥;惭愧,惭愧呵!"

细谈下去方知原委。该所挂牌一处,前去登记择偶的男女近千人,"谈"上的却只有5对,成功率低得可怜。原因何在?所长一言以蔽:"姑娘们都希望未来的丈夫比自己高出5厘米至10厘米,并以此作为先决条件。"

嘿!爱神丘比特手中之箭如今变成了尺子,不去射情人的心,却专去量人家的身高长短。此乃新潮之一。

据最新情场信息,苗条高挑的姑娘们正挥舞着"魔尺",定出了三种"不予录取"的"残废等级":1.65米以下为"特残";1.65米至1.70米为"全残";1.70米至1.75米为"半残"。而且"行情"还在看涨……

呜乎!可怜天下"残"男们,在姑娘们的"魔尺"扫荡下,还未得到"中箭"的机会,就已纷纷触"尺"而"落马",成了爱情疆场上的失意者。

"魔尺"无情。尽管你才华出众,尽管你品德超群,只因你"矮人一截",要想不打光棍,就只能"降价推销"。

"残"男们想"尺"心寒!

"残"男们闻"尺"色变!

"残"男们望"尺"兴叹!

于是,"增高热"风靡南北,引无数青少年——

"欲与天公试比高"

"需要"从来就是"发明"的催化剂。

有人制造出"人体增高器",并演出了一场专利"得而复失"的闹剧。

有人大肆推销"人体增高鞋",广告无孔不入。

有人开设"特种诊所",推出"增高疗法"。

有人开办"拉伸综合体操"培训班。

有人"函授"全套"点状穿刺术",声称只要按照"指南"行事,便能"由矮变高"。

日本人川烟爱义写的《人怎样长得高》一书,翻译到我国之后,一时洛阳纸贵,一下子售出 438500 册!

在专家学者中,热衷于增高研究者也不乏其人。著名的苏联外科专家伊利扎罗夫在治疗管状长骨骨折时,曾采用过拉长断折处,往里植入"年轻"的骨组织以接长管状骨的方法。据说,这种"接长法"现已被一些人用于使矮个子两腿增长,从而达到使人"长高"的目的。

迄今为止,被认为最简便、最有效、最有吸引力的"增高捷径",莫过于服用"生长激素"了。

科学家们发现,人类生长依赖许多激素机制。一个人的身高直接与骨骼的生长、特别是与长骨骨骼部分的生长密切相关。而骨骼的生长又直接受到内分泌的影响,特别是与脑垂体前叶分泌的生长激素水平有关。个头较矮的人,是因为其肌体里面缺乏一种生长激素所造成的,这种生长激素就是由脑部丘脑激素腺分泌产生的一种物质。

早在 20 世纪 60 年代初,科学家们就曾开始试验把从人的垂体中获得的激素提取物用于治疗畸形的侏儒症。但这种治疗费用特别昂贵,因为能取得的人的垂体非常稀少。这促使许多科学家和科研中心力图运用遗传特性的方法,人工生产生长激素。

现在,各种能使人增高的"生长激素"已相继问世。请看摘自科技报刊的几则报道:

——前苏联立陶宛考纳斯激素制药中心实验室已经研制出少量"生长激素",经医院临床试验,能使一些矮子在一年之内长高 3 厘米。该中心已掌握了 10 多种"生长激素"的衍生物,他们正在准备进一步地筛选,以便择优大批生产"生长激素",以"满足矮个子们的需要"。

——1987 年,瑞典的 Kaki—Vitsum、法国的 Saaoki、美国的 Eti—Lilly 等公司,争相销售应用遗传特性生产的人用生长激素。据说,"这种生物合成的激素投放市场后人类开始懂得控制和支配那些调节生长的机制了"。

——台北大医院以最新遗传工程技术合成生长激素,可以有效地刺激长高。台北大医院小儿科教授陈森辉介绍说，该院利用这种最新型生长激素，治疗求诊的人体生长激素缺乏症者，前后已有8人，治疗前每年平均长高2.9－4.0厘米，治疗后则每年平均长高6.0－11.6厘米。至于适用者年龄，陈森辉表示，年龄越小疗效越好，最好在10岁以内，但15岁左右也有效果。

——新华社公布，我国最近也已成功地研制出"第三代人体生长激素"，并已走出实验室，正顺利地向工业化生产过渡。

……

对于应运而生的多种"增高术"，对于作为科研成果的"生长激素"的问世，那些求高心切的年轻人自然是欢欣鼓舞，趋之若鹜。大有"欲与天公试比高"之势。

但结果似乎不尽如人意：

小Ａ们省吃俭用邮购了"增高器"、"增高鞋"，使用多年，却心诚不灵，唯有骂娘的份。

小Ｂ们以10倍学跳舞的热情和劲头去接受"拉伸综合体操"，累得腰酸腿疼，个头却未"长高"毫厘。

小Ｃ们按"点状穿刺术"的"指南"依计行事，不料穴位受伤，花钱买罪受。

小Ｄ们求爷爷告奶奶托人几经周折弄来一种治疗侏儒症的"特效药"，如获至宝，连连服用，直至频频不适去求医，方知得到的只是其"副作用"……

"增高"成梦，"笑柄"多多。

撇开那些假玩意儿不说，即便是对于货真价实的人体生长激素，即便是对于确有效用的增高科技手段，一旦应用普及化、扩大化，甚或泛滥起来，后果也是堪忧的。这一点我们暂且"点到即止"，后面自有说道。

大可玩味的是，姑娘们在"寻找高个子"，年轻人在做"增高梦"，科学家们却惊呼——

全球范围"代代高"

身材高矮，一直是人类自身关心的问题。一般来说，看全球，西方人比东方人高些；看我国，南方人比北方人矮些。身材过高就成巨人，过矮者则为侏儒。美国男巨人罗伯特·珀欣·沃德洛身高2.72米；而我国四川金堂县大桥乡的夏建金女士1969年出生时身高仅15厘米，长大后身高也与罗伯特不可同日而语。

至于代与代之间，具体到某个家庭，父高还是子高？母高还是女高？自然也是因人而异，不能一概而论。

但就整个人类统计而言，近两个世纪以来，全球范围的"代代高"的趋势却是明显不过无须质疑的。

"现在的孩子大多比父母辈长得高"。这是我们常听到的话，也是人们对"代代高"最直观最具体的感觉。

感觉毕竟受时域、地域和视野的局限，我们不以为据。

数字虽然枯燥乏味，但最权威最能说明问题——

前苏联曾对三代人的身高进行过调查，发现1915年至1920年出生的女性平均身高1.56米，而女儿一辈增高至1.60米，外孙女一辈达1.62米。

美国目前男子身高超过1.83米、女子身高超过1.71米者占总人口的比例比20世纪初分别增加了21%和24%。

日本1900年14岁男孩平均身高1.47米，女孩1.43米；到了80年代，14岁的男孩达到1.60米，女孩达到1.54米，分别增高了13厘米和11厘米。17岁学生的平均身高在13年中增加了8.2厘米。

中国北京市，从20世纪50年代至80年代，每10年男学生的可比身高分别递增1.60厘米、2.00厘米和4.15厘米，女学生则分别以1.82厘米、2.27厘米和2.78厘米的幅度递增。在今天的北京城区，父亲一代平均身高为1.67米，儿子一代增为1.71米，母亲一代为1.55米，女儿一代则增至1.59米。

德国波恩大学医学院教授勃兰特从60年代起就开始研究。这种"加速"现象，结果发现，平均身高增长最快的是德国人——18岁男青年平均比父亲增高6厘米，女青年平均比母亲增高约4厘米；其次是荷兰人、瑞士人。

据联合国统计，20世纪中叶以来，世界各地人的身高平均每10年约增加1厘米。

我国近20年还大大超过这个速度：城市男女青年平均身高每10年分别增高2.3厘米和2.15厘米。

值得注意的是，这种"代代高"的趋势仍在继续和加速。科学家们断言，人还会越长越高，越长越快；100年之后，人的平均身高将达到2米左右！

那时的世界将是"巨人"充斥的世界。

那时的社会将是怎样一种景况呢？

为什么近一两百年来人类身材会出现"代代高"现象？请听科学家们——

"百家争鸣"论因由

一曰"医学进步论"。有的科学家认为，日新月异的现代医学的进步，是促使人类增高的主要原因之一。近半个世纪以来，人类逐步征服了白喉、肺结核、猩红热、佝偻病以及小儿麻痹症和侏儒症等顽疾，保护了儿童健康发育，无疑有利于人类平均身高的增长。

二曰"异地婚姻论"。随着社会的进步，配偶选择区域不断拓宽，异地婚姻比重日益加大；越来越多的夫妻是来自不同地区甚至不同国家的伙伴，"远亲"结婚者日多。父母出生地点距离越远，血缘关系越远，孩子的生长也越高越快。

三曰"营养改善论"。蛋白质和组成蛋白质的各种氨基酸，尤其是八种必需氨基酸以及维生素和各种微量元素，对人们生长发育、身高增长至关重要。日本人的身高变化说明了营养的重要作用。在第二次世界大战前，日本粮食紧张，学龄儿童身高有普遍趋矮的倾向，所以，有人称日本人为"小日本"。可是，近30年，日本人平均增高了3.23厘米。日本文部省对70万个6岁至17岁的男童进行调查发现，目前17岁的男孩，比25年前的同龄人平均约高5厘米，17岁的少女平均高近4厘米。据专家们研究，个中原因与日本人吃了较多含钙质的食物，大量喝牛奶和食用奶制品有密切关系。

四曰"气候变化论"。20世纪40年代初，美国学者提出人体生长加快是由于气候变化。认为温室效应的作用，地球的升温和全球性气候变暖加速了人体生长。

五曰"放射性辐射论"。近半个世纪以来，人类大量开采和启用放射性元素，相对地使人体受放射性辐射的机会增加，如人体透视、日光灯和电视机等使得人体的内分泌系统和神经系统发生变化，从而促进人体增高。加勒比海的马提尼克岛为此提供了佐证。这个岛上的男性平均高达1.9米，女性超过1.74米。奇怪的是外地的人到该岛住一段时间，也会高几厘米。科学家发现奥妙就在于岛下蕴藏着大量的放射性矿藏。

六曰"电磁波增加论"。由于各种现代化技术的出现，能放射电磁波的仪器迅猛增多，使人们受电磁波刺激的机会大大增加。人体受电磁波的刺激，可使体内分泌更多的生长激素，促进人体增高。

七曰"现代生活快节奏论"。城市工业化的迅速发展和扩大，社会高速度运转，使人们的生活环境有了很大的改变，日常生活趋于快节奏这种变化将使大脑神经长期处于紧张、亢奋状态，结果迫使控制人体生长发育的脑下垂体分泌更多的生长激素，各种功能更加活跃。这就促进人体身高迅速上升。

此外，还有"太阳辐射论"。

还有"进化生长期论"。

还有"地球引力渐弱论"。

……

众说纷纭，莫衷一是。

看来，哪一家之说都不无道理，哪一家之说又都未能占尽道理。

这不是"和稀泥"。影响人身高的因素可谓多种多样：遗传的、营养的、医疗保健的、体育锻炼的、生活环境的……你说哪一种因素不重要？

答案本来就不是唯一的。科学家们的各家之说并不互相排斥，并不"非彼即此"。我们不妨"亦彼亦此"，将上述种种高论都当作"可能的因素"。至于孰主孰次，只好留待科学家们去回答了。

我们现在要提出的问题是"代代高"是喜还是忧？是——

福音还是警钟

应该说，"代代高"现象与人类社会物质文明的发展密不可分。

我国有关方面在广泛调查统计的基础上，就北京青少年的身高、体重、胸围绘制出一幅曲线图。从该曲线可以清楚地看出，北京青少年平均身高的总趋势是在提高，但其中有两个马鞍形。一个是1937—1955年，一个是1963年。前一个马鞍形正值第二次世界大战和解放战争，第二个马鞍形与连续三年国民经济困难时期有关。而十一届三中全会以来，各项指标大幅度增长，社会的文化、经济生活日益改善，青少年的平均身高又有较大幅度的增长。由此看来,"代代高"是社会进步的一种反应。

但从人口生态学的观点看来,人类"代代高"弊大于利,忧甚于喜。

未来学家和生态学家已经反复警告人类,不要盲目追求身材高大。世界未来学会机关刊物《未来学家》早在1978年8月号就发表了《矮子是美的》一文,并且分析了身高之害。

身高之弊,举其大端有:

身高者病多。身高则体重,体重则膈肌活动不良,影响呼吸功能,心血系统疾病、肾脏疾病、风湿病的发病率高。

"代代高"势必增加人类总体消耗。根据几何学原理,身高增长5%,人体表面积就会增加10%,体重则增加16%,因而相应地便要增加10%的衣料消费和16%的粮食消费。这将进一步加剧全球粮食危机、资源危机和环境危机。

"代代高"影响人类的生存活动环境。有资料表明,汽公车、飞机、轮船、剧院等公共设施,因人类平均身高增长而每隔二三十年就得为改变规格和标准而更新一次。德国航空司因大多数乘客的身高和体重超过原先的估计,每年经济损失多达200万美元。"代代高"使得本来就很严峻的人类生存环境更加严峻。

"代代高"大大抵消了计划生育和人口控制的成效。就我国而言,若每个人的平均身高增长5%的话,则相当于在我国目前人口的基数上,无形之中增加了1.76亿人。我国是个人口大国,人满为患和人口素质水平低下的问题正困扰着我们的经济建设事业,再加土"代代高",就更是"雪上加霜"了。

这就引出这样一个问题:应该如何评价用"生长激素"等科学技术手段来刺激人体增高这种现象?

首先肯定,作为一种科学研究课题,探索人体生长的机制,对于生理学、治疗学的发展具有重大意义。把"生长激素"之类应用于治疗畸形侏儒症,同样也具有积极意义。

但是,假若"生长激素"之类的应用泛滥起来,上述种种可能的后果将使人类陷入沼泽而不能自拔。

尽管我们不能对任何药物或技术本身进行道德评价,但任何一种药物的普及和大规模使用,都存在一个符不符合基于社会全域考虑的"统计的道德"的问题。日本人就坚决反对并禁止使用"生长激素"之类的药物去为正常人"促高"。因为那样做虽然可能满足那些渴望再长高些的人的个人欲望，符合"个体的道德"，但对社会却是弊大于利，不符合"统计的道德"。

此外，作为对公众"求高心理"的一声警告，科学家们还有此一说——

"高佬"短寿

这当然是个统计学意义上的命题。

个别事件偶然，整体统计有规。"高个子平均寿命短"并非危言耸听。

美国著名学者杜丝·马劳斯调查研究了750名美国已故各界著名人物，如总统、军事家、科学家、文学家、演员、运动员等的身高与健康、自然寿命的关系。他们以1.73米为美国男子高矮的分界线，结果发现，矮的比高的人健康且自然寿命长11%，平均多活9—10年。美国总统中，5名高个子平均寿命为66.6岁，而5名矮个子平均寿命为80.2岁。身高在1.83米以上的篮球运动员，平均寿命64.6岁，而身高在此标准线以下的田径运动员，平均寿命为73.6岁。身高1.73米以下的拳击运动员，比身高1.83米以上的同行平均寿命长7年；身高1.74米以下的垒球运动员，比身高1.88米以上的同行平均寿命长12年。

前苏联的学者分别调查了不同地区7—17岁儿童、青少年的健康状况，发现高个子所患的慢性扁桃体炎、风湿、遗尿、心脏功能不好、精神变态等疾病比中等身高的儿童、青少年多得多。

世界上身体过高的人，几乎都是短命的。

据记载，全世界7个身高超过2.45米的巨人，平均寿命仅为40.1岁。

我国湖南妇女巨人曾金连，身高2.38米，体重136公斤。她只活到17岁。

1991年9月30日，伦敦一家医院的发言人披露，目前世界上最高的人正在该院接受医疗专家们的治疗，以防止继续长高。今年27岁的巴曼是孟加拉国人，患有脑肿瘤病。根据吉尼斯世界纪录大全，他在6月份的身高为2.51米，至9月底又长高了7.62厘米，并且还在不断长高。据医院发言人说，他目前的身体状况极其虚弱。

相反，矮子或中等个子的人却寿星多多。

美国明尼苏达大学某心脏病学家，调查巴基斯坦11位长寿老人，发现他们身材瘦小，平均身高为 1.6 米。

1980 年 7 月，我国武汉地区老年医学考察队对 100 名 90 岁以上长寿老人考察后发现他们全是中等个子。

1985 年湖北省调查了 88 位百岁以上老人，平均身高只有 1.43 米。

为什么统计而言矮个子比高个子长寿呢？我们不妨——

从田径赛看"矮子优势"

众所周知，短距离田径比赛比的是"爆破性的冲击力"；而长距离比赛则主要是赛耐力。

有心人对世界上从 100 米到马拉松的各种距离的各 50 名最强田径运动员进行统计分析，结果发现，随着距离的延长，平均身高在缩短。换句话说，为了发挥耐力，身材越矮小（当然有一定限度）越有利。

专家的生理测试也证明了这一点。矮个子比起身材高大的人来说，有其"得天独厚"的生理优势。

首先，矮个子的整个机体系统分布匀称，相互协调，提高了神经调节、激素调节、血液循环、呼吸、排泄系统、新陈代谢的机能。在同样的环境条件下，与高个子相比，矮个子体表面积相应的小，消耗能量亦少（新陈代谢率与表面积成正比）；矮个子身体各系统排列紧凑，便于相互联系、协调功能；整个人体按比例计算，矮个子内脏器官相对的大，因而内脏器官功能亦较强，能够更好的完成人体的血液循环、呼吸、消化吸收、排泄和新陈代谢过程。就心脏负担而言，中等个子比高个子心脏负担轻，矮人心脏负担更轻。

其次，身材高大需要更多的非生产原料——其中包括能源资源，以供较大的骨架、强大的因而也是惰性的器官、各种加强了的结构（如承受"多余"身高和体重的韧带和腱）的需要，这就像建筑一样：建筑物越高越重，它的基础和楼板越坚固，材料的非生产性开支就越多，每一平方米的有效面积就越贵。其中，骨架和多余结构实际上不参加新陈代谢，生理上是不积极的，实际上是机体的一个累赘，就像高楼的无数的辅助结构一样。因此，结论是：身材不高的人，他的机体比高个子更合理，没有多余的部分，因而工作起来更有效。最轻量级的大力士能举起自己体重重两倍的重量，而举重巨人只能举起比自己体重重一倍的重量，可作佐证。

当然，"高"与"矮"属"模糊概念"只能相对而言。人类的身高到底多高为妙，还得看一看——

大自然的"最佳设计"

人类有多长的进化史，人类身高就有多长的演变史。

50万年至60万年前，地球上出现了真正的人——直立猿人。那都是一些巨人，身高2.5米，体格建壮。

过了一些时候，北京猿人代替了直立猿人。北京猿人平均身高男的1.56米，女的1.44米。较之直立猿人，北京猿人都是"矮子"。

大约15万年前，地球上居住着尼安德特人，他们身高只有1.54米。几万年后，克鲁马农人代替了尼安德特人。克鲁马农人是第一批现代类型的人；他们几乎都是有篮球运动员的身高——1.87米。

大自然的恩赐是古怪的。又经过3万年至4万年后，人的身高又"急转直下"变为1.5米左右。

科学家们承认，人类身高的这种演变摇摆的真正原因，目前还难以一言蔽之。因为生物发展还未结束。

但科学家们相信，大自然对人类身高有个"最佳设计"。

美国学者萨马拉斯指出：今天的社会不需要身太高体太重的人，现代生产和生活最适宜的身高是1.67－1.68米。他认为，从人的机体结构方面考虑，"这种尺寸的合理结构的机体最能发挥人在生活和生产的长河中的耐力"，是"大自然选择的合理方案"。

这不是茶余饭后的信口开河。生活在大自然中的物种，无不受着大自然的制约，无不遵循"适者生存"的自然法则。恐龙的祖先都是小型动物，后来才发展、进化成庞然大物，终因"不胜负重"不能适应环境而灭绝。而身体保持细小的文昌鱼、海豆芽、蟑螂等，种族却能绵延四五亿年，而被称为"活化石"。这表明小型动物较有利于种族延续。

因此，生态学家们提出警告：人类应当研究出控制自身身高发展的有效可行的对策，否则，听任"代代高"，人类将有可能重蹈恐龙灭绝的覆辙！

我国一些学者也发出呼吁：中华民族在大力控制人口增长的同时，应积极研究中国人的最佳高度，有意识地控制我国青少年身高的加速增长。

行文至此，得回过头来，请那些挥舞"魔尺"寻找高个子的姑娘们，请那些为"矮人一截"而苦恼的年轻人，请所有刻意"求高"的青少年朋友们，都来听一听——

专家的建议

专家不是笔者。

笔者只当专家的"传声筒"。

医学上认为，成人如果身高低于 1.3 米才属异常的侏儒。现在侏儒已十分少见。凡高于这个尺寸者，均是正常人。正常人无须寻医觅药求高。凡"生长激素"、"增高×"之类的药物，都有一定的副作用，对不是侏儒的人来说无益有害，非医嘱勿用。至于企望借助"增高器"之类来"促高"，纯粹是无稽之谈，根本是不可能的事。青少年只要在发育期注意营养，加强体育锻炼，自会正常成长，不必担心"低人一等"。

据了解，在择偶时以身高多少米为先决条件的青年男女，相当多的人是出于"为下一代考虑"，生怕矮丈夫或矮妻子的遗传基因使下一代太矮。那么，夫妻的高矮对于下一代的身高影响为何呢？专家给出下列公式：

$$男孩身高 = \frac{(父高+母高) \times 1.08}{2}$$

$$女孩身高 = \frac{父高 \times 0.923 + 母高}{2}$$

这两个公式的背后是这样一条遗传规律——高加高生高，高加矮生高，矮加矮生矮。

根据以上公式推算，如男子身高 1.80 米，其配偶身高 1.55 米，则其后代身高约为男孩 1.80 米，女孩 1.61 米。如女子身高 1.70 米，其配偶高 1.65 米，则他们的男孩约 1.80 米，女孩约 1.61 米。可见，高个子男青年选择较矮的姑娘为偶，或者高挑姑娘找一位比自己稍矮的丈夫，后代都矮不了，何必非"高个配高个"不可。青年们择偶时尽可以真诚相爱为基础"合理搭配"而不必有"后顾之忧"。

那些个子偏矮，被人讥为"残"或"半残"而暂时情场失意的青年朋友，也不可不必自惭形秽，心灰意冷。"有智不在身高。"20 世纪许多著名思想家、科学家、政治家，如爱因斯坦、毕加索、拿破仑、罗斯福等，还不都是矮个子！只要你自尊自信自强，爱神终会向你绽开笑脸——"个不在高，心美则成。"

（原载《黄金时代》1992年第1、2期）

一 "咬" 天下惊

1981年6月5日，我们居住的这个星球上，出现了第一例当时称之为"获得性免疫缺损综合症"的疾病——艾滋病。

自此，这种令医学家们望而却步的"风流病"，瘟疫般地扩散蔓延，肆虐全球。

至1991年10月1日止，已有163个国家向世界卫生组织报告了418403例艾滋病病例，全球近1100万人染上了这种可怕的病毒，其中至少150万人成为艾滋病患者。

"世纪瘟疫！"

"超级癌症！"

艾滋病成了危及全人类生存的恐怖"杀手"，世人谈"艾"色变！

1991年12月1日——第四个"世界艾滋病日"的主题是："艾滋病——共同迎接挑战！"世界卫生组织号召："确保未受感染的人获得有关保护，已感染者免受羞辱和歧视。"

然而，既要保护正常人，又要使"那一族""免受羞辱和歧视"，谈何容易！别的且不说，仅仅"艾滋"的"副产品"——那些涉及伦理、道德、法律的新闻题，就够"扯不断，理还乱"的了。

近些年，这方面的"艾滋风波"可谓此起彼伏，一波未平一波又起……

一 "咬" 天下惊

这是一则来自百慕大的消息：

在一场警方追捕案犯的混战中，百慕大一位年轻的警官，被艾滋病人狠狠地"咬了一口"，现在整天忧心如焚，在"可能已染上这种不治之症"的极度恐惧中打发日子。

百慕大警方向报界证实,那位把警官的胳膊"咬出了血"的人,是个"病毒已在全身扩散、定期到医院检查的艾滋病患者"!被咬的警官已做了艾滋病毒检查,尽管医生说要过相当长的时间才能诊断出是否被艾滋病毒感染,那警官还是惶惶不可终日,不时催问检查结论……

百慕大警察局现已向法院控告那位咬人者"有意严重伤害他人身体"。该局发言人指出:一位艾滋病人故意把这种令人生危的病毒传染给他人,是不能容忍的犯罪行为,云云。

一"咬"天下惊!此君此招,确实够毒够损够绝。

但以艾滋病毒为"武器"侵害他人的案件,却非独此一宗。

香港,就已出现"艾滋贼"。

不久前的一个大白天,香港一刘姓男子手持一支染血针筒,闯进观塘一间便利店,威胁店内两名男女职员:"我有艾滋病,快拿钱来!"男女职员不依,与"艾滋贼"扭打成一团。"艾滋贼"见无法得逞,欲夺路逃跑,被闻讯而至的警察捕获。而男女职员,则双双被"艾滋贼"的针头刺破手指……

利用人们的恐"艾"心理,省去刀枪,操一支"艾滋针头"作案,这在香港还属"史无前例"。歹徒是否真有艾滋病,伤者是否染疾,虽然仍未知晓,但如何防止类似案件重演,却已引起人们的街谈巷议。

一些律师指出:若证实刘某作案的针筒内含有艾滋病毒,且足以造成他人感染或死亡,可控其"意图谋杀"。

但有的法律学者却认为:艾滋病有7年潜伏期,"意图谋杀"这罪名难成立,应控其"蓄意伤害他人身体"。

港人的共识是,对刘某这位始作俑者绝不能轻恕,以儆效尤。但难就难在——香港现行法例并无规定用"艾滋针筒"伤人该当何罪的条文!

监狱"新大难"

最近,台湾男子陈某因盗窃、吸毒和贩毒等罪,被新竹市法院判处20年徒刑。但经医生检查确认陈某患有艾滋病时,台北监狱便以台湾《监狱行刑法》中的一项规定——"受刑人入监时,经健康检查,心神丧失或现患疾病,因执行而有丧生之虞"为由,拒绝将陈某收监。

对此,有关人士在报纸上发表文章反诘:难道患艾滋病的罪犯竟拥有

"免于坐牢"的特权？

　　台北监狱的做法，或许是怕"引进"艾滋病"种子"后患无穷吧。因为，在一些国家和地区的监狱里，囚犯群体中的同性恋和注射毒品等行为屡见不鲜，艾滋病在狱中的传播和扩散已成为令狱方头痛的问题。

　　以美国为例，仅1981年至1986年的5年，联邦及25个州的监狱系统，就有455名囚犯新染艾滋病。为了控制艾滋病在狱内泛滥，各个监狱均采取了种种措施，但收效甚微。有一个州的司法当局别出心裁，提出一种"以毒攻毒"的办法——向囚犯提供避孕套和人手一根注射用的针管，以此减少同性恋和共用针管对艾滋病的传播。可是，这种"对策"立即遭到舆论的声讨，被斥责为"违背法理，助纣为虐"。

　　唉！想不到铁幕般的监狱，竟也被"艾滋"困扰，左右为难。

争吵"艾滋胎"

　　男主人的遗像挂在墙上，他两年前死于艾滋病。也属艾滋病患者的女主人跪在草席上，痛苦的眼光绝望地瞅着3岁的小儿子；这可怜的小家伙在娘肚子里就带上了艾滋病毒，现已骨瘦如柴，终日腹泻，呕吐不止。医生说，这小孩最多只能活上两个星期了……

　　——这是乌干达国一个乡村家庭的真实写照！

　　在非洲，这样的家庭何止千万！

　　据联合国教科文组织透露，在过去的10年中，非洲约有40万儿童在娘肚子里就已感染了艾滋病毒，其中绝大多数出生后活不到5年！

　　父母染上艾滋病毒导致了大量的"艾滋胎"，这将如何是好？

　　1991年12月中旬，笔者在曼谷考察，恰逢泰国的报纸上正在打笔墨官司——已染上艾滋病毒的孕妇可否堕胎？

　　泰国北部清迈市一家公立医院的小儿科主任披露，在清迈，仅过去的两年，就有19名"艾滋胎"弃婴丧生；曼谷市内的儿童医院也透露，该院已收容40名"艾滋胎"弃婴；泰国公共卫生部的官员则说，在泰国已有3800名婴儿在娘肚子里就已染上艾滋病毒。这些"艾滋胎"婴儿大都出生后早早夭折。因此，泰国医学界人士呼吁——感染了艾滋病毒的孕妇应该堕胎！

　　然而，按照泰国法规，除非婴儿诞生会给母亲带来生命危险，否则堕胎属违法行为。

据说，目前泰国政府正在草拟准许携带艾滋病毒的孕妇堕胎的法律条文，但这又遭到"反堕胎运动"团体的激烈反对……

状告"生命网"

1985年10月20日深夜，美国某偏僻乡村的汽车加油站遭歹徒袭击，值班的威廉·罗特头部受伤难治，辞世前留下遗言："愿将遗体捐献给他人做移植手术之用。"

于是，弗吉尼亚州一个叫"生命网"的器官移植服务公司获得了威廉的遗体。转眼6年过去，该遗体被分解后，有用的器官先后移植到52名患者体内，许多患者的生命得以挽救。这本是一大善举，孰料，不久前一宗不可思议的官司却将威廉扯了出来——

1991年4月26日，美国科罗拉多州公共卫生局告状：一名体内移植了"生命网"提供的冷冻腰骨的女患者感染了艾滋病毒！

"生命网"大吃一惊。一查——冷冻腰骨是威廉的！再细查，不禁目瞪口呆——移植威廉心脏的患者死于艾滋病；——移植威廉肾脏的两名患者也死于艾滋病！

天！这可满身是口也辩不清了。可是，"生命网"负责人在记者招待会上还是硬着头皮辩解："我们曾对威廉的遗体进行过两次认真检查，均没有出现艾滋病毒抗体反应。"

对此辩解，疾病管理中心予以反驳：艾滋病毒从进入体内到出现抗体反应需6—12个星期，谁能担保威廉在死前6个星期内不会感染上艾滋病毒呢？

可是威廉的亲属和朋发都另有高见，"威廉是个检点和守本分的人，生前不可能染上艾滋病毒。或许是他受伤后送往医院，被输入了携带艾滋病毒的血液才感染上的。"

然而，曾经为抢救威廉施行过手术的医院，却又以"内部机密"为由，拒绝回答是否给威廉输过血。

扑朔迷离！这宗官司轰动全美，震惊朝野，器官移植从此罩上了可怕的阴影……

"血案"大丑闻

1992年夏，法国一位血友病患者突然被发现感染上艾滋病病毒。经过认真的调查，确认这位病人是在接受法国输血中心输血时受到感染的。当时，有人以为，这是一次纯属偶然的意外事故。输血中心隶属法国卫生部，人们对于这样一个在政府部门管理下的机构十分放心，一般都愿到这个中心接受输血。然而，法国舆论界却不以为然。有一家叫做《星期四事件》的周刊从当年6月起，不断就血友病患者输血受到感染一事大做文章。以后，法国的其他报刊也开始报道这一事件，逐渐引起当时接受输血中心输血的病人以及卫生部门，健康保险部门的注意。

随着调查的深入，案情不断扩大。终于，《世界报》在去年10月12日刊登文章披露：到1985年底，在国家输血中心定期接受换血治疗的2500名血友病患者中，有一半人感染上了艾滋病病毒，其中200人已经死亡，因其他疾病而接受输血的也有7000人感染上了艾滋病！

新闻界顺藤摸瓜，不断将各种内幕公之于众：输血中心在确知血液受感染之后，仍然将血液制品投入市场，直到1985年春天全部售完为止。社会各界对这种行为义愤填膺，不禁责问：卫生部门为什么迟迟未作出献血者必须接受艾滋病病毒检测的规定？美国1983年底就发明了消灭血液中艾滋病病毒的技术，并规定给血友病患者必须使用经加热处理的血液，为什么法国拖到1985年7月才作出相应的规定？为什么输血中心要把受感染的血液投放市场？

此案终于惊动了司法界。1992年10月21日，法国司法部门决定逮捕艾滋病病毒血液输血案中3位直接责任者，并对他们提出起诉。这3位直接责任者：国家输血中心主任米歇尔·加雷塔、前卫生局局长雅克·鲁克斯及卫生部实验室主任罗伯特·内特尔。随后，前输血中心研究和发展部门主管阿兰很快也卷入此案。

1993年6月22日，此案首次开庭审理。

1993年8月3日下午，法院最后审判：被法院起诉的四位当事人阿兰、加雷塔、内特尔医生和鲁克斯教授被分别判处2年至4年监禁并被课罚2000法郎至50万法郎的罚款。

闹得沸沸扬扬的"血案"算是结了。但它罩在人们心头的阴影却远未消散。

输血染艾滋的事件，在香港也已有案例。香港12岁的男学生明仔，于1985年因血癌接受输血时，不幸感染了艾滋病毒。他一直用功读书，成绩优良，未岂料本学期却遭校方勒令退学。

为免遭歧视，父母一直未将明仔的病情告知校方。直至去年，监于明仔经常因病请假，父母才将实情向前任校长道明，以便万一发生意外时，校方能有一个周全的急救方法。这位校长不但没有歧视明仔，反而关怀备至。岂料，今年9月，明仔升五年级时，刚上课几天，就遭新任校长勒令退学。理由是校方要保障其他同学的安全。

明仔事件引起社会各界的关注。香港艾滋病基金会主席林贝聿嘉表示，明仔是受害人，竟然得不到校方体谅，还落井下石，实在令人气愤。港府教育署署长黄星华指出，根据卫生署的资料，艾滋病患者不容易传染给普通人，明仔仍可留在学校读书，教育署将尽快安排复学。

为了让孩子继续上学，明仔的父母数月来找了多间学校，但都是同一答案：还是找回以前那间吧！

人们不禁要问：明仔无辜染病又被剥夺学习的权利，究竟是谁之过？

"因公"染艾滋

美国旧金山行政法官不久前判定，该市警官托马斯·凯蒂是在执行公务中感染上艾滋病的，因而获得5万多美金的医疗费用。

现年50岁的凯蒂是旧金山的巡逻官，也是一名同性恋者。据他自己说，他在1984年执行一次逮捕任务时被刺伤，别人喷溅出来的血液感染了他而患上艾滋病。他几乎花了3年的时间来证明这一情况，终于得到了法院的裁决。

据信，裁决同性恋警官在执行公务时染上艾滋病毒在美国还是头一遭。

但"因公"而染上艾滋者在美国何止凯蒂一人！几年前，纽约州一位女护士前往一座州监狱为病人打针。一名犯人故意捣蛋，两名狱卒却在一旁袖手旁观，拒不帮助护士制服犯人。争执之时，女护士不慎碰上了受到感染的注射针头，染上了艾滋病。

女护士愤而状告监狱当局。并要求巨额赔偿。法官判她胜诉——纽约州政府只好乖乖支付500万美元！

普查招抗议

不久前,巴西总统何塞签署了一道法令,对所有公民实行强制性验血,以普查艾滋病;凡没有经过验血而献血的人,将判处一年的徒刑。

也是不久前,美国的"联邦疾病控制中心"向政府提出建议:对所有可能接触到艾滋病病毒的人,如孕妇、登记结婚者、住院病人和其他由于受性生活传染成疾而寻求治疗的人,强行进行抽血检验,以遏制艾滋病这种流行疫。

美国毕竟不同于巴西、巴西公民默默接受强制性验血,而美国人仅仅听到"建议"就作出强烈反应,见仁见智,吵得不亦乐乎。一些政府官员、伦理学家、律师、公共卫生专家把该建议斥为:从开支上讲极其昂贵,从道德上讲极其错误,从常规上看完全行不通。有的社会学者则指出,如果在全国实行强制性的艾滋病普查,那么许多人将会由于疑心自己有艾滋病,怕自己的阳性结果为人所知而受到歧视,造成沉重精神压力。乔治敦大学肯尼迪伦理学院的生活伦理学家们则"顾左右而言他":"我们需要的是对公众进行一次特殊的、广泛的从小学生开始的教育,这比强制性的普查有效得多,也更易被人接受。"

看来,美国真要实行强制性艾滋病普查,当局不知得听多少骂娘的话哩!

刑法剑出鞘

面对艾滋病这种"世纪瘟疫",世界上许多国家,纷纷采取严厉措施,动起了"真格"。

前年,一个名叫约翰·霍夫曼的美国公民在纽伦堡被德国警方拘留,理由是:警方怀疑他是艾滋病毒携带者。根据德国实施的《瘟疫法》,艾滋病毒携带者将被判处徒刑。——这是德国首次动用刑法对付艾滋病。

日本厚生省已宣布:当局正在制定一项严厉打击艾滋病毒携带者性行为的法律。

印度即将颁布对付艾滋病的法令,目前正在进行全民性的验血和体检,为实施此令做准备。

瑞典当局在斯德哥尔摩郊外的阿狄尔苏岛上建了一个"艾滋病患者隔离所",专关艾滋病人。该隔离所有高墙,有守卫,实际上是一座"艾滋病监狱"。

……

对于上述种种动用刑法对付艾滋病毒携带者,把他们拘捕、判刑以致监禁的做法,伦理界、宗教界和法律界意见严重相左。有一种观点认为,这样对待"病人"太不人道了,似乎恢复到了中世纪的黑暗时代。但另一种相反的观点则认为,那些被拘捕、被判刑以致被送进监狱的"病人",都是些构成公害的角色,事实上与刑事犯罪分子已无大太的区别,所以对他们绳之以法并不过分。1987年秋天,甚至有19位国际知名的医学家联合发表公开信,呼于对晚期艾滋病人实施"安乐死"!

论争未穷期

现今的艾滋病患者和艾滋病毒携带者,已经是人数众多的一族。他们不再作为单独的个体面对医生和面对社会,而是联合成一个引人注目的群体存在于社会,并为自己的权益而斗争。

1989年成立的"行动起来协会",就是一个由同性恋者和艾滋病族组成的庞大组织。1990年1月,该协会成员在法国卫生部办公楼前示威。他们手举标语牌,高呼口号,抗议政府在艾滋病防治方面的无能。从那时起,每个星期五中午12时,"行动起来协会"必定到法国卫生部示威,风雨无阻。此外,他们对社会歧视艾滋病人的任何言论和行动都会立即作出反应。假如有哪家公司或企业对艾滋病患者出言不逊,或有其他不友好不礼貌举动,他们就强行冲击,破门而入,进行干涉和抗议。

而作为社会,面对这样一个群体,在许多涉及伦理道德和法律法理的问题上,又众说纷纭,莫衷一是。已经展开的争论至少有:

——艾滋病人对社会对他人有何义务?例如是否应声明自己的病情?是否应自觉地不与他人共用注射器!

——社会是否有义务和责任为艾滋病人提供医疗服务?谁付款?艾滋病患者享有何种限度的医疗保健权?

——艾滋病患者是否享有正常人所享有的隐私权和保密权?

——社会应否允许艾滋病人按照自己的意愿自主地决定个人的未来？

——强制性艾滋病普查在道德上是否可以接受？

——应否将艾滋病患者留在社会内？

……

对诸如此类的问题的讨论，人们的见解往往大相径庭，甚至截然相反。比如对上述最后一个问题的看法吧，有人主张将艾滋病患者放逐、监禁，或刺面、文身，以警示他人；有人却认为艾滋病族应当而且必须留在社会内，放逐等手段将导致问题走向"地下"，破坏教育的努力和检查措施。见仁见智，多有其理。

看来，论争将是马拉松式的。

（原载《黄金时代》1992年第6期）

高科技界的死亡阴影

周镇宏 科技评述

死神频频选择国防科学家

1988年3月25日，一直从事尖端国防科研的专家——英国导弹设计工程师凯特，突然神秘地死在自己的汽车里。警方宣称：死因不明。

凯特之死，又一次震动了英国朝野各界。英国国防科学家接二连三的神秘死亡，令人费解。人们不会忘记，自1986年以来，死神就不断地、莫名其妙地降临在英国国防科学家的身上：

——1986年8月，从事世界上最先进的水雷制导系统研究的工程师达吉勃海，死于离其住宅170公里远的布里斯特尔一座桥下，据现场验尸的法医说，死者臀部有几处受伤痕迹，但结论是：死因不明。无人得知，他为何来到远离他工作地点的那座桥下。

——1986年10月，另一名从事国防研究的计算机系统分析专家、26岁的谢里夫死于非命。警方说，谢里夫把一根绳子的一头拴在树上，另一头拴在自己的脖子上，然后坐进汽车，猛踩油门。汽车开动后，绳子勒断了他的脖子。警察在他的汽车中找到一盘录音带，并说其中的内容透露出谢里夫想结束自己的生命。但谢里夫的家属听过录音后断然否定警察的说法，说听不出谢夫里有任何自杀的念头。

——1987年1月，某尖端国防科研评题的计算机设计专家皮尤，原因可疑地暴死在英格兰东部的家中。

——1987年2月，皇家科学院讲师、46岁的冶金专家皮佩尔在车库里令人费解地死于一氧化碳中毒。

——1987年4月，从事空防研究的桑兹，在自己的车上装满了汽油箱，一直开进一家餐馆，将自己"火葬"。桑兹刚满37岁，正值金色年华。他在埃萨姆斯公司搞绝密研究。该公司承担了英国承包的美国"星球大战"计划的主要研究工作。桑兹刚刚完成一个长达3年之久的研究项目。据说是研制一种最新的、能用于"星战"计划的计算机控制雷达系统。

——最近，警方又在英格兰西部的一山腰间发现核化验师史密夫的尸体。史密夫和他的父母住在一起，失踪前一天，他向原子能当局请了一天假。警方在山顶停车场发现了他的汽车。

……

这些神秘的死亡事件，如重重阴影笼罩在人们的心头，英国高科技界对此恐慌不安。人们不禁要问：为什么死神偏偏选择国防科学家？为什么这些科学家都死得离奇古怪？他们的死因到底是——

自杀还是谋杀

英国国防科学家的神秘死亡，引起了一连串的反响。种种异常现象给这些事件涂上了一层神秘的色彩。但最让人迷惑不解的还是这些事件本身，特别是这些科学家奇特的死亡方式。

英国军界、政界、科学界人士至今对各种各样的分析仍争论不休。

英国国防部倾向于认为，这些科学家接二连三的离奇死亡，属于"自杀"和"巧合"，各例死亡事件之间没有联系，防务专家助理马丁·斯科特和下议院议员约翰·卡特赖特说：我们进行了各种各样的分析，其中包括外国阴谋的可能性，但一无所获。斯科特认为，科学家们接连死亡的真正原因，可能是"心理压力"引起的。

但一科学界人士对所谓"巧合"和"压力"之说表示不满，认为这些死亡的后面可能有别的原因。

据有关方面透露，这些死亡的科学家事先并没有表现出沮丧情绪或不寻常行为、他们中有4人刚成功地完成一个项目并准备接受新任务，一人刚结婚，另一人即将结婚，还有一人刚同妻子和孩子搬进一幢价值42.5万美元的乡间别墅。他们都精神正常，身体健康，事业顺利，可以说得心应手，有的已经成果赫赫。

因此，一些反对党议员纷纷要求政府重新调查这些事件。英国社会民主党和自由党联盟防务问题发言人坚持要求政府把所有的这类事件联系起来重新调查。他说,事态的发展越来越清楚地表明,这些事件绝不是孤立的。

但政府对这一要求不置可否。宣传机构也几乎不予理会。官方更是守口如瓶。除了官方的秘密法案妨碍对这些秘密事件的调查外,还存在着其他因素,那就是英国的公众不太愿意对官方的说法提出异议。例如,谢里夫的家属曾对记者说,他们不相信谢里夫是自杀的。但是,他们没有参加验尸官的验尸,因为警方说,参加了对他们不利。

《计算机新闻》期刊编辑阿兰·奇斯曼说,这一系列神秘的死亡事件令人十分担忧,因为死者都是国防科学家,都十分详尽地了解所管领域内的防务情况。如果把他们所掌握的情况汇合起来,那就是一幅相当完整的英国空中、海上、水下防御蓝图,它包括英国最新的战略构思和最先进的武器装备情况。

最发人深思的是,这些科学家的死亡方式都很特殊,都有未解的疑点。也许若干年后会真相大白,但也可能永远法解释,成为又一个千古之谜。然而,不管怎么说,这一系列神秘死亡,毕竟是十分反常的,它不能不使人联系到当今世界上的一个新动向——

恐怖主义魔爪指向高科技

1987年7月,欧洲最有影响的科学家之一,核物理学家卡尔·海因茨·贝克尔茨教授,在驱车上班途中,被恐怖分子杀害。贝克尔茨早年参与建设联邦德国的核能工业,自1981年以来,一直主持着庞大的西门子研究与发展公司。

高科技专家明显地死于被谋杀的案件,在英国一系列的神秘死亡事件中也发生过。1988年2月11日,核科学家费希尔在伦敦以西80公里的牛津郡哈韦尔市他的同事斯图尔特夫人家中被刺死。警方接到斯图尔特夫人的电话,急忙赶到她的家中,斯图尔特夫人已经昏迷,送医院救治后,发现她服食过量药物。50岁的费希尔在拉瑟福德实验室工作了20年,在核子应用物理学方面的造诣是世界知名的,斯图尔特夫人也在这间实验室工作,她是核子物理部门的管理人。

更令人不可思议的事件还有,1987年1月,英国水底电子工程研究专家吉达,在英格兰一个水库中试验声纳设备时,莫名其妙地失踪,从此销声匿迹，可是几个月后，他又突然在法国露面，但他却不记得何以会身在法国……

种种迹象表明：恐怖主义的魔爪已经指向高科技领域！

这有一定的背景。当今，世界上存在着各种反对现代科学技术发展的运动。各种派别的主张各不一样：

有的反对现代高科技应用于军事；

有的认为高科技破坏了富有人情味的现代生活；

有的宣称科技不再是救济人类的希望之星，而是造成种种祸害的"灾星"，高科技的发展将使人成为科学的奴隶，听凭科学的摆布，丧失自己的本质。

还有的是从政治的角度出发，例如反对与南非搞技术交易。

极左翼恐怖分子甚至认为，尤里卡计划之类的民用高科技与军事技术同样危险。他们还称计算机化和自动化是"向非人化方向的发展"，故而都属打击之列。据说，下一个遭受恐怖危害的目标可能是化学工业，因为化学工业戴着环境污染罪魁的帽子，而它所使用的新生物技术，正是某些恐怖主义者所主张完全禁止的。

总之，高科技专家成为暴力牺牲品，是当今世界上恐怖主义的一个新动向。这从一个侧面说明，高科技介入社会生活的程度已经很深很深了。

（原载《科学与你》1989年第4期）

旁观"超导战"

周镇宏 科技评述

沉没了多年的低温超导研究领域,最近突然发生了戏剧性的变化。短短几个月,"超导热"风靡全球,"超导赛"举世瞩目。"向高临界温度冲刺"的战幕刚刚拉开,立即出现了白热化的角逐。战况不断见诸报端,"超导"成了世界性的热门话题。什么是"超导"?什么是"超导体"?它有什么用场?"高临界温度"是怎么回事?"超导赛"意义何在?最终谁能得到这场竞赛的金牌?

如想解开这些谜,请跟我来。

一声震撼科学界的惊呼

人类发现神奇的超导现象,已是七十多年前的事了。

众所周知,世界上不管多么好的导体都有电阻。但这个结论后来被荷兰物理学家卡曼林·昂尼斯的一声惊呼打破了。

1911年,荷兰物理学家卡曼林·昂尼斯做了这样一个实验:把水银冷却降温,使它凝固成一条线,然后用液态氦作为冷却剂将其冷却至4.2K(0 K=-273.15℃,4.2K约为零下269摄氏度)左右,并在水银线上通几毫安的电流,再测量它两端的电压。这时,昂尼斯突然惊呼:"电阻失踪了!"原来,他发现:当温度稍低于4.2K时,通电水银线两端的电压突然变为零,即水银线的电阻突然不可思议地消失了。

这一奇异的现象震动了科学界。自此以后,科学家们把这种在一定低温下电阻突然消失的"零电阻"现象,称为"超导现象";把具有超导性能的物质叫做"超导体";把物质所处的这种以零电阻为特征的状态称为"超导态";把超导物质的电阻突然消失时的温度 T_c 称为"临界温度"或"起始转变温度"。

半个多世纪以来，科学家们对超导之谜进行了不懈的探索。低温技术的发展使人类获得了比液氦更低的温度。在深低温下对大量金属材料检验的结果表明，超导性并非水银所独有，超导体的大家庭成员众多。目前已经发现有二三十种金属（如铟、锡、铝、铅、钽、钛、锆等）和上千种合金（如铌一锆合金、铌一钛合金等）及化合物（如铌锡化合物、铌锗化合物等），都具有使电阻消失的超异性能。1957年，美国物理学家巴丁、库柏、施里弗三人，提出了著名的"BCS理论"，首次对超导的本质和机理作出了微观理论解释。这是人类探索超导之谜的第一个里程碑。今天超导研究的新进展，在很大程度上得益于巴丁等人对超导本质和超导机制的理论阐明。

诱人的前景

超导体研究这一课题，为什么历半个多世纪而魅力不衰，受到各国科学家的"钟情"和垂青呢？这是因为，超导的应用前景太诱人了。

从理论上说，超导体具有奇异的零电阻特性，可以无损耗地传输电流。而目前一般发电厂发出的电输送到远处，至少有十分之一为克服各种电阻而损耗掉。因此，用超导体传输电能，是一种经济效益极佳的理想输电状况。由于超导体无电阻，所以它允许很强的电流通过而没有损耗，可用于储存电磁能，造成"超导磁体"。目前，用超导材料绕成的线圈，已能产生高达20万－30万高斯的强磁场。超导磁体与通常的电磁体相比，不仅磁场强，而且耗能少，设备轻巧，磁场稳定。超导磁体现已在尖端科学技术中大显身手。

在交通方面，超导磁体最引人注目的应用，首推"超导磁浮列车"。这种列车没有轮子，也没有牵引电动机，而是依靠超导磁体功能，把车身推离路面30毫米高，再用超磁电动机驱动前进。这种神乎其神的超导磁浮列车，由于不存在车与车轨的摩擦作用，只需克服空气阻力就能悬空行驶，因此可以获得每小时500公里的高速度，而且噪声很小，是一种理想的现代化交通工具。目前，西柏林的超导磁浮列车已投入运行，美、英、日和瑞典等国，也正在研制之中。

超导在电子工业上的应用，更是前途无量。用制作半导体器件的工艺方法，在两块超导体之间夹一层很薄的绝缘介质，可制成一种结构类似于"三明治"（夹心面包）的"超导结"。超导结有着比一般超导体更奇异的特性，利用它可制成各种灵敏度高、响应速度快、损耗小的功能奇特的器件。例如，用两个超导结制成的"超导量子干涉仪"，在实验室中可用于测量弱磁场；在引力研究中可用于探测引力波；在地质研究中用于寻求地热和矿藏；在医学上可用于测量人体肺磁、心磁和脑磁图；在军事上可用于核潜艇低频通讯及导航……超导的应用还将促进计算机的更新换代。目前，科学家已设计出各种超导计算机电路，并已在研制样机。

进击的目标：高临界温度

超导体的运用虽然令人心驰神往，但临界温度太低却一直限制着它大显身手。如果超导体材料的温度高于临界温度 T_c，则不显示超导性。而实际使用的一般超导材料，临界温度 T_c 都相当低，需要许多的低温设备和低温技术作保证。这给超导体的广泛应用带来很大困难。美国、苏联都曾制造出"超导发电机"，但由于要用液氦制冷，成本极其昂贵，以致无法与常规发电机竞争。至于超导输电，要在那么长的距离内用液氦制冷，更是难以实现。因此，寻求高临界温度的超导体，一直是科学家的梦寐以求的目标。

几十年来，科学家们不懈地朝着这个目标进击，但举步艰难。从 1911 年至 1973 年的大半个世纪里，超导体的临界温度差不多以每 10 年 2.5K 的速度缓慢提高，而从 1973 年以后，它的最高记录一直由铌三锗（23.2K）保持着。寻找高临界温度超导体的研究曾一度进入低潮，似乎到了"山穷水尽疑无路"的境地。

然而，以造福人类为己任的科学家们并没有放弃追求。最先打破这一僵局，迎来"柳暗花明又一村"的，是瑞士科学家柏诺兹和缪勒。他们改变了过去一直从过渡金属及其合金化合物中寻找高临界温度超导体的老路，另辟蹊径转向氧化物中寻找。终于，他在 1986 年 4 月中取得了振奋人心的突破——发现钡镧铜氧多相氧化物的临界温度可达到 30K。这一蛰伏了多年之后的跃进使科学界欢欣鼓舞，大大激发了科学家寻找高临界温度超导体的热情，全世界 200 多个实验中心投入此项研究。于是，引发了世界范围的规模空前的"超导热"和"超导赛"。

扣人心弦的"金牌"角逐

近几个月来,"超导赛"的进展富于戏剧性,超导体临界温度的记录不断刷新,出现了中、美、日等国科学家争夺"金牌"的激烈角逐——

去年12月23日,日本科学家抢先跃出一大步,宣布获得临界温度 Tc 为 37K 的超导新材料。事隔三天,中国科学院物理研究所赵忠贤、陈立泉领导的科研组,后来居上,获得了 48.6k 的锶镧铜氧系超导体,并看到这类物质有 70K 转变迹象。今年2月15日,美国同行一鸣惊人,华裔科学家朱经武、吴茂昆获得了 Tc 为 98K 的超导体,而且所用的冷却剂是液氮而不是液氦。五天后,中科院物理所又发出更强音:获得 Tc 为 100K 以上的超导体,冷却剂也是用液氮。3月4日下午,北京大学物理系、化学系和北京现代化物理研究中心的科研人员,在他们共同研究的钇—钡—铜—氧体系超导材料上发现,这种材料的超导转变起始温度在 100K 以上,在 91K 时电阻完全消失。这一项成果与同一天日本广播电台宣布的日本最新研究成果同一水平。3月10日,新华社又报道中国科技大学超导体研究获得重大进展,偏离线性温度达 130K。3月27日,美籍华裔科学家 J·T 陈博士和他的同事又创新纪录,他们用铜氧化物渗入钇等稀土制成两相的陶瓷材料,发现在 240K 即摄氏零下 32.7 度时,此物质的一个相具有超导性。最近又有消息,日本鹿儿岛大学已发现了 287K 的超导体。

读者也许会问:超导体的高临界温度还能继续提高吗?专家们认为,临界温度的提高还有潜力,发现在 300K 室温下工作的超导体是完全可能的。但在3月28日于日本举行的超导学术讨论会上,权威人士声称,超导的高温化竞争将暂告一段落,重点转向进一步揭示超导机制的基础理论研究和实用化研究。

人们自然也很关心:这场竞赛的"金牌"最后将归谁所有?目前,这个问题尚难定论,但可以预期,超导体研究的新突破,必定会带来一次与能源、电子、交通等有关的深刻而广泛的工业革命。"金牌"不论落到谁手里,都是人类共同的进步;而中华科学精英将会在这场角逐中奋力拼搏,为国争光!

(原载《黄金时代》1987年第8期,1987年4月《羊城晚报》小连载)

中秋新月话

周镇宏 科技评述

四个月亮

时逢中秋，一月当空，浩浩如银。古往今来，在人们所写的诗文里，说到月亮，总是"一轮明月……"岁月悠悠，太空茫茫，难道月亮从来真的只有一个吗？

科学家们说，地球上空曾经有四个月亮，而且今后将会出现新的"月亮"。

这话有根据吗？当然有。著名天文学家赫尔比格就曾论证过。他说，地球在数十亿年的历程中曾"捕获"过四颗卫星，即四个月亮。这四个月亮恰好与地球的四个地质年代相符合，同地球上的四次大变动相联系。前三颗月亮由于在运行中与地球靠得太近，最后都坠落到地球上，在坠落到地球赤道附近前发生大爆炸。这三颗月亮坠落处，后来形成了三大洋。这三次坠落都使地球受到难以想象的灾变。世界各地的神话传说，都栩栩如生地反映了这几次大灾变。人们从中可找到赫尔比格理论的印证材料。

"四个月亮"之说提出后，英国学者贝拉米和艾伦曾发表了他们的专著，论证了这"四个月亮"之说的正确性。美籍法国物理学家莫里斯夏特兰还用数学方法为它找到了论据。按照赫尔比格的理论，我们今天看到的月亮，是地球的第四颗卫星。

当然，这"第四颗月亮"是"天之骄子"，与人类至亲至爱。它不仅美化了我们这个宇宙环境，哺育了人类的文化艺术，今天它更要为人类进军太空效劳。

有的科学家预言说，茫茫太空，说不定什么时候，还会出现新的月亮。宇宙的演化，天体的运动，也许还能给地球以捕获新卫星的机会。即使宇宙之神不给地球这种机会,人类也可以自己发射"人造月亮"。

这方面的研究和试验正在紧锣密鼓地进行。据外刊报道和未来学家预测,"人造月亮"将于1990年由美国宇航局发射上天。它的总体设计现已完成。这个未来的月亮,重量为四百五十吨,上面装有十二面直径为三百米的巨型反射镜,镜面由金属板制成,光洁度极高,从地球上望去,亮度约为真月亮的十倍。据科学家设想,"人造为亮"上天后,将与地球同步运行,在地球上直径为三百六十公里的区域内大放光明——这已是一件可以翘首以待的事情了。

未来月球基地

"嫦娥奔月"、"吴刚伐桂"、"玉兔捣药"之类的神话故事,反映了古人对月宫的向往和憧憬。今天,人类的巨足不仅踏上了月面"仙境",而且要在那里"大兴土木"了!

未来学家们断言:下一次工业革命将发生在茫茫太空,月球将成为人类进军太空、开发太空工业的天然"跳板"。现在,科学家们已经在设计未来月球基地了。在科学家的蓝图中,月球基地的奠基地点位于坐标上东经33°、44′、北纬1°14′处,正好落在"阿波罗"11号宇宙飞船登月降落点附近。

为什么要选择月球作为进军太空的"跳板"呢?其中大有道理。人类要建立太空城和太空工业基地,除了必须发射各种航天器以外,还必须把千万吨建筑材料送上太空。目前把一公斤重的物质送上宇宙轨道站平均得花几千美元,运载火箭简直就是燃烧着钞票上天的,光是财政开支就足以令人瞠目了,何况还有技术上的种种困难呢!怎么办?人们首先想到了月球。科学家们分析了登月宇航员带回来的月球岩石和土壤,发现地球上所常用的铁、铝、钛等十几种金属,月球上几乎都有,建造太空城和太空工厂所需的材料,95%也可在月球上得到。此外,月面的真空和弱引力场,对建筑材料的混合、密实和加工是有得天独厚的优势。而更重要的是,月球的引力只有地球引力的六分之一,而且又没有空气层的障碍,从月球表面将材料运送上太空甚为省力。因此,如能建立月球基地,就可开采月球矿物和原料,利用太阳能进行加热、冶炼并制成各种飞行器和建筑构件,然后把它们直接送到太空中各个目的地,用于"组装"太空城和太空工厂,既省事又省钱。这样诱人的前景，怎能不叫科学家们动心呢？

按照科学家们的设计蓝图，月球基地大致分为三个部分。第一部分叫"开采处理单元"，负责挖掘、冶炼、加工各种月球原材料；第二部分是"组装车间"，负责把"开采处理单元"送来的零件装配成部件或机器；第三部分叫"汇总车间"，担任"总体工程师"的任务。基地内还设有仓库和职工宿舍。在基地周围则是由一个个大型透明管建成的"月球田"，生产供给基地上所需的各种食物。

当然，真要建起月球基地还有种种困难。比如，怎样防御陨石轰击和太空辐射，怎样抵抗"月震"，怎样解决温度急剧变化给"月球职工"带采的生活难题等等。然而，人类终将会战胜所有困难，月球基地迟早会屹立在月球上，成为人类进军太空的前哨和跳板。

说来有趣，当科学家刚刚在图纸上标定月球基地的坐标位置时，美国得克萨斯州的拉玛银行就迫不及待地提出申请，要求在月球上开设"拉玛银行月球分行"。这一申请很快就得到批准。现在，拉玛银行正在为月球分行的开业实施筹备，并已开始办理开户预约业务。看来，金融家秘企业家对月球基地不仅十分乐观，而且已经把它视为来日大展宏图的用武之地了。

月圆之夜是非多

月有阴晴残缺，人的情绪、健康和行为也会因此时好时劣。这是美国医学家莫利斯、科伯等人经过多年研究得出的结论。

他们发现：在满月时，心脏病人和脑病患者特别容易发病，出血性溃疡病人发作最厉害，溢血症最严重，中风与癫性惊阙发生最频繁，精神病人情绪最不稳定，许多人难以入眠并有紧张感。

此外，一份来自美国刑警部门的调查材料指出：月圆期全国纵火发案率比平时升高百分之百，谋杀发案率升高50%，各种寻衅和犯罪行为剧增。佛罗里达州南部一个地区十五年来发生了二千件谋杀案，几乎都发生在圆月期！

所有这些，难道都是偶然的巧合？

说来或许你不相信，导致这些怪现象的"魔力"竟然会是来自离我们三十八万多公里的月亮！

众所周知，月球的引力吸引地球上的海洋而产生潮汐。人体与地球表面的情况有些相似，体内大约80%是水分，20%是固体。从化学角度看，人体内的水分与海水并无本质不同。因此，一些科学家认为，既然月球引力会使地球上的海洋产生潮汐。同样也能对人的体液产生作用和影响。初步的研究表明，月球引力较强时，人体内的酶和内分泌更有活动力，血压升高，心跳加速，心理状态较为紧张，从而导致人的情绪、健康、行为发生微妙的变化。由于月球对地球的引力在月圆期最强，所以上述种种怪现象的发生于月圆期。当然，月亮引力对正常人的作用是微乎其微的，但对于某些病人和心理变态者的影响却相对明显。

"月亮引力影响论"是否完全正确，还得继续接受实践的检验。但它作为一个假说，对于探讨宇宙和自然对人体的影响，无疑是有其积极意义的。

"月到中秋分外明"质疑

每逢中秋佳节，人们少不了要赞美月亮。"月到中秋分外明"，"一轮明月今宵多"，"中秋之夜，月色倍明"……

中秋之夜的月亮，真的比其他时候更明亮吗？未必！认为"中秋月最亮"是缺乏科学根据的。

众所周知，月亮是一个绕地球旋转的星球。它本身并不发光，只是靠着反射太阳的光丽发亮。而太阳是个非常炽热的大火球，光照四方，它在一年中发出的光和热，并没有什么周期性的变化。我们看到的月相不同，那是由于太阳、月亮、地球三者的相对位置不同所致。当月亮运行到对地球来说正好跟太阳位子相反方向的时候，我们可以看到一轮圆月，这就是"望"月。从这个满月到下一次满月，平均要经过29天12小时44分钟。当月亮运行到地球和太阳之间，月亮被照亮的半面正好背着地球的时候，我们看不见月亮，这就叫"朔"。"朔"一定发生在每月的农历初一，"朔"以后平均经过14天18小时22分钟才是"望"。所以，只有当"朔"发生在初一的清晨，"望"才会发生在十五的晚上，否则就不一定，有时甚至会延到17日清晨才发生。所以，"十五的月亮十六圆"这句俗话不是毫无道理。另外，月球绕地球旋转的轨道是椭圆形，月亮与地球的距离有时远有时近，当月亮运行到"近地点"，也就是离地球最近的位置，我们看到的月亮就最亮；而在中秋节，月亮的位置往往并不在近地点，所以中秋的月亮并非一定比其他时候更圆更亮。

　　至于人们喜欢中秋赏月，也不是没有理由的。春天乍暖还寒，人们不常在室外观赏星辰和月亮；夏夜的天空，繁星闪烁，月光淡，人们在户外纳凉，主要观看美丽的银河和牛郎、织女星，还有南方天空天蝎座里那颗像火星一样橙红的"心宿二"；到了冬季，虽然也有月色好的时候，但寒风刺骨，人们自然难以产生户外赏月的兴致。只有在秋天，气候凉爽宜人，空气中水分少，尘埃也少，同时，望月时月亮差不多从东方出来，再经过正南方，位置不高也不低，看起来好像特别明亮。这样，月亮就成了人们欣赏的对象。也许正是这个缘故，人们才认为"月到中秋分外明"呢。

　　（原载1986年9月17日《羊城晚报》、1986年9月12日《南方周末》等报刊）

"颜色管理"

"颜色管理"？不管合不合适，又是一个新的术语。你是否知道，它正在全球企业界各个角落悄悄崛起？

我料定，中国的企业家们也必将要注意到这种新潮管理方式。其理由，正如拙文对世界各个角落中成长着的这种颜色管理魔力集粹所指明的。这是一种动态，一种启示，一门学问。

中国的企业家们，如果你能使用多元的思维角度去拓宽对于管理方式的视野，那么，笔者对颜色管理魔力的揭示将免于无的放矢。

里根为何改变白宫走廊的颜色

里根总统入主白宫后，常听议员们反映说：一走进白宫就感到寒冷，即使在夏天也是如此。里根在请教了著名颜色专家吉奇比迪后，下令将白宫走廊的灰蓝色墙壁改为贴黑色瓷砖并配以橙色的粗浅线条和铁锈红色的格子。结果，新的色调带来了新的感觉，议员们都说，现在白宫有暖意了。

颜色对人的作用是一个复杂的生理心理过程和物理、化学过程。不同的颜色给人们带来不同的感受。红、橙、黄三色对人有扩大瞳孔、加速心脏搏动的功能，产生温暖、热烈、兴奋、欢畅之感；蓝、绿、紫三色比较柔和，看上去可以减轻眼睛的疲劳，让人产生安静、舒适、清新和凉爽之意。当"五颜六色"进入人的眼帘时，就会引起人产生冷暖、明暗、远近、轻重、大小等感觉，同时产生兴奋、忧郁、紧张、轻松、烦躁、安定等心理效应。因此，颜色直接影响人的情绪、工作效率和心理生理活动。

现今，颜色的种种魔力，已经成了现代企业家手中的法宝。精心设计工厂企业的环境色彩，可以刺激劳动效率，产生不可低估的经济效益。这是现代企业管理的新科技动态。实践证明，一个生产车间的设备和环境，如果颜色调配得当，工人的劳动生产率可以提高10％到20％左右。国外曾有一家服装厂，把缝纫机漆成绿色，桌子和墙角涂上褐色，墙壁刷成浅绿色，天花板刷成白色，结果劳动生产率比原来大为提高，创造了同行业劳动效率最高记录。

过去有些工厂仅仅从"耐污"着眼，抹上灰暗色的水泥地板和墙壁，加上黑褐色的机器，殊不知，这种灰沉沉的格调最容易使人疲倦。法国比扬吉市某汽车厂的一些车间的墙壁带有黑色条纹，工人们常诉说，在这些车间干活感到心情不畅快，甚至头痛。后来把墙壁涂成白色，就再也没有工人找厂长诉苦了。

色彩对于服务行业也是重要法宝。店铺门面的装饰、室内墙壁的着色以致服务员服装的颜色，都会影响企业效益。美国纽约的一家饭店，为了招徕顾客，主人曾用淡绿色把室内墙壁粉刷一新，顾客进入感到幽雅舒适，久久不愿离去。但这却带来一个新的问题——大大降低了餐桌的利用率。为此，店老板根据色彩学专家的意见，把店内的色彩改为红色和桔黄色。结果，不仅刺激了顾客的食欲，而且许多顾客不愿在这种强刺激的环境中久留，吃完饭就走，因而这个店的顾客川流不息，生意兴隆。日本等国家的医务人员，以往都是穿白色大衣进行工作。由于白色工作服对光线的反射率很高，容易使人眼睛疲劳，因而影响工作效率。今年开始，日本等国将医务人员的白大衣一律换成蓝大衣，由于蓝色给人一种沉着、镇静的感觉，从而大大提高了工作效率。

工厂企业环境的色彩设计也是一门专门学问。不同的作业环境和工作要求，需要不同的色彩。在需要气氛热烈紧张的车间，可考虑用暖色做直接背景或环境颜色；在需要冷静和带一定危险性的作业场所，可考虑用冷色。散热量大的车间刷上大片大片的"冷"色，可以用来"降温"；低矮的厂房涂以光洁明亮的色彩，可以减轻压抑沉闷之感。加工有色零部件必须选择背景色彩，如钢、铝材料和青铜、黄色塑料制品……

现时，国外一些工厂主，甚至连厂内厕所的颜色也精心考虑，有的竟给厕所内壁漆上刺眼的颜色，使工人不愿在这种颜色的厕所里逗留太久，尽快回去继续干活——这是"颜色管理"的一个偏例。

树立企业的"色彩形象"

一个企业在众心目中的形象,是一种由众多凶素共同作用而形成的综合效应。

众所周知,颜色通过引起人们的联想而具有某种象征性;红色象征吉庆、召唤力量、激励前进,绿色象征青春、健美和生机活力;黄色象征现代、成就、朝气和未来;白色象征朴素和纯洁;蓝色传播宁静和满足;红绿交融给人以力感和可靠感;蓝中浅绿使人萌发安全、自尊和信念……现代的企业家,如能巧妙利用颜色的这些象征性来表现企业的形象,则能收到意想不到的效果。法美原子能公司夏龙厂,以大片米黄色的外墙,衬托着屋顶上三个咖啡色的通风气搂,鲜红色的露天吊车缓缓向码头移动,构成了一幅绚丽多姿的工厂景观。这一鲜明的色彩形象,令多少职工远远望去,向往之情油然而生。

当今世界上,最为重视企业"色彩形象"的,首推日本。这个东方岛国中的大企业和大公司,几乎都有自己特定的色彩形象:日本电装公司用跳跃的红色来装饰商标,希望企业如旭日东升,前程远大;日本中央电机制造厂以沉静的银灰色来表现商标,显示该企业以沉着的智慧,不断地创造与开发;日本妙德工业公司则将大红色与海军蓝相间衬托商标,大红色表示忠诚与热诚的服务,海军蓝则象征智慧与不断研究开发的精神。以生产高速冲床而著称的日本会田公司,其产品都漆上白色的烤漆,象征该公司的产品完美无瑕。在日本,运用色彩象征企业形象表现得最为淋漓尽致的,当数富士通企业的富士工厂。进入厂区,举目所觅,除了绿色的林阴道之外,其余的一切,包括厂房外表、供参观用的专用客车、职工的夹克外套、产品说明书、报表,以及琳琅满目的机器人等等,所到之处,一片黄色,借以象征该企业年轻,充满朝气,正在奔向未来。

黑色手推车为什么不受欢迎

某厂生产出两万部手推车,某中一万部涂以黑色,另一万部涂以绿色。投放市场后,绿色手推车大受欢迎,供不应求;而黑色手推车却受到冷遇,出现滞销。何故？工厂领导人亲临某施工作业现场了解情况，解开了其中奥秘。该作业场为搬运工人准备了黑、绿两种手推车，供工人使用时自由选择。观察和统计结果表明，几乎所有的搬运工人都喜欢用绿色手推车，只有当绿色手推车不敷应时，才有人不情愿地用黑色手推车。问工人为什么，回答是："绿色的比黑色的轻快"。其实，这两种不同颜色的手推车的质料、容量、设计完全相同。工人们的偏爱，完全是黑、绿两种色彩影响人的心理而引起的不同轻重感所致。颜色的重要性，由此可窥一斑。

商品的颜色设计是一门复杂的学问。它必须遵循人体工程学原理、色彩学原理和销售对象的心理规律。比如，对一台机器设备来说，基础部分就应采用深色，使人感到它稳固牢靠。反之，为了使某种产品显得小巧轻便些，可以给它涂上亮度高的淡颜色。闪闪发光的洁白珍珠就显得轻盈，如果把珍珠涂成黑色，看上去就要重多了。再如，大家熟悉的食品配色，也不仅仅是为了好看。在骄阳似火、热不可耐的夏天，食物中恰当安排白色、淡绿等冷色，会给人清凉素雅、消暑解渴的感觉；冬季冰封雪冻，气候寒冷，菜肴中用暖红、金黄等颜色，能给人暖烘烘的感觉；乍暖还寒的初春，烹调菜肴时加一点嫩绿色，能给人新鲜、淡雅之感；在金秋季节，稻谷飘香，百果争艳，饮食中加一点橙色或黄色，会使人感到相得益彰，吃起来津津有味。

商品颜色的决策，还得考虑销售市场所在地的公众中的颜色忌讳。不同国度、不同地区的人往往有不同的"忌色"。比如，日本人忌绿色，认为绿色象征不祥；巴西人忌棕黄色，认为人死好比黄叶落下，以棕黄为凶丧之色；土耳其人忌茄花色，认为茄花色代表凶兆；摩洛哥人忌白色，以白色为贫困的象征；乌拉圭人忌青色，认为青色意味着黑暗即将来临……。很难设想，以某个地区的"忌色"为颜色的商品能在那个地区受到欢迎。

商品颜色战略必须是动态发展的。它应反映商品发展的不同阶段。一般说来，在一种商品的初生期，消费者关心的是商品的性能及功用，对商品的颜色尚不着意挑剔，厂家应把着重点放在质量方面，对商品可采用单一款色。在商品的成长期，同类商品多了，开始出现竞争局面，这些厂家除设法提高自己产品的性能之外，应开始产品的颜色设计，以增强竞争能力。在商品的稳定期，应根据商品的形象及销售的时间、地点场合决定商品的颜色，这个时期应强调商品颜色的时髦感，以求给客户以高级、新潮的印象。在商品的成熟期，商品颜色要根据当时的流行趋势、个性化特点、社会生活条件及环境的变化而决定，对出口商品则要按出口地区决定颜色。总之，商品颜色决策应因物制宜，因时制宜，因地制宜，灵活应变。

在商品生产已有相当发达，市场竞争日趋激烈的今天，商品的颜色日显重要。现代的企业家，必须有强烈的商品颜色战略意识！

颜色"语言"助你指挥和管理

当你走进一家现代化工厂时，一定会被那些花花绿绿的管道、阀门、线路弄得眼花缭乱。不过，如果你懂得颜色"语言"的话，便不会感到茫无头绪。红色的管道和阀门是蒸气管路，深蓝色的是压缩空气管道，黄色的是氨气管道，天蓝色的是氧气管路，黑色的是氮气管路，绿色的是水管，棕色的是输油管。电源线的红色线一般代表正极，黄色线代表负极，黑色线代表地线。无线电技术使用的色环电阻器，是用涂在上面的各种色环表示电阻的大小的，一看色环，就可知道电阻数值。化学试剂往往用颜色表示其等级：绿色标签代表优级纯，红色标签代表分析纯，蓝色标签代表化学纯，黄色标签代表实验试剂。

色彩学告诉人们，在许多场合，色彩比声音更能提醒人们的注意力。因此，颜色"语言"已成为现代化生产管理的一种工具。比如，工厂可用某些"警告色彩"来配合安全生产。目前，国外许多工厂企业都习惯用红色表示"火"与"停"，用于消防设施及机械快速制动杆；以橙色、黄色或黄黑间条表示"危险"与"当心"，用于电源、煤气管道、起重机摇臂、电瓶运输车及楼梯始末步级；以绿色表示"安全"，用于太平门、急救站等。

更有趣的是，把色彩和图形结合起来，这就成为一种通过视觉来传达某种指令的信号。法国就有一些自动线生产工厂，当车间主任挂出示意"启动"、"下料"、"转换"、"停车"等色彩指令牌时，不懂法语的外籍工人也能准确无误地完成操作任务。在这里，色彩已成为指挥生产的一种特殊手段。

在现代化生产管理中，可以用颜色"说话"的地方很多。作为现代的企业家和管理人员，如能炉火纯青地掌握和运用颜色语言，将能强化管理功能，使自己的指挥更加得心应手。

瞄准畅销的突破口——流行色

意大利服装巨头贝利顿，在世界各地开设有2500多家服装店，经销其服装厂生产的多款服装，生意颇为兴隆。近年来，在竞争日益激烈的服装行业里，服装厂、服装店纷纷倒闭，而贝利顿却成为"不倒翁"。其绝招用他的话来说只有一句："瞄准畅销的突破口——流行色。"

贝利顿认为，颜色是服装畅销与否的一大要素，根据各地服装的流行色，及时推出新潮颜色的服装，自然会受到顾客青睐。在他的服装厂虽，各款服装堆积如山，但都是白色的。为了尽快弄清服装颜色的流行情况，他通过各地的服装店广泛收集这方面的信息。如得知桔红色的服装在巴黎、伦敦脱销，他便立即安排染出桔红色的服装，以最快的速度运到这些城市推销。最近，贝利顿得知世界不少地方时兴穿黑色服装，很快地便有大量黑色服装出现在他的服装店。当然，贝利顿交货如此神速，还有赖于他的服装厂、仓库的自动化设备。但他把目光紧紧盯住流行色确实不失为真知灼见。

流行色带来的经济效益是极为明显的。在西欧市场上，一米色彩过时的全毛花呢，售价为10马克左右，而一米印有流行色彩的全毛花呢，售价可在60马克以上；一件过时的东方真丝印花连衣裙只能卖200马克左右，而一件流行的同等产品则可卖到2000多马克。由此可见，流行色是决定纺织物、服装等产品命运和身价的最敏感、最主要的因素之一。

流行色表面看来似乎变幻无常、不可捉摸，其实它也有一定的规律性和周期性，而且通常都会有开始、盛行和衰落三大阶段。说到底，流行色还是受一定的时代性、社会性、民族性、季节性和自身的演变序列等因素所决定和制约的。不同的时期会出现不同的流行心理，解放初期，我国人民喜爱色调简朴的中山装；"文革"中绿军装席卷全国；60年代初宇宙飞船上天，世界上许多国家便广泛流行"宇宙色"；到了80年代，由于城市人口急剧增长，环境污染严重，促使人们向往和迷恋大自然景色，于是与大自然相关的"田野色"、"森林色"、"海洋色"、"岩石色"、"泉水色"、"天空色"又应运而生……可见，流行色是受着时代的强烈影响的。因此，流行色具有可预测性。最近在上海举行的国际流行色应用展览会，就公布了预测得出的明年八种国际流行色，即苍白色、华丽色、珍珠色、伴侣色、深秋色、古典色、潇洒色、常用色。

目前，流行色已深入到人们的衣食住等各个生活领域之中，特别是与纺织物、服装的关系尤为密切。现代生活的开放、紧张和快节奏，使流行色的更新周期越来越短。因此，研究流行色，预测流行色，紧紧盯住流行色，已成为商品尤其是纺织品畅销的一个重要突破口。

（原载 1987 年 11 月 24 日《现代人报》）

附注：此文发表后不久，《现代人报》发了如下这则消息：

本报讯 广州市家电公司最近发出通知，向所属单位推荐 1987 年 11 月 24 日《现代人报》第三版刊登的《"颜色管理"在世界企业中的崭新地位》一文。通知说，"该文对于广大干部管理人员、尤其企业的高层管理者和领导者如何更好地管理企业，怎样根据企业实际情况创造适合环境，以利于人们创造更高的工作效率，不无启发，很值得一读。由此，我们向各单位推荐读阅该文。"（林汉）

Ⅱ　新学科之林

《新学科之林》是本书作者与文友杨移贻合作的"处女作",1987年2月由广东科技出版社出版发行。这里按原书原貌收录。

序1 了解新学科开拓新学科建设新学科

《新学科之林》问世了,谨表热烈祝贺!

近几十年来,科学技术发展速度之迅猛,范围之广袤,影响之深远,成果之昭著,是令人感慨万千的。经典学科固然是老树新花,雄风犹在,更引人注目的是新学科犹如雨后春笋,层出不穷。当今世界科技,可谓学科林立,蔚为壮观。纵观现代科学技术之发展,可以看到一个明显的趋势,这就是科学技术一方面高度分化,学科分支越来越多,另一方面是高度综合,各学科之间广泛交叉渗透,珠联璧合。边缘学科在两门或两门以上的学科交叉处另辟蹊径,异军突起;综合学科包容多学科的知识,左右逢源,全面开花,横向科学则纵横捭阖,左联右挂,使自然科学和社会科学携手联姻……当今新技术革命号角阵阵,第三次浪潮滚滚而来,这一智力解放的洪流,形成巨大的社会生产力,汹涌澎湃,锐不可当!

现在,该是我们睁开眼睛看世界,展望科学前沿的时候了!广东科技出版社为此出版了一本好书,这就是我省高教战线两位年轻人周镇宏、杨移贻合编的《新学科之林》。这本近三十万字的读物,介绍了两百余个新学科,有蜚声世界的信息论、控制论、系统论,有方兴未艾的未来学,科学学,有厂长经理们感兴趣的企业经营谋略学,新产品开发学,公共关系学;有青少年喜欢的型体学、青春学;有与教育工作者密切相关的教育技术学、控制论教育学;有与人们的健康息息相关的身心医学、穿着生理学;还有对我们来说还十分陌生的相似学、协同学……更有中国人创立的泛系分析、灰色系统等等,可谓广博交采,令人耳目一新。该书熔思想性、科学性、趣味性、新异性、通俗性于一炉,格调清新,生气盎然,既传播科学知识,又给人以美的享受和哲理的启迪,它对于科学工作者、教育工作者、行政管理干部、大中学生、社会青年、机关工作人员、工人、农民等各类读者,都不失为一本能够开阔视野、了解科技最新知识、培养创造力、陶冶情操的好书。

　　周镇宏、杨移贻都是高校青年教师。他们在完成本职工作之余，热心于科普工作，是难能可贵的。四个现代化和两个文明的建设离不开科普，科普和教育又密不可分。科普既有教育职能，又有宣传职能。例如建设核电站，究竟会不会造成污染？为什么要保护环境，维持生态平衡？智能机器会不会危及人类本身等等，不在科学上讲清楚，就得不到社会的支持，就不能使科学技术更迅速、更广泛地为人类服务。所以，科学普及是学校教育的扩充和继续，是社会教育的重要一环。大学教师搞科普具有优越的条件，但愿有更多的科普工作热心者投身这一行列，为科普事业的振兴贡献力量。

　　赵紫阳同志说过，新的技术革命"对今后向四化进军来说，这既是一个机会，也是一个挑战"。如何抓住这个机会，迎接这个挑战，走中国技术革命的新道路，我们每个人肩上都有一份重任。新学科在召唤着我们，有志于振兴中华的炎黄子孙，尤其是广大青少年，除了努力去掌握传统科学文化知识之外，还应积极了解新学科，立志去开拓新学科，建设新学科。

王屏山

1986 年 8 月 10 日

序2　向您推荐"科学王国新生儿列传"

如果说新的技术革命是一场春雨，那么，众多的新学科便是破土而出、欣欣向荣的春笋。

如旋转的万花筒，似闪烁的霓虹灯，当今的新学科之多，令人眼花缭乱。纵观数千年的科学技术发展史，眼下是科学新生儿的出生率最高的时期。这些新生儿的出世，使科学王国的"户口簿"上顿时增添了一长串陌生的新名词。

探本索源，这一大批新学科的产生，大致上可分为五种类型：

第一，科学技术的新突破，产生新学科——1942年12月2日世界上第一座原子能反应堆的成功运转，1946年初世界上第一台电子计算机的诞生，1957年10月4日世界上第一颗人造地球卫星遨游太空，1960年世界上制成第一台激光器……原子能科学、电子计算机科学、空间科学、激光学也就随之诞生。

第二，产生一批新的综合性科学——如研究科学的科学，即"科学学"；研究未来的科学，即"未来学"；研究能源、环境、海洋的"能源科学"、"环境科学"、"海洋科学"……这些新科学，需要多学科进行多方位、多功能的立体研究，亦即综合性研究。

第三，在两门或两门以上自然科学的边缘，互相渗透、交叉，形成新学科——如空间科学与材料科学交叉，形成"空间材料科学"；海洋学与化学的交叉，形成"海洋化学"；用物理学的方法研究化学，出现"物理化学"；而运用物理化学方法研究生物学，又产生"生物物理化学"，如此等等。像魔方似的，一下子用不同色块，组成一系列新的学科。

第四，自然科学与社会科学交叉——诸如"数理语言学"、"地震社会学"、"医学伦理学"等。这批"远缘杂交"而产生的新学科，是自然科学家与社会科学家"结亲"的成果。

第五，某些细小的萌芽茁壮成长，独树一帜，宣告"独立"——如"毛发诊断学"、"男性学"、"法牙学"、"风景地质学"、"树木年代学"等等。

一大批科学的新生儿，取了一大批新的陌生的名字。这本是科学王国"人丁兴旺"的好现象，却有人感到目不暇给，惊呼"新名词轰炸"！

虽说"轰炸"未免言过其实，不过，对于众多的科学新生儿，确实需要来一番"人物简介"，使大家认识它们，熟悉它们。

当然，可以编一本《新学科词典》之类，供人们查阅，然而，词典毕竟难以卒读。

为了使广大读者能够结识科学新生儿，周镇宏、杨移贻同志写了《新学科之林》一书。这本书的最大特点就在于文笔轻松、生动活泼，具有很强的可读性，而且内容又浅显通俗，使众多的"外行"们能够从中了解当代新学科的内容、特点。此外，这本书还具有两个可贵的特点：一是内容新；二是涉猎面广，包括两百多门新学科。

读了这本书，不仅可以使读者了解许多新名词的含义，而且可以开阔眼界，拓宽知识面，了解当代科学的新动向。对于青少年读者来说，这本书仿佛是一位热忱的科学引路人，引导他们选择攻关的新课题。

作者周镇宏和杨移贻，都是自然科学"科班生"，有扎实的学业基础，而又有一定的文学修养。他们都写过不少科普作品。这本《新学科之林》，凝聚着他们的心血。这是一本写得及时、出得及时的好书。

借本书出版之际，写了以上的话，向读者推荐这本"科学王国新生儿列传"。

科学的未来，属于年青一代！

作者于

1986年8月7日灯下

上　海

1 "硬软兼施"
——硬科学和软科学

硬科学和软科学的概念，是借用计算机术语"硬件"和"软件"引申而来的。计算机系统由硬件和软件两大部分组成。硬件是构成计算机系统有形装置和机器的总称，包括存储器、运算和控制器、通道、外设和终端等；软件则指计算机中使用的程序、代码等。一些科学家和学者由此得到启迪，把现代科学划分为硬科学和软科学。

所谓硬科学，主要指自然科学方面的知识体系，它研究的是诸如物质、能源、材料等等较为具体实在的对象，如微电子学、物理学、材料科学、能源科学、空间科学、生物工程等。所谓软科学，其功能大致相当于计算机软件。计算机软件的作用在于它能提高计算机的使用效率，扩大计算机的功能。软科学在整个科学体系中的地位和作用与此类似。

正如软件操纵计算机一样，软科学是操纵硬科学的科学。它横跨自然科学和社会科学两大领域，综合运用哲学、经济学、管理学、计量数学、系统工程等学科的理论和方法，以及交叉研究和系统分析的手段，对科学和社会各个领域、各个部门出现的错综复杂的现象和问题进行综合分析，其研究的范畴十分广阔。如研究科学的科学，叫做科学学，它探索科学本身的发展规律，从而促进科学的加速发展，进一步扩大科学的社会功能；研究未来问题的学问，叫做未来学，当今对世界新技术革命和未来社会前景的种种议论和预测，就大多出自未来学家。从纵向看，研究预测、决策、规划、组织、控制、监督和评价等全过程，便产生了管理科学；从横向看，研究整个科技、经济、教育、社会如何协调发展，也有一门叫做社会工程的学问。此外，据我们所知，运筹学、协同学、战略学、政策学、决策学、对策学、事理学等，都属于软科学的范畴。至于在较小范围、较低层次研究此类题的软科学，那就更多了。从实质上看，软科学是关于规划、组织、管理、决策、协调、预测的科学。

在计算机系统中，硬件和软件是相辅相成的。没有硬件，无所谓计算机；没有软件，计算机就失去了"灵魂"。同样的道理，人类社会的进步，需要硬科学，又离不开软科学。考察现代科技和现代生产的发展，人们不难发现这样一个显著的趋势：一方面高度分化——学科和分工越来越多，越来越细，专业化程度越来越高；另一方面又高度综合——各学科、各行业互相渗透，互相交叉，左联右挂，纵横交错，协作越来越趋紧密。这一趋势使得规划、组织管理、协调等的职能日益重要。没有规划和协调，科学就难以加速发展；离开科学管理，先进的科学技术就难以发挥应有的社会功能，社会化大生产的机器也无法正常高速运转。所有这些，正是近些年来软科学勃兴的原因之一。

软科学研究的重点，在于各个层次的战略性问题。在宏观方面，它可以为人们制定科技、经济、社会发展的战略规划、方针政策等，并提供决策方案和可行性研究。在微观方面，它是科研管理、企业管理、行政管理等的良师益友，可为人们提供各种信息服务和咨询服务。概括些说，软科学不仅可以解决科学技术发展所面临的问题，而且能解决包括人类和社会现象的广泛问题。

近些年来，世界各国软科学事业蓬勃发展，各种研究机构、咨询机构层出不穷，科技人员中软科学工作者的人数越来越多，比例越来越大，而且发展的势头有增无减，方兴未艾。我国目前正处于社会主义现代化建设的重要历史时期，如能"硬软兼施"，在大力发展硬科学的同时，高度重视软科学的研究和软科学人才的培养，加速建设符合我国国情的软科学体系，对于促进四化建设将会起到不可估量的作用。

2 科学交响乐的"指挥棒"

——科学学

二胡独奏，一个人就可以了，最多再搞个扬琴伴奏什么的。但是一个交响乐团的演出，就非有一个指挥不可。这个指挥除了要深刻领会他所指挥演出的这一交响乐的各个乐章的主题、结构、感情、层次、节奏之外，还要掌握每件乐器的性能、每个演奏者的特长等等，才能指挥自如，使所有演奏者配合默契、浑然一体，把乐曲演奏得和谐优美、气势磅礴、动人心魄。

与此相仿，现代科学技术的规模和研究方法，也需要一个统一的指挥。在科学还不是很发达的古代，科学研究是"小生产"方式的。哥白尼观察天体，伽利略从事实验，牛顿研究力学定律，甚至到居里夫人发现钋的年代，科学研究都还是"小生产"以至"合作社"的阶段。但是随着科学的迅猛发展，这种局面已被彻底打破。"大科学"出现了，"科学交响乐的指挥"——科学学也应运而生了。

科学学是研究科学自身的一门新学科。它把科学作为知识体系、认识现象、社会现象、社会结构和生产力进行全面的研究。既追源溯流地研究科学发展史，又鞭辟入里地分析科学现状，然后高瞻远瞩地展望科学未来。科学学的任务是把科学技术同经济、管理、教育等结合起来，考察科学的社会功能与地位，揭示科学技术的发展规律，分析科研的体系结构，协调各学科的关系，研究科技的宣传普及，为制定科技政策，选定科研主次目标，推广科技成果，提高科研工作效率等提出客观依据，因此，科学学被誉为"科学交响乐的指挥家"，是当之无愧的。

科学学是近五十年才发展起来的。1935年波兰奥索夫斯基夫妇在《科学的科学》中首次提出科学学的概念。1939年英国学者J·贝尔纳发表了《科学的社会功能》一书，系统提出科学学的理论，贝尔纳因此被誉为这一学科的创始人。70年代以来，大批学者参加科学学的研究行列，国际上有关的专著、研究机构纷纷出现，科学学的研究取得大量成果。下面主要谈谈科学学对现代科学技术的研究。

20世纪以来，现代科学发展一日千里：经典学科老树新花，青春常在，带头学科锋芒毕露、木秀于林；新兴学科雨后春笋，后来居上。许多学科正在积聚力量，酝酿着重大的突破。当前世界科技在网络化、计量化、发展不平衡性和科研结构必须与科学能力相适应等几方面十分引人注目。

科学技术的网络化，是由于边缘学科的不断增多、综合科学的相继出现、横向科学的迅猛发展、各学科的相互渗透、科学与技术的紧密联系，从而构成一个十分复杂、具有立体结构的纵横交错的科技网络。例如无线电与天文学结合产生射电天文学，数学与生物学结合产生生物数学，放射学与考古学结合产生放射考古学。信息论、系统论、控制论、耗散结构理论等横向科学，成为沟通自然科学和社会科学的桥梁，为科学的统一提供新的途径。现代科学的研究成果，以前所未有的速度被应用到技术上去。例如量子理论很快被应用到半导体技术上，导致了晶体管和隧道二极管的发明。科技的高度网络化，要求人们对科技从纵横、上下进行多方面多角度的研究，使科学劳动结构能灵活适应这一情况。

科学技术计量化，指数学方法广泛进入各门学科。一些一向被认为与数学毫不相关的学科，应用了严格的数学公式之后，取得了新的突破。例如英国皇家学会会长霍金把偏微分方程应用于研究论乌贼粗神经纤维神经冲动的传导，建立了H－H方程，荣获1963年度诺贝尔奖金。今天，用数学语言表达概念体系，在许多科学领域已取得主导地位。

对包括地区性和时间性科技发展不平衡的研究，最令人感兴趣的是科学中心转移学说。日本学者汤浅光朝研究证明，世界科学中心由意大利—英国—法国—德国—美国依次转移，在每一地区停留时间约80年。现在，科学中心有向东方移来的趋势。中国能否成为新的科学中心，要靠我们去努力争取。

科研结构一定要适应社会科学能力，这对四化建设有重大的指导意义。现代科研结构应是一个动态控制网络系统。只有克服我国目前还存在的基础研究、应用研究和研制推广工作之间的比例失调，科研体制的僵化，管理上的落后，科学立法的不健全等弊病，才能适应我国经济迅猛发展的需要。

1979年，北京召开了全国第一次科学学学术讨论会。之后京津沪合办了《科学学与科技管理》杂志，1980年上海成立科学学研究所，标志着我国在科学学的研究上已迈开可喜步伐。

3 科学王国里的"鸭嘴兽"

——"跨学科"与跨学科学

世界上有一种动物，它像鸭一样会生蛋，又是哺乳的；要说它是兽，可是它又长着鸭一样的嘴巴。这种动物，介于爬行类和哺乳类之间，名叫鸭嘴兽。

在现代科学的王国里，也有一些学科，很像"鸭嘴兽"：说它是社会科学，它却像自然科学那样，进行计算、模拟、实验等，说它是自然科学，它又研究社会现象；说它属于A学科，它却研究B学科中的问题，说它属于B

学科，它用的又是 A 学科的方法、手段和理论。这些学科，我们称之为"跨学科"。这里的"跨"字表示介于传统学科之间或跨出传统学科之外。

根据外国学者对"跨学科"下的定义，可以概括地说："跨学科是对那些处于典型学科之间的问题的一种研究。"正如有各种不同类别的学科一样，跨学科也分为不同的层次和类型。

法国学者波索特从形式上把跨学科分为三类：即线性跨学科、结构性跨学科和约束性跨学科。线性跨学科的典型方式是一门学科中的原理被成功地运用于另一学科，如弦振动方程原是声学中的原理，后来被电磁学所用，接着又出现在波动力学中；结构性跨学科的典型方式是两门或两门以上的学科在更高的层次上结合产生新型结构的新学科，如电学和磁学相结合产生新型的电磁学；约束性跨学科的典型方式是在一个具体目标的要求下，实现多学科的协调和合作，如在一个城镇规划方案中，建筑学家、社会学家、经济学家、心理学家等提出许多规划限定，这些约束归纳在一起就规定了方案的可行性范围。

德国学者赫克豪森从实践上把跨学科分为六类：即混杂型、伪跨型、辅助型、复合型、增强型、统一型跨学科。

奥地利学者伊·詹奇从系统和整体上把学科分为五类：即多学科、复学科、横断学科、跨学科、超学科。

我国学者根据我国国情和新学科的现状把跨学科分为边缘学科、横断学科、综合学科、新层学科和比较学科五种类型。

边缘学科：主要指两个或三个学科相互交叉、渗透而在边缘地带形成的学科。如量子力学本来是物理学的一个分支，它和化学结合，产生了量子化学；和生物学攀亲，产生了量子生物学。

横断学科：指以各种物质结构、层次、物质运动形式等某个共同点为研究对象的学科。如控制论就是以自动化机械和生物机体中的"控制与反馈"等的共同点为研究对象的。它由数学、自动调节、电脑、通讯技术和神经生理学等相互渗透而形成。

综合学科：是以特定的具体问题或任务、目标为研究对象的学科。如环境科学就是研究人类环境的质量、保护和改善生态平衡的一门综合性科学，它与生态生化、生物、地质、地理、医学等相互联系，需要基础科学与技术科学的综合应用。

新层学科：是指从比通常学科更高的角度、更大的框架、更一般的程度上研究学科或学科群发展规律的学科。这种学科没有达到哲学那样广的普遍性和一般性，但又比通常学科有明显的、较高的层次。例如科学学把自然科学整体作为对象，研究其运动规律和在社会中的发展，就属于比传统学科更高一级的层次。

比较学科：是各种比较的总称，如比较文学、比较教育学和比较历史学等。就比较文学而言，它是一国文学与另一国或各国文学的比较，又是文学与人类其他领域的比较。其涉及的范围在本质上也是跨学科性的。

跨学科的出现是现代科学技术发展的必然结果，是新技术革命或第三次浪潮的产物。在现代生活中，从小小的一粒种子的培育问题到"阿波罗登月计划"的浩大工程，许多研究课题都是综合跨学科性的。这种在高度分工基础上普遍跨学科的趋势，给科学研究、科学普及、科学管理、科学教育等都提出了前所未有的复杂问题：一方面专业越分越细，要求越来越高；另一方面求创新、求发展，又要广积博知，在学科间跨越自如。两者怎样协调呢？

过去，跨学科协调主要靠两点：一是靠个别科学家的广泛兴趣，探索跨学科领域；二是靠实践中提出的综合问题，进行跨学科攻关。从跨学科发展的历史上看，这是一种初级的、自发的发展阶段。从20世纪60年代以来，"跨学科"作为一个专门的研究对象，越来越受重视，人们不仅探讨个别的跨学科现象或领域，而且研究跨学科的整体运动、普遍规律，由此"跨学科学"应运而生。

跨学科学分为基础研究和应用研究两大部分。基础研究包括跨学科的概念和基本原理、学科与跨学科的相互关系、各学科一体化趋势、跨学科分类、跨学科历史、跨学科方法等。应用研究以解决实用和相互渗透为目的，把基础研究的规范方法运用于社会实践。目前，跨学科学应用研究在许多方面，例如跨学科科研和跨学科教育方面，十分活跃，引人注目。

在科学技术发展的历史长河中，学科从无到有，从少到多，这标志着科学技术的兴旺发达。目前，自然科学正在孕育着新的重大突破，新技术革命的号角已经奏响，第三次浪潮汹涌澎湃，学科林立的知识体系中还将不断涌现与传统学科迥然不同的新学科，跨学科学大有可为。

4 窥测未来世界的"望远镜"
——未来学

人类总不满足于了解眼前、把握现状,总要千方百计地对未来进行窥探、预测以至幻想。丰富多彩的神话,寄托着人们对于未来的憧憬。但神话毕竟是神话。在古代,即使是预言家,也只能凭借经验和分析,或多或少地对未来作一些预测。二十世纪五十年代以来,在现代科学技术的推动下,国际上许多学者围绕资源、能源、科学技术、环境、军事、文化、人口、经济等广泛的领域进行科学的预测,从而形成了未来学这样一门新的学科。当前,未来学在世界各国受到普遍的重视。一部托夫勒的《第三次浪潮》,震动了整个世界,显示了未来学的巨大威力。

对未来的预测是一种特殊的、极为复杂的认识活动。未来学作为一门窥测未来世界奥秘的科学,是建立在坚实的科学基础上的。它根据客观规律,应用科学方法,对现状、历史进行周密的分析,从而看到事物发展的可能趋势,对未来进行预测。未来学的主要任务和作用是:

一、揭示政治、经济、军事、科学、技术的发展趋势和影响这些趋势的因素,为这些领域的决策提供科学依据。例如《第三次浪潮》深刻地分析以往工业革命的历史和社会意义,对目前孕育着新的工业革命的因素作了揭示,从而为决策机关提供强有力的依据。这种高瞻远瞩的预测,对有关领域政策的制定,意义是重大的。

二、指出与基础科学相关的科技发展规律,预测科技发展的重点,促进科学技术的突破。原子能的应用就是一个例子。目前世界能源日见短缺,煤、石油等蕴藏量有限,可供利用的水力资源不多。而核能的和平利用,具有来源充足,运输压力少,投资效益高等许多优点,因此在目前能源开发中,原子能所占的比例最大。这是与基础科学的进展和未来学家的预测分不开的。

三、摸清与社会经济相关的科学技术发展规律,促进科技与社会、经济的协调。五十年代中后期,电子管台式收音机滞销,黑白电视机行情见俏,使美国厂商认为收音机是走向没落的工业,纷纷转产黑白电视机。但日本对市场进行预测,摸准了行情趋势,大规模开发半导体收音机,不但在国内开辟广阔的市场，而且在美国已放弃的国际市场上倾销，结果大获其利。

四、研究国民经济发展方案，探索最优解决方法。各国的国民经济发展计划，有短期、中期、长期的计划，都要借助未来学家的预测。

五、开发和利用智力资源去获取尽可能大的经济效益与社会效益。美国在五十年代中后期，苏联卫星上天之后，痛感自己的教育科技体制存在弊病，于是彻底改革教育制度和科技政策，终于在十年之后空间技术又重新走在苏联前面。我国十年动乱之后，也重新重视起智力资源的保护和发展，这是在惨痛教训之后的猛醒。

六、对未来发展过程中可能出现的不良趋势提出警告和消除其严重后果的方法。世界人口是一个十分突出的问题。未来学家预测，到2000年，世界将有62亿人。人口的增长带来能源、资源、建设、教育、医疗、就业等大量问题，如果对人口的增长不加以控制，就不可避免的要出现种种危机。我国五十年代早有马寅初这样的专家提出警告，可惜不但得不到重视，反而遭到攻击，结果在短短二十多年内，人口增长了四亿，极大地影响中国的现代化建设。目前推行"一孩化"以严格控制人口增长率，到2000年，全国人口也将有12亿。又如环境问题，现代工业生产带来的环境污染已危及人类本身，无计划的垦荒毁林极大破坏生态平衡。这些问题都受到未来学家的重视。各国纷纷建立研究机关，制定法令政策，积极推进环境科学的研究。

未来学研究的问题是十分广泛的。目前世界上有各种未来研究机构，如"国际未来可能性协会"、"世界未来研究联合会"、"人类2000年国际协会"、"罗马俱乐部"等等。另外，诸如"兰德公司"这样的"智囊团"、"头脑公司"，其大量的工作也是属于对未来的预测，我国于1979年成立了"中国未来学研究会"，接着各地也纷纷成立有关组织。未来学的研究已在祖国大地兴起热潮。

尽管《第三次浪潮》、《大趋势》以及许多国外未来学家的预测难免存在资产阶级偏见，但是人类面临新的技术革命和许多待解决的问题却是无可置疑的客观事实。在十年动乱中奋起的十亿中国人民，如何去迎接这场全面的挑战？人们寄厚望于中国的未来学家。

5 "灵魂"深处寻奥秘
——认识科学

近些年来，没有哪一门科学比探索外部宇宙更令人神往的了。但有一小部分人却在默默无闻地探索着内部宇宙——那装有词汇和想象力的人类思想宇宙。这些为数不太多的探索者，现已成为"认识科学"这门引人注目的新学科的开拓者。

认识科学是一门心理学、心理语言学、计算机科学、生理生物学、人类学和哲学的综合科学。它研究人的大脑如何构词造句，归纳整理，然后经过调整，人们又是怎样认识客观世界的。简而言之，认识科学是探索人类精神世界，研究人类思维活动的科学。

认识科学研究者们认为，人的思想是高度复杂的，极其深奥的。不了解思维过程就不能理解行为。认识科学专家运用"交谈分析"法推断大脑是如何履行解决问题的职责的。

认识科学也是关于人类思想信息处理过程的学科。研究表明，人的思想在错综复杂的神经网络中进行整理分类，通过实践，任何言辞、想象和不同的记忆都能从众多的起点中的任何一点经过浩瀚的思想航线到达结论的终点。人的思想过程是百万、亿万个神经细胞高度组织的结果，而认识科学正是研究产生这些高级结构的原理。

目前，认识科学还没有成为一门完整的学科，在许多问题上还存在分歧和争论。但它作为一门新兴的学科在日益引起人们的重视。

6 外行当"专家"，文盲成"博士"
——话说知识工程

当今的时代，"知识爆炸"使人类面临严峻挑战。怎样向人们传授浩如烟海的最新科学文化知识？怎样以最快的速度使受教育者最大限度地掌握这些知识和技能？如何广泛而全面地交流和传播这些科学和文化？怎样使外行迅速进入专业领域？如何使文盲快速成为博士？凡此种种，都属于知识工程所要回答的问题。

说到"工程"，人们并不生疏。化学工程能生产化学产品。机械工程可制造机器设备。与此相类似，知识工程顾名思义就是生产和提供知识产品的工程。它是研究如何组织成由电子计算机和现代通讯技术结合而成的新的通讯、教育、控度系统的一门新兴的工程技术学科。它是自然科学与社会科学相互交叉和科学技术与工程技术相互渗透的产物。

知识工程是怎样生产知识产品呢？它是在什么基础上建立的呢？知识工程研究的对象是什么呢？

知识工程是在电子计算机迅速发展与普及的过程中形成的。以往只有掌握知识的人才能利用知识设计知识和提供知识产品。计算机发展起来后，情况就有些不同了，知识只要制成"智能软件"，不懂这门知识的人，依然可利用这门知识。例如，一旦配上相应的软件，一个不懂军事的人，可以依靠计算机指挥作战；一个不大了解工程的人，可以利用计算机解决工程问题；一个不懂数学的人，可以借助计算机解出深奥的难题；一个对经济不熟悉的人，可以利用计算机作出各种核算……难怪国外有些研究专家说，知识工程可以使那些缺乏读、写、算基本技能的人最迅速地掌握全球各民族积累的智慧，成为学识渊博但却不会读写算的获得博士学位的文盲。这里关键的问题，是计算机的"智能软件"。软件化的知识独立于人脑之外而存在，可像一般物品那样出让和接受。编制智能软件和发出指令，就是生产知识的过程。

所谓"智能软件"，就是为电子计算机配置的实际功能，相当于人脑中的知识、经验和思维方法，再现了人的智能。软件的生产具有省资源、无公害、价值高的特点，而且投资少，见效快。建造一个智能软件系统，比培养一个博士生和专家所花的时间短得多。软件生产是一个知识密集、技术密集的产业，需要受过良好训练的人员。这就涉及教育问题。

美国弗里兹·哈普把知识工程分作五类：(1) 教育工程；(2) 研究开发；(3) 通讯媒介；(4) 信息工程；(5) 信息服务。他估计，今后有很大发展的将是"教育工程"和"信息工程"两个方面。信息工程指通讯计算机进行信息处理和信息服务，具体内容包括计算中心，软件公司和信息服务行业等；

关于教育工程，由于教学用电子计算机的发展和终生教育普及化，可以认为将来有发展成为巨大知识工程的可能。具体些说，知识工程的研究内容主要包括如下几个方面：

（1）知识工程总论主要研究知识的本质含义及其价值观、知识的生长过程、知识的种类、知识在人类社会发展中的地位和作用，知识的生产、管理部门，现代通讯技术对知识交流的影响，以及知识工程这门学科的性质、特点、研究方法和体系结构等内容。

（2）知识的收存主要研究知识的各种载体形式及其特点，收集知识途径和方法，保存知识的手段与技术等内容。

（3）知识的组织主要研究知识组织原理和方法，知识体系与科学体系的关系，组织知识过程中的分类与标引，以及如何将知识程序化并建立数据库等内容。

（4）知识的检索主要研究检索工具的各种入口和途径，检索知识所用的各种专门语言，检索过程中的各种障碍，以及电子计算机和各种通讯工具的一般使用方法和技术。

（5）知识的交流主要研究知识的交流过程，包括知识创造者与知识接受者之间的关系，个人知识与社会知识的转换过程，交流的基本方式和途径，以及知识流动中的增长、老化、离散、冗余的现象和规律等内容。

（6）知识的评析主要研究某项具体知识的科学价值及使用价值，以及获得评析可靠结论所运用的认识方法和分析方法。

尽管知识工程这门全新学科的诞生犹如混沌初开，但它的影响正在日益扩大。今天，新技术革命号角阵阵，第三次浪潮滚滚而来，人类社会生产和生活的各个领域都面临着新技术革命的严峻挑战，都酝酿着巨大的变革。可以预言：知识工程将会引起有关知识的世界革命，在未来的变革中担任极为重要的角色。

7 把人类智能赋予机器

——人工智能

人类从刀耕火种发展到航天登月，从原始社会发展到电脑时代，无不依靠自身的智能。但人类本身存在许多缺陷——易疲劳、易出错、记忆存储量小、不能显示数据、图表、曲线等；而这些正是机器的优越性所在。因此，多少年来，人类梦想着把自己特有的模糊识别、推理判断、联想思维等智能赋予机器，使机器更好地造福人类。人工智能技术的崛起，使这种梦想变成了现实。

　　人工智能是一门新兴的科学技术，是探索和模拟人的感觉和思维过程规律的科学；它通过生理学、心理学和工程技术三种主要途径研究用机器来承担通常需要人的智能才能完成的工作；其研究的主要内容包括感觉和思维模型的建立、用机器进行图像和物体识别、建造有相当智能行为的机器人。

　　人工智能技术近十年来取得了惊人的进展。它已被应用于机器翻译、机弈棋、机器求解难题、机器人等方面。在当今世界上，已有数万名机器人在孜孜不倦地为人类服务。它们可以在高温高压、强放射性和污染严重等恶劣环境中毫无怨言、不知疲倦地干活，从事着单调、繁重和危险的工作。一些先进的机器人已具有人的五感，其中视觉、听觉、触觉等功能很强，能"思考"，能"交谈"，具有某些应变能力和"超人"本领。美国机器人"科沃"能到大西洋海底捞回丢失的氢弹；日本机械工业公司的机器人能做八种基本动作，操十六种语言为职员服务；美国新泽西州纽厄市机场曾经出现过一位"西克"先生，平静而幽默地与旅客谈天说地，当旅客知道它是一位乔装打扮、以假乱真的机器人而感叹"简直不可思议"时，"西克"先生竟然反唇相讥："不可思议就别思议了，我同样也不理解你们这些人！"到了登机时间，"西克"先生坦然地和其他旅客一样走向飞机，步入机舱，对号就座。

　　机器"专家系统"的出现是人工智能技术的重大飞跃。这种系统事先将有关领域人类专家的知识加以总结，分成事实及规则，存入计算机，然后采用合适的控制系统，按输入信息选择合适的规则进行推理、演绎、判断和决策，从而模拟人类专家做决定的过程解决复杂问题。美国的"MYDIN""机器专家"是一名出色的"医生"，它能在不知道原始病原体情况下诊断脑膜炎和其他传染病，并快速作出处置建议；还能用英语直接同病人家属和医生对话，回答各种问题。还有一位叫"Bacon"的"机器专家"，不仅能证明已有的物理定律，例如欧姆定律、开普勒定律等等，而且能对实验数据作出分析，从中发现新定律。目前，已有许多"机器专家"在医学、化学、军事、商业、地质勘探、交通控制等领域大显身手。在某些应用中，"机器专家"甚至超过了人类专家的水平!

随着人工智能的飞速发展,人类终将会制造出人脑与机器相结合的最完善的人工脑,那时的机器人将是一些智慧高度发达、感觉异常敏锐、知识十分丰富、能够随机应变的"大能人"。现在已经有人担心,到了那天,高度智能化的机器人将会主宰世界,人类将成为机器人的玩物,被机器人关入未来的"动物园"。这种担心实在是多余的。机器人毕竟不是人,它永远只能是人类控制的工具。而人类在创造智能机器人的过程中,自身的智能将会朝着更复杂、更高级的方向不断发展。

8 思维的"源"和"流"
——思维历史学

自从人类脱离了动物界之后,人类思维的历史就开始了。它像一条长河,从洪荒远古流淌到如今。在这漫长的长河中,融会了各个时代人类思维的成果和智慧。思维历史学的任务,就是追溯思维源头,沿着人类思维进化的道路,弄清思维历史的踪迹,为发展今天的思维科学,开发儿童智力、矫治智力缺陷者以及使人类从旧式脑力劳动中解放出来服务。

人类是从猿进化而来的,因此对人类思维历史的追溯自然而然地追溯到猿类。在现存的灵长类中,大猩猩、黑猩猩是人类的近亲。近年来,动物生态学家,动物行为学家做了许多有益的工作,使思维历史学从中找到借鉴。例如美国的彭妮对火猩猩柯柯进行训练,使它学会使用几百个手势语词汇。实验发现,柯柯有一定的思维能力,掌握了语言以后,思维能力发展很快。它不但会使用水果、石头、捧糖等直观性语言,还能运用初步的概括和抽象思维方法使用美丽、朋友一类抽象词汇和进行时间顺序的思维,甚至还会创造新词汇,会争吵和撒谎。但猿类的这种思维毕竟是十分幼稚的,特别是在抽象能力方面。它们会围火取暖,却不会添柴加火;教会它们用水罐里的水灭火,但当水罐没水时,却不会从近在咫尺的河中舀水灭火。它们有一定的学习能力,但却是机械的、被动的。对灵长类思维能力的研究,说明它们的这种思维能力确是人类思维产生的基础。当古猿学会使用工具以后,思维就出现飞跃；语言的产生，又使思维插上了翅膀。

从幼儿思维的发展过程，可以发现人类思维发展的迹象，幼儿的思维发展可分为三个阶段，即直觉行动思维——具体形象思维——逻辑抽象思维。这个发展过程是人类思维发展的缩影。人类幼年时代的思维是和幼儿思维的初级阶段一样，是一种以表象为元素的思维。这时人类思维还没产生概念，还没形成逻辑，因此他们的思维是模糊的、朦胧的，同时又是形象的、具体而生动的。

由于人类社会发展的不平衡，在大多数人已进入现代社会的今天，非洲、澳洲、南美洲还有一些保持在原始状态的民族。我们从这些原始民族的思维方式，也可以看到古代人的思维。澳洲土人能辨别几百种动物的脚印，能识别几十种鸟的叫声，他们有各种鸟、兽、树的名称，却没有鸟、兽、树的一般概念，非洲克拉马特族语言中有12种表示洗澡的动词，16种表示分开的动词，20种表示受伤的动词，却没有表示一般意义的洗澡、分开、受伤的动词。因为创造形容词需要一定的抽象能力，所以原始民族中缺乏形容词。塔斯马尼亚民族没有热、冷、硬、软的词，只能用像火一样、像水一样、像石头一样、像兽皮一样的短语来代替。

大约到了智人阶段，人类才产生概念，产生了抽象思维，使思维实现一个大飞跃，从此，人类沉睡的智慧开始觉醒了。

人类思维的发展，除了是从感性到理性、从具体到抽象的发展以外，还有一个从集体意识到个体意识发展的过程。在人类早期，个体意识几乎是没有的，意识几乎都是集体的。这从猿类的状况可以看到。猿类是过群体生活的，其首领的意志，就是群体的意志。人类进步了，个体意识才逐渐出现。越是古老的意识，理性成分、抽象能力和个体意识的水平就越低。

研究人类思维的历史，还可以从考古中得到丰富的材料。古代遗留下来的壁画、古文字和其他文化遗物，都是研究思维史的物证。某些"语言化石"，也可以追溯思维发展的历史，例如某些民族语言中"紫红的"这个词来自红花草；"尖"这个词来自矛，又如中国古代称二岁牛为"牸"，三岁牛为犙，四岁牛为牭，这些都可看到人类思维进化的痕迹。

9 "思维共振"和思维社会学

人类认识客观世界，不但要靠实践，而且还要利用人类以往创造出来的精神财富。因此，思维既是个体的，又是集体的。人生活在社会之中，每个人的思维都是在前人思维养料中萌发，在同时代的思维环境中成长的。像狼孩那样脱离了人类社会的人，虽然具有思维的基础——大脑，也不能形成思维能力。1976 年法国南锡大学心理研究所拍摄了一部彩色影片，记录了一个叫伊玛的人从小与社会隔绝，1974 年重返人间，其思维能力十分低下，连镜中的形象也不会理解。可见，研究思维，不研究思维和社会的关系是不可能的。思维社会学是思维科学的一门基础学科。

科学史上有许多生动鲜明的例子足以说明思维相互作用对人类进步的影响。丹麦物理学家奥斯特，接受德国著名哲学家康德关于热、电、磁、光等都是吸引和排斥两种基本力在不同物理条件下变形的思想，深信电和磁有着内在联系。他又从美国的富兰克林用莱顿瓶放电磁化焊条的实验中得到启发，终于在 1820 年发现了电流的磁效应。他的思维成果又触发了法拉第的灵感，经过十年的思考和实验，导致电磁感应的发现。后来，西门子受到法拉第的启发，发明了发电机，促使人类进入现代文明。

浏览诺贝尔奖金获得者的长名单，你会发现这些科学巨匠之间有一些有趣的关系：法国的居里夫妇因研究放射性元素与贝克勒尔同享 1903 年度物理奖；英国的布拉格父子因开创 X 射线的晶体学，在 1915 年同戴桂冠；1972 年度的物理巨奖则授予共同研究超导性基础理论的美国的巴丁、库柏、施里弗师生三人；而 1979 年因建立弱电统一场论而获奖的三位物理学家中，温伯格和格拉肖都是美国康乃尔大学尖子班的学生，而且他俩还是纽约布朗克斯高级理科中学的同班同学。又如卢瑟福领导的卡文迪许实验室共出了 11 位诺贝尔奖获得者，玻尔的学生和助手中，有 7 位获得诺贝尔奖。考察这些关系，不难看到一种思维的"共振效应"。这是因为，人的思维不是封闭的，它用各种方式传播着、影响着其他人的思维，同时又用各种方式吸收着、接受着其他人的思维。在大脑与大脑之间，往往会发生振荡，引起共鸣，爆发出灿烂夺目的思维火花。

　　思维的社会效应，除了共振之外，相反的思维刺激也会像石块撞击那样发出火花。没有相反的思维刺激，思维会像一潭死水不起涟漪。十二世纪后期，宋代的吕祖谦在江西信州主持"鹅湖之会"，由朱熹和陆九渊两个思维学派进行激烈的辩论，推动了我国古代哲学的发展。1927年10月在布鲁塞尔第五届索菲亚的物理学大会上，玻尔和爱因斯坦的思维争论推动了相对论和量子论的进步。

　　现代社会已逐步从封闭、半封闭状态走向开放、全开放的状态，在这样的时代，思维也应是开放的。社会对思维的作用也就越来越大。但是，我国长期受到封建思想的禁锢，从政治、经济到科学文化各个领域，都受到传统思维方法的影响，封建专制、封锁闭塞，满足现状、闭关自守的现象十分严重。解放以后，党提出了"百花齐放，百家争鸣"的方针，是十分重要的。但后来林、江反党集团由于无知和出自篡党夺权的需要，使我国思想界、科学界、文化界又回到万马齐喑的状态。如今，我们只有与违反思维社会学规律的现象作斗争，才有希望振兴我们的民族。

　　思维社会学对思维社会性、思维相互作用的研究，是一个系统学的问题。只有把思维的个人活动和社会作为一个系统进行研究，才能找出其中的规律。思维社会学研究一种思维如何孕育和激发另一种思维，研究个人的思想如何汇入人类巨大的思想宝库，它的研究将把思维推向更高水平。

10 从聋哑人的思维谈起

——思维语言学

　　有一次，我国北方某地一个先天性聋哑儿童离家出走，被一个聋哑学校所收留。学校无法从他那里知道他的父母和家乡的一切情况。后来，他在学校学会了一些聋哑语后，就在作文中写了自己的家庭和父母的情况，而且写得真切生动。老师对他所叙述的内容将信将疑。后来孩子的父母来到学校，老师一看，父母的形象和孩子所描述的十分相近。问到家里的情况，也和作文所写的一致。

这件事包含一个思维科学中的深刻问题：孩子没有语言的时候能不能思维？用什么来思维？思维和语言究竟是什么关系？

思维和语言的关系是思维语言学研究的一个重要问题。在这个问题上，历来有多种不同观点。唯心主义派别认为，思维不必依赖于语言，语言是游离于思维之外的。人可以在心里暗自思考，可以在与交谈者谈话的同时思考某件无关的事，思想可以用不同语言表达等等。但是思维在许多情况下的确是通过语言进行的，没有语言，就没有抽象概括，思维的分析综合、判断推理就被大大打了折扣。

行为主义者认为，思维和语言的本质是一样的，语言是有声的思维，思维是无声的语言，甚至我们暗自思忖时，也发生言语器官的隐蔽运动。但是有人做了实验，用药物把肌肉麻醉，人不能讲话了，但依然进行着思维。可见思维和语言是不能画等号的。

苏联不少学者认为，语言是思维的外壳和工具，没有语言就没有思维，因为正是在语言中，思维找到自己的直接表现，就像内容表现于它的形式一样。但是，聋哑人也有思维，就像前面所举的例子一样，如果说没有语言就没有思维，则难以解释那个聋哑小孩为何能在学习了聋哑语以后把以前的经历表达出来。近年来动物行为学、动物生态学的研究证明，某些动物也有初级的思维。很难说人类的思维只是在有了语言之后才产生的，只能说，语言给思维插上了翅膀，思维历史学的研究成果证明，人类认识客观世界首先是用形象思维，有了语言以后，逐渐有了抽象思维。

思维比语言更丰富。我们有许多想法，往往不知从何说起，许多思维活动只能意会不能言传。艺术家创造艺术形象用的是形象思维，有时完全凭直觉。科学研究中也不乏直觉思维的例子。德国化学家凯库勒探索苯环结构百思不得其解时，突然在半睡眠状态中梦见四旋扭动的蛇，从而悟出苯环的结构，就是一个突出的例子。直觉的心理学基础是下意识的思维，是人的潜意识对以往储存材料的加工。这种加工，是在显意识之外的，是不借助于语言的。因此，语言是思维的重要工具，但不是唯一的工具；思维借助于语言，是指抽象思维，而形象思维借助于形象，灵感思维借助于潜意识。

语言是最好的思维交流工具。不同的大脑的思维，通过语言互相吸收、互相融会。没有语言，个人的思维将是孤立的。语言把思维沟通起来，汇成人类智慧的汪洋大海。但是同样，语言也不是思维交流的唯一工具。不同民族的人可以共同体会音乐表达的思想内容，雕塑、绘画是通过形象沟通思维的。

语言还能影响思维的进行。爱斯基摩人表示雪有75个词，阿拉伯语表示骆驼竟有6000种方式，这些丰富的词汇使他们对雪和骆驼的思维细致入微。相反，印第安人的祖尼语不分橙色、黄色，他们的思维对这两种颜色也极少区分。

语言还影响思维信息的储存方式。对这方面的研究将有助于人工智能机的研制。

思维语言学中还有许多关键问题未得到彻底解决，它的深入研究，将使人变得更加聪明，使人类前进的步伐更加快速。

11 思维养料和益智菜单
——思维营养学

思维的基础是大脑。胎儿期和婴幼儿期，即从怀孕第三个月起到三岁是大脑形成和高速发展的时期，因而也是为思维打下物质基础的时期。在这段时间，只有让孕妇和婴幼儿得到充足的营养，才能使儿童有一个正常以致发育得更良好的大脑。第二次世界大战中，德国集中营中生长的儿童因营养不足，大都成为低能儿和白痴。相反，日本在战后虽然经济极端困难，但因重视民族的未来，勒紧裤带采取对孕妇和幼儿加强补食的政策，从而奠定了战后一代民族思维发展的基础。日本民族能迅速从战争的废墟上崛起，与这一具有深远战略眼光的决策不无关系。因此，思维营养学的第一个任务是研究胎儿大脑形成所需要的营养及补给办法，第二个任务是研究婴幼儿大脑高速发育时所需的营养学问题。

大脑的构成成分中，约60%是不饱和脂肪酸为主的"结构脂肪"。所谓结构脂肪，是相对于"能量脂肪"而言的。能量脂肪贮存于皮下、大网膜等地方，是动物活动和新陈代谢所需能量的来源，通过氧化作用为身体提供能量。能量脂肪可由动物从食物中的碳水化合物等糖类合成。结构脂肪则是构成大脑、肝脏、心、肺、脾脏、睾丸、卵巢等重要器官的成分，这类脂肪不能由动物自身制造，只能从食物中摄取。摄取的方式有二：一是直接从动物的器官中摄取，一是从植物摄取不饱和脂肪酸，然后再进行加工。原来植物能制造动物不能制造的分子较小的不饱和脂肪酸，即带有二个双键的亚油酸（多存在于种子中）和带有三个双键的亚麻酸（多存在于叶中）。动物摄取了亚油酸和亚麻酸之后，在肝脏进行加工，把碳链从18个扩充到20～22个，并把2～3个双键扩充到4～6个双键，成为结构更为复杂、功能更为高级的结构脂肪。因此，除了均衡肉食和素食外，在大脑发育期，应补充富含不饱和脂肪酸矿物质、维生素的核桃、芝麻、野生动物内脏和肉、豆类和绿叶蔬菜、水果等。

思维营养学的第三个任务是通过对思维活动神经生物化学的研究，找到健脑、益智的食物。思维是一种艰苦的劳动，它要消耗大量能量。大脑进行思维时，血流量大大加快，脑细胞新陈代谢十分活跃。大脑虽然重量只占体重的1%，但一般情况下人体每天吸收的热量，约有大半消耗在精神活动上面。对于高强度脑力劳动的人，在思维上所消耗的能量还会更多。因此，能量供应不足，就会使大脑疲劳，思维迟钝、智力下降。大脑在进行思维活动的过程中，除了消耗大量能量以外，由于能量的载体三磷酸腺苷和神经元之间传递信息的递质去甲肾上腺素、多巴胺、5－羟色胺、多肽类等的构成物质，也是由食物提供的，因此，大脑的思维能力与营养成分的构成也有密切关系，多吃些含有这些递质成分或载体的食物，对增进思维是有帮助的。一些科学家已提出了不少健脑益智、防止精神紊乱的食物。例如大脑中的乙酰胆碱，是一种促进神经介质传递信息和贮存信息的物质。乙酰碱，是由进入血液的胆碱进入血脑屏障之后在脑中与醋酸盐结合而成的。胆碱的载体是卵磷脂，其食物来源是蛋黄、鱼和肉类。卵磷脂进入消化道，在酶的作用下释放出胆碱。因此，在身体缺乏胆碱的情况下，多吃蛋黄等有助记忆等思维活动。另外，5－羟色胺的载体色氨酸、去甲肾上腺素和多巴胺的载体酪氨酸等存在于蛋白质之中。

思维营养学还研究有害于思维物质的防范。研究说明，多吃白糖会在体内形成酸性物质，消耗体内的钙质，造"酸成性体质"和"酸性脑"，不但使人感到身体疲乏，四肢酸软，易感疾病，而且直接影响脑和神经功能，引起记忆力和思维衰退，甚至造成精神障碍。加工食品的人造添加剂和色素，也会损害思维，因此应尽量避免。

人们预示，在不久的将来，思维营养学家将会开出一张张提高人的思维能力、使人人聪明能干、精神焕发的营养菜单来。

12 捕捉脑幕上的影像
——形象思维学

艺术家、文学家是靠形象思维的。王维说："凡画山水，意在笔先"，画家讲究"意象经营"，先要具有脑中丘壑，这就是形象思维在先，艺术创造在后。罗丹为巴尔扎克塑像，以庞大的身躯，雄健的步伐，一袭黑袍倾坠全身来体现这位伟大文学家、思想家那生活在沉重现实里的巨大灵魂。古代诗人，以"晓风残月"表达落寞惆怅的感情，以"大江东去"表达豪壮历史场景的逝去。巴尔扎克写到高老头的死时，竟伤心痛哭起来。正如美学家李泽厚所说的："艺术家开始了形象的想象，从外貌到内心，从语言到动作，加一点什么，减一点什么，使形象逐渐活起来。艺术家就生活在他们讲话、做事、吵架、和解中，如见其人，如闻其声。因此，这些形象的时间、地点、关系、变化、面貌、声音、动作、姿态、习惯、性格、思想、感情，以致一言一语、一笑一颦，艺术家都必须设身处地，一步一步去想象得十分周详。"

形象思维学的研究，就是探寻自古以来只能意会、不能言传的形象思维的规律。近年来我国研究思维科学的专家学者做了大量的工作，找出了一些重要规律。例如中国科技大学青年学者陈霖提出，图像或模式识别这一类视觉形象的信息处理符合拓扑学原则，是一个整体分析的问题。实验中发现识别不同方位放置的图像时，识别时间与图形在脑中旋转到中心位置的时间成正比。又如有人提出形象思维的模糊补形思维规律，运用模糊集合的概念，认为形象思维可分两大类型：由补集推测全集即由补形推测到全部形象；由一个集合推测它的补集，即由一个形象推测它的补形。前者如舞台上象征性的布景可使观众想象到山川楼阁的存在，后者如"深山藏古寺"这幅宋代名画一样，从那到绿丛掩映的山溪挑水的和尚和蜿蜒伸入苍茫大山的小路，欣赏者自然联想到隐藏在深山中的古寺。还有人提出"相似论"的理论。

科学研究有没有形象思维？过去认为科学工作者只凭逻辑思维进行研

究。随着对形象思维研究的深入，发现科学研究中形象思维也起着重要作用。1984年诺贝尔生物奖获得者美国的麦克林托克，在四十年代脱氧核糖核酸双螺旋结构尚未搞出来时就提出染色体中遗传基因内存在"转座子"，这个超越时代的理论完全不是科学推理。她的工作方法与众不同，她说："我的经历就是问玉米，要玉米给我解决问题。我给玉米出题，然后我就等着，从玉米生长的表现得到回答。"她的思维方式，许多是属于形象思维的。德国学者魏格纳根据非洲西部海岸和南美洲东部海岸形状的相似性，设想古代地球只有一块称为泛大陆的陆地，以后因各种原因而分裂、漂移，创立了大陆漂移学说，也得益于形象思维。可见，形象思维学的研究，不仅会推动文学艺术创造性思维的发展，还会推动科学研究创造性思维的发展。

形象思维学研究的另一重大意义是为人工智能提供理论基础。我们知道，逻辑运算是电子计算机的特长，但形象辨别和思维却是它的特短。一个小孩能够辨认面貌相似的两个人，计算机却难以做到；人能辨别楷、行、草、隶、篆各种字体，计算机却只能辨别一模一样规规矩矩的字，稍微有点变化就束手无策；人能听懂不同方言口音，不同声调语气，以致语法有些毛病的话，而计算机就无能为力了。因此，要搞人工智能，搞第五代计算机，就必须使机器学会形象思维。

形象思维学的研究，就是把"前科学"部分，即别人很难学的，只能意会不能言传的那部分科学以前的精神财富发掘出来。一旦把规律弄清，将会把我们的智力开发大大推进一步，并推动人工智能机的出现。

13 顿悟从何而来

——灵感思维学

德国大数学家高斯有一次为了证明一条定理，苦苦思索了两年之久，后来突然一个想法使他豁然贯通。他回顾说：

"像闪电一样，谜一下解开了。我也说不清楚是什么导线把我原先的知识和使我成功的东西接连了起来。"

像高斯这样对一个问题苦思不解而突然顿悟的例子，在科学史上不乏其例，为了探索这种思维方式的秘密，美国的普拉特和贝尔两位化学家用填写调查表的方式调查了很多化学家，下面是他们在1931年发表的材料中的一些例子。

"我摆脱了有关这个问题的一切思绪，快步走到街上，突然，在街上的一个地方——我至今还能指出这个地方——一个想法仿佛从天而降，来到脑中，其清晰明确犹如有一个声音在大声喊叫。"

"我决心放下工作，放下有关工作的一切思想。第二天，我在做一件性质完全不同的事情，好像电光一闪，突然在头脑中出现了一个思想，这就是解决的办法……简单到使我奇怪怎么先前竟然没有想到。"

"这个想法出现使我大为震惊，我至今还清清楚楚地记得当时的位置。"

这里所描述的就是科学工作者在科学研究中对问题的一种突如其来的颖悟或理解，也就是人们常说的灵感。在普拉特和贝克的调查中，33％的人说经常，50％的人说偶尔出现这种顿悟，可见，这是一种相当普遍的现象。除了科学家之外，发明家、思想家、诗人、艺术家，也往往有这种"踏破铁鞋无觅处，得来全不费功夫"的经历。因此，人们的思维，除了通常的逻辑思维和形象思维之外，还有另外一类思维方式，这就是灵感思维。灵感思维学就是揭开灵感思维面纱，找出其中规律的一门新兴学科。

近年来，我国学者在探讨灵感思维方面做了不少工作。著名科学家钱学森认为，逻辑思维是线性的，形象思维是二维的，而灵感思维则是三维的。灵感不是什么神灵的感受。而是大脑有一部分潜意识对于摄入的信息在显意识之外进行加工处理。一个难解的问题，在这些潜意识里经过一段时间的加工之后得到结果，然后再和显意识沟通，于是一下子茅塞顿开、豁然开朗。人的中枢神经系统可能是多层次的，有许多潜意识在脑的不同部分起作用，忽然接通，问题就解决了。

灵感不是从天而降的东西，它是大脑辛勤劳动的结果。灵感的出现往往要具备三个方面的条件：第一是要有丰富的知识作为基础；第二是要对某个问题进行艰苦的思索和追求，把获得的材料和已有的知识进行有意识的加工处理，苦苦寻求解决问题的方法；第三是暂时摆脱难题或烦恼的纠缠，将身心处于一种放松状态。因为自觉的思维在不断活动或过分疲劳时，会抑制潜意识思维传送信息。许多科学家的灵感出现在散步、洗澡、做梦之中，如阿基米德发现浮力定律于澡盆中，古特异发现硫化橡胶，凯库勒发现苯环结构于朦胧中，达尔文适者生存的观点产生于马车中等等。灵感思维还有一个特点，就是犹如电光火石，倏忽即逝，所以必须马上捕捉下来。此外，灵感或直觉不一定是正确的，有了灵感之后，还要有一番艰苦的辨识、求证、充实的工作。

近代学者王国维在他的《人间词话》中说，古今成大事业、大学问者，必定经历"昨夜西风凋碧树，独上高楼，望尽天涯路"、"衣带渐宽终不悔，为伊消得人憔悴"和"众里寻他千百度，蓦然回首，那人却在，灯火阑珊处"三种境界。是的，只有热爱事业，有丰厚的知识基础，有高瞻远瞩的洞察力和遐思万里的想象力，又殚思竭虑、孜孜以求，像热恋情人一样不惜一切地追求，才能一朝顿悟，发前人未发之秘，辟前人未辟之境，在艺术或学术上做出独创性的贡献来。

14 点燃您创造性思维的火花

——浅谈创造学

长期以来，人们在颂扬科学家、发明家时，褒奖的往往只是他们创造发明所取得的成果，例如爱因斯坦的相对论、爱迪生的一千多项发明等，而很少去研究这些成果的创造发明的思维过程和方法。直至20世纪中叶创造学崛起之后，对发明创造规律的研究，才受到人们的普遍重视。

创造学并不神秘。它是一门以人类创造活动和创造能力为研究对象，也即探索发明创造规律的边缘学科。它所关心的，不是创造活动的个别现象，而是主宰这些现象的一般规律。它所重视的，不是创造能力的外部表现，而是导致这些表现的本质和机理。它所总结的，不是发明创造的具体成果，而是产生这些成果的有效方法和技巧。它不研究爱迪生的白炽灯，也不研究爱因斯坦的相对论，而着重研究诸如"相对论如何从爱因斯坦的大脑中脱颖而出"这样的问题。创造学重视产生相对论的思维过程远甚于相对论本身。它认为研究相对论只能使人们了解爱因斯坦的创造成果，而研究相对论的创造性思维活动，却能使人们了解爱因斯坦独创的思维方法，掌握这一方法，有助于探索各个领域的奥秘。

创造学的研究范围很广，包括创造活动的过程、环境、条件，人类从事创造活动时的思维、性格、心理和生理等方面的特征，开发创造能力的物质基础、哲学基础，以及创造教育和推广创造发明的各种技法。它是在自然科学和社会科学众多分支的基础上建立起来的综合性边缘学科。

创造学作为一门独立的学科出现，虽然只有四十年左右的历史，但创造学的渊源却可以追溯到远古时期。从人类诞生之日起，人就开始了创造发明的活动，同时也开始了对创造发明的研究。人们在研究科技发展史和哲学的同时，常常涉及到创造学的范畴。自公元前三百年起，从帕普斯的《解题术》、亚里士多德的《工具论》开始，笛卡尔、莱布尼茨、伯格森、市川龟久弥、柯恩特勒等许多学者的著作都涉及到创造活动的规律，孕育着创造学的萌芽。20世纪中期以来，多数自然科学门类的基础理论已日臻完善，许多生产和技术部门的改造革新业已完成，因此，无意识的、自发的创造活动便很难见效了。形势要求人门很好地总结创造活动的客观规律，以便进一步解放人类的创造能力。于是创造技法的研究和创造工程的应用便应运而生，创造学从此进入了一个崭新阶段，形成了一门独立的学科。七十年代以后，当创造技法已经总结得比较全面，创造工程学的应用已经比较普及的时候，人们又开始研究创造活动的机理。创造能力是人类智力的集中表现，而人类的大脑正是这一能力的物质基础。于是，人们从细胞学、生理学、生物物理学、生物化学甚至营养学的角度，来探索创造活动的本质。至此，创造学又进入了新的时期。

人类研究创造学，是为了提高和开发自身的创造，驾驭创造发明的规律和掌握有效的创造发明方法，去高效率地从事创造发明，为社会创造出更多更好的物质财富和精神财富。"人类社会处处是创造之地，天天是创造之时，人人是创造之人"（陶行知语）。无论一个国家，一个社会，一个民族或者是一个人，只有不断地绽开创造之花，结出创造之果，才能自立于世界之林。目前，世界各国对创造学的研究十分活跃。在我国，创造学正在遍及。我国第一套《创造学》丛书已于一九八三年出版问世。

15 给您一条"创新链"
——发明方法学

1935年,英国W·瓦特研制成第一部探测飞机用的实用雷达;1943年,艾斯勒发明印刷电路;1946年,美国宾夕法尼亚大学的莫尔电工学院试制成功第一台电子管电子计算机ENIAC;1947年贝尔研究所肖克莱等人发明了晶体三极管……这些独创型的技术开发,诞生了前所未有的新产品,这说明技术开发是一个创新过程。然而即使在既有产品的基础上进行综合型的技术开发,如开发新型内燃机、新型发动机、新型飞机……由于它们的性能、规格、要求都不一样,因此,都离不开创新两字。可以这样说,创新是技术开发的灵魂。

那么,如何来提高技术人员敏锐的发明才能,点燃起创造力的火花呢?当然要靠天赋,要靠实践,另外还应讲究创新的方法,因而一门新兴学科——发明方法学就问世了。

发明方法学在总结千万项技术开发成果中,提出了一条"创新链",它包括技术观察、对需求的分析、参数分析和检验设想四个阶段。

1. 技术观察:它是创新阶段的第一步,创新家们所关心的是,不仅要了解做了些什么,更重要的是知道应如何做和为什么要这样做。因此,重点不是放在某项设计的细节,而是对其结构、特点的了解和重要原理的正确评价。

2. 对需求的分析:为了满足市场的需求,任何需要开发的新产品应该满足安全性、经济性、实用性,还包含性能、成本、尺寸、可靠程度等制约条件。

3. 参数分析:首先是参数的确定。参数是指影响问题解决的因素,通过观察而排列出来,并且识别其主次。其次是创造性的综合,它是通过专家们集体思考来提高创造能力的一种办法,如召开学术讨论会等。在一般情况下,经过创造性的综合又会影响到以往对参数的确定,因而可以反馈回去,使参数分析过程更上一层楼。

4. 检验设想:这是创新过程的最后一环,前面提出的设想,究竟是否可行,需要做一些简单的实验。如果可行,就进入设计和研制;如果不行,就需要反馈回去重新作参数分析。

发明方法学是提高创造能力的一种有效途径,它已成为技术开发的管理程序,在国外许多大企业中广为运用。

16 人类步入"宇宙时代"的"天桥"
——空间科学技术

1957年第一颗人造地球卫星上天,标志着人类向宇宙空间进军的开始。空间探索活动的发展,为科学技术的研究提供了新的科研手段,开辟了新的研究领域,由此兴起了一门独特的科学技术——空间科学技术。

空间科学技术包括空间技术和空间科学,是一门综合性很强的科学技术。空间技术是从事空间飞行的综合性技术,它主要包括空间飞行、空间控制与导航、空间通讯、跟踪、遥感、遥测以及空间系统工程等方面的技术。如火箭、人造地球卫星、宇宙飞船与航天飞机的制造与发射等,是它的主要研究对象。空间科学则以研究宇宙空间的物质(包括地球)的性质、分布及其变化为目的,主要包括空间物理、空间化学、空间生物学等分支。

目前,空间科学技术的研究,大体可分成三个方面,一是人造地球卫星的发射和应用,这是当前空间活动的重点;二是载人空间飞行;三是星际探测。空间科学技术的发展,不仅使人类的活动进入了广阔无限的宇宙太空,而且大大促进了自然科学的发展。它在国民经济、科学研究和军事国防等许多领域的应用,对社会产生了极大影响。当代科学技术正在孕育着新的重大革命,空间科学技术正在成为这场新技术革命的主要标志之一。

空间科学技术的发展对社会生产产生了极大的推动作用。围绕空间科学技术已经产生了一个新兴的工业部门——空间工业。空间工业是指在地球上制造空间飞行器、运载工具、仪器仪表的工业,以及在空间直接进行的各种生产和科研活动。宇宙空间有地球上难以达到的一些条件,如超高真空、强辐射、超低温、安静、失重等特殊条件,这正是现代化的工业生产和科研所需要的某些环境条件。在宇宙空间,利用这些条件,能够生产出许多奇异的材料,加工制造特殊的产品。如果把实验室、车间和工厂设在太空,可以研究物质的奇异性质，设在空间站里的熔炼厂，在失重的条件下，采用无容器熔炼法，可以生产出具有一定形状的材料，或直接加工成各种形状的零件。在空间加工厂里，利用失重条件，能够制造出接近理想球体的滚珠，提高轴承的使用寿命。在空间建立超真空车间，还可提炼出超纯半导体材料，制造超纯药剂，或对复杂的有机化合物结构和性能进行精确的研究。

　　运用空间技术，在太空中把太阳能转化为电能，设立宇宙电站，这是开辟新能源，解决能源危机的一个大胆设想。在地球上利用太阳能发电，常常受天气、昼夜、地形等因素的限制，效率较低。制造一个大的地球卫星，把它发射到三万五千多公里的高空，就能克服各种自然条件的影响，连续发电，再通过微波传输系统将电能转变为微波送到地面，由地面接收站把微波转换为电能，供用户使用。

　　随着空间科学技术的发展，新的航天器的发射，将会不断开辟新的生产领域，宇宙太空也会变成一个大工地，这预示着一场新的工业革命即将到来，人类将通过空间科学技术架起的"天桥"，步入"宇宙时代"。

17 把工厂迁上茫茫太空

——空间材料科学的崛起

　　报载：1985年7月世界上第一名华裔太空科学家王赣骏博士应邀来华访问；他于1985年5月乘坐美国航天飞机"挑战者号"在太空成功地进行了"液滴"实验，引起全球瞩目。人们都想知道："液滴"实验是怎么一回事?为什么要到太空去做实验?这些问题涉及到空间科学技术领域中的一门新兴学科——空间材料科学。

　　空间材料科学是研究如何利用空间的特殊环境条件进行材料制备和加工的一门新兴材料科学分支。众所周知，空间环境条件与地面十分不同，它具有失重、高真空、超低温、弱磁场等特殊条件，可以做许多地面上难以做到的事。例如，制造精密仪器中的滚珠轴承，希望滚珠越圆越好，但在地面上因受机械能力所限，滚珠的生产总有不圆的地方。在空间生产滚珠，由于液态金属处在失重条件下其形状主要受表面张力影响，所以熔化后的金属自然会冷凝成完美的球形，从而得到理想的滚珠。在失重的环境下还可实现一种新的材料加工工艺——无容器加工技术。王赣骏所做的用声波悬浮和操纵液滴的实验就是为了实现空间无容器材料加工。如果液滴是金属溶液或晶体材料，在进行无容器操作加工时就可避免材料和容器壁发生反应，因为这些反应不仅会增加材料中的杂质，而且会影响材料在高温下的反应生成物、热力学性质以及液体—固体的集结现象。对于像金属玻璃和含 BaO 和 CaO 的氧化玻璃之类的活性玻璃的制备，无容器加工工艺提供了最理想的加工手段。这些还只是一两个例子罢了。实际上，利用空间失重、高真空、超低温等特殊条件进行空间生产和材料加工的优越性还有很多。例如，高真空可以消除污染而制出高纯材料；超低温条件下不需要水和气体介质的冷却等。总之，茫茫太空将是未来材料工厂的理想厂址。

空间材料科学作为材料科学的一个分支，其具体的研究项目包括：

（1）了解地球重力对普通材料制备工艺的影响。

（2）利用空间飞行环境条件进行地面无法进行的科学实验，为改善和指导地面材料生产提供科学依据。

（3）利用空间飞行的特殊环境条件，制取地面无法制取的、特殊的、容积小的、价格昂贵的材料。

空间材料科学的研究表明：空间材料加工试验几乎涉及到目前已知材料的所有内容，并且业已证明在空间环境条件下进行加工会改善所有这些材料的性能，而且能制造出许多地面上生产不了的新材料。据有关方面估计，约有 400 种在地球上生产不出来的金属，只有到太空去冶炼才有希望，特别是对那些不经过熔化和凝固而由液体向固体直接转变才能制造的金属、玻璃、半导体和各种晶体。由于失重引起对流的消失及实行无容器加工的新工艺，对材料的特性产生了决定性影响。有人估计，如果空间能成功地生产砷化镓，就可能引起微电子学领域的另一次革命。高质量光导纤维的生产也将为未来的第三次产业革命——信息革命铺平道路。

空间材料科学的研究已经取得了丰硕成果。根据空间试验结果，在空间条件下制造生物产品和昂贵药品的月产量是相当于地球上 30 年的产量，而且产品纯度比地球上的高 4－6 倍。1984 年底美国已开始使用空间制成的药品进行临床试验，预计到 90 年代，空间生产药品每年销售的总额可达 10 亿美元。据权威机构预测，90 年代以后，美国空间电子材料和玻璃市场将占 120

亿美元；2000年以后，美国空间民用项目年收入可达650亿美元，其中很大部分属于料材加工。

新型材料的发展在世界新技术革命中占有极其重要的地位。目前，世界上许多国家都已投入大量人力、物力开展空间材料科学的研究。肩负重任的空间材料科学，将为新的材料加工工艺和制造新材料开辟新的天地，为未来的空间工厂奠定基础。

18 研究宇宙空间环境与生物的科学
——宇宙生物学

人造卫星在太空中遨游，宇宙飞船在星际间穿梭。振奋人心的宇宙航行给科学技术带来了新的研究内容和课题。在科学技术发展史上，当某一研究领域内出现一种特殊的矛盾，而且又具备了研究这种特殊矛盾的科学手段和方法时，往往就会产生一门新的学科。宇宙生物学就是这样，它是研究宇宙空间环境与生物这一对特殊矛盾的科学，是在现代航天技术基础上产生和发展起来的生物科学中的新分支。

宇宙生物学研究的特点是：除了在地面做一些可能模拟的实验之外，许多研究工作必须利用火箭、卫星、飞船或轨道站等宇宙飞行器，到宇宙空间中去进行。只有这样，才能真正弄清宇宙空间环境对生物的影响。

宇宙生物学的研究内容主要包括三个大方面。

一、宇宙空间环境对生物的影响和综合性的作用

宇宙空间是一种与地球上的环境截然不同的特殊环境：它存在着10－16毫米汞柱的高真空，强烈的宇宙辐射；在远离太阳的行星和深宇宙中，还有－140℃～－250℃的低温；在宇宙飞行过程中会出现失重、加速度、振动、噪声等等。所有这些因素，是在地球的自然环境中所没有的。因此地球上的生物无特殊防护，就不能在宇宙空间环境中生存。在众多的宇宙空间环境因素中的失重是最重要的因素之一。失重对生物的影响是多方面的。它可以加

速细胞的分裂，可以使植物丧失适当定向的能力，甚至可以影响到一些植物的组织机构、生理机制和生化过程。如果在失重条件下再加上宇宙射线的照射，就能使动植物的组织结构出现严重损伤。失重对人体生理机能的影响更为明显，诸如使心血管机能失调、骨骼脱钙、肌肉质量减轻、运动耐力下降、体液丧失和出现运动病等。

宇宙空间环境多种因素对生物体的影响是综合性的。有些因素互相协同，有些因素互相对抗。例如同样受宇宙线的照射，有机体在失重条件下比在有重力条件下受到的损伤更重。细菌芽孢在低温真空环境中能活五年之久，一旦温度升高，生活力随之下降，在60℃的真空环境中，还能生存的细菌芽孢极为少数。因此，宇宙生物学不仅要研究一种因素的单独作用，而且要研究多种因素的综合作用和相互影响。

研究宇宙空间环境因素对生物的综合作用，目前主要依靠生物航天实验。1957年出现的生物卫星是宇宙生物学较为理想的实验室，但最理想的实验室是长期轨道站。在轨道站上，研究人员可以对实验进行直接的操作和观察，实验可以长期进行，可以带上复杂的实验设备和仪器，可以从分子、亚细胞、细胞、组织、系统和机体水平，对宇宙空间环境因素的生物效应进行全面的研究。因此到长期轨道站上进行实验是宇宙生物系的发展方向。

二、寻找地外生命

有些科学家推测，生命开始于化学进化过程。有生命的有机体是由有机物质合成的，而合成这些有机物的化学进化过程可能广泛存在于宇宙之中。他们还断言，只要环境条件适宜，地球之外存在着生命是必然的。想要验证这些推测和断言，就要在宇宙中寻找和研究地外生命。例如要检查在太阳系除了地球以外还有哪些行星可能存在着生命？这些地外生命的进化过程有何特点？落到地面上的含有有机分子的陨石从何而来？在宇宙中的其他星体上是否还存在着有智力的生物？这些生物进化到了何种程度？能否同它们建立通讯联系？……所有这些问题，对于解决生命起源问题和深入了解生命的本质都有直接的意义，因此是宇宙生物学中最为重要的一些研究课题。

三、研究和发展密闭生态系统

随着空间事业的发展，将有越来越多的人进入宇宙，到月球或行星上探险，到宇宙空间去长期地工作和生活。为了保证这些人能健康地生活，就要给他们充分的食物、水和氧气。一个人如果在宇宙中停留一年，所消耗的食物、水和氧气的重量至少是五吨。为减少空间运输的负担和困难，必须在大型轨道站、月球或行星基地上建立一种能独立于地球的、能自给自足地供应食物、水和氧气的系统，这就是密闭生态系统或称生命保障系统。这种系统不仅要求能再生食物、水和氧气，而且要造成一种与地球环境大体相似的生活环境，以适应人体生理卫生的要求。宇宙生物学家们曾经设想并研究了一种较先进的密闭生态系统，它需要五十至一百多种不同的生物，其中包括细菌、真菌、水藻、高等植物和动物。这些生物从代谢上与人体联系在一起，形成一个相对密闭的代谢循环，并维持长期的动态平衡。细菌和真菌用来对人体排泄的废物进行生物处理，把废物分解成可供水藻利用的物质。水藻利用经分解的人体排泄废物，产生大量氧气。食物的主要来源则靠栽培高等植物和饲养动物。但在宇宙空间或其他行星上如何栽培植物和饲养动物？特殊而险恶的宇宙环境对动植物的成长、成熟和产量有何影响？如何消除和克服不利因素？这些问题，还有待于宇宙生物学家们在以后的研究和探索中去解答。

宇宙生物学通过对宇宙空间环境和生物这一对特殊矛盾的研究，将使人类更深刻地了解生命的各种现象、生命的本质和起源。今天，人类所面临的许多基本问题，例如环境保护、防治疾病等，往往都与生物学上的这些基本课题密切相关。因此，宇宙生物学的研究和发展，也许会使生物科学出现新的突破，给人类生活带来深远的影响。

19 "空间病"与空间医学

冲出大气层，进军太阳系，开辟太空移民地，这是多么令人神往啊！20世纪六十年代以后，各种载人飞行器、空间实验室及航天飞机的多次试验成功，"铺设"了人类通往太空的"天桥"，航天登月由梦想变成了现实。人类已经开始步入"宇宙时代"！

然而，人类真要成为太空的主人，真要在太空安居乐业，光靠火箭、导航、遥控、遥感、光通信等现代化技术还不行，还需要"空间医学"的配合。否则，即使飞船把人送上了天，人在太空中也难以生存。

外层空间是一个"失重"、"真空"、低压、低温的世界，它与地球表面的环境特点截然不同。太空特殊的生态条件必然会给长期生活在地球上的人类的身体各器官带来许多不利的影响，使宇航员患上"空间病"。"空间病"不是指飞行器发射时引起的一般身体不适，而是指外层空间特殊的生态条件引起的各种不正常体症。诸如：严重的心动过速，脑化学物质减少，胸腔内压力增高，骨质连续脱钙，各种各样的功能紊乱等等。虽然，目前发现的"空间病"症状在宇航员返回地面后可以部分逐渐消失，但人们所期望的是在将来可以无病症地长期在太空中工作和生活，因此，将"空间病"消灭在太空中才是上策。为了制服"空间病"，医学科学领域里诞生了一门新的学科——"空间医学"。

空间医学的研究内容主要有四个方面。

一是与"失重"等现象做斗争。当飞船在太空中作无动力自由飞行时，由于没有地球引力，飞船内的物体都会失去重量。失重除了对人体的循环、消化、排泄等功能有所影响外，最重要的是会引起机体失钙，由此造成骨骼疏松、肌肉乏力及严重耐力降低。近年来空间医学已经为消除失重对人体的这些影响找到了一些合适的办法，例如在飞船中增设"微型跑道"、"弹性拉力器"等太空锻炼器材，让宇航员每天进行两小时左右的太空体育锻炼，同时研制适当的"太空食物"，增加食物中钙、钾、磷和维生素的含量。

二是创造合适的空间工作环境。宇宙空间环境的低压、低温等对人体有很大的影响。气压过低时,即使充分供氧,人也会出现"减压病",甚至体液沸腾,无法生存。航天飞船一般采用与外界隔绝的密闭舱,将座舱内的气压尽量保持在人可以正常工作的条件下。但有时航天员必须走出飞船舱外去进行工作和活动,如果没有适当的防护,后果不可想象。还有,低温也是一个很大的威胁,人在低温环境待得太久,将会出现健忘、口吃、空间定向等障碍,甚至会全身剧痛,意识模糊,濒临死亡。为了克服低压低温,空间医学专家们研制了供宇航人员穿用的航天服。这种衣服可以将人体全身加压,使穿用者不致产生减压病;也可在衣服中注入热气、热水来对抗严重的低温。

三是保障航天飞行的卫生。宇宙飞船座舱内,除了燃料、油漆、橡胶、塑料的污染之外,还有来自人体的污染。人体的代谢产物包括400种以上的化学物质,还有排出的肠道气体和人体细菌的污染。这些污染物质在飞船密闭舱中长期积累,可以达到致人伤害的程度。此外,在许多宇航员的尿液中还发现有革兰氏阴性杆菌存在,这些杆菌可能引起严重的感染,如肺炎、脑膜炎、腹膜炎、败血症等。因此,如何搞好宇宙飞船中的清污和消毒灭菌,也是空间医学的重要研究课题。

四是空间人体工程学问题。人体工程学是研究机器系统和工程技术设计如何适合于人的使用的科学。宇宙空间中由于失重等特殊环境条件会带来一系列的人体工程学问题。例如由于宇航员失去体重,当他做一个方向的用力动作时,会由于反作用力而把身体推向对侧。这样,如不固定身体,一切用力的动作均无法进行。所以空间医学家们在人的工作区域设置了足卡或束带等固定人体的装备。又如,失重下由于人体飘浮于空中,行走根本不可能,所以空间医学家们又研制出"失重行动器"来帮助宇航员的行动。

空间医学还是一门十分年轻的科学。宇航技术的发展将会不断向空间医学提出新的研究课题。未来学家们预测,人类将在20世纪末或21世纪初大批地向太空移民。空间遗传学实验已经表明,生物能够在太空中繁殖。现在还相当寂寞的太空迟早会热闹起来,人类终将会到太空中定居生活、生儿育女。许许多多的问题等待着空间医学去解决。空间医学任重而道远!

20 从"太空音乐"谈"生物天文学"

　　1977年8月20日,美国"旅行者1号"太空飞船飞离卡那佛勒角去探察木星、土星和天王星。十二年以后,它将飞出太阳系,开始它永久的星际遨游。在这艘飞船上,用钛栓固定着一个铅盒,里面装着一根金刚钻唱针和一张铜制镀金唱片。盒内的唱片可以保证十亿年后仍能播出声音。在这张120分钟音乐唱片中,使用了六十种不同语言的问候语和几条鲸鱼发出的友好致意声。美国科学家们试图让这张唱片发出去的信息能被另外一个世界的人类所接收。虽然在太空里,唱片被人截获的机会甚微,而且即使真的被一个我们无法想象的社会截获,那也是在我们死后几千万年的事。但是科学家们还是不放弃一丝希望,不断地去探索外星生命的问题。国际天文学协会不久前还宣布,成立以巴黎天文台的法国天文学家让·埃德芝为首的有两百名天文学家组成的一个专门委员会,以从事于取名为"生物天文学"的科学研究工作。

　　自从证实生命的最基本物质是氨基酸以来,科学家们就试图揭开生命之谜,探索地球上最初的氨基酸从何而来。美国芝加哥大学化学系的一位青年学生斯坦利·米勒,曾在1953年做了一次非同凡响的试验,结果在完全无生命的试管里发现了5种构成蛋白质的重要氨基酸。1959年,德国两位科学家用紫外线来模拟地球诞生之初的太阳辐射,结果也得到了氨基酸。这就是说,只要有能量辐射,就会使宇宙中的一些构成有机分子的原子靠拢,并合为氨基酸。1969年9月在澳大利亚落下的一颗陨石中,发现有18种氨基酸。在其他陨石中还曾发现过甲醛、嘧啶、脂肪酸、氨基酸等有机物。由此可见,一旦条件俱备,这些有机分子就有可能发展演化为生命。这也说明地球并不是宇宙间唯一存在生命的星球。由此推测,在广袤无垠的宇宙中,有的星球可能正经历出现生命之前的阶段;有的可能正经历出现生命之初的阶段;有的还可能已经进入具有更高级智能的理性生命的阶段。现代射电望远镜对宇宙的探视,已经发现宇宙中至少有一百亿个星系,每一个星系又至少包含着一千亿个星体。有人假设,如果每10亿个行星中有一个行星上存在着外星人的话，那么起码也有数十亿个行星上存在着外星人。也有人推测，在我们的银河系中，带有合乎人生存条件的行星系的太阳型恒星起码有百万个之多。当然，这些都是假设和推测。但是，假设和推测往往是科学发展的前提，会带来重大的科学突破。1978年，国外就用了世界上最大的、口径305米的射天线，巡视80光年以内的200颗太阳恒星，期望有朝一日能听到太空深处的文明世界的"人们"对我们的呼唤。

目前新兴的"生物天文学"的主要任务，就是研究太阳系以外的星球的发展及其存在生命的可能性；分析可能是来自外星人的无线电信号；研究宇宙间的有机分子和更高级的文明的迹象。随着科学技术的不断发展，人类对外星人的是否存在必然会进行更深入的探索研究，"生物天文学"的问世正是科学发展的必然产物。可以预料，"外星人"是否存在之谜，将在不很遥远的未来得到解答。

21 太空农场种庄稼

——宇宙植物栽培学

火箭之父、苏联著名科学家齐奥尔科夫斯基说："地球是人类的摇篮。但是人不能永远生活在摇篮里，他们不断争取扩大生存世界和空间。起初小心翼翼地穿出大气层，然后就是征服整个太阳系。"这个伟大的预言已经逐步得以实现。

早在地球上还没有一架真正的飞机上过天空时，齐奥尔科夫斯基就提出了人造卫星的设计图样和以人造卫星作为星际航行中途基地的主张，发表了一系列星际航空的论文，包括在长时间星际航行中，必须利用高级植物作为保证人们呼吸和营养的手段的设想，这就是宇宙植物栽培学的萌芽。

自从人类走向太空之后，在宇宙间进行植物栽培就是实验的重要课题。苏联在1960年第二艘宇宙飞船上开始，就把紫鸭跖草、小球藻、各种葱、豌豆、麦子、玉米的种子送入空间完成宇宙飞行。此后，各种植物在所有的苏联宇宙飞船、空间轨道站和"宇宙"系列的生物卫星上陆续进入宇宙遨游。

1962年，苏联设计师柯洛廖夫拟订了一份在宇宙中进行植物和农艺研究的大纲,提出建立"齐奥尔科夫斯基温室"的方案。不久,在他的倡导下,在克拉斯诺亚尔斯克出现了一个模拟宇宙间的封闭的生物学技术综合实验室。实验室的主要课题是让里面的实验人员长期依靠包括高级植物和藻类微生物在内的生命保障系统供应氧气、植物食品和水。

综合实验室由四个密封舱组成,其中一个是乘员舱,两个是培养植物的人工气候室,另外一个是培养藻类的。整个实验室被封闭在长15米、高2.5米的平行六面体的密封钢壳内,总容积为315立方米。

乘员舱内又分厨房兼食堂、盥洗室和工作起居室三个舱室。在每一个人工气候室里,配置有总面积17平方米的培育小麦的金属底板。一个3.5平方米的蔬菜种植圃,上面用多孔黏土培育着甜菜、胡萝卜、芜菁、绿叶菜、白萝卜、大葱、黄瓜等蔬菜。第四个隔舱的三个小球藻室共有30平方米的面积。

在这个实验室中,人们进行过多次成功的实验。最长的一次经历了180个昼夜。此外还成功地做到使生物学技术系统中大气和水的循环利用率达到82%—95%。

为了克服宇宙间的无重力情况对植物的影响,人们设计了离心机人工重力装置和磁性重力发生装置。1971年开始,苏联进行一系列的宇宙空间植物生长实验,获得了大量的数据。例如"礼炮6号"上的"孔雀石"温室中,一种生长周期为30天的植物在人工土壤上开出了花朵。1982年"礼炮7号"上的拟南芥菜收获了种子。这些成果极大地鼓舞了研究宇宙植物栽培学的人们。

美国从六十年代开始也进行一系列的空间植物栽培实验。1967年9月发射的"生物卫星2号"进行了包括植物生长在内的13项生物实验,发现在失重和脱离地磁场的条件下,胡椒属植物叶片生长不正常。此后,美国在宇航实践中对宇宙植物栽培做了大量的实验,其结果和苏联的大体相同。这些有益的尝试,证明"齐奥尔科夫斯基温室"是完全可以实现的。"宇宙农业"将为人类征服太空铺平道路。

宇宙植物栽培学为我们描绘了这样一幅蓝图:人类为了走出"摇篮",向宇宙迁徙,首先必须改造"太空殖民地"的生态环境,这就是在类地行星(如火星)上开发农业,建立了以绿色植物为核心的生态系统。这个生态系统开始是一个密封的温室,里面除了人类和绿色植物之外,还应有白兔、昆虫、细菌等动植物。绿色植物吸收人和动物呼出的二氧化碳，释放出氧气供人和动物呼吸；人和动物的排泄物、尸体和植物的废弃物经细菌等微生物分解成二氧化碳、无机盐、有机质和水，再供植物利用；植物供动物利用；人则靠动、植物生存。就这样循环不息，成为一个自供自足的生态系统。宇宙农场可以种植大豆、甜菜、水稻、小麦、葱、土豆、莴苣、萝卜、香蕉以致某些观赏植物。这已不是幻想。随着人类的成熟，齐奥尔科夫斯基预言不久就会完全实现。

22 婴儿何日啼太空
——空间遗传学

"地球是人类的摇篮，但人不能永远生活在摇篮里，而应当去开拓生存世界和空间，开始是小心翼翼地冲出大气层，然后便去征服整个太阳系"。这是"星际航行之父"齐奥尔科夫斯基半个世纪前描绘的人类进军宇宙的蓝图。今天，人类已经步入"宇宙时代"，航天登月已不再是新鲜事；"太空工厂"、"太空城市"之类也已不再是神话。人类可望在20世纪末或21世纪初大批地向太空移民，到太空定居生活。

可是，人类或其他生物进入太空后生命的进程将会发生什么变化呢？生物能否在太空中繁殖呢？人类能否在太空中生儿育女呢？这些都是引人入胜的空间遗传学的研究课题。

自从第一颗人造地球卫星上天以来，宇航员邀游太空已近三百人次，每次回来都经过严格体检，结果发现骨头变细变脆，肌肉握持力下降，动作变得迟钝。空间遗传学家认为，这是因为太空中没有地球引力，人的骨头、关节没有受到压力引起骨质脱钙所致。对此科学家们采取了许多措施。例如，研制出高钙的"太空食物"，在航天器内设置"微型跑道"、"弹性拉力器"等太空锻炼体育器材等，迄今为止，人类在太空中生活天数最高记录已达二百三十七天。

生物的突出特点是能够繁殖。人类或其他生物能否在太空环境繁衍后代，是人类能否真正成为太空主人的关键，因而是空间遗传学最为主要的研究课题。现在让宇航员到飞船上生儿育女还不太可能,但科学家们已进行了大量动物实验。美国曾把两条幼鱼、五十颗鱼卵、六袋老鼠、七百二十个果蝇蛹送上太空,在持续五十九天的飞行中观察它们对太空生态条件的反应,结果令人震惊地发现,授精的鱼卵孵出了幼小的鱼苗,并能在特制的水池中游动;原来"未婚"的"男"鼠"女"鼠竟然在太空中成亲合欢,回到地面后生出一代小鼠。科学家们还将在太空中组织"动物家庭",使动物在太空中一代代遗传下去,以不断观测它们的变异情况。将来,达尔文《物种起源》中的资料与之相比也会逊色。

　　动物实验虽然带来了振奋人心的消息,但人类真要在太空生儿育女,还面临许多问题。比如,必须消除太空生态条件对产妇和婴儿的影响;"太空母亲"至少需在太空中生活十个月以上并能吃惯"面目全非"的"太空营养品";必须消除产妇因远离故土而产生的种种心理障碍……然而,人类终将会战胜这些困难的。根据科学家们设想,未来的"太空移民地"将是一个圆筒状的世界,每分钟便自转一次,从而产生"人造引力",消除太空中的失重效应。圆筒内将模拟地球表面进行布置,既有山水湖泊,又有花草树木;既有鸟语雀声,又有飞禽走兽,还有长短任人调节的昼夜和四季。移居到那里的人们将会生活得比地球上的人更为舒适。

　　目前,空间遗传学研究正在深入和扩展,紧锣密鼓地为人类移民太空做好侦察和准备。太空迟早会是人类安居乐业之地,寂寞的宇宙空间总有一天会热闹起来。人类终将创造出震撼寰宇的杰作——"太空婴儿"。婴儿啼太空之日不会太遥远了。

23 到外层空间探索宇宙奥秘

——空间天文学

　　天文学是一门古老而又富有生命力的科学。自古以来,不知有多少人付出了毕生的精力,探索天体的奥秘,从而促进天文学的发展。在科学技术飞速发展的今天,天文学的新成就更是层出不穷,引人注目。以人造卫星上天为标志而兴起的空间天文学,是继十七世纪伽利略开始的光学天文,20世纪

40年代诞生的射电天文之后，天文学发展的又一里程碑，它给古老的天文学带来崭新的面貌，使天文学产生一次新的飞跃。

空间天文学是在大气外层空间探索宇宙奥秘的。这种独特的天文观测环境使它具有地面天文观测所无法比拟的优越性。它突破了地球大气的屏障，直接探测天体的辐射、宇宙高能粒子和行星介质样品，开拓电磁波的观测波段，使天文学有可能进入全波天文时代。这种内在的优越性使得空间天文学在其发展的过程中充满青春活力，在二十多年时间内，它在近地空间、行星和行星际空间的探索方面，在X射线源、Y射线源的研究方面取得了一系列重大进展。

外空观测首先在近地空间和行星际空间取得了重大的突破：发现地球有一个由氢、氦组成的地冕；有一个含有电场、磁场和高能荷电粒子的磁层以及位于它内部的范·艾伦辐射带。发现日冕稳定地向外膨胀，热电离气体连续从太阳向外流出，形成所谓"太阳风"。太阳风把冻结在其中的太阳本体磁场携带到整个行星际空间，并随太阳一起转动。这些发现从根本上改变了我们原来关于日地空间的概念，对于日地关系的基础研究，如日地间能量的传输、粒子的传输、太阳风与磁层的作用，行星际磁场与地球磁场的耦合等都极为重要。而为了寻找行星际磁场与太阳背景磁场的联系，人们重新分析过去年代的太阳磁场资料，终于发现了太阳大尺度光球背景场与星际磁场结构一致。这样一种按经度分布的磁场结构与古典的布巴科克恒星磁场理论是不相容的，这也许是近些年来对太阳物理提出的最大挑战性问题。

随着行星探测器接二连三的发射，行星科学也成为当代天文学最活跃领域之一。几个大行星的真实面貌逐渐清楚了；金星表面笼罩着浓密的二氧化碳，压力为地球大气的100倍；水星具有比火星强得多的磁场，对于自转极慢而又无射电辐射的水星来说，这一结果使人们惊讶不已；火星的极冠是冻结的二氧化碳，"海盗"1号和2号未曾发现火星上有任何生命现象；木星看来没有固体表面，是一个高压液态球，具有极强的磁场和发达的磁球，磁球内活动激烈。"旅行者"1号在1979年3月飞过木星附近时还发现木星外围有一个环。这一发现对于了解太阳系起源很重要。

1960年，美国科学家小组第一次发现在天蝎座方向有一个强大的X射线源，从此开始了对X射线源的研究。1970年12月在肯尼亚发射了一颗专门探测X射线源的卫星"自由号"。该卫星在飞行的头两个月中就发现了125

个 X 射线源，还发现了不少 X 射线源的辐射具有脉冲性质。后来美国又发射了"轨道天文台"卫星及其他卫星，专做这方面的探索。近年来，苏联也用卫星探测 X 射线源、Y 射线源。X 射线源是一些特别新奇的天体。它们发射的能量非常巨大，有的比太阳总辐射还高万倍以上。哪里来这么大的能量呢？有一种普遍的看法认为，X 射线源是双星系统。双星中有一颗是中子星，另一颗是超巨星。超巨星抛射物质，当物质快速冲击中子星时，便产生高能的 X 射线。有人认为，有些 X 射线源，比如天鹅 X－1 号，可能是"黑洞"。

1958 年就有人提出过，某些天体可能发射 Y 射线。但是由于探测的困难，直到 1962 年才有所发现。1972 年和 1975 年发现了两个 Y 射线卫星。迄今又发现了二三十个 Y 射线源，其中有几个还是脉冲星（中子星）。关于 Y 射线天文学的成就，暂时还很简单。Y 射线源可能是某种高能物理过程的产物。特别是 Y 射线大爆炸时，其辐射能比太阳辐射能量强大几百万倍，实在令人惊讶。它又是如何产生的呢？仍然是个谜。

近二十多年来，空间天文学的进展很迅速。人们期待着它在探索宇宙奥秘中不断取得新的突破。

24 研究星际分子的新学科
——分子天文学

随着天文学、物理学和空间科学技术的发展，近年来，各国天文学家在星际空间发现了越来越多的星际分子，于是诞生了一门研究星际分子的新兴学科——分子天文学。

星际分子的发现是六十年代天文学四大发现之一。过去在天文学界占统治地位的观点认为，恒星之间——广阔的星际空间是一片死寂；由于超低温、超高真空，特别是超强度辐射的离解作用，原子很难结合成分子，即使偶尔结合，也会很快被离解，寿命很短。因此，星际分子即使存在，也只是极为简单的分子。直到 1963 年在星际空间发现了羟基（－OH），1968 年发现了水分子（H_2O）和氨分子（NH_3），1969 年发现了乙醛分子（CH_3CHO）之后，上述传统看法才被打破。最近，加拿大阿尔贡塘天文台发现了一种包括11个原子、分子量达123的星际分子——氰基辛炔，这是迄今为止发现的包含原子数最多、分子量最重的星际分子。

据科学家分析，已发现的星际分子由碳、氢、氧，氮、硅、硫六种元素组成，其中有机分子差不多占80％。特别是一系列结构复杂的有机分子和多糖分子的发现，引起科学家们的极大重视。有人称这种星际分子是生命前分子。

分子天文学是打开宇宙奥秘的一把新钥匙，它丰富和发展了人类对宇宙、天体演化及生命起源等方面的认识。

25 您想知道宇宙的"生日"和"年龄"吗

——大爆炸宇宙学

自古以来，每当人们仰望天空，看到日月经天，星辰闪烁，就不禁要追问：茫茫宇宙，何处是边？亘古宇宙，又是如何起源和演化的？在人类漫长的远古和中世纪，由于科学技术的落后，无论是东方还是西方，人们都被一种宇宙神创论所统治。现代天文学在科学技术飞速发展的推动下，对宏观和宇观世界的物质性提供了有力的依据。近三十年来，由于射电望远镜、宇宙火箭、人造卫星、天空实验室和红外观测技术等的应用，我们已经能观测到距我们一百亿光年的天体，发现了许多新天体，如类星体、脉冲星、X射线源和红外源等；发现了许多新现象，如星系核爆炸等。这样，使人们有可能在科学的基础上重新思考宇宙的起源和演化问题。

1965年，美国贝尔实验室的彭齐阿斯和威尔逊，在使用二十英尺喇叭形反射器天线系统研究星系同步辐射时，测量到一种奇怪的噪声，其波长为7.15厘米，而且各方向来的噪声强度大致一样。经过几个月反复细心观测，排除了干扰，从而断定这是宇宙间恒星、星系和射电源等天体活动的背景。经测定，这是绝对温度3度左右的微波波段的辐射，因而称之为"3K微波背景辐射"。

3K微波背景辐射的发现，极大地支持了正在形成的一种宇宙起源和演化学说——大爆炸宇宙学，这种目前已被大多数宇宙学家接受的"标准宇宙学"认为，宇宙曾经有过一段从炽热到寒冷的演化史，在这个时期宇宙体系不断膨胀，物质密度由密到稀，就像一次规模异常巨大的爆炸一样。根据这种学说，宇宙最初是一种温度极高密度极大的状态，那时物质是一些能量极高的中子、质子、电子、光子、中微子等基本粒子，不但没有任何天体，那时连元素也未形成。这是宇宙演化的第一阶段，这个阶段只有大约一百分之一秒，整个体系在这百分之一秒间急剧膨胀，使温度迅速下降，当温度下降到一百亿度左右时，第一阶段就结束了。第二阶段是宇宙间元素形成的阶段。当温度降到一百万度时，中子失去了存在的条件，中子不是发生衰变，就是与质子合成重氢、氦等元素。这时宇宙中主要是质子、电子和一些较轻的原子核，光辐射仍很强，整个宇宙还是一个没有星星的世界，温度再下降到几千度时，第二阶段也结束了，这一阶段大约几万年。第三阶段时间最长，宇宙约一百亿年的历史主要属于这个阶段，今天我们仍生活在这个阶段中，这个阶段初期，宇宙里主要的物质是气体。后来有些气体逐渐凝聚成气云，并进一步收缩，开始形成各种各样的星球体系。在银河系里面，有一颗恒星就是我们的太阳。由于太阳系的演化，出现地球等行星，地球的演化又出现了人类。现在的3K背景微波辐射，就是宇宙从炽热状态脱胎而来的标记。

大爆炸宇宙学所以能被大多数宇宙学家所认可，是因为它成功地解释了许多重大问题。例如河外星系谱线的普遍红移现象，就是因为宇宙现今还处在膨胀阶段，河外星系正离我们向外移动的缘故。所谓谱线红移现象，是指原子反射的电磁波谱线在条件改变时引起的一种谱线位置移动，无论地球上或是宇宙中，各种元素都有一定的原子光谱作为它的标志。但对一些星系观测到的光谱线比地球上同样原子的光谱线略长一点，这就是红移（向红色谱线方向移动）；如果波长略短一点，就是蓝移（向蓝色谱线方向移动）。光谱移动的原因最常见的是多普勒效应的"速度红移"，这种效应就像我们乘坐一辆汽车，听到迎面驶来的汽车鸣笛，当两车擦身而过时，汽笛声调突然改变的效应一样。两车相向时，笛声升高（波长变短，相当于蓝移）；两车相离时，笛声降低（波长变长，相当于红移）。星系谱线红移现象，用大爆炸理论解释是相当成功的。另外宇宙中许多星体中25%左右的氦丰度，被认为是宇宙膨胀过程降温至 10 亿度左右时合成的，因为目前恒星内部氦合成只能产生 1% 左右的氦。近年来天体物理中高能物理的研究成果，也支持了大爆炸宇宙学。

　　大爆炸宇宙学尽管已经成功地解释了许多大尺度范围内观测到的天文现象，但它和其他科学假设一样也有自己的缺陷。宇宙的起源和演化问题，尚有待于今后长期的科学实验和科学理论研究工作，才能逐步得以解决。

26 揭开未来科技的神秘帷幕
——科技预测学

　　未来，这是多么令人神往的字眼啊！未来的帷幕，神秘、朦胧而富于吸引力。人类文明发展越进步、越迅速，预见未来就越必要、越迫切，这好比行人要不摔跤，只要看清几步之内的道路有无坑洼，而高速汽车的司机则必须看清几十米之内有无障碍。随着文明的高度发展，人类预测未来的"远见"对于社会的进步日显重要。目前，未来学正在蓬勃发展，科技预测学也越来越为人们所重视。

　　科技预测学是未来学的重要分支。四十年代，未来学作为一门独立的学科破土而出。未来学把过去、现在、将来视为不可截然分开的整体，通过回顾过去、分析现在来预测未来。六十年代以后，未来学从纯理论发展到应用研究，它的主要研究对象从社会科学转向自然科学和工程技术，从而诞生出了科技预测学这一分支。

　　科技预测学以人们已有的经验和知识为基础，通过推理想象，定量定性地预测科学技术的未来发展，帮助确定研究目标，主攻方向和突破重点。落实到一项具体的研究计划，能够预测计划中各项目的重要程度、经费分配、技术体系构成、各部门协调以及整体布局等。

　　现代科学技术的发展日新月异，一日千里，预见未来攸关重要。例如，在设计和建造大型生物或化学企业时，如没有预见今后的发展，那么有可能在企业建成投产以后就已经过时了。因为建一座新的化学联合企业，从设计、施工到建成投产一般需要 10—15 年。据专家预测，10 年之后，化学工业能生产大量现在完全不知道或尚停留在想象阶段的新产品。如果事前不做周密预测，到时只能生产过时的产品。在忽视科技预测方面，苏联有过惨痛的教训。在五十年代，当西方国家半导体工业的原料从锗转向硅的时候，苏联没有及时作出预测，结果使半导体工业大大落后于西方。当日本等国炼钢工业由平炉转向氧气顶吹转炉时，苏联仍大力推广平炉，以致延缓了钢铁工业的发展。当西方国家大力发展以石油为原料的化学工业时，苏联仍局限于发展以煤为原料的化学工业，从而使它的化学工业处于落后状态。

进行科技预测的方法很多，其中最重要的一种叫特尔斐法。特尔斐是一座希腊古城，是神谕灵验的阿波罗神殿所在地。在古希腊，阿波罗神最受人敬仰，既是太阳神，又是预言之神。据传说众神每年都要来特尔斐聚会，以占卜未来。预测未来的"特尔斐法"由此得名。特尔斐法通过一系列简明的征询表征询专家的意见，并通过有控制的反馈，取得一组专家尽可能可靠的统一意见，来对未来作出预测。最初用特尔斐法是为了解决美国军方委托的一个项目：让一组美国专家站在苏联对美战略计划制定者的角度上，最佳地选择轰炸美国工业的目标，并估算出需要多少枚原子弹才能将美国的军火生产压低到一定水平。当时如果不采用这种征求专家直观意见的方法，就需要花费大量时间和经费，广泛收集资料，还需要编写极其复杂的计算程序，建立一个五十年代电子计算机几乎无法胜任的庞大的数学模型。特尔斐法为此提供了很大方便。此后，特尔斐法广为使用，迄今已被各国使用几十次之多。进行科技预测还有许多其他方法。各种方法所依据的都是物质世界发展的规律性。对这种规律性认识得越深刻，建立在各种规律性基础上的预测也就越准确。

科技预测最为成功的例子首推美国的阿波罗登月计划。六十年代初，当苏联宇航员成功地进行人类第一次宇宙飞行后的一个月，美国就决心把人送往月球。1961年5月，美国政府根据周密的科技预测，确定了胸有成竹的登月计划，并由总统正式宣布："十年内把人送上月球。"1969年7月20日，美国宇航员乘坐"阿波罗"飞船抵达月球。这一巨大成功使科技预测的声望骤然高涨。阿波罗计划先后有二万家公司、120所大学和实验室、42万名专家参加，经费高达250亿美元。对这个当代最庞大最复杂的项目，不仅精确地预测了实现时间，而且还使经费控度在最初预算之内，使全世界惊叹不已。从此，科技预测学受到全世界许多国家的重视。

近些年来，我国学者也积极开展科技预测学研究，在科技预测方面做了大量工作，相继预测了能源、地震、建筑材料、交通运输、自然资源、内燃机等发展趋势，取得了丰硕成果。科技预测学作为未来学的一个重要分支，也正在我国蓬勃地发展。

27 "阿波罗—13"紧急返航和科学社会学

1967年7月，美国"阿波罗11号"宇宙飞船载着两名人类使者，第一次踏上月球的土地，使全世界为之欢呼。之后，"阿波罗登月计划"又作了五次登月，连第一次共有12名宇航员登上月球。宇航员在月面上设置了核动力科学实验站、月震仪和激光反射器等，对月球进行了科学实验和地质探测，并且带回843磅月球岩石和尘土。"阿波罗"登月成功和一系列科研成果，固然表明美国科技的先进，但是如果仅靠几个科学家和工程师，"阿波罗"是无法上天登月的。据统计，共发射17艘飞船、耗资250亿美元的"阿波罗计划"是迄今为止世界上规模最大的一次宇航活动，参加研制、发射的人达42万之多。因此"阿波罗"是84万只手烘云托月地送上月宫的。42万人是一个庞大的数目，是一个社会组织。如何使这42万人步调一致地工作，是一个关系到组织、管理的重大社会问题，稍不注意，就会出现差错。例如"阿波罗—13"原定降落在月球雨海以北的弗拉·摩洛高地，但当它飞离地球33万公里时，一个液氧箱突然发生爆炸，把服务舱炸了一个洞。飞船被迫紧急返航，幸而没有造成伤亡，但已损失了1亿多美元。事后调查，造成事故的原因是制作与设计没协调好。飞船上两个恒温器开关原是按电压28伏设计的，后来计划修改，电压改为56伏，但制造厂仍供应28伏的开关，结果开关不堪负荷而爆炸了。

科学发展至今日，已是分类精细而纵横交错。分工越细，就越需要综合。由于各学科的沟通、渗透，使许多边缘学科、横断学科崛起。许多以前认为风马牛不相及的学科,现在携起手来开创新路。例如分子轨道对称守恒定律,是有机化学和量子理论的结合;三维全息摄影,是光学和全息理论联姻;DNA双螺旋结构的发现,不能忘记有物理学的贡献;粒子理论和天文学嫁接,将产生新的宇宙发展观点……从大型工程到日常用具,都有地区合作到国际合作的痕迹。现在已不是伽利略、牛顿时代那样靠几个天才头脑主宰科学世界,也不是居里夫人那种三几个人手工作坊式的科研时代。重大的科研成果,无不是各方面联系、协作的产物。美国的高能物理学家到瑞士的大型加速器做实验;英国的生物学家到非洲丛林研究野生动物;各国科学家聚集南极进行科学考察,这些都是司空见惯的现象。"科学无国界"这句话,已超越那种说明科学成果是人类共同财富的概念,而包含在科研领域中,人员配备、技术装备、情报资源、研究经费等,已跨越国界,出现"大联合"的状况。这种千万人参加的科技网络,形成科学研究的独特社会组织,因此必然存在许多社会问题需要解决。科学社会学就是为了解决科研中协作、组织、管理和其他社会问题而产生的。

科学社会学是自然科学和社会科学之间的桥梁。自然科学的成就推动社会科学的研究,控制论、信息论、系统论在社会科学的应用,取得令人瞩目的成果。同样,社会科学的进展,也推动自然科学取得新的成就。社会科学阐明科学技术是生产力的一部分,为科学技术的发展拓清道路。科学社会学的兴起,将加速这两大学科的信息交流,为人类开创认识自然、改造自然的新纪元做出贡献。

28 科学流派和科学流派学

在物理学上,意大利曾为有十六世纪的伽利略和十八世纪的伏打而感到骄傲。十九世纪中叶以后,物理学在意大利渐趋沉寂。二十世纪的帷幕刚一拉开,相对论、核物理、量子力学便异军突起,使物理世界风云骤变。爱因斯坦、玻尔、泡利、玻恩、卢瑟福、海森堡、薛定谔、德布罗意、狄拉克、居里夫人等一大批现代物理中灿若星斗的人物纷纷脱颖而出。罗马大学物理系主任奥索·玛利奥·柯比诺意识到,意大利再也不能沉醉在伽利略、伏打昔日的光荣里,应该奋起追赶时代潮流了。于是他决心在罗马建立一个新学派,以重振意大利物理学的雄风。

当时,年轻的恩里科·费米(1901—1954年)已经崭露头角,到1926年,他已经发表了三十多篇论文,对相对论很有研究,并且刚刚建立一种后来以他的名字命名的量子统计方法。这一年,柯比诺设法将在佛罗伦萨大学任教的费米和他的好朋友佛朗哥·拉赛蒂邀请到罗马大学,以实施他雄心勃勃的计划。

于是,一群志同道合的青年人,就以费米为核心建立起一个新的学派——罗马学派。他们中有的是教授,有的还是学生,但年龄最大和最小的相差也不够十岁。这些年轻有为的人以各自个性、自由而简便地结合起来。他们经常聚会,畅所欲言地讨论各类问题。当时正是量子力学兴起的年代,费米着手发挥量子理论。在罗马学派中,他是"教皇",因为他在这方面是绝对权威。拉赛蒂自称不完全理解量子理论。但每当"教皇"缺席时,他仍是最有资格的发言者,因而被称为"红衣主教"。数学天才玛扎拉纳,总以敏锐的洞察力指出错误之处,因而成了"宗教裁判所的大法官"。佩尔西科被任命为"宣传信仰的红衣主教",到都灵向不相信量子理论的"异教徒"宣传量子理论的"福音"。这群思想开放、感觉敏锐、知识广博、眼光远大而又诙谐风趣、亲密无间的青年人,把现代物理奉为他们的"最高信仰",终于为复兴意大利的物理学作出非凡的贡献,而费米本人,也因发现慢中子以及由慢中子引发人工核反应而荣获1938年度的诺贝尔奖金,成为开发原子能的一代宗师。

在漫长的科学长河中,由于科学研究者的思路、方法、学识、个性以致信仰等的不同,形成了不同的学术观点和研究风格。具有相同学术观点和研究风格的科学家聚集起来,就形成了具有一定特色的学派。特别是二十世纪以来,由于科学的高速发展,参加科学研究的人增加,传播信息的手段越来越先进,科学家互相联系自由活动的范围拓宽了,世界范围的人才流通日益普遍,因而科学流派也就越来越多。现代科学史上出名的学派,在物理学上就有罗马学派、哥廷根学派、哥本哈根学派、柯尼堡学派、朗道学派;生物学上有达尔文学派、摩尔根学派、米丘林学派等;此外如化学上的李比希学派,数学上的布尔巴吉学派,非平衡热力学上的布鲁塞尔学派等,都是十分著名的。这些学派的带头人，往往是些贡献卓著的科学巨子，他们各自的理论和一大批拥护者的卓有成效的工作，以及学派之间的争鸣，推动了科学的发展，这些科学流派因而炳彪科学史册。

我国科学界也有各种学派。以地质学为例，就有以李四光为代表的地质力学学派，张文裕为代表的断裂与断裂大地构造学派，张伯声为代表的地壳波浪状镶嵌构造学派，陈国达为代表的地洼学派，黄汲清为代表的地槽多旋回构造运动学派以及一些学者支持的板块构造学派。

学派不是宗派。科学流派在科学发展史上起积极的作用。对各种科学流派的产生、形成、发展、演化、消亡以及它们的地位、作用和相互关系的研究，就形成了科学流派学这门新学科。当前，科学研究者十分重视科学流派学的研究，其目的是从中吸取经验教训，作为借鉴以推动科学研究的发展。科学流派的形成是与开明的政治气氛，百家争鸣的学术风气休戚相关的。人们希望我国科学的春天的到来，能在不同学科领域中涌现出一大批有影响的学派，为振兴、繁荣我国的科学事业作出贡献。

29 科学心理学

科学心理学研究人在科学创造活动中的心理活动规律。它是随着科学学和心理学的发展，为适应现代科学技术需要而产生的一门新学科。它既是心理学的一个分支，又是科学学的一个组成部分。

科学心理学的研究内容十分广泛。总的来说，它是研究心理过程（认识、情感、意志）和个性特征（兴趣、能力、气质、性格）在科学创造活动中的表现和规律。它包括基础理论和应用两个方面。基础理论主要研究心理学的一般原理在科学创造活动中的表现；应用方面主要探讨各科研环节和不同学科科研中的心理活动规律。研究科学心理学，将能提高科学研究的效率。

科学家进行科学创造活动的动力是科学心理学的重要研究课题。科学心理学认为，科学家的动力，除了来自为人类谋幸福、热爱祖国、民族自豪感等与其他行业相通的因素之外，还来自他们的好奇心、好胜心和社会承认。

所谓好奇心,就是一种探索和重新安排大自然的强烈愿望。比如,如何解释太空中所有天体的运行以及日食、月食等现象,引起了哥白尼的好奇心。强烈的欲望驱使他花了整整三十年的时间研究天文,最后终于创立了太阳中心说,写出了《天体运行》的不朽科学著作。而好胜心则是一种自我肯定,即要向自己或他人证明,自己是有能力完成某项任务的。正如爱因斯坦所说,有一种人从事科学工作,是因为科学工作给他们提供了施展才能的机会;他们喜好科学,正如运动员喜好表现自己的技艺一样。科学家得到社会的承认,也是一种科学创造的动力。这是一种循环,也是一种正反馈;成就——奖励——工作条件改善、更努力工作——更大成就……循环往复,周而复始,但"振幅"可以越来越大。具体地说,社会承认能使科学家把更多的时间、精力用于工作;"承认"也带来了工作上的种种有利条件,这些都能使科学家作出更大成绩。这种优势积累过程,使奖励获得者越来越快地成长。

科学心理学承认并研究科学创造过程特有的一种复杂的心理现象——灵感,认为它同其他心理现象一样,也是人对客观世界的反映,是人脑的一种机能。在科学史上,由于灵感来潮而导致科学发现的例子多如恒河砂数:德国化学家凯库勒在马车上打瞌睡时灵光一闪顿悟到苯分子的环形结构;阿基米德在浴池中洗澡时悟出浮力定律;数学家希尔伯特在看戏间大脑突然闪出一个解决数学难题的方法;门捷列夫在睡梦中"梦"见了元素的周期性排列……大量事实表明,灵感往往在大脑松弛的状况下油然而生,使人豁然开朗,使研究工作出现质的突破。但是,"得来全不费功夫"的灵感,肯定经过"踏破铁鞋无处觅"的艰苦历程,它完全是在长期紧张工作、冥想思索的基础上产生的。不踏破铁鞋,躺在树荫下守株待兔是等不到灵感光临的。如果把紧张的工作比做"十月怀胎",灵感的到来就是"一朝分娩"。灵感的产生犹如瓜熟蒂落。科学心理学的研究内容之一,就是探讨灵感产生的机制和规律、灵感的作用、灵感的诱发和捕捉等等。

科学家的集团心理,也是科学心理学重要的研究课题。由于现代科学技术的日趋复杂和综合化的趋势,科学研究的规模越来越大,已从个体研究发展到集体研究、国家研究甚至国际研究。因此,科学家的集团心理越来越为人们所注意、所重视。在科学家之间的交往、合作中,存在许多与科学研究的成败、效率等密切相关的心理现象。所以,如何协调科学家之间的合作关系,是科研组织者、学术带头人的一项重要任务,也是科学心理学所要研究的问题。

科学家和科学工作者懂点科学心理学将会对研究工作大有裨益。科研领导人谙熟科学心理学更是必不可少。当然，科学心理学的研究领域十分广阔，远非上述这些课题。目前，我国学者也正在开展科学心理学的研究，让这门新学科为科学技术发展服务。

30 从新闻照片的信息谈科学情报学

六十年代，我国石油工人自力更生、艰苦奋斗，在松辽平原建成大庆油田，中国人用洋油的日子一去不返。当时大庆油田是对外保密的，但不久日本就弄清大庆油田的地址、油田开发时间、原油产量等重要情况。值得一提的是日本获取情报的做法既不是通过派遣情报人员潜入中国，也不是利用间谍卫星提供的信息，而是从中国公开发行的文章、照片上猎取的。1964年4月20日，《人民日报》登载了《大庆精神大庆人》的文章，首次透露中国有大庆油田的消息。之后，1966年7月，《中国画报》刊登了王铁人的照片。日本人从王铁人头戴皮帽及周围景象推知大庆地处零下30℃以下的东北地区。1966年10月《人民中国》登出了介绍王铁人的文章，提到马家窑这个地方并说钻机是靠人推、肩扛弄到现场的。日本人推断油田离铁路不远，并从北满地图上找到马家窑这个地方。进而又从另一篇报道1959年王铁人在天安门参加国庆观礼的文章中分析到1959年9月王还在玉门，以后便消失了，说明大庆开发时间大约在1959年9月以后。他们又从1966年7月《中国画报》刊出的炼油厂照片，分析出炼油厂日炼油能力为3000千升，从而推断大庆年产约360万吨原油。从此，日本人开始注意和中国进行出卖炼油设备的谈判。

无独有偶，1979年美国发生了一起严重的氢弹泄密事件：一位叫莫兰德的人在《进步》杂志上发表了一篇关于氢弹秘密的文章，详细介绍氢弹的结构及制作过程，氢弹外壳的加工工艺，辐射压等重要情报。美国政府审定，文章中共有1332个字是"保密数据"。其实，莫兰德是完全依靠公开的资料而获得美国"不惜一切代价加以保护"的最高机密的。他用了三个办法：一是广泛分析公开的文献资料；二是参观了展出核武器的公共博物馆，三是攻读了热核物理学。一个原来对核物理无所了解的人，尚且能研究出如此绝密的情报，那么对于训练有素、装备先进的情报机关，就更不在话下了。据统计，美国中央情报局的情报来源，有百分之八九十来自公开资料。

科技情报在现代社会越来越重要，其重要性主要表现为：一是资源性。情报是一种无形的财富和资源。二是经济性。自己动手研究，费用是高昂的，而利用情报却是廉价的，特别是对科技基础比较差的国家，一条重要的科技情报可节约大量科研费用。日本从1945年开始，花了4亿美元购进1500多项专利，通过吸收、提高，为日本取得70亿美元的收益。三是竞争性。目前先进国家科技水平难分高下，谁在某一方面捷足先登，就能压倒对方。例如日本从一小张照片和一份产品说明书获得美国新发明的数控机床的情报，经过几年研制成功，大量生产后反而向美国进口。在国际竞争中，有影响的科技情报总是互相保密、互相封锁的。

科技情报正日益深入社会各个领域，从最高决策机关到个人日常生活，情报已成为意志、决策、部署、规划、行动所必需的知识，成为社会进步、经济发展的一种动力，也成为国际竞争的有力武器。社会已进入信息时代即情报时代。因此，一门与数学、逻辑学、语言学、心理学、计算机学、图书馆学及各种通信技术密切联系的新学科——科学情报学引起人们高度重视。这门学科研究的不是情报的内容，而是情报的功能、地位，情报的产生、扩散、传递、吸收和利用的规律，以及情报的搜集、整理、加工、分析、传播等手段，以提高科技效率，加速科技发展。在国际竞争加剧的今天，科学情报学还研究如何对情报进行保密。

今天，各种科研情报犹如排山倒海向人们涌来。目前世界已有3千多万种图书，并以每年50万种的速度递增，此外还有4万多种杂志期刊，每年500万篇科技论文，30万件专利以及无法计数的其他资料，使人有"信息爆炸"之感。据联合国科技情报系统（UNISIST）统计，科学知识增长率，60年代以来从9.5%增至10.6%，估计80年代可达12.5%。面对浩如烟海的科技情报，如何从中搜集到有用情报，并迅速加以利用，就是科学情报学的主要研究课题。各国纷纷设立有关机构，截至1976年全世界已有52个国家建立了国家一级的科技情报局，投入了大量的人力物力，组成包括专业人员和业余情报人员的庞大情报网,并不断改革收集——处理——传递——储存——检索的手段。由于电子计算机、微缩技术、遥感技术、卫星技术等的广泛应用,出现了科技情报工作——电子计算机——现代化通信技术结合的科技情报网络,极大地提高了科技情报的工作效率。

31 追踪溯源的科学词源学

看过日本电视连续剧《血疑》的人都知道大岛幸子是一位 Rh 阴性血型的姑娘。围绕这一特殊血型,展开了大岛和相良两家血缘、爱情、友谊、事业……一系列扣人心弦的冲突。现在许多人都知道 Rh 阴性是一种罕见的血型,这种人的血液中含有一种特殊的 Rh 因子。但是这种因子为何称为 Rh,就鲜为人知了。

原来自从 1900 年奥地利生理学家兰德斯坦纳发现血型以后,输血便成为切实可行的有效措施。到了 1940 年,兰德斯坦纳和美国的韦纳,在一头印度恒河猴(猕猴)中又发现了一种新的物质。因为这种物质是在猕猴身上发现的,所以称为猕猴因子,又称 Rh 因子,因为英文猕猴称为 rhesus,Rh 为此单词的前两个字母。在今天所知道的 8 种 Rh 因子中,只有一种是 Rh 阴性因子,其余都是 Rh 阳性因子。Rh 阴性和 Rh 阳性者之间是不能相互输血的,否则就会发生溶血而危及性命。

上面"Rh 阴性"这个名词的来源,可以从美国著名科普作家阿西摩夫的《科学名词探源》(上海翻译出版公司出版)中读到。这是一本介绍科学词源学的书。科学词源学是一门十分年轻的科学。

初学科技的人,常常被一些奇怪的科学名词所困惑:为什么科学家要发明这些既难读又难懂的名词呢?其实,每个科学名词都有其来源,有的还有一个美妙的故事呢!科学词源就是追踪溯源,揭开这些科学名词令人望而生畏的外衣,使其趣味盎然的故事呈现在你面前,使你不但对这些名词再也不感到生僻难懂,而且会余味无穷。下面再试举几个例子。

氨又叫阿摩尼亚,这是英语 ammonia 的音译。这和埃及神话中的一位保护神阿曼（Amen）有关。古希腊亚历山大大帝征服了中近东，把希腊文化带到了埃及。希腊人认为他们的主神宙斯和埃及的阿曼（希腊人读为阿摩）相当，于是在北非沙漠的绿洲中建立了一座宙斯—阿摩神庙。北非以骆驼粪为主要燃料，天长日久，燃烧骆驼粪使神庙的墙壁和天花板蒙上一层烟灰，里面含有一种白色晶体，当地人称之为阿摩神之盐，它具有一种刺鼻的气味。1774年英国化学家普利斯特列首次单独收集到这种气体并对它进行研究。后来人们把阿摩神之盐转化称之为阿摩尼亚，这就是氨。

学过化学的人大都知道第84号元素钋（Polonium）是居里夫人以她的祖国波兰（Poland）命名的，但多数人不知道32号元素锗（germanium）是发现者德国化学家温克勒以他的祖国德国（Germania）命名的；87号元素钫（francium）是发现者法国化学家以法国（France）命名的；95号元素镅（americium）是美国化学家西博格以美国（America）命名的。这些元素的名字，包含着科学家们拳拳爱国之心，令人肃然起敬。

圆周率 π 是每个中学生所熟知的。它的来源，据说是因为古希腊人很早就确定了圆的周长和直径的比率，公元前三世纪的阿基米德，估计这一比率约为3.142。1600年英国数学家奥特雷德首先用希腊文"周长"的第一个字母 π 来代表这个比值。从此，人们普遍用 π 来代表圆的周长和直径的比率——圆周率。

为什么激光又称"莱塞"或"镭射"？为什么激素称"荷尔蒙"？"卟啉""萜烯"这样的怪名字又是从何而来，又有何意义的？科学词源学为你解答这许许多多问题，带你走进一个令你乐而忘返的"王国"。

32 不可缺少的学科

——科学法学

军有军法，商有商法，科学技术也有法——科学法。研究科学法的科学称为科学法学。

科学法学，是探讨科学技术活动中如何实行法律调节的一门学科。它主要研究科学立法理论、科学法规、科学法制、科学法史、科学法比较、科学法预测和未来等。我国的科学法是指国家权力机关认可并由司法机关保障其实施的科技行为的准则。

科学法的效力与其他法律相比,都具有规范性和权威性,但各自调整的对象不同。科学法调整的内容,一是科学技术活动中人与人之间的关系;二是对科研成果的保护和应用;三是对科学技术潜在的有害后果的防止。具体地说,科学法规具有两大功能,即促进功能和限制功能。前者保护和促进科学事业的健康发展,后果限制科学技术活动中的消极因索和对科技成果的滥用。

科学法与其他法律相比,还有如下几个显著的特点:

1. 调整规范的探索性。科学规范往往以号召、鼓励为主,它既不像刑法规范那样以弄罚来强制人们遵守,也不像民法规范那样以物质责任来迫使人们履行。

2. 调整活动的间接性。因为科学技术活动是对未知事物的研究和试验,是知识性的产品,因而不能事先一一加以规定。

3. 调整程序的特殊性。因为科学法调整的内容具有高度的知识性。往往要听取专家、学者的意见,现今有不少国家专门建立了科学法庭,其法庭成员都是由学有专长的人组成,完全有别于普通的民、刑法庭。

目前,科学法学在学术上争论较大。归纳起来主要有三种观点:一种观点认为,科学法学是一门跨学科的综合性的学科;另一种观点认为,它是经济法学中的一个亚部门;第三种观点认为,它是一门独立的法学分支。尽管争论较大,但有一点是致肯定的,即认为科学法学是当代科技、经济、社会生活中不可缺少的学科。

33 科普也登大雅之堂

——科普学

自从人类脱离了动物界,以能思维、有语言、会制造和使用工具的地球主人身份出现在地球之时起,科学普及作为一种社会行为就存在于人类传播知识的过程之中。从生活经验如使用火的传授,到专门化技术如制陶、冶炼的传授,直至天文学、力学、数学这些提升到理论性的科学知识的传播,都是属于科学普及的范畴。而首次目的明确，规模宏大，影响深远的科学大普及，则出现在十八世纪中叶第一次世界技术革命的前叶。以法国狄德罗、达朗贝尔为首的一批学者，联络了一百八十名初露光芒的科学明星，组成"文人学者社团"，经过二十多年的艰辛劳动，编成囊括当时一切科学知识的三十八卷百科全书，狄德罗等因此在科学史上被称为"百科全书派"。他们以鲜明的哲学思想和丰富的科学知识为武器，所向披靡，使禁锢人们思想的经院哲学，宗教统治和封建思想全面崩溃，为法国大革命扫清思想障碍，又为十七世纪诞生的近代科学走向十八世纪技术革命开辟道路。但是，对科普本身进行研究探索的科普学，则是生产于20世纪第二次世界性科学大普及之中。这次科学大普及，出现在20世纪技术革命前叶，持续在现代技术革命和经济大繁荣之中。一大批诸如苏联的伊林，美国的阿西莫夫、英国的威尔斯，中国的高士其这样有造诣的科普作家，自觉运用科普武器，为第二次技术革命立下不可磨灭的卓著功勋。在此同时，对科普理论的研究，也逐渐深入，终于导致一门新的学科——科普学脱颖而出。

科普学研究可分为理论科普学和应用科普学两大类，前者研究科普观，即科普的认识功能和社会功能，后者研究科普方法，着重解决实际应用中的问题。

科学普及是科学本身发展的需要，是科学技术转化为生产力的桥梁，上面提到的两次世界性的科学大普及，就是在十七世纪近代科学诞生和十八世纪现代科学建立的历史条件下出现的，并且由此完成了近代史上两次科学——技术——生产的大循环。如果没有牛顿力学、物理学在十八世纪的大普及，以蒸汽机为代表的动力革命是不可能成功的；如果没有卡诺，焦耳等人的热力学和内燃机理论；富兰克林、库仑、法拉第、麦克斯韦的电磁学理论；波波夫、马可尼的无线电理论；爱因斯坦的相对论等科学理论的普及，现代化生活的一切设施是不可能出现的。科学普及又是滋养科学人才的丰腴土壤。如果不是《大英百科全书》的启蒙，法拉第就不会成为电学的一代宗师；如果十二岁的爱因斯坦不曾为《几何学原本》所吸引，他就不会成为创立相对论的科学巨人。科普使无数科学家成才，事例是不胜枚举的。科普提高人类对自身的认识，提高整个社会的文明，推动了社会的进步。科普学是介于科学学和教育学之间的边缘科学，是多学科渗透的新学科。它的出现，将使人们更清楚地认识科普的巨大作用，对促进科普手段现代化，提高科普的效能效率，都是十分重要的。

34 严防"电脑渎职"和"电脑犯罪"
——计算机管理学

1981年的一天，北美防空指挥部计算机中心，突然发出美方受到攻击的警报。顿时，美国的战略导弹部队进入紧急战备状态，飞行员登机待发，只等首脑机构命令一下，一颗颗战略导弹就会飞向目标，一架架飞机立刻会升空出发。8分钟后，警报解除。这不是一次军事演习，而是一台微处理机的机芯出了故障而造成误报。目前美苏两个大国战争对峙已发展到从海洋、陆地、空中以致太空，这次计算机的严重错误，差点引起一场后果不堪设想的大战，这不能不引起计算机专家的深深忧虑。

电子计算机被各个领域所广泛使用之后，由于对计算机的管理跟不上，所以不断出现漏洞。计算机没有自卫能力，容易给人钻空子。美国加利福尼亚州国家安全银行发现一笔1020万美元的巨款失窃，然而警方的调查证明，案犯既没有进入金库，也没有内外勾结的迹象。那么巨款为何不翼而飞呢？原来作案者是一名叫做马克·利夫金的计算机专家，他利用给该银行安装计算机的时机，窃取了该银行计算机密码和计算机程序。过了一段时间，他到大街上的自动电话亭里，投进硬币之后，拨通了银行密码室的电话，报上一个密码数字，银行的计算机便乖乖地根据他的要求，把巨款汇到他在纽约和瑞士的私人账户中去。近年来，美国利用计算机行窃等犯罪大案频频发生，罪犯的作案手法五花八门。有利用工作方便，把盗窃指令偷偷编进计算机程序，使计算机根据此指令，"主动"作案，事后又自动消去此指令而不露痕迹的；有利用自己计算机接收他人的计算机工作时发出的脉冲信号，进行放大分析，破译出计算机密码、程序以后伺机作案的；有利用遥控装置指令计算机作案的；有在与他人共用一部大型计算机时，从其他使用者的数据传输线中窃取情报资料，并在作案之后嫁祸于人的……美国加利福尼亚大学研究院的派克博士检查了一个计算机网络系统，该系统每天要处理6000亿美元的资金，只要谁偷偷篡改其中1600亿美元，美国的经济就要崩溃。因此，敌国之间，也正在研究如何用摧毁敌国计算机网络的方法，使对方"神经中枢"失灵，出现经济、科技、军事等方面的混乱，从而不战自败。

电子计算机的这些致命弱点日益暴露，推动了研究电子计算机的安全性，提高使用性能，防止出现错误和对付利用计算机进行犯罪活动的计算机管理学的创立和发展完善。现在，这门新学科研究的主要课题是：

一、努力使计算机不犯或少犯错误，或避免因计算机出错而造成的严重后果。美国国防部已设计出一种叫做 ARPANET 的网络系统，作为计算机的监察器。一旦计算机出现差错，它就能闻风而动，把差错部分封闭起来，不让它向外扩散，以免厘毫之差造成千里之失。

二、改善计算机的安全性。日本已研制出一种叫坚件的新系统，它能防止破坏者擅自改变程序。谁想改变它的程序，坚件会拒绝他的指令。有的采取使用复杂的解码技术或由几套合成的密码的方法，来防止密码失密。

三、提高计算机识别能力。假如安装语言、指纹、外貌等识别机构，防止外来者作案。

四、提高计算机安全期。目前一般计算机安全期在 1000—1500 小时范围内，延长安全期，必将减少其错误。

计算机管理学的兴起，将使电子计算机应用范围扩大，使用能力提高，成为人类更有效、更可靠、更驯服的工具。

35 当代科学技术的宠儿

——生物工程

生物工程，不久前对大多数人还是一个陌生的名词，如今日益引起人们的关切和注目，已成为人们日常的话题。

生物工程又称为生物工艺学或生命技术，是在工业、农业、医学等领域应用基因移植、细胞融合、细胞培养及生物反应等生物学技术的总称，是七十年代后期才蓬勃发展起来的新兴领域。生物工程包括基因工程、细胞工程等许多分支（见图），它是现代生物学和化学、物理、微电子技术、工程学等相结合的产物。生物工程被称为当代科学技术的宠儿，这不仅是因为它的应用范围十分广泛，更重要的是，在当今世界面临的能源、粮食、环境、医药等重大问题上，它越来越显示出巨大的生命力。

造福人类的基因工程（遗传工程）自从著名的 DNA 双螺旋结构模型被提出以来，人们对这一遗传物质的研究越来越深入。到了七十年代，人们已能把两种不同的 DNA 分子经过剪切、重新组合，创造出一种新的 DNA 分子，再通过一种叫做"质粒"的载体，导入大肠杆菌等微生物的体内，使器官产生外来基因（即 DNA 片断）的表达产物。这种重组 DNA（又叫基因移植）技术很快就投入了实际应用，基因工程（遗传工程）就此诞生了。

干扰素的生产就是基因工程造福人类的一个典型例子。干扰素原来是人体组织接触病毒后所释放出来的一种特异的蛋白质，能协助机体抵御多种病毒的侵扰。作为一种药品，干扰素不仅可以用于抗病毒，而且是一种很有希望的抗癌药。目前，一般的干扰素制剂是从人血的白细胞中提取的。但血液中干扰素含量极少，而且又极难纯化，所以把干扰素投入临床应用实际上是个难题。但是如果采用重组 DNA 技术，先分离出合成人干扰素的基因，再将它移入细菌体内，使细菌获得合成人干扰素的能力并大量繁殖，最后就可以用工业发酵方法大量生产纯化的人干扰素。从一升发酵液中提取的干扰素，相当于 1200 升人血中含量。这一"病家福音"已经成为事实，在大肠杆菌、酵母菌里合成的有活性的干扰素已经可以用于临床。

基因工程更为诱人的前景是在农业上的应用。如果能把某些外来基因，比如能抵抗某种病害的细菌基因，成功地转移到植物细胞内，表达出功能并顺利繁殖，那么，人类就能得心应手地控制植物的性状，一个个优良的农作物新品种就会应运而生。这简直就是农业史上的一场革命！尽管目前还存在种种技术上的困难，但这一灿烂的前景正诱使各国科学家努力探索，锲而不舍。

前途无量的细胞融合技术是细胞工程的一大支柱。它基于这样一个原理：两个细胞彼此接触时，接触部位的细胞膜会自行溶解，内部物质会相互流通。接着两个细胞核也融合在一起，最后合为一个细胞。这个杂种细胞就包含有两种细胞的遗传物质。所以，人们有可能把不同种细胞融合在一起，培育出具有双方优良品质的新杂种。业已诞生的"人—鼠"杂种细胞和"马铃薯—西红柿"新品种就是这一生物尖端技术的杰出成就。

细胞工程的里程碑之一是 1978 年杂交瘤和单克隆抗体的诞生。杂交瘤是将能产生抗体的人脾细胞和骨髓瘤细胞融合在一起而形成的。由于骨髓瘤细胞有不断繁殖的特性，这种杂交瘤细胞系会不断地产生非常纯、作用非常单一的抗体。这种抗体叫做单克隆抗体，在药学上，特别是在对肿瘤的诊断与治疗上，具有极重要的价值。国际上至今已有近百种单克隆抗体实现了商品化。

细胞工程的另一支柱是组织培养技术。早在四十年前就有人用一个胡萝卜细胞培养出一个完整的胡萝卜植株，从那时起人们就认识了植物细胞的"全能性"：从植物体分离出来的正常细胞都具有该植株的全部遗传属性，如把单个细胞放在适当的培养基中繁殖，便能发育成为完整的植株。这也就是我们常说的"试管苗"。组织培养技术的特点是快速、大量繁殖。各国科学家都在致力于通过它来大量生产珍贵植物品种，来挽救即将灭绝的植物种，以及把性状优良然而人们尚不熟悉的植物种迅速投入农业生产。

在我国，桉树、红杉、甘蔗等经济作物的试管苗早已繁殖成功，康乃馨等名贵花卉的试管苗已进入国际市场。即将建成的我国生物工程开发中心已把组织培养列为突破口之一。

源远流长的微生物工程及其他微生物工程又称发酵工程，是一种利用微生物高速繁殖和旺盛的新陈代谢来完成一定化学反应的生物技术。在生物工程的众多分支中，微生物工程称得上"源远流长"。从古代的酿酒、制酱到现代的抗菌素、氨基酸的工业化生产，都是通过微生物的发酵来实现。化学工业中高温、高压、高耗能的工艺流程，一旦采用微生物发酵技术，就可转为常温、常压、低耗能的生产过程。目前全世界有机化合物的年产量高达一亿吨，其中大多数产品可以用微生物工程的手段来生产。

用微生物工程来开辟新能源是一个令人瞩目的新动向。利用厌氧微生物，用纤维素、淀粉等廉价原料来生产乙醇、甲烷等燃料；利用光合细菌和藻类来进行光能转化，从而生产氢气等，都已取得了一定研究成果。

生物工程还包括酶工程和生化工程等。酶工程致力于对生物催化剂—酶进行研究和改造，提高酶的活性和稳定性，以促进某些使用酶来催化的工业生产过程自动化、管道化，提高生产效率。生化工程则以生化反应器放大（指从实验室放大到工业生产规模）规律和生化反应动力学等为研究对象。

生物工程近年来的迅猛发展，为"二十一世纪是生物学世纪"提供了令人信服的证据。我国的生物科技工作者正齐心协力，苦战攻关，赶超世界先进水平，相信在20世纪末一定能开创我国生物工程的新局面。

36 在分子水平上探索生命奥秘

——分子生物学

分子生物学是在自然科学基础研究中取得重大进展的领域之一。在它初露头角的时候，就已经显示出强大的生命力，对整个生物科学产生着日益增大的影响。但是，什么是分子生物学？它包含着哪些主要内容？它有着什么样的前景呢？

生物学是研究生命现象的科学。近些年来，在物理学和化学的影响和渗透下，生物学的发展非常迅速，由观察生命活动的现象日益深入到认识生命活动的本质，从而形成了一门全新的学科——分子生物学。

分子生物学是在分子水平上研究生命现象及其物质基础的科学。是现代生物化学的一个重要组成部分。它的核心内容是通过对生物体的主要物质基础，特别是蛋白质、核酸和酶等生物大分子的结构和运动规律的研究，来揭示生命现象的本质。

分子生物学主要研究三个方面的内容：(1) 生物大分子的结构、功能与合成方法；(2) 遗传的分子基础；(3) 生物膜的分子生物学。

我们通常说生物大分子，是指分子量较大、结构比较复杂的生物分子。水由3个原子组成，分子量只有18；食糖由35个原子组成，分子量也不过是342；而蛋白质和核酸等生物大分子则通常由几千甚至几十万个原子组成，分子量从几万一直到几百万以上。正是这些生物大分子的复杂结构决定了它们的特殊性质，决定了它们在生命活动中所起的重要作用。

蛋白质的基本结构单位是氨基酸。在各种蛋白质分子里一共有20种不同的氨基酸，这些氨基酸以一定的顺序排列。较大的蛋白质可以含有上万个氨基酸。

核酸的基本结构单位是核苷酸，由碱基、糖和磷酸三部分组成。碱基主要有四种，构成四种不同的核苷酸。又由于所含的糖不同，可以把核酸分成核糖核酸和脱氧核糖核酸两大类。前者简称为PNA，后者简称为DNA。

为什么只有20种氨基酸组成的蛋白质和由4种核苷酸组成的核酸，才能反映出这么丰富多彩的生命世界呢？一个简单的计算可以回答这个问题。以蛋白质为例，一个由100个氨基酸组成、分子量约一万的蛋白质是一种比较小的蛋白质。但是100个20种不同的氨基酸，以一定的顺序排列，就可以提供20^{100}即10^{130}。这么多种不同的蛋白质。这是一个非常巨大的天文数字。哪怕每种蛋白质只有一个分子，这种蛋白质的总重量也有10^{100}吨，这是地球总重量的1078倍，太阳总重量的1072倍。这个数字不但远远超过地球有史以来生存的生物体的总重量，并且在生命世界继续进化发展多少亿年以后，也还不会耗尽。

蛋白质是生命活动的主要体现者。这就是说构成生命现象的各种活动，主要是通过蛋白质来实现的。新陈代谢是生命活动的本质，新陈代谢是由千百种化学反应组成的，而这些化学反应，几乎全部都是在一类特殊的蛋白质——酶的催化之下进行的。此外，生物体的运动、免疫、呼吸、能量转化等生命活动也都是通过蛋白质来实现的。

生物体的遗传特征主要由核酸决定。X光衍射分析结果揭示出DNA分子的空间结构，从而说明了在遗传过程中亲代的DNA分子如何通过复制生成子代的DNA分子，把遗传信息一代一代传下去。整个遗传信息传递过程的调节控制，现在还不太清楚。这是当前分子生物学面临的最重要的问题之一。

生物膜是由蛋白质、酶、脂类和糖类等物质共同组成的一种薄膜结构。它的存在和作用与构成生命活动的许多基本问题如能量转化、代谢的调节控制、细胞识别、免疫、激素和药物作用、神经传导、物质运转以及细胞癌变等都有密切关系。深入了解生物膜的结构和功能不仅对阐明生命现象本身具有重要理论意义,而且对于工、农、医等事业都有重要作用。

自二十世纪五十年代以来,从弄清 DNA 是有双股螺旋结构奠定了分子遗传学的基础算起,分子生物学经历了二三十年的成长壮大,给整个生物学的发展以极大的推动,使之面貌一新。分子生物学在揭示生命现象的本质方面已经取得了一系列重大的成果。并且它的影响渗入到生物学的各个领域,产生了一批新兴学科如分子遗传学、分子细胞学、分子分类学、分子管理学、分子病理学等。这些新学科的建立,也同过去对基本粒子的研究带动物理学的发展一样,必然对生物学产生全面影响,并为化学和物理学的研究开辟新的领域,从而促进化学和物理学的发展。

37 在电子水平上研究生命现象
——量子生物学

在当代自然科学各学科领域内,目前最引人入胜的恐怕要算研究生命现象的生物学了。

生物学的发展经历了一个从宏观到微观、从形态到结构、从定性到定量的进步过程。古典生物学只是研究动植物的分类和形态。一百多年前,建立了细胞学说,说明生物学开始进入了细胞水平的微观世界。到了二十世纪五十年代,核酸分子双螺旋结构模型的揭示象征着生物学深入到分子一级的水平,从而诞生了分子生物学。在分子生物学发展的同时,有人主张从更微观的结构,也就是从电子一级的水平来解释生命现象和研究生命过程,这被称之为"量子生物学"。从五十年代起,运用电子理论来解释和阐明生命活动和生命物质的研究工作逐步开展了起来,但量子生物学真正取得国际科学界的重视不过是前十几年的事。1970 年,国际量子生物学学会正式成立,这才宣告了量子生物学已经成为一门独立的科学。

量子生物学虽然是七十年代才诞生的非常年轻的学科,但它非常活跃,发展十分迅速,表现出很强的生命力。它的研究领域也很广泛,因为它异军突起,正从一个新的角度——电子水平来研究生命过程。

就拿癌症来说,这是当代医学的一个顽固堡垒。人为什么会得癌?人类能不能像防治其他疾病一样来防治癌症？过去人们是弄不清楚的。近些年来的研究证实，人类之所以得癌症，百分之八九十是和环境中的化学物质有关系。到现在为止，科学家们已经找出一千多种能致癌的化学物质。还有上千种尚待进一步证实。然而，在我们周围的环境中，究竟还有哪些物质会致癌呢？它们的致癌活动如何呢？怎样在人体内产生肿瘤呢？量子生物学的研究已经取得了一些初步成果。原来，化学致癌物质大多数是一些亲电试剂，就是容易被拉走电子的分子。分子中某个部位的电子愈容易被拉走，致癌毒性就愈大。而人体中决定一切生命活动的关键性物质是核酸和蛋白质，它们中某些组成成分是亲核试剂，也就是喜欢拉走别人电子的化合物，因此化学致癌物质进入人体后就容易和人体内的核酸或蛋白质发生化学反应，使核酸分子接上支链而发生变形，分子就发生畸变。这种畸变了的带有支链的核酸分子在繁殖时就会打乱原来严格的自我复制程序，换言之，会使遗传密码发生错乱，因此就无法复制出具有正常功能的新的核酸分子和蛋白质分子，却能制造出生命密码已经发生错误的异性蛋白质，这种异性蛋白质就会构成癌细胞的基础。当然，这些过程的各细节还没有弄清楚，一旦把全部细节都搞明白了，人们就会有办法设计出一个生物化学环节来中断这个过程，阻止和消除癌变的发生。

另外一个例子是生物固氮的研究。我们知道，某些豆科植物和根瘤菌是有摄取大气中的氮分子而转化成植物能吸收的氮肥的能力。因此，人们总希望能用某种化学方法来模拟生物这种常温常压下固氮的本领。结构化学的研究，已经揭示了固氮酶之所以能固氮，是因为其结构中存在一种钼铁硫蛋白的原子簇活动中心。量子生物学的研究则回答了这种活性中心为什么能够和怎样能够还原空气中的氮分子。这样就为设计一个化学结构来模拟它创造了条件。这项研究的突破将从根本上改观目前的化肥工业，促进农业生产。

量子生物学除以上两项外，还在病理机制的分子电子基础、抗原抗体作用的分子识别、金属离子在生命活动中的作用、药物与工作用的电子机理以致逐渐实现"设计药物分子"、生物膜的研究等方面都已经取得或正在取得一系列进展，因此正日益引起人们的注意和重视。

量子生物学是一门边缘性很强的新学科，它需要综合数学、物理、化学、生物、医学等各个方面的知识和技术，因此也就需要数学、物理、化学、生物的研究者的合作，搞多兵种协同作战，才有希望取得重大的成就。

在生物学的发展过程中，分子生物学已经开出了艳丽的花朵，结出了诱人的硕果，下一步就要看量子生物学大显身手了！

38 从化学角度揭示生命奥秘
——生命化学

生命，这是多么珍贵的字眼啊！随着人类对生命研究的日益深入，一门新的学科——生命化学已经迅速发展起来了。

近三十年来，人们在揭示生命奥秘的征途中不断取得振奋人心的突破，但生命奥秘的大门远未彻底打开。例如，细胞是怎样形成的？人的大脑为什么能进行思维？人为什么会衰老？有的人为什么有特异功能？那些才华出众的人为什么会出现"创造性来潮"！生命现象中有多少谜等待着人们去揭晓啊！

所谓生命化学，就是研究生命的化学过程。它从化学的观点出发，研究生命的起源、生命的化学进化、化学元素与生命的关系、新陈代谢、人体衰老的化学原因和大脑学习记忆过程中的物质机制等。其研究目的，就是要彻底弄清生命起源的秘密，找到科学的方法延长人的寿命，提高人的智慧。这不仅能丰富马克思主义的唯物辩证法，而且对生物学、医学、化学、信息学等的发展具有重要意义。难怪国外有人认为，生命化学是继蒸汽机、电和电子技术之后，未来第四次技术革命的支柱。

从化学的观点看，生命就是一间极其复杂而有序的化工厂。人们吸进的氧气、喝入的水、吃进去的淀粉、蛋白质、脂肪和矿物质等，经过复杂的化学反应转化为人体所需要的物质和能量，排出废物。而人体内的一切化学反应都要通过一种叫做酶的化学物质来催化完成。人体内有数以万计的酶。酶的催化反应很复杂。没有酶就不能进行新陈代谢，因而也就没有生命。因此酶早就引起了化学家们的极大兴趣。他们梦寐以求的目的，就是制造酶化学反应堆。把酶依附在载体上，做成"酶棒"，像原子能反应堆的铀棒那样能自由插入和离开反应器。目前，一些国家的化学家正在研究用计算机控制酶的催化化学反应，制造酶反应堆生产缬氨酸为人们提供蛋白质食品。

推迟衰老，延长人的寿命，这是生命化学的重要研究课题。一个人的全身细胞总数有100万亿个。从胚胎开始，平均每2.4年分裂一次。分裂50次以后便自引衰亡，照这样计算，人的寿命应该有120岁，可是，大多数人却只能活到七十岁左右。能不能用化学方法延长人寿呢？这是生命化学所要回答的问题。研究表明，引起衰老的原因有三百多种，除了社会上的外部原因外，其内部原因主要是细胞的退化、酶的失活和免疫系统功能下降等。细胞是人体最基本的生命单位。它在日常的化学反应中产生一些有氧化作用的自由基和某些氧化性的酶。这些氧化性物质会导致子代细胞功能下降。生命化学家们发现，防止衰老的一个有效方法是适当地吃些维生素E，因为它有抗氧化作用。此外，生命化学家们还发现，吡喃共聚物、葡萄糖、卡介苗和脂质A等能激活人体内的巨噬细胞，增强它吞食病毒和细菌的能力，提高免疫系统的功能。随着科学的进步，人类生活水平的提高以及化学防老剂的问世，让大多数人活到120岁是完全可能的。

然而，人不论怎样健康，作为全身指挥机关的大脑总是要衰老的。在衰老过程中化学物质也随之发生变化：水分减少；核糖核酸、蛋白质和脂肪等含量和更新率降低，脑体萎缩；脑膜钙化，传递信息的神经递质多巴胺、乙酰胆碱、五羟色胺、去甲上腺素等减少；脑褐质色素等升高。为了延缓脑的衰老过程，生命化学家们计划在今后几十年内，把大脑的学习和记忆的物质分离出来并进行人工合成，用于延长人生记忆力的盛期。

生命化学还有另一项功德无量的使命——用化学方法使人类更加聪明。现在，生命化学家们正在努力探求着培育"高智儿"的方法。一方面是研究用人工合成的大脑学习和记忆物质来提高儿童的智力，另一方面是寻找能激活细胞染色体的化学物质，培养出聪明的"单亲儿"。即用聪明的单亲的细胞核，代替母亲卵细胞的细胞核，这样的"受精卵"的46条染色体全是单亲的，而不是由父母精卵细胞减数分裂而融合的46条染色体，这样就可把单亲的聪明全部遗传下来，还可避免那些先天性缺陷。培育"单亲儿"的工作现已在老鼠、青蛙身上获得成功。将来也可应用于人。到那时，人类可以有目的地进行先天的选择和后天的培养，造就出许许多多人类需要的天才人物来，使人群中到处有"智多星"使人类自身的质量得到优化，这是多么令人神往的境界啊！

39 生物与物理结缘

——生物物理

混沌初开,生命是如何起源、演化的?茫茫宇宙,何处还有生命?这些令人困惑不解又饶有兴趣的问题,使多少科学家为之殚精竭虑。生物学家、生态学家、生理学家、解剖学家,分别以各自方法对这些问题作过无数探讨。长期以来,生物学和物理学研究的对象、方法各不相同,可谓井水不犯河水。但是随着对生命现象进行更高水平的研究,传统的生物学分支学科已无法引导人们对生命的各种各样表现作出现代的认识和评价。于是生物学看中了物理学,遂与她结成良缘——生物物理脱颖而出。

实际上,早在十八世纪末期电学问世之初,细胞带电特性已成为十分热门的研究课题。伽伐尼著名的蛙腿实验,导致伏打电池的发明和电生理学的建立,成为科学史上的佳话。十九世纪赫姆霍兹对听觉、视觉的物理特性作出过杰出的研究。但是那时,研究者的尝试是孤立而又艰难的。

二十世纪以来物理学的发展,特别是量子力学、无线电电子学、非平衡态热力学等理论的建立,和 X 线衍射、电子显微镜、光谱分析、激光等实验手段的完善,以及电子计算机的应用,才使物理学进入生物领域真正成为可能。1943 年量子力学的奠基者之一薛定谔(E. Sehro dinger,1887－1961年),发表了《生命是什么》,成为生物物理建立的里程碑。他在这篇著名的演讲中,用热力学和量子力学的观点来解释生命的本质,开拓了研究生命现象的新领域。二十世纪五十年代初克里克和华生在薛定谔上述理论的启发下,提出了去氧核糖核酸(DNA)双螺旋结构的模型,为遗传工程的建立和发展打下基础,从而使对生命的研究进入了分子和基本粒子的水平,这是生物和物理缔结良缘的硕果。

目前我国已有相当数量的人从事生物物理的研究工作。生物物理主要研究生物大分子、酶、核酸、细胞器的功能;神经脉冲、能量传递转换的机制,生物力学、生物磁学、生物工程的原理和应用;探讨生命起源、生物进化等理论问题。生物物理的研究成果,被广泛应用于工、农、医、技术科学等领域,例如利用细胞中线粒体互补方法来指导杂交育种,太阳能的开发利用,仿生学、生物医学工程、干扰素机能研究、细胞癌变、衰老问题等等。在这些领域，已经取得十分可喜的成果。

生物物理是一门新兴的边缘学科。在这块刚刚被开垦的处女地上有着大量沃土等待着有志者去大显身手。可以预料，它的研究成果将揭开蒙在生命本源上的神秘面纱，从而造福于全人类。

40 "对牛弹琴"有新解
——话说生物声学

"对牛弹琴"这个成语，常被用于比喻对蠢人、傻瓜讲深奥的道理，对外行人讲内行话，也常用于讽刺人说话找错对象，徒费唇舌。按现代科学的观点看来，这种理解是片面的和保守的。"对牛弹琴"在科学探索方面蕴藏着积极的意义。可以说，"对牛弹琴"是对现代新兴的边缘科学——生物声学进行早期探索的事例之一。

"对牛弹琴"的故事可见于后汉人牟融的著作《牟子》或南朝僧佑所编的《弘明集》。它说的是古代音乐家公明仪，在树阴下向低头吃草的牛弹奏高雅的乐曲，而牛置若罔闻，毫不理会，照样低头吃草。但当公明仪转轴拨弦，弹出几种"未成曲调"的琴音时，牛奇迹般地转过身，抬起头，竖起耳，专心地听起琴声来。牛为什么不听高雅的乐曲而爱听"未成曲调"的琴音呢？原来，公明仪随便弹出的几种琴音，有的像蚊虻的嗡嗡声，有的像小牛犊寻找母牛时发出的"哞哞"叫唤声，这些"语言"，低头吃草的牛能够"听懂"。

俗话说："人有人言，兽有兽语。""近山识鸟音"。动物的语言可谓丰富多彩：蛙鼓虫鸣、狗吠马嘶、虎啸猿啼……大千动物用各种声音表达、传递各种信息，或寻食、或求偶、或争斗、或示威、或恐慌、或欣喜……

植物也有"语言"。有人用一种灵敏的拾音器，收听到植物根部会因缺水缺肥而发出不同声音。美国沙乌斯·利士纳堡录音公司已成功地录制了植物的"歌曲"，据说以番茄的"歌声"最为优美。

新兴的生物声学，就是专门研究各种生物的特殊"语言"，并利用生物"语言"造福人类的一门学科。许多科学家在这一领域进行了卓有成效的探索。

德国科学家盖尔哈德·基里克设计了一种"声音陷阱"来研究动物声音,他用录音机录制了各种鸟类的叫声,然后播放给另一些鸟听,从它们的反应了解叫声中包含的信息。通过对叫声进行缩短、拉长、分段、改变频率等处理,弄清了一长串声音中真正有价值的部分。例如普通鸟歌声的特征编码在结尾部分,而旋木雀是根据歌声的头两个"乐段"来辨别同类的。

美国的莫顿·甘恩发现雌蚊和雄蚊有不同的"语言"。蚊子是用翅膀振动发出声音作为自己语言的,它们靠头上天线般的触觉振动感觉的频率以识别同类和了解对方传递的信息。和蚊子不同,蟋蟀和纺织娘依靠翅膀的摩擦发出声音,它们的"耳朵"则在前足胫节上。根据声音的长短和重复次数,它们就知道对方在诉说什么。苏联的叶塞科夫利用专门的电声系统,对蜜蜂的声音进行分析,发现采蜜回巢的蜜蜂"载歌载舞"地向同伴传送蜜源方位和距离的消息,如果把录下的声音增减后播放,听到这种信号的蜜蜂采蜜时飞行距离就会相应地增减。

高等动物的语言十分复杂,包含更多的感情因素。如恒河猴在发生冲突时,地位高低不同的猴发出的声音就不同。它们的叫声,可以表示威胁、责难、恐吓、告饶、惊慌等等。在发情期,许多动物都会发出十分特别的叫声。有的动物是利用人类听不见的超声或次声进行通讯的,现代科学仪器也能一一测试出来。

生物声学除了收集、分析、破译动物的语言外,还致力于动物语言的开发利用。把雌蚊求偶的"情歌"录下来播放,可以使雄蚊坠入人类设置的"情网"而不能自拔。印度学者塞克萨纳,用最先进的录音设备录下棉叶蝉的"情歌",播放后会使准备求爱交配的叶蝉一心欣赏"情歌"而停止交配。生物声学还研究不是携带信息的声音对动物的影响并加以利用。例如某些害虫对一定频率的声音特别害怕,闻之则惶惶不可终日,并引起生理改变而缩短寿命。有试验表明在果蝇聚居的地方播放三千赫的声音一段时间后,果蝇产卵率下降,寿命缩短。对田野播放蝙蝠追捕夜蛾的超声波,可使作物少受夜蛾幼虫之害。给奶牛、蛋鸡播放轻音乐,会增加奶、蛋的产量。最近还发生这样一件趣事:苏联为了抢救数十头冲上北冰洋冰层上的鲸,出动破冰船开出一条水路,可是鲸群并不领情,仍然往冰上冲。有一水手灵机一动,想起曾听说鲸喜欢听音乐,于是开动船上喇叭,果然,当播放轻松愉快的音乐时,鲸群乖乖地跟着破冰船出了冰层，安全返回大海。

　　声音对植物的影响也已有确切的试验成果。法国农科院声乐实验室用耳机让一个正在生长的番茄每天"欣赏"音乐3小时，结果这个番茄长到四斤重，成为番茄之王。英、苏、印的一些科学家也得到类似结果。但是高频噪音却妨碍植物生长。可以预料，生物声学的下一目标将是植物。一旦动植物的语言统统被破译，声音对生物的影响也完全揭秘，将会给人类社会带来无可估量的巨变。

41 动物也有"主义"
——社会生物学

　　人们常常使用"人类社会"这个术语。但是，社会性是否只有人类才具有呢？动物有没有社会性呢？近十几年来，人们对动物群体行为的研究，产生了一门新的学科——社会生物学。

　　社会生物学的重要依据之一，是动物的"利他主义"行为和合作行为。

　　动物为了有利于生存，有许多的合作行为和合作关系。半沙漠地带的鸵鸟、斑马、羚羊常在一起过集体生活，互相照顾、守望。鸵鸟眼睛尖，斑马听觉好，羚羊鼻子灵，谁发现了险情敌情，就互相通知。海中的鳄鱼，可算是凶狠之辈了。但有些小鱼却常常到鳄鱼嘴里找食物，鳄鱼随和地张着嘴巴让小鱼啜食。结果，小鱼饱了肚子，而鳄鱼清除了牙缝中的残渣，等于刷了一次牙，各得其所。动物的这些合作行为和合作关系，有利于合作双方的生存，因此很好理解。

　　但是，令人费解的是，动物界也有许多"毫不利己，专门利人"的"利他主义"行为：许多雌蜂，雌蚁终生忙碌，为蜂王蚁后采蜜采粮，哺育后代，而自己却不能生育；一群斑马受到猛狮追击时，一头老斑马会挺身而出让狮子吃掉而使马群得以逃遁，大海中有只海豚受伤，别的海豚闻讯后会不顾一切赶来搭救，久久不忍离开；有的鸟发现猛禽临近，会大声鸣叫报警，叫声通知了鸟群，而它自己却吸引了敌人，成为攻击的首要目标，第一个做了牺牲品……

社会生物学认为，动物的这种"利他主义"行为只有从有利于群体的角度才能比较完美地加以解释。尽管这种行为不利于个体的生存和繁殖，但保证了群体的生存发展，从而有利于在这类动物中保存、传播种群的基因。根据这个理论，生物社会学还能解释动物界许多更为奇怪的行为。如有的鸟自己还不会做巢，就把蛋生在别的鸟巢里，让别的鸟当作自己的后代哺育；有的雌鸟受孕后，如果"丈夫"死去或离开，它就竭力装出"单身"的样子吸引新的雄鸟，使雄鸟以为这后代是自己的而全心哺育。动物的这种行为，有利于保护种群的基因，因而被选择、保存下来。

　　社会生物学认为，动物的行为是由基因决定的。一只鸟会向鸟群报警，是因为这种行为基因；斑马会舍身救马群，也是基因起作用。

　　社会动物学是个争议颇多的学科。它在解释动物行为方面取得很大成功。但它用动物行为来解释人类行为，例如宗教伦理等，把低级生物的规律套搬到高级的人类社会中来，则是错误的。

42 海洋生灵知多少
——海洋生物学

　　辽阔的海洋，占地球表面的70.8%，总面积达3亿6千余万平方公里。

　　富饶的海洋，蕴藏着丰富的生物资源、矿产资源、水化学资源和动力资源。

　　充满生机的海洋，是生命的摇篮。生物在漫长的30多亿年进化历程中，开始的七分之六的时间是在海洋中走过来的。人类为了彻底揭开生命的奥秘，就必须研究海洋里的大千生物。

　　海洋生物学就是专门研究海洋中生命现象的科学。它研究海洋里生物的分类、分布、生理、生化，特别是生态，也就是它们的生长发育、栖息、活动与周围生物环境和非生物间的相互关系和基础科学；还研究它们在其水域中所发生的生物学过程，以认识、利用与控制这些过程，使之为人民的生产和生活服务，为人民谋福利。

　　海洋生物学的研究表明，目前已知的海洋生物种类估计近20万种。种类最多的无脊椎动物,其中海洋贝类约有 6 万种,海洋甲类约有 3 万种。脊椎动物中的鱼类约 25000 种,龟类、蛇类和哺乳动物在海中均有代表。海洋动物中,剃刀鲸出生时体长就有 7 米,13 年成熟时体长可达 30 米,平均重量为 150 吨。海洋植物相对地要少些,海岸带及浅海固着生长的藻类约 4500 种,高等种子植物仅几十种。而个体微小的单细胞藻类(浮游植物),则广泛分布于各海区及大洋的表层。海洋生物区系组成和生物量的分布是极不均匀的。从赤道到两极,从近海到远洋,从表层到深海,不但种类不同,形态各异,习性悬殊,而且种类数目与生物量也差别极大。因此,海洋也和陆地一样有肥沃的"良田"和不毛之地的"沙漠"。约有三分之一的热带大洋表层就等于陆地的"荒漠",仅占海洋总面积 7.6% 的大陆架,为海洋的"高产区"。100 米以内的海区中每平方公里渔获量平均为 12.5 公斤,延伸到 300—500 米水深的海区,渔获量就下降到每平方公里 1 公斤。

近些年来,世界人口不断增长,陆地资源不断消耗,迫使人们不得不重视占地球总面积 70.8% 的海洋。国际间围绕着大陆架及专属经济区划分而进行的激烈斗争,除了军事和政治目的以外,归根到底是为了争夺海洋的两大资源——水产生物资源和石油、矿产资源。人们希望从海洋生物资源的进一步科学开发利用以及大幅度提高水产品的产量与质量的各种途径,来解决一部分人类对食物、特别是高蛋白质食物的需要。此外,像船蛆等钻蚀生物和许多附着生物对海上工程建设与航运事业造成了重大危害,为了减少它们对国民经济带来的严重损失,海洋生物学也负有重要的使命。

我国的海洋生物学在解放后有了很大的发展,基本上了解了我国近海海洋生物资源的概貌,并对一些重要经济生物鱼、虾、贝、藻等的生态与实验生态进行了大量的研究,对我国海洋渔业与养殖业等的发展起了重要的作用。为了适应四化的要求,还必须进一步把我国的海洋生物学发展到一个新阶段,提高到一个新水平。

43 铝有毒吗
——生命无机化学

铝制品以它的轻巧、干净、不易锈蚀等优点大量进入工业和生活领域以后，餐具炊具也为铝制品占领相当的市场。但是，当国外和港澳地区逐渐抛弃铝厨具，采用不锈钢甚至复兴瓷陶制作厨具时，我国的报刊杂志还大量宣传铝对人体无害，这说明我国在生命无机化学的研究方面是落后的。实际上，在二十世纪七十年代，加拿大科学家克拉帕已经得出铝会促使人衰老的结论。研究证明，铝作为一种活泼的元素，进入人体后，能和大脑神经元的蛋白质发生络合，促进神经纤维缠结，从而削弱脑神经的生理功能，催人衰老。铝还能降低胃蛋白酶的活性，抑制磷的吸收和代谢，造成人的早衰、痴呆、肠胃不适、骨质疏松等。因此铝被称作"生命的窃贼"。

生命无机化学是一门研究无机元素在生物体中的地位和作用，研究人体对无机元素的摄入、储存、代谢规律，以及对某些无机元素引起的疾病的防治的新学科。自然界的无机元素以各种方式进入人体，并对人体产生各种影响，其中与健康关系较为密切的有钙、磷、铁、碘、镁、钾、氟、锌、铜、铬、硅、硒、钴、锰、钼、镍、锡、钒、砷、镉、铅、铝、汞等。这些元素有的是人体生理所必需的，有的是对人体有害的，有的则是在一定范围内是人体需要的，超过了就对人体有害。人体中无机元素含量是否合适，它们之间的关系是否平衡，对人的健康关系甚大。美国著名的人体无机化学家施罗德说：只要人体中的无机元素含量平衡，除非发生意外事故，每个人都可以活到90－110岁。

钙、磷、镁是骨骼、牙齿的构成材料。钙、镁、钠、钾离子是维持细胞正常生理活动的必需元素。只有它们浓度的平衡，心脏的搏动、肌肉、神经的兴奋传导和感应性才得以正常。磷又是构成核酸、磷脂和某些辅酶的重要成分，参与碳水化合物、脂肪等代谢等生理活动。三磷酸腺苷（A、T、P）等具有储存、转移能量的作用，磷是 A、T、P、的重要组分。铁是构成血红蛋白的重要成分，也是细胞色素酶等重要辅酶的构成者，它参与机体氧的转运、交换和组织呼吸过程。碘主要参与甲状腺素的构成，缺碘可导致甲状腺肿大，诱发甲状腺癌。氟的生理作用是预防龋齿和老年骨质疏松症。但摄入过多又可损坏牙齿、骨骼和肾脏。一般认为饮水中含氟量以 $1.0—1.5mg/l$ 为宜。体内与锌有关的酶不下 20 种，足见锌在人体中的重要性。锌与 RNA、DNA、蛋白质的合成有密切关系。缺锌时垂体和血中生长激素减少而使味觉减退、性发育不育、生长停滞等，所以锌被誉为"生命的火花"。铜也是体内许多重要的酶的组成部分。铬是胰岛素的辅助成分，与糖和脂肪的代谢有关。缺乏硒、钼、锰会导致骨关节疾患，硒有一定的抗癌作用，血清中硒含量与肿瘤死亡率呈负相关。钴是维生素 B_{12} 的重要成分，缺乏钴会发生贫血。砷、镉、铬、镍有一定的致癌性。汞、镉、锌、铅是工业污染造成公害的主要有毒无机物。日本的"水俣病"就是慢性汞中毒，"骨痛病"为慢性镉中毒。这些毒物干扰体内的酶系统，使细胞线粒体变形，染色体断裂，损害肝、肾、骨等器官和神经、造血、消化等系统，对人体的危害是十分严重的。人体无机化学的研究，将有助于防治因环境污染所引起的各种疾病，做到对症下药，有的放矢。

对于无机元素与生物关系的研究，还可能促进生物工程和化学工业的变革。因为酶是一种比无机催化剂催化率高出千万倍的特殊蛋白质，弄清无机元素和酶的关系，就有希望人工合成各种酶，从而使化学工业出现全新的局面。

444 看"蚂蚁上树"也是学问

——动物行为科学

在我国北方的农村，人们常常用"看蚂蚁上树"来形容懒汉游手好闲。其实，看蚂蚁上树，也是一门学问。这门学问，用现代科学的语言讲，叫动物行为科学。

动物的特点在于有动作。不同的动物有不同的动作，同一动物又有进食、求偶、斗争等不同动作。动物行为科学就是以动物的动作为研究对象的科学。就拿蚂蚁来说，人们尽管晓得蚂蚁的"社会化"状况，诸如蚂蚁懂得排队觅食、集体迁徙、贮藏食料等等，可是，蚂蚁是靠什么来交流信息的呢？

那就不甚了了。前些年，有人研究出蚂蚁"社会"是靠一种用"接吻"方式传播的气味"语言"来组织的。近些年，又有人进行迷宫试验，在把气味抹掉以后，蚂蚁仍能记住途径，从而证明蚂蚁有记忆力，把对蚂蚁行为的研究向前推进一步。

蚂蚁只是千百万种动物之一，同人类关系密切的动物还有很多。人们发现蜜蜂对颜色，特别是对黄色和蓝色比较敏感，测出蜜蜂能看到人眼看不到的紫外线。还有人研究出蜜蜂用"舞蹈语言"来交流食物所在的方向、距离和多寡。

在仿生学中，仿生物的体形容易，仿行为难。而要仿行为，就必须弄清行为的来龙去脉。随着动物行为科学的发展，必将推进人类改造自然的深度和广度，丰富人类的物质生活。

当然，动物行为科学的研究是一项极为艰苦的事业。英国女人类学家古道尔为了了解猩猩的行为，在原始森林里过了十年的孤独生活。美国某大学一位教授，仅仅为了弄清雌环颈鸠见到雄鸠后的内分泌状况，花了十五年。有的学者为了了解蛙、鸭、猴、狗的行为，成天与这些动物为伍，学会了动物语言，成了动物的朋友，被人赞为"农民型的科学家"。

由于现代生物学正在同时向宏观和微观两个方向发展，因此，重视动物行为科学研究是当前国际生物学界的重要动向。我国是农民、牧民、渔民最多的国家，他们对动物的行为很熟悉，这方面的条件十分有利，如能把他们的经验加以总结，并充分发挥专业研究人员的作用，可望我国的动物行为科学会走在世界的前列。

45 "会说话的大猩猩"

——动物生态学

动物有思想意识吗？它们能有意识地运用语言来表达思想吗？长期以来，人们总认为，语言是"万物之灵"的人类的"专利"，而动物至多只能用声音传递某些信息。但是动物生态学的研究成果，正逐步改变这种传统观念。

1972年，美国斯坦福大学灵长类动物研究生彭妮，运用简化的美国聋哑人手语，对一头叫柯柯的一岁雌性大猩猩进行语言训练。三十六个月之后，柯柯已会准确使用184个手势；到六岁半，会使用的手势增加到645个，其智育接近同龄儿童水平。柯柯不但会使用苹果、牛奶、猩猩等直观性语言（手势），还会回忆往事，使用"先"、"后"等时间性语言，"肮脏"、"错误"等抽象语言和"好"、"坏"等形容词，而且还会编造新的复合词、会争吵和撒谎、有自尊心。例如它把斑马说成"白马"、称呼长鼻子的木偶为"像娃娃"，对"柯柯是动物还是人？"的问话回答说："好动物大猩猩"。后来它又学会使用电子发音器，通过按键发出声音直接和主人交谈。

接着彭妮又利用柯柯去训练另一只大猩猩米海尔。不久，两只大猩猩就像一对聋哑夫妇那样用手语交谈。"会说话的大猩猩"，使动物生态学名扬四方。后来，会说话的海豚、海豹也训练出来，这些海兽会准确无误地说出一些语言来。

如果说柯柯是大猩猩，动物界的智慧者，海兽也是高等哺乳类，它们学会使用人类语言已令人惊异万分，那么较低等的动物会使用语言表达思想就更出人意料之外了。我们常用"鹦鹉学舌"来形容没有思想的传声筒式的人，但美国帕杜大学的爱伦·皮鲁伯格训练出来的鹦鹉，却令人刮目相看。这位女心理学家1978年对一头13月龄叫爱列克斯的非洲灰鹦鹉进行"对话——竞争法"的训练，使它不仅能正确说出纸、木片、钥匙等23种物件的名称，还会辨认出五种不同的颜色和三角形等四种几何形状，会数五以内的数。更奇妙的是爱列克斯也会组合新词以命名没见过的东西，有一次它看到一本蓝色封面的笔记本，就叫它"蓝色皮革"。对动物语言能力和思想意识的研究还在深入。

动物生态学研究动物的习性和行为，对动物个体之间进行信息传递的各种方式，包括触觉、视觉、听觉、嗅觉所接受的机械的、动作的、声音的、化学的、电磁的等等方式进行鉴别、破译，了解其意义。这门科学还研究动物群体内部、群体之间、不同动物之间的相互联系和相互制约等生态关系。例如非洲斑马在一年一度的南迁中，常受到狮子、鬣狗等猛兽的袭击，为了保护群体逃脱厄运，老斑马挺身而出，和猛兽作殊死搏斗，为群体赢得逃遁时机而不惜自己被敌人撕碎。雁、凫等过夜时常有一只担任警戒，当发现鹰隼等敌害时，担任警戒者除大声报警外，还引强敌飞开，以自己的牺牲保护其他同类。工蜂、工蚁是雌性的，但它们终生劳累而不生殖，为的是使种群繁衍更为有利。非洲的黑背豺，长子长女常留在父母身边帮助父母哺育弟妹，而不离群自建新家庭。动物界还有许多有趣的"共生"现象，如蚂蚁和蚜虫，寄居蟹和海葵，犀牛和犀鸟等等，它们结成联盟，互惠互助，和衷共济。这些现象，使动物生态学家对生物进化理论提出新见解。他们认为，除了生物之间的生存斗争之外，生物之间的互助合作，在进化过程中也有一定的作用。

46 揭开生物能量转换及其他生理、生化过程的秘密

——生物电化学

包括植物光合作用在内的生物界的能量转换，以及诸如代谢作用、肌肉收缩、骨骼生长、神经传递、大脑活动等的许多生理、生化过程，都包含着电化学的机理。生物电化学就是应用化学的理论、原理和实验技术对上述生命现象和生物体内生化过程进行研究的一门新的边缘学科。

生物细胞的边界是厚约100埃的膜，它具有非常重要的功能，许多生物现象就是在膜上或膜中发生的。细胞膜对离子和分子具有选择性输送的功能，由 Na^+、K^+、ATP酶作传递体，实现对 Na^+、K^+ 选择性的输运，从而形成细胞膜内外电位的变化，这就是生物电的基础。

细胞因外界机械的、化学的或电磁的刺激而发生电位的瞬时变化，称为作用电位。某些神经细胞对光、压力、温度、化学物质有特异的敏感性，在它们的作用下引起作用电位，这就是视、听、触、嗅、味等感觉的生理基础。究其实质，则都是细胞膜上的电化学变化。神经纤维的信息传递，大脑复杂的思维活动，其本质也是属于电化学的。因此，应用电化学的原理和技术研究细胞膜在选择、渗透、分离、富集、能量转换和信息传递上的惊人能力的机理并加以人工模拟，无疑对认识生命现象的本质和利用其来改造自然，都具有重大意义。

生物体的能量转换是现代生物学研究的中心问题之一，也是能源开发的

重要课题。借助生物电化学过程使太阳能转化为电能或化学能,是实现生物太阳能转换的重要途径,其方法是模拟植物的光合作用。目前已研制出以叶绿素为基础构成的生物原电池和以叶绿素——铁氧还原蛋白——氢酶为体系的光解水装置。尽管它们的功率和转换效率还不高,但已使人看到希望的曙光。

生物体内食物的代谢是使食物释放出能量并将其转化为有用功的过程,其效率是非常高的。生物体内化学能转化为机械能的过程就像燃料电池一样,并不像热机那样直接转化为机械能,而是经历一番电化学过程。食物在体内先转化为葡萄糖等有机大分子,通过血液循环体系送进燃料电池进行"冷"燃烧,实现高效的能量转换。在这个过程中,每一步骤都为专门的酶或辅酶所催化,其基本过程都包含电荷的传递,呈现电化学的机理。有人根据这一原理设计了植入动物体内的生物燃料电池,得到100—150微瓦的电流。运用电化学原理和方法研究这类反应的机理和速度,不但对开发能源有指导意义,而且对于了解生产的本质、生物生长机理以及癌症的起因等生物学中重要问题,都是有帮助的。

生物电化学的成果,带来了电化学技术在生物检测和生物医学工程等领域的应用,取得一系列可喜的成果。

酶电极是近年来发展起来的一种电化学传感器。由于它具有灵敏、专一的催化活性,所以具有测试简便、迅速、试样用量少和容易处理的优点。酶电极被广泛应用于临床生化检验和食品工业中。例如葡萄糖酶电极在临床分析上可用来检测血液、尿中的葡萄糖含量。

实验发现,像蝾螈这样能够再生肢体的动物,在断肢之后出现了损伤电流。在再生过程中,损伤电流由正极性变为负极性,然后慢慢升高,直至再生完毕变为零。在其他动物受伤时,损伤电流都是正极性的,伤愈以后损伤电流消失。有人把双金属电极植入动物体内,阴极置骨折处,阳极放在相距一定距离的骨内或组织内,通以0—50毫微安的电流,结果发现骨痂生长加快,而且 ^{45}Ca、^{35}S、$^{3}H-$胸苷的吸收也加快。还有人利用电刺激使原来不会再生的青蛙、老鼠等再生了肢体,揭示电刺激可能成为治疗骨折以致诱发肢体再生的有用工具。

电化学技术在生物医学工程和临床医学上还有许多应用,例如ATP的电化学合成、心脏起搏器和人工心脏的能源供应装置、生物离子选择电极、针刺麻醉机理研究、病原体电化学处理以及抗血栓药物的研究等等，其前景是无可限量的。

47 一个体细胞能培育出一个人吗
——全息生物学

许多人都知道像"落地生根"、"石莲花"这样的植物，只要把它们的叶片埋在土里，不久就会从叶缘齿状凹入处或叶腋处长出一棵棵新苗来。目前，用组织培养法进行培育良种，已成为具有一种高效、快速、保持遗传特性好、容易人工控制和可以实行工厂化生产等特点而受到普遍重视的先进方法。所谓组织培养法，是把植物的花粉、叶片等组织消毒后，放在特制的培养基上培养，使它们长出大量的幼苗来。一张叶片经过不断培养，一年以内可以轻而易举地得到百万株以上的优质种苗，新一代具有和其母体完全一样的遗传特性。这就是说，这些组织细胞，携带有原物种的全部信息。以前，人们只知道生物的生殖细胞是携带遗传信息的信使，现在人们已经弄清，机体的每一个细胞，都携带了机体的一切信息，只要有适当的条件，任何一个体细胞都可以长成一个完整的机体。这就是生物全息现象。研究生物信息规律的一门崭新学科——全息生物学也应运而生。

1978年，美国出版了一本既非科学专著、也非科幻小说的书，说有一个百万富翁花了一大笔钱请科学家用他的一个肝细胞培养出一个胚胎，然后移植到一个妇女子宫中，九个月后该妇女便生出一个全部遗传性状均和这个百万富翁一样的"遗传复制品"来。这本书在科学界引起轩然大波。大多数人认为，一个体细胞培育出一个人来，在理论上是可行的，这个理论就是生物全息律。现在，有的科学家断言，在不久之后，复制出像牛顿、爱因斯坦这样的伟人完全可以成为现实。只要从这些伟人尸骨上取出保存完好的细胞来加以培养，再植入被"借腹怀胎"妇女的子宫，就可以生出与逝去的伟人一模一样的"复制品"来。尽管科学界对这个问题议论纷纷，莫衷一是，但是1977年美国缅因州一个实验室用单性繁殖的方法培养出七只小老鼠的事实，却使人们看到动、植物育种方面即将出现的巨大变革的希望之光。

全息生物学除了研究细胞全息现象之外，还研究全息律的宏观表现。在这个问题上，我国青年科学工作者张颖清的工作，受到国内外的重视。张颖清根据经络学说和耳针、面针、手针等祖国医学遗产，研究了全息律在人体经络、穴位的分布，指出穴位分布是机体不同部位的重复。人体每一相对独立的部位都包含着整体的全部信息。例如耳壳的穴位分布犹如一个倒置的婴儿，第二掌骨穴位分布从上至下是头、肺、肝、胃、腰、足等。身体某一部位病变，在该相应区域就有一定的反应；对该区域进行针刺等刺激，可以治疗对应部位的疾病。

人们进而发现，生物界广泛存在这种现象。如有斑纹的动物，节肢或尾部的斑纹数，总是和躯体的斑纹数相等；植物的每一叶片是整个植株的缩影，叶片顶端对应植株的上部，叶柄对应植株基部。如棕榈叶有长长的叶柄，蒲扇般的叶面，竖起来就是整棵棕榈的株形；悬铃木（法国梧桐）叶一般有三个深裂，而它的分枝也呈三个主要分叉。更有趣的是同一株植物，在不同的发育期，它的叶片形状也正好反映出各个时期的植株外形。如大家熟悉的二年生蔬菜如白菜，可以看到它从苗期直到开花、结实期，植株外形从莲座形变为宝塔形，而各个时期的叶片，也逐步由倒卵形变为心脏形以致披针形。有人利用这一规律于培育良种，如马铃薯块茎的基部、水稻穗的上部、玉米穗的中部都是遗传势较强的部位（对应于马铃薯长在基部、稻穗长在上部、玉米穗长在中部），选种时应选这些部位。

最近，有人把全息生物学的研究眼光移到"纵"的方向上，提出生物的发育过程包含其发展进化过程的全部信息。例如胎儿在子宫的发育是人类进化的缩影；儿童智力发育是人类思维发展的缩影；血液成分保留远古人类祖系生活环境——古海洋的信息等等。全息生物学是一门全新的学科，还有许多关键问题未曾解决，随着研究的深入，它将给生物学带来巨大的影响。

48 "时钟"就在你身上

——生物时律学

人们对白天工作学习，晚上休息睡觉，一日三餐早已习以为常；对某些动物的昼出夜伏或昼伏夜出，植物的春华秋实、夏荣冬枯也已熟视无睹。但是科学家却从中发现了奥妙：从单细胞的草履虫一直到"万物之灵"的人类，一切生物都有其独特的生理节奏，就像生物体内有一架以一定周期驱动各种活动的时钟一样。这种生理节奏，伴随许多微妙有趣的生理现象。于是，对它的研究，就形成了一门称为生物时律学或生物钟学的新学科。

瑞典著名植物学家林奈，曾在自己花园内造成一座别致有趣的"花时钟"：2时蛇床花开，5时牵牛花开，6时野蔷薇开，7时蒲公英开，8时芍药、睡莲开，12时午时花开，15时万寿花开，17时草茉莉开，18时烟草花开，20时夜来香开……这些植物都有十分准确的开花时间。许多豆科植物像花生、含羞草、合欢树都在傍晚合上叶片，清晨展开叶片。在动物界，公鸡啼晓，老鼠夜出，大雁春来秋往，朝潮蟹涨潮扬螯……除了各种各样的生理活动具有时间节律外，生物体内的内分泌、酶的产生、细胞的分裂等微观变化，也存在时间周期。随着体内生物化学活动的变化，动物的痛觉、视觉、嗅觉、听觉，对疾病、死亡的敏感性，甚至思想、记忆、情绪等精神活动，也具有周期节律。生物节律学家研究了人在一天之内的生理节奏，并建议人们按照这些规律合理安排一天的活动。对于大多数人来说，一天的生物节律是这样的：

从半夜到清晨4点，身体大部分功能处于最低潮，只有听觉处于灵敏的状态。

清晨4点，对洋地黄、胰岛素等药物最为敏感，如对洋地黄比平时敏感40倍。这个时间出生和去世的人最多。

早上7点，肾上腺分泌达最高潮，心律加快，体温上升，各种敏感度提高，人进入一天工作的预备状态。

早上9点，脑内啡肽、脑啡肽等天然止痛剂分泌最旺，所以对痛觉不敏感，疼痛病人可少用止痛剂。

早上10点，对于内向性格者，此时学习新事物的注意力和记忆力达到高峰，工作效率最高。

中午12点，对酒精最敏感，所以午餐饮酒容易醉。

下午2点，肾上腺素分泌下降到一个低潮，精神怠倦。

下午3点，是外向性格者进行分析和创造的最佳时刻，但内向性格者处于退潮。

下午 4 点，常有面部潮红、出汗、胸闷等感觉。

下午 5 点，嗅觉、味觉处于最敏锐时刻，听觉处于一天第二个敏感高峰。

下午 6 点，体力和耐力达到一天的高潮，但因精神因素减弱了这种能力。

下午 7 点，血压升高，情绪最不稳定，也是发生心肌梗塞的高峰期。

晚上 8 点，当天食物、水分贮备充分，所以是一天中体重最高的时候。

晚上 10 点，体内激素水平下降、体温降低、呼吸减慢。但对于"猫头鹰型"的人，则进入一个精力旺盛、注意力集中的时候。

半夜，人进入休息状态，但身体内部则进行繁忙的新陈代谢，为第二天做好准备。

除了以一天为周期的生物节律外，生物都有称为次生理节奏的周期变化。如冬残梅花迎春，春暖桃花盛开，夏日荷花怒放，金秋丹桂飘香，寒冬腊梅傲雪以及候鸟的迁徙等，是以年为同期的变化；妇女的排卵、月经，是以月为周期的变化。近年来研究证明了人体还有以 23 天为周期的体力变化，以 28 天为周期的情绪变化和以 33 天为周期的智力变化等生理节奏。

对于生物时律的原因，有三种理论比较盛行。一种是实体说，这种学说认为生物体内有一个器官就是生物钟，由它来指挥生物按一定节奏活动。蟑螂、鸟类的"生物钟"移植成功支持了这种学说。第二种是基因说，这种学说认为生物节律是存在于有明确核的生物细胞内部的基因上，是由遗传密码中最长片段复制所需时间决定的。第三种是宇宙钟说，认为生理节奏是由外部的宇宙力量如太阳、月亮、宇宙线、电磁波等所决定的。有人对海龟按时回原地产卵的秘密进行研究，在一项实验中，每晚用强光照射海龟，发现海龟体内一种叫"麦拉多宁"的激素急剧减少，从而影响海龟的行为。因此认为海龟的生物钟是由光线即昼长的季节变化所调节的。

看来，生物时律的原因是复杂的，多层次的。研究生物时律，目的在于更好地利用和控制它。生物时律在医学上有广泛的应用。我国古代医学早就注意这些。最近我国医务人员在发掘祖国医学遗产中应用经络"子午流注"的时律性进行治病，取得明显效果。国际上，1981 年苏联召开时律生物学和时律病理学的全苏会议，提出了大量生物时律与疾病、药理、内分泌等关系的研究成果。

生物时律可以用各种方法加以控制，但是科学家警告说，时常"拨动生物钟"可致使生理紊乱而造成疾病和死亡。在一项实验中，先让家蝇在 12 小时光亮、12小时黑暗中建立生理节奏，然后一周一次将光亮时间提前6小时。数周以后这些家蝇比对照组寿命缩短10%。另一项实验，将一只蟑螂的"生物钟"植入另一蟑螂体内，当两节律同步时，没出现什么问题，若两节律相位不同，就会使蟑螂生理活动紊乱而致病；若相位相差180，蟑螂便患肿瘤。因此有人认为，某些药物（镇静剂、兴奋剂）有致癌倾向，是因为它们改变了体内固有时律。生物时律学的深入研究，将造福于人类。

49 遗传基因的时间信息
——时间表遗传学

1975年5月5日夜里，两个空军飞机驾驶员心脏病齐发，分别被送到同一城市的两个医院中。他们是孪生兄弟，但两者的家人都不知道在另一个医院急诊室中正在发生的事情。后来抢救无效，两人都死了。事后，双方的家属才知道，他们兄弟俩不仅死因相同，而且几乎是在同时死亡的。这是偶然的巧合吗？世界著名的孪生子科学研究中心、罗马大学孟德尔研究院的吉列德博士认为，这种"巧合"并非罕见。例如有一对孪生子，在44岁时都做了甲状腺外科手术，两人都戴同样程度的近视眼镜。一对孪生女子，在青春期时，她俩在差不多的日子里修补了相同的臼齿；后来，她们又都做了脊椎切除手术，而且是切除相同的脊椎间盘。还有一对63岁的孪生兄弟，几乎同时患了恶性贫血。

从1953年以来，孟德尔研究院已相继研究了一万五千多对孪生子，研究内容包括病理、生理、健康、牙科学、心理学和家族史等各个方面。在大量记录中，发现同卵孪生子之间普遍存在着患病和死亡的"共时性"：一种疾病首先在一个孪生子中出现，不久在另一个中也出现。因此，吉列德提出了"时间表遗传学"的新理论。

在大约90个分娩者中，有一胎是孪生子，而在孪生子中，有四分之一左右是同卵孪生子。同卵孪生子的性别总是一致的，相貌也十分相似。1977年在美国华盛顿召开的第二届孪生子研究国际会议上，与会者一致认为，受精卵分裂的时间，对于确定同卵孪生子的发育生长及相似程度极为重要。如果受精卵分裂发生在头 10 天内,则孪生子很可能各有胎盘,这样的孪生子相似程度稍差。如果受精卵分裂发生在 10—13 天之间,那么两个胎儿可能只用一个胎盘,形成所谓"镜像"双胎,即一个胎儿位于左侧,一个胎儿位于右侧;一个胎儿发旋顺时针,一个胎儿发旋逆时针。如果受精卵在第 13 天后再发生分裂,则形成连体双胎;分裂时间越迟,连体面积越大。

从受精卵在子宫壁着床开始,"生命之钟"就开始滴滴答答地运行了。生物普遍具有一定的时间规律即生物钟现象,早已被许多生物学家所注意。关于生物钟的机制,有许多理论给予解释,其中一种理论认为生物钟存在于基因内部。不但以每天 24 小时为周期的节律由基因遗传密码决定,而且个人如果不遭意外事故,他的生老病死整个生命进程也已由基因编码。吉列德的"时间表遗传学"认为,遗传基因不仅使人们继承了祖先的某些特征,而且在每一个特征里面还携带着时间的遗传信息。即使是非孪生子,遗传病在一个家族中出现,也往往带有时间因素。例如在某些家族中,糖尿病在年轻时就发生;在另一些家族中,糖尿病在成年时发生;而在其他的家族中,糖尿病要等到老年时才发生。由于同卵孪生子是由一个受精卵分裂而成的,所以他们不仅带有外貌相似的遗传特性,也带有时间因素的遗传特性,这就解释了孪生子问题上的许多神秘之谜。

根据这一新理论,在有遗传病的家族或孪生子中,可以在疾病发生之前作好准备,及时补充人体内缺少的某些东西或有关药品,或者作出其他相应的防范措施,以防止与遗传有关的疾病发生。

时间表遗传学还有许多问题没有解决,它的理论还要进一步完善,但它提出的问题,已引起科学界的重视。

50 "杂交"出奇迹
——数学生态学

数学生态学是生态学与数学"杂交"而产生的一门新兴学科,是用数学理论与方法来表达真实的生态过程(或系统)的行为动态定量关系的一门科学。

生态学是已有100年左右的历史的老学科，是研究生物与环境之间相互作用关系的一门科学。20世纪50年代以前，由于数学的理论和方法没有被"引进"生态学，所以生态学的理论基本上是用语言描述的，多年来一直在经典的描述性的领域中缓慢前进。到了50年代末，随着电子计算机的发展和广泛应用，许多复杂的数学模型获得了有效的可执行大量计算的工具，从而打开了在生态学领域运用数学的禁区，数学家开始涉足生态学，除了用概率论、随机过程、数理统计、微分方程描述生态过程外，各个数学的分支学科也相继渗入生态学的各领域，用于表达各种生态过程现象。例如应用控制论研究生态系统的调节和管理以及动物个体行为的飞行定向；应用信息论分析群落生态的多样性和稳定性以及植物、动物、栖境、生态系统的分类；应用博弈论探讨害虫控制对策；应用最优化理论研究害虫的控制和预测以及水域、森林、草原的合理利用；应用蒙特卡洛方法模拟种群的生死过程、竞争过程以及昆虫的飞行轨迹；应用集合论和模糊集合论描述生态环境的分类……。近二十年来，随着数学生态学文献、文集、专著的大量增加，从而逐渐形成了数学生态学这门完整的独立的新兴学科。

数学生态学的发展已经展示了它的广阔应用前景。近些年来，数学模型已逐渐应用于害虫控制、益虫利用、鱼类捕捞、森林管理、牧场改良等方面，提供了一系列最优管理策略及预测方法。对于动物行为的模拟方面，数学模型除应用于模拟捕食天敌、寻觅害虫时的行为习惯外，亦应用于模拟蝗虫的飞迁并计算蝗群的运动轨迹，从而预测蝗群出现的时间和地点。鸟的导航、鲑的洄游、蛾的扑灯等亦有数学模型的报道。此外，当我们很难、甚至不可能以真实过程或系统进行试验时，数学模型与电子计算机相联系还可参与代替人力所不能及的生态实验，并通过对系统中各参数的检验，可以权衡各参数在系统中所起作用的大小，从而作为指导制定科研项目先后安排的顺序参考。

数学生态学虽然形成学科较晚，但在短短的年代里已经显示出强大的生命力。由于生态学的研究范围很广泛，各生态过程（或系统）中变量之间的相互联系、相互制约的关系错综复杂，因而有些还不大可能找到现成的数学理论和方法，一些现有的数学模型还需要继续检验和不断修正。所以，如何使这门学科更有效地应用于生态学实际中去，还有待数学家和生态学家们共同努力，继续探索。

51 生物系统的控制
——控制论生物学

控制论生物学又称生物控制论,它是一门应用自动控制的理论和方法研究有关生物系统内部各部分相互联系和影响,弄清生物系统的调节控制和信息处理的原理和规律的边缘科学。

生物系统有两个显著的特点,第一是它们由结构复杂的蛋白质和核酸等生物大分子构成;第二是它们是一个由各部分紧密联系、高度组织起来的整体,各部分联系的解体将导致生物体的死亡。生物控制论正是从其互相联系出发,从综合的方面去研究生物系统。生物是最复杂的物质存在形式,其物质结构、能量形式和相互联系等方面都具有高级形态。作为相互联系的高级形式——信息的联系在生物学中显得更重要。对生物来说,生物化学着重研究其物质结构方面,生物物理着重研究其能量方面,而生物控制论则着重研究其信息处理方面。

传统的生物学研究是定性的、局部的、分析的方法。六十年代末,由于电子计算机的发展及其在生物医学领域的应用,使生物学的数学化倾向得以加强。工程技术向生物医学的渗透,使一些工程学家注意了生物系统的调节控制问题,系统分析方法在生物学领域日益受到重视,在系统分析的基础上,定量的、动态的、综合的研究生物系统的控制论生物学也就诞生。

生物控制论的早期工作是对神经系统中神经元的研究,它用数学方法来表示神经细胞的作用,通过建立数学模型,对神经系统内部的过程和参数进行精确的描述,并模拟其外部功能。以后逐渐发展到对神经网络模型的研究及对具有学习和记忆功能的自组织神经网络的研究。

视觉是生物控制论比较先研究的系统,它是一个复杂的眼—脑—肌肉的自动控制系统。外界通过人体各种感受器向大脑传输信息有三百万根神经纤维,人眼大约占了二百万根。人眼的最大信息传输能力为每秒 4×10^6 个二进制单位。视觉受对象的形状、对比度、亮度、背景、边缘清晰度、观看时间长短等多种因素的影响。人们在瞳孔对光反射系统、眼聚焦、眼颤动、视觉暂留、双眼视觉以及青蛙、鲎、昆虫等动物特殊视觉功能的控制论研究,已有许多成果。而瞳孔不但是眼睛的窗户，而且是心灵的窗户，所以成了生物控制论的一个重要课题。瞳孔的大小变化是测量兴趣、看法、情绪的十分可靠的尺度。

生物控制论对听觉系统的研究，主要是搞清该系统对声音的识别方法，建立各种声音的模型和装置。例如对蝙蝠、海豚的"回声定位"机理的研究和模拟。

心血系统是一个具有多变量和多重反馈的复杂系统，它有典型的负反馈调节特性。控制论对心血系统的研究主要有化学感受器反馈回路、脑缺血反馈回路、压力感受器反馈回路的各种开环和闭环回路的研究等。

人脑是由100亿个以上的神经细胞通过突触联结组成的一个十分复杂的神经网络系统。现在，对脑的"学习"功能的模拟，对"记忆"功能的模拟，都做了一些工作。

生物体经过亿万年的进化和自然选择，其功能已达到完善的地步。对这些机制的研究，并利用它来设计和制造各种技术装置，推动技术的发展，是生物控制论的另一功能。

祖国医学中的理论和气功等是生物控制论感兴趣的问题。气功是自身控制的生物反馈过程，可以通过练气功消除高血压、心律不齐、失眠、肠胃病、腰腿痛、癫痫、哮喘以致癌症等疾病。中医理论中的经络、五行、脏腑学说，把人体看成一个系统，许多概念是与控制论相似的。如果我们能运用控制论，以实验为基础，建立数学模型，从动态和定量的角度研究问题的方法去克服中医理论以经验为基础，从静态和定性的角度概括机体联系所存在的缺点，那么建立起具有中国特色的生物控制论课题完全是有可能的。我们期望我国的控制论专家、医学专家和其他方面的专家共同努力，让这种具有中国特色的控制论生物学早日问世。

52 非达尔文主义进化学说

——分子进化学

十九世纪中叶，英国的查理·达尔文和阿尔弗勒德·拉塞尔·华莱士分别受到马尔萨斯人口理论的启示,独立地得出物种进化的自然选择理论。这就是和能量守恒、细胞学说一起被誉为十九世纪自然科学三大发现的进化论。进化论沉重地打击了唯心主义的神创论和目的论,以及形而上学的物种不变论,为马克思主义哲学提供了自然科学依据。在以后的岁月中,以达尔文命名的进化论不断在科学实践中得到修正、充实和发展。这个学说的基本观点是这样的:自然界可供生物生存和繁衍的资源是有限的,在生物与环境之间、不同物种之间以及同种生物的不同个体之间,必然存在剧烈的"生存斗争"。由于生物普遍存在变异,在一定条件下,那些有利于生存斗争的变异得到保存,并在群体中蔓延开来,反之,不利于生存斗争的变异,将随生物体的死亡而消失,不会更多地保存在后代中间。简而言之,自然选择保留了有利于生物生存和繁衍的突变,淘汰了不利的突变,从而逐渐分化为新的物种,这就是生物的进化过程。这一过程是一种缓慢、连续的渐进过程。

达尔文的进化主义学说取得了很大成功,成为人们公认的一种生物学基本理论。但是,自从二十世纪六十年代生物学已深入到生物大分子和基因内部以后,这种理论正受到严重的挑战,因为达尔文进化论无法解释在分子或基因水平上的进化现象。1968年日本遗传学家木村资生,在英国《自然》杂志上发表了《分子水平上的进化速率》一文;翌年,美国的 J·L·金和 T·H·朱克斯在《科学》上发表了《非达尔文主义进化》一文,宣告以"中性突变"为基础的分子进化学说逐步形成。

分子进化学认为,从分子水平上来看,大部分突变对于生物体的生存来说,既不产生有利效应,也不酿成不利后果,因此在自然选择中,这类突变是"中性"的。在亿万年中,生物的基因不断产生这类"中性突变",它们不受自然选择的支配,而是通过随机的偶然的过程——遗传漂变,在群体中固定下来或是被淘汰,结果就造成了基因和蛋白质分子的多样性,实现了分子的进化。

现在已经弄清楚,生物体的特性是由基因决定的,脱氧核糖核酸(DNA)是构成基因的化学分子,DNA把遗传信息转录给核糖核酸(RNA)。RNA是由 A、U、G、C 四种碱基按一定顺序连接成的长链分子。每三个相邻的碱基构成一个密码子,决定一种氨基酸。RNA 决定蛋白质的氨基酸组成和排列顺序,从而决定生物体的结构、生理和生化的特性。按照排列组合原则,四种碱基每三个连成一个密码子,一共可构成 4^3~64 种密码子。但是氨基酸只有二十种，所以一种氨基酸通常有几种密码子（如图），例如亮氨酸、精氨酸就各有六种密码子，苏氨酸、丙氨酸各有四种密码子。所以，当一种密码子中的一两个甚至三个碱基发生突变时，结果新的密码子仍有可能代表原来的氨基酸。例如 UCU 改变成 AGC 时，尽管三个碱基都发生变化，其结果却仍是丝氨酸。这种突变称为"同义突变"。

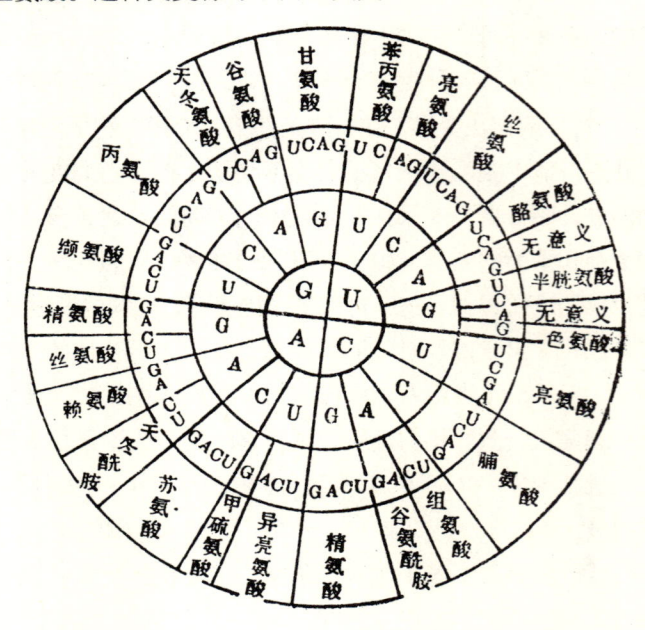

在 DNA 中，有时夹有一段或几段不转录到 RNA 上去的顺序，因此这些顺序不决定最后合成的蛋白质分子。另外，DNA 中有些碱基排列顺序往往有重复出现的顺序。因此，在不转录的或重复的顺序中出现的突变，都不会改变细胞合成的蛋白质，这种"非功能性"的突变是第二类中性突变。

第三类中性突变是，决定蛋白质的基因发生了突变而使蛋白质氨基酸组成发生改变，但改变了的蛋白质仍维持原来的主要功能。同一物种的不同个体或不同物种的同一种蛋白质，虽然突变使氨基酸组成有明显差异，但发挥的功能却是一样的。如人体的乳酸脱氢酶、葡萄糖－6－磷酸脱氢酶是氨基酸组成不同的"同功酶"，又如酵母、小麦的细胞色素 C 肽链第十七位上分别是亮氨酸和异亮氨酸，但其功能却是相同的。

中性突变的意义在于不受自然选择的这种突变，随机地在群体中固定下来，并得到逐渐的积累，可以使原来的一个物种逐渐分化成两个物种。例如亲缘关系十分接近，可以相互杂交的两种蛙，它们的DNA差别十分悬殊。

分子进化学与达尔文进化学还有一点不同，就是达尔文进化论认为，生物进化速率是同环境变化快慢、生物世代长短密切相关的。分子进化论则认为，进化的速率对所有的生物一视同仁，都是由碱基和氨基酸突变的速率决定的。据金和朱克斯的计算，决定氨基酸的密码子中碱基替换的速率，为每年每个密码子替换 $3\sim50\times10^{-10}$ 个。根据这个数据，比较不同物种的同一蛋白质或同一核酸的组分后，计算出产生差异的时间，从而算出了从一个物种进化到另一物种所需时间，其结果与化石的发现十分接近。

中性突变还可以解释生物的退化现象。例如生物中只有人、猿、蝙蝠、豚鼠等不能合成维生素C。在食物中缺乏维生素C时，这是不利的突变；但在食物中含丰富的维生素C时，这就是无利无不利的中性突变了。

分子进化学说可以看成是达尔文进化学说的补充。这一理论的成功，还预示生物科学的一次新的飞跃。

53 气候影响人的智力
——生物气象学

在一个暴风雨袭击佛罗里达州肯斯威尼镇的早晨，当地一位高中生，对于参加当天大学入学考试的数学题目，竟能易如反掌地解答，这种现象对他来说简直是一项奇迹，因为数学一向是他最感棘手的课程。在另外一次猛烈的飓风袭击美国东北部的时候，麻省州立大学正在进行着入学新生智力测验，结果所有学生的成绩格外优异，创下该校有史以来智力测验得分最高纪录。这种意外现象，究竟作何解释呢？生物气象学的知识告诉我们，人们的肉体与精神反应，深受气候因素的影响。雷雨闪电，使空气发生电离而含有一定的离子。而空气中的阴离子，经呼吸道吸入体内，对大脑、呼吸、循环、消化等系统有良好的作用，可使人精神振奋，心跳有力，呼吸加深，内分泌协调，工作效率提高，脑力活动活跃，从而提高了智力水平。

生物气象学虽是一门较新的科学，但已取得了许多有趣有益的研究成果。生物气象学家发现，人的精神、情绪等心理活动与气候有明显的关系：

烈日炎炎，使人心情烦躁，阴雨连绵，给人烦闷之感；风和日暖，使人心旷神怡；寒冷天气，使人心情忧郁。根据芝加哥的研究人员报告，在变化不定的寒冷天气里，瘦弱者比肥胖者有较多的自杀事件发生，而肥胖者每当仲夏酷暑之际，情绪特易转变为暴怒与急躁。有的学者还认为，太阳活动、"宇宙气候"对人的精神、心理活动都会产生刺激作用，从而提高人的创造性，其中包括科学的重大发明和重要文学作品的产生。比如，太阳的活动周期大约每十一年循环一次，据说理论物理在历史上有几次重大突破，在时间上与太阳活动周期也大致相吻合，像世界著名大科学家爱因斯坦，他的重大发现的时间是1905年、1916年、1927年以及1938年，每次重大发现相隔十一年，与太阳活动周期大体相同。生物气象学家还发现，热与冷也是影响人类行为的重要因素。当室外气温在华氏六十五度的情况下，人类的分娩率最高，而且所生的孩子也往往较为强壮。在寒冷月份里怀孕的孩子，其平均智力往往比那些在温热月份里怀孕的孩子为高。根据调查生日资料统计显示，那些较有成就的人物，多数是在寒冷或早春里受孕的。另外，在大气压力剧烈变化下，特别是气压的突然下降，会增加攻击性行为、自我破坏行为、车祸和工厂意外事件的发生。气压的降低会导致身体组织的膨胀，并减少血流，使脑部压力减低，结果人更加健忘。

新兴的生物气象学，就是专门研究气候对人类的精神、情绪、心理、行为和身体会产生什么样的影响，以及产生种种影响的原因，以便寻找最适于人类生活和生存的气候环境。开展这门新兴学科的研究，对造福人类是大有益处的。

54 磁和生命

——生物磁学

生物磁学是一门将生物学、磁学、医学、农牧林学等多学科结合起来的新兴边缘科学。它主要研究磁场生物效应和生物磁场两个方面。

地球上的生物都生活在强度约0.5奥斯特的地磁场之中。很早以前，人们已发现鸽子、候鸟、某些浮游性鱼类、蜗牛等生物是利用地磁场来导航的。

新近的研究表明,太阳黑子产生磁爆,会增加心脏病、精神病等的发病率。地磁强度的变化,直接影响人类发育生长和生物的生理节律。有的科学家断言,某些生物在地球上灭绝,是与地磁场的剧烈变化有关的。人类进入宇宙航行,脱离了地磁场,观察到许多有趣的现象,如美国"卫星二号"飞离地球后,里面的胡椒属植物叶子生长不正常,面粉甲虫翅膀畸变,一只叫"伯尼"的猴子在8.5天就死亡了。在一项实验中把小白鼠放在3－10奥斯特的弱磁场中生活一年,它们的平均寿命缩短了6个月,并且不再生育。果蝇处于梯度9千奥/毫米,强度22千奥的不均匀磁场中,在几分钟内,一小时龄的果蝇会死亡,蛹只有50％变为成虫,且其中5％－10％呈现羽化异常和畸形,并在一小时内死亡。磁场对生物的影响是多方面的,其机制和影响程度、持续时间、遗传变异等,还在继续探讨之中。

生物磁现象与生命关系十分密切,研究生物磁场,对了解生命奥秘,寻找在生物、医学、农业上的应用有着重要作用。生物体中物质输运、能量转换、信息传递、组织器官活动等都伴随生物电流产生。"电动而生磁"是生物磁场存在的主要因素。含铁的血红蛋白,含钴的维生素 B_{12} 等生物组分,在外加磁场作用下会呈磁性。吸入体内的四氧化铁等磁性物质,经外磁场磁化后形成剩余磁场。这些生物磁场十分微弱,约在 $10-10\sim10-4$ 奥之间。由于铁磁屏蔽、交流屏蔽等技术和高灵敏度的磁强计的发明,才使探测生物磁场成为可能。

生物磁学在医学上的应用十分诱人。心磁场、肺磁场、脑磁场的检测和磁共振法对疾病的诊断有其独到的优点。贴磁疗法对高血压,神经病、肌肉痛等疾病有明显疗效;饮用磁化水可防治尿路结石等等。磁场对肿瘤的影响也在研究之中。随着磁法治疗和磁疗器械的不断发展,生物磁学在医学领域的应用将越来越广泛。

生物磁学在农业上的应用也是引人注目的。水稻经磁化水浸种、磁化水灌溉后亩产增加22.4％,小麦施用磁肥,也有较大的增产幅度(11.2％—30.4％)。

生物磁学问世不过二十年左右,它还处在方兴未艾的阶段。许多理论和技术问题还需深入探讨,但它已为科学工作者提供广阔的研究领域和光明的应用前景。

55 通向生命王国的蹊径

——生物力学

生物为什么能在各种复杂的环境中生存？
花卉为什么大都具有对称性体型？
血液为什么会出现停滞和淤积现象？
心血管病为什么大多发生在血管分叉附近？
体育活动和各种竞赛能用力学进行分析计算吗？
凡此种种问题，均属生物力学的研究范围。

生物力学是从生物学和力学的交界区域发展起来的崭新的边缘学科。长期以来，传统力学的范畴比较狭小，它只是研究没有生命的物质的受力运动。直到近些年，科学家们才发现生物的进化和受力运动是密切相关的。于是，一些科学家突破了传统力学的框框，把力学引入了生命世界，致力于研究生物体的力学。终于，生物力学这门新学科在科宛的沃壤上破土而出。

生物力学以力学观点去探索、试验、解释生物身上发生的种种现象，以公式和定量计算去分析研究生物体内气体、液体、固体等的力学行为，从而发现和总结生命的力学规律，提出解决问题和提高效能的办法，达到造福人类的目的。

生物力学的研究领域十分广阔。目前它已派生出许多分支。例如，专门研究细胞的"细胞动力学"；专门研究血液流动的"血流动力学"；专门研究膝关节的"膝关节运动学"；专门研究皮肤、肌肉、血管等的"软组织力学"；专门研究体育的"运动力学"；用于工程和国防上的"微生物力学"等。目前，国内外的气功疗法、按摩疗法、正骨疗法、体育疗法等，都已分别和生物力学结合起来进行研究。

生物力学已经取得了丰硕的研究成果，展现出广阔的应用前景。

医疗方面的许多问题，都可从生物力学得到解释和解决。例如，医生们在长期的病理解剖实践中发现，人和动物的心血管疾病大多发生在血管分叉的附近。从水力学、流体力学的观点看，这是很自然的。这些地方，正是血液流动方向、流速、流量、管壁压力变化最大的地方，血液的涡流也常在这些地方发生，血流中细胞运动混乱，血管壁内膜容易受损伤。所以血管壁的病变、血栓的形成、脉管的堵塞都和力学有关。现在已有一门心血管动力学，专门研究血液循环理论。再举一个例子，过去人们只知道骨头受力会增生，至于为什么却不甚了然。生物力学的研究现已表明，人体或动物的活骨头，每日处于受力平衡状态之中，每块骨头都有一个最佳应力值。在这个应力作用下，骨细胞的增生与萎缩正好对消。一旦受力增加，那么骨头为适应新的受力情况，便会自动使骨头细胞的增生数目多于萎缩数目，于是骨头的尺寸和密度便自动上升，从而使应力逐渐下降，达到另一最佳应力值而又动态平衡。

生物力学已开始被应用到指导体育锻炼和体育医疗。人体的生理构造十分复杂，光骨头就有二百零六块，而且形状、大小各不相同。在进行体育运动时，人体的骨骼是否受力得当，对运动成绩、身体健康都有直接影响。如果骨骼承受的力量超过负荷，就会受伤，如骨折、挫伤等。因此，从力学角度来研究人体的生理和病理，已成为"热门"之一。美国奥林匹克委员会专门设有生物力学研究所，旨在增强运动员的体质和创造优异成绩。该所的科研人员把运动员竞赛的全过程拍摄下来，然后进行力学分析计算，为教练员提供最佳训练方法。

生物力学还能帮助人们理解自然界中千姿百态的现象。比如，为什么绝大多数花卉都具有对称性体型呢？生物力学认为，这不单是一种外形上的几何美，而且蕴藏着一种保持机体均衡、稳定的力学美。向上开放的花朵常常具有轴对称或旋转对称的性质，这样可使受力状态相对于花蕊和花托处于最佳平衡态——因为在自重作用下抗弯曲的能力是各向同性的。与此相反，一些向下开放的花朵，为了达到受力平衡，其形态则多呈悬挂状。这种倒挂状可使重力对花托和花叶连接处的弯曲作用减为最低。

当前，国内外对生物力学的研究方兴未艾，生物力学这朵科学百花园中生机勃勃的新蕾，十分引人注目，她将会在人类生活的许多领域开花结果，造福人类。

56 在分子水平上看人类进化
——分子人类学

1859年，杰出的进化论者达尔文，发表了划时代的《物种起源》，为科学地解决人类起源学的千古之谜奠下坚实的基础，证明了人类和灵长类的近缘关系，人是从猿进化而来的。一百多年以来，人类学家的辛勤努力，不断地为这一理论提供新的论据，并告诉人们，人和现在仍生活在世上的黑猿、大猿、褐猿等都出自同一祖先——古猿。

二十世纪六十年代以来，分子生物学异军突起，使人类学的研究，从宏观的解剖生理学、组织胚胎学、考古学等方法，一下子进入洞幽入微的微观世界。于是，一门分子生物学与人类学结合的新科学——分子人类学产生了。

生命是蛋白体的存在形式，蛋白体是以蛋白质和核酸为主的一种胶体物质，而核酸包括核糖核酸（RNA）去氧核糖核酸（DNA），揭示DNA结构和遗传信息的关系，是分子生物学的伟大成果。那么，不同种属生物遗传信息的异同，是否可以推断出生物间的亲缘关系，从而揭示出人类起源的过程则是分子人类学的课题。

分子生物学告诉我们，在细胞核中，DNA和一些碱性蛋白质盘绕在一起，构成一种棒状的、易被碱性染料着色的小体——染色体，每一种生物都有自己特定的染色体数：人类23对，黑猿、大猿、褐猿24对，长臂猿22对。从染色体的形态判断，黑猿与人类的关系比褐猿更为密切。

DNA是由两条核苷酸单链借助结合能力很强的化学键，像拧麻花那样构成双螺旋结构的。通过一定的技术，可以把双链分开，又可把不同生物的两条单链重新结合起来。可是由于不同生物连接双链的化学键有差异，因此组合后的双链在该处就不能连接。事实证明，亲缘关系越密切，这种差异就越少。黑猿DNA和人类不同之处为2.5%，大猿和人类的差异大些，而猴类和人类的差异高达10%以上。可见，人类与黑猿亲缘关系更为密切。

蛋白质是由数十至百个不同的氨基酸按一定的顺序首尾连接组成的长链，氨基酸排列顺序不同，蛋白质也就不同，据此，人们可探知生物不同的亲缘关系。实验证明，许多动物都有由574个氨基酸所构成的四条氨基酸链，

即两条 α 链和两条 β 链；人和黑猿血红蛋白分子中氨基酸排列完全相同；人和大猿有四处不同，而人和马则有 86 处不同。

各种呼吸氧气的物种的细胞中，都含有在氧化过程中起电子传递作用的细胞色素 C，从它的构造便可推知生物间的亲缘关系。据分析，人的细胞色素 C 与黑猿的没什么差别，与恒河猴差 1 个氨基酸，与袋鼠则差 10 个，与鸡、金枪鱼、酵母相比分别差 13 个、21 个和 40 个氨基酸。生化学家推断，在生物进化过程中，要改变一个氨基酸，大约需要七百万年，据此可知，大约 15 亿年前，动植物有共同的祖先，约 10 亿年前，昆虫和脊椎动物开始分化，至 750 万年前，人、猿分道扬镳了。细胞色素 C 的研究，使不同类生物的亲缘关系有了定量的概念，分子人类学家由此绘制出生物进化系统树，二十世纪六十年代后期发展起来的免疫学法，又使这种定量分析法变得更简便和准确。尽管目前推算出来的结果和地质年代记录不尽相符，但从分子生物学角度来研究人类进化，揭示人类起源奥秘的分子人类学，将在人类起源的研究中发挥越来越大的作用。

57 研究植物的"语言"

——信息化学

一窝蜜蜂是一个纪律严明，分工细致、统一行动的王国。蜂后统率所有子民，身负繁衍后代的重任；侦察蜂到处寻找蜜源；采蜜蜂忙碌于百花丛中；保育蜂喂养幼虫；清洁蜂打扫卫生，保卫蜂忠于职守，一旦有外敌入侵，就倾巢而出，舍生忘死保卫蜂巢安全。这些不会说话的小精灵，是凭什么互通情报、联络感情而使全体配合默契、秩序井然的呢？把一只未交尾的雌蛾囚在一个小笼里，不久就有数以十计的雄蛾从四面八方飞来，雄蛾又是怎样找到雌蛾的呢？相邻的两棵杨树，一棵已被害虫咬噬得枝残叶缺，而另一棵却依然枝叶茂盛，是害虫厚此薄彼，还是被害的一棵"通知"邻居采取自卫手段呢？这些有趣又难解的谜，在超微量有机化学问世之前是无法揭开的。近十几年来，科学家们终于了解到，不论动物还是植物，都能分泌出化学信息素，作为互通情报的媒介。信息素是动植物的特殊语言。于是一门研究不同作用信息素的成分、结构、来源，进而进行人工合成并利用其为人类服务的化学新分支——信息化学建立起来了。

动物为了传宗接代，需要行进雌雄的交配。雌雄间传递交配信息的信息素叫性诱素，人们熟知的名贵中药麝香，就是麝鹿、麝牛等的性诱素，其成分是麝香酮。现在，许多动物的性诱素结构已搞清，并用人工合成的性诱素进行害虫的防治。如用棉田害虫棉红铃虫的性诱素Z和E－7，11－十六双烯－1－醇的乙酸酯混合物和人工模似的Z－7－十六烯－1－醇的乙酸酯诱捕棉红铃虫，后者虽然效果稍差，但由于合成容易，其实际使用效果是很好的。

动物在辨认敌友、识别道路、召唤同伴、跟踪食物、占领地盘、营造巢穴、逃避敌害、攻击敌人等等不同情况下，分泌不同的信息素。例如一种长结蟹蚁在遇敌时，首先发出正己醛向远方同伴报警，然后以正己醇召唤同伴前来协助，继而用3－十一酮发出攻击号角，最后以2－丁－2－辛烯醛作标记素，在敌身上留下标记，使同伴识别而围歼之。蚁是按其家族的共同尾迹信息素行动的。南美切叶蚁的尾迹素是4－甲－乙－羧－吡咯甲醇酯，每厘米只需0.08毫微克就能使同伴循味而来，只需0.33毫克就足以散布于赤道一周的路程。蚁死了还会发生死亡素通知同伴来处理尸体。把这种死亡素涂在活蚁身上，其他蚁会不管它如何反抗将其拖走。蜂后的召唤素是羟烯酸，并以9－羟基－2－癸烯酸等指令其他蜂各司其职。工蜂则以扰牛儿醇等作为示迹素。人们利用动物的这些信息素，合成有效的驱虫或诱虫剂如α－蒎烯能有效驱走松毛虫。至于利用警犬辨别、跟踪信息气味而侦破案件，则是人所共知的。在嗅觉机能和信息素结构揭秘以后，已制造出电子警犬来为国防治安服务。

除了发情、交际、防卫等外信息素以外，生物还会分泌内信息索。如昆虫的幼虫靠保幼素和蜕皮素控制其发育。前者是一类有双键脂肪酸酯的环氧衍生物，后者是一类甾体化合物。利用内信息素控制昆虫生理过程，内容十分丰富。比如用保幼素延长蚕的青春，使其长得更加肥大，能提高蚕丝产量。相反，用抗保幼素早熟烯使害虫早早变蛹，则可减轻虫害。

植物也能分泌用途不同的多种信息素。例如花的香、蜜的甜、果的鲜美是食诱素，使昆虫和其他动物为其传播花粉和搬运种子；果实枝叶中的苦涩酸辣和有毒成分则是拒食素，为的是保护尚未成熟的种子和枝叶。但拒食素和诱食索不是绝对的。对多数动物是拒食素，对某一动物可能是诱食素。这是生物进化、适应和群落间复杂关系的结果。如葱蒜辣椒的辣味对多数动物是拒食素,但许多人却十分喜爱,变成诱食素。又如十字花科植物分泌的黑芥子苷本是拒食素,却又是菜粉蝶的诱食素和引产素,舍此不食不产。人们用浸过黑芥子苷的纸张诱骗菜粉蝶前来产卵,聚而歼之。

更令人感到意外的是植物之间的信息联系。杨、槭等植物被害虫侵害后,不仅自身会改变嫩叶的化学成分来抵御害虫,还通过空气把一种化学信息素扩散到周围的树上,引起它们相应的行动。另一个饶有趣味的问题是动物信息素与植物成分的关系。在已知的昆虫信息素中,有的本身就是植物某一生理阶段的产物,有的是昆虫稍加改造的结果。因此从昆虫采食和栖息的植物各部分组织与其就食、生长、交配、产卵等过程分泌的信息素找出其中在化学物质上的联系,对弄清它们信息素的结构,来源并加以控制利用,具有深远的意义。

人类自从脱离了动物界以后,由于有了语言文字等沟通信息的手段,现代社会更有电话、电报、电视、计算机等互通情报、交流思想、处理和储存信息的先进技术,化学信息素的作用已退到十分次要的地位。但人类仍有这方面的潜在能力。例如已婚妇女对乙酸睾丸酮酯等十分敏感;母亲能光凭嗅觉找出自己孩子的衣服;中医的闻诊其实就是一种利用信息素的方法。又如狐臭多发生于性功能旺盛期,实质是一种性诱素。但人类现在对信息化学的研究,是为了在更高的水平上对信息素的了解和利用。可以相信,信息化学的崛起,对于以光、电、磁、声等物理手段为主的信息技术,将是一个十分重要的补充,它对现代社会的重大贡献,将是难以估量的。

58 草木有情

——趣谈植物心理学

我国有句老话:"人非草木,孰能无情"。千百年来,人们总认为感情仅仅是人和某些高等动物才具有,而植物则是毫无感情可言的。现在,这种传统观念正面临着挑战,一门全新的学科——植物心理学正令人瞠目结舌地出现在我们面前。

1966年2月2日，美国中央情报局审讯专家克莱弗·巴克斯特给办公室一棵天南星科植物浇水时，突然心血来潮，想用情报机关惯用的测谎器，来测量水从植物根部到叶子的上升速度。他知道，植物的生理活动会引起生物电流的变化，利用测谎器与植物组成一个电流回路，就可以从记录仪上看到生物电的变化曲线了。果然，巴克斯特看到了预想中的曲线。然而，使这位审讯专家感到奇怪的是，浇水后天南星科植物的生物电曲线，竟和人在激动时测得的曲线一样。难道植物也有感情？他心念一动，决心探寻这个十分诱人的题目。

　　实验的结果使他惊喜万分——植物千真万确具有感情！当他划亮一根火柴，想烧焦那棵天南星科植物的叶子时，记录仪的指针剧烈地摆动起来。此时火还没接触到叶子，而植物已预感到灾难的威胁。尽管这时从外表看植物并没有丝毫的变化，但它的生物电曲线已表现出它"内心"的极度恐慌。更奇怪的是，在植物与植物之间，植物与动物之间还存在着感情交往，尽管这种交往的媒介是什么还是一个谜，但这交往却是实实在在的。在一次实验中，巴克斯特将一壶煮沸的水放在植物附近，然后把一些活的小海虾一只只地扔进沸水，这时，植物的活动曲线急剧上升，竟和海虾的反应曲线相似。苏联心理学家维克多·普什金博士的研究也证实了这一点。植物和被用催眠术控制感情的人息息相通：当处于催眠状态的试验者高兴时，植物便竖起叶子，显得神采奕奕，试验者悲伤时，植物便垂下叶子，显得垂头丧气。更令人惊异的是植物还有识别"凶手"的本领。试验中六个人，其中一个先在门外毁坏一棵植物，另五人不接触植物。然后六个人轮着走近带测试仪的植物，当"凶手"走近时，测试仪的指针剧烈地摆动起来——它已认出"凶手"，并感到恐怖。

　　植物也有精神生活。印度两个音乐爱好者给两组黑藻听不同的音乐，一组听优美宁静的《小夜曲》，一组听喧闹刺耳的噪声。结果，前者长得朝气蓬勃，后者长得委靡不振。据报道，长期欣赏轻音乐的番茄可长到半斤重一个，每株产量提高一倍多。甘薯、卷心菜、蘑菇、莴苣等经轻音乐处理之后，也有不同程度的增产。

　　植物心理学家还证实植物也有"语言"。他们用一种灵敏的传声器，收听到植物根部发出的声波。这种声波随着植物缺水、缺养分等生理需要和情绪变化而出现音量、频率的变化。美国的沙乌斯·利土纳堡录音公司，已成功地录制了植物的"乐曲",据说,番茄的"歌声"最为优美。有的植物心理学家,还提出要像对人那样,按照植物的情绪类型和敏感性进行心理分类。

植物心理学的研究是十分有趣的,其应用前景更是十分诱人。有朝一日,人们弄清了植物的心理活动规律和信息传递途径,建立了一套有效的观察和联系方法,那么对绿色世界的开发、改造和利用,将会出现一个崭新的局面。

59 "植物医生"与农业医学

服药、打针、开刀,这是人类医治疾病司空见惯的方法,现在这种方法已应用到农业上来,产生了农业医学这样一门新学科。

和人类一样,植物也经常遭受各种动物、微生物的侵害而患病。有些凶险的传染病,在数天之内就使大片作物枯萎,致使颗粒无收。有的疾病年复一年流传下来,致使大面积减产。自从人类懂得栽培作物以来,就一直和植物的疾病作斗争。但是,到目前为止,还有许多植物的疾病使人们束手无策。农业医学的产生,是现代科技在农业上的应用,它将给植物疾病的防治带来光明前景。

以往,植物保护工作者对植物疾病的防治方法,一般是采用药物浸种、喷洒农药、生物防治等方法。现在,给植物打针、动外科手术、隔离,预防接种等方法已开始应用,成绩卓著。

和对人一样,治疗疾病之前必须对植物的生理、病理有所了解。植物生理学已是一门十分成熟的学科。在病理学方面,近年也大有进展,对病原体的分析细致入微,病原体的分离、提纯,已十分成功。不久前,植物病理学家发现类菌原体和立克次氏体这两种新的微生物,是柑桔黄龙病、桑树萎缩病等一百多种植物病害的罪魁祸首。在诊断学方面,切片检查已成为常规,而对植物和疾病传播媒介动物进行"验血",则是一种简单、灵敏、快捷、准确的新方法。例如对媒介昆虫进行验血,是先将提纯的病毒作为抗原制取抗血清,然后把媒介昆虫研磨成浆,取提取液和抗血清进行血清反应,从而预测和诊断出患病情况，以便采取防治措施。

在给药方式上，除了传统的喷洒以外，已采用一些新技法。例如用55℃的千分之一硫代硫酸钠溶液给桑树硬枝接穗进行"药浴"，既能杀灭致病菌，又不影响接穗成活率。给局部病灶外敷糊状药剂，可减轻疾病症状。给树木打针是另一种新法。在患病树木基部钻孔，然后注入药液。有一种树干加压注射器，能在一两小时内给树木注入1千毫升药液。用这种方法给患黄龙病的柑桔和患萎缩病的桑树注射青霉素，疗效显著。

对植物施行"外科手术"，清除局部病灶，对治疗树木溃疡病、烂皮病等效果颇佳。手术后外敷药物，可增强疗效。用这种方法挽救了许多珍贵古树。有时病变累及几个树梢或全身，则要进行"截肢"以至"砍头"。可喜的是植物被砍头以后不但不会一命呜呼，反而因清除病灶而健康成长。"茎尖培养"这一类新的育种技术，可谓是"显微外科手术"。植物病理学家发现，病毒侵入植物之后，在植物体内分布是不均匀的，在茎尖组织中很少存在病毒。因此当一株良种因病毒感染而濒危时，科学家拿起手术刀，在植物的顶芽或腋芽上切取一段壮芽，小心地剥下1毫米左右的茎尖，放进专门的培养基上培养，不久一株未受病毒感染的健康植株便长成了。

对植物也可进行"理疗"，如紫外线杀菌、红外线或微波加热等。据试验，把黄萎病稻苗、黄龙病柑桔、感染镰刀菌的唐菖蒲球茎等放在40～50℃的蒸汽中进行"蒸汽浴"，能杀灭大部分致病菌而使植物复康。

植物的"第二医学"——预防医学也有所发展。烟草花叶病毒是一种毒性很强的病原体，我国科学工作者用亚硝酸处理患烟草花叶病的番茄植株，使其发生变异，形成弱毒株并制成疫苗。使用时，将疫苗稀释，放入一定量的金刚砂，然后给植物喷洒。金刚砂在植物表面打出细小的孔，于是疫苗被吸收入植株体内。这种"种痘"的方式，可预防番茄、辣椒、烟叶等茄科作物被烟草花叶病感染，从而大大提高产量。在病情凶猛的椰子黄化病流行时，给椰树打"预防针"：每隔4个月注射土霉素1—3克。可控制疾病蔓延。

农业医学的出现、给植保工作开创新局面。一旦人类能使植物摆脱病魔的折磨，植物将以数倍丰硕的果实奉献给人类。

60 人造气候与生物

——电气候学

飞流直下、白沫四溅的瀑布，不但给人一种壮美的享受，又使人感到分外爽快；广阔无垠的大海，碧波掠岸，一望无际，不但给人一种辽阔深邃的感觉，而且使人精神为之一振；一阵雷雨过后，人们会感到空气格外清新，呼吸畅快，胸臆顿开。这是为什么？相反，在干热风袭来之际，某些疾病、自杀、犯罪、纠纷等事故发生率急剧上升，这又是为什么？原来雷雨闪电、海浪拍岸、瀑布泻地，都会导致空气电离。在海滨、瀑布等风景区，空气中含有大量负离子，而在干热风袭来之前，运动着正离子。正负离子对人的生理有着不同的影响。为了研究空气电状态对人类机体的影响以及对此进行控制和利用，就产生了一门新兴的学科——电气候学。

电生理学的研究表明，生物机体内每一个细胞都是一个微型电池。细胞的电活动，要靠负离子的不断补充来维持。负离子能改善肺的呼吸功能，调剂血液的正常生理功能，增加大脑细胞的活力，促进机体的新陈代谢。相反，缺乏负离子，会使人感到胸闷、头昏、感觉迟钝以致精神紊乱。因此，负离子被称为空气维生素。人们根据空气电离的原理，用电晕放电、脉冲电场等多种方法使空气电离，控制正负离子的适当数量，创造出合适的人工气候环境，应用于医疗卫生、食品贮运、农林牧业、公共设施及家庭等领域，取得了多方面的成果。

利用负离子来治病的方法称为空气离子疗法。临床实践证明，它对于治疗呼吸系统、心血系统以及某些外科、精神科疾病有明显效果。例如用来治疗烧伤时，有帮助杀菌、减少感染和促进皮肤再生的功效。

一种称为负离子淋浴的方法，在保健卫生中大显神通。这种方法是人们在一间专门的保健室中，接受一段时间高浓度的负离子空气浴或在工作环境中安装负离子发生器，将空气中负离子补充到每立方厘米一千至一千五百个这样的"清洁水平"或补充到每立方厘米五千至一万个这样的"疗养区水平"。实践证明，通过负离子淋浴能显著提高健康水平，从而提高工作人员的工作效率，减少操作差错。有一家外国银行的数据处理中心，装了负离子发生器后，工作误差率从3％降低到1％。

在现代化生产中，有些要求无尘、恒温、恒湿的工作环境，由于空气过滤器把负离子和尘埃一起滤去，破坏了室内生态平衡，造成室内工作人员身体不适，工作效率降低。负离子发生器有利于恢复室内生态平衡，消除上述弊病。现代公共设施以至家庭使用空调设备之后，如果不安装负离子发生器，也会产生身体不适。

由于负离子有和空气中的灰尘、细菌、病毒正离子等的结合的能力，因此空气离子化还用于除尘、防止疾病流行、防止绝缘体带电引起爆炸等意外事故。

与动物相反，植物的生长需要正离子。因此正离子可促进作物快长早熟、提高产量，而负离子则可控制茎叶生长速度、防止疯长。据试验，在人工电气候控制下，可使黄瓜产量提高三倍，棉花增产五成，而且纤维质量提高。空气中的负离子还能抑制细菌和真菌生长，对农副产品保鲜防腐起着很好的作用。目前，在探讨负离子治癌方面，也取得一些进展。

电气候学还十分年轻，科学家们正通力合作，在各个领域进行有益的探讨，迎接它灿烂的应用前景的到来。

61 异中求同、触类旁通、探索未知
——相似学

我们生活的这个世界中，事物是丰富多彩、千差万别的。可以说，世上没有两种完全相同的东西，但是许多事物之间都具有相似性。有结构和功能上的相似，有原因和结果上的相似，有现象和本质上的相似，有形式和内容上的相似……低等植物细菌和"万物之灵"的人类有天壤之别，但它们细胞的结构和功能却是相似的；食物腐败和外伤感染，其结果截然不同，但其原因都是细菌的大量繁殖；植物光合作用和激光器中激光的产生现象迥异，但其实质都是量子跃迁；鱼类的鳍和鲸等水生哺乳动物的鳍形式相似，但解剖学的内容是不同的，后者是退化了的足。

事物的相似性是普遍存在的。相似学就是研究事物之间相似性及其规律的科学。相似学的研究对于指导人们认识事物，揭示事物的本质联系、探索未知世界有着十分重要的价值。

没有分类就没有科学，而分类学就是建立在相似性的基础上的。生物分类的依据就是生物解剖结构的相似性。人、猴、猩猩因其解剖结构的相似性而同属于灵长类，曾使生物分类学家林奈发出"下贱的野兽，与我们是多么相似啊"的嗟叹；鸭嘴兽虽然是产卵的，又有鸭子似的嘴和脚，在解剖上的最大特点却说明它是最低等的哺乳类，人参和鸭脚木，一是草、一是木，但它们因在花和叶上的相似性而同属五加科。正是相似性的研究，揭示了生物种类的亲缘关系和进化规律。

相似学深刻揭示事物之间本质上的相似，使有些看起来似乎毫无关联的事物得以用同一规律沟通，有些百思不解的问题，用相似原理便能迎刃而解。例如动物体形问题，为什么昆虫不会长成大个子，而哺乳类动物再小也不会比泰国一种体重2克的蝙蝠更小了？相似学的研究说明，无论什么生物，它们细胞新陈代谢的规律是相似的。不同生物的内部结构和外界环境，限制了其体形的发展。具体说来，昆虫是通过满布全身的微孔呼吸，直接与外界进行气体交换的。如果昆虫体形变大，根据体积和体表的关系，当其体长为1时，表面积为1^2，而体积则为1^3，所以体积的增长率大于体表的增长率，大型的昆虫会因氧气供应不足而死亡。脊椎动物是靠肺呼吸的，肺有极大的换气面积。人的肺的表面积就有93平方米之多，而人的体表面积不过3平方米左右。食物的摄取方式对体形也起制约作用，昆虫的幼虫蠕虫的肠管短而平直，食物在其中停留时间短，所以它必须整天进食。猫那么大的蠕虫不管进食多快也满足不了身体对营养的需求。而体形大的动物有长长的、弯曲盘旋的肠子，肠腔中有层层折皱、簇簇肉突，有足够的表面积吸收营养。身体热量的产生与体积成正比，热量散失与表面积成正比，哺乳动物为了维持恒定的体温，就必须有较大的体形。另外，任何生物都受到重力作用，陆上生物全靠自身骨骼支撑体重，昆虫的几丁质外壳，是负担不起体形变大带来的体重增加的。在动力学方面，相似学圆满地解释何以食蚜蝇能以每秒1000倍身长的速度飞行，燕子能以每秒250倍身长的速度飞行，而喷气式飞机只能以每秒50倍身长的速度飞行；跳蚤能跳起至身高100倍，一种小青蛙能跳起至身高30倍，而人只能跳起身高的1.5倍等等十分有趣的问题。

相似学的研究能导致跨学科的发现。例如维纳创立控制论是从人类、生物、机器调节功能的相似中，提出反馈概念的。相似学的研究又有助于预见新事物、推广新成果。例如元素周期表的建立，能借助元素在电子排布、化学性质、物理特性等的相似上，预见新元素的特征。

仿生学是相似学应用的突出例子，它已成为一门十分有前途的新学科。例如模仿苍蝇的楫翅（平衡棒）制成了振动陀螺仪用于火箭和高速飞机的自动驾驶上，模仿生物视觉、嗅觉功能的电子眼、电子鼻等电子仿生器件等，无不是寻找相似点。

相似学原理在模拟式电子计算机中应用，推动计算机科学的发展。相似学研究的深入，必然给科学开拓新的天地。

62 魔术般的伪装学

栖息在花上的蝴蝶看上去很像一片外加的花瓣。灰色的飞蛾遇到危险时，就抬起肥壮的毛茸茸的躯体静伏在植物上，骤然一看，简直与枯枝、树皮无异。

水中浮游的企鹅在潜游于深水中的捕食者眼中，白亮的腹部融合于被阳光照亮的水面。海底的比目鱼身上布满杂乱无章的斑点，粗眼看去，只不过是一堆海底碎石。

穿着特制服装的士兵蹲伏在树林边，看上去活像一丛灌木，他身边的机枪却似一簇略呈异色的树叶。

动物、机枪、士兵隐蔽自身使用的都是一种迷惑对手的欺骗手段——伪装术。近几十年来，聪明的人类借鉴于自然界最富于欺骗性和最复杂有效的隐蔽方法，把伪装术推向一个崭新的阶段，变成一门扑朔迷离的科学——伪装学。

伪装学所遵循的是物理学原理和心理学法则。伪装大都是一种视觉上的假象，它总是由图案设计和颜色选择这两部分组成，其中光线和光学效应扮演着重要角色。而受伪装所愚弄所欺骗的一方，则是同样的心理学法则在起作用：假如某物某人看上去不像想象中的样子，那么它仿佛就不存在似的。

伪装学专家们综合了几十年来研究与实践的成果，建立了三条伪装规律。

伪装规律之一：为了隐藏一物体，必须使该物以与背景同样的方式来反射、散射和吸收光线。反之就会被认出。绝大部分生活在树上的昆虫，它们与树皮对光的作用相近，颜色与树皮颇为相同，很难被发现。一架亮闪闪的飞机停在暗色跑道上，由于飞机与跑道对光的反射，散射和吸收很不相同，因而目标暴露无遗，而如果把飞机涂成灰暗色，就较难发现了。

伪装规律之二：为了隐蔽某物体，向敌人展现的必须是一个不熟悉的形象。例如，人们总认为一辆卡车或一幢建筑物的外形是盒状的。如果把它们的边缘弄得圆一些，或者把轮廓弄得模糊些，形象就大为改观，这就制造了一种人们不太熟悉的形象，远望其影子和轮廓，谁也无法辨认它是什么。

伪装规律之三：物体颜色和它周围环境的对比越是强烈，就越引起注意。反之，没有对比，眼睛就很难注意到它，这是不言而喻的。陆军大都采用绿色作为野战服颜色，就是基于这一考虑，飞机的机腹涂成淡白色，与天空的云块混为一体，就不易被地面监视哨发现，也是这一道理。

伪装源于自然界，聪明的人类借鉴了它，应用了它，改造了它。伪装与反伪装的斗争，古已有之；但伪装学独立作为一门科学，却还十分年轻，她有待于人们不断地加以丰富、发展和完善。

63 新兴的仿生经济学

生物学的研究表明，社会组织并非是人类所独有的。比如蜂群和蚁群，就有着严密的组织结构，在生存斗争里，它们内部实现着"各尽所能、按需分配"的原则。蜂后、雄蜂、工蜂都分别享有自己的那份食料；蚁后、雄蚁、工蚁、兵蚁在"群体"中都各司其职。日本经济学家从生物的"群体结构"中受到启发，采用种种"感情的纽带"，把企业人员捆绑到"群体"之中，因此，世界经济界称日本工人为"工蜂"和"工蚁"。日本企业采取"家族化"的管理方法，开创了日本经济发展的奇迹，成为仿生经济学的一大佐证。

仿生学的兴起及其取得的丰硕成果，进一步引起了经济学家的兴趣和关注。他们想,既然仿生学和科学技术的结合能产生奇迹,那么,把生物界那种生存竞争的本能与经济界那种物竞天择的机制结合起来,不也同样可以创造经济奇迹吗?比如,春去秋来,禽类中的大雁,海里的鱼群,便开始季节性的旅行。为了求得生存,它们本能地沿着一条最适于自己生长、发育、繁衍的路线飞翔、漫游。经济学家研究后指出,生物界的这种特性,在商品身上同样存在。一个有头脑的晴雨伞商人就会想到:应当通过对世界地图和全年世界气候的研究,人口的分布,大致勾画出晴雨伞的"旅行"推销时间和路线,预测一下该商品在某地区的旺季和淡季。同样,每季服装、手套、帽子、鞋袜等时令性的商品,在研究它们的市场和销售时,不可能不使它们带上"候鸟"或"回游鱼"的色彩。

生物界还有一种十分有趣的现象:群生、共生和寄生。狼群呼啸而过,斑马群奔腾而来,"群生"使它们所向披靡,成为生存竞争的优胜者,蚜虫分泌出甘美的"乳汁"供蚂蚁食用,蚂蚁则忠诚地保卫着蚜虫的安全,"共生"使它们各得其所;海洋里有一种鲫鱼,它寄生在大鲨鱼或鲸鱼身上,一旦主人狼吞虎咽之后,残羹剩饭就成了它们的美餐,"寄生"使鲫鱼生活无忧。仿生学家研究了生物界这种普遍的现象,得出了不少有益的启示。比如弱小企业,要在竞争中与实力雄厚的竞争对象"拼搏",就必须采取"联合作战"的办法。上海的一些区域工业局工业公司就是这样的"群生"企业,所以才抵挡住了不少大中企业的竞争压力。"共生"现象对协作厂之间更是适宜的,互相帮助,共谋利益,各得好处,组成"命运共同体",他们之间的合作,谅解十分重要。"寄生"现象,在企业生产中可看作是小企业对大企业的服务,大企业对小企业的扶植,这样对大企业来说无损一根毫毛,而对小企业来说则有一个雄厚的经济实力的靠山。

仿生经济学能给企业家的经营术增添创新思想,触发经营灵感。开展对仿生经济学这门新兴学科的研究,对创造富有中国特色的企业经营术、是大有裨益的。

64 向生物索取设计蓝图

——仿生电子学

人类在认识自然、改造自然的漫长征途中，通过对各种生物的研究，创造出许许多多巧夺天工的仿生制品，仿生学被人誉为发明创造的金钥匙。仿生学与科学技术一旦结合，往往能产生始料不及的奇迹。仿生电子学就是仿生学与电子技术攀亲结缘培育出的一棵电子科学奇葩。

仿生电子学的研究任务，就是采用电子技术，模拟人和动物体对信息的接收、加工、利用以及对生命活动的调节、控制的机理，改进现有电子设备的性能，或者创造出新型电子系统。仿生电子学最感兴趣的是人和动物的脑、神经系统和感觉器官；主要研究课题为人工智能、生物通讯、体内稳态调控、肢体运动控制、动物的定向与导航和人机关系等。近些年来，仿生电子学的研究成果不断涌现，在电子科学园地里开出许多奇异的新花。

"电子蛙眼"的出现就是仿生电子学的许多成果之一。青蛙的眼睛与电子学能有什么关系呢？就眼睛的成像功能而言，它很像一部照相机；从外界景物来的光线，通过类似于镜头的晶状体成像，投射到相当于照相胶片的视网膜上。就整个视觉过程而言，它又像一台机能完善、结构精巧的计算机：眼睛视网膜中的感觉细胞，能对影像进行严格的分析鉴别，抽提出其中有用的一部分信息，并将其转换成神经脉冲信号，由视神经报给大脑，经过大脑的分析与综合后识别出景物的形象、色彩和运动状况。所以说，眼睛是视觉信息的预加工系统，其作用很像信息处理机。对于蛙眼来说，其视网膜共有五类作用不同的感觉细胞，它们能够分别抽提影像的不同特征。这就使得蛙眼视觉敏锐，能准确地发现具有特定形状的运动目标，迅速确定目标的位置、运动方向和速度。仿生电子学工作者正是根据蛙眼的视觉原理，借助于电子技术，制成了多种不同用途的信息加工系统——"电子蛙眼"。它们或者是一台专用电子仪器，或者是某种电子仪器的一个部件，反正是用电子线路去模拟蛙眼视觉原理的系统。"电子蛙眼"在许多技术装置中发挥了奇异的作用。阿波罗登月计划中，向地球发回照片的发送系统中就采用了蛙眼对信息的抽提原理，因而大大减少了信息发送量，减少了在遥远的发送距离上的噪声干扰，获得了清晰的照片。装有特殊"电子蛙眼"线路的雷达系统，还可以根据飞行特征，准确地区分真假导弹，以便使人们及时截击真导弹而不为假导弹所迷惑。

具有"神经元"的控制系统的出现，也是仿生电子学的丰硕成果。人脑约有一百五十亿神经元（神经细胞）。神经元可以完成复杂的工作。神经元之间有着复杂的交错联系，构成了神经网络。因为神经网络的存在，可由许多神经元完成同一种工作，因此在损失了一部分神经元之后，大脑仍能正常工作。而一台计算机，当其一个部件，特别是关键元件损坏时，就不能正常工作。由此可见，由神经元组成的网络所构成的系统比人造技术系统要可靠得多。这一点为人们提高电子系统的可靠性提供了有益的启示。仿生电子学专家们通过模拟神经元的工作原理，已经研制出了多种功能奇异的电子线路——"电子神经元"。电子神经元具有较高的稳定性和可靠性，利用它们模拟大脑的功能，已制成了一些特殊用途的电子仪器，如"自动识别机"、"阅读机"、"语言分析器"等。

生物科学和电子技术的发展，大大促进了仿生电子学的发展。人们在探索中发现，除了蛙眼之外，许多生物的感觉器官都是机体从外界获取信息的接收器和预加工系统，它们各有独特的机能。感觉器官机能的巧妙，结构的精美，为人们改善技术系统的信息输入与传送装置，设计具有新原理的检测、跟踪、计算系统提供了十分有益的启示。例如，模仿苍蝇嗅觉器官的机能，制成了灵敏度极高的电子气体分析仪，模拟人的听觉器官制成"电子耳"等。

目前，各类机器人正在众多领域里为人类工作。它们现阶段还只能是按照人们输入的程序行事，不会思考，没有智能，缺乏应变能力。如果要研制出那种能跑、能跳、能说、能听、能看、能随机应变、有"思维"的"智能机器人"，无论如何也离不开对人的思维、感觉和运动系统的研究和模拟，仿生电子学任重而道远。

仿生电子学是一门引人入胜的新学科。它有不同寻常的研究内容和独特的研究方法。随着这门学科的不断发展，人们将继续源源不断地向生物界索取各种奇姿异彩的设计蓝图。

65 向跳蚤学跳高

——运动仿生学

其貌不扬，身体只有一个标点符号大小的跳蚤，引起科学家的很大兴趣。这种身长只有 0.5～3mm 的小不点儿，能跳上 350mm 的高度，即其身长的数百倍。而且它能以每小时跳 600 次的频率连续不断地跳上三天三夜。而人类跳高的世界冠军，却不能跳过其身高 1.5 倍的高度。那么跳蚤善跳的奥秘何在呢？大腹便便的澳洲袋鼠，每小时能跑 70 公里，跳跃一步达 12 米，其中又有什么秘诀呢？从对动物特殊运动功能的研究，得出某些有用的原理运用到人身上以提高运动员的成绩，这就是运动仿生学的主要课题。

运动仿生学家对跳蚤、青蛙等善跳动物的研究，得出它们善跳的奥秘在于腿肌细胞中有一种称为"莱西林"的弹性物质，这种物质恢复形变产生弹力的功能特别强，能够在刹那间恢复原状并释放出 97％的能量，此外，它们跳高的本领还与腿肌的温度有关。据测腿肌温度每升高 1℃，其收缩速度便提高一成左右，从而增强了弹跳力。因此运动仿生学家便想法提高跳高运动员的腿肌温度，果然收到一定效果。

以前短跑运动员起跑是采用有如现在长跑运动员采用的站式，澳大利亚运动员舍里尔从袋鼠起跑姿势得到启发，发明了蹲式起跑，从而使他在 1896 年的奥运会上创造出优异成绩。但那时，运动仿生学还没能真正建立。现代仿生学家运用高速摄影，分析了斑马、羚羊的奔跑动作，发现秘密在于后腿蹬踢有力，于是对运动员进行蹬踢训练，让运动员用脚掌趴地，奋力蹬跃，从而提高了短跑成绩。

我们不妨做一个实验：把一只猫四肢朝天从高处扔下，猫总能迅速转身，使四肢着地而化险为夷。这一司空见惯的现象，却是运动生物力学、运动仿生学沸沸扬扬争论了近百年的"猫案"。高速摄影证实，猫能在 1/8 秒之内把身体转回来。有人提出猫是靠缩脚伸脚来转身的，但这与高速摄影所见不同。于是又有人提出猫是靠旋尾巴来转身的，可是没有尾巴的猫也能迅速转身。科学家们根据力学中的动量矩守恒定律，使用刚体模拟实验，又建立动力学微分方程，运用计算机技术，直到 1969 年，才彻底弄清猫是靠弯曲脊椎来旋转身体的。这一理论被应用于体操、跳水等，就出现了"晚旋"、"旋空翻"等高难度动作。

实际上，体育运动中模仿动物的例子是不胜枚举的。游泳中的蛙式、蝶式、海豚式，气功中的五禽戏，意形拳中的蛇拳、鹰拳、螳螂拳等，都可看作运动仿生学的应用。但是利用现代技术分析动物运动的真正奥妙之处以应用以体育科学，则以其突出的科研成果，日益受到体育界的青睐。

66 生物学与建筑学攀亲结缘
——生物建筑学

过去，生物学与建筑学并没有太密切的关系，似乎是风马牛不相及。但随着科学技术的发展和各门学科之间的互相渗透，近些年，生物学与建筑学竟然也攀亲结缘，诞生出生物建筑学这门新学科。

生物建筑学包括哪些内容呢？

大自然创造了无数生物，它们千姿百态，千差万别，从植物的茎秆、动物的骨骼、昆虫的翅膀到人类的皮肤，这些都给建筑师发现和发展新型建筑材料和建筑结构形式以很多启示。比如，许多昆虫的翅膀，又轻又薄，飞行时每秒钟振动几千次也毫无损伤，这就引起了建筑师寻找轻质高强、省工省料的新型抗震结构的浓厚兴趣。

迄今为止，所有的建筑材料都是死物，能不能研究出一种有生命活性的建筑材料呢？这是生物建筑学研究的重要课题。有的科学家已经在设想，通过遗传工程学的研究，把在大海里繁衍成无数座珊瑚岛的珊瑚虫，改造成一种能按照人类的要求长成高楼、大坝、码头等建筑物的新型建筑材料。这种材料特别适用于修补孔洞、加固结构等工程，只要在孔洞里放进一些"珊瑚虫"，它们就能很快生长，直到把孔隙填得毫无缝隙为止。

现代的农牧业已经向工厂化方向发展，种植蔬菜的大型温室逐渐增多，工厂化养鸡、养猪、养鱼、养奶牛和养蚯蚓等正在普及。现代农牧业在温度、湿度、空气调节、光照、作物栽培和动物生理等方面，都对建筑物提出了许多新的要求。生物建筑学的专家们正在为满足这些要求进行着创造性的研究。

由于城市的扩大，建筑物不断向高层和地下发展，人类的生理与心理活动越来越受建筑物的影响。不同的年龄、职业、性格对住房的风格、布局、装饰、颜色都有不同的要求。为给人们创造良好的居住和工作环境，从城市规划、住宅设计、居住区布局到建筑装饰，都需要医学和心理学家的帮助。

建筑学与生物学再也不是风马牛不相及的两门学科了。它们之间的联系正在加强，生物建筑学必将得到迅速的发展。

67 冶金专家的眼光转向生物

——生物冶金学

飞机上天，火箭登月，得益于鸟类的启示；潜艇入水，汽船逐波，有鱼类一份功劳；日光灯问世，冷光源诞生，得感谢萤火虫催生助产；鸽眼雷达、电光鹰眼模仿鸽眼、鹰眼的功能；蜜蜂的定向飞行教人造出偏光导航仪；蜘蛛丝衍化为合成纤维；神经元机制变成计算机神经网络……生物对人类的启迪真是举不胜举。现在，就连冶金专家的眼光也转向千姿百态的生物，一门新兴学科——生物冶金学正在崛起。

生物与冶金，本是风马牛不相及的两个学科，怎么也会攀亲结缘呢？其中自然是事出有因。

众所周知，海带是出色的"采碘能手"。碘是人体里最重要的元素之一，又是医药、橡胶、染料、照相和火箭添加剂等不可缺少的原料。海洋中碘的总储量约有九百三十亿吨，但每升海水含碘量只有0.06毫克。这样低的浓度给人们提炼碘带来了不少困难，如何从海水中提碘，海带帮了大忙。由于碘是以有机化合物的形式存于海水之中，所以海带能吸收碘。据计算，一般干海带含碘量达0.3%—0.5%，高的可达1%，比海水中碘的浓度高十万倍，故从海带中提取碘效果相当显著。现在人们研制成功采用离子交换树脂吸附法，能够生产出合格的碘，成本低，生产率高。

享有"金玉之黎"美称的玉米能够聚金。早在几十年前，欧洲两位科学家把生长在捷克斯洛伐克沃斯兰城郊的玉米粒烧成灰，结果发现每吨灰里约有十克黄金。可是分析一下当地每吨土壤的含金量，却不超过0.02克。这就证明玉米的根部能够把土壤中分散的、微量的黄金聚集到体内。

植物如此，动物呢？

蜜蜂是一位"冶金专家"。它在采集花蜜时，能把植物从土壤中吸收的矿物质吸到蜂蜜中，使蜂蜜里含有钽、铜、钼、钛等各种金属，可供提取。难怪人们说蜂蜜里有一家"冶金公司"。

鹅、鸭等动物也能充当"金属收藏家"。在《本草纲目》上就有我们的祖先采用动物淘金的记载："居人多养鹅鸭，取屎以淘金片"。《岭表异录》中也写道："广州浛洭具有金池，彼中居人，忽有养鹅鸭者，常于屎中见金麸片。逐多养，收屎淘之，日得一两或半两。"这里说的浛洭县，位于今天英德县的西北部。近些年，也不断发现肚里藏金的鹅鸭。据报载，1971年，广西巴马县一位农民杀鸭，从鸭的胃、嗉里淘出金子两钱多。消息传开，全村的鸭几乎被杀光，只只肚里皆有金！1972年，湖南新化县一农民杀鸭时从鸭的胃囊中取出一颗两克重的金粒。

动植物采集金属和矿物的这种神通，能不令冶金专家们神往吗？在生物能"采金"的启迪下，冶金界为了解决冶金工程的难题，开辟冶金新途径，自然把眼光转向生物，生物冶金学也就应运而生。

所谓"生物冶金"就是根据生物的启示去寻找矿藏，或者借助生物的"采金"本领，把那些分散在土壤里、海水里的金属收集起来，然后再采用不同的方法从它们身上把这些金属提取出来。

生物冶金学的研究已经取得了许多进展和成果。科学家们从生物中找到了寻找矿藏的好"向导"。例如，他们发现，长有铜草的地方就有铜矿；紫云英特别密集的地方可能有硒矿；艾蒿、石松、锦葵茂繁的地方就有钾、铝、锰等矿藏等等。

生物冶金学是一门造福人类、开拓前景广阔的新学科。现在，科学家们正在设想，通过建立"生物冶金厂"，提炼对人体攸关重要的稀有元素。他们提出在工厂附近的农场里种植一些能采集各种稀有元素的植物，饲养一些特殊的家禽、昆虫、细菌。一旦需要，"生物冶金厂"便能从这些动植物中提炼稀有元素，这些"养殖场"便成为一座神奇的稀有元素宝库，这是多么诱人的前景啊！

68 让机器人用双腿走路
——生物机构学

20世纪70年代以来，各式各样的机器人进入了各个领域。美国、西欧的机器人，广泛用于从事危险、艰苦的生产场合，甚至已登上月球。但是这些机器人都有一个通病，就是没有像样的腿，以轮子履带的移动来代替人的步伐。这不仅使人在感情上对机器人感到遗憾，而更重要的是说明机器人在功能上的欠缺。用双腿迈步看来似乎很简单，实际上光维持平衡就是一个令人头痛的问题。日本早稻田大学机械工程系主任加藤一郎教授，着意研究关节型和拟人型的步行机构，让机器人用双腿走路。经过几年的努力，加藤终于在1978年研制成一个长着一双手两条腿的机器人华鲍脱。这个机器人重130公斤，有着一双很精致的手，手上的五个手指在计算机的控制下，能使用各种工具，作出许多动作。它是靠两条腿走路的，尽管显得笨拙和缓慢，但毕竟能像人一样行走。它的眼睛是两台长在腰下方的电视摄像机，用来判断物体的形状和距离。华鲍脱能对25条日语下达的口令作出反应。自然语言由声音传感器接收后，经过音码器解码，输入电子计算机与里面储存的数据作比较，从而辨认出口令的意义，再由计算机分解成控制口、眼、手、脚动作的指令发送到有关部位，相应的动作就产生了。例如下达"倒水"的指令，华鲍脱先环顾周围，发现水壶和杯的位置，迈开双腿走去，然后一手端起水壶，一手端起杯，把水倒入杯，再把水壶放回，双手端着水杯，走到下令的人面前递上，并发出"请饮水"的声音。

加藤所以要研制用脚行走的机器人，并不仅仅为了完善机器人的功能。在日本街头，经常可以看到在第二次世界大战中失去肢体的各式各样的伤残人。作为一位机电娴熟的机械工程专家，加藤深感自己有责任为这些缺臂断腿的伤残人恢复功能，于是他领导开展对人工制造四肢、骨骼、器官、内脏的研究，并创立了生物机构学这门学科。1970年，在他主持下，举行了第一届国际生物机构学会议。此后，1979年的第三届国际生物机构学会议又在东京召开。

生物机构学主要是通过对生物的四肢、骨骼、器官、内脏的结构、功能的研究，运用仿生学、生物力学、机械学、电子学、材料科学等学科的最新成果，制造出人工替代物。它的目标，是最大限度地模仿生物的相应功能。例如佐藤研制的人工上肢，是利用神经传递的脉冲到达肌肉纤维时产生的肌肉电位差来控制假手的。这种假手能随使用者的心愿，转动前臂、开闭手指以持、放物体，其外形也几乎可以乱真。十几年来，生物机构学研制的人工肢体、人工关节、人工肌腱、金属脊椎、人工肾、人造心脏、人造血管等人体仿生制品，解除了很多人由于某种功能障碍而带来的痛苦，并且挽救了不少人的垂危生命。

生物机构学不但给伤残人带来福音，大大加速康复工程的进展，而且在海洋开发、造船、塑料、金属加工、冶金、化工、军事等领域，出现一系列结构新颖、功效显著的生物机械。例如日本东海大学为了探测和开发海洋资源而创制的人造海洋生物就有数十种。机械蛇长约2米，由20个带触觉传感器的节段组成，它能以每秒40厘米的速度蜿蜒行进，还能像真蛇一样缠住物体，将物体搬走；机械海星从身体中间向外伸出六条"腕足"，像海星一样呈放射状。它可以朝上下、左右、前后六个方向移动，也可以在原地旋转，圆盘形的"足掌"能使它牢牢地踏着海底行走；机械章鱼的关节能巧妙地伸缩，它的头向左右两边摆动时，脚上的关节便随之伸缩，机械章鱼于是缓慢地在海底移动……

生物机构学前途似锦。

69 医学与工程学联姻

——生物医学工程

医学生物工程作为一门独立的学科，迄今只有二三十年的历史。可以说，这门新兴学科是医学与工程学联姻的产儿。

20世纪50年代后，物理学和生物学的广泛结合把许多工程技术新手段引进了生物医学界。特别是电子学的发展，为医学界提供了许多巧妙的测试工具和治疗手段。从此，医学便与现代工程技术结缘成亲，出现了生物医学工程学。现代医学中的电子测试、诊断医疗设备，放射医学等等就是生物医学工程的第一批成就。到了今天，从诊断到治疗、预防、监测，几乎都已离不开工程技术学科的成果和手段。

生物医学工程涉及的面很广。其内容可分为基础部分和应用部分。

基础研究部分包括生物力学、生物流体力学、生物材料学、生物质量传递、生物能量传递、生物信息和生物控制等。

应用研究是根据基础研究中获得的知识，运用现代化技术手段，具体解决医学上提出的课题，包括研制新仪器、发展新技术、探索新方法等。

生物医学工程的研究成果是令人振奋的。例如，器官移植术和人工器官的研制方面发展很快。自1951年意大利做了世界上第一例肾脏移植手术和1967年美国首次完成肝脏移植以来，全世界各国对人体器官的移植已达数万例。此外，人工耳、人工喉、人工肺、人工肾、人工肝、人工心脏、电子假肢等人工器官已陆续制成。尤其是用新材料制作的人工心脏，已在动物实验中获得初步成功，美国制成的人工心脏曾使一名车工维持生命数月之久，目前美国已造出暂时代用的血泵，并被批准试用于临床。生物医学工程的发展前景是十分广阔的。

生物医学工程的学科建设进展也很迅速。现已成立了几个国际性研究组织。国外许多名牌大学都建立了生物医学工程的研究机构和专业。据有关资料统计，近几年发表的科学论文篇数，年增长率以生物医学工程为最高，各种文字的专门期刊达百种之多。生物医学工程作为一门独立的学科在我国也已正式确立起来了。全国已有近十个大学、研究单位设置了这一专业，招收本科大学生、研究生。这将会有力地促进我国医学现代化的进程。

生物医学工程学不仅在医学的发展上起着重大作用，而且对其所属的技术科学领域里其他的母体学科，也将产生巨大的推动作用。因为原有学科一旦用于人体研究时，就会发现它所面临的是不停活动的有机体，就会感到原有的知识不够用，需要探索新途径，获取新知识。所以，生物医学工程学的发展，也必将会使工程技术学科得到新的启示，取得新的进展。

70 生命中的电现象
——电生理学

早在十八世纪电学研究的热潮中，人们就发现电鳗等某些鱼类会像莱顿瓶放电那样使人受到电震。1778年意大利生理学家伽伐尼发现两种不同金属同时与刚剥下的蛙腿接触时，蛙腿就像触电一样发生抽搐，于是他以为这就是生物电。后来伏打等人证明，这是由于不同金属借助蛙腿中的电解质而产生电流，蛙腿同时又起验电器的作用，这种电流并非生物电流，并由此发明了伏打电池，把电学研究推进了实用阶段。但是科学家们并没有停止对生物电的研究，经过两个世纪的辛勤劳动，终于逐渐揭开生物电的秘密。1922年欧朗格等人用阳极射线示波器对生物电进行了精确记录，促使电生理学真正建立起来。近二三十年来，生物电的研究更为深入，人们发现生物电是生物生理的一种十分普遍的现象，在生物电的机理、应用方面建立了一套完整的理论，使电生理学成为一门成熟的学科，在生物学、医学等领域发挥巨大的作用。

生物是由细胞构成的，细胞与细胞的分界是细胞膜。细胞膜对钾(K^+)、钠（Na^+)、氯（Cl^-）等离子有选择性通透作用。在静止状态下，细胞膜对K^+的通透性高，K^+被不断移转到膜外，而Cl^-被阻于膜内，使细胞膜内外分别附着一层极性不同的离子，形成细胞内电位低于细胞外电位的状态，这就是细胞膜的极化。在静止状态下，这个电位差约60～－110毫伏，称为静息电位。当细胞膜受到刺激时，膜的通透性发生改变，对Na^+的通透性增强，大量的Na^+进入细胞内，在0.2毫秒的周期里，膜内电位从负变为正；接着膜恢复了对Na^+的不通透性，K^+又从膜内向膜外运动，细胞电位又从正降到零，最后K^+渗出数超过Na^+渗入数，细胞膜恢复原来的极化状态，这就是复极过程。细胞电位的这种突然升降称为动作电位。在随后的静息周期中，Na^+被主动地驱出膜外，K^+转移到膜内。细胞这种主动转移Na^+、K^+的作用被称为钠—钾泵。这是靠细胞代谢时产生能量来进行的。用仪器测出心脏、大脑活动时的电位变化并以图像表示出来，就是医院中常用的心电图、脑电图。通常心电讯号有1毫伏左右，而脑电讯号的α波约50微伏，

β波约20～30微伏。根据心电图、脑电图的变化可以判断心、脑的疾病性质及病变位置。

在神经冲动的传递中，神经冲动携带着信息信号，从感觉细胞沿着神经纤维或轴突把电位变化传播到脑，又带着大脑发出的指令信号到达肌肉细胞而产生动作。要使组织产生一定的兴奋反应所需电刺激的大小称为阈值。神经兴奋和冲动的重要特征之一是"全或无定律"，阈值以上的不同刺激所引起的最大反应是相同的，而低于阈值的刺激则不能引起可见的变化。这就像计算机中的开关电络一样，只有"1"和"0"两种状态。

正常肌肉在完全放松时没有电活动，仅在收缩时出现动作电位。研究肌电不仅对肌肉神经疾病有重要意义，而且能指导科学锻炼提高体育运动水平以及为制造仿生人工肢体提供理论依据。包括我国在内的不少国家已利用遥测肌电仪对运动员的肌肉运动状况进行研究，利用肌电变化控制的假肢也已在截肢者身上使用。另外，国外已发明一种肌电伺服控制器用于操纵宇宙飞船、飞机、导弹发射装置等，以克服失重影响及肌肉迟滞效应。

外界的刺激是通过神经以电的形式传播的；相反，作用于神经的电刺激能引起一定的感觉。例如目前一般手术尚不能治疗的感觉性耳聋可以用电信号刺激听神经来恢复听觉。目前世界已有数百人装上利用这一原理制造的人工耳蜗而复聪。像视觉这样的二维信息，人们也正在研究用二维电刺激信号来刺激视神经以形成图像。电生理学的研究，将为无数伤残人带来福音。

和人一样，电在动物神经和肌肉组织中表现为一种基本活动。某些鱼类的一部分肌肉失去收缩能力而专门用来产生电压，如有名的电鳗能产生500～800伏的高压用以猎食和御敌；许多鱼类则产生很小的电压用以探测周围物体。植物也有生理电现象，这方面的研究较迟。随着生物电生理学研究的深入，将揭示更多的生命秘密和为有关领域提供有效的实验技术。

71 "安乐死"和医学伦理学

1979年底，美国纽约州最高法院判决：83岁的神父约瑟夫·弗茨格斯，由于在一次疝气手术中心脏病突发，变成一个丧失一切意识、靠人工生命系统维持生命的"植物人"，没有恢复生命的希望，应该撤除人工生命维持系统，让神父"尊严的死去"。这一判决，在世界引起很大的反响。

医学以极其高昂的代价延长患不治之症的病人的生命，而且这类病人在靠人工生命维持系统维持其心跳呼吸的阶段中已丧失一切知觉，这种做法是否值得？这个医学伦理学的问题一直争论至今。不久前，数百名法国名医在尼斯市聚会，要求当局允许对垂死而无治愈希望的病人实施"安乐死"手术。他们认为，让这类病人"安乐死"，就是充分体现出人道主义，因为维持他们的生命，对他们只能是一种折磨，对其亲人朋友也是一种经济上和精神上的重压，只能增加病人及其亲友的痛苦。医学上抢救这类无可救药的病人也是极大的浪费。这些名医们呼吁，要建立一种观念，把安乐死和晚婚、节育、优生、健康、长寿、文明葬等一样，看作是人类自身生产文明化的一个环节，是人类进步的一种表现，并且以法律形式固定下来。一些学者则赞成消极形式的安乐死，即停止治疗和撤去人工生命系统，反对采取积极形式即用"特殊手术"结束这类病人的生命。专家们还对可实行安乐死的病人范围作出规定，认为下列病人可让其安乐死亡：

1. 肉体经常受折磨之苦的绝症病人；
2. 靠人工支持生命的不省人事的病人；
3. 肌体功能正常，但大脑重伤治疗无望的病人；
4. 天生异常无可能恢复主要功能的新生儿；
5. 自愿接受安乐死的年迈的慢性病人；
6. 在拒绝治疗必将死亡的情况下，病人由于某种原因故意拒绝治疗者。

但是反对实行安乐死的也大有人在。反对者认为实行安乐死会影响医务人员积极抢救病人，因而是不人道的，也不利于医学的发展。他们认为对于安乐死的标准很难掌握，医学史上有过许多被认为是绝症的人结果却活下来。有的人甚至认为安乐死是一种"血腥的谋杀"。

医学伦理学正面临一场重大的论战。随着社会的发展，医务人员的伦理道德观念由面对单个病人扩展到面向整个社会。日新月异的医学成果，又为医学伦理学提出种种新的课题。例如人工授精、试管婴儿、变性手术、无性繁殖等，都向医学伦理学提出难题。以人工授精为例，"精子库"的建立，确为不育夫妇带来福音，但它破坏了婚姻的联系，对孩子的心理是个伤害，因为他不知道真正的父亲是谁。而且许多妇女共同接受精子库中同一男子提供的精子，出生了许多事实上是同父异母的孩子，这些血缘关系亲密的孩子长大后相互通婚便是近亲婚配，会带来遗传病等严重后果。

尽管医学伦理学在许多关键问题上有重大争议，但这门科学将朝着探讨提高人口素质，保证人类健康发展的方向努力则是毫无疑义的。

72 裂脑人和脑科学

尽管人类已经能够登上月球，领略"广寒宫"的冷漠；能够遥测上百亿光年的星体，体味宇宙的浩瀚；又能捕俘微不可见、转瞬即逝的基本粒子，洞察微观世界的精妙，然而对于人类自身的了解却还是十分肤浅。特别是各种各样的活动，是如何从大脑中产生的，大脑两半球各有什么功能，却还一直是个神奇莫测的"宇宙之谜"。它深深地吸引无数神经学家、心理学家、生理学家去献身于脑科学的研究。

人脑分左、右两半球，形似核桃仁。两半球由大约两亿条神经纤维组成的胼胝体连接沟通，要研究各自功能，就必须切断胼胝体这个联系物。脑科学家们对猫、猴、狗等动物作过切断胼胝体以分析两半球功能的实验，并取得不少成果。但是动物的大脑远没人脑发达，其精神活动更是十分低级、贫乏。理想的研究是在人身上进行，但是又不能把一个健康人的大脑切断，这可是一个棘手的问题。20世纪40年代，医学家发现，癫痫病人发病时，患病一侧大脑的神经电暴会经胼胝体传到另一侧大脑而引起病人突然昏倒、全身痉挛、丧失知觉。如果切断胼胝体，就会使病人病变局限于一侧，减少发病次数。这种切断胼胝体的人，称裂脑人，他们的大脑分为两半后仍保持独立功能，正是脑科学研究的最好对象。

对裂脑人研究获得最大成果的是美国加利福尼亚大学生物教授罗杰·斯里佩，60年代开始，他精心设计了许多严密精细的实验，发现了许多前所不知的新奇现象。

在一个实验中，让裂脑人坐在椅子上，右手放在桌下，左手放在桌上，两眼正视前面一块映出字或图画的屏幕。斯里佩先将螺帽（Nut）一词映在屏幕左边，裂脑人很快用左手在左边一堆东西中准确地挑出螺帽来（图1）。但问他，左手抓的是什么，他却张口结舌，说不出来。屏幕上映出书（Book）一词时，裂脑人左手会正确写出这个词，但问他写的是什么，他却答成杯（Cup）。在另一个实验中，斯里佩把8张不同人的脸部照片以鼻子为中线各取一半组成四张嵌合照片，然后用一种特殊方法使一张照片的左半部正好置于裂脑人左眼，右半部正好置于右眼，要他指出和说出看见什么。结果对由一个青年女子照片左半部和一个小孩照片右半部拼合而成的照片，他用手指的是青年女子一边，说的却是看见小孩的照片。这些实验证明，大脑两半球的功能是高度专业化的。

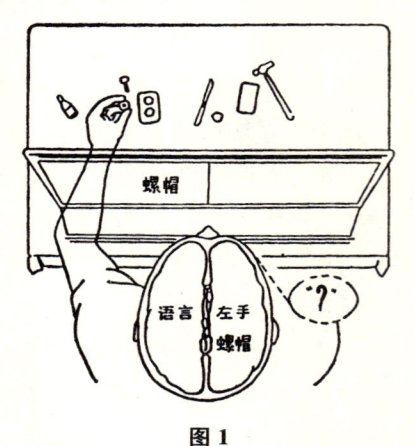

图 1

斯佩里通过大量的研究证明，大脑左半球主要是执行语言的机构，擅长逻辑思维，能进行连续的数学运算，能建立各种时间性的想象联系，在控制神经系统活动方面左半球也起积极主导的作用。而右半球则善于解决空间问题，是音乐、美术、空间的辨认系统（图2），然而右半球也有潜在的词汇和阅读能力。斯佩里在脑科学上的卓越贡献，使他荣获1981年诺贝尔医学生理奖金。

人脑约有一千亿个神经细胞，它的容量比大型计算机还要大千万倍。据推断，一个人的大脑可容下全世界图书馆藏书的全部信息量。一般人大脑发挥的能力和其容量是微不足道的，因此，人脑具有极大的潜力。有些因病切除一半大脑的人经过一段时间的训练，另一半大脑会起代替作用，特别是年龄小的患者更是如此。上海一位许姓姑娘，七岁时因病引起右脑萎缩病变，作了右脑切除手术。二十多年来，她生活得很正常。X线断层扫描（CT）显示右侧空腔已被左侧大脑延伸占据了一部分，左脑几乎占颅腔的三分之二。原来属于右脑的生理、心理功能如音乐、美术、空间意识等能力得到很大代偿。美国有一位47岁男人，因左脑肿瘤而摘除整个左半球，两个半月后，就能用单字回答问话，五个月后，能回忆起以前学过的歌曲。

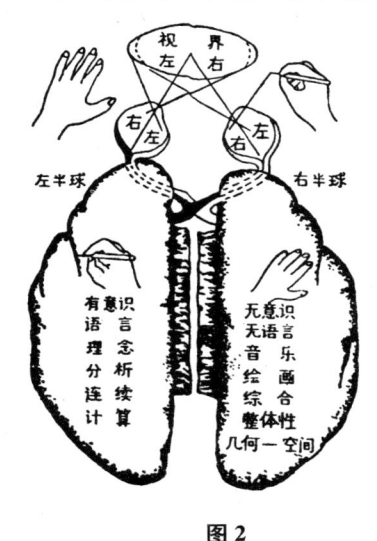

图 2

脑科学的研究，使人们对于大脑机能的认识有较深入的了解，为心理研究、智力开发、人才培养、教育改革和脑医学诸方面提供了有力的科学依据。

73 放射技术三姐妹

——放射学、放射医学、核医学

随着放射性现象的发现和放射性技术的发展，先是产生了放射学和放射医学，后又形成了蓬勃发展的核医学。放射学、放射医学、核医学被称为放射技术三姐妹。它们都与放射性现象有关，但又各有自己特定的内容。

放射学包括X线诊断学和放射治疗学。X线诊断学专门研究应用X线作为临床的诊断方法。随着基础医学和临床医学、电工技术和电子技术的发展，除了传统的医用X线机不断革新之外，20世纪50年代出现了X线影像增强器，很快使X线电视装置进入实用阶段并迅速发展。70年代，迅猛发展的电子计算机和信息技术的渗透，使X线机发生了质的飞跃，电子计算机断层扫描装置（CT）以崭新的面貌问世。它可以快速、准确、清晰地显示出人体任何部位的横断面。如今X线诊断从形态分析深入到功能分析，从静态发展到动态，诊断范围不断扩大，并且越加准确可靠。

放射治疗学是研究利用射线生物效应治疗疾病的临床学科。放射治疗包括X线治疗，镭疗、钴治疗和医用加速器治疗等。它是肿瘤治疗的一种重要手段。随着临床肿瘤学、放射物理学、放射生物学以及放射治疗技术的发展，肿瘤放射治疗日益广泛。近十多年来，现代放射治疗广泛采用直线加速器和回旋加速器。人们不断寻找出肿瘤治疗上更为优越的"手术刀"——快中子、π介子等，不仅在放射治疗设备和手段方面越来越先进，而且采用模拟定位机以及运用电子计算机，在制定合理的治疗方案、改进定位和照射技术等方面也有很大进展，从而显著提高了疗效。

放射医学过量的射线照射会使机体受到损伤。放射医学是专门研究放射损伤的防治及其理论的科学。它包括辐射剂量学、放射卫生学、放射损伤临床等专业内容。探索放射源从体内和体外对机体作用的规律，研究预防和治疗放射损伤的机理和措施，对于放射学和核医学的发展，对于各领域广泛应用放射性技术是很重要的。例如放射卫生防护，不仅着眼于保护从事放射性职业的工作人员，而且关系到尽可能降低全人口受照剂量，保障人类在日益扩大的与放射性有关的实践中，获得更大的收益，又尽量控制其可能带来的危害。同时，从防备核战争出发，放射医学又与国防事业密切相关。

近二十多年来，核技术与医学相结合，形成一门新学科，即原子核医学，简称核医学。核医学就是研究核技术（包括同位素和加速技术）在医学上的应用及其理论的科学。同位素是一种很好的分析工具，又可作为示踪原子。同位素扫描可以快速、简便、灵敏地对患者进行动态的和定量的观察，既能显示体内形态，又能反映组织器官的功能。已在临床上日益广泛采用的脏器显影和竞争放射分析，以及应用放射性同位素进行一些疾病的内、外照射治疗，表明了核医学在临床上对诊断和治疗疾病具有独特的作用。不仅如此，利用同位素进行生物医学研究，对揭开生物体内和细胞内精细的、复杂的理化过程，阐明生命活动的物质基础，探索生命现象的本质，有十分重要的意义。

74 医学、电子技术、超声技术

珠联璧合——超声医学

综合医学、电子技术和超声技术而形成的一门新兴学科——超声医学，正在医疗诊断、疾病预防以及医学研究等领域，施展着奇特的功能。虽然超声医学只有几十年的历史，可以说还处在初期阶段，但它所具有的独特优越性已经证明，其应用潜力很大，前景十分诱人。

人的耳朵所能感受到的声音的频率范围很狭窄，一般来说只能听到每秒振动 20～20000 次这个频率范围之内的声音。振动频率在每秒 20000 次以上的是听不见的"声音"——超声。超声在医学上的应用就是超声医学研究的中心课题。

超声波可以用于对各种病变进行测量和诊断。声波的一个特性，就是在传播过程中遇到障碍物时能够反射回来。当超声波穿过人体时，由于人体内的肌肉、骨骼、病变区和异常细胞等特性的不同，各种组织对超声波能量的吸收不同，因此超声波在人体各组织内形成的反射波也不同。利用这种不同反射波在荧光屏上显示出来的波形、密度和波幅，就可以对各种器官的病变进行测量和诊断。应用超声波来检查诊断人体内部的肿瘤，就是一种简便有效的手段。

超声波可以用于治疗和施行无血手术。超声波是一种振动波，它在人体内传播时，能够产生一种压力——声压。当适当量的超声波作用于人体时，其能量可以被吸收并转化为热能。这种热能的分布情况很特殊，它主要集中在组织分界面的筋膜平面上。这种热作用可使血管扩张，血流加速，组织代谢增强，白血球吞噬能力加强，促进病理产物的吸收等。由于超声有选择地作用于筋膜和肌腱的界面，所以用来治疗上髁炎、腱鞘炎、并选择性地作用于周围神经，能取得满意的治疗效果。由于超声波的振动频率较高，作用于人体时，机体细胞受到振荡和刺激，就像按摩的作用一样，可用于治疗神经痛、肩关节周围炎等疾患。此外，应用聚焦后的超声波束的破坏作用，还可施行无血手术。这种手术不需用刀，也不需要麻醉药物，切割骨头和软组织时，其切割力比常规手术工具减少可以避免在切割疏松骨头时可能发生的破碎危险，也可减少创伤和出血。用它来切割肋骨，作支气管、胸膜和胸壁手术，矫形手术以及肿瘤切除，都可取得良好效果。

超声波还有许许多多其他的应用，例如超声灭菌、超声波水浴等。

超声医学的发展，弥补了医学其他方面的不足。如X射线透视只能对金属有效，而对非金属（肌肉、血管、神经等）则不显影，超声波却可以显示波形；X射线对人体的正常细胞有杀伤作用，而超声是一种无损伤、非侵入地对人体疾病进行诊断和有效治疗。因此，随着科学技术的发展，超声医学将越来越会显示出它无比的优越性。

75 微波"行医"显神通

——微波医学

微波是一种频率很高、波长很短的电磁波，通常指频率范围从一千兆赫到三百千兆赫、相应波长从三十厘米到一毫米的电磁辐射。微波被开发利用，已有较长的历史，但它被引入医院的大门，却只有几十年时间。近些年来，微波的医疗应用有了突飞猛进的发展，医学工作者日益重视微波对人体产生的生物效应的研究，微波医学的成就引人注目。

微波医学是现代医学中一个新的分支。它的研究内容包括：微波技术的临床应用；微波能对人体影响的机理；微波能对人体各系统各器官的效应；作为研究用的人体组织材料的研究；人体对微波辐射剂量的测量研究等。

众所周知，微波能够"诊病"。

微波"诊病"的常用方法之一是向人体被测部位发射微波，依据人体对微波能的吸收、透射和反射特性来诊断病情。目前依据这一原理研制的诊断仪有微波心动图仪、重病员呼吸微波监测系统、微波诊断肺水肿、肺气肿设备及微波成像等。我们知道，对人体的微小运动的测量，可以进一步掌握人体信息，这是医疗诊断中所必需的。根据人体对微波能的反射特性，不仅可以对心脏、肺呼吸进行监测，还可以研究人体胸腔运动、动脉搏动引起的下肢运动等。其基本原理是：当微波信号由讯号源发生后，电缆便将其传输给环流器，并由主辐射器向人体被测部位辐射微波，其中一部分微波能被人体反射回来，又经辐射器、环流器送至检波器中，对反射信号进行检测。当人体被测部分为静止状态时，反射检测信号为一定量，当人体被测部分为动态时，反射检测信号作相应的改变。这样就达到诊断和检测目的。另外，由于人体不同组织对微波呈现不同的吸收状况，因而微波在人体不同组织中的传输特性有差异，据此，通过对透过肺部的微波信号进行检测可以对肺气肿、肺水肿病人作出正确诊断。这种方法与X射线透视法相比较，不仅避免了X射线对人体的损伤，而且可以对肺气肿、肺水肿病做到早期发现。

微波诊断的另一方法是测量人体辐射的电磁波。根据热辐射的原理，任何处于绝对零度以上的物体都会向外辐射电磁波，这种辐射称为"热辐射"。"微波热图仪"就是根据人体有热辐射的性质研制的。它用带有聚焦反射器的遥感式天线、扫描装置所组成，通过探测人体温度分布来获得医学信息。微波热图仪可把被测部分的温度分布情况通过计算机处理成清晰的彩色热象图显示出来，从而分析出被测部位的病变情况。它可以检查出红外热图仪所检测不到的病灶。

微波不仅在现代诊断医学中发挥作用，而且在治疗医学中也大显身手。关于"微波为什么能够治病"的问题，现在回答还很困难。目前，微波生物效应的研究正在进行中，对微波治病的机理只能简明解释为：微波能对人体产生的热效应，使微波起到治病的作用。无论如何解释，微波治病的功绩是有案可查、有例可证的。二十年前，人们便开始利用微波进行理疗，用以治疗一些肌肉劳损、慢性鼻炎，慢性富颈炎等疾病。近些年，也请微波去做"节育术"，用微波去温热睾丸以抑制精子产生，不仅不会伤害睾丸细胞，而且不会危害将来的生育。动物实验和临床实验已经表明，"微波节育"是很有希望的节育方法。在脑化学研究中，还可用微波加热法使脑温升高，达到使脑酶失活的目的。在外科手术中，微波的妙用更是令人惊叹。利用微波能对介质加热迅速这个特性，可以使局部组织快速凝固，非常有利于外科手术。微波与核磁共振断层成像技术、直线加速器技术相结合，在治疗肿瘤等疑难病方面也起了重要作用。在许多方面，微波的本领是其他方法所不能比拟的。

微波医学是一门大有可为的科学。微波医学的研究将为攻克癌症开辟一条新的途径。利用微波可使肿瘤患处局部达到高温，促成加热治癌。采用"波治癌"方法，已在治疗乳腺癌、皮肤癌、骨转移癌、鼻咽癌等病症方面取得了可喜的成果。可以预言，微波与放射技术相结合将给癌症患者带来佳音。微波医学这棵医学园地里的新花将会大放异彩，造福人类。

76 建立中的社会医学

"疾病"这个危害人体健康的恶魔，人类社会一经产生就与它展开了斗争，可是至今人们仍然在一定程度上受到它的威胁。当人们考察疾病产生的原因时，常常会发现一些奇怪现象：一对感情笃深的夫妻，一方患癌症或其他原因死亡，另一方的健康状况就从此一蹶不振；素来健康无疾、生气勃勃的人，一场家庭纠纷却能使他难以起床；繁重的体力劳动不能压垮的姑娘，一次失恋的痛苦，却能折磨得她精神恍惚，神志不清。看来，如同人有自然、社会两方面的属性一样，使人体患病的外部原因也来自社会、自然两个方面。

人不仅需要空气、阳光和温度，而且有意识、劳动、创造、结交等一般生物所没有的特性；这就是人的社会性。由于人的社会性的存在；人与社会也如同人与自然一样，以物质、能量、信息三种形式进行交换、代谢。任何相互作用的物质之间都有一个"量"的程度和方式问题，量的不足或过度、方式的不适当，都可能给事物带来危害，如政治上的迫害，思想意识方面的冲突，经济上的不足，必要生活资料的缺乏，都是可能造成人体病理状态的社会病因。

在疾病防治中，人们也注意到一些有趣的现象，由突然灾祸引起的疾病，灾祸过后，随着社会、家庭情况的好转，疾病也就跟着好转。受了屈辱敢怒而不敢言的人，如果这些屈辱、愤怒长期得不到发泄，就很可能引起高血压病、冠心病、精神病，如果采取适当的方式使屈辱、愤怒得到发泄，这些病的发展也就停止。社会稳定，人民安居乐业的时代，很少见到瘟疫流行。旧中国严重危害人民健康的三大烈性传染病，在新中国成立之后就很快绝迹。

这些现象启示人们，社会不但能够致病，而且也能够防治疾病；并且告诉人们，好多疾病只用药物治疗是不行的，必须用社会的力量加以防治。由于社会与疾病的关系十分密切，社会的致病因素十分广泛，采取社会防治的办法防治疾病对于保障人民的健康十分紧要，因此，产生一门专门研究这些内容从而实现对疾病的社会防治的科学——社会医学就成为社会学义不容辞的责任，也成为科学发展的必然。

目前，社会医学正在建立之中。社会医学应用社会学、管理学、统计学、疾病流行学的方法探求人们患病的社会根源，如政治、经济、文化、家庭、婚姻、职业、社交环境等因素于人体健康的影响，揭示社会与疾病的关系规律，以施行社会防治为己任。

社会医学的出现，是人类战胜疾病史上的一个重要转折，它不但使人们对自己机体疾病的产生发展和防治第一次从科学角度有了比较全面的认识，而且还将不断吸引和组织多种学科，从多种角度，利用多种方法来探求疾病的防治问题，这就为真正有效地防治人体疾病打开了一个良好开端。但从疾病与社会的密切关系来看，从自然与社会、生理与心理综合治理的趋势来看，还有许多理论问题和实际问题没有解决，这些都亟待医学家、社会学家和其他科学工作者共同努力。

77 富翁遗产和胚胎医学

1984年8月底，腰缠万贯的美国女富翁埃尔莎·里奥斯和丈夫在一次外出时因飞机失事而遇难。他俩没有子女，但在澳大利亚墨尔本维多利亚女王医学中心的低温液氮容器里，却保存了他俩的受精卵。于是遗产继承问题就引起纠纷——究竟受精卵有没有继承权？如果没有继承权则遗产将旁落他人。秋季，澳大利亚维多利亚州议会决定为他俩的受精卵寻找一位代理母亲，遗产由诞生的孩子继承，这才平息了这场世界性的风波。

自从1978年7月25日第一个试管婴儿路易丝·布朗在英国奥德姆医院呱呱坠地以后，至今试管婴儿的数目已超过一千。最近，胚胎医学又有了新进展。美国加利福尼亚州托兰斯港口医院的医生采用淋洗受精卵的方法移植胚胎,使世界第一个卵子移植的婴儿在1984年1月底诞生。这种技术是把精子通过人工注入一位妇女的子宫内与卵子结合,受精数天后待受精卵分裂成为有若干细胞的胚胎时,用无害的液体将胚胎从子宫冲洗出来,再植入新的母亲体内发育成胎儿。1984年3月,生物工程与冷冻技术的巧妙结合又导致了佐伊·莱兰的诞生。该手术是维多利亚女王医学中心的乌图教授领导的体外授精小组进行的。佐伊的母亲(33岁)因患输卵管疾患不能正常生育,体外授精小组在她身上取出9个卵子进行试管授精后,其中3个立即移入子宫,但未获成功。两个月后,保持在-196℃以下低温液氮中的受精卵解冻复苏,进行移植而获成功。正是这次被称为"新的生育革命"的成功,使维多利亚州议会作出了解决富翁遗产纠纷的决定。

胚胎医学是近年才发展起来的一门新兴医学,它是研究对精子与卵子的选择、授精、胚胎形成、胚胎发育和胎儿健康成长等各方面加以人工干预和控制的医学新分支,其中宫内胎儿手术是一项重大成果。

1981年,一位41岁的孕妇在美国加利福尼亚大学医学中心经超声波诊断表明,在她一男一女的双胞胎中,男胎由于尿路阻塞,膀胱与肾脏积水。如果任其发展,将会破坏胎儿肾脏、压迫心肺而危及胎儿性命。该医学中心外科医师哈里森决定用新的方法挽救这个过去难免一死的胎儿的性命。当胎儿长到31周时,他们把一根内含柔软导管的金属针从胎儿母亲的腹部插入子宫,并慢慢穿过羊水进入胎儿膀胱,把膀胱中的积液引入羊水,以后又把导管留置胎儿膀胱与羊膜腔之间。手术十分成功,胎儿继续生长,并顺利出生了。近年来宫内手术进展迅速。此外,早期胚胎诊断技术进展也很快,超声波、羊膜穿刺进行染色体分析、羊膜摄影和胎儿窥镜等技术,可以诊断出包括染色体异常、遗传性疾病、心脏病、痴呆、脑积水、胸腹异常、脊髓裂、四肢畸形等症,从而为治疗方案的制定提供可靠依据。

最近,美国等国家的医学家,正尝试制造人造子宫。这种由金属支架和橡胶制成的半透明人造子宫,有一套有效的供氧装置,里面充满胎儿所需的营养液,保持在适当的温度中。氧气和营养液通过胎儿皮肤进入胎儿体内。透过人造子宫壁,可以观察到胎儿的动态。医生们试图把8~10周流产的胎儿置入人造子宫,待胎儿起死回生之后再重新移入母亲的子宫。这种试验将为因习惯性流产而不能生育的妇女带来福音。

78 第三医学
——康复医学

随着医学科学的发展，许多以往视为绝症的疾病，都得以治愈。但是许多疾病经治疗，病人的性命虽得以挽救，却留下了伤残，以致全部或部分丧失正常生活和工作能力，心理也受到极大创伤。此外，先天性发育不良，战争和意外事故致残者，在目前也无法避免。据统计，世界各类伤残人大约有五亿一千六百万人之多。以救死扶伤为己任的医学，当然不能对占人类八分之一的这些生理，心理受到创伤的伤残人坐视不顾。因此，在第一医学——预防医学和第二医学——临床医学后面，就崛起了第三医学——康复医学。

战争使无数人致残，却又促使康复医学诞生和发展。第一次世界大战期间，为了使战伤者能重返前线及在社会中正常生活，美国于1917年在陆军总监部之下设立身体功能恢复和康复部，这就是现代康复医学的开始。第二次世界大战中，康复医学又得到进一步发展。进入20世纪60年代以后，随着医学和其他科学技术的突飞猛进，康复医学迅猛发展起来，从局限于肢体残废者（截肢、瘫痪、畸形），发展到知觉系统障碍（盲、聋、知觉瘫痪），中枢神经系统疾病（精神病、失语、口吃、失认、弱智）患者，老年病和慢性病，以及急性病缓解后、手术后的康复。康复医学已成为一门对于残废者和慢性病患者在生理功能、心理上和职业上进行康复的学科，它的目标是消除或减轻患者身体上和精神上的功能缺陷，帮助患者最大限度地恢复生活和工作能力。

康复医学主要包括功能测定和康复治疗两部分。

功能测定是应用各种医疗测试仪器对患者进行心肺功能、神经功能、电生理、运动学、代谢及氧活动功能、伤口及内脏器官病灶疼痛程度、生活能力和就业能力，以及心理状态等的测定。目的是对患者进行全面评定，据此制定康复治疗的计划，并对治疗后康复程度进行评价。

在康复治疗方面，由于现代科技的成果得到广泛应用，丰富了它的内容，目前的康复治疗一般包括：

物理疗法：利用电刺激、超声波、磁疗、水疗、蜡疗、针灸等电、磁、机械、热、光的物理刺激进行治疗的方法。

体育疗法：也称运动疗法，包括医疗体操和运动、按摩、气功等。

作业疗法：利用日常衣、食、住、行等活动的基本动作锻炼、手工劳动作业、工艺作业等，以及职业性劳动工作训练，以恢复患者独立生活和工作能力，同时也增强身心健康。

心理疗法：包括暗示、生物反馈、音乐、文娱、心理康复指导等。

语言疗法：对口吃、失语、失听患者进行语言训练，包括聋哑人手语等。

临床康复：利用药物和护理手段，减轻患者临床症状，预防并发症，促进功能恢复。

营养疗法：为患者拟订有助于康复的膳食。

康复工程：借助机械、电子、化工、仪表等多种学科和技术，为截肢患者装配假肢、矫形支具和其他代偿功能的仪器。如为全截瘫病人设计的各种转移床、为盲人设计的导盲电子犬，各种声控、光控、遥控装置等。

我国康复医学处于起步阶段，目前各大城市都设有康复中心。一些康复机械仪器也已试制成功并开始使用，如最近第三军医大学刘英炳教授领导的脊髓损伤研究课题组和航天部巴山仪器厂的两位工程师合作，研制出一种小巧的电子助行器，在近百例偏瘫和截瘫患者中使用，效果显著，早期病人用它可增强肌力和神经功能，防治肌肉萎缩；晚期病人可矫正步态，帮助离开拐杖正常行走。康复医学为残疾人带来了希望、带来了曙光。

79 心理与疾病

——心身医学

有一名杀人犯被判死刑，人们告诉他将对他使用切断静脉的方法处决。把犯人押到行刑所在地后向他出示刑具——解剖刀，并告诉他在切断静脉后会因血慢慢流净而死去，然后蒙上他的双眼，接着用刀在他手臂静脉处划了一刀，实际并没有划破皮肤，再用一股细细的温水朝他裸露的手臂上流过，并滴在地上的脸盆里发出丁当的声音。犯人精神极度紧张，挣扎了一阵就断了气。解剖尸体发现，死亡是由于心脏麻痹引起的。

犯人并没有被真正切断静脉，他的血液原封不动地在他体内畅流，为什么他会死亡呢？这是因为模仿处决使犯人笃信自己必定死亡，大脑中被死亡不可避免的信念牢牢控制，以致引起体内生理生化的变化，最终导致死亡。这一事例生动说明了心理因素对身体健康的影响。实际生活中，因极度悲伤或兴奋，长期忧郁和思虑招致疾病甚至死亡的例子屡见不鲜。

人的生理、心理活动，是互相影响的。生理、生化的变化，可以影响心理活动；反之，人的心理活动也会影响人体生理生化的改变。只要有情绪活动，就会有生理上的变化，例如心情紧张的时候，人们就会有心跳加快、呼吸急促、出汗、脸色苍白或绯红、肠蠕动改变、肌肉紧张等变化。如果这种生理反应持续过长或骤然过于剧烈，就会身体损害，甚至造成器质性的损害。这种在起病原因上心理因素占较大成分的躯体疾病，称为心身疾病。目前属于心身疾病的有数十种，常见的有高血压、偏头痛、心律不齐、支气管喘息、胃炎、脱发等。因此，一门研究这些疾病病因、发病机制、临床特点、病程转归、治疗和预防的医学新分支，就称为心身医学。

在心身医学的研究中，做了大量动物实验，以探讨心身疾病的发病机制。例如将猫放在一个特制的箱子里，箱子里装有一个杠杆。每当猫压一下杠杆，就会有它所喜爱的食物掉下来，但同时猫爪子也挨了一下电击。每一次猫提心吊胆地去压杆，都免不了遭到电击。结果饥饿的猫想吃东西，可又不愿遭电击，眼巴巴望着杠杆不敢去碰，真是内心矛盾重重。过了一段时间之后，猫的血压升高了，患了高血压症。又如把两只猴子关在笼子里，一只四肢被捆住，一只可以自由活动。每隔20秒钟给笼子通一次电，使两只猴子都挨一下电击。笼子里有一个压杆，只要在将近20秒钟时压它一下，就可免遭一次电击。那只自由活动的猴子老是惦记着去做这件事，否则就会受一次痛苦；而它的伙伴反正动弹不得，也就不操这份心了。结果那只提心吊胆、疲于奔命的猴子患了胃溃疡，而另一只却安然无恙。

人体和其他动物各种活动都要通过神经——体液系统进行调节，在调节过程中激素和去甲肾上腺素、多肽类、多巴胺、乙酰胆碱、5－羟色胺等神经递质起很大作用。中枢神经长期紧张焦虑，就会影响激素和神经递质的分泌，从而引起生理生化的变化而导致躯体损害，这就是心身疾病的发病机制。

心身疾病的治疗原则，是解除造成躯体疾病的心理因素，同时对已发生的器质性改变进行相应的治疗。针对身心疾病的病因是心理因素，预防方面是保持身心健康。现在，通过音乐、艺术、绘画、书法等途径治疗和预防心身疾病，已取得相当好的效果。

祖国医学对心身疾病早有过大量的论述。"喜、怒、忧、思、悲、恐、惊"七情与疾病的关系，就是心身疾病病因学方面的研究。"心病还须心药医"则是心身疾病的一种治疗原则。心身医学作为深入到生理生化，有大量实验基础和某些定量分析的现代医学，将对心身疾病的防治作出贡献。

80 处方权的再分配
——临床药学的崛起

杀人者偿命，妇孺皆知。但有时受害者虽已命丧黄泉，法律对肇事者却无法论治。这种现象在法制十分健全的国家也非绝无仅有。不信？请先看几个触目惊心的事实：

1935年，美国采用二甘醇作磺胺药的溶媒应用于临床，有107人死去。

20世纪50年代，德国把有机锡的胶囊用于抗感染，曾出现217人中毒，102人死亡的恶果。

1956年上市的新药"反应停"，作为镇静药用于孕妇妊娠反应，结果在西欧造成8000多例无臂畸形儿的悲惨后果。

日本有8000多人因长期服用8-羟基喹啉而失明或下肢瘫痪。法国有1000多人因长期服用铋盐而造成中枢神经损伤。

……

不难看出，造成上述悲剧的不是他物，正是药物本身。救命的药变成了杀人的"刀"，"凶手"是谁？是医生？是药剂师？天知道！事实上，造成这些悲剧的原因是多方面的，除了医师用药是否合理外，还有患者之间的个体差异，药品内在质量，临床前药理实验等原因。还有，不少新药在宣传推广时，往往"报喜不报忧"，只宣扬治疗作用而忽视毒理介绍，结果药物的毒副作用在临床上用药后才引起人们的注意和重视。因此，即使在一个法制完善的国家，要在法律上追究药物引起的悲剧事件的肇事者，往往也无能为力，对那些死于药物的"冤魂"，也只能"于心有愧，以此为戒"罢了。

对药物认识不足导致千万人丧生九泉或终生残废的惨痛教训引起了医学界和全社会的高度重视和关切。为了尽可能避免这种不幸,把药剂师们从作坊式的药房中召唤出来,赋予他们新的使命——走向临床,实属必要。于是,一门新的学科——临床药学应运而生。

临床药学是研究药物防治疾病的合理性和有效性的药学科学。它的主要内容是研究药物在体内代谢过程中发挥其最高疗效的理论和方法。这种研究侧重于药物与人的关系,它直接涉及药物本身、用药对象和给药方式。临床药学至少包括以下8个方面:

1. 收集药学情报;
2. 研究各种药的联用和结果;
3. 进行药物评价;
4. 研究药物的相互作用;
5. 协助临床搞好合理用药;
6. 研究临床制剂;
7. 操作自动化;
8. 药品质量管理。

随着临床药学的崛起和临床药学研究的深入,国外已有一些医院试行"医师——药师——护师"、"三位一体"协同治疗监护病人的制度;医师和药师共同协议处方和医嘱,共理治疗方案。这种新制度形成并实行,医师独揽处方权的状况将彻底改变,势必会在医师与药师之间出现"处方权的再分配"。

临床药学的兴起对医疗机构体制、药学教育和医药科研提出了新的课题和挑战。药剂师不仅要进修药学领域的新兴学科,而且必须攻读人体解剖学、生理学、病理学、诊断学、内科学、外科学等临床基础医学知识。只有这样,才能走向临床,与医师护师一起深入病房,参与和监护病人用药,最大限度地发挥药物疗效,保证病人用药合理,安全有效。

临床药学的兴起将使医师与药师在临床上紧密合作。他们结合的丰美硕果必将造福于人类。

81 "哪吒再生"、"柳枝接骨"与生物材料学

古代神话相传，大将军李靖的儿子哪吒，不畏强暴打死了东海龙王三太子，闯下大祸。东南西北四海龙王带万名龙兵，捉拿李靖。哪吒为了父亲，挺身而出，一人做事一人当，拔剑自杀。哪吒的师傅太乙真人得知后，到荷花池里摘了荷叶、荷枝，又挖了几节嫩藕，摆成人体的样子，然后大叫一声："哪吒，还不快起来！"荷花、荷枝、嫩藕立即变成活脱脱的哪吒。在民间，也广泛流传古代名医华佗用柳枝为骨折病人接骨的故事。这些神话和传说，寄托了人类长期以来所憧憬的用生物材料代替人体组织的幻想。

随着社会的发展和科学技术的进步，现在人们正在逐渐把神话和幻想变成现实。人体某些器官损坏后，可以像换机器零件那样换上一个人工器官，延长人们的寿命。而要做人工器官，制造人体"零件"，就需要有十分严格的可以植入人体的材料。生物材料学为了适应这种需要应运而生。

生物材料学是研究、修理和制造人体脏器的特殊的科学。要植入人体的生物材料要求十分严格，它必须满足以下基本条件：不会致癌；对周围组织不会引起炎症和异物反应；不会发生变态反应性的过敏反应；具有抗血栓性，即不会在其表面产生凝血；在化学上不活泼，不会因为与体液接触而发生变化；长期埋植在体内也不会丧失抗拉强度和弹性等物理机械性能；能经受必要的消毒措施而不产生变性，易于加工成所需要的复杂的形态等。这些条件是苛刻而又是必不可少的。

目前植入人体内的生物材料有：金属材料，如不锈钢、钛、钴合金等，可用于人工关节，心脏起搏器的外壳；陶瓷材料，如羟基磷灰石等，是制造人工骨骼的无机材料；特别值得重视的是医用高分子材料，它在生物材料中占有相当重要的地位，没有高分子材料的迅速发展，人工脏器就不可能有进一步的前进和完善；此外，天然材料例如珊瑚，也是有用的生物材料。在生物材料学的发展中，目前还正在研究生物相容性材料，如硅橡胶、亲水凝胶、

聚氨酯以及生物活性材料，如固相酶，在薄膜上培育活细胞。

生物材料学的研究和发展，使人工脏器如雨后春笋般涌现，日新月异，琳琅满目。目前已经出现的用于体内的有：人工心脏、人工心瓣膜、人工起搏器、人工喉、人工气管、人工食道、人工胆道、人工尿道、人工膀胱、人工硬脑膜、人工腹膜、人工头盖骨、人工关节、人工肌腱、人工脂肪、人工乳房、人工角膜、人工眼球、人工玻璃体、角膜接触眼镜、人工耳、人工鼓膜、人工中耳骨和鼓室、人工鼻、人工输卵管、人工睾丸、人工阴茎、人工血浆、人工血红蛋白、人工皮肤等。用于体外的还有膜状人工肺、人工肾、人工肝脏、人工胰脏等。这些人工脏器，为人类健康和长寿立下了卓著功勋。

人类不仅要有健康的体魄，而且要求要有美的容貌仪表。近几十年来，由于生物材料学的发展，整容、美容技术不断提高。目前，对于外伤或病态鼻、耳变形、颜面变形、乳房发育不全或身体某一部位瘪陷，如鼻梁凹塌，可以用高分子材料在人体内埋入加以填充修补。例如，用油状聚二甲基硅氧烷，再加入一些无毒油类，可注入要填补的脸、肢体等部位，作为人工脂肪起到整容作用。又如用室温硫化的硅橡胶，加入固化剂，注入一定部位后，能很快凝固成为软固体，充当人工软骨，如注入鼻部，可使鼻梁挺直，注入发育不全的乳房，可使乳房增大。

死亡是自然规律。长生不老是永远无法实现的梦想。但是，我们可利用现代科学技术研制出与人体组织非常接近的材料，制造非常适应人体组织的材料，制造出适应人体的各种人工脏器，使人类健康长寿。这个功德无量的重要使命，将由生物材料学来完成。

82 "人烛"

——气流生物学

人的躯体好比是一枝蜡烛，全身缠绕着一股湍动的气流，徐徐沿着身躯往上冒，活像一团羽状烟柱，这些烟柱甚至可越过头顶两三米。这种奇特的现象是用肉眼观察不到的，只能借助于专门的摄影机才能拍摄出这种盘旋闪烁着的烛光。科学上把对这种新课题的研究称为气流生物学。

气流生物学是一种能"辨认"人体热辐射的技术。人体的羽状烟柱因人而异，其特征主要取决于个体的物理状态。医生通过检查躯体的烟柱特征，就能正确无误地作出诊断。这种技术还可用于侦破谋杀案，因为匿藏尸体的地点由于尸体分解，通常比周围土壤呈现较高温度。

　　气流生物学发展的历史只不过十几年时间。1968年的某日，英国生理学家哈·刘易斯访问一家航空试验中心，观看施利仑照相的表演，这是一种光学技术，它用来研究在风洞实验时气流掠过飞机机身的详细动态。正当风洞实验进行表演时，一位技术员偶然将手伸进用于施利仑照相的光束中，刘易斯博士突然注视到照相机记录到人的手掌和手指是纯黑色的，同时观察到从人的手指尖周围气流徐徐冒出一些长条的灰色黝光，仿佛一缕缕青烟。原因是人体的热能引起了手周围空气的流动。刘易斯博士心有灵犀一点通，深入地研究了这种照相技术用于研究人体的潜力，并着手用施利仑系统装备他的实验室。1970年，雷·克拉克博士与刘易斯携手合作，开始研究人体这种湍流的羽状烟柱。羽状烟柱不单是一种引人入胜的现象，而且它往往能提供许多出乎意料的结果。最初，他们运用羽状烟柱的现象来解释，为什么北极探险家穿着带有带子缚紧的衬衣来保暖，而阿拉伯人喜爱穿着宽敞的长袍来防热。施利仑照片表明，穿着有带子缚紧衬衣的人，这些带子能减缓甚至阻断环绕身躯的暖和空气流动，好像将这些暖气收集起来装进一个绝缘的口袋。另外，阿拉伯人所穿的长袍能够在脚部周围起着一种风箱作用，不断地将更多的凉爽空气输入，而把较热的羽状烟柱更迅速有效地排出。

　　研究气流生物学的最有效的工具，除了施利仑系统外，就是热象摄影机。这种装置能够给医生提供一种人体热能分布的新色片——热象图，使医生辨认出人体热分布的各种图像。气流生物学的研究表明，人整个身躯表面温度水平是不断地稳定和改变的。在热象摄影机的电视屏上可以观察到鲜明的彩色图案在变动。这些图案的涨落正反映身体不同部分受热和受冷的情况。目前的研究已经指出，热象图将帮助医生区分"假疼痛"和患有物理病因疼痛的病人。因为真正的疼痛区域，从热象图上可以看到比正常的区域冷 $2°\sim6°$。热象图还被用于窥探深部静脉所形成的血栓（血液凝块）。特别用来预防小腿血液凝块的形成。我们可以预料热象图将成为未来诊断的常规方法。不像X射线和其他一些检查技术，这种方法不会有累积剂量和产生副作用。

　　气流生物学诊断能力的最大优点是无需触及人体。它不用发出X射线，无需采集血样,更不必检查肌肉或骨头样品。这是一种新型的医学诊断手段,既快捷又安全,并且成本低廉。气流生物学的研究是一项意义深远的开创性工作。研究的成果将对人类生活和健康产生积极的影响。

83 陀思妥耶夫斯基的怪病和神经生物学

俄国著名文学家陀思妥耶夫斯基患有一种怪病,这种病发作起来手舞足蹈,病人自己觉得有异常的欢快感。给他治疗的医生认为这是属于癫痫病,但对其异常的欢快感却感到莫名其妙。现在,新兴的神经生物学,已经揭示其中的奥秘。

神经系统的构造、机能是十分精微奥妙的,特别是高级神经中枢大脑,更有无数难解的谜:神经系统是靠什么进行信息传递的?精神活动会引起神经系统的物质变化吗?针灸为什么能止痛、治病?人的性格、脾气又是怎么回事?……进入20世纪70年代以后,生理学家、解剖学家、生化学家、心理学家等通力合作,对神经学进行深入研究,取得了重大进展,从而建立了神经生物学这一门前途无量的新学科。

1970年,一种叫做乙酰胆碱的物质被分离出来,此后,有十来种与乙酰胆碱作用类似的化学物质先后被确认,并弄清神经末梢是通过释放乙酰胆碱等化学物质来传递神经冲动的。美国国立精神研究所科研人员研究证明,乙酰胆碱还具有决定人的精神状态的作用,过多的乙酰胆碱受体可能使人易患抑郁症。1975年,英国阿伯丁大学的休斯等人,从猪脑中分离出两种由五个氨基酸排列组合而成的多肽物质,称为脑啡肽,它和吗啡一样具有镇静止痛作用。1978年,在鼠脑杏仁核中发现脑啡肽的存在,联系到1972年对一位癫痫病人脑中杏仁核进行电刺激时,病人出现了欢快感,于是解开了陀思妥耶夫斯基的怪病之谜:原来脑啡肽在脑中不同部位有不同的效果,在中脑,起镇痛作用;在前脑,可诱发癫痫;在杏仁核等"好感部位",能引起欢快感，陀氏的怪病，是由于过多的脑啡肽刺激前脑及杏仁核所致。

1976年8月，美国圣迭戈索尔克生物研究所的吉尔曼等人，从25万只绵羊的丘脑下部分离出三种新的多肽物质，命名为内啡肽，并把含16个氨基酸中的一种称为α内啡肽，含31个氨基酸的称为β内啡肽，含17个氨基酸的称为γ内啡肽。在大白鼠实验中，α内啡肽起镇静、止痛作用，β内啡肽使白鼠出现僵直，而γ内啡肽则使它们变得好斗、攻击性增强。瑞典乌普萨拉大学的特里尼厄教授检查到，精神分裂症患者脊髓中内啡肽含量多得惊人，从而揭示了精神病人各类症状的内因。近年来的研究，进一步证明内啡肽与睡眠、记忆、情绪、性格等精神活动有着十分密切的关系，对于针灸机制的研究，也证明针刺会引起体内脑啡肽、内啡肽含量的变化。

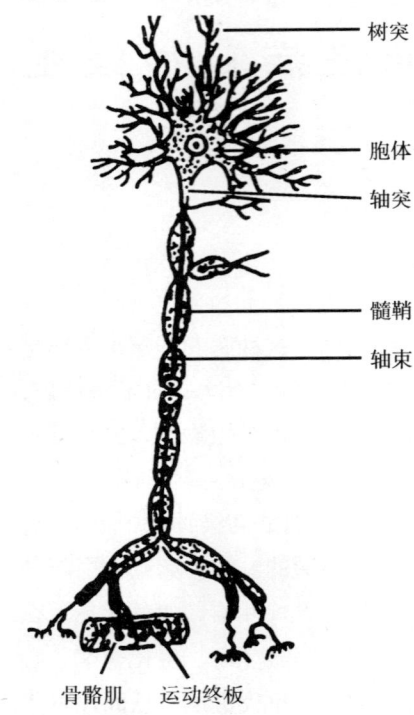

人体的神经系统，就像一部电子计算机一样，具有输入、处理、存贮、输出等结构功能。神经元的树突部分，是专门输入信息的，而轴突部分则是负责输出信息的。处理和存贮信息，由神经细胞体本身完成（图1）。神经冲动引起的生物电，要依靠载体才能越过两个神经元之间的突触间隙（图2），从一个神经元传到另一个神经元。乙酰胆碱、去甲肾上腺、5-羟色胺、各种多肽类物质，就充当载体的作用，分别传递不同的神经冲动。不但神经系统的功能与它们有关，一个人的智力、记忆力、注意力、情绪、性格、精神状态，都与之息息相关。神

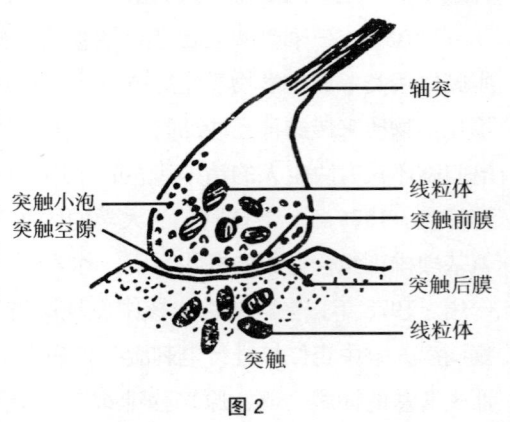

图1

图2

经生物学的研究成果，不但使人们对神经传递的奥秘有所了解，有希望获得治疗神经系统、精神范围疾病的灵丹妙药，甚至有可能获得使鲁钝变聪明、粗暴变恬静，懊丧变愉快、懦弱变勇敢的物质。

84 —196℃下的生命

——低温生物医学

通常生物只能生活在一个比较狭小的温度范围内，寒冷和低温会使生物有机体产生冻创、坏死甚至危及性命。然而，有的生物却能生活在令人难以想象的低温环境中。例如北极比目鱼能在－2℃的海水中畅游自如。冰封雪飘的珠穆朗玛峰上，仍有雪衣藻、雪生纤维藻等生长。像雨蛙、树蛙等两栖类以及蚂蚁等昆虫能在冰点以下，甚至－196℃的低温环境下存活，只要温度回升，它们便可恢复正常的活动。人们在永久冻土层发现了长眠三千多年的藻类、真菌孢子和水蚤型小动物的卵，经过对其解冻复苏，它们居然再生于三千年后的今天。更令人惊奇的是，有的人也有非凡的抗冻本领。有一个乌克兰人，竟在冰雪中"长眠"40多天，脱离冰雪后，未见严重冻伤。几个科学家进行抗寒试验，经过一段时间的适应以后，竟能赤身裸体在冰雪上睡觉而不致冻坏。

为什么生物能有这么强的抗低温能力呢？经过科学家们辛勤的研究，谜底已逐渐揭晓。加拿大鱼类学家发现，抗低温鱼类在冬季日照和温度影响下，鱼脑中的脑下垂体活动降低，在肝脏合成"防冻液多肽"以调节血浆渗透压，使血液冻结点下降而不会被低温冻死。藻类的抗冻本领是它们体内有一种抗寒物质"血色素"，能从周围空气中吸收矿物质、提高光合作用能力，制造大量可溶性糖以降低细胞内部物质的冰点。至于某些两栖类和昆虫的抗低温本领，则是由于它们体内在低温环境能制造出防冻剂——甘油的缘故。但是有些生物为什么被冻结得像石头一般还保持其生命，甚至经历千万年之后还能复苏，则还待人们去探秘。

低温既可杀伤生命，也可保存生命，这使一门研究生物低温效应，利用低温为人类造福的新学科——低温生物医学诞生。

要研究低温生物效应，就必须创造低温环境。19世纪末20世纪初，液氮（-195.6℃）、液氢（-253℃）、液氦（-269℃）等相继制造出来，全面开拓了人工低温技术的领域。目前，低温生物医学主要利用液氮作为制冷源，来研究杀伤有害的活细胞和保存生命器官及组织，并已取得令人欣喜的成果。

1961年，在神经外科领域首先使用液氮冷冻器，取得了显著的疗效。不久，又开展对肿瘤的"冷刀手术"。从此，新兴的冷刀手术在眼科、口腔科、泌尿科、脑外科、妇科和皮肤科广泛应用，展现了冷冻医疗的广阔前景。我国20世纪70年代以后也开展了这方面的工作，并取得很大进展，在其机制的研究方面也有建设性发现、冷冻杀伤活细胞的机制，目前普遍认为是冷冻使细胞内外的水分子形成小颗粒状尖锐冰晶，造成细胞失水皱缩，从而改变细胞内外电解质浓度，导致代谢障碍，细胞中毒死亡。我国学者研究指出，活细胞中细胞核对冻冷最敏感，最易被破坏；细胞膜对冷冻耐受力较强，最后被破坏。

近十几年来，低温保存生命方面，也取得可喜成就。目前世界广泛使用低温保存人和动物精子，建立人类和良种动物的精子库。1964年世界诞生第一个冷冻精液受孕的婴儿，而1984年3月诞生的第一个冷冻受精卵试管婴儿，使这项技术迈进一大步。在-196℃条件下保存血液、皮肤、角膜和各种器官，更是广泛采用。这方面的关键是防冻剂。甘油、二甲基亚砜、羟乙基淀粉等是目前常用的防冻剂。细胞和组织必须在防冻剂帮助下尽量减少内部结冰才能存活。

1980年12月，美国芝加哥一位少女因意外事故昏倒在冰雪中，被发现时已冻得像一条木棍，体内温度降到20℃以下，完全失去知觉。医生根据解冻速度要与冷却速度相对应的复苏原理，把她包裹在一个润湿的电热褥里逐渐解冻，终于使她奇迹般复苏。随着低温保存细胞、组织技术的进展，人们萌发了用低温贮藏目前被判绝症的人体，以待今后医学技术发展后再解冻复苏给予治疗的念头。目前世界已有数十具这样的冰冻躯体保存在-196℃的液氮之中。尽管这种想法目前还是设想，但科学家们认为不久就能实现低温解冻复苏。日本神户大学的科学家对猫脑保存于-20℃的低温环境中达七年三个月之久，复温之后观察到脑电α波，给人们以极大希望。

低温技术还应用于免疫方面。随着低温生物医学的进展，低温将为人类健康和生物学研究带来更多的贡献。

85 生物医学和电子技术结合的产儿
——生物医学电子学

19世纪末，X射线、放射性和电子这物理学举世瞩目的三大发现，是导致物理学革命的导火线。其中电子的发现，使一个崭新的时代——电子时代出现了。1904年英国人约·弗莱明发明了二极管，1906年美国人弗莱斯特发明了三极管，开创了电子技术的应用阶段。20世纪40年代后期，美国人布拉顿、巴丁和肖克莱的研究使晶体管问世，使电子技术迅猛发展。在这种形势下，五十年代出现了生物医学电子学这门学科。

生物医学电子学是一门综合运用生物医学和电子技术的相应理论和方法的边缘学科，它一方面从电子学的角度出发深入研究生物体的结构、功能和相互关系，以解决生物医学中的有关问题；另一方面又从生物医学中得到启示，促进了电子学本身的发展。

利用电子技术对生物体各种信息进行检测，是生物医学研究和临床诊断的一种重要手段。生物体的信息可分为生物电和非生物电两类。生物电信息范围较广，典型的有心电、脑电、肌电、神经冲动动作电位、耳蜗电位、单个细胞生物电活动等等。这些信息的幅度在几个微伏到几十毫伏，频率响应从直流的膜电位到几十千赫以上的快速脉冲不等。由于不同生物电信息具有不同的特性，而且检测是在活体组织中进行的，因此检测仪器各有其独特的性能要求。目前广泛使用的心电图机、脑电图机、肌电图机以及用于检测几微伏微弱信号的高增益、宽频带的直流放大器、示波器、记录器等在生物医学研究和临床上都已是常规武器。此外，如尖端直径1微米的玻璃微电极，内部灌注导电溶液插入单个细胞内，用以记录细胞电活动的微电极技术及具有高输入阻抗的微电极放大器等，也广泛地应用于电生理的研究之中。近年来由于大规模集成电路的迅速发展，使各类检测仪器的性能更加完善，体积、重量、功耗大有改进。用光刻微电子技术组成的高密度电极探头，可以同时测量各细胞之间的电活动；具有深度负反馈的电压钳制放大器，对细胞膜的研究提供了有利条件，目前，多种读数精确、性能稳定及参数调节方便的电子刺激器、光刺激器、声刺激器已广泛应用在生物医学实验中。

另一类非电量生物信息的检测，如血压、呼吸、体温、血流、脉搏、心音、血液中气体成分和含量以至血管弹性、舌苔颜色等，另外通过某些处理可获得的间接信息如白血球计数、X光透视、细胞识别、染色体分离、同位素示踪等，也属于非电量信息检测范围。这些不同化学物理信息的检测，通常是由专门的传感器将它们换成相应的电信号，然后再进行记录和分析。因此，传感器是此类检测技术的关键器件。目前，采用石英晶体传感器制成的温度计感温精确度为 0.001℃，不同类型的化学传感器能精确测定血液中酸碱度和各种气体含量。各种性能稳定、使用方便、测量精确的传感器和与大规模集成电路相结合的智能传感器正不断问世。

微电子学的发展为遥测技术提供有力手段。例如一种称为电子药丸的微型遥测装置，吞入胃肠之后，可以测出消化系统的压力、温度、强度、酶活性和出血量等，在体外对接收到的电信号进行分析，便能诊断出消化系统的功能及疾病。此外，超声、红外、激光、微波、核电子学等多种新技术，为生物医学研究和临床提供众多的有力武装，从检测、诊断、治疗到分析处理应有尽有。

生物信息的加工处理，也要借助电子技术才能完成。通常信息处理基本可归纳为波形和图形两大类。前者如心电、脑电、肌电、呼吸、血压、体温等；后者如X光读片、染色体及癌细胞识别、血球分类等。现在这些处理可由电子计算机进行。假如电子计算机断层扫描（CT）已进入第四代，由薄层断面影像重叠获得立体图像、显示出器官活动情况。此外，计算机诊断，护理、监测、检索、计算机建立生物模型等，都获得很大的成功。

生物医学电子学还为康复工程作出巨大贡献。例如肌电控制的假手利用大脑发给有关肌肉群的生物电脉冲所产生的肌电信号来控制假手的动作，使假手灵活自如地服从大脑指挥。利用超声波回声原理制成的声呐眼镜以及激光杖、物体探测仪等能帮助盲人识别环境。电子耳蜗植入重建使感觉性耳聋者复聪以及微型高能电池为人工心脏提供能源等。

生物医学电子学开辟了生物医学的一个崭新纪元，它将为人类健康作出更大贡献。

86 揭示导致肿瘤的细胞学机理
——癌生物学

癌肿是威胁人类健康的大敌，癌和其他恶性肿瘤是仅次于心血管病的第二大死亡原因。从刚出生的婴儿到垂垂老者，各种年龄，各种性别都可罹患；从肝肾到心脾，从血液到骨髓，人体的任何器官和组织都可发生恶变。癌瘤所以难以对付，主要在于两个方面，一是癌是什么，即肿瘤发生的机理及其实质；二是用什么方法来进行预防和治疗。而第一个问题是关键所在，因为不解决癌究竟是什么，它是如何发生和发展的，就谈不上预防和治疗。近年来，各国科学家花了大量时间和金钱，致力于攻克癌症的研究工作。人们预测，现在世界正酝酿着关于癌症的重大突破，不久的将来这一人类凶恶的敌人将被制服。在这中间，癌的病因学的进展，起着重大的作用。癌生物学就是揭示导致肿瘤的细胞机理的一门新学科。

肿瘤虽然是发生于宿主正常细胞的基础上，但肿瘤细胞与正常细胞是迥然不同的。在癌细胞观察到细胞生长的改变；癌细胞本身对生长调节物质的改变；细胞表面特性的改变；多种酶的特性及糖代谢调节的改变等。癌细胞的显著特性，概括起来有自主性——由于正常细胞转变成癌细胞时发生了深刻的遗传变化，癌细胞不但能不顾各种体内正常细胞调节机能而自行决定其活动，而且能不断繁殖出与自己同样的肿瘤细胞。这是肿瘤细胞的最重要特性，若无此特性也就不存在肿瘤了。可移植性——把宿主或细胞培养中取得的真正肿瘤细胞移植到适宜的同种宿主体内时，能再次发展成和原来完全同样的肿瘤组织。侵犯性——局部扩散及浸润，直接侵犯周围组织。转移性——通过淋巴和血液渠道转移到远处并滋生出新的肿瘤。

肿瘤细胞和正常细胞的差别如此之多，因此很难认为这些差别是仅仅由某种单一的紊乱原因造成的。从分子水平上看，癌细胞中有许多起着不同作用的基因，而且这些基因并不遵循同一种模式，这是癌生物学研究的一个成果。

我们知道，细胞的行为取决于基因功能。据研究，高等生物的正常细胞中有在一定条件下产生癌细胞的基因，那么这个使正常细胞转变成癌细胞的条件是什么呢?

正常细胞内的基因功能是完全可调节的,这种调节功能部分是由特定基因促成,部分是由外来物质或是通过酶在细胞核中产生的物质促成的。调节功能因而受遗传和环境两个因素的影响。遗传因素可归结为基因的渐变和突变。参与癌形成的大多数突变限于癌细胞本身,在极少数情况下,突变也涉及胚胎细胞。前一种突变是不遗传的,后一种突变是可以近亲遗传的。造成基因突变的环境因素大抵可分为物理的、化学的和生物学的三类。物理因素如放射性物质、紫外线、异物、热等的长期刺激或一次大剂量刺激。化学因素包括砷、石棉、铬、钴、镍的化合物等无机物;交联剂、烷化剂、杂环烃、二苯胺、联苯胺等大气污染和烟草中的物质。据说已证实的致癌剂约有一千种不同的化学物质。生物因素有病毒、激素、营养障碍等等。

对于环境因素诱发基因突变的机理研究,癌生物学也取得不少进展。例如紫外线波长中有某一段优先被核酸吸收而损害的核酸结构;引起癌变的化学物质是同核酸及蛋白质起化学反应的。某些致癌化合物(如烃)只有在酶的催化下才会在细胞代谢过程中生成致癌衍生物。无论是物理或化学的致癌因素,其结果都引起细胞染色体组型异常。而病毒的致癌原因,则是因素致癌病毒里含有一个或若干个癌基因,每一个这样的基因都产生一种可单独使细胞从正常状态变成癌蜕变状态的蛋白质。这种病毒癌基因作用在正常细胞上,等于给正常细胞增添新的遗传信息,使细胞确立癌肿特性,再通过基因的转录和复制,持久激活而发挥作用,从而使宿主发生癌肿。通常正常细胞蜕变为癌细胞,要经历两至三次突变。

上述是癌生物学的一些研究成果。尽管现在癌的成因及其他机制尚未最后揭晓,但这些理论已为我们防治癌症提供了宝贵的根据。

87 老树新花

——神志病学

为什么某些神经病人大冷天赤身露体,从不感冒?为什么有的几天不吃不喝,照样力大过人,为什么……许许多多诸如此类的"为什么"都可以从神志病学中找到答案。

神志病学是中国独有的，并且也是年纪较轻的学科之一。它的诞生充其量不过几年的历史。

神志病学是在中医理论的指导下，研究神志病的病因、临床表现、病理机制以及如何防治的一门分支学科。它的研究对象包括西方医学称之为精神分裂症、神经官能症、癔症、神经衰弱等一系列临床表现为精神、情志异常的疾病。

神志病自古以来就在困扰着人类，随着人类物质生活、精神生活水平的不断提高，神志病的发病率也有所升高，在我国就要以数百万计。西方医学目前对精神病的治疗仍以三大疗法（电休克、胰岛素、大剂量镇静剂）为主，药物副作用较大，疗效也不太理想而且容易复发，许多人愈后也多有程度不同的后遗症。

神志病学的产生、发展是与中国古老的医学密不可分的。从春秋战国时期的《黄帝内经》、东汉张仲景的《伤寒论》、《金匮要略》一直到近代，许多医学典籍中对神志病的症状、治疗、病因、中药汤剂、针刺疗法等，都有较详细的记载，为后世留下了大量宝贵的遗产。但是由于著述散见于各处，不成体系，且多有舛谬背忤之处，因此继承这笔遗产并加以创造性地发展就成了神志病学的历史重任。

神志病学有异于西医的精神病学，不仅在于它立足于中医的理论和治疗方法，适症范围更广，而且在于它是用系统的、整体的，运动的观点去指导医疗实践，强调整体调整，综合施治；强调循其常规，顺其自然。比如，"昼动夜静"是人类机体活动的正常规律，对已经打乱了这一规律的病人强调"动静结合"的治疗原则，譬如：白天着重于治疗，让病人活动；傍晚，则以少量镇静剂让病人休息。在针药的辅助下，使病人的机体活动规律重新调整到正常的轨道上来，这一理论在实践中收到了满意的疗效。此外，在神志病学的研究发展中，正在不断地学习和吸收现代医学的一些先进的技术、知识，不断用社会科学和科学现代技术（如社会学、行为科学、心理学、及电子计算机等等）的研究成果来充实自己，走一条继承、独创、兼收并蓄的发展道路。

一提起中医治疗精神病，似乎是奇谈。认为中医的神秘色彩太浓了，不，它并不神秘，而是有些问题现有的科学技术知识尚不能去剖析阐明它；实践是检验真理的标准，由于它的显著疗效，自1981年中华全国中医学会神志病研究会（筹）成立以来，1982年10月又举办了全国首届中医神志病讲习班，致使中医神志病的理论研究和临床治疗工作"四处开花"，无论在普及还是提高方面都取得了较大的进展，越来越得到社会各界和广大人民群众的理解和支持，这也是中医神志病学将成为全国性事业，走向广泛普及的大好势头。

88 发源于力学之巅的新河

——血液流变学

一支新生的河流滔滔汇入医学，它发源于力学之巅，以无限的生命力渗透到医学的预防、诊断和治疗各个领域。这支新河便是血液流变学（Hemorheology）。

血液流变学来源于力学中的流变学。众所周知，研究"变形"有建立在应变与应力成比例的虎克定律基础上的弹性力学；研究"流动"有建立在切变率与剪切应力成比例的牛顿黏性定律基础上的流体力学。然而，在大千世界之中，并不是所有物体的变形和流动都能够应用虎克定律和牛顿黏性定律加以说明。因此，在流变学这个领域里，除了从弹性力学和流体力学的角度对物体加以研究之外，更重视物体的构造。这样，流变学便与胶体化学，高分子化学等结下了不解之缘。1948年，L·Copley首先在第一届国际流变学会议上提出"生物流变学"（Biorheology）这一概念。十年后建立了国际生物流变学的组织。

生物流变学旨在开展对生物体和人体及其构成部分（系统、器官、组织、细胞、亚细胞结构和生物大分子等）以及生命活动过程的流变现象的研究。在生物流变学的研究中，血液（作为一种流体）、血管和心脏（作为一种弹性体）的流变性最引起人们的关注。尤其血液在人体生命活动过程中所担负的重要使命更使它成为众矢之的。"血液流变学"终于作为生物流变学的一个分支在1966年冰岛召开的第一次国际血液流变学会议上正式确立。

血液流变学是专门研究血液作为一种非牛顿型流体所具有的特异流动性，血液的有形成分（主要是红细胞）以及血管和心脏所具有的粘弹性和弹性的科学。

在动物和人体内，血液、血管和心脏是构成血液循环系统的主要部分。它们的流变性（流动性、粘滞性、变形性、凝固性等）不仅左右器官和组织履行其正常生理功能和维持内环境的相对稳定，而且也影响和控制人体的免疫功能和体液调节功能。当发生各种疾病时，血液流变性又是导致全身或局部血液循环和微循环障碍，从而成为坏死、坏疽、炎症、变性、硬化、水肿、血栓形成等一系列病理变化的基础。由于医学发展过程的种种因素，长时间以来，人们在研究血液循环的血流量时总把血液的粘度与血管的长度一样看成一个恒定值或者把它并入外周阻力中而忽略不计。直至微循环的研究在病理生理学上得到广泛的重视，人们才惊异地发现，血液的粘度是一个不容忽略的重要因素。如果不了解血液、血浆的流动性、粘滞性变化的特点，不了解这些变化与毛细血管壁之间的相互关系，要真正认识和掌握微循环中血液流动的规律是不可能的。现在，专门研究血液的流动性，血液的有形成分、血管和心脏的粘滞性在各种疾病时的变化，了解这些变化的病理生理意义，以利于疾病的诊断、治疗和预防的医学血液流变学（也称临床血液流变学）以及寻找血液中细胞结构的分子结构、胶体结构与变形和血液流动性质间的关系的微观血液流变学（也称分子血液流变学），已逐渐成为病理生理学研究不可缺少的一个部分。

通过对血液粘度（如全血粘度、血浆粘度、血清粘度）、细胞电泳（如红细胞电泳时间、血小板电泳时间……）和血沉、血细胞压积、纤维蛋白原测定等血液流变学指标的测定，不少学者对病因、病理过程、治疗效果、疾病预后等开展了别开生面的研究。我国的医务工作者把血液流变学应用到中医活血化瘀的理论和临床研究中并取得可喜的成果。在评价微循环障碍及DIC发生的原因方面；在中风预测、鉴别缺血性或出血性中风方面；在冠心病、心肌梗塞等心血管疾患的发生、预后判断、复发预测方面；在器官移植、人工脏器、人造血液的研究方面；血液流变学都取得具有美好前景的结果。"血液流变学对于未来几代人的价值，就如细菌学、病毒学对于今天的我们一样"，这是澳大利亚血液流变学专家L.J.坦法思在他的血液流变学专著中作出的论断。这一论断不失为真知灼见。

89 针灸机理的揭晓

——中国经络学

祖国医学的经络学说已有十分悠久的历史，但是中国经络学作为一门现代科学技术，则是近十多年的事。1979年，在北京召开的第一届全国针灸大会上，我国向一百五十位国际针灸经络学家公布了以经络敏感现象为中心的一批研究成果，使国外专家们感到震惊。1984年，我国召开第二届全国针灸大会，又公布了一批成果，反映了我国经络学研究更加成熟，走向现代化阶段，并使中国经络学成为一门世界瞩目的新学科。

中国经络学走向现代化的标志是引进了一系列现代物理、电子学、生物化学新技术，使对经络的研究，从感觉描述为主的观察方法，进入客观定量的显示计算方法。例如用红外线遥感热象仪显示经络线上皮肤表面温度的异常；利用声发射探测、计算机及频谱分析技术探测经络线的特殊导音性；用自行设计的高精密度光学探测仪器，发现经络线具有能够发射较强冷光的特性，以及用肌电、血流图、皮肤电位、皮肤温度、体液生化方法等，发现了许多新的特性。这就是说，我国经络学家，已经运用声、光、热、电等生物物理学和生物化学的方法，把经络找了出来，并阐明其机理。中国经络学的成果，不但使祖国医学大放光彩，也为世界医学宝库增添科学武器。

中国科学院生物物理所的祝总骧副教授，提出了隐性循经传感学说。他的实验证明，在经络线的全程都具低阻抗特性，经络线上具有特殊的发光发亮的生物物理特性，从而证明经络是人体普遍存在的客观事实。他和别人合作，对严密保存24小时的离体肢体经络线上观察到低阻抗现象依然存在；甚至在皮肤剥离肢体后，皮肤表面仍存在这种特性。这一事实说明经络是不依赖于神经和血液循环而独立存在的，经络现象和皮肤及皮下组织结构有关。陕西省的脑性传感实验和中医研究院的脊髓麻醉实验则表明中枢神经系统是经络现象的主要环节。在这种形势下我国著名学者张锡钧教授再度论证了"经络—大脑皮层—内脏"相关学说。季教授提出了"经络—体表—内脏和植物神经"相关学说，以及孟昭威教授提出的第三平衡论生物全息论，都引起国内外专家的高度重视。

我国在经络学研究上的成果，已经在医疗实践中发挥巨大作用。中国科学院生物物理研究所和北京中医院发现人群中百分之九十五以上都有经络潜在现象——隐性循经感传线。如果在这条隐性循经感传线上用传统针灸手法和皮肤加温、电刺激和药物导入等，隐性的经络传导线就可以转化为显性的经络传导线，从而大大地提高了针灸的治疗效果。现在很多久治不愈的患者，如面肌痉挛、三叉神经痛等病人，运用同类方法，大大提高了治愈率和疗效。

国际上对中国经络学说的研究也十分重视，特别是东邻日本，对我国的成果专门组织类似实验加以验证。目前我国在这方面虽然领先一步，但彻底揭开经络这个千古之谜，只有在搞清经络的物质基础以及实质之后才能根本解决。我国经络学家决心加强各有关学科的协作，运用新技术，力争首先突破经络的实质，为我国和国际医学作出贡献。

90 一束头发揭开百年之谜

——奇妙的毛发诊断学

近些年，全世界许多国家的科学界都出现了研究毛发的热潮，一门新的学科——毛发诊断学大有勃兴之势。这股"毛发热"的出现与拿破仑、牛顿死因之谜的揭开不无关系。

拿破仑1815年被放逐到南大西洋的圣海伦岛，六年之后，悄然而逝。死因何在？有人说死于毒杀；有人说死于胃癌；有人说死于他进攻埃及和叙利亚时染上的热带病……众说纷纭，莫衷一是，成为历史上遗留下来的一个"谜"。直到拿破仑死去一百五十多年后，拿破仑死因之谜才真相大白。科学家找到了拿破仑遗留下来的一束头发，经过超微量化学分析发现：这些头发的砷含量比正常人的头发高好多。因此科学家们认为，拿破仑死于地方性砷中毒——圣海伦岛上的食物和生活用水都含有较高的砷。

无独有偶，牛顿的真正死因也是从他头发中得出结论的。多少年来，人们一直认为牛顿是患内脏结石症而死的。但在几年前，四位独辟蹊径的英国科学家从牛顿的遗物中找到牛顿的一束头发，经过化验发现这些头发中含有汞、铅、锑的极度浓缩物。这说明牛顿死于慢性重金属中毒。这个结论很好接受，因为牛顿大半生从事科学实验，长年累月接触汞、铅、锑等有毒重金属，"常在河边站，难免弄湿鞋"。

上述两个事件引起了各国医学界、化学界、物理学界、生物学界和法医界的高度重视和浓厚兴趣，随着毛发研究热的出现，一门独立的新学科——毛发诊断学就应运而生了。

近年来，毛发诊断学的研究和实践取得了很大的进展，不断有新的发现。研究表明，环境中的各种微量元素都可通过不同的渠道进入人体内，而人的毛发就像一条条自动记录的磁带，时时刻刻在记录着环境对人体的影响，真实而灵敏地反映出环境的变化及其污染的程度，因此，人的毛发是监测环境的好"哨兵"。随着研究的深入，毛发诊断学远远不仅应用于环境监测，它所展示的前景比人们想象的还要广阔得多。

毛发研究能诊断各种疾病。例如，从毛发中微量元素铬的含量，可以诊断糖尿病和心血管病；从镉、铅的含量可以诊断高血压，甚至可以判断一个人是否长寿。因此，对毛发中微量元素的测定，可以为诊断和治疗提供可靠的根据。

毛发分析可以检验智力。综合分析毛发中十四种微量元素的含量，可以判断一个儿童是否聪明，智力发展的程度，其准确率高达百分之九十八。

毛发研究是侦破的能力手段。通过毛发分析，可以断定一个人是否吸过毒品，在什么时候吸过毒品；还可以区别精神分裂症的四种精神异常病。

目前，毛发诊断学已广泛应用于环境保护、环境医学、营养学、老年卫生学、法医学、地球化学和考古学等领域。不久前，国际有关组织已从十三个国家的专门实验室中调集了头发中各种元素的分析数据，以期定出"正常头发"的标准。可以想象，这根标准头发基线一旦划出，毛发诊断学将更有用武之地。在不远的将来，一根头发所能回答的问题，也许可以与一台电子计算机相媲美！

91 花粉与疾病

——孢子花粉学

春秋季节，常常出现一些奇怪的感冒、支气管哮喘、过敏性鼻炎等患者，他们服用多种药物都不见效，可是过了季节，这些病却不治而愈。这是什么原因呢？

自从一门新兴学科——孢子花粉学诞生后，才真相大白。科学家们在研究中发现这些患者的"怪病"不是病菌、病毒作祟，而是那不为人们注意的花粉引起的。花粉中有某种特殊的蛋白质，能引起某些人患某种过敏性疾病；花期一过，病也就好了。通过对花粉的进一步研究，不仅找到了人们对某些季节性花粉过敏性疾病的原因，而且找到了治疗方法：可以用不同种类的花粉制成浸出液，对不同种类的花粉过敏性疾病进行脱敏性治疗。

"孢子花粉学"简称"孢粉学"，是研究古今植物孢子和花粉的形态、分类、组合、演化及其在地理历史上和近代地理上的分布规律的科学，是近几十年来才逐步发展起来的一门独立的学科。

藻类、菌类、苔藓类和蕨类等孢子植物，在繁殖时期，会从孢子囊中散射出无数的孢子；桃树、梨树、稻子和小麦等植物，在开花季节，也会从花粉囊中散发出无数花粉。孢子和花粉像尘埃一样漂浮在空气中，随风散落在各地。在显微镜下，我们可以发现每粒孢子和花粉，都是微小的有机体，是植物传种接代不可缺少的物质。孢子和花粉的形状多种多样，形态、特征各不相同，大小也不一样。对这些对象的研究是孢粉学的基础。

孢粉学可以广泛应用于地质学、古植物学、古地理学、考古学、植物系统学和医学等科学领域。

每棵植物的孢子和花粉的数量大得惊人，松树的一朵花可以有十六万粒花粉。它们的外壳大多很坚硬，能耐高温、高压和强酸强碱。

孢子和花粉除极小部分真正担负传种接代的任务以外，绝大部分随风飘荡，散落各方。人们在千万年以后还能找到它们的踪迹。科学家们利用孢粉的这种奇特性格，可以用检查孢粉化石的办法，计算出地质的年代，可以推断出上古时代人类的饮食生活和气候变迁。孢粉的化石并不太坚硬，用盐酸及氟化氢等化学物处理后，孢粉化石会膨胀起来。人们可以根据孢粉的形状同现代的植物孢粉作比较，分辨出这地层里原来生长的植物，以此寻找成油、成矿的条件，而且还可判断矿藏储藏量。

孢粉学还可用于确定地质年代，促进农作物增长。过去，科学家们用植物化石判断，认为地球上某些高等双子叶植物是发生在地球中生代的前期。但是孢粉学诞生以后，科学家们运用这门新学科，重新进行研究，才发现某些高等双子叶植物是发生在地球的侏罗纪早期，也就是中生代的中期，前后相差几十万年的时间。自然界中，很多植物开花季节都要依靠昆虫来传播花粉，否则就不能结果。近年来，农药的使用越来越普遍，由于农药的严重污染，使得传播花粉的昆虫日益减少，影响植物的结果。所以在植物开花季节需要大力搞人工授粉。现在，国外已有许多国家建立起专门储藏花粉的仓库，在摄氏零下四十二度的低温，储藏的各种花粉可以连续保存五年之久，随时可以从仓库中取出来使用，对增进大田农作物和水果的产量起了很大作用。

令人惊奇的是，孢粉学近年来还被司法机关用于侦破案件。有些罪犯在野外作案，作案地点的孢粉会粘附在他的身上，或进入他的肠胃后随食物渣滓——粪便排出体外，侦察人员根据孢粉鉴定，常常可以找到罪犯的作案地点，迅速弄清整个案情。

孢粉学是一门应用广泛的学科，随着这门学科的不断发展，它将会在更多的领域找到用武之地。

92 男士们的福音

——男性学

当你走进医院门诊大厅时，你会看到一间间的诊室，挂着内科、外科、儿科、妇科、五官科……的牌子。可是男士们如果想找找"男科"的话，常常是大失所望的。人们对医院里没有"男科"似乎早已习以为常。是不是男性较少患病呢？或者男性没有自己独特的疾病呢？回答是否定的。男性病的被忽视，实在是出于一种偏见。

根据苏联资料，苏联新生儿中，男女之比是 105∶100；接近 30 岁时，男女相等；40～49 岁时，是 85∶100；到了 60～69 岁，男女之比竟是 50∶100。苏联女性平均寿命为 74 岁，而男性比女性要低 10 岁。英国的资料也表示新生儿男比女多 5%，而女子寿命比男子平均多活 8 岁。我国 1983 年第三次人口普查资料中，人口平均寿命男 66.43 岁，女 69.35 岁，这些资料都说明，男子死亡率远高于女子。

男女生命的这种差异，既有社会因素，又有生理因素。从遗传学的观点看，女子比男子多一条 X 染色体。该染色体具有某些免疫功能的基因，使女子能抵御某些急性传染病、癌肿等致命疾病。女子具有较低的基础代谢，而心血系统的功能并不低于男子。女子的这些特征，使它们更适于繁衍后代。在社会上，男子负担的职责，多是危险的、强体力消耗的，时而十分紧张，时而十分闲暇的工作，如矿工、军人、猎人、护卫等，这无疑对男子的健康和寿命有所影响。而女子则多负担细心、耐心、轻体力、弱应激（应激是人体在遇到紧急情况时迅速调动体内机能以应付的能力）的工作。相当多的男子嗜烟好酒，而这是损害健康的危险因素。有不少疾病，如心血系统疾患、消化性溃疡、前列腺疾患、某些癌症，男子患病率和死亡率大大高于女子。在繁衍后代方面，男子和女子各有一套迥然不同的生殖系统。随着人口问题和计划生育日益被重视，首先在男性生殖系统方面进行男性计划生育的研究，从而逐渐形成"男性学"这样一门新的医学分支。近年来我国也开始了这方面的研究，有些医院设立了男性咨询门诊。在男性计划生育方面，我国也有不少研究成果。

狭义的男性学是指对与男性生殖系统有关的组织胚胎、生理、病理、生化、内分泌、遗传、优生的研究和男性生育功能障碍，生殖器官有关疾病的病因、病理、诊断和治疗、男性计划生育措施等。广义的男性学还包括男子保健、男子心理、男子疾病等内容。

男性学的建立和发展为男性病人带来福音。过去有关男性生殖器官先天性畸形、隐睾症、前列腺肥大及肿瘤、阴茎癌、睾丸肿瘤等男性特有的疾病，由于内在机理未被揭秘，造成延误诊断，坐失治疗良机。男性学的发展使这种状况逐渐改善。

男性学在计划生育方面做了大量工作。男性节育措施使节育由女方单方面承担义务转到男女双方共同承担上来。我国研制的口服棉酚避孕受到国际的重视,"五〇四"输精管粘堵剂也获成功。国际上广泛研究用红外、超声、微波、激光等方法抑制精子达到避孕目的。另外,显微外科手术可使输精管堵塞的病人获得生育能力;用免疫制剂清除精子表面复合物并进行人工授精,可使因自身免疫因素使精子失去活力的病人能够繁衍后代;精液浓缩、冷冻精液保存也各有妙用。

男性学还研究男性性医学和心理学,可以帮助人们纠正对阳痿、遗精、早泄、不射精、性欲异常等方面的不正确认识和心理障碍,从而有助于男性的发育、恋爱、婚姻、生育、家庭的健康和谐。可以预料,随着男性学的兴起,人们将对男性有更为足够的重视和科学认识。男性学将为人类的生存和发展作出应有的贡献。

93 衰老之谜与老年医学

复杂而又奥秘的生命现象,磁铁般地吸引着世界上众多的科学家,也吸引着世人关注的眼光。近些年来,在医学科学的领域里又诞生出一门引人注目的新兴学科——老年医学。它运用医学(包括组织胚胎学、生理学、人体解剖学、免疫学、生物化学)、遗传学、心理学和体育科学等基础理论知识,开展各种老年健康的科学研究工作。

古往今来,多少人憧憬过长生不老,人们是多么希望延年益寿啊!研究衰老过程,揭开衰老之谜,正是延年益寿的关键所在。

衰老,是生长、成熟、退化过程中退化期的一种变化,它是一种正常的生理过程。尽管人类衰老的秘密尚未最后揭开,但近年来对衰老机理的研究工作已经有了很大的进展。

细胞分裂学说的学者们发现,细胞分裂到一定次数后,就不再继续分裂而逐渐发生衰老和死亡。他们从胎儿身上取下成活纤维细胞进行体外组织培养,成活细胞分裂了50代终止;从20岁青年身上用同样的方法进行细胞培养,只分裂了20次后,就发生了衰老和死亡。研究者们认为细胞分裂次数与寿命有密切关系。内分泌研究者们观察到,老年人的各种激素随年龄增加而减少，由于激素水平的降低，影响了肌体对各种物质的吸收与代谢，最后导致了疾病的发生而使人衰老和死亡。此外，还有"溶酶体膜损伤"、"衰老色素"、"放射性损伤"等学说。他们研究的角度虽然不同，但一致认为，只有把蛋白质、激素和细胞新陈代谢密切结合起来进行研究，才能加快揭开衰老之谜。

人类衰老有三大特点，即预备力减少、适应力减退、抵抗力下降。衰老的改变包括有身体外貌、体内组成、生理功能三大方面。外貌特征表现有毛发斑白、脱发；皮肤皱缩；背柱弯曲和身高下降。体内组成变化主要表现水分减少，脂肪增多，脏器萎缩，重量下降。老年生理功能的改变，一是体力活动和神经活动能力的降低，二是基础代谢率降低，三是生殖功能降低。

从各国调查情况看，长寿的百岁老人在第三世界国家为多，而一些工业发达的国家较少；而且这些长寿人大部分分布在偏僻山区和农村，这说明长寿与环境、运动、生活习惯都有着十分密切的关系。

老年医学的研究表明，推迟衰老，促进长寿的主要因素大致是：适当的活动；必要的营养；良好的生活环境；稳定的生活规律；恒定的工作志趣；健朗的情绪；顽强的天然免疫性及特殊的遗传性和良好的保健条件等。目前，科学家们正在研制一种防老剂，它一旦成功，延年益寿就又多了一种新法。

随着全社会物质文明和精神文明水准的提高，人的平均寿命将会越来越长，有关老年健康的各种问题，将会日益显得重要和突出，老年医学这门新学科，肩负着造福老年人的重任。

94 青春长驻的秘密
——青春学

古往今来，人们总希望青春长驻，红颜不老，生命绵长。秦始皇求不老药而不可得；许多公侯卿爵，达官显贵听信术士诳言，服食各种丹药，不但不能长生不老，反而因慢性汞、铅的中毒而损害健康，提前衰老死亡。长生不老固然是幻想，但现代科学的发展，使人们有可能窥探生命进展的奥秘，从而寻找一条延长青春、减慢衰老的科学方法。青春学就是研究这一问题的一门新兴学科。

青春长驻的反面就是衰老，因此青春学研究的重要课题之一就是衰老的机制。近年来细胞生物学、分子生物学、免疫学等学科的迅猛发展，使对衰老的研究获得很大成果。目前关于衰老的机制有四种理论较有代表性。其一是"遗传基因同时钟"学说。这种理论认为，人和其他生物的衰老死亡，是因为细胞中有一种由生物钟控制的遗传基因，它按已编好的程序进行一定次数的分裂，到了某一局限，细胞不再分裂，生物也就死亡了。据实验，人类细胞一般分裂50～70代，老鼠细胞分裂14～28代，鸡的细胞分裂15～35代，龟的细胞可分裂90～125代。细胞分裂的代数越多，该生物的天然寿命就越长。第二种理论认为衰老是细胞器进行性和积累性破坏的结果。遗传基因在转录DNA信息和转译mRNA密码时都会发生偏差，结果产生不正常的蛋白质和酶，日积月累使机体功能失调。某些意外事故造成细胞损伤，分子变性，使细胞膜通透性改变，细胞质中线粒体畸变，核中DNA交叉联结，导致细胞衰老和死亡。第三种学说认为衰老与体内细胞生物分子的氧化还原有关。这种理论认为，构成生命的主要元素是碳、氢、氧、氮、磷、硫等。如果把氢（H）以外的其他元素构成的原子团记作R，则生物分子可用RH来表示。RH是不稳定的，容易分离成自由基。生物必须进行氧化取得能量以维持生命，但细胞氧化过程中会发生电子迁移，使某些物质带上电子而形成自由基。自由基很容易与体内核酸、蛋白质、脂类等反应而产生有害于机体的物质，从而导致细胞膜、线粒体、溶酶体等细胞超微结构破坏，加速衰老进程。还有一种学说认为人的衰老与体内激素水平和细胞对激素的敏感性有关。青春期激素分泌旺盛，细胞对激素敏感度高，性激素、甲状腺素等是使人青春勃发的重要激素。随着年龄的增长，体内激素分泌水平下降，各种激素的分泌不平衡，造成生理紊乱，促使器官衰老或恶变。例如女性绝经前雌激素与孕激素相互制约，绝经后孕激素停止分泌，雌激素刺激乳房和子宫细胞造成癌变。另外，随着年龄增长而来的细胞对各种激素敏感度减退，结合力降低，也是造成衰老的原因。美国哈佛大学的登克拉提出，人脑垂体会定期释放抑制细胞利用甲状腺素的激素。一旦细胞失去利用甲状腺素的功能，衰老也就来临了。总之，衰老的原因是复杂的，其奥秘正在不断被揭示。

青春学研究的另一方向是青春的保持。衰老首先是从大脑开始的。从30

岁起，每天有 3 万～10 万个大脑细胞死亡，要保持青春，就要减慢脑细胞的死亡。除了保证大脑有充足的营养之外，保护大脑的最好方法是积极使用。美国科学家发现，高龄老鼠在丰富多彩的环境中神经末梢会有新生，而单调环境中其神经末梢却是光秃秃的。这说明脑细胞在丰富信息的刺激下能保持活力。另外某些无机元素如铝、铅，会破坏神经纤维，加速衰老，而磷、硫等元素对大脑有营养作用。

改善人的免疫系统能保持青春，这是青春学研究的又一成果。人的胸膛中纵隔内有一个左右两叶构成的内分泌腺——胸腺，过去它的功能一直是个谜。现在已经查明，这是一个重要的中枢淋巴器官和内分泌器官，它分泌的胸腺素，作用于骨髓使其制造出一种 T 淋巴细胞。T 淋巴细胞是人体免疫系统的重要因素，保持 T 细胞的活力，是保持青春的一条途径。科学家已从动物胸腺中分离出胸腺素，它能大大改善人的免疫机能，延长青春岁月。一旦人工合成胸腺素成功，将会给人类常葆青春的愿望带来福音。

既然氧化作用产生的自由基是衰老的原因，那么抗氧化就是保持青春的又一途径。具有抗氧化作用的维生素 E，能使体外培养的人细胞寿命从 50 代增至 120 代，它有使细胞膜免受自由基损害的作用，从而保护了机体健康。动物实验中维生素 E 能延长寿命 15%—75%。

青春学家还试图用遗传工程技术来延长青春。从遗传角度来看衰老，青春消逝的关键是细胞关闭了某些基因，或者某些基因遭到破坏。那么我们可以用载体把关闭了或被破坏的那部分基因带进细胞，使其复壮或修残补缺，于是细胞便增强生命力，人便重返青春。据说，青年时期抽出一些血液保存起来，到中老年重新注入，也有使人恢复青春的功效。

青春学是一门刚刚萌发的新学科，还有不少问题尚未解决。人们期待着她日趋成熟，为人类青春长驻作出贡献。

95 您想健美吗
——型体学

体型，是人类最明显的外部生理特征之一。体型，就是指每一个人身材体态的高矮肥瘦。体型不仅对体态健美有直接影响，还与医学上各种疾病的防治和诊断有关，人的性格气质与体型也有一定关系。

体型的研究目前已经发展成一门崭新的学科——型体学。所谓"型体学"，就是研究人体结构型式与医学、心理学、美学、文艺、体育、司法学、考古学、兵役体检、人才学等相互关系的学科。

一些型体专家认为，亿万人群的身体构型可分为四种：①矮胖型；②无力型；③运动型；④发育不良型（混合型或过渡型）。有些学者还发现："矮胖型"易患高血压、高血脂、高血糖、冠心病、胆石症等，常是具有热情外向、怡然自得、善于交往的性格特征；"无力型"常伴多思，情绪多愁善感，克服困难能力不足，易患各种慢性疾病，抵抗力差；"运动型"精力充沛、质朴刚健，有爆发力，易患外科疾患；"混合型"则兼而有之。这些体型与性格、体型与健康的联系，使"型体学"研究具有现实意义。

体操运动员，尤其是艺术体操和舞蹈演员，必须选拔"运动型"体型，他们不仅体态健美，而且一般具有精力充沛，有良好适应力和爆发力等特点，有利于出成果、出人才。公安战士也应研究"型体学"。因为侦破一件案件时，了解对象型体特征常会有助于分析判断犯罪分子的性格特点和犯罪心理。柯南道尔笔下的大侦探家福尔摩斯在破案中，就常常运用"型体学"中体型与性格特征的相应关系进行分析和侦破，这与作为医生的柯南道尔具有丰富的"型体学"知识是分不开的。"型体学"还与兵役体检有关。美国兵役体检中对海军选拔兵员要求较严，所选对象要求是有比较典型的"运动型"体型，所以他们在战时发生焦虑和歇斯底里的反应比陆军明显少些。

"型体学"研究对于促进青少年身心健康也有重要意义。青少年正处在长身体长知识的青春发育期，处于体型发生变化的重要阶段，指导他们加强体育锻炼，注意生理和心理卫生，革除不良习惯，改善饮食条件等，对于塑造健美的体格具有重要意义。

96 穿着生理学

有人说,"穿衣戴帽,各人所好",只要自己喜欢,想怎么穿就怎么穿。可是,不同的人,不同的职业,不同的季节,不同的环境,怎样穿戴才最有益身心健康、最舒适、最科学、最有利于生存呢?这就大有学问了。"穿着生理学"就是一门从生理学角度去研究穿戴问题的科学。

穿着生理学主要研究衣履对穿者的功能和作用,对生理上产生的影响,提出衣履的科学设计和方案,制定其质量标准,以及如何穿戴更能促进人类的健康等问题。古时候,文人多宽袍大袖,那是为了轻松舒适;农民多束衣裹腿,那是为了便于劳作,士兵身披甲胄、足蹬靴履,则是为了战场上免受刀剑之伤。在今天,飞行员须穿飞行服,戴航空帽才能上天,潜水员须着潜水衣、鸭掌鞋才能入水,矿工须穿戴矿工帽方可下井。各式各样的衣着穿戴,审美价值只是一方面,最重要、第一位的还是功利价值,还是为了生存和健康。穿着生理学首先是研究人体生理要求的最佳穿着条件,其次是进行各种衣履材料穿着效果的预测,此外是研究人体各部位生理结构及动、静态特点,从而确定衣履裁剪设计的基础——服装标准系列。

衣履覆盖在皮肤外面,对皮肤生理机能的影响较大。要维持皮肤正常的物质代谢和体温调节,必须保证皮肤的排汗和呼吸畅通无阻,因而要求衣履必须具有尽快将湿气透散出去的功能。否则,如果湿气透散受阻而在皮表积蓄,就容易导致感冒,诱发皮肤病和其他不适症。穿着生理学认为,使人体皮表温度维持在 28～33℃ 之间,长时间的相对湿度不超过 70％ 的穿着条件,最为理想。

衣履材料的物理性能、裁制后的几何形状及松紧程度等,也都会影响人体的热调节反应和健康。例如,全部穿用化纤衣服的人容易患感冒;长期穿用过于紧身衣服者易诱发皮肤病和脉管炎;穿过尖过紧的鞋常磨破趾甲引起感染……。穿着生理学通过研究人体日常情况下对热的调节反应的情况,研究各种衣料的厚度、导热性、散热性、吸湿性、透气性及保温性的情况,准确预测各种衣履材料对人体体表温湿度的影响。从而在制成服装之前,便已预知各种衣料的穿着条件和最佳效果,为衣履设计和使用提供科学的依据。

穿着生理学根据人体解剖学原理,研究人体各部分的生理结构,从生理活动和运动的角度出发,考察、了解、掌握身体各部静态和动态的变化及肌肉的运动情况,然后运用数理统计和生物力学,对丰富的调查资料进行科学的分析和研究,由此建立起一系列的标准模特儿,制定出人体体型和脚型的标准系列。这些标准系列是各种衣履款式设计的基础。事实表明,在标准体型和脚型的基础上设计出的产品,不仅有益于人体正常发育,而且有一定程度的理疗作用。

穿着生理学由于人们生活的日益科学化而越来越受重视,不少国家已成立了专门的研究机构。随着科学技术的不断发展,人们无疑会给穿着提出许多更新的课题。有朝一日,人们穿上能避水火、防辐射以及具有各种奇特功能的服装,该有多么惬意啊!

97 医学未来学

自古以来,人们就希望能有祛病止痛、延年益寿的灵丹妙药和妙手回春的医疗技术。随着科学技术的发展,许多以前的瘟疫和不治之症已被攻克。人们已经看到,许多以前神话故事中寄托人们对健康长寿的追求的幻想已逐步变为现实。现在,一门根据现有医学知识和成果,对医学领域未来将发生什么变化作出预测,并由此制定发展规划和正确选定主攻方向的新学科——医学未来学,正为人们展示医疗工作的诱人前景。

以前,人们总是从人体之外寻找药物,开始是自然界的植物、动物、矿物等;后来是人工合成各类药物。现在,这种做法已受到挑战。自从 1975 年英国阿伯丁大学的休斯等人从猪脑中分离出脑啡肽以后,已有了内啡肽、力啡肽等多种肽类物质从脑和动物脑中被分离出来。这些肽类物质,具有强烈的止痛和调节中枢神经的功能。科学家们预测,不久以后,可以通过某种手段(如针灸等),激发人脑中的肽类物质分泌,使人体自身产生能够治疗烧伤、创伤、疼痛性休克、慢性疼痛、精神分裂症、狂躁症,抑郁性精神病、外伤性记忆缺失、老年性衰退等多种疾病的能力。这将是医学上的一个重大革命。其实，人体本身治病的物质，何止一个肽类物质？当人体细胞发现有病毒入侵时，细胞的第五号、第二号或第九号染色体便立即使细胞分泌出一种称为干扰素的低分子蛋白质。干扰素使细胞合成磷酸激酶和核酸酶。磷酸激酶能杀死病毒的起始因子，使它无法合成蛋白质，核酸酶则破坏病毒的信使核糖核酸，使它无法繁殖。于是，再猖狂的病毒也逃脱不了覆灭的命运。干扰素不但可以治疗肝炎、感冒和不少皮肤顽疾，而且是很有前途的抗癌剂。通过遗传工程生产干扰素，在不久就能用于临床。

自从1967年以来，美国已有几十个患有不治之症的人在临死前使用超低温技术保存冰冻躯体，希望以后医学能治疗他们的疾病时，再把他们解冻后进行治疗，以达到起死回生的愿望。目前，超低温医学技术已有很大的进展。用零下196度低温保存眼睛、皮肤、精子以至胚胎，已相当成功。1980年12月美国医生使一位在零下26度冻得完全失去知觉，像一根冰棍的姑娘成功地复苏，更使人们看到希望之光。医学未来学家预测，到2025年，人类将有可能真正对冰冻保存的人体施行解冻复苏手术。

螃蟹、蜥蜴等动物断了脚、尾之处，能够再生新的肢体，使人类羡慕不已。人们希望自己在遭到意外失去肢体或器官之后能够再生。现在这种愿望已不是空想了。科学家们发现，能再生的动物在肢体再生过程中伤残处出现有规律变化的微弱电流。在青蛙、老鼠等动物截肢后用电流给予刺激，使这些原来不会再生的动物也长出完整的再生肢体来。在人身上，电刺激对骨折后骨骼再生有很好的促进作用；美国医生用电刺激使儿童手指尖再生都获成功。可以预见，肢体以至器官的再生术已指日可待。

在人体器官移植和人造器官方面，经过几十年的努力，目前除大脑之外，其他器官都已经能够移植。估计不久大脑移植可会成为可能。但是器官移植的器官来源是一个大问题，于是人们把注意力转移到人工器官方面。随着高分子材料和复合材料技术的进步和微电子技术的发展，目前已有人工关节、人工骨骼、人工血管、人工心脏、人工肾脏等多种人工器官应用于临床。不久，将会出现人体修配中心，可以任意改换心、脾、肝、肺、肾、骨骼、关节等除大脑以外的一切器官。

遗传工程、康复工程、电子计算机、激光技术、试管婴儿等等，这些先进科学技术给医学带来灿烂的前景。不久癌症这个堡垒将被攻克，致人死命的头号敌人心血管病将被征服，人类实现对生育完全控制，再也没有遗传性疾病和残废者，诊病由电子计算机完成且能提早预报可能发生的疾病，治病也不再是一种痛苦的过程，人类衰老的秘密被揭开，实现延年益寿的目的……医学未来学立足现在，放眼未来，使我们看清医疗技术的发展趋势，为我们指示奋斗方向和光明美好的未来。

98 古老而年轻的医学心理学

医学文献记载了一个真实的病例：苏联有一个青年女子，偶尔吐出了一条蛔虫，从此她就时时感到恶心，后来竟发展到经常呕吐。经过打针吃药都毫无效果，即使吃蛔虫药，也没有打出虫来，但她仍然固执地认为，呕吐是肚子的蛔虫在作怪。后来医生给她做了一次剖腹手术，告诉她虫子已全部取出，于是顽固的呕吐症竟戏剧性地顿时痊愈。其实这位妇女体内并没有蛔虫，呕吐纯粹是心理因素造成。医生给她动剖腹手术，只是通过手术达到心理安慰罢了。可见，心理因素可以致病，也可治病。

我国古代的医书《素问》中也指出。"怒伤肝，悲胜怒；喜伤心，恐胜喜，思伤脾，怒胜思，忧伤肺，喜胜忧，恐伤肾，思胜恐。"所谓"胜"，就是"以其胜治之"。历代医家采用这样的方法治好了许多心因性疾病。如《续名医案类》记述一例以悲治喜病的方法：世代务农的李大谏突然考中了举人，其父高兴地笑个不停。第二年李大谏又考中了进士，其父更是大笑不止，历十年不愈。李大谏十分忧虑，便将病情告诉了太医，请给予治疗。此太医派仆人返乡告诉李父说："你的儿子李大谏患病而死。"李父听了非常伤心，哭得死去活来，如是者十日，大笑不止的病便不犯了。太医此后又派人告诉他："你儿子死后不久又被赵大夫救活了。"李父听后，不再悲伤，与此同时，那历达十年之久的笑病再也不复发了。

著名医学家张子和，曾利用使病人发笑的办法，治好了一例严重的"怒"病。这个医案的经过是这样；有一个官吏的妻子，神志失常，不吃不喝，只是呼叫怒骂，欲杀左右，众医医治皆无效。名医张子和便令两位老妇人涂脂抹粉，故作演戏的动作，该妇看后大笑不止。次日张子和又令老妇化妆作摔跤表演，患者看后又大笑，数日后怒消食增，不用药而使病除。这就是采用"以喜消怒"的心理治疗方法。

为了系统研究心理因素的病因、病理、症状、诊断、治疗和预防，于是二十世纪三十年代起，便出现了医学心理学，它是心理学中一个重要的分支，是在心理学和医学科学的结合下产生出来的一门新学科。据国内外医学心理学工作者长期研究发现，人们持续的紧张、悲伤、惊恐、焦虑、愤怒、憎恨、抑郁等不良情绪，已成为常见病、多发病的诱因之一，尤其对神经衰弱、冠心病、高血压、癌症等慢性病影响更大。虽然不良情绪能诱发疾病，然而情绪的调节又可以成为一种有效的治疗手段，此谓精神疗法。即通过启发、诱导、安慰、暗示等方式来解除病人的思想顾虑和负担，树立信心，增强意志，调节情绪，再配合药物、气功、音乐等辅助治疗，以有助于早日恢复健康。

医学心理学，是一门既古老又年轻的科学。说它古老，就是说远在两千多年前，我国已应用心理学治疗疾病。在浩如烟海的祖国医学文献记述中，有许多用心理学方法治疗疾病的生动事例和理论论述。说它年轻，就是说这门科学在近几十年来才发展起来作为一门独立学科。在我国，医学心理学这门新兴学科这几年才得到较大的重视和发展。

99 开发人的心理潜力

——暗示学

一个中年妇女手舞足蹈，口里滔滔不绝，一会儿哈哈大笑，一会儿又呜呜痛哭。旁边几个人手忙脚乱，不知所措。突然，那妇女朝后一倒，四肢抽搐，两眼僵直，呼吸急促，把身旁一位姑娘吓得直叫。正在这时，一位身穿白大衣，肩挎药箱的女大夫闻声而到。她略略询问一下周围的人，又俯身察看病人，那病人张着眼望着她，痛苦中透出求救的信息。医生让周围的人散去，把病人扶上床，然后柔声安慰她，并迅速取出针药给病人打针和服药，一边还向病人宣传这药如何特效。果然病人慢慢平静下来，手脚放松，面部肌肉也逐渐恢复正常。医生留下药后让她按时服用，又安慰了几句，并告诉病人家属应让病人避免精神刺激。于是病人霍然而愈。

这个病人得的是什么急病，医生又何以迅速妙手回春呢？原来她患的是神经官能症，又称歇斯底里。而医生，则是用巧妙的暗示疗法，给病人注射的是葡萄糖液，服的是维生素类和少量镇静剂。对病人起作用的实际并不是针药，而是医生镇定的情绪、温柔的态度、充满信心和宣扬特效药的语言。相反，那些围着病人惊慌失措的人，却对病情起着推波助澜的作用。不论是医生，还是旁人，其情绪和表现，都会通过病人潜在的心理作用而影响病情，只不过一正一反的作用不同而已。这都是暗示的作用。

在医院里，暗示疗法不但被用来治疗神经官能症、精神性头痛等疾病疗效甚佳，而且医生和护士的态度如何，对一切疾病的疗效都有影响。实际上，暗示是一种很普遍的心理活动。暗示学专家认为，暗示就是环境和个人之间连续不断的信息交流，"凡是影响于心理的都是暗示"。只不过暗示是一种不自觉的过程而已。我们每个人都时常接受暗示。一个好的广告，使其产品销路大增，这其中就有暗示的作用，一篇论文，引用了某某权威的论述，使人读了肃然起敬，这也是暗示；和人讲话，表情、手势、姿势、眼神、语调等不同，对相同的内容可收到截然不同的效果，这还是暗示的力量。宗教时常利用暗示法来使教徒相信神的存在，巫医神棍有时也利用暗示治病诈钱。有一个小孩经常被恶魔的梦魇惊醒，后来他母亲告诉他，可以找他的朋友帮助。在小孩梦中恶魔又出现时，一个"超人"出现了，很快斗败了恶魔。从此他就不再做噩梦了。这个超人是孩子的偶像，孩子是靠暗示法驱走恶魔的。

1971年，保加利亚的乔治·洛柴诺夫博士出版了《暗示学》一书，从科学的角度深刻揭示了暗示的奥秘，开拓了暗示心理的研究和暗示学应用的新领域。洛柴诺夫认为，暗示是人类个体的一种普遍品质，借助它人才能与环境沟通信息。环境是暗示信息的重要和广泛的发源地，颜色、声音、语言、气味等都可以构成暗示，提供一种观念，转化成一定行动或产生某种效验。我们常说的意境、心境、潜移默化、熏陶等，都是这种效应。但接受暗示的能力却因人的心智、个性、职业以至地位而异。前面所说的神经官能症的病人，是一类易受暗示的人。另外，暗示又须和个人的无意识心理倾向相结合，和态度动机、兴趣、期待、需求相结合，才能发挥巨大的作用。洛柴诺夫还认为，艺术运用色彩、韵律、节奏，是通过非理性知觉打动人的身心的，因而艺术是最有力的暗示。暗示可以调动心理潜力，激发人的记忆力、想象力和创造力。基于这些观点，洛柴诺夫博士从1966年开始了暗示法教学的研究和实践，取得令人惊诧的成果。用这种崭新的教学方法，使他的学生一个月就学会了一门外语。暗示学的研究，使欧美和日本各国心理学家和教育学家纷纷效仿，现在我国也有人开始了研究。

暗示法教学有三条必须遵循的原则，这就是有意识和无意识的统一、理智和情感统一的原则；师生之间、同学之间相互信任、相互尊重、团结友爱的原则；愉悦、欢快而又轻松的原则。它通过心理途径激发兴趣、喜悦、求知欲和创造力；通过教育途径把教材的综观梗概介绍给学生，组织多种多样的课堂活动，使学生提高学习兴趣、自觉性和信心，通过艺术途径消除学生的紧张心理，促进无意识的活动。他的学生，是在轻音乐的陪伴下，在身心舒畅的环境气氛中学习的。在这种称为"假消极"的状态下，自由联想飞舞驰骋，观念逐渐形成，创造性思维高度活跃，在不知不觉中接受并储存信息，克服逻辑、感情和伦理三道反暗示防线。因此，暗示教学法使学习在充满乐趣、欢快、轻松和舒适的气氛中接受高容量的教学内容，并得到巩固和提高。暗示教学法的成功，使教育界吹进一股新清的风。

暗示学的研究，将发掘出蕴藏在人深处的巨大生理、心理潜力。

100 分娩心理学

人的性格犹如一个万花筒，外露、内向、开朗、忧郁、活泼、恬静、骁勇、柔顺、大度、小气、温文尔雅、豪放不羁……。文学家对人物个性津津乐道，科学家对性格的形成追根穷源。为了研究"人之初"那一瞬间对一生性格的影响，一门心理学的新分支——分娩心理学应运而生。

性格到底是怎样形成的？就现在的科学技术判断，因素不下几十个。分娩就是影响性格的第一个因素。

分娩心理学的研究表明，分娩的时间、季节、过程、细节都将影响一个人未来的性格、脾气和气质。科学家们通过大量的统计调查发现了几个有规律性的现象：

出生的季节影响人的性格。生于晚夏或初春的较之生于盛夏的，性格一般要内向一些。这可能是气候影响了甲状腺和氨基酸的功能。甚至出生的季节与性格病变也有关系。1980年，日本名古屋大学松桥教授等人曾对五百多名精神分裂症患者进行调查统计，结果发现极大多数是在冬季出生的。

兄弟姐妹的排列也能影响性格。不同家庭出生但排行相同的子女，在性格上有明显的共同点。一般地说，老大表现为老实可靠，比弟妹更有事业心；老二表现为自由散漫，开朗乐观；老三表现为胆小怕羞，文质彬彬，多愁善感。

分娩的过程和细节影响性格。例如，双脚先于臀部娩出的婴儿长大后往往活泼好动，富有进取性，对事物反应非常敏感；胎儿出生时如果头部受到产钳的压力，将来往往性格忧郁，并容易患精神病；剖腹产的婴儿成人后往往性情烦躁，缺乏耐性；分娩极快的婴儿性格容易激动；难产的婴儿则可能性情冷漠，如此等等。

形象性格的因素很多，有先天因素，也有后天因素，分娩毕竟只是诸多因素之一。再说性格本身并无好坏、优劣之分，关键在于因势利导，扬长避短。只要因人制宜，善用其长，各种性格的人都可能成为杰出的人才。

101 从海难事故谈起

——航海心理学

1974年秋末，日本一艘4万吨级的油轮在风平浪静的海面上行进。在2海里之外，一艘万吨货船缓缓驶来。双方都在望远镜里发现了对方，但都很自信地按原航向行驶，十几分钟后，两船迎面相遇，货船船长顿时紧张起来，下令全速后退，油轮船长也接来采取半速、慢速、右满舵等措施。然而，海难还是发生了！两个庞然大物撞在一起，一声巨响。石油如喷泉、熊熊大火染红天际。日本出动了4艘防卫舰、1艘潜水艇、10架飞机和许多消防船，使用了12枚火箭、4枚鱼雷和无数发炮弹，经过19天才把油轮炸沉，将大火扑灭。

这桩重大海难引起全世界航运业科技人员的注目。海事审判厅对事故的调查结论是，双方船长避让措施不当。此后，科学家们注意到，肇事者的自信——慌乱——反应迟缓——措施失误的发展过程，带有普遍性。据调查，全世界海难事故中占 64.1% 与航海人员的心理状态密切相关。因此，研究航海人员在航海中的心理状态刻不容缓。于是，一门专门研究人在航海时出现的各种心理状态和培养人的航海心理素质的新学科——航海心理学就脱颖而出了。

航海心理学的研究表明，航海人员由于受航海中的心理状态变化的影响，往往会产生"慢时间"效应。海员穿洋越海的航行生活，短则一周，长则几月，难免使人厌倦，产生时间过得太慢的感觉。在这种长期"慢时间"环境的熏陶下，人感觉器官反应的敏锐程度会减退，因而容易判断失误，造成事故。航海心理学家认为，"慢时间"的心理状态是可以克服的。例如，让驾驶员作不间断的对比观测训练，白天观察远处灯标或帆影，辨认雷达屏上偶然出现的渔船回波，聆听浪击船舷的声音；黑夜辨别无灯小船的阴影，分析雷达屏上出现的杂波。这样，驾驶员对时间的知觉度就可恢复到正常状态。

航海心理学家认为，注意的广度是一个航海人员必备的心理素质。海上风、潮、流及各类过往船只千变万化，航海者如果注意单一，便会造成感觉上的失误，缺乏应付瞬息万变的能力。那么，怎样培养航海人员注意的广度这种心理素质呢？一般来说，可以运用声、光、色多方面属性的信息，采用多感官感觉外界事物，引起大脑各兴奋点同时工作，扩大注意的广度。

有效地促使"一波未平又起一波"的意外事件化险为夷，也属航海心理学的研究范围。研究表明，感知会引起大脑皮层的兴奋，而已激起的兴奋灶又往往会抑制重新感觉的敏锐性。例如，当驾驶员集中精力对付一船作避让时，脑中建立起一个兴奋中心，假若驾驶员缺乏兼顾全局的训练，当出现第二、第三种意外情况时，原有的兴奋中心尚未被抑制，新的兴奋中心难以形成，就不能对新情况作出恰当的反应。因此，航海心理学家提出，应训练驾驶人员控制兴奋、抑制兴奋、应付各种连续突变的能力，要求他们在看海图时，感觉出这是在立体的、流动的、充满活力的大海里。这样，实际操作时就能充分掌握周围船舶数量、航速、航向、海域水深、水流、海底状况等，一旦险象接二连三不断发生，就能从第一兴奋中心迅速移向第二、第三兴奋中心，增强应变能力。

随着造船、航海技术的迅猛发展，越来越多的现代化仪器接连问世。但是，有了先进的仪器设备，也不能忽视航海人员心理素质的培养。航海心理学工作者，仍然任重道远。

航海心理学的崛起，不仅与远洋航海事业有关，对长途汽车、火车、飞机等交通运输业的驾驶员的训练，也不无借鉴之处。

102 婚姻家庭关系心理学的兴起

苏联有位心理学家，曾讲过这样一件事，有一次，一位做文章的人来向他求助。他说："救救我的孩子吧！孩子很聪明，可是在日常生活中却十分无能：一刻也不愿一个人独处，害怕敞开的门户，害怕陌生人。"这显然是患了儿童神经机能症。

心理学家开始"矫正"小孩的行为。小孩很快便开始恢复常态，学会正常的吃饭，正常地同人交往。然而，随着小孩日渐恢复健康，每日照料他的外婆对心理学家的态度反而敌对起来。有一次，老太婆直截了当地对心理学家说："你把我们这个家给毁了！"原来，这个家庭是由于大家共同医治这个病儿才凑合维持着。父亲早已想弃家出走，只是由于孩子有病，才迟迟未决，他想向人们表明他是个高尚的人：瞧，他并未抛弃病儿而去。母亲只关心自己，对儿子很少关心，却总是争辩说自己对儿子的病无能为力。外婆在家中充当和事佬的角色，并操持着全家的生活，对外孙来说，她是必不可少的人。因此，当外孙日益恢复健康时，她第一个感到家庭破裂的威胁。

心理学家弄清楚了这个家庭的内部秘密之后，觉得要医治好这个病儿，首先得医治全家。他同这个家庭交往了半年，对每个家庭成员进行心理"矫正"工作，终于使这个家庭发生了惊人的变化；人们之间渐渐停止了无谓的争吵，学会了新的交往方式，全体家庭成员突然感到他们之间实际上是十分相互需要的。把心理学知识用于协调家庭关系，取得了显著的效果。

俗话说：清官难断家务事。主要原因，在于家庭中存在着极其复杂、十分微妙的心理关系。为了研究解答这个难题，一门新的学科——婚姻家庭关系心理学兴起了。

婚姻家庭关系心理学研究的主要问题有：家庭中的心理气氛，家庭成员矛盾与冲突的本质；个人心理活动的失调对夫妇与家庭关系的影响，夫妇和谐的心理因素；家庭关系破裂的心理学问题；夫妇关系和家庭关系的心理学各种类型及其特点；家庭成员心理冲突的类型及其特点；离婚的心理类型及其特点；父母对子女的心理影响及子女对父母的心理影响，夫妇之间、父母与子女之间、三代直系亲属之间的心理关系等。

家庭是社会的基本单位，家庭的稳固与和睦与否，都将对社会生活的各个方面产生极大的影响。婚姻家庭心理学的研究，将指导家庭成员学会控制自己的心理，学会与家庭其他成员的心理协调，掌握调节家庭成员心理冲突的方法，运用家庭关系的心理卫生知识，建立起团结、和睦、幸福、美满的家庭。因此，婚姻家庭关系心理学的研究，具有十分重要的现实意义和社会意义。

103 罪犯心理学与犯罪心理学

在监狱和劳改单位工作的人，经常会碰到大量的心理学问题。譬如，为什么有些青少年罪犯把"哥们儿义气"看得高于一切？为什么有些青少年罪犯存在着轻生的思想？这是一种什么样的心理状态，怎样矫治？为什么罪犯的改造表现时好时坏？这种动摇反复有什么规律性？

要回答种种诸如此类的问题，必须研究罪犯心理学。

罪犯心理学是运用普通心理学的一般原理，研究罪犯在改造期间心理现象发生、发展、变化规律和影响罪犯心理各种因素的一门学科，是社会心理学、法律心理学、犯罪心理学的综合应用。

罪犯心理学的研究对象，大体上包括两个方面。一方面，对罪犯原有的犯罪思想、精神支柱、伦理观念、行为习惯进行深入研究，弄清他们犯罪的内驱力，另一方面，对罪犯在改造过程中的一般心理特征、心理状态作多方面和多层次的剖析。它涉及的主要问题有：一、犯罪心理形成的过程，进行犯罪活动的主要心理因素和人格缺陷。二、罪犯的个性心理特征同犯罪和接受改造的关系。三、罪犯的本质和一般的心理特征；他们在入狱初期、中期、释放前的心理变化，和在不同条件下的罪犯心理（如形势变化、政策调整、干部作用、监所环境对罪犯的心理影响）；不同类型的罪犯有哪些各不相同的心理特征（如轻刑犯、重刑犯心理，中老年犯和青少年犯心理，男犯和女犯心理，反革命犯和普通刑事犯心理，偶犯、惯犯、累犯心理等）。四、罪犯接受改造与抗拒改造的心理，发生动摇反复的原因，实现转化的条件与基本过程。五、制定劳改方针政策的心理学依据，各种改造措施（监管、劳动、教育、奖惩）对罪犯的心理影响。六、管教干部必须具备的心理特性。加强罪犯心理学的研究具有重大的现实意义。首先，研究罪犯心理学，就可以较好地把握罪犯在改造期间思维和行为的规律，使改造工作减少盲目性，加强预见性和主动性。此外，研究罪犯心理学，还可以提高管教干部自身的素质和修养，更好地掌握教育改造罪犯的技巧和丰富的学识。

罪犯心理学同犯罪心理学有密切的联系但又有所区别。罪犯心理学着重研究改造过程中的罪犯心理，其目的是为转化和改造犯人服务；而犯罪心理学则主要研究违法犯罪过程中行为人的心理，目的在于预防、预测、揭露和打击犯罪。两者的研究互有相关而又各有侧重。

犯罪心理学从心理学角度去剖析犯罪，研究人为什么犯罪，犯罪者的人格形成和心理形成的原因，以及对犯罪者的心理诊断和心理治疗等。随着现代心理学的发展，人们对犯罪现象的分析，已经从单纯考虑社会因素转向社会和心理因素综合考虑，并对犯罪心理现象进行深入探索，这就导致了犯罪心理学的出现。犯罪心理学认为，犯罪除了特殊的心理原因和生理原因之外，还存在着更一般的犯罪根源，即犯罪的原动力。作为犯罪原动力的冲动，有人认为主要有获得、攻击、性欲、逃避四种。例如，偷盗可以暂时地满足获得；杀人则由攻击引起；强奸与攻击及性欲有关；诈骗则是利欲心引起，等等。犯罪心理学还从心理特点的角度，对犯罪心理进行分类，把罪犯分为七类：偶发犯、激情犯、机会犯、预谋犯、累犯、惯犯和职业犯。社会上思想激进的青年，可能因为对罪恶行为的义愤，情绪过度兴奋而杀人，成了激情犯。觊觎价值连城的名贵首饰的人，虽然没有犯罪的习癖，但因日思夜想珍贵财宝入了迷，可能在虚荣心的驱使下，经不起强烈的诱惑而偷盗财宝，成为机会犯。

我国目前正处于社会主义现代化建设的重要历史时期，需要一个良好的社会环境。加强罪犯心理学和犯罪心理学的研究，对于改造罪犯，打击犯罪，保证四化建设顺利进行，无疑具有重大的现实意义。

104 谈谈预审心理对策学

我公安人员发现了一起反革命集团案，但还没有取得直接证据。由于预审员有了充分的心理准备，他根据被告人心理空虚、个性孤僻、行为诡秘的特点，成功地运用心理学原理，结果起到了直接揭露、促其交代认罪的效果。

这伙反革命分子行动十分狡诈，他们召开第一次代表大会时，有七个主要成员参加了。会后有两个主要成员到外地串联，临走的时候有五个人前往轮船码头送行。为了纪念这一次所谓"伟大历史意义的会议和行动"，他们决定搞一个非常隐蔽的、象征性的根据来作为这次会议和行动的记录。其中有一个叫叶××的被告人，他会画画。于是，他们决定由叶××画一幅"十里长亭"送别图的山水图画，人物全部古装化。有五个身着古装的儒家秀才，在十里长亭弦下的江岸上打躬作揖，表示送别两个古装书生。他们就以此画作为他们第一次开会并外出活动的实证。

破案时，公安人员搜查到了这幅古装国画。虽然掌握了这幅画的秘密，但是没有出面作证，这张图画只能是一件隐蔽的间接证据。审讯开始一段之后，被告人默不作声，也不如实供认。

"看样子，你是不见棺材不流泪啦。"预审员胸有成竹地边说边从抽屉里拿出一幅画卷，但没有展开。他把画卷筒拿起有指向性地从左至右挥动。被告人也目不转睛地随着那幅画卷筒移动。最后预审员啪地一声把画卷筒放在右边的审讯桌上。被告人惊呆了，他的心理处在急变状态中。在这种紧张的情况下，预审员就加强了言语的攻势：

"剥下你们的伪装吧！这一切都是你亲自参加、亲自送别、亲自画的，不要等待我们来一点一点地揭穿你吧！"

"唉！你们都知道了，我还能隐瞒什么呢。我说吧……"罪犯只好如实供证。

这段审问，直到最终全部突破被告人的防线为止，并没有直接使用证据，只是使用了一些引而不发的语言，引而不发的行动，引而不发的手法。这种审讯的心理战术，比直接运用证据还要有效，这就是一个利用罪犯特殊心理状态的技巧问题。

为了系统研究各类政治、刑事案犯的作案特点和规律，找出各类案犯在作案前后的心理防卫规律，在被逮捕、拘留以后的心理变化动态，在审讯过程中的心理状态和反审讯伎俩，以及公安、政法干警的审讯对策，于是在社会心理学、犯罪心理学，刑法学等学科的基础上，近年来又产生了预审心理对策学这门新的学科。这门新型的应用学科，对于更快、更有效地制服被告人，及时揭露其犯罪事实，惩罚犯罪分子，保护人民，保障四化建设，具有重要的现实意义。

105 从罗蒙诺索夫的预感谈超心理学

苏联著名化学家罗蒙诺索夫，有一回做了一个奇怪的梦，梦见他的父亲驰船遇难，被抛到北冰洋一个荒无人烟的小岛上。这个小岛，就是他在年轻的时候和他的父亲被暴风所迫去过一次的小岛。这个梦使他充满忧虑，他立即找到他的哥哥。他的哥哥告诉他，他们的父亲出海捕鱼，已有四个月了，至今还没返回。罗蒙诺索夫听后更加焦急，他马上给当地渔民写了一封信。在信里他确切地并且详细地描述了这个小岛，恳请渔民们出航捕鱼时到那个小岛上寻找他的父亲。那些渔民应了罗蒙诺索夫的恳求，真的就在这荒无人烟的小岛上找到了罗蒙诺索夫的父亲的尸体。他们就在那里埋葬了尸体，并在坟上安置了一块大墓碑。罗蒙诺索夫因梦而知道父亲的遇难，这是一种预感心理的现象。

更加奇巧的是，美国总统林肯也曾做过一个类似的噩梦，却是预感到自己的死难。有一次，林肯在自己最亲近的人的集会上，讲了这个噩梦的经过；"我在梦中走进一个房间里，房里摆着一副担架；担架上有一具尸体，周围聚集了一群人，围在那里哭泣。我问一名士兵：'白宫里谁死啦？'士兵回答说：

'总统被暗杀啦'。"听了这场梦的讲述,在场的人都表现出一种无法形容的不安。两三天后,林肯总统就遭到了暗杀,预感变成了现实。

在人类历史上,还曾发生过许多起令人迷惑不解的预感现象。1898年曾出版过一本名叫《巨人的灾难》的书,该书几乎在每个细节上都与十四年后沉没的"巨人"号邮轮的灾难相吻合。未来学家托夫勒在1983年出版的《预测与前提》一书中,曾提到他会见甘地夫人时,甘地夫人"说了一些话,使我们大吃一惊,她猜测自己会被人暗杀"。这个预感后来也变成了事实。

有些人确能凭梦境凭直觉预知未来,引起了心理学家们的密切关注。此外,某些人超寻常的"意念力",同样引起了心理学家的注意。所谓意念力就是一种能力,它不用动手,只要发挥人的心理意念的作用,就可以驱动自己想要驱动的物体。苏联有个叫做尼娜·卡列吉娜的女人,她专心一意地默默念叨:"罗盘针、动!"果然,罗盘针就转动了。美国有个叫做达尼埃尔·尼古拉斯·霍姆的人,他运用意念,竟能使餐厅里的桌子晃个不停,碟子在桌上飞转。

上述种种不可思议的现象,超出了人们现有的知觉,用当代科学是难以解释的。于是,国外一些有进取心的科学家,正满怀信心地面对上述现象的挑战,建立一门心理学的边缘新学科——"超心理",对传统心理学尚未正式涉及的现象进行探索研究。可以预料,揭开这未知领域之谜,已经为期不远了。

106 "他山之石"

——行为科学

美国公众在下一届总统竞选中将支持谁?谁最可能获胜?为什么?

目前的青年中间有一种什么样的思潮?怎样给予正确的引导?

如何提高人的积极性?一家面临崩溃倒闭的企业有什么锦囊妙计能使其起死回生?

行为科学研究的就是诸如这样的问题。

行为科学是一门新兴的边缘学科,是专门研究人类行为规律性的一门科学。它主要运用心理学、社会学、人类学、生理学、生态学、经济学、政治学等多门学科的理论和成果，来研究人的各种行为和行为产生的主客观原因及其相互关系；研究如何最大限度地调动人的积极因素，提高工作效率和劳动生产率。它是现代资产阶级管理理论的一个重要新流派，是可供我们借鉴的"他山之石"。

行为科学理论的核心，认为人的行为是由动机决定的，动机是由需要引起的；需要或动机是行为的主动力，人的任何行为都是为了达到某个目标，为了获得需要的满足。

行为科学理论把人类需要分为五个层次，详见附图。其中一、二两层属于低级需要或物质需要，三、四、五三层属高级需要或精神需要。这五种需要因人因时因事而异，程度和侧重点不一样。例如：温饱问题无保障的那些地区和阶层的人，衣食住等生理需要就显得最为突出；社会动乱时期，上中、夜班的青年女工的安全需要比较突出；一度失足而决心悔改的青年，希望得到尊重、信任的心理需要比较突出；自学成才的青年渴望得到社会认可和作出更大贡献，其自我实现的需要就会比较突出。

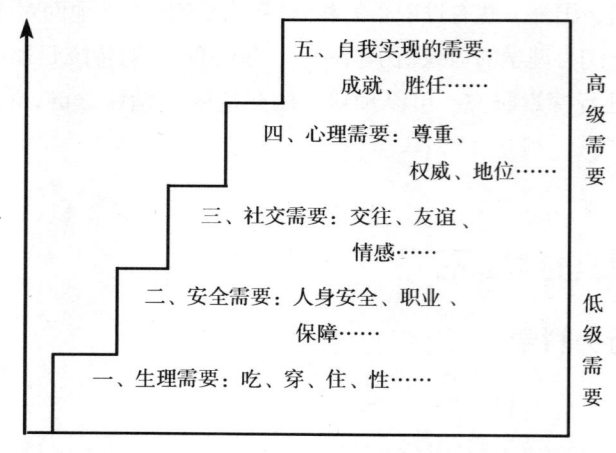

```
                  ┌─────────────────────────┐
              ┌───┤ 五、自我实现的需要：    │ 高
              │   │   成就、胜任……         │ 级
         ┌────┤   └─────────────────────────┤ 需
         │    │ 四、心理需要：尊重、        │ 要
         │    │   权威、地位……             │
    ┌────┤    └─────────────────────────────┤
    │    │ 三、社交需要：交往、友谊、      │
    │    │   情感……                        │
┌───┤    └─────────────────────────────────┤ 低
│   │ 二、安全需要：人身安全、职业、      │ 级
│   │   保障……                            │ 需
│   └─────────────────────────────────────┤ 要
│ 一、生理需要：吃、穿、住、性……         │
└─────────────────────────────────────────┘
```

行为科学还认为，动机与行为之间存在着复杂的关系，同一动机可以引起种种不同的行为，而同一行为可以来自种种不同的动机，而且合理的动机可能引起不合理的甚至错误的行为。例如，甲、乙都想弄一部电视机，为此甲多劳动多积钱；而乙却想歪道，进行贪污、盗窃甚至抢劫。两者动机一样，行为却截然不同。

作为一种科学理论和方法，行为科学有许多方面的应用。

企业管理可以借鉴行为科学的某些方法。例如应用第一层次、第四层次需要，建立岗位责任制，把经济利益和政治鼓励结合起来。美国通用汽车公司在将要倒闭时，管理者根据行为科学理论，公布了三个文件：一是《工资梯形条款》，使为公司工作的年限越长的职员加薪，提升的机会越多；二是《养老金制度》，使公司的职工有了职业安全感，激发了劳动热情；三是《技术改革利润分享法》，鼓励发明与革新。这样一来，该公司很快有了转机。

政治思想工作，也可以借鉴一点行为科学的方法。通过研究人们的动机和行为，找出规律性，进行动机预测，给行为以正确指导。要知道某一层人的思想动态，可以根据行为科学理论，应用计量社会学，在大量调查统计基础上，找出共同点，探求规律性，从而懂得在什么情况下会产生何种思想、动机、行为，加以引导和预防。

从事青年工作的人懂一点行为科学，很有益处。例如，懂得动机与行为之间复杂的关系，就会在思想教育中具体分析，"一把钥匙开一把锁"，既看到外在行为，又看到内在动机。对那些合理动机引起的错误行为的处理就不会简单草率，而会通过分析动机发现青年本质上的积极性，加以肯定，做好转化工作。

行为科学是现代资产阶级的管理理论，在美国、日本、瑞典等国家应用很广，发展也很快。它包含着资本主义制度的糟粕。但"他山之石，可以攻玉"，行为科学作为一种科学方法，还是值得我们批判地借鉴。

107 "大经济"和"小经济"的学问
——宏观经济学和微观经济学

在一个企业内部，必须进行成本、利润等的核算，建立一套科学的管理制度和方法。而对于一个国家的整个国民经济来说，则必须建立起各部门之间的比例关系，要有合理的经济结构和一系列的经济管理政策、手段。在经济学理论中，前者是微观经济即小经济的问题，后者是宏观经济即大经济的问题。二十世纪六七十年代以来，国际上流行的宏观经济学和微观经济学，就是研究大经济和小经济的新经济学分支。

微观经济学研究的是经济个体单位的有关经济数量、变量及其变化规律。例如一个工厂,如何把资金、设备、原材料等用于最有利的产品的生产上,以赚取最大利润,一个消费者或家庭如何在一定的收入水平上,恰当地选择各种商品,以获得最大的消费满足等。

宏观经济学从整个国民经济活动出发,研究社会总需求、总供给、总收入、总消费、总投资、总就业的情况,以达到国民经济各部类综合平衡地发展,就业充分,物价稳定,经济持续增长,国家收支平衡。为维持经济稳定,防止衰退和危机,应采用什么财政措施、货币政策?各部类的投资比例、投资总量、消费总量、储蓄总量,对国民经济发展或波动会产生哪些影响等。

宏观经济学和微观经济学是现代经济管理的理论基础,它们的研究有三个共同特点。

第一个特点是从系统的观点出发进行研究。以往认为经济即生产,发展经济就是发展生产。现代社会已从小生产发展到社会化大生产,现代经济是一个动态大系统,再不仅仅是生产了。对于任何产品,都有市场调查研究→预测规划→科学研究→技术开发→产品研制→工厂生产→储存运输→流通销售→市场服务这样的经济循环圈,其中任一环节的中断或薄弱,都会影响整个经济活动的功能和效益,所以现代经济学必须全面考虑经济圈的每个环节的系统协调,发挥经济系统的功能。

第二个特点是高度重视信息资源。在经济循环圈中的各个环节内部和环节之间,都有大量的信息产生和传递。现代社会是信息化的社会,除了市场、科技、生产情报资料的交流以外,现代经济学还必须注意掌握金融、交通、电讯、教育等多方面的信息。没有灵活而准确的信息传递和处理,就无法有效地控制宏观和微观经济,使之充满活力地运动,因而也就直接影响经济效益。

第三个特点是注意事物的数量概念,用数学方法来进行经济变量间关系的分析,考察整个经济活动的发展。

美国是宏观经济学和微观经济学最盛行的国家。早在1931年,美国经济学家里昂捷夫就提出用"投入产出法"研究国民经济综合平衡的宏观经济问题。这种方法把国民经济看作由生产和消费构成的有机整体,生产和消费存在一定的数量依存关系。生产一种产品必定要消耗其他产品,其中有的是直接消耗,有的是间接消耗。例如织布要消耗电力、棉纱、染料等,这是直接消耗；同时还要磨损设备。生产棉纱、染料、设备等的消耗，对于织布来说就是间接消耗。直接消耗和间接消耗加起来的总消耗，对各类产品都有一定的比例，称完全消耗系数。这个系数反映了部门之间的直接和间接联系。用数学方法并借助电子计算机算出完全消耗系数对国民经济进行计划和预测，就叫"投入产出法"。里昂捷夫用此法成功地解决了当时美国人无法知道的国民经济对铜的需要量而声名大振。后来，他又用同方法，预示战后美国对钢铁需求将超过战前最高水平，并在1950年得到证实。里昂捷夫因为"投入产出法"对宏观经济的成功研究而获得1973年的诺贝尔经济奖。

目前，世界已有90多个国家用"投入产出法"编制国民经济计划。我国也开始重视对此的研究和应用。

108 经济预测学

20世纪20年代，主要的资本主义国家好一派经济繁荣的景象。但到了1929年，几乎在一夜之间，繁荣的经济便崩溃了，接踵而来的是资本主义历史上最严重的经济危机和长期的经济萧条。面对着始料不及、急转直下的经济形势和突如其来、措手不及的经济危机，人们不禁纷纷感叹：要是能够像预报天气那样来预测未来时期的经济发展就好了！从此，经济预测引起了人们的高度重视。

最近几十年来，尤其是第二次世界大战结束以来，经济预测的理论和方法得到了迅速发展。目前，博采经济学、数学、经济统计学、数理统计学、国民经济计划学、计量经济学以及心理学、社会学、系统论、控制论、信息论等学科的成就，应用于经济分析，已经形成一门综合性的应用科学——经济预测学。

所谓经济预测就是对未来的不确定的经济事件或事件的经济方向做出表述。它依据一定的理论，采用比较系统的方法，最后取得具有一定形式的答案的有关经济活动的预测，如经济趋势预测、物价变动预测、企业销售额预测等。

经济预测就其分析和预测的范围而言，包括宏观经济预测和微观经济预测。宏观经济预测是在整个国民经济的范围内，预测未来时期国民经济的主要指标，预测重要的比例关系是否均衡，预测各种经济政策对经济发展的影响效果等。微观经济预测是就一个生产企业而言所作的预测，包括市场需求结构，供需状况，本企业产品的未来销路和生命周期，原材料及燃料、动力的供应情况，未来的财政和信贷条件，各种经营风险等方面的预测。

经济预测就其所预测的时期的长短而言，可分为短期预测、中期预测、长期预测和未来预测。通常把预测时间为一季到二年称为短期预测，三年至七年为中期预测，十年至二十年为长期预测，二十年以上为未来预测。一般说来，预测的时间越长，预测结果的准确程度就越低。但是，尽管如此，长期预测和未来预测仍然是制订国民经济长期发展规划时最可靠的根据。

经济预测的方法有许多种，应用时，应根据预测的目的和对象的具体特点选择适当的方法。较主要和较常用的经济预测方法有计量经济模型方法、部门间联系模型方法、时间序列分析方法等。

我国近年来已开始重视经济预测学的研究和应用工作，国家建立了专门的宏观经济预测机构，出版发行一些有关专著。随着经济体制改革的深入进行，我国的国民经济将成为有计划的商品经济，在这样的经济模式中，经济预测将具有重要的作用。

109 国土经济学

大地是人类的母亲，国土是立国的根本，是国家物质生产的源泉，是国民赖以生存的命脉。因此，任何国家，都必须十分重视国土的开发、保护和管理。

我们伟大的祖国有着九百六十万平方公里的国土，地域辽阔、地形复杂，物产丰富。现代化建设，需要祖国大地提供更多的粮油、棉麻、水产、畜产、矿产。20世纪70年代由我国学者提出的国土经济学，就是一门以国土为研究对象，研究如何充分发挥国土经济效益，如何更好地开发、利用、保护、整治、管理国土的新学科。这是一门综合性很强、自然科学和社会科学交叉的横向学科，它需要地质学、地理学、气象学、河流学、海洋学、植物学、动物学、矿物学、生态学、工程学、经济学、法律学、人口学等多门学科共同协作。它的主要研究内容是：

研究国土的充分开发和利用。我国东南季风区占 47.9％，西北干旱区占 33.4％，青藏高原区占 18.7％。后两个区域人口稀少，只占总人口的 5％，经济落后，交通闭塞，但隐藏着极大的发展潜力。如新疆地区，不仅地下的石油、煤、铁、稀有金属储量十分丰富，而且发展畜牧业、农业也大有作为。缺水是长期以来西北地区经济文化发展的障碍，但这个地区有天山、昆仑山、喀喇昆仑山、祁连山等丰富的冰川资源，一旦掌握冰川的消长规律，合理利用冰川，将会给西北经济的开发起决定性的作用。在东南季风区，也有亿万亩丘陵等待开发。大陆架油田、广阔的海滩、河湖沼泽等，也有待充分开发利用。沿海地区人口密集、工业集中，经济文化发达，但人均可耕面积小，如何采用现代科技、提高单位面积产量，采用工厂化种养技术，也是国土经济学研究的问题。

研究国土的保护和整治。由于植被的破坏和不适当的经济活动，造成严重的土地沙化和水土流失。目前我国沙化土地已达 6 万 5 千平方公里，水土流失面积达 150 万平方公里，每年流失泥土 50 亿吨，损失氮磷钾肥 400 多万吨。仅四川一省每年流失的泥沙就达 6.4 亿吨，相当于 500 万亩耕地被冲走 20 厘米的表土。在 1957～1980 年的 23 年中，基本建设和建造房屋占去耕地 5 亿亩，同期开垦的耕地 3 亿 2 千万亩，相抵净减 1 亿 8 千万亩，相当于陕西、宁夏、甘肃、青海、新疆五省区耕地的总和，使人均耕地从 1949 年的 2.7 亩减少到 1980 年的 1.5 亩。不合理的围海造田和开山造田，破坏了生态平衡，掠夺性的捕捞和滥杀，江河湖海的污染，使鱼类资源、野生动物资源遭到严重破坏。在这种令人心忧的情况面前，国土的保护整治，是迫在眉睫的了。

国土经济学的研究，将使我们的国土奉献出更多的产品来。国土经济为子孙后代造福，使祖国大地青山更翠，绿水更碧，永葆青春容颜。

110 一门研究工程投资效益的新学科
——工程经济学

某项工程为什么要上马？为什么要以这种方式兴建？在众多技术上可行的方案中该选择哪一种方案？工程经济学能够回答许许多多诸如此类的问题。

工程经济学作为一门新兴学科，在西方已经十分流行，几乎所有的企业活动和工程项目建设都在运用工程经济学的原理和方法。

一个工程实践，不论是一个新建的工程项目还是一个企业的生产经营活动，除了涉及工程技术方面的具体要求之外，更重要的是经济上的合理性；其成功与失败虽然要有技术上的可行性作为保证，但最终要取决于经济效益。工程经济学就是专门研究工程投资效益的一门科学。它研究的基本内容是对工程的可供选择的各种方案进行经济分析和比较，选择一个最优方案。例如，一个火力发电站是烧煤呢？还是烧石油？还是烧天然气？至少有三种方案的选择，而这三种方案在技术上都是可行的，但每种方案所需的投资和所能够产生的经济效益却有可能很不相同，这就要用工程经济学的分析方法进行比较，选择投资少、效益高的方案。

工程经济学作为经济学的一个分支，具有四个主要的特点。(1) 应用性。工程经济学的研究目的并不是为了专门探讨某种经济理论，而是为了解决实际问题。任何工程经济学的原理和方法都是围绕如何评价一项具体工程的投资效应。(2) 预测性。工程经济学既不去研究哪个工程的历史，也不去研究哪个工程的现状，而是研究尚未进行工程的将来。对一项工程的经济评价实际上是对这项工程未来状况的一种预测。(3) 定量分析。对任何工程经济学问题，除了必要的定性分析外，都要有数量上的结论。工程经济学的分析方法与高等数学、概率论、数理统计、运筹学以及计算机技术密切相关。(4) 微观范畴。工程经济学所研究的对象是企业活动和工程项目建设，一般不涉及整个国民经济的宏观问题。因此不少工程经济学的分析方法是建立在微观经济学理论的基础之上。

对一项工程的评价必须经过多方案的比较，而要比较多方案首先要有经济评价的准则。经济评价的基本准则就是表示货币的财务指标，具体地说是投资收益率：

$$投资收益率 = \frac{货币收入}{货币支出}$$

十分显然，如果投资收益率不能超过100%的话，一般方案是不可取的。但是计算工程的投资收益率必须考虑到时间因素，因为资金并不是一次全部投入，经济收益也不可能立即全部获得，对一项工程进行经济评价，总要遇到不同时期、不同数量的货币支出和货币收入的各种方案，要比较这些方案，要求经济效益尽可能提前，资金投入尽可能靠后。工程经济分析的基本方法是：将投资最少的方案作为基准，与其他方案进行比较，如果追求投资能够获得足够高的经济收益，才采用投资多的方案，否则除了必需的最低投资额外，不应投入更多的资金。

工程经济学所涉及的虽说主要是工程的经济问题，但一般说来很少有人只根据财务指标去选择工程的实施方案。因为工程的经济问题常常与许多社会问题紧密地联系在一起，工程经济分析还必须考虑到其他有关因素，比如方案是否有利于节约资源，是否会影响生态环境，是否违反政府的法律等。所以，对工程的经济评价，还需要有一些综合性的研究。

长期以来，我国工程建设的经济效益很差，其中一个重要的原因就是忽视了工程经济学的研究，建设的前期工作没有做好。因此，重视和加强对工程经济学的研究，对于提高我国工程建设的经济效益，将会起到重要的积极作用。

111 电力机车的兴衰

——技术经济学

科学技术是生产力，和生产力的其他因素一样，它和经济发展是既统一又矛盾的。一个国家采取一项重大的科学技术决策，必然深刻影响这个国家的国民经济；各种科学技术的发展程度、布局等，关系到经济发展的快慢。在经济建设中，可供选择的技术措施往往不止一个，因此必须对它们进行经济效果的分析、计算、比较和评价，以便采取最优方案，这就是介于经济和技术之间的新学科——技术经济学所要研究和解决的问题。

电力机车在十九世纪问世之后，并没有得到全面推广应用。这是因为人们认为它耗电、耗铜、基建费用高、依赖性大以及不适应战争状态等。在第二次世界大战期间，苏联曾经决定把莫斯科到列宁格勒的电气铁路拆除。但是拆除的计划还未实施，就改变了主意。原来在距前线很近也有一条电气铁路，虽然遭到乱机的狂轰滥炸，其运输能力却出人意料地比附近另一条普通铁路大得多。分析认为，电气铁路的一些设备（如变电所）目标小，受破坏也容易修复；而电气机车牵引力大，经济性好。这些优越性。使苏联工程技术人员重新认识电气机车，不但修复了一些电气铁路，还新建了几百公里的新线。大战以后，各国普遍重视发展电力机车，使全世界电气铁路占总铁路里程的12%。但是，当一个国家的电气铁路里程达全国铁路一定的百分比以后，电气铁路的经济效益又开始下降。这是因为在支线调车作业上，内燃机车由于其投资少、上马快、动作灵活而优于电力机车。电力机车发展和经济效益关系的这种"倒马鞍形"，在许多科技项目上都会出现，技术经济学的一个任务，就是对技术和经济关系的考察、模拟，从而协调各种技术的布局、规划，提高经济效益，最合理最经济地分配人力、财力、物力和技术力量。

能源是当今世界一个令人瞩目的焦点。作为第一能源的煤、石油、天然气等，一方面由于储藏量是一个定值，一方面由于使用范围的扩大，加上进口、运输、储存等问题，使其使用的比重大幅度下降。水力发电具有无污染、成本低等优点，但世界可供利用的水力资源已不多，大型水电站的建立还有破坏生态平衡等问题。而核能发电，则由于核燃料是一种高能燃料，体积小、用量小、运输、储存问题不大，且有可靠的世界市场。但核电厂基建投资大，技术要求高，处理不好，有污染环境之嫌。核电厂又具有燃料成本低、操作人员少，维修费用少等优点，因此其包括建厂投资在内的综合指标发电成本稍低于火力发电厂，具有较高的经济效益，污染问题也可以得到有效防止。随着电能消费的迅速增长，利用核能发电的比例也迅速上升。1980年核能发电量在发达资本主义国家中已占总发电量的40%。

在现代科学技术高度发展的情况下，国民经济增长诸因素的比重中，科学技术因素已占主导地位。一个国家在采取每一项技术政策和技术措施时，必须充分重视价值规律，考虑其经济上的合理性，在可供选择的多项技术方案中进行经济效益的计算、分析、评价、选择最可靠和最大经济效益的方案付诸实施，这就是技术经济学所要解决的问题。技术经济学还研究生产力布局的技术经济、农业技术经济、工业技术经济、燃料动力技术经济等。随着生产的需要和科学的发展，技术经济学的研究范围将逐步得以扩大。

112 消费经济学

近几年来，我国人民生活水平得到较快提高，人们的消费结构发生了明显的变化。自行车、缝纫机、手表这些二十世纪五六十年代人们所追求的"三大件"，已经被电风扇、电视机、洗衣机所取代。家电产品以极其迅猛的势头进入家庭，人们迫切需要摆脱繁重的家务劳动，改善生活条件，丰富业余生活。因此，洗衣机热、电冰箱热、彩电热、摩托车热接踵而来，高级音响设备、高级家具成了畅销产品，甚至地毯、空调设备也有进入家庭的趋势。人们对衣着的观念也再不是什么"新三年、旧三年、缝缝补补又三年"了，而是追求舒适、美观、新潮。在餐桌上，"瓜代菜"已成为历史陈迹，粮食的消费下降，鱼肉等高蛋白食物的消费直线上升。总之，衣、食、住、行、用、文化、服务七大类消费结构的变化，正冲击着人们的旧观念，向来不被我国所重视的消费经济学，也在神州大地上崭露头角了。

消费是每时每刻在进行的，一个社会的消费结构如何，能充分反映人民的生活水平、科学技术水平和生产能力。消费并不是消极地反映这些，而是能动地反作用于生产力。以往我们受到"穷过渡"、"越穷越革命"的极左思潮影响，忽视了消费对经济的影响，对生产力的促进作用。随着"贫穷不是社会主义"观念的确立，对消费经济学的研究也很快发展起来。消费经济学不但研究消费构成，消费更新，个人收入、环境因素、文化教育水平对消费的影响，广告及普及消费知识对消费品销售的影响，还研究消费过程中人们所结成的关系，消费在国民经济中的地位，消费与生产、分配、交换之间的关系等，从中找出规律性的东西来指导人们的消费，指导经济建设。

过去的传统经济思想是生产为了消费和市场，生产和消费是分开的，一切为了市场的交换而生产，因此生产是批量化、标准化的。消费经济学十分重视消费者的主权,消费者需要什么产品,愿意购买什么质量、式样的产品,拒绝什么产品,接受什么样的价格,通过市场调查把这些信息反馈给生产和供销的厂商。生产者根据消费者的要求及时采取对策,革新产品,调整生产,从而克服生产与消费脱节的现象,既满足消费者的需求,又促进了生产。另一方面,消费经济学又负有指导消费、使消费适应生产水平和人民生活水平的任务。

随着新的技术革命的到来,未来的消费与生产的关系又会有重大的变革,将出现消费者自己参加设计和制造产品,生产兼消费、产销合一的新的生产生活方式。人们预测,未来的消费者对于经济商品的需求可以有两种途径:向厂商提出设计指令和自己动手通过编制计算机程序,生产所需产品。这种新的方式,将改变市场在人们生活中的地位和作用,大型市场化的经济将消失。这对传统的经济思想将是一个极大的、带根本性的变革。那个时候,消费经济学将以崭新的面貌出现在人们面前。

113 智力投资

——教育经济学

1957 年,技术水平全面落后于美国的苏联,抢先成功地发射了第一颗人造地球卫星,使美国朝野大为震惊,不得不对美国的整个科技制度、战略思想进行全面评估,结果认为,教育制度的僵死、落后是一个关键问题。第二年,美国国会通过了《国防教育法》,增拨教育经费,大搞教育改革,大力培养科技人才以推动尖端科学技术的发展,增强经济和国防实力。十年以后,美国的空间技术又超过苏联。1969 年七月,"阿波罗 11 号"把美国宇航员阿姆斯特朗和奥尔德林送上了月球,实现了人类千百年来登月的梦想。

第二次世界大战之后,作为战败国的日本,国民经济受到了致命的打击。但是日本在二十世纪五十年代树立了"教育是最好的投资"的观点,认识到国际间的经济竞争是技术竞争,而技术竞争又变成教育竞争,因此勒紧腰带办教育,不断增加教育投资。1950 年至 1972 年 22 年间,教育经费增加 25 倍,大学生从 1950 年的 23.5 万人增加到 1975 年的 213.6 万人。于是日本形成了一个扎实的科学教育基础，一大批科学技术的中坚力量崛起，从而在较短时间内吸收、消化了大量国外科技并发挥高效益，使日本迅速跻身于世界经济大国的行列。

世界现代史证明这么一个规律：一个国家要振兴经济，后来居上，实现现代化，就必须高度重视教育事业。教育是一种智力投资，通过教育提高人的能力，提高人的科学技术素质，比单纯增加资金、劳力和科技设备投资所获得的经济效益更为突出。因此，最近二十几年，许多国家在研究教育同经济发展的关系，使教育适应经济增长需要上，逐渐形成了一个新的学科——教育经济学。

教育经济学研究的是如何以最小的教育投资，取得尽可能大的经济效益。一些国家的经济学家已研究出计算教育经济效益的公式。美国芝加哥大学休尔茨教授用他提出的公式计算出，1957年美国由于高等教育投资的增加，使国民收入提高了33%。苏联科学院院士斯特鲁米林计算出苏联1960年国民收入增加部分有30%是教育投资所获得的。据挪威的统计，固定资本每增加1%，生产增加0.2%，劳动力每增加1%，生产增加0.76%；而通过教育培养技术和管理人员每增加1%，生产可增加1.8%，分别为资金和劳力投资的9倍和2.4倍。因此，一些先进国家教育经费在国民收入中所占比例相当高，据20世纪70年代初的统计为法国4.6%，日本5.3%，西德5.5%，英国7.2%，美国7.4%，苏联8.6%。

由于"四人帮"的破坏，我国教育事业十分落后。据1978年的统计，每1万人口中在校大学生仅9名，在137个国家中排第129位；1979年的教育经费为0.73元/人。而同期英国为366元/人，意大利为350元/人，荷兰为1266元/人。可见，我国的教育投资现状，与实现四个现代化的目标是相去甚远的。近年来，党中央对教育十分重视，教育经费逐年有所增加，而且采取国家投资和集资、民办等多种形式办教育，收到一定的效果。

教育经济学还研究教育的生产性作用，教育经费与国民经济生产总值的恰当比例，教育经费在各类教育事业中的合理分配等。我国已开始重视教育经济学的研究，一些阻碍教育发展的陈旧观念正受到冲击，具有我国特色的教育经济学正在建立，可以预料，从人的智能开发角度，探讨人才教育与经济发展关系规律的教育经济学，将推动我国的四化建设，为使我国尽快屹立于世界民族之林作出重大贡献。

114 餐桌上的学问
——餐桌经济学

我国独特的烹调技术，是举世闻名的。世界各大城市，均有中菜馆。随着开放政策带来的经济繁荣，国际交往的频繁和方兴未艾的旅游热，促进了各地饮食行业的发展。近几年来，不仅大中型餐厅激增，琳琅满目、各具特色的风味小吃也遍及城乡村镇。几个好友或者一家几口在假日到餐馆里享受一下美味佳肴也是十分平常的事了。家庭餐桌上的结构也发生了变化，人们不再仅仅为了填饱肚子而吃饭，而是要求饭菜可口、营养丰富、方便；对果汁、啤酒、汽水等各种饮料的需求也与日俱增。一张餐桌，一头连着千家万户，一头连着农、牧、渔、副各业。近年来，我国经济学界开始注重研究消费对生产的促进作用，餐桌经济学便是在这种条件下诞生的。

提出餐桌经济学的是我国著名经济学家于光远、童大林等人。餐桌经济学，当然也包括从事饮食业的餐馆负责人如何经营好餐馆，取得良好的经济效益和人们利用宴会的形式进行交际、洽谈业务而取得经济效益。但前者实际上属于企业经营学的问题，后者属于人际关系学的问题。餐桌经济学的研究重点，在于如何利用餐桌来促进我国农业、畜牧业、养殖业的多种经营和我国食品工业的高速发展的宏观经济问题。正是因为餐桌经济学具有如此深远的意义，才使它具有美好的发展前景和强大的生命力。

餐桌如何为我国农业、养殖业、食品工业服务呢？第一是要为我国产品扩大市场需要；第二是为我国产品做广告宣传；第三是为我国产品的生产和流通提供信息。

目前我们餐桌上的品种还比较单调，实际上可以做成菜肴上餐桌的动植物原料还很多。但是我们在这方面注意不够，因循守旧，不愿开拓新的食品来源。如果我们能进一步丰富餐桌上的菜谱，并且由有关地区部门组织好这些原料的生产和供应，不但有利于提高餐桌的水平，更重要的是有利于推动生产的发展。我们国家特有的白木耳、莲子可做成美味的甜汤，此外还有百合、薏米、茨实以及许多不常见的东西也可做成甜汤。我国两广、福建、湖南等地有大量的鲜橙生产，但以鲜橙为原料的系列饮料却不多见。广州的一些大宾馆，供应的是外国水果和外国饮料。如果我们在餐桌上供应的菜肴、甜汤、点心、水果、饮料多打主意，就会促进我国农业、养殖业和食品工业的发展。

国外的汉堡包所以能风行世界，是因为它适应现代人的生活节奏。我们除了增添传统就餐方式的餐桌上的品种外，还应研究食品种类的改革和加工的方法，应有独具特色的方便食品。这样，就会带动我国食品工业的发展。

可口可乐成为世界性的饮料，其广告宣传起很大作用。我国农副产品和野生资源十分丰富，完全有条件生产高质量的系列食品、饮料打进国际市场。例如中国大豆制品品种繁多，仅豆腐就可以做出四百种菜，为什么不能走向世界？我国有刺梨、猕猴桃、山楂、酸梅等野生水果资源，可制成对人体有益又可口的可乐类饮料走向世界。在这里，宣传是重要的。我们应该在大小宾馆、饭店的餐桌上供应这些国产饮料，并向外界广为宣传。餐馆经营人员要克服崇洋思想，积极向国外消费者介绍国产饮料和其他食品。

餐桌所要的原料，其供求信息应及时传播到生产者那里去，使生产和消费同步。现在宴席的原料和烹饪方法有一种向外靠拢的倾向。这里潜在一种阻碍自己生产和烹饪艺术提高的危险。其实许多原料我们自己能够生产，如果沟通信息，克服自卑思想，是大有潜力的。而且我们在学习外国经验时，不应丢掉自己的特色。餐厅经营者眼光要放长远些，看到整个国家的利益，关注到农业和其他各业的综合经济效益。餐桌经济学提出不久，还有许多问题需要探讨。

115 洋豆腐为什么不受欢迎

——经济效果学

我国一个大城市，最近花了大量的外汇，从日本进口一条生产豆腐的自动线，生产出包装精美的"洋豆腐"。投放市场之后，却很少有人问津。据宣传，这种用葡萄糖酸δ内酯代替传统的石膏盐卤作凝固剂的洋豆腐，不仅生产自动化程度高，而且营养价值、质量、防腐能力比传统的中国豆腐高。那么为什么却不受欢迎呢？主要原因是由于包装等使成本提高，售价比普通豆腐高得多，不适应我国人民的消费水平。结果，这一生产线连投资都收不回。

近年来，由于党的开放政策和人民群众生活水平提高的需要，从国外引进大量的科学技术和生产设备，这对加速我国经济的发展无疑是起着积极作用的。但也存在着像引进豆腐生产线这样不顾我国国情的盲目引进和缺乏全局观念一哄而上的弊病。大量的电视机、洗衣机、电冰箱以及其他高级消费品生产线的引进，既哄抬了国际市场上该项引进技术的价格，又打击了国内市场。重复引进使生产力超出消费能力，结果设备利用率低下，势必造成经济效果的下降。在国外，也有引进科技经济效果截然不同的正反经验。日本在二十世纪五六十年代，对国外先进技术大量引进，不少项目就是由于缺乏统一组织，大量重复引进，不讲究经济效果而遭失败。相反，1955年日本引进了纯氧顶吹炼钢技术，由于有组织、有计划，边引进、边研究、边设计、边试验，在两年多内消化利用，完成了该项技术的"日本化"。他们研制了完善该项技术的新工艺，新设备，推广到各钢铁厂。实现一次引进，一次研制，一次推广，从而使日本的钢铁工业迅速振兴，在60年代便一跃进入世界先进行列。有许多在研制推广中发明的新工艺新技术，还作为专利反过来向国外输出。

研究引进科学技术如何提高经济效益，是经济效果学的一个重要内容。在宏观上看，国家的每项经济政策，每项投资，都要运用价值规律，统一组织，合理布局，长短结合，统筹兼顾；要考虑民族习惯，经济水平等多种因素，才能提高经济效益，使国民经济有计划、按比例、平衡、高速地发展。从微观上看，一个工厂，一个企业，如何把有限的资金、设备、原材料用于最有利的产品生产上，取得最大的利润；如何引进技术，进行革新，提高经济效益，这些都是经济学效果所关心的。我们以往就吃了只讲"政治效果"，不讲经济效果的大亏。大跃进、大炼钢铁、"大放卫星"，这些政治狂热造成经济破坏的惨痛教训，人们是记忆犹新的。在对外开放，对内搞活经济的今天，我们如果不重视经济效果学的研究，就会以另一种形式，造成经济的破坏。

所谓经济效果，是指投资、劳动消耗与有用成果的比例。经济效果学通过对经济规律的研究，从生产实际、科研潜力、社会经济结构、人民生活和消费水平等多方面着手，探讨以最少劳动消耗和投资，获取最大的有用成果，创造最多物质财富的规律。对经济效果学的研究，将对我国四化建设起重要作用。

116 "兵家谋略"用于企业管理
——企业经营谋略学

国内外经济管理学家正越来越注意我国古代"兵家谋略"在现代企业经营管理中的应用。日本企业界普遍研究《孙子兵法》,一位叫大桥武夫的企业家著了一本《用兵法经营》的书,宣扬用兵法经商。他的企业采用兵法经营后,"效率大大提高,业务飞跃发展"。另一家日本著名电器公司还采用《三国演义》中的一些谋略进行现代化经营。另据报道,我国台湾大企业家陈茂榜把《孙子兵法》用于企业经营管理,也取得了成效。昆明厂长研究会与广东省厂长研究会已于1984年出版了《孙子兵法与企业管理》一书。

我国古代兵家谋略,是历代智者在血与火中提炼出来的传统文明瑰宝,它在经济工作中得到应用是毫不奇怪的。战国时代的陶朱公是把谋略运用于企业经营的最早实践者。他提出一套经商谋略:"夏则资皮,冬则资麻,旱则资舟,水则资车,此待乏也。"这就是说:夏天就要下资本购进皮货,冬天就要购进麻布,等季节变了,市场缺乏时拿出来卖,那就俏了。同样,天旱就投资造船买船,发大水就投资造车买车,等情况一变,就成为市场紧缺畅销品。这种"待乏"谋略与《孙子兵法》中"避实击虚"和《兵经百篇》中"缓兵待机"本质上是相同的,也完全符合现代市场的供求规律。

到近代,兵家谋略用于企业经营和市场竞争就更广泛了。如《泰罗制》和《福特制》的仿军事纪律制订生产纪律;日本大企业选拔干部采用孙子用将的"智、信、仁、勇、严"五德;苏、美、日互相刺探经济情报采用"用间"方法等,以致在决策过程中,"知彼知己",在新产品开发中"出奇制胜";在市场竞争中"出其不意,攻其不备"等,应用得越来越妙。

我国是兵家谋略发祥地,我们的祖先在这方面为我们留下了丰富的遗产,我国企业家在把兵家谋略运用于企业经营方面,有最为优越的条件。最近,一些学者已经提出:把兵家谋略与现代管理科学结合起来,使之交叉渗透,形成一门具有中国特色的,有助于经济起飞的新兴边缘学科——企业经营谋略学。

117 打开物质宝库的金钥匙

——新产品开发学

如果你留意观察市场上的工业产品，常常会为产品不断推陈出新而惊叹不已。大量的产品来自各工业企业。所有的企业都希望能开发出优质新产品，以满足社会日益增长的需要。如何开发新产品，已为每个企业所关注，也是新产品开发学所要回答的问题。

新产品开发就是发展新产品。人们习惯于将那些在市场上初露头角的产品叫做新产品。但从企业生产的观点看，那些在工作原理、技术性能、结构方式、材料选择、功能用途等方面，必须有一项或几项比原有同类产品在本质上有明显差异的产品，才算做新产品。按企业开发新产品的方式来分类，新产品可区分为改进性新产品、仿制性新产品和创新性新产品。

新产品的开发是一项复杂的工作。它涉及科学技术、情报信息、设计制造、经营管理等一系列因素，历经产品规划、试验研制、投产销售等环节。这就要求企业领导者高瞻远瞩，正确处理好"开发什么"、"何时开发"、"如何开发"等重要问题。因此，企业的经营管理人员学一点新产品开发学，很有必要。

新产品开发学是一门处在幼年阶段，但是有强大生命力的新兴学科，它一方面研究开发新产品的战略性决策，另一方面又探索与开发工作各阶段相适应的战术方法。它对各类工业产品的开发具有普遍适用价值。我国学者积国内外新产品开发的经验，在不断地探索中创造了新产品开发学这一新学科体系的雏形，推动着这门学科的发展。

新产品开发学以新产品开发作为自己的研究对象，主要研究下面几个问题：

(1) 新产品开发决策；

(2) 新产品开发性设计；

(3) 新产品优质设计；

(4) 新产品开发管理。

由此可知，新产品开发学是一门综合性学科。但是，它并不神秘，因为它来自企业开发新产品的实践，它的形成和发展最终目的是为了促进企业新产品的开发。

由于产品市场寿命周期越来越短，更新换代速度越来越快，市场竞争日趋激烈，产品销售动态调节要求更高，使得新产品开发也变得越来越复杂，风险也越来越大。因此，企业要成功地开发出物美价廉，有竞争能力的新产品，光凭过去那种直觉思维或经验是难以招架的，掌握一些新产品开发学的基本知识，对于搞好企业的新产品开发无疑是必要的。

为了打开物质宝库的大门，快拿起新产品开发学这把金钥匙吧！

118 任重道远的环境科学

二十世纪七十年代初，科技领域内又增加了一门新兴的学科——环境科学。它的产生标志着自然科学发展到一个新的水平。

环境科学的产生和发展是由社会经济发展决定的。六十年代末期，生产的发展和人类开发利用自然资源的能力达到了前所未有的程度。随着人口的高度集中，大型工矿企业的不断出现，"三废"的排放日益增多，使环境的污染越来越严重，迅速泛滥为公害。由此，促进了环境科学的诞生和发展。

环境科学是一门综合性学科。它的研究对象、内容和方向认识还不完全一致，尚在讨论之中。但一般认为环境科学的研究对象是人类赖以生存的环境及人与环境的关系，它的研究内容可概括为一句话——环境的质量及其保护和改善。

从大的方面说，环境科学可分为三个方面。一是环境基础理论：以数学、物理、化学、生物学、地理学等最基本的自然科学理论为基础，研究人为的环境因素对大气质量与气候，对土壤、水、岩石，对微生物、动植物，特别是对人类自身的影响及其规律。二是环境工程技术：包括控制工程技术（控制污染的设备、建筑物及原材料和元部件的各项技术）；进行有害工艺的改革，综合利用，化害为利；监测环境污染。三是环境组织和管理技术：包括研究组织管理机构的设置、组成、工作方向；制定法律条文和环境保护的各项标准；建立监督检查的程序、方法和奖惩办法，负责环保经费、物资的来源和安排等。

环境科学是有综合性和社会性两大特点，在科学体系中属自然科学和社会科学的边缘学科。

在我们居住的地球上，现已有四十几亿人口。在经济高速发展的今天，保护环境的要求已紧迫地摆在人类面前，环境科学任重而道远。有人预言，环境科学将成为二十世纪末最重要的学科之一。

119 为了"技术圈"和"生活圈"的平衡

——人工生态设计

自从地球出现有目的进行生产活动的人类以后，人类为了自己生存和发展的需要，不断对大自然进行干预。随着科学技术的不断发展，人类对自然的"改造"也就越来越广泛和厉害。但是在人类还没有正确认识到自然和自身的辩证关系之前，出于无知和自信，干下了许多蠢事，以致遭到大自然的报复：盲目开垦荒地和滥伐森林，导致严重的水土流失，风沙肆虐；对野生动物的狂捕滥杀，致使无数珍贵生物绝种，破坏了自然生态平衡；过多使用杀虫剂和其他化学药物，造成人和生物的慢性中毒；工业生产和现代化生活，带来空气、水体的化学、重金属污染，以及噪声污染、电磁波污染、光化学污染……人类所继承的生活圈和人类所创造的技术圈失去平衡，造成深刻的矛盾。在这种威胁人类本身的矛盾面前，人们已经引起惊觉，懂得对大自然不能盲目干预，应该顺应自然、协调自然，保持生活圈和技术圈的平衡。在人与自然的矛盾中，人类既不能不顾自然法则，随心所欲地"改造自然"，也不能在自然面前无所作为，任其自生自灭。人工生态设计，就是合理利用自然、开发自然，又保持自然的平衡发展的有效手段。

大自然喜欢组成一条和谐的链条，不喜欢断裂失调，但大自然本身也会有断裂失调的地方，自然资源分布不均匀，有的地方链条脱环，使资源无法利用，白白浪费。人类的盲目干预又造成了人为的脱环。人工生态设计针对这种情况，进行补缺型的生态设计，用人工补上脱节的一环，使链条衔接起来。例如沙漠中有丰富的磷、钾、充足的日照，但缺少水这一环，使丰富的资源无法利用，农业生产无法进行。人工生态设计因此从水着手，寻找地下水，引来冰川水，采用滴灌技术和室内生态农业技术，使各种作物在人工生态环境中青葱碧绿，欣欣向荣。

大自然喜欢组成各种生物共存共荣的大系统，这个系统中各种生物互相依赖，互相制约。生态学家于是设计出综合型的人工生态系统。如珠江三角洲的桑基鱼塘，塘基种桑，塘里养鱼。桑树吸收水、肥、阳光，长出桑叶喂蚕，蚕除长出蚕茧外，蚕粪、蚕蛹是鱼的良好饲料。青鱼吃了它们，长得又肥又壮，它的"残羹剩饭"和排泄物，滋养了浮游生物，浮游生物又是鲢鱼、鳙鱼的饵料；青鱼、鲢鱼、鳙鱼的排泄物又成了鲫鱼、鲤鱼的食料。肥沃的塘泥又成为桑树的肥料。这种综合型人工生态使桑肥蚕壮、鱼儿满塘，大大提高经济效益。

大自然是丰富多彩的，生物圈中各种生物各有特性，有的善温，有的善寒；有的爱阳；有的耐阴；有的高大，有的矮小。生态学家因此设计一种互补型的人工生态，让各种生物各得其所，扬长避短。例如云南西双版纳的人工森林，是生态学家着意设计的杰作。这里各种植物高低错落：最高的是喜阳的橡胶，它接受最多的阳光。第一层是丁香，它受到的光照仅次于橡胶。第三层是茶树，它不喜欢强烈的阳光。最低的是砂仁，它是一种喜荫植物。除了高低不同造成各自适应的光照环境外，橡胶、丁香的落叶成了茶树、砂仁的肥料；砂仁、茶树又增加了地温，使丁香、橡胶茁壮生长；橡胶、丁香枝高叶茂，吸引了群鸟来消灭害虫。这个人工生态群落十几年没施过一次肥，喷过一次药，各种作物年年丰收，不但复种使产值提高，各种作物的产量都大大超过单独栽种的产量。

在宇宙航行中，生态学家设计了循环型人工生态装置，它包括集气器、集水器、分解器、海藻箱等。集气器收集宇航员呼出的二氧化碳，集水器收集宇航员排泄的水分；分解器分离出排泄物中的尿素、盐分、有机质，海藻箱的海藻吸收二氧化碳和有机质、尿素等，进行光合作用，转化为蛋白质、脂肪、碳水化合物、维生素、氧气等供宇航员食用和呼吸，这样周而复始地循环，既保证了宇航员的需要，又减轻了飞行器的负载。

人工生态设计呈现出强大的生命力，成为人们开发利用、保护自然的有力武器。

120 "城市病"和社会工程

进入二十世纪六十年代，世界上许多工业发达的城市，都发生了严重的公害问题，例如伦敦烟雾事件，洛杉矶光化学烟雾事件等。日本环境厅在1973年到1974年两年里受理的噪声污染诉讼案就多达6479起。交通问题更是比比皆是，日本东京城区因汽车拥挤，致使政府下令星期日禁止一切车辆在市区通过，把东京市区开辟为"步行者的天堂"。在我国，上海、广州、北京、天津、武汉等也不同程度存在环境污染，黄浦江、珠江、海河、长江等水体水质有所改变，严重的地段一片污黑，鱼虾绝迹。近年来，由于汽车的增加，加剧了交通的拥挤阻塞。不但车祸频发，而且噪音倍增，汽车尾气对空气的污染也日益严重。除此以外，由于城市的不断发展，市区人口密度日增，带来了城市建设、城市防灾、城市治安、城市通讯、城市垃圾、城市管理等一大堆棘手问题，这是一种现代流行的"城市病"。

如何整治这种"城市病"，使城市肌肤健美，血脉畅通，青春焕发，是一个十分错综复杂的问题。例如对一条江河的污染进行整治，不仅关系到沿岸工厂排放废水如何处理的技术问题，还牵涉到许多经济、法律、社会学的问题。因为沿岸各工厂对河流污染程度不同，经济归属不同，经济和法律责任不同，不能简单一律地下令全部工厂停办或停产治污。大量工厂停产又会影响地方经济以至整个国民经济，因此必须通盘考虑，统一规划。又如交通问题，不仅仅是道路设施、车辆数量的问题，关系到交通规则、布局、指挥等多方面因素，甚至和通信设备、商业布局和服务方式、照明等等有关。有人认为，如果我国通信事业得以发展，电话普及畅通，可减少街道人流量的相当一部分，从而缓解交通阻塞。在道路建设、改造上，是拓宽路面，还是另建新线；是采用高架路，还是开发地铁，何种措施最为合理，最为经济，对道路两旁商店影响最少，基建时间最少等。这些问题需要自然科学家、社会科学家和工程技术专家共同进行系统研究才能妥善解决。这样，一门由自然科学、工程技术和社会科学综合而成的新学科——社会工程便脱颖而出。

社会工程是建立在信息科学、行为科学、系统工程、计算机技术的基础上，对所需解决的社会设施等问题作出计划、管理、评价、预测决策的科学。它研究的对象不是像工业技术那样的"硬科学"，而是研究如何使现代科技有益于人类社会的发展，使科学技术更好地造福于人类，防止现代科技高度发展带来的副作用的"软科学"。社会工程打破各学科的堡垒，使各学科互相渗透，博取众长。社会学家提供社会学、经济学、人口学，法学等知识；自然科学家找出自然规律，建立数学模型；工程专家运用工程技术，共同来解决社会大系统的问题。社会工程研究的主要范围是有关城市规划，地域设计、计量规划、经济规划、社会系统、地方行政系统、财政系统、资源规划、公害防治、防灾等问题。

社会工程已在世界各国引起充分的重视，成果斐然。例如新加坡在20世纪70年代初，汽车数量急剧增加，其中1973年汽车增长率达35％，使这个面积仅225平方英里，人口220万的国家交通一下子变得拥挤不堪。新加坡公共工程都应用社会工程，研究出一个地区执照法，在全面考虑各地区不同时间交通流量的基础上，规划了各道路可通行的车辆，凭执照进入通行区。又合并一些线路，严格保障道路不受侵犯，还设置各种标志，铺设彩色人行道，使人能顺着标志和彩色人行道一直到达目的地，从而使新加坡多达1760路公共汽车秩序井然，畅通无阻。

近年来，国外对社会工程的研究和教育发展很快。英、美、日等国在大学开设社会工程专业。日本著名的筑波大学的社会工程系就设有社会经济规划、经营工程和城市规划三个专业，为经济部门、计划部门和大型企业培养出大批制订政策的专门人才。

121 当心大自然"报复"

——环境生物学

环境生物学是环境科学的一个重要学科，它是一门生物学、生态学、医学、化学、物理学、地理学、工程技术以至社会学、经济学等多学科互相渗透的边缘科学。

自从人类成为地球的主人以后，在改造自然，向自然索取财富，不断创造舒适的生活环境的同时，也自觉不自觉地给环境带来污染，破坏了生态平衡。特别是工业化社会的到来，污染的情况更为严重，以致酿成公害，人类遭到大自然的惩罚。1930年在比利时，1948年在美国，1952年和1962年在伦敦，相继发生煤烟烟雾事件。1953年日本水俣镇的汞中毒和1955年日本富士神的镉中毒，都是震惊世界的环境污染事件。此外，全球性的酸雨，严重威胁着农林牧渔和人类生活；由于燃烧石油所引起的光化学烟雾；由于破坏臭氧层导致紫外辐射增强；由于二氧化碳增加产生"温室效应"对气候的影响等，都是十分令人担忧的问题。环境生物学主要研究的就是环境污染与生物的相互关系，污染物在生态系统中的迁移、转化、积累、富集、降解的规律及对生态系的影响，从而寻求出生物监测、防治的措施。

DDT在杀灭鼠疫、霍乱、伤寒、斑疹伤寒、疟疾等恶性传染病的传播媒介蚤、虱、蚊、蝇上立下殊功。但是三十年后，在世界的每一角落，从北极熊到南极企鹅，从非洲土著到冰岛爱斯基摩尔人，体内都发现DDT的成分。DDT还通过浮游生物、小鱼、大鱼、水鸟这一食物链的层层富集，从大气中的0.000003ppm发展到水鸟体内的25ppm，提高了858万倍。污染物破坏生态平衡，最终毒害人类，已到了十分严重的地步。

另一方面，生态系对毒物有一定的自净能力。植物有明显的解毒能力。例如酚进入植物体内后能转变为糖苷而失去毒性；氰进入植物后，与丝氨酸结合成腈丙氨酸，再转化为天冬酰胺及天冬氨酸而解毒。某些植物对毒物有富集能力，如眼子莱富集锰为水体环境的1760倍，富集锌为水体环境的740倍。植物各器官对毒物富集能力也不同，如氰、砷、铬、汞多停留在根部，硒、镉等多积聚在地上部分。

环境生物学的研究目的，就是对环境污染进行综合治理。除了在工程技术上改进工艺流程，回收有毒物质以控制污染外，探求生物治理措施，提高净化能力，是环境生物学的重要课题。目前人们已采取了许多有效措施，如绿化造林，利用植物吸收大气中毒物；生物法净化废水；用富集毒物的植物净化水体等，都有良好的效果。昔日污染严重，生物绝迹的泰晤士河，莱茵河等，都恢复水清河净、鱼虾繁衍的状态。雾都伦敦也有了碧空如洗的风光。

我国在治理三废方面也取得了显著成果。环境生物学的发展，对合理利用自然资源，改善人类生存环境，防止大自然的"报复"，保障人类健康等方面作出了巨大的贡献。

122 事关人类生存的科学

——生态经济学

1972年，在瑞典首都斯德哥尔摩召开的人类环境会议提出："只有一个地球"，"要发展不要破坏"等口号。许多科学家指出，生态问题不仅仅是技术问题，实际上是个社会问题和经济问题，仅靠环境科学技术的发展不可能真正解决生态问题。在这种背景下，生态科学大规模地向社会科学领域渗透，一门研究生态环境与人类经济活动关系的科学——生态经济学便应运而生。

长期以来，人类往往忽视大自然的生态平衡，随着人口的增长，以及人类改变环境的技术能力的提高，人类正越来越迅速地、广泛地改变着大自然的平衡，并已造成种种严重的后果。例如人们将野兔带到澳大利亚以供消遣娱乐，后来却成了一种危害极大的动物。这种哺乳动物的竞争能力大大超过当地的几种有袋动物，这使后者日渐濒于绝迹。同样，由外地引进的霸王树在澳大利亚暴生暴长，使得人们花费了大量人力物力才控制住它。随着社会的发展，人类开发利用自然资源的要求和能力越来越大，因而自然资源利用和破坏的矛盾、工矿业发展和三废污染的矛盾也日益加剧，直接影响到生态系统的变化。因此，生态系统中也包括人类活动和社会经济条件，只有既符合自然规律又符合经济规律，才能建设良好的生态系统。生态经济学就是试图揭示发展社会经济和保护生态环境之间的关系。它把整个地区生态经济系统作为自己的研究对象，从整体的、联系的、发展的观点来认识生态经济规律，它在资源保护利用，环境污染治理，流域综合开发等方面，起着重要的指导作用。

过去，我国不重视生态经济学的规律，片面理解"以粮为纲"的方针，干了不少"毁山造林"、"围湖造田"的蠢事，使生态平衡受到严重破坏。例如素有植物王国之称的云南省，乱砍滥伐成风，仅1979年就毁坏树林一千多万亩。安徽有个十八万亩水面的白荡湖，"文革"中被围了三分之二，结果鱼产量却锐减了十分之九，由每年的三百多万斤减少到三十多万斤，一百多万只野鸭及大雁、天鹅等珍贵候鸟也不见了，茨实、莲子、藕等营养价值很高的水产品产量也大大下降。全国类似这样的事不胜枚举。为了种粮食盲目地破坏生态平衡，而破坏了的生态平衡又给粮食生产以毁灭性的惩罚，如此恶性循环，给国民经济的发展带来了难以估量的严重后果。

我国近年来比较重视生态经济问题，保护生态平衡已被当作一项基本国策提到议事日程上来。但必须看到，生态破坏的势头至今还未被遏制，森林的滥伐、土壤的侵蚀、水质的恶化、耕地的沙化，都达到了十分严重的地步。到20世纪末，我国人口将增加到十二亿，这势必对耕地、草原、森林、淡水以及各种矿物资源带来更大的冲击力和压力。因此加强对生态经济学的研究，已是摆到我们面前的一项迫切的科研任务。

123 保您安居乐业的环境试验工程

当我们的祖先从森林中乔迁出来之后，房屋建造成了人类生产活动中的一项基本内容。但是直到十九世纪，人类住房的外形和结构虽然千差万别，也只能说是勉强可以栖身的半封闭式的居住空间。由于窗门大开，室内的温度直接取决于室外的气候，人们无法控制，无法在天气剧热变化时真正地"安居乐业"。

近几十年来，随着科学技术的发展，从根本上改变了住房的设计思想和室内环境。别墅式二层楼标准住屋就是典型的例子。

这种现代化住宅，除了造型美观、经久耐用和价格适中以外，还要保证：无论外界天气如何酷暑或严寒，干燥难耐或阴雨连绵，室内均保持理想的温度10℃～30℃，相对湿度50%～80%，并可任意调节；无论室外如何嘈杂，室内听不到任何噪音；无论外界如何烟尘滚滚，甚至飞沙走石，家中人人抽烟，污染严重，室内也可保持空气清新。

对于现代环境科学中的环境模拟工程来说,不仅在技术上是可行的,其造价也足以使一个勤劳的家庭买得起。而且方法并不神秘,那就是应用标准结构、应用电热、制冷和空气净化装置,对全封闭的住房实行集中空调。

所谓"全封闭式"住房,指的是室内外基本上是完全隔绝的门,只是有人出入时才开启;窗户除了作为偶尔隔窗观景和辅助采光之外,也几乎从不打开,以便实现集中空调,并与外界隔音。

建造这样的单幢式住宅,在六十年代就已经不是难事。难的是使此种住屋果真能在各种气候条件下保持规定的性能。为了解决这一难题,人们求助于现代环境科学的重要分支——环境试验工程。

七十年代的环境试验工程,可以在相当大的环境内顺序地或同时地创造各种气候条件,按编制程序进行人工环境试验。例如,为了试验单幢二楼住房的质量和内部环境控制稳定性,人们专门准备了6000立方米(20米宽×20米长×15米高)的环境试验空间,在其中装配一幢按标准设计的住房,产生下述各种气候环境条件:温度可由摄氏零下30度变到摄氏零上50度,即可以从冰天雪地的冬季严寒变为炎夏的酷暑,相对湿度可以由30%变到90%,即可以从使人皮肤开裂的干燥变到接近于浴室中那样的潮湿;从上方和两侧方向的人工日照强度可在50千卡/米^2·小时至1000千卡/米^2·小时之内变化,即可模拟冬天和煦的阳光和夏日的骄阳;可产生0~40米/秒的风速,50毫米/小时至300毫米/小时的降雨,还可以产生平均5公斤/米^{2}至350公斤/米^{2}的脉动风压。而这些气候因素的作用强度和作用时间均可按规定的程序由电脑控制,最后将选定恒定的理想的温湿度。

如经得起上述的人工环境试验,则证明此种标准式的住房设计合理,可保你安居乐业,精力充沛。

124 电磁干扰公害与环境电磁学

假如你是电视大学学生,当你坐在电视机前聚精会神地听课时,一定会对荧光屏上突然出现的"条纹"、"雨点"、"雪花"感到厌烦;假如你是一名音乐爱好者，当你陶醉于收音机里传出的乐声时，一定会对突如其来的串台噪声感到大杀风景；假如你是一名医生，当你为病人做脑电图、心电图时，一定会对因仪器受干扰产生的异常信号大为心烦……这些都是电磁干扰在作案。更为严重的是，通信、导航、雷达等领域中的电磁干扰还会导致通信中断、导航失误、雷达失灵，造成严重事故。电磁干扰给人类带来的危害不胜枚举。控制电磁干扰已经成为社会性、国际性问题。自1975年以来，每隔一年就召开一次国际学术讨论会，专门研究防治电磁干扰的措施，由此而诞生了一门新型的技术科学——环境电磁学，或称电磁兼容学。

电磁干扰除小部分来自雷电等产生的自然干扰波之外，大部分是人为因素造成的。人为因素干扰大致可分为两个方面。

1. 电信设备干扰。众所周知，由于电台、电视台数目很多，有限的频道显得很紧张，一个频道需要由各个电台共同使用，虽然规定了彼此之间的距离，但由于无线电波的传播会随季节、昼夜和太阳黑子的活动情况发生变化，并因土壤、地形条件产生差异，因而同频道或相邻频道的电台的无线电波就有可能碰到一起，互相干扰。此外，由于电台、电视台以及无线电通信、导航、雷达等发射台在发出信号电波的同时，还要发出一些杂乱的无线电波，一旦这些电波的频率与某些电台的频率相近，必然造成电磁干扰。

2. 非电信干扰。非电信干扰来自许多方面。有一些供工业、科学、医学等行业用的射频设备，诸如高频炉、微波灶、超声波清洗机以及电子计算机等，虽然不带发射天线，但电磁波仍会从机壳或部件中辐射出来，还会有一些杂乱电磁能从电源线传导出来，对周围的广播、通信等产生干扰。在电子、电力工业高度发达的今天，各种电器设备例如电风扇、电冰箱等进入大众家庭，相应的电磁干扰源也就日益增多。

为了对抗电磁干扰，人们采取了许多措施，例如在射频设备上采用封闭振荡槽路、加金属屏蔽罩；在汽车点火装置上采用高电阻引线，使电火花很快衰减等。这些措施在一定程度上能减弱电磁干扰。但这种控制干扰的方法只是从应用出发采取了局部的控制措施，毕竟是治标不治本。随着工业的发展，形成了许多与电磁能有牵连的大型系统，如电信系统及供电、电力铁道、自动控制、自动监测等系统。为了妥善处理这些系统之间的电磁干扰问题，就需要超越一个系统、一个设备的局限，从更高、更广的角度出发，总体着眼，统筹协调各系统的抗干扰要求和抑制干扰的可能，寻求使整个社会获得最大经济利益的最佳方案。这就是环境电磁学要解决的重要问题。

环境电磁学研究各种涉及电磁能的系统如何在有限的空间和无线电频谱的范围内，在最合理条件下，以最小经济代价，使相互间的电磁干扰最轻而实现并存兼容。采用的方法是合理安排各系统的内部关系和相互关系，合理利用无线电频谱，预先将发生电磁干扰的可能性降到最低。所以，实现电磁兼容与控制电磁干扰相比，电磁兼容是通盘性的治本措施。

作为环境电磁学问题的一个例子，我们以电视机受干扰为例，粗略说明实现电磁兼容所需采取的措施。首先，要在各地的城市规划中将工业区、发信区、收信区、住宅区划开，使干扰源尽可能远离居民区；其次，要给各地区的各种电信发射机和工业、科研、医学射频设备指定合适的无线电频率，减轻它们对当地电视台造成干扰的可能性；第三，要求各种无线电干扰源按照规定，抑制杂乱的无线电波和电流。实现电磁兼容不是片面地只向干扰源提出限制要求，比如对电视台，只能在它们的服务区里给予保护。所谓服务区，就是电视台的无线电波强度超过规定数值的地区，在服务区内，观众使用配上普通天线的电视机，就应当可以收得好。按照这个标准，给各种干扰源规定允许的杂乱无线电波和电流的限额。而在服务区之外，电视台发出的无线电波的强度达不到规定数值，就不再向干扰源提出额外要求，而是要求电视观众自己采取一些措施。

环境电磁学的研究是很复杂的，但它是对抗电磁干扰公害的必由之路。它已经引起全世界许多国家的重视。这说明这门新学科正在兴旺发展。随着研究的日益深入，环境电磁学这门新兴技术科学必将在全世界各国生根、开花、结果，实现电磁兼容，保护环境、造福人民。

125 "环境病"与环境医学

美国有一幢华丽的住宅，客厅、卧室都装饰着考究的塑料壁纸，地上铺着整洁美观的地毯。居住条件这样好，主人却长期生病：咳嗽、流鼻涕，甚至呼吸都感到困难，就诊于许多大医院，都不见效，也查不出病因。最后，变态反应科的大夫给他下了个诊断：患了一种环境病——"病屋症候群"。原来，地毯、壁纸混有化学合成的材料甲醛，就是这些东西闹得他心神不宁。只要撤掉这些物品，或者换一个住处，改变居住环境，上述症状就会立刻消失。

自从第二次世界大战以来，环境污染问题日益严重。目前世界环境存在着化学性和放射性污染大量增加，高度稳定的化学物进入环境，工业盲目发展与大城市化，土地利用的强化等特点日渐突出。环境污染引起的危害越来越严重，许多疾病并非因病毒、细菌或其他病原物引起，而是由人们的生活环境所致。人们的生活环境越来越复杂，致病的因素也越来越多。如今，癌症、心血管疾病、职业病、公害病等与环境因素有关的非传染性疾病所引起的死亡率已占总死亡率的90％以上。由于这些疾病与环境有着密切的关系，一门新的学科——环境医学就形成了。

环境医学的研究表明，环境病常具有下列特点：（1）多因素联合作用；（2）低浓度长期效应；（3）危害常波及下一代；（4）常呈现综合症；（5）高危险人群是环境病的首先受害者。因此，作为现代的医生，不仅要熟悉疾病本身的知识，而且要掌握疾病发生发展的周围自然环境及社会环境的变化，必须熟悉有关环境病的主要污染物的症状，引起疾病的临床特点和实验室特征，助于排除职业病因与环境病因，指导正确治疗。

能够致病的环境因素是多种多样的。人们服用了化学污染的水和食品，吸进了化学污染的空气，就可能引起中毒、过敏，甚至导致畸形和癌症。比如罐头食品都要加入防腐剂，人们久食就会导致头晕、头痛、腹痛、腹泻、恶心、呕吐、哮喘发作，甚至忧郁不安等症状。同是新鲜的西红柿，人们吃从市场买来的会引起腹泻腹痛，甚至出现皮疹皮痒等症状，但是吃了家庭自种的西红柿却毫无不适之感，原因在哪里呢？原来市场上卖的西红柿是施了化肥农药的。总之，人们用了化肥、农药、激素、防腐剂、化学增甜剂、化学保鲜、催熟或染色加工的食品，都有可能不同程度地致病。

穿着方面也存在同样的问题。传统的棉、毛、丝、麻等织物正在大量地被化纤织物所代替，后者的化学成分很复杂，甚至在衣服缝制中用的化学浆糊、缝纫机油以及织物所用的染料、连擦皮鞋的鞋油，都可能引起过敏的症状。有些人到百货商店买东西也会引起疾病——"百货商店症候群"，除了商店里通气不好等因素外，和商店陈列的大量的衣着和织物、化妆品散发的气味也不无关系。

关于住的方面，除了前面讲的化学用品诸如地毯、壁纸等致病原因外，人们住处周围的环境也不可忽视。比如周围树木花草生长的情况，附近有无污染环境的工厂矿山，有无施放化肥农药的林田农庄，居处是位于污染源的上风还是下风等，都不可等闲视之。在室内，书房里报纸杂志的油墨气味和灰尘，厨房、灶具、取暖用具上放出来的烟尘或煤气，甚至电视机和电褥子等产生的电磁场，都可以成为致病的原因。

在西方，由于工业生产带来的废气等造成了严重的公害，在一些地区和城市，人们已到了不得不戴上防毒面具上街的地步。由此可见，环境污染和环境病对人们的健康有着多大的威胁。

面对这种严峻的现实，环境医学的使命之重要性不言而喻。

人类总是希望生活得越来越舒适，越美好，而衣食住行的现代化却会给人们带来疾病和灾难，这是始料不及的。在各行各业的建设和发展日新月异，环境频繁改变的今天，研究和拓展环境医学这门新学科，避免、减少和防治环境因素招致的疾病，于国于民于子孙后代都是事关重要的。

126 武器装备为何失灵
——工业产品环境工程

第一次世界大战前后，德国西门子公司出厂检验合格的电话设备出口到印度尼西亚后，在使用时莫名其妙地发生了严重故障。

第二次世界大战期间，一些国家的军工设备遇到一系列令人费解的问题：鱼雷击不中敌舰，从敌舰旁边穿跃而过，炸弹该爆炸时，却变成了"哑巴"；电子通信设备的失灵，急得通话者满头大汗；军用车辆在寒冷地区不能启动，变成了一堆废铜烂铁……

在战时至高无上的军界为此大发雷霆，把有关设计者和制造者提交军事法庭审判。这些粗暴行为，理所当然地引起了科学界的不满，他们在申诉之余，进行了一系列试验研究。终于真相大白：罪魁祸首不是别人，乃是人类日夜与之相处的环境。

原来，工业产品在运输、储存和使用过程中，都会受到环境因素的影响。据美国空军总部在沿海地区所作的一次设备使用调查发现，因环境影响所造成的损失，每年竟达12000台，约830万美元！另有资料报道、飞机所用电工电子设备的故障有52％，是由环境因素引起的。第二次世界大战期间，发现许多军用物资和通信设备在海洋和干、湿地区运输、储存和使用中影响其性能的环境因素有：高温、高湿、太阳辐射、雨淋、砂尘、霉菌、盐雾、振动、冲击、摇摆等。

二十世纪五十年代以来，随着生产和科学技术的发展，人类探索环境的领域也不断地扩大：从陆地到海洋，从地球到太空……于是，出现了一门独立的学科——工业产品环境工程。此后，各工业发达国家，各大企业公司，均相继设立与此学科相适应的机构。国防军工部门也纷纷建立庞大的环境试验研究系统，研究成果已广泛用于军工和民用产品上。

那么，工业产品环境工程的研究任务是什么呢？主要是进行以环境条件、环境试验和环境防护为中心的旨在提高各类产品可靠性和使用寿命的探索。

首先要摸清环境条件的各种因素对运输、储存和使用中工业产品的影响。为此，必须对环境因素进行分类。曾经有过各种各样的分类方法，如按自然气候条件、产品所处的状况、使用场所和环境因素属性等等划分。对比和实践表明，按环境因素属性分类是比较合理的。根据这种分类方法，环境因素可划分为下列五类：(1) 气候类：有温度、湿度、大气压力、太阳辐射、风、雨、冰、雪、沙尘、盐雾和腐蚀性气体等。(2) 生物类：有霉菌、昆虫、鼠、蛇和其他有害动物及海洋生物等。(3) 机械类：有冲击、振动、地震、颠震、摇摆、碰撞、跌落、恒加速度和声振等。(4) 电磁类：电磁干扰、非磁场和雷电等。(5) 特殊介质类：石油、海水、化工和核辐射等。

其次是制定考核工业产品环境试验分法。环境试验可分为天然环境试验和人工模拟试验两大类。前者是将材料或产品放置在天然环境（试验站、暴晒场或使用现场）下进行暴露或运行，故又称天然暴露试验或现场运行试验。其优点是直观、可靠，无需特殊的试验设备、缺点是受地区性条件的影响，试验时间长，重现性差。后者是将材料或产品放入人工模拟环境（试验设备如各种试验箱）内进行试验，故又称人工加速试验。其优点是试验时间短、不受区域性气候的影响，但往往不能如实地模拟变化多端的天然环境条件，而且需要专门的试验设备。

其三是解决产品适应于各种环境条件的防护措施。在摸清对产品产生影响的环境条件、按照有关标准规定的试验方法进行环境试验的基础上，选用必要的防护措施，使其能在特定的环境条件下正常使用，根据工业产品的种类、技术经济合理性和各国的资源情况及防护措施，大致有下列几种：

1. 材料防护：选用能抵抗有危害性环境因素的新材料，如选用铸铁、铸钢、不锈钢、合金钢、铝合金和工程塑料等，作为某些防潮、防化工腐蚀产品的结构材料。

2. 工艺防护：电镀、油漆、金属和塑料喷涂以及封闭绝缘工艺等，就是行之有效的工艺防护措施。

3. 结构防护：如电机电器和灯具等在工作时容易产生火花的产品，在有可燃性气体的场所使用时，应从产品结构上使火花在严密的结构壳体内消除掉，以避免发生爆炸事故。

4. 隔离防护：将整套设备同有害环境隔离开来使用。

工业产品环境工程的进展，标志着工业发展的速度，同时也反映了人类科学已达到了一个更高的水平，随着人类社会的不断前进，人类将遨游于太空，飞向众星球，去探索，去揭开无穷宇宙的玄奥，工业产品环境工程的前途将是没有止境的。

127 环境和内燃机的辩证关系

——环境内燃机学

自从1876年德国工程师奥托试制出四冲程内燃机，实现内燃机史的重大突破已来，才不过一百一十年，而1903年第一艘内燃机轮船，俄国的汪达尔号下水，1913年第一台由柴油机驱动的内燃机车运行，都还不够百年历史，但是内燃机发展之迅速，应用之广泛，则是其他动力机械所不能望其项背的。内燃机广泛应用于汽车、飞机、轮船、火车、拖拉机、潜艇、坦克等，已成为现代社会一项重要的技术装备，成为工业、交通、军事的主要动力机。内燃机和电力的综合运用，是第二次工业革命的基础。

内燃机是一种金属构件，燃用的是燃料和氧气，因此内燃机与环境息息相关。它既受到环境条件的制约，又影响着环境条件。环境内燃机学就是研究环境和内燃机辩证关系的一门新的边缘科学。

一台在海平面工作正常的内燃机，在高空或海底就会喘不过气来，在温带工作正常，到极地或赤道可能无法运转。内燃机在海上怕潮湿和海水，在沙漠怕无水、过热和沙尘，在海上又怕不好的水质。不同的燃油、润滑油、金属材料、气候条件和运转状况会影响它的性能和寿命。因此，对于不同的使用条件，必须设计出不同类型的内燃机。

环境对内燃机会产生种种复杂的影响，反过来内燃机又会影响环境。内燃机对环境的影响，主要有排气、噪音、振动和热污染四种类型。

排气对环境的污染是内燃机的最大特点。据统计，地球上百分之八十的一氧化碳是由汽车排出的。二十世纪七十年代初世界汽车每年排出一氧化碳两亿吨和铅四十万吨。从 1921 年开始使用四乙铅汽油后的四十五年中，太平洋海水中铅的含量骤增十倍。内燃机排汽中含有碳、氢、硫等氧化物，固体微尘以及许多其他有害物质，极大损害人的健康。例如一氧化碳会争夺人体血液中的氧气而使人窒息，氧化氢会使肺组织产生化学性病变，氧化硫会造成呼吸障碍，固体微尘会引起咳嗽，碳氢化合物会使眼睛发炎，某些苯并芘之类的碳氢化合物是致癌物质。四十年代以来洛杉矶、东京等大城市的光化学烟雾事件，就是汽车尾气在紫外线照射下发生化学变化，产生对人体有害的光化学烟雾所致。1970 年东京的一次光化学烟雾，使 2 万人得了眼痛病。排气污染对植物损害也十分严重，美国每年因光化学烟雾污染造成农作物损失就达 1 亿美元。排气还造成气象要素变异，食物链的污染等。

噪音污染是内燃机的又一大特点。在噪音达 110 分贝的环境中待几小时，百分之四十的儿童的听觉将受到损害；噪音达 120 分贝时，人已不能忍受。噪音能使动脉血管收缩，加速心脏跳动，肌肉紧张、瞳孔放大和血糖增加，使人疲倦和记忆力衰退以致精神失常。通常船用内燃机噪音超过 110 分贝，交通阻塞的街上噪音可达 100 分贝，一般不讲究的小汽车里噪音也达 90 分贝。

振动是内燃机不可避免的，特别是活塞式内燃机更为严重。振动使设备技术性能下降，而产生共振则破坏能力更大，有时甚至是灾难性的。振动对人的心理、生理都产生不良后果，使人容易疲劳，工作效率下降。

热污染是内燃机对环境的又一影响。人体散热在凉爽季节百分之四十五靠辐射,百分之三十靠对流,百分之二十五靠蒸发。在气温30℃以上时,则主要靠蒸发。体表每蒸发1克汗水,可散热0.6千卡。汗水蒸发过多,会因失盐而造成体内电解质代谢紊乱而发生中暑。船舶机舱温度总在30℃以上,有的甚至达80℃,汽车驾驶室的温度通常也是很高的,这对操作人员身体健康影响很大。

可见,环境因素干扰着内燃机的正常工作,而内燃机也影响、恶化着环境。研究环境和内燃机的相互作用,研制适应各种特殊环境的内燃机,制订出减少内燃机对环境的污染的方案,使人们能在良好的环境下,得到内燃机所提供的更好服务,就是环境内燃机学的主要课题。

128 传统教育向新型教育过渡的"桥梁"

——教育技术学

科学技术日新月异的发展和信息化社会的到来,使传统教育受到了强烈冲击,特别是电化教育手段(如广播、电视、电子计算机等)的广泛应用,带来了一系列新的问题:学校如何办?教师怎么教?学生怎样学?怎样合理有效地使用新的教育工具?……这些问题都属教育技术学研究的范畴。

教育技术学是在视听教育的基础上发展起来的一门新兴的边缘科学,是信息科学、智能科学和通信技术、控制技术、计算机等技术在教育中应用的产物。

教育技术学是一种设计、实施和评价学习与教学全过程的系统论方法。它依据特定的目标,在充分研究人类学习和传播的基础上,综合应用各种教学资源,以获得最优教学效果。它包括有:教育电视技术、教育音响与语言实验技术、教育计算机技术等技术内容和教育信息处理、教育控制论等理论内容。

教育技术学包括下列五方面内容:

1. 教育心理技术：通过直接的（可感知的）或通过符号（文字、视听或其他传播媒介）来作用感觉的输入，提高学生的能力，评断、估价学生的能力，澄清教育目标，选择制备教育媒介、材料、活动以及进行评价等。也就是从行为科学方面来理解教育技术学。

2. 教育信息传播技术：强调教材制作以及广范围的、远距离的传播工具的设计、生产和评价。既注意教育信息的接收和传播，也注意教育信息的产生、选择和处理等，以便有效地应用。

3. 教育管理技术：集中在教育资源的组织管理方面，包括制订方案、编制预算、制定管理决策、经营研究、系统分析等。组织管理技术，其核心意义在于为人机系统提供有效的决策模式，信息系统和组织管理的理论。

4. 教育系统技术：其核心是教育系统工程，包括教育系统的规划、设计、组织和评价，即强调研究教育系统的开发问题。

5. 教育计划技术：涉及教育部门的领导机构问题，是研究超学校级或研究国家级的教育计划的评定、复审技术，以及制定教育模式等。

教育技术学发展至今，大体经历了两个阶段。

二十世纪六十年代是初创时期。这一时间以教育广播录音和教育电视的研究与应用为主。例如 1962 年美国国家通过的《通信法案》规定，拨给教育电视台的经费达 3200 万美元。这个时期的教育电视台超过 100 家，教育闭路电视系统超过 300 套，几乎所有的重要课程都有电视讲座。

七十年代是教育技术学的奠基时期。这一时期发展的内容主要是计算机化教育（简称 CBE），计算机辅助教学（简称 CAL）和卫星电视教育。1972 年美国国家科学基金会制定了一个发展与评价教育计算机系统的计划，计划中决定拨款支持 PLATO 等教育系统的研究，仅此一项，就提供资金 1200 万美元。据 1975 年不完全统计，在美国已有 500 多个具有一定规模的 CBE 系统在运行，而微型 CAL 系统则数以千万计。1974 年 5 月美国发射了实用技术卫星 ATS－6，用于普通教育、职业教育和成人教育，ATS－6 卫星被誉为"一所真正的宇宙学校"。

教育学在英国主要体现在"开放大学"和计算机辅助学习（CAL）系统的研制上。在日本则称"教育工学"。日本京都大学、东京工业大学，东京学艺大学等 20 所大学设有教育工学研究中心，开展教育技术研究并培养学位研究生。

八十年代是教育技术学广泛深入发展时期。教育技术学的研究和应用，在前两个时期主要集中在高等教育和成人教育，八十年代发展到中小学教育领域。美国和加拿大的普通中小学都有数台至数十台微型机，学生必修微机课。教师也积极应用微机进行辅助教学。另外，在研究方面主要发展以计算机为中心的多媒体教育系统，计算机教育通信网络系统，包括卫星教育系统，以及智能型 CBE 系统等。

目前，教育技术学的发展方兴未艾，广泛深入地开展对这门新兴学科的研究和应用，将大大促进教育效率与教育质量的提高。教育技术学是使传统教育过渡到适合信息社会特征的新型教育的桥梁。

129 教育学与社会学汇流
——教育社会学

教育是人类世代生存和延续的基本条件之一。人类在生产斗争和阶级斗争中所积累的知识和技能、经验，依靠教育才得以世代相传。没有教育，就没有社会的进步和文明，社会也难以存在。教育的发展和社会的发展，从总的趋势来说具有一致性。但在某些时期，教育的发展可能落后于社会需要的变化，出现教育功能与社会需要不相适应的情况，而在另一些时期，则可能出现社会阻碍教育的发展或教育的某些部分在发展中超越社会发展需要的情况；这就产生了矛盾性。专门研究教育与社会的基本关系，相互作用及其一致性和矛盾性的学科，称为教育社会学。

教育社会学是一门新兴科学，关于它的学科性质，至今仍是"仁者见仁，智者见智"。有些学者根据教育学的观点研究教育社会学，认为它是教育学科的一个分支；有些学者则利用社会学的理论和方法从事这方面的探讨，认为它属于应用社会学，实际上，正确地说，教育社会学是介于社会学与教育学之间的一门新兴边缘科学，它的产生是教育学与社会学汇流、相互渗透和相互交叉的必然结果。

教育社会学把教育作为一种社会现象、一种社会过程、一种社会制度来研究，这就不同于教育学把自己的研究对象仅仅局限于普通中小学、教师与学生教学的内容和方法等的狭小范围内。教育社会学对教育的理解是广义的，是从社会关系的整体和总和上去研究教育，同时也把教育作为社会制度、社会生活的形式和手段加以研究。

教育社会学的研究对象是教育与社会的基本关系。教育与社会的基本关系，既包括宏观的，又包括微观的，大致可分为下列几个方面：（1）教育制度与社会制度的关系。其中包括：教育体制与经济体制的关系，教育体制与政治体制的关系，社会阶层化、社会流动与教育的关系，社会变迁与教育的关系，社会问题与教育问题的关系等。（2）文化与教育的关系。这里包括社会的文化价值、社会的传统、社会的风尚和习俗、社会的精神文明与教育的关系，以及学校、学生与文化与教育的关系等。（3）学校与社会的关系。教育社会学把学校看作为一种社会组织，把班级视为一种社会体系，考察社会、班级、课堂中的社会学问题，知识的选择、课程的组织和进行等的教育社会学问题；等等。（4）个人与社会的关系。如个人社会化与教育，学生受教育以及学业成就的社会背景，学生角色，教师的社会地位和教师在社会中的角色，师生关系等。

教育与社会的基本关系，既有决定和从属的关系，也有相互作用和影响的关系，教育社会学在研究教育与社会关系时，着重探讨教育的社会性质、地位、功能等问题。教育和社会都有总体和局部之分，教育社会学既考察总体之间的关系和相互作用，也考察局部之间、总体和局部之间的关系和相互作用，既考虑教育的总体性、多结构性和多层次性，又考虑社会的总体性和多样性。

教育社会学作为一门边缘学科，具有以下几个主要特点：

第一，理论目的和实际目的的相互结合。在现代化社会，无论是资本主义国家或社会主义国家，许多教育问题越来越成为社会问题，一些社会问题需要通过教育的途径去解决。因此，各国的政府、团体、学者，越来越重视对教育和社会关系的研究，通过这种研究，使理论的目的和实际的目的一致起来。

第二，教育社会学把教育学和社会学的基本概念相互渗透使用。教育社会学常常使用"社会组织"、"教育制度"、"系统"、"结构"、"功能"、"价值"、"规范"、"同辈人团体"、"社会化"、"角色"等概念去分析现象、确定界线，划分范围。

第三，吸收和使用新的研究方法。现代科学的综合趋势也表现在自然科学与社会科学的合流。特别是自然科学的一些方法、手段，如数学方法、计量方法、电子计算机的应用等，都在社会科学中起着越来越大的作用。教育社会学也采用自然科学的一些手段和方法。

自从二十世纪五十年代以来，教育社会学在发达资本主义国家取得了重要地位，发展迅猛。但在我国，教育社会学目前还正处在学科建设时期。愿有更多的中国学者涉足介于教育学与社会学之间的这一边缘地带。

130 控制论教育学

控制论教育学是介于控制论和教育学之间的一门新兴边缘科学。它在国际上大约有二十多年的历史，在我国尚未进行系统的研究和应用。

控制论是一种模型化、数学化的理论，是信息、信息处理和信息处理系统的技术；而教育学正是涉及信息传递和储存的学科，虽然传统教育学已形成完整的学科体系，但总地说来仍属于经验科学，对于教育过程中的信息处理以及诸多因素所产生的影响只能做定性的分析和描述，而且一般说来，它不能对教育过程进行可靠的预言。控制论教育学则通过使用模型来模拟教育过程，进而又使模型数学化，把教育过程中各种因素的作用看成信息的传递和储存，应用反馈概念，研究最合理的几率分布，从而对教育过程进行符合目的的。控制论教育学的本质在于应用自然科学的研究方法、预言手段和成果——控制论来解决教育科学（如教育心理学、教学论和定向教育）提出的问题，使教育学从定性研究的描述性科学过渡到定量研究的精确科学。

最早的控制教育学研究论文是西德的控制论博士赫尔马·弗兰克（H. G. Frank）教授于1962年提出的。20多年来，西德、苏联、美国、法国等各国控制论专家发表了大量的研究论文，论述了这门学科的对象、目的、方法和实践，而且逐渐统一了专业术语。目前最新的研究成果是把控制论教育学区分为狭义的和广义的两种，后者专称为"未来教育学"。

控制论教育学主要针对教育过程来应用控制论思想。教育过程是在教学系统和学习系统及其关联中进行的。教育过程中两个系统的行为序列可以概括为：制定课程计划、备课、课堂教学和考试。就课堂教学而言，它受到教学方式、教学手段、教材、教学目的、学生的心理结构和反映外界影响的社会结构等方面的作用。显然，这诸多因素作用于两个系统，实际上是一个典型的信息交流和反馈过程。

控制论教育学不是一般地研究教育现象，揭示教育规律的科学，而是方法论意义上的教育学。传统教育学历来是作为纯意识形态的学科去考察的，因此，人们往往片面强调政治、政策对教育现象，教育规律的影响和制约。从20世纪30年代起，现代化技术手段进入教室，冲击了持续300年之久的口授式课堂教学，从幻灯、留声机和电影到今天的计算机辅助教学，视听教育、程序教学已成为教育领域的一个分支科学，大大地改变了课堂结构，提高了教学质量。但是，电化教育技术一般来说还只是解决手段问题，尚未从方法论的角度涉及教育科学本身的研究。例如，在教育学中经常讲到许多关系和原则：教师主要作用和学生主观能动性的关系，学校教育和社会影响的关系；教材和教法的关系；以及预备教育、启发式、因材施教、量力性等原则。然而，仅仅依靠定性的说明是不能正确处理这些关系和正确实施这些原则的。因为很显然，这些关系和原则中所反映的本质是教学过程中的系统、状态、信息、信息传递、信息储存、信息反馈等，而这些正是控制论的研究对象。借助控制论的方法可以找到这些关系和原则的近似最优值。从这个意义上讲，运用控制论、系统论、信息论和哲学理论来研究教育学，构成某些较为理想的智能教育系统，达到最优化教学目的是当前和未来教育科学研究有可能解决的课题。

131 研究文学接受和影响的新方法
——接受美学

同是一部《红楼梦》，有人说："开口不讲《红楼梦》，纵读诗书也枉然"；有人道："男子莫看'三国'，女人勿读'红楼'"。同是一部作品，在某一时期风行一时，在另一时期却默默无闻。如何理解这种对文学作品"仁者见仁","智者见智","此一时,彼一时"的现象呢?接受美学将对此作出回答。

接受学从美学角度讲称接受美学。关于接受的思想,在西方历史上早已出现。美学先于文学理论,接受美学先于文学学。二十世纪六十年代中期,接受美学在西方文艺界兴起,其创始人是西德康士坦茨的五位文艺理论家。现在,接受美学已传播到整个西欧、美国,产生了广泛的影响。苏联和东欧一些国家的学者把它改造成"马克思主义的接受美学"。

接受美学研究探寻一个作品在历史、社会的各种不同背景中的各种不同意义结构,它认为,文学史是接受史,其任务是考察文学在历史长河中的变迁情况。

接受美学的创始人之一,德国文艺理论家罗伯特·尧斯指出:过去的文学史只是作家和作品的历史,而忽略了读者的作用,但是,"只有阅读活动才能将作品从死的语言材料中拯救出来并赋予它现实的生命"。作品的价值和地位是两种因素——创作意识和接受意识共同作用的结果。作家体现在作品中的创作意识只是一种主观的意图,能否得到认可,还有待于接受意识,即读者的理解活动。一部作品在某个时期引人注目而在另一时期无人问津,即是颇能说明问题的例子。另一位学者伊瑟也提出了重要的见解:一般的文章(如学术论文、新闻报道等)用的是"解释性语言",而文学作品用的是"描写性语言",后者包含了许多"意义不确定性"和"意义空白"。它们构成了作品的基础结构,即所谓"召唤结构",召唤读者去发挥想象力,去"实现"作品意图。这样文学作品就有了两极:一极是作者的本文,另一极则是读者对本文的具体化或实现。美国的接受美学家比较富于主观色彩,他们过分强调了读者的作用;使作品本文的意义仅仅成了读者经验的产物。而东德的接受美学体系的中心则从马克思关于生产和消费关系的论述出发,着重探讨了创作和接受、作品与读者的相互关系和作用。

目前,接受美学方兴未艾。它通过对一部作品在不同时期为什么有不同评价、在同一时期为什么会莫衷一是众说纷纭,作者创作作品的创作意识和读者阅读作品的接受意识的相互关系等问题的研究,对文学的发展产生着积极的影响。

132 美学向信息论伸手求助
——信息论美学

美学作为一门学科,是在西方的文化传统中发展起来的。传统美学在本质上始终是一门哲学的学科,它讨论的主要是"美的本质刀"这样一类抽象的非经验的命题;它所用的方法也主要是哲学思辨的方法。但哲学毕竟无法代替科学,作为哲学一个分支的传统美学,虽然能够启发人们去认识审美活动的本质和评价审美价值的意义,却始终无法科学地解释审美现象。因此,传统美学必须求助于现代自然科学,等待着自然科学为它提供更为有效的研究手段和研究工具。

信息论问世以后,它的影响大大超出了通信领域。它的基本概念和方法,对自然科学和社会科学以至人文科学的各个传统部门产生了巨大冲击,也给传统美学带来了新的生机。1952年至1958年间,信息论美学首先在法国发展起来。它的创始人是亚伯拉罕·A·莫尔斯。

按照莫尔斯的看法,信息论美学"主要具有统计与普遍的特性。它意在成为一种科学"。于是,"信息论美学代表着这样一种精神态度:它与传统的哲学美学形成鲜明的对照"。传统美学主要在图书馆书斋里研究,而对信息论美学来说,更重要的研究地点是实验室和计算机中心。由此可见,信息论美学不讨论无法实证的形而上学问题,它撇开研究对象的任何超验的价值,而只对其进行具体的统计分析。

信息论美学认为,所有的艺术作品以至艺术表现的任何形式,都可以被视为一种信息;这种信息由发送者(艺术家)发送给来自特定社会文化团体的个别接收者;传递通道可以是视觉、听觉或其他的感受系统。信息论美学将其研究对象列入申农提出的通讯系统的模型。

信源 →消息→ 编码 →信号→ 信道 →译码→ 消息→ 信宿

如以一部文学作品为例,创作的素材就是信源,创作过程就是编码,读者的感受系统就是信道，阅读过程就是译码，作品的最后接受就达到了信宿。

信息论美学从信息论得到的不仅是带着普遍指导意义的方法论，而且包括具体的研究步骤。这些步骤总地说来可分为两大部分。第一部分即理论部分：用推理的方法（也可能用数学方法）制定出模型与规则。第二部分即实验部分，研究信息、发送者、接收者的种种特性。第一部分的研究可以比之为计算机的软件设计，第二部分的研究相当于使用计算机进行具体操作的过程。

在一般通信研究中，关键是要计量出由发送者传送到接收者的信息的新颖或独创的量，一部艺术作品，它究竟能给人带来多少新的东西？这就是信息论美学着重研究的问题之一。实验心理学家首先提出，在一个给定的时间单位中，接收者只能理解作品的一个有限的量。这个看法已由具有反应功能的模拟控制机作出了证明。于是，问题就提出来了：怎样的艺术作品才能在有限的时间内最大限度地为人接受？信息论美学的研究结论是。艺术作品要能适应于个体接收者，它的基础之一就是这一信息或组合必须达到"最优化"。"最优化"指的是艺术作品的"可理解性"与"新颖度"之间的某种关系。因为艺术作品既不能是完全新颖的——那意味着完全不可理解，同时又不能是完全可理解的——那意味着毫无新颖之处，即信息是等于零。因此，艺术家的工作实质上就是按照最优化的要求来创造艺术作品。

广义信息论认为信息可以分为两种；技术信息（或语法信息）与语义信息。前者指的是信息的物质属性，后者指的是信息的实际内容。莫尔斯在研究信息论美学的过程中提出了第三种信息：审美信息。通过对艺术品的分析，他发现，在语义信息之上，还叠加着一层审美信息。一部交响乐作品，可以在不违背作曲家原谱的情况下，由不同的指挥作出各自的解释，但听众绝不会分辨不出它们是同一部交响乐作品。节奏、力度、速度等方面的变化是叠加的审美信息，而作曲家的原谱则是语义信息。

自二十世纪六十年代以来，信息论美学的发展较为迅速。目前，全世界许多国家都建立了信息论美学研究中心，一大批信息论专家、美学家、心理学家正在从事信息论美学的探索。展望未来，可以预期，信息论美学将会不断取得新的突破和发展，不断扩大自己的应用范围。

马克思指出："一种科学只有成功地运用数学时，才算达到了真正完善的地步。"信息论美学将数学引入美学，将信息论的原理和研究成果应用于美学探索,使得美学的一部分脱离了哲学的思辨而进入真正的科学研究领域,这是一个重大的有历史意义的转折。信息论美学在未来的发展中,终将组成整个美学学科的科学化。

133 五颜六色总关情
——流行色学

自然界不但千姿百态,而且五光十色、绚丽多彩,为人类生活增添了许多情趣。随着人民生活水平的提高,人们的衣着打扮,商品的色彩装潢,也变得越来越丰富多彩。但是你有没有注意到,每隔一段时间,人们喜爱的色彩就改变一次。因此,服装设计师、装潢设计师、生产厂商,逐步认识到研究色彩流行性的重要性,使研究流行色成为一门专门的学科——流行色学。

流行色学的研究证明,流行色的出现决定于心理、社会、时间三个因素。

人对色彩的感觉和喜恶,是一个复杂的生理、心理现象。不同波长的光波引起视觉产生不同的色彩,并引起明暗、冷暖、轻重、远近等感觉,产生宁静、轻松、忧郁、紧张、兴奋、焦躁等心理效应。据心理学家研究,视神经对红色、橙色的知觉度最强,因此红色引起兴奋,橙色增加食欲,它们都给人以"暖"的感觉;绿色使人宁静,有安全感,蓝色使人镇定,它们都引起"冷"的感觉。因此红色常用于危险信号,绿色用于安全信号。鹅黄色明显醒目,玫瑰色使人愉快活跃,而灰色令人沮丧,黑色显得沉重。色彩的不同心理效应,必然使流行色的出现受到消费者心理变化的影响。

流行色又受到民族习惯、生活条件、政治宗教的影响。我国人民普遍喜爱红色,把它作为喜庆、热烈、高贵的色彩。西方人普遍喜欢白色,认为是一种表示纯洁、真实的色彩。所以我国新娘喜欢穿红色衣裳,而西方新娘的婚纱是白色的。居住沙漠的阿拉伯人,对沙漠的黄色习以为常,而沙漠中的绿洲是生命的象征,因此他们视绿色为珍贵。在伊斯兰教教堂的塔尖,在许多阿拉伯国家的国旗上,都用他们珍爱的绿色来装饰。而西欧许多国家却厌恶绿色,因为他们民族习惯用橄榄绿作为裹尸布的颜色。在马来西亚,黄色是显贵的象征,是王族的御用色,而叙利亚人却视黄色为不吉利。所以,在国际贸易、国际交往中，如不注意民族习惯，就会碰钉子。流行色当然也受这些因素的影响。

在我国，古代各级官员和普通百姓，都以不同的颜色来制作衣服袍饰。所以寒儒一旦金榜题名，便"青衫脱下换紫袍"，说明颜色与社会地位的关系。现代法国人厌恶墨绿色，因为穿墨绿色制服的纳粹法西斯给他们民族带来深重灾难。在瑞士，风行国旗上的红、白两色，而伊拉克人却视国旗上的绿色为神圣，禁用于商业上。伊斯兰教徒喜欢穿绿、白、红色组，而巴基斯坦人不喜欢黄色，则是因为婆罗门僧侣穿的是黄袍。至于我国"文革"中视红色为神圣，白色为反动，更令人记忆犹新。

人类对于色彩除了黑白两色不会感到厌倦外，其他色彩如不经常变换，就会使人发生厌倦。因此流行色有其时间周期性，一般一种流行色从兴起、盛行、到衰落大约要经历四五年的时间但每一年总有几种颜色较为盛行，其他颜色处于更替之中。比如1978年红、蓝、白色较为流行；1979年枣红、玫瑰、酱色成为时尚；1980年金黄、蓝、绿色占领市场；1981年海军蓝、酱红受到青睐；1982年宝石绿、杏黄色活跃起来……

流行色又是一种自我表现和模仿的双重心理状态的矛盾统一。现代生活的开放、紧张、快节奏，使流行色的更新周期越来越短。因此，研究流行色，预测流行色，巧妙的利用人们的心理，把色彩表现为人们所喜爱、接受的流行色，并进行各种宣传，是十分必要的。国际流行色协会成立于1963年，它每年召开二次专家会议，预测并确定今后18个月的流行色。近年来，我国也开始重视流行色的研究了。丝绸流行色协会等研究组织相继成立并卓有成效地工作。1982年丝绸流行色协会发布了具有中国敦煌艺术特色的1983年春夏二十四种流行色，是我国第一次对流行色的预测。该协会对1984年春夏二十四种流行色的预测中，有十四种与第四十九届国际衣料博览中心台所预测的流行色相同。流行色学的研究，对丰富我国人民生活，促进对外贸易和国际交往起着不可忽视的作用。

134 用数学工具研究语言
——数理语言学

社会科学与自然科学互相渗透是当代科学发展的一个重要特点。许多原来与数学各不相谋的学科,正在纷纷与数学携手合作。数学向语言科学渗透正是这个特点的反映。数理语言学就是近二十多年来,随着现代通信技术和机器翻译的发展需要而产生的一门数学和语言学之间的边缘学科。

世界上的语言有好几百种,单是美洲印第安语群就分成十几个语组。有些语组的差别,简直像欧洲语言和汉语之间的差别一样大。有的语言被成亿的人说着,而另一些独特的语言,却只在包括几个村庄的部落内使用。有的语言拥有在漫长的世纪里发展起来的文学,并被运用于复杂的理论和科学讨论,而有的语言却根本没有书写形式。在现有的语言中还包括一些独特的子语言,例如科学的专门化术语,英语里下层社会的黑话,以及某些原始部落中只供女性使用的语言等。数理语言学以数理逻辑、集合论和统计数学等工具来研究语言结构,如语言要素在语言中出现的概率,一种语言和另一种语言的对应规则。数理语言学将语言的结构分离出来,加以形式化,用数学方法进行表达,这样人们就可以不涉及任何特殊语言而谈论人类语言的基本数学结构了。

语言内部深藏着数学的结构,而且千差万别的不同语言还有着共同的数学结构。这看来是很奇怪的事情,但实际上,对语言作数学表述之所以可能,是因为语言无非是声音或文字的集合。我们在研究的时候,完全可以不考虑声音和文字的意义,而只着眼于形式方面。例如,我们可以把句子、词、词素只当作若干字母的一种排列方式。而处理这类离散元素的排列,数学早就积累了许多有效的方法和经验。数理语言学寻求一些普遍的方法,用以表达那些可以构成句子的字母排列的特征。举个例子。假定我们面前有一篇文章,文章中没有大写字母,也没有标点符号。甚至连单词间的空隙也没有。数理语言学的研究表明,有办法将这样的文章分解成一个个词汇,也能正确地点出句子间的间隔。这个办法,只要有一台程序相当简单的计算机就能实施。

数理语言学把语言当作由两个部分组成的系统：其一是"核心句子"的全体，也就是不可能变换得更简单一些的那类句子；其二是变换规则。数理语言学的成果在于证明了变换规则对所有语言都是相同的，还证明了在迄今研究过的所有语言中，全部可能的变换能归入五个结构类，这五个类在所有语言中都是相同的。人们还发现所有语言的"核心句子"类是相同的。任何语言中意义确定的句子，都能通过选取若干核心句子，经一系列变换而得到，这样一个过程是完全可以用数学方法来描述的。

随着电子计算机和信息处理机的不断更新和改革，数理语言学必将不断取得新的突破。

135 文艺控制论简介

控制论作为一门横断学科，自1948年诞生以来，它广泛地渗透到各个科学领域，以迅猛的速度向前发展，相继出现了工程控制论、神经控制论、经济控制论和社会控制论等分支。文艺控制论也属于这种分支之一，是介于控制论和文艺之间的一门边缘学科。

控制论不同于其他学科的研究方法，它主要不是从事物或对象的特质和能量的特点方面加以考察，而是侧重分析信息调节过程和系统的行为或功能的性质。控制论的核心概念就是"控制"。所谓控制，是一个有组织的系统根据来自内外部的各种信息进行调整，不断克服系统的不确定性，使系统保持某种特定的状态。控制是一种联系和调节，也是一个动态的过程。作为一个系统，总是存在一些不确定性，使系统不能稳定的保持和达到所需的状态，控制正是在于通过反馈信息的不断调节，逐步消除系统的不确定性，提高系统的组织程度。

文艺控制论正是运用了控制论的观点来考察文艺活动过程。即把这个过程看作为一个系统，其中由于信息流的正常流动，特别是反馈信息的存在，使到这个系统按预定的目标实现控制，从而实现该系统的有目的的运动。

文艺作为一个系统，事实上就已经存在着控制。假若我们把文艺创作看作是文艺系统中的被控子系统,而把文艺批评看作是文艺系统中的施控子系统。那么,文艺系统正是通过文艺批评不断地作用于文艺创作,对文艺创作进行控制调节,同时文艺创作的发展也影响促进文艺评论。

文艺控制论不只是把研究文艺中的两大子系统的相互作用作为目的。而是深入到文艺过程的各个具体环节和要素,如文艺创作过程:对生活的观察,题材的选练,主题的发挥,形象的塑造,结构的安排和语言的修饰等等。同时应用控制论中"模型"的概念来模拟文艺研究对象的事态,将其数学化,力求精确地考察和定量地描述文艺过程这些行为序列。

文艺控制论不同于一般文艺学只是一般地研究文艺活动的现象去揭示文艺活动的规律,文艺控制论是借助自然科学的技术手段和成果来研究文艺活动过程,走向定量研究和实验的道路,从而深入到一般文艺学难以进入的大门。过去对文艺学的研究虽然已形成比较完整的理论,但总地说来仍属于思辨理论。对于文艺活动过程的信息处理及其他许多因素所产生的影响只能作定性的分析和描述。一般来说,它还不可能对文艺活动过程作出具有可靠性的预测。文艺控制论则不同,它应用了数学模型把文艺活动过程的各种因素的作用看作信息交流,并运用反馈去研究最合理的几率分布,这就有可能对文艺活动过程进行合理的的预言。从而使文艺活动过程从描述性的定性研究过渡到精确的定量研究。

文艺控制论虽然只有近三十年的历史,在国内也尚未受到普遍重视。但它在应用自然科学的研究方法、技术手段和成果的基础上,从一个全新的角度和方面来解决文艺心理学、文艺理论、文艺批评和定向活动所提出的种种难题,实现对文艺活动过程的定量研究。在这个意义上,文艺控制论将为文艺研究开辟新的途径。

136 地震社会学

地震给人类造成了极大的灾难和损失,因此,准确地预报地震并采取相应的预防措施就成为人们的迫切要求。但是,由于技术条件有限,地震预报往往不很准确。于是地震预报就面临许多复杂的社会经济问题。比如：地震预报应负什么法律责任？如果错报将有什么法律后果？由谁组织应急措施？社会机构在地震预报中的责任和作用等。针对地震所提出的新课题，1979年4月在法国巴黎召开的地震预报讨论会上，科学家们把有关地震预报的社会学问题提到议事日程上。于是，一门新兴的学科——地震社会学就应运而生了。

地震社会学的主要内容包括地震的预报和发布程序、社会反应、经济效果、法律责任等方面。

地震预报的发布程序很重要，因为现在的预报准确性还很差，因此发布预报必须十分慎重。我国规定，只有省一级人民政府才有权发布地震预报。

地震预报的社会反应取决于许多因素，如社会结构、地区特征、预报系统的声誉等。在地震预报中防止谣言是很重要的。1978年4月，墨西哥收到来自美国的一封电报，说该国某地将发生强地震。于是谣言丛生，人们纷纷变卖家产、土地，准备外逃，造成了严重的经济损失和社会混乱。实践证明，普及防震知识很重要。有防震知识的人往往能及时、自觉地采取一些有效的防震措施，从而大大避免损失。

地震预报要付出什么代价和如何达到最佳效果，这也是地震社会学研究的一个方面。有人认为，预报的得失分析，应是预报所带来的好处与所付出的代价之比。据美国旧金山地区统计，拯救一个生命所付出的代价约为150万美元。

地震预报的法律责任也是地震社会学的一个重要方面，其所涉及的问题十分复杂。

总之，地震社会学已不是单纯的自然科学问题，它与社会经济体系、人的心理状态有着密切关系。为减少地震灾害，必须大力加强地震社会学的研究。

137 现代人口学

当今，全世界人口已达四十几亿，并正以每天二十二万，每年七千万人的速度猛增。到2025年，人口将增至八十三亿。科学家们预测就地球的生态环境来说，可供养一百二十亿人较好地生存，如果超过这个数字，人类的生存就会受到威胁。因此，各国都很重视人口问题的研究和人口数字的控制，于是，一门研究人口问题的科学——现代人口学应运而生。

现代人口学是一门既包括自然科学内容（比如数理科学、环境科学），也包括社会科学内容（比如心理学、经济学）的新兴边缘科学。现代人口学分为数理人口学和社会人口学。前者主要用数理方法研究人口变动的三大要素：人口的出生、死亡和迁移；后者是从社会条件、经济状况和自然环境等方面研究人口的变动和发展趋势。

现代人口学又分为静态人口学和动态人口学两种。这好比我们通过电影胶片观察人：对于每一幅底片，人是静态的；如果一定速度连起来放映，就成为动态的了。静态人口学研究的是人口数，包括某个国家或地区的总人数，以及户数、代（辈）数、子女数等。研究这些数字及其变化、发展，对于经济计划的制订、人民生活条件的改善、劳动力的安排等，都有直接关系。动态人口学主要研究人口变化情况，包括人口增长率、性别比率的变化、年龄结构的变化、婚姻及生育率的变动以及人口的流动情况，对未来人口作出预测等。

目前，世界上正面临着人口增长过快的严重威胁。这给粮食、工业品的生产，燃料开发，住房和劳动就业的解决，都造成很大的困难和压力。要解决这一问题，必须加强现代人口学的研究，以便合理利用地球上的资源，不仅让现在的人类生活得更好，也为子孙后代造福。

138 服务学

人们乘坐汽车、火车、轮船、飞机等在空间移动，靠的是交通服务，信息的收集、整理、输送和储存，靠的是信息服务，商品的收购、运输、保管、销售，靠的是流通服务；而为人们临时性逗留提供种种方便的是旅馆服务。随着社会不断的开放和信息化，服务行业已成为当代社会须臾不可缺少的第三产业，它深入社会的每一角落，联系着千家万户。在服务领域内提高效率，改善服务质量，不断完善服务实践，深入研究服务理论，既是人们的热切希望，也是当今社会面临的一项重要课题。因此，一门研究服务工作的实践和理论的学科——服务学的诞生，也就是在所必然了。不久前，日本的前田勇出版了《服务学》一书，着力探讨了"机能性服务"、"情绪性服务"、"服务和分别接待"以及服务理论研究和服务教育等问题，为提高流通、饮食、交通、金融等与消费密切相关的服务业的服务质量，提供了新颖又可资借鉴的观点和做法。

服务学研究的重点，放在服务人员的服务态度、方式对服务质量和效率的影响上。中国有个寓言故事，说一家酒店，因店主养有一只恶狗，使人望而却步，所以尽管他出售的酒质量比相邻的好，但却极少有人问津。这是因为酒店和顾客联系的心理桥梁，被恶狗所切断。现代商店和旅馆当然没有恶狗，但是如果服务人员态度生硬冰冷，言语粗鲁，顶撞顾客，那么也会"为丛驱雀、为渊驱鱼"，把顾客都"赶"到其他商店旅馆去。生意兴隆的商店，几乎无不与其服务员良好态度有关。服务员把每个购货人都当作自己的宾客来接待，平等对待所有顾客，真正做到"童叟无欺"，不论是贫是富，是本地人还是外地人，是大宗商品购主还是小件商品买者，不论买与不买，都一样热情接待，这是服务行业在对手林立的竞争下取胜的关键。

服务业的经理、服务人员，均要有心理学的知识，理解顾客心理，了解顾客需求的愿望。在理解顾客愿望和说明服务提供者能提供什么的过程中，一个很大的问题是服务人员总是用营业惯用语来单方面强加给顾客，因此，服务人员应用顾客容易接受的语言接待顾客。

在服务工作中，分别接待的原则应受到充分的重视。这里的分别接待，和前面所提到的平等接待是没有矛盾的。这里的分别接待，是指对不同的对象采取令他们感到满意的不同接待方法。例如日本宫崎交通公司有一个吹奏乐团，凡是到宫崎旅行的学生团体，在车站都受到乐团的欢迎。乐团专门演奏这些学校的校歌，使客人大喜过望，充满感激之情。这对形成对该公司的良好印象，无疑起很大作用。又如在丰田会馆向导处上方有一块电动旋转式的大横牌，上面有用约十国文字书写的"欢迎"字样，哪一国人来参观，就转出相应的表示欢迎的文字。对待特殊客人，如企业方面认为是重要的人物，在客房上摆上花卉水果饮料之外，附上一封本旅馆经理的亲笔信，或是亲自出面接待，将会收到分别接待的良好效果。

在乘坐飞机进行高空飞行的时候，空中小姐的微笑不但给乘客以亲切感，而且还给乘客带来安全感。特别是飞机在空中出现故障的时候，空中小姐的微笑和镇静情绪，无疑是使乘客心神平静、勇气倍增的定心丸。其实，不只是空中小姐，凡是从事服务行业的人都要具有一种温文尔雅，微笑热情的素养。微笑能超越人种和国籍，是通用的表示肯定的象征，具有表明对对方充满善意、传达好意、消除不安的作用。

服务行业要注意人员素质的培养，使专业人员具备能对社会作出贡献的知识和技能，并运用这些知识和技能进行工作。经营者要善于调动每个工作人员的工作积极性，发挥个人的聪明才智，而且要树立服务人员统一的服务观，制订服务规范，确立以"最佳服务"为目标，随时注意服务对象的信息反馈。

服务业是一个充满热情的行业，服务人员应把自己的职业看成是为社会作出贡献的一种职业，从而热爱自己的职业，充满热情地为顾客服务，这就是服务学的真谛。

139 一门研究"关系"艺术的新学科
——公共关系学

公共关系学是一门研究组织或个人与其有关公众或团体建立互相了解和信赖的关系，以获得对自身有益的资助与合作的科学。它起源于美国。最早提出这种"关系"的是被人们誉为"现代公共关系之父"的《纽约时报》记者艾维·李。1908年，美国电话电报公司率先设置公共关系部，尔后，各大企业相继成立了公共关系部门。1923年，纽约大学首先开设了公共关系学课程。1949年，波士顿大学开办了第一所公共关系学院。二十世纪八十年代初，美国公共关系从业人员已超过十二万人，其中约有三分之一在实业界，其余在政界、军界、宗教界和各种社会团体组织服务。美国现在已有两千多家公共关系公司，数以百计的大学开设了公共关系专业或学系。

公共关系学的基本工作大概有以下八个方面：(1) 写作，包括新闻稿件，对内对外报告，资料性小册子，演讲稿，视听节目，产品与服务项目的介绍和说明。(2) 编撰，如各类企业刊物、业务通讯、季度和年度报告。(3) 散布，将有关公司的资料和新闻稿件散布给新闻媒介以及有关团体和个人。(4) 执行活动计划，主要是一些专门的节目，如开幕式，特别展览，工厂参观，周年纪念，文体活动，庆典，有奖竞赛，迎宾会，视听节目。(5) 演讲，包括公共关系人员亲自演讲和为上级演讲作组织和准备工作。(6) 制作，包括各种宣传材料（特别是视听材料），广告和实体物体如样品、展品等。(7) 计划，包括各项活动的筹谋和执行程序的安排。(8) 宣传，为树立公司的良好形象而非单纯产品推销。

企业的公共关系部门，常常通过"知名度"较高的人物或事件作为"载体"，比较巧妙又不太费钱的方法，现用现代化的传播工具为本企业作宣传。例如，借企业开张、周年纪念，推销某一新产品之际，邀请新闻记者或举办记者招待会；赞助某些社会公益或慈善事业，通过大众传播媒介进行自我宣传。

目前，各经济发达国家十分重视公共关系学的研究，使公共关系成为熔社会科学、管理方法、艺术创造、宣传技巧于一炉的专门职业。公共关系部门已逐步成为现代化大企业、大公司经营决策中不可缺少的部门。

近些年来，公共关系学已在我国兴起。随着对内搞活，对外开放，我国的企业面临着一系列横向联系需要处理和开发。企业不仅要生产商品，而且也要经营商品，商品的流通领域已开始从卖方市场向买方市场转移，消费者有条件选择商品了。企业面临着竞争对手，需要亮牌子，树信誉，尤其是产品"打出去"更要研究国际市场。如何扩大企业在社会公众中的影响，如何协调企业与消费者的关系等问题需要企业家们回答。企业只有在技术、经济、社会三方面保持平衡的前提下，才能获得顺利发展。这正是公共关系学研究的课题。

目前，全国许多企业都已设立或正在筹建公共关系部门。从事公共关系工作的，好多是充满青春活力、学有专长、训练有素、仪表端庄的年轻女性——"公关小姐"。她们大都活动能力强，具有创新精神，能广交朋友，工作讲求效率。

我国新一代公共关系从业人员正在培训之中。广州已举办了数次公共关系学讲座。世界最大的一家国际性公共关系咨询公司——伟达亚洲有限公司已在北京设立了办事处。公共关系学在我国有着广阔的发展前景，将为四化建设作出应有的贡献。

140 浅谈人才学

人才学，顾名思义就是研究人才的科学，以人才的成长及其管理中的规律等问题为研究对象。

人才学是在我国科学阵地上崛起的一门新学科，但它又非常古老。从尧、舜、禹的"选贤让能"开始，在漫长的古代社会里，曾出现过大批远见卓识的有才之士：有建立丰功伟绩、万古流芳的民族英雄，有运筹于帷幄之中，决策于千里之外的军事家、战略家；有扭转乾坤、励精图治的政治家、改革家；有启迪智慧、传播文明的文学家、诗人等。人们把人才称为"贤者"、"才子"，爱戴他们，崇敬他们。古代萧何月下追韩信，刘备三顾茅庐等大量重视人才，用人唯贤的轶闻、佳话广泛流传于民间，有关人才的论述散见于史籍、笔记等多种著作中。只不过当时对人才的研究偏重于军事、政治、文学人才，轻视科技、商业人才。

在当今的中国，随着社会的不断进步，国民经济的不断发展，更需要多方面的大批人才，人们越来越重视人才的研究，人才学作为一门独立的学科在中国兴起就成为客观的必然。

人才学作为一门科学，有一个科学体系。由于人才的成长是自然界现象之一，人才是自然界的产物，所以研究人才离不开自然科学理论；又由于人才不是超脱社会现实的人才，因此，人才问题最终又是一个社会问题。因此，人才学是建立在自然科学与社会科学基础上的一门边缘科学，它涉及哲学、教育学、控制论、心理学、脑科学、科学史等各种学科。

人才学，至今还不能算一门成熟的学科，因为它还没有一个被社会比较公认的理论体系。关于人才的定义还是个有争议的问题：一种说法是"以自己的创造性劳动，对认识自然、改造自然，认识社会和改造社会，对人类进步做出某种较大贡献的人"；一种说法是"各行各业出类拔萃的人"；还有一种说法是"所谓人才，就是在改造世界的实践中，至少在某一方面显露了较强的思维能力的人"。尽管定义还不统一，但我们总结各方的意见，似乎可以提出这样的看法：人才是指社会发展所需要的、具有某些现代科学技术、文化知识和某些才能的人或其集合，而目前人才学的研究则应以国民经济发展急需的大量"一般人才"的形成与提高，以及为社会经济进一步发展所需要的占人口比例较大的中青年的成长规律和条件、人才的开发与使用等为重点。

古人总结得好，谋臣不用，敌国之福也。人才学的发展，将会给我们开创一个量才录用、人尽其才、人才辈出的新局面，我们的政治、经济等各行业也将会随之蒸蒸日上，欣欣向荣。

141 新鲜学科——妇女学

美国未来学家奈斯比特在指出社会发展的十大趋势之后，又提出了"第十一大趋势——妇女地位的彻底改变。"据统计，目前新兴行业中，有30%为妇女新开创。在高等院校中，女生的人数已超过男生。难怪有人说，二十世纪是妇女革命的世纪。随着妇女解放运动的深化，一门崭新的学科——妇女学便应运而生。

妇女学首创于美国。在二十世纪六十年代中期，美国的妇女解放运动空前高涨，针对社会中男女不平等现象，女权运动者提出"实质平等和反对法规"的口号。六十年代末期，西方各国掀起了一股以学生为主体的改革风浪。到了七十年代初，随着妇女解放运动的发展，美国创建了妇女学。其目的在于：纠正过去那种以男人为中心的学术上的谬误；客观地分析妇女的状况；提倡克服性别歧视的新妇女生活及妇女的解放，使妇女能在社会中正常地生活和生存。

妇女学是一门综合性学科，它以政治学、社会学、人类学、历史学、心理学等学科为基础，形成了一个新的学科体系。凡是与妇女有关的问题，都成了妇女学研究的内容。妇女学者认为，以往的历史，几乎都忽略了妇女，特别是女权主义运动，往往被人遗忘。数千年的历史给人这么一个印象：历史是男人们创造的。这种历史的偏见，是压迫妇女、男性统治的结果，是一部不完整的历史。鉴于这种不合理的状况，所以历史成了妇女学的重要研究课题。妇女在社会、家庭生活的各方面的权利都受到歧视。妇女参政往往处于从属地位，有时只是点缀而已，妇女的社会作用重大，妇女的社会义务繁重，然而，妇女的社会地位和权利却与此极不相称；男女同工不同酬，以致影响到妇女在家庭中的经济地位；面对妇女这种种不平等的权利，妇女的权利问题成了妇女学研究的关键。此外，妇女的婚姻、成才、教育、就业、性等问题，也都是妇女学研究的课题。

妇女学创立至今虽然只有短短的十几年，但对妇女及其解放运动的影响极大。如"国际妇女年"的确立，"关于废除对妇女各种形式歧视的公约"的签署，都同妇女学的发展有关。

在我国，随着社会主义制度的建立，科学与生产力的发展，政治、经济、文化等领域的变革，男女受教育权利的平等、节制生育、家庭劳动减轻及社会化合理负担等有利条件的出现，使妇女解放运动发展到了一个崭新的阶段。但由于种种历史的、社会的、心理的原因以及旧传统、旧道德的影响，"男尊女卑""男将女兵"等传统观念，仍然是禁锢妇女无形的桎梏；女性自身的弱点，也成了束缚妇女发展的绳索。因此，引进、吸收西方妇女学的研究成果，建立有中国特色的妇女学，是摆在我国理论工作者面前的一项迫切任务。

142 系统与系统论

系统论是二十世纪四十年代由美籍奥地利生物学家贝塔朗菲首创的。它既是综合性的基础理论，又是横断学科，与技术科学的关系极为密切。

系统论以系统为对象，考察和研究其整体与部分之间相互作用和相互制约的关系，并采用最优化方法求得系统的最佳化结果。系统论的出现和发展，不但为控制论、信息科学提供了重要理论基础，而且还推动了技术科学中的系统工程飞速前进。

系统的概念并不神秘，在人们的日常生活中，到处可以碰到"系统"。在自然界中，小到一个细胞，甚至构成细胞的分子、原子，大到茫茫无限的宇宙，都是一些复杂程度不同的系统。在现代社会领域中，小到一个企业，科研机构，大到一个国民经济的部门，甚至整个国民经济总体也都是一些系统。

虽然各种系统千差万别，但它们都是有三个共同的特征：即它们都是由若干部分以一定的结构相互联系而成的有机整体；这些相互联系的整体可以分解为若干基本部分；这一整体具有不同于各组成部分的新的功能。我们称这种由相互作用和相互依赖的若干部分组成的具有确定功能的有机整体为系统。为了对系统进行深入的研究，人们往往根据不同的需要，从不同的角度，对客观存在着的各种不同形态的系统进行分类。但是，不管分为多少类型或什么样的类型，作为系统的共同特征，系统遵循的基本规律是不会改变的。正因为如此，系统概念才有着普遍的意义。

系统论的基本内容和方法如何呢？根据多数学者的意见，在运用系统理论分析研究各种现实问题过程中，一般遵循四条基本原则。

一、整体性原则

整体性是系统、要素和环境之间的辩证统一。它包括过程、联系和转化。具体可从三方面来理解整体性。第一，系统的性质和规律，只有从整体上才能显示出来，它的各个要素是不具备的。比如一头牛能拉犁耕地，但单把牛头、牛腿或牛身子割下来，是不会拉犁耕地的。第二，系统内各部分的性质和行为，都会影响到整体的性质和行为。一块手表中有一个零件出了毛病，就会使手表停走，这是人所共知的事实。第三，系统内各个要素或部分的性质和行为，依赖于其他要素或部分的性质和行为。例如，人的心脏的性质和行为，就依赖于肺脏的性质和行为，消化器官也制约着肌肉的动能，等等。总之，系统之所以保持整体性，是因为系统与要素、要素与要素、系统与环境之间存在着有机联系。所谓整体性原则，就是将各种研究对象作为一个有机相关的整体，从整体出发研究整体与要素、要素与要素、以及整体与环境之间的关系，从而揭示研究对象的运动变化规律。

二、结构功能原则

系统的结构是指系统内各组成要素之间的有机联系和相互作用方式。结构具有稳定性、多层次性、相对性和变异性等。而系统的功能，则是指系统与外部环境的相互作用、相互联系的效应和能力。功能也是多样可变的。结构和功能的关系是多方面的。第一，结构是功能的基础。什么样的结构决定什么样的功能。第二，异构同功。即结构不同，要素不同，但可获得相同的功能。第三，同一结构可能有多种功能，比如一副中药就有多种功能疗效。所谓结构功能原理，就是依据结构、功能的性质及其相互关系，分析研究各种系统，进行结构的复制或功能的模拟，把握结构和功能的辩证发展规律。

三、目的性原则

从现代科学技术的观点看来，世界上存在三种目的性，一是人类的目的性，它是人类自觉的有意识的追求或行为；二是动物的目的性，它是动植物机体对环境的一种适应性；三是无机自然物的目的性，它是在反馈机制作用下或协和把力作用下，维持或趋向一个特定稳定状态，以保持关系内部与环境协调的特性，我们这里讲的目的性主要是指这种目的性。所谓目的性原则，就是研究任何一个系统，要了解和掌握它所趋向或追求的目标，并采取相应的手段和方法。

四、最优化原则

所谓最优化原则，就是在给定条件下，利用各种手段和方法，促使系统实现最理想的目标。这是系统科学的基本出发点和归宿。

上述四项基本原则是系统论的重要内容，也是系统论观察研究一切问题的基本理论依据。系统方法就是这些理论原则的展开和运用。

系统论，尤其是系统方法作为一般科学方法结论，应用非常广泛，遍及各个领域，对现代科学技术的发展和人类社会的进步起了非常巨大的推动作用。

143 信息与信息论

材料、能量、信息是组成社会物质文明的三大要素。随着科学技术的飞速发展,材料、能量已经不再是社会生产中突出的主要矛盾了。而信息问题却被日益尖锐地提了出来,成为现代社会发展的重要问题,这样便产生了信息论和信息科学。

什么是信息？作为现代科学技术中普遍使用的一个概念,目前尚无统一的定义；作为日常用语,指音信、消息。客观世界充满各种各样的信息。如上下班的铃声,电信局拍发和接收的电报,书报杂志上刊登的文章,电台播放的新闻、乐曲,五颜六色的图画,色味香俱全的水果等等,其中都包含着信息。一切事物都会发出信息,由此显示出事物的不同。从这一角度说,所谓信息,是表现事物特征的一种普遍形式。

人类生活在信息的海洋之中,并通过信息来认识事物和改造事物。因此,研究和运用信息,对人类的生存和发展具有极为重要的意义。人类从认识物质到认识能量,进而认识信息,建立信息论,是实践和认识上的一个巨大飞跃。

信息论除了研究信息的本质之外,主要应用数理统计等数学理论研究描述和度量信息的方法,以及传递、处理信息的基本规律和基本原理。它的主要任务是：提高传送信息的效能和保证传送消息的完整性。信息论把最普遍的通信系统以至生物神经的感知系统都概括成数学模型加以研究,从而把通信工程提高到统计科学的高度。信息论与通信技术、计算技术、自动控制、生物学等许多学科密切相关,它同控制论一起构成了信息科学的理论基础。

1945年,美国科学家申农发表了《通信的数学理论》等文,从理论上初步澄清了对"信息"的认识,提出了通信系统的模型,阐明了信源、编码、信道、噪声、译码、信宿等通信的方式问题,建立了信息量的数学公式,使信息的研究和运用定量化；并初步解决了如何从信息接收端提取由信息系统发来的消息的技术性问题,以及信息的表达,如编码、译码和信道容量的充分利用等问题,从而宣告了信息论的诞生,使信息理论成为轰动科技界的一门新学科。此后，噪声理论，信号滤波与预测，调制与处理等方面的研究，越来越深入，信息论也就日趋完整起来。

二十世纪五十年代是信息论向各门学科冲击的时期，先后在伦敦和美国举行了许多信息论的重要会议，广泛讨论了信息论与生理学、心理学、语义学、经济学等学科的联系问题，并发表了一系列论文。到六十年代就进入对信息论消化、理解的时期。人们把信息论分成三种不同的类型：

1. 狭义信息论。主要研究消息的信息量、信道容量以及消息的编码问题。

2. 一般信息论。主要是研究通信问题，但还包括噪声理论，信号滤波与预测，调制与信息处理问题。

3. 广义信息论。不仅包括狭义信息论和一般信息论的内容，而且包括所有与信息有关的领域，如心理学等。

七十年代以后，由于数字计算机的广泛应用，通信和控制系统的能力迅速提高，如何更有效地利用和处理信息，成为日益迫切的问题，人们越来越认识到信息的重要性，认识到它可以作为与材料和能源一样的资源加以充分利用和共享。信息的概念和方法也就广泛渗透到各个科学领域，迫切要求突破狭义信息论的狭隘范围，以便成为人类在各种活动中处理各种信息的理论基础。于是，以信息论、控制论为理论基础的信息科学就跃居当代科学技术的重要地位。

144 迅猛发展的横断学科
——控制论

控制论是一门研究各种系统信息的利用、变换和控制的共同规律的横断学科。它是自动控制、电子技术、通信技术、神经生理学、生物学、数理逻辑、统计力学等各门学科相互渗透、高度综合的产物。1948年，美国科学家维纳发表了《控制论》一书，标志着这门新学科的正式诞生。维纳把控制论定义为：关于动物和机器中的控制和通信的科学。

控制论中最重要的概念和原理是系统、信息、控制和反馈理论。

控制论中所讲的系统，是指在错综复杂、相互联系的事物中，作为研究对象而相对孤立出来的那一部分事物。例如，我们把一个工厂作为一个系统来进行控制和管理时，每个车间可看成一个子系统。而如果我们把整个车间看作一个系统来进行控制和管理时，每台机器就是它的子系统。用这种系统的方法来研究和处理事物，能使我们在复杂的事物中弄清各事物间的相互关系，抓住主要矛盾，使问题得以顺利解决。

控制论中讲的信息，是指从控制论的角度研究系统时，首先必须注意其中的信息交换规律。在某种意义上讲，控制论是建立在信息论的基础之上的。

所谓"控制"，是一个有组织的系统根据内部外部的各种变化进行调整，不断克服系统的不确定性，使系统保持某种特点的状态。例如一个人要在复杂的环境中生存下去，就必须根据身体内部的特点与外部环境的变化不断进行调整和控制。控制论中的控制是一个动态过程，它存在于开放性系统之中，一切能够相互联系、构成整体的事物都存在这种过程。如在工程技术系统、军事系统、生物系统、社会系统、思维系统中都普遍存在着控制的过程。作为一个系统，总是存在一些不确定性，使系统不能稳定地保持和达到所需的状态。而要消除系统的不确定性，就必须进行控制。控制过程实质上是一种联系和调节。其中，控制与被控制、施控与受控是控制过程中的基本矛盾。运用"控制"这一思想来解决问题、处理事物的方法就叫控制方法。具体说来就是：通过信息处理的能动过程，解决控制与被控制的矛盾，使系统运行于最佳状态或保持系统的稳定性，借以实现人们事先对系统所规定的功能目标。

在控制论中，反馈原理占有重要地位。所谓反馈，简单地说，就是系统输送出的信息作用于被控制的对象后而产生的后果再输送回来。反馈是系统调节控制的基本形式。人类认识过程就是一个反馈调节的过程。控制论研究一个系统的调节，不可能通过一次反馈调节就获得成功，往往要通过多次的反馈调节，才能达到预期的控制目的。

自20世纪下半叶以来，控制论向各个领域广为渗透，相继出现了工程控制论、神经控制论、经济控制论、社会控制论、大系统控制论、智能控制论等分支。控制论已广泛应用于科学技术、生产管理、军事侦察甚至文艺评论等各个方面，正在产生日益深远的影响，发挥着越来越巨大的作用。

145 从混沌走向有序

——协同学浅说

一滴墨水滴在清水中，一开始，墨水和清水的界限是分明的，有秩序的，但过一段时间之后，墨水就自动地逐渐扩散开去，直到在水中均匀分布为止。此后，它再也不能自动地集中起来。

几架喷气式飞机在蓝天中盘旋，它们用喷出的白烟画成各种图形，有的甚至还写成字，但是这些白烟画成的图形或写出的字迹，过不了多久就烟消云散自动消失，再也不会自动恢复原形。

这两个例子，说明了自然界中一种普遍存在的不可逆过程——由有序状态向无序状态自动变化而不可能自动逆转的过程。

自然界中也存在着相反的过程——即从无序向有序发展的趋势。生物的进化就是最典型的例子。古老的秩序性很低的"原生生物"，经过漫长的岁月，变得越来越复杂有序了，这是一个从无序向有序，从秩序性低到秩序性高发展的趋势。

那么，自然界中是否存在着无序与有序之间的相互转化呢？答案是肯定的。人们熟悉的永久磁铁之所以有磁性，是因为其内部的微观结构在排列上是有序的。一旦把磁铁加热到一定程度，磁铁的内部结构变得没有秩序了，它就失去了磁性。如果再把温度慢慢降下来，磁体内部结构的排列又变得有序了，因而磁体又恢复了磁性。

协同学就是研究自然界中这些普遍的有序和无序及其转化规律的新学科。

协同学也叫协合学，是最近十几年才发展起来的综合性学科。它的创始人是西德斯图加特大学理论物理学教授哈肯。哈肯早年研究没有秩序的自然光如何转化为有序的激光，从而总结出一整套的理论方法，经过深入研究，进一步创立了协同学。

协同学在研究有序和无序转化的规律时，采用了当代最先进的理论方法和数学方法，如信息论、控制论、非平衡统计等。在数学方法上，采用著名法国数学家托姆（Thom）创立的"突变理论"来描述有序和无序的转化。协同学有自己一系列的基本概念和基本方法，从而形成一个科学体系。

首先，协同学用概率论和统计方法，把有序与无序变化的偶然性与必然性加以统一，从大量的偶然性中寻求这种变化的规律。其次，协同学用系统的结构，也叫"序度"的概念和方法来描述事物有序和无序的变化，知道了系统的"序度"就可以确定系统的秩序状态。再次，协同学还试图用各种数学模式描述有序和无序转化的不同类型，通过对不同数学方程求解，定量地描述有序和无序的转化。

协同学创立时间虽然不长，但获得了广泛的应用，从自然科学到社会科学都有它的用武之地。

在物理学领域中，诸如在激光、无线电、流体力学等方面，在化学和生物学领域中，诸如在生物进化、化学振荡、化学耗散、化学非平衡相变等方面，协同学的应用都取得了可喜的成就。

最近，协同学越来越多地应用于社会科学领域，如经济领域、城市规划、人口控制等方面。协同学提出一个系统的各种要素，怎样就可以协同一致（有序），怎样就会不协调一致（无序），并用精密的数学语言描述系统实现协同的条件、方式和机制。哈肯说：协同学要研究"一个公司不同部门之间如何一致动作，以改进公司的职能。"这就需要整体中的各个部分实现协同。协同而有序，才可能"把各种力量汇集成一个总的力量"，形成整体。

所谓协同，就是构成系统的要素或子系统之间的协调和同步作用。协同学着重研究的是结构。结构的稳定性取决于系统的有序度，而系统的有序度又取决于要素的协同性。协同是无时不有无处不在的。团结就是力量，团结就是协同。美味佳肴讲究色、香、味的协同，领导班子注重开拓型、执行型、协调型人才的协同。如果系统内容子系统之间分裂不停，内战不止，互相拆台，互相掣肘，这个系统只能走向混沌和无序。例如，某些离心离德，互相扯皮的单位和集体，在工作上互使反劲、互不合作，结果管理混乱，生产搞不上去，呈现一片混沌和无序。一个单位如此，一个人也是如此。人是一个复杂的系统，包括神经、消化、排泄、呼吸、生殖、心血管等众多的子系统。其中一个要素不协同，整个系统就要出毛病。吃不下会混沌，拉不出要无序。

总之，协同学揭示出的事物协调与不协调，有序与无序的矛盾，具有普遍的意义。它为人们解决复杂的生产问题和社会问题提供了一条新路。

目前，协同学还在不断地丰富和发展之中。正如它的创立者哈肯所说，"协同学是一门很年轻的科学，有许多惊奇的结果还在我们前头。"在全国人民为实现四化而努力奋斗的今天,掌握协同学的思想和方法,对我们处理各项工作都会有一定的帮助,它可以启发人们同心同德、协调一致地工作,帮助人们有序而系统地处理各种复杂的问题。

146 探索学科联系的泛系分析

古代科学不发达,也没有严格的学科划分,许多科学家身兼数职,研究范围很广泛。如文艺复兴巨匠达·芬奇,既是发明家、建筑师,又是艺术家。但随着科学的发展,学科分类越来越细,学科门类越来越多,科学研究的专业面也就越来越狭窄,学科知识越来越专深,科学家们往往囿于极小的领域,隔行如隔山,这就大大阻碍科学的发展。但另一方面,学科研究的深入,又使学科与学科之间出现了相互渗透。一些眼光独到的科学家,在科学与学科之间少人涉足的"边缘地带",发现了新的规律,从而使边缘学科异军突起。一些以往看来风马牛不相及的学科,在深入的研究中发现存在共同的规律。例如物理、化学、生物三大学科,以往是互不沟通的,研究方法也迥然不同。但在二十世纪二十年代,量子力学不但引起物理世界的一场革命,同时又促使化学从传统的实验科学挣脱出来。理论化学运用最新的量子理论,成功地解释了化学键问题,使化学为之焕然一新。而在生物学方面,以往从物的类、群、种、个体、器官着眼,以分类、解剖等方法进行研究。量子力学出现后,在对细胞超微结构的研究中,发现生物也遵循物理学规律,在遗传基因突变、能量传递、光合作用等领域中,也存在量子力学的规律,于是一门联结三大学科的新学科——量子生物化学也脱颖而出,成为揭示生命奥秘的一把金钥匙。又如,半导体物理、无线电技术、逻辑数学的发展,产生了现代大型电子计算机,推动了数理科学的发展。数学的发展,反过来又加速了各学科的进步。一些以往与数学没有多大联系的学科,在数学的帮助下插上了翅膀,产生了诸如数学地质学、生物数学、数理语言学、计量地理学、计量历史学等许多新的分支学科。

自然界是一个统一的整体,需要人们以"立体作战"的形式作综合的研究，像环境科学、海洋科学、能源科学、生态科学、材料科学、空间科学等综合性学科，就是以特定的自然界客体作为对象，采用多学科的理论和方法进行"立体作战"的。以环境科学为例，它以生态学和地球化学为主要基础理论，充分利用化学、生物学、物理学、地学、医学、工程学、法律学、经济学等知识和技术，对人类活动引起的空气、水体、土地和生物等环境问题，进行系统的综合研究和治理。另一方面，社会科学和自然科学的相互渗透，出现了系统论、信息论、控制论、耗散结构理论、突变论、协同学、紊乱学、管理科学等横向科学。它们不是以特定的物质形式和运动特征为研究对象，而是撇开各种事物、现象、过程的具体特征，用抽象的方法研究它们所共有的某一方面的规律性及其规律。以信息论为例，无论是自然科学、社会科学还是文学艺术，尽管它们有截然不同的研究对象、研究方法，但信息却是普遍存在而且在各学科中均占据重要地位的。信息科学就是研究信息的收集、计量、传输、流通、处理、使用、储存的科学。它得出的概念、规律、方法，普遍适用于各学科，为科学的综合提供了一条途径。

量子理论的创始人之一，德国著名物理学家普朗克说过，"科学是内在的整体"，在物理学、化学、生物学、人类学、社会科学之间有着一根"连续的链条"。现在，一门由中国人创立的新学科——泛系分析，就是探寻和研究各学科之间联系的链条的有效工具。

泛系分析是中国数学家吴学谋创立的，在国内国际上受到普遍重视。泛系分析萌发于肥沃的科学土壤，各学科取得的成就是它的基础；当代科学的飞跃发展和社会的信息化，使科学研究从个体到群体，从封闭和半封闭向开放和全开放发展的必然趋势成了它的催生婆；系统论、信息论、控制论等横向科学为它提供了理论基础和方法论。泛系分析正是通过对系统方法、信息方法作出概括、抽象，建立了数学模型，从而揭示各学科之间错综复杂的关系的。

泛系分析将展示科学总体的发展规律和内部联系，找到这些联系的必然性，将使人们像门捷列夫预见新元素一样预见新学科的出现。泛系分析提供的方法论，将成为科学探索的向导和钥匙，帮助科学家自觉利用他学科的成果推动自己领域的进展。

周镇宏 科技评述

147 乱中求治

——紊乱学简介

烟头上一缕青烟袅袅上升，突然飘忽不定，继而四处飘散，这时紊乱就产生了。水流在河床上奔流，碰到岩石阻挡，于是旋涡夹着湍流，紊乱又出现了。无论是干扰，或是失调；无论在大气，还是在水里，无论是飞机的飞行，还是无线电的传播；无论是石油在地下管道流动，还是人类心脏的纤维性颤动；无论是生物的繁衍衰败，还是人类社会的动乱灾变，紊乱几乎无所不在。你能从瀑布下游两个泡沫，推断在瀑布上面这两个点的距离吗？这一切似乎是不可思议。千百年来，人们为紊乱所困扰，物理学家却步不前，数学在紊乱面前似乎无能为力。

然而，美国康奈尔大学三十九岁的物理学家菲根鲍姆（Mitchell Feigenbaum）已经创立了一门新的学科，来探索紊乱这个十年前还是令人望而生畏的领域，他在康奈尔大学物理教授肯尼思·威尔逊（Kenneth G. Wilson）二十世纪六十年代获得诺贝尔奖的研究基础上，在洛斯阿拉莫斯国家实验室，利用计算机，对一些简单数学方程式反复加以运算，然后再把运算结果反馈到方程式中去。他发现经过处理，可以得出一长串有规则的数字，逻辑清晰，脉络明了；按照一定的格局变换，又可得一系列无规则的数字，这正是他所期待的结果——紊乱的数学模式。菲氏以高度抽象的数学语言来描述紊乱，在一幅计算机图像上揭示出秩序区（旋涡状）和失调区（点状）的情况。开始人们以为他的模式只与一些特殊方程式有关，但是接着使人们惊异不止的是截然不同的方程式描绘出具有普遍意义的模式。1978年，菲氏的格局在法国流体实验中出现，使科学界为之震动。看来大自然总是趋于紊乱，但紊乱的格局并不多，只要掌握了一门称为紊乱学（Chaos）的新学科便可以乱中求治。不论是经济规律还是心脏生理学，其奥秘最终都能一一揭开。美国国防部、能源部对此十分重视，拨巨款在洛斯阿拉莫斯国家实验室设立一座非线性研究中心，来协调紊乱学和其他有关问题的研究工作，在欧洲、苏联、日本也已有人对此进行研究，紊乱学的研究成果被运用于流体力学、空气动力学、无线电通讯天体物理、生物学、医学、经济、艺术、社会学等领域。

由于紊乱学具有明确的数学特征，因而使人们联想到牛顿的物理革命。人们甚至认为，二十世纪兴起的高能物理和量子力学等理论已在走下坡路，紊乱学也许对走向死胡同的物理学是一个深刻的革命，作为一种刚刚问世的新学科，它已呈现出极强的生命力和广阔的发展前景，人们对它的影响正拭目以待。

148 寻踪探源的追溯学

信息化是现代社会的重要特征，信息更是科学研究须臾不可缺少的重要资源。人们正是通过对信息的收集、分析、研究来认识事物并进一步改造事物的。从某种意义上来说，科学研究就是科学家刻意搜集自己所需要的信息，尽力发掘某一事物所包含的信息，亦最大限度理解这些信息所包含意义的过程。因此，如何搜集更多的有用信息，又如何从一已知的信息去追寻、挖掘更为丰富的信息，就形成了一门专门的学科——追溯学。这是一门关于科学研究方法论的学问，它注意的不是信息的本身，而是如何由此及彼、由点到面、从今到古地扩大信息量的方法。

世界上的事物总是相互联系着的，追溯学研究的第一个课题就是信息间的横向有机联系，研究如何从一事物追溯到他事物，从而由此及彼、找到众多事物相互联系的链、环或网。这种从横向联系的观点找事物因果关系的方法，是科学研究的一种常用方法，它能把一些看来似乎无甚联系甚至人们认为是风马牛不相及的事物联系起来，从而发现它们的本质。达尔文就曾用一个生动的例子，来阐述自然界生物间的有机联系。他注意到，养猫多的地方，往往羊也养得多而好。猫和羊，一是吃荤、一是吃素，一是捕鼠、一是剪毛挤奶，它们的多寡，难道有必然的联系吗？原来，这些地方的羊是以三叶草为牧草的。三叶草靠一种叫丸花蜂的昆虫传粉，而丸花蜂经常因田鼠偷蜜而被破坏蜂巢，因此田鼠多了，蜂就少了；相反，养的猫多了，田鼠就少了，丸花蜂因而增加，三叶草有蜂传粉而获好收成，养的羊也就多了。于是构成了猫——田鼠——丸花蜂——三叶草——羊这样的链条。生态学关于人和生物圈、自然环境的联系，就是用这种追溯方法认识的。如日本的"水俣病"，追溯到汞污染；中国的克山病，追溯到水体和环境中钼含量过少等。

追溯学研究的第二个课题是如何从一些局部的信息去追溯到事物全体的信息，达到由点到面、察微见著的目的。二十世纪三十年代，英国作家雅各布写了一本有关德军状况的著作，披露了德军的组织机构、参谋部人员配备等绝密资料。希特勒闻讯大发雷霆，很快命人把雅各布绑架到德国。审讯的结果大出意料，原来雅各布本身并非间谍，它的材料也不是通过通常的间谍手段获得的，而是全部来自德国报刊上的零星资料。他对这些零碎的材料汇集分类，分析综合，追根溯源，探索到德军的机密。这种方法，被广泛应用于现代科技情报学上。

追溯学研究的第三个课题是在从今到古，从近到远的时间和空间上总的信息联系上，进行寻踪探源，了解上至地球、宇宙的起源，远至广袤无垠的宇宙太空的信息。例如从化古可追溯到生物的进化历程、气候的变迁、地球的演变，从胚胎史可追溯到系统发育史；从儿童心理发展可追溯到意识发展史；从陨石、宇宙射线、无线电波等可了解遥远星球的情况等，都是用这种方法获得信息的。

追溯学这种由此及彼、由点到面、一由近到远的搜集、发掘、扩充信息的规律，在科学研究上有很大的指导意义。当然，这三种方法在科学研究上往往是紧密联系，相互沟通的。追溯学除了重视有形的信息外，还重视对无形的信息载体所包含的信息，如从"语言化石"上追溯到人类思维发展史、民族变迁史、文化交流史、地域人文史等。例如有的民族语言中，"尖"的词根是矛，"紫"的词根是紫罗兰这种花，由此可见人类思维从具体到抽象的发展。又如广东粤语中保留许多中原秦汉时代的词语，可追溯到珠江流域现在居民的先祖，是秦汉时代从中原南迁的。追溯学的方法论，将对科学研究起积极的推动作用。

149 一种跨学科的新理论
——突变理论

我们知道,"物竞天择"的进化论,是从"渐变"和"连续性"来观察世界的。它的主要观点是在有限的自然资源供给下,物种要求生存和繁衍的本性造成剧烈的生存竞争,只有那些能适应不断变化的自然环境的物种才能繁衍下来;而自然环境的演变通常是缓慢的,所以与这种渐变相适应的物种进化也是一个缓慢的、渐变的和连续的过程。

但是,有的物种在进化过程中出现"缺环"的现象。例如一系列螺壳化石中突然缺少了中间环节;在从猿到人的进化历史上也存在"脱落的一环。"经过几代考古学家的努力,这些缺环至今还没找到。因此人们不禁要提出,是否还存在其他形式的进化方式,在这类进化阶段上,物种发生了猛烈变异以致辨认不出它原来的祖先,而被人认为是新的物种?这种理论,早在达尔文时代,就为当时赫赫有名的法国生物学家居维叶提出来。后来由于达尔文进化论彻底胜利,使这种学说销声匿迹。二十世纪以来,由于"缺环"现象一直没有得到解决,人们开始认识到不应把达尔文和居维叶看成势不两立的两个派别,而应把这两种理论进行互相补充,因此产生了把渐变和突变统一在一起的突变理论。

1972年,法国数学家托姆发表了突变理论的第一编论文《稳定结构与形态发生学》,用数学方法描述突变。它采用类比、拓扑变换的方法来建立模型,进而通过研究模型的"不稳定奇点"来解释、预见和控制突变。这里的拓扑变换,犹如在一张橡皮膜上画一个图形,然后从各个角度拉这张膜。只要不把胶皮膜撕裂,变换出来的千奇百怪的形状,本质上是一个图形。讲得再通俗一点,就像我们照哈哈镜,镜中令人捧腹的怪样,都是你尊容的拓扑变换。当然拓扑变换包含的要更广泛一些。图1中几种鱼似乎形态各异,其实就相当一张橡皮膜上得到的几种变形,从中可看到拓扑变换在生物学的应用。

(a) (b) (c) (d)

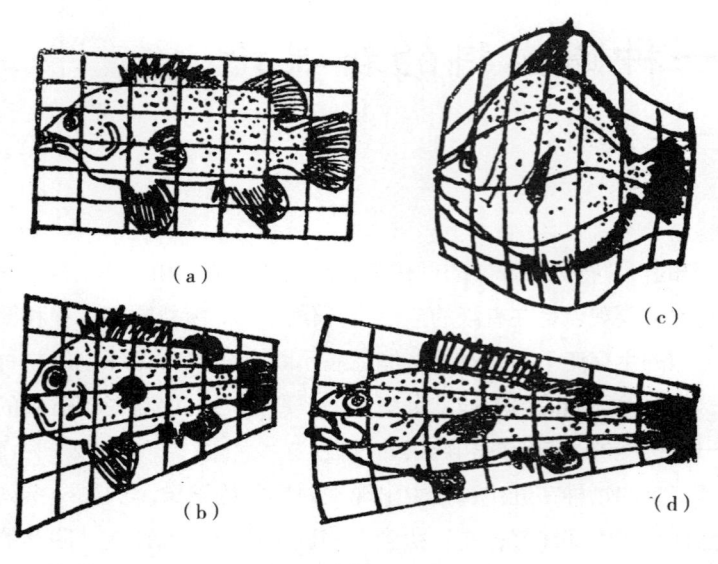

图 1

　　人们对自然界连续变化过程描述的数学工具是微分方程，对不连续的飞跃过程则用概率论和离散数学。现在，对于介于连续和飞跃之间的变化，有了突变理论这一工具。托姆证明了这样一个重要的数学定理：当那些导致突变的连续变化因素少于 4 个时，自然界各种各样的突变过程，都可用折叠型、尖点型、燕尾型、蝴蝶型、双曲型、椭圆型和抛物型 7 种基本突变模型来把握。在突变理论中，那些作为突变原因的连续变化因素称为控制变量，那些可能出现突变的量称为状态变量。例如水的相变模型中，连续变化的温度 T 和压力 P 是控制变量，而水的密度 g 是状态变量，它对应于固、液、气三种状态。突变理论运用了黑箱方法，控制变量是对黑箱的输入，状态变量是其输出（图 2）。根据输入输出的变化，可以在不打开黑箱（即其具体机制不清楚时）的情况下模拟黑箱的内部构造，其意义在于建立模型来认识其结构，达到最后打开黑箱的目的。

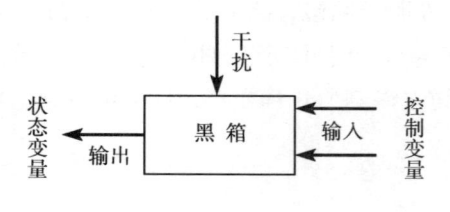

图 2

突变理论虽然是从用数学方法来解决生物学问题开始的,但其意义远远超过生物学范畴。因为不仅生物学存在渐变与突变的问题,物理、化学、心理学乃至社会科学中,渐变和突变相互交错的过程都是十分常见和重要的。突变理论不但成功地解释了生物种类的变异、物态的变化(相变)、波浪破裂、胚胎发育过程的空腔等,还可以描述"愤怒"和"恐惧"两种心理状态的变化对于狗的"攻击"和"逃跑"行为的影响;可以用"战争代价"与"威胁"的变化来解释国家在战争与和平之间的抉择;还可以用犯人的"紧张心理"和"孤独感"的变化来解释监狱中的暴乱与平静局面的出现;甚至用"经济收益"与"人口密度"的变化来解释古代某些城市的突然兴衰。此外,心脏搏动与精神冲动的研究、人脑模型、蜜蜂的社会行为、大都市模型及城市发展模式的选择等,也都有突变理论研究的成果。

突变理论目前对定量分析还存在困难,因此对控制突变还提不出成功的方法。在这个意义上,它还不是一个成熟的理论。但它向"软科学"领域渗透,成为一个跨学科的理论,则已迈出了成功的第一步。

150 灰色系统及其应用

灰色系统理论是我国华中工学院邓聚龙教授首创的新理论,它在国内应用获得了可喜的成果,在国际上受到很高的评价。

什么叫灰色系统呢?要弄清这个问题,首先要知道什么叫系统。通常我们要研究解决的问题所涉及的对象都属于一个具体系统的范围。这些对象是相互联系又相互有区别的,它们有机地结合起来完成某一功能,就组成一个系统。系统的划分是相对研究范围而言的,小至原子结构、基本粒子,大至整个宇宙。例如医生给人诊病,病人的身体就是一个系统,而对人体进行功能分析时,又可分为循环系统、造血系统、呼吸系统、消化系统等等。那么为什么系统有色彩呢?除了灰色,还有没有其他颜色呢?原来,在研究系统时,人们把一些具有特殊性质和代表意义的数据称为参数,如消化系统中胃肠蠕动情况、排空时间、消化液分泌情况等就是它的参数。当参数是确知的时候，就称为"白色参数"，它表示明白无误。例如一个工厂的人员、资金、设备等是确知的，故为白色参数；如果数据不清楚，只知道这个参数的存在，这种参数称为"黑色参数"，表示一团漆黑、毫无所知。例如遥远星系的大小、质量等。一个系统如果全由白色参数组成，这个系统称为"白色系统"。对于白色系统，我们可以从已知的白色参数计算出将发生的变化。例如知道火箭的燃料构成、性能、重量、有效负荷、壳体重量、空气阻力等参数，就可计算出它的飞行速度、高度等。相反，一个系统如果全由黑色参数构成，它就称为"黑色系统"。对于黑色系统，通常只能用"功能模拟"等方法来推断。以往研究系统的人，只提出这两种截然相反的系统，但是实际中，系统往往并不是完全由黑白两种参数构成的，而是已知一些参数，不知另一些参数；或者已知某一参数的一些特征，但又不很具体确切。因此，邓聚龙教授便提出了灰色系统理论。他把只知道某些数值、性质，又不知道另一些数值、性质的参数叫做"灰色参数"，把由灰色参数构成的系统，或包含一部分白色参数、一部分黑色参数的系统称作"灰色系统"，表示不白不黑，知之不多。人体就是一个灰色系统，我们对体温、脉搏、血压、心跳等有确切的了解（白色参数），而对肝功能、肾功能、大脑功能等，只能根据有关的数据和体征进行判断，是不能确切知道的（灰色参数），至于精神活动的过程和许多生理生化过程，我们还未有了解（黑色参数）。实际系统绝大部分是灰色系统。当然，这种划分是具相对意义的，随着系统的演变和人们对其了解认识过程的深化，系统会从黑色向灰色到白色转化。例如某处发生一起案件，只知某人被杀，此时案件这个系统是黑色的。接着侦察人员对现场的勘查、对与案件有关联的人员事件的了解，案情初露端倪，这时系统是灰色的。随着调查的深入，案情渐趋明朗化，其"灰度"不断降低，最后水落石出，凶犯被擒，于是系统就"大白于天下"。

由于灰色系统是大量存在的，几乎任何真实系统都可以用灰色系统理论去研究、剖析，所以研究灰色系统具有十分重要的意义。邓教授对灰色系统的内部结构、内部特征，它与外界的联系（边界条件）作了深入的研究，建立了灰色系统的数学模型，运用包含灰色参数的灰色方程、灰色矩阵、灰色群来对系统进行描写和求解，从而找出系统发展、演化的规律，进而对系统进行有效的控制和成功的预测。

陕西省植保所科研人员运用灰色系统理论，研究棉田蚜虫生物防治。因为棉蚜及其天敌瓢虫的数量都是不确切的,难以确定其防治比。运用灰色系统理论研究出其最佳防治比为120∶1。1982年棉蚜大灾年,该所六千亩试验田采用上述防治比进行生物防治,使棉花获得丰收,且成本不高。

目前世界对粮食产量预测的先进方法是采用卫星观测进行短期预报。但灰色系统理论可预测至2000年。据1982年情况,偏差只有0.4%。

灰色系统理论对电子计算机应用也有特殊贡献,该理论对自然资源开发、经济规划制订、生命现象探索、未来情况的预测,都有十分广阔的应用前景。

151 开放系统中的有序组织
——耗散结构理论

把一滴墨水滴入一杯清水中,不久墨水就和清水均匀地混合了。相反的过程,即墨水分子自动地在一杯淡墨水中凝成一滴浓墨水则是不可能的。这在物理上称为扩散过程的不可逆性。生活中到处充满这类不可逆过程。例如摩擦生热,热却不能自动变为摩擦运动。从能量的观点看,自发过程导致能量"品质"的下降。一摩擦生热过程中利用率较高的机械能转变为利用率较低的热能了,这又称为能量的"耗散"。可见任何自发的理化过程,都是从复杂向简单、从有规律向混乱,从不平衡向平衡发展的。然而自然界还存在一条规律。生物都是从简单向复杂,从低级向高级进化的。似乎生物界和无机界遵循的是不同的规律。这就是使科学家困惑不解的所谓克劳修斯热力学第二定律和达尔文生物进化论的矛盾。比利时当代物理学家和化学家普里高津(I·Prigoging)和以他为首的布鲁塞尔学派,在二十世纪六十年代开始就研究这个问题。他们注意到,就是在无生命界也存在一些自发的宏观有序现象。例如在晴朗的傍晚,我们有时会看到空中有一条横贯东西的"通衢大道",两旁鱼鳞状的白云整齐排列,这叫"云街";打开松花蛋外壳,琥珀色半透明的蛋白表面有雪花似的"松花"等等。所谓"有序",包括空间上的有序——按一定规律的排列和时间上的有序——以一定周期反复出现。普里高津认为,当体系远离平衡态,处于与外界既有能量交换,又有物质交换的

"开放系统"时，可以通过能量的耗散和内部的非线性动力学机制形成和维持系统在宏观上的时空有序状态。这样的结构就称为"耗散结构"。

我们知道，生物体总是不断从外界汲取营养，通过各种复杂的生化过程，达到生存、发展、繁衍的目的。它具有高度的空间有序即其形态特征和时间有序即生物节律（生物钟）。因此生物体正是一种耗散结构。应用耗散结构理论来研究生命的实质、起源、进化、胚胎发育、神经传递、致癌因素、生态现象等等，已取得令人瞩目的成果。

耗散结构理论在化学上的应用推动了化学热力学、动力学的发展。它的成果被用于解释生物有序现象，产生了像量子生物化学这样横跨理、化、生的边缘科学。

耗散结构理论在激光物理、天体物理、地球物理等领域也有广泛的应用。而最令人感兴趣的是社会科学也是这一理论试图干预的领域。现代社会高度的物质流通和信息化，它的时空有序和自组织，表明社会也是一个开放系统的耗散结构。因此，从人和自然的关系，经济、文化、军事，到城市规划、人口控制，生产服务等，都有十分诱人的应用前景。

近几年来我国一些科学工作者开始对耗散结构理论的研究和应用，并已初见成效。如根据该理论建立治疗动脉粥样硬化的方案，解释蜜蜂、白蚁的活动特征等。耗散结构理论的崛起，使人们看到多学科互相渗透的边缘科学与横跨各学科的横断科学正如雨后春笋般涌现，并取得越来越显著的地位。

152 富有生命力的系统动力学

二十世纪六十年代以来，国外出现了一门熔控制论、组织论、信息论和计算机模拟技术于一炉的新学科——系统动力学。这是一门分析研究复杂系统问题的学科。自它诞生之后，其应用范围日益扩大，从民用到军用；从科研管理到城市规划；从世界人口问题到能源危机；从犯罪到吸毒问题。它的应用几乎遍及各类系统，渗透到各种领域。

到了七十年代初，世界面临人口增长与资源日趋殆尽的危机，连拥有来自26个国家75名科学家的罗马俱乐部也困惑不解。鉴于当时一些惯用的工具难以胜任对此复杂问题的研究，于是他们转而采用系统动力学方法，决定在麻省理工学院成立一个由系统动力学创始人福雷斯特教授的学生米都斯教授为首的国际研究小组，担负研制世界模型的任务。这个小组研究了世界范围内的人口、自然资源、工业、农业和污染诸因素的相互联系、制约和作用及其产生后果的各种可能性，指出迄今世界范围指数式增长的势头不能再持续下去，世界的发展将逐渐过渡到某种稳定平衡的状态；由于工业化伴随而来的人口膨胀、资源的短缺和污染的增长，从长远的观点看，目前不发达国家按西方先进国家的模式所进行的工业化的努力未必是明智的。这些新观点，在国际上引起了极大的反响。几乎在研究世界问题的同时，福雷斯教授也组织力量开展了美国全国模式的研究工作。从1972年开始，他们先后在数十家企业公司，本国和外国的政府部门的财政支持下，历时十一年，约耗资六百万美元，完成了一个方程数达四千的全国动力学模型。该模式把美国的社会经济问题作为一个整体加以研究，解决了一些在经济方面长期存在的、令经济学家们困惑不解的疑团，引起了世界上有关学者的高度重视。

系统动力学的研究在应用方面有着十分广阔的天地：世界的总体发展战略和各国总体发展战略；一个国家、一个地区的工业、农业、资源、生态、人口与消费的经济战略问题；一个国家、一个地区的人口就业、家庭、生活水平、住房与教育问题，企业的经营管理与决策；家庭与个人发展的规划与决策等问题，都可借助系统动力学方法进行研究。目前，带有全球性的问题，诸如人口问题、工业化问题、粮食问题、不可再生的资源问题、环境污染问题、生态系统问题，同样是我国社会主义现代化建设必须认真思考和慎重对待的重大问题。引进系统动力学这门新兴学科，对我们的科学决策是很有裨益的。

153 从齐王与田忌赛马谈起
——系统工程学

春秋战国时代，齐国的齐威王和他的大臣田忌赛马的故事，在我国早已传为佳话。有一天,齐王要同田忌赛马,规定各人从自己的上马(头等好马)、中马、下马中各选一匹来比赛三场。田忌的三匹马都比齐王同等级的马差,如果用同等级的马比赛,田忌肯定三场皆输。这时,田忌的谋士孙膑出了个主意,叫田忌用下马对齐王的上马,用中马对齐王的下马,用上马对齐王的中马,比赛结果,田忌的下马赛输,而上马、中马获胜,取得两胜一负的成绩。孙膑在客观条件不可能改变的情况下,认真分析双方的优缺点,制定出取胜的最优策略,实际上就是系统工程学中的对策论思想。应用对策论的思想,在中外历史上有不少的事例,但作为一门完整独立的技术学科——系统工程学,则是现代的事。

人们做事,都有求好求快的愿望,这就是系统工程学的朴素的基本思想。系统工程,顾名思义,就是研究系统的工程技术。它以系统为对象,把要研究和管理的事与物用运筹学、应用数学等现代数学的理论与方法,通过分析、判断、推理等程序,建立成某种系统模型,进而采用最优化的方法求得系统的最佳化结果。也就是通过工程过程,使系统的各组成部分互相协调,互相配合,以达到最佳性能。

系统工程所研究的对象众多,但从系统的组织管理角度来看,共同的要素不外乎有以下六种:

第一要素是人,任何系统都离不开人,随着生产和科学技术活动的规模日益扩大,技术设备越来越复杂,专业分工越来越细,人的因素也更加重要。日前已有一些新的学科来专门研究这方面的问题。如人类因素工程学,把机器和管理机器的人看作"人—机系统"加以研究;人体工程学则研究各种仪器、设备如何在各种环境和条件下适应人的要求和人的操作特点,工效学是研究人在工作环境中解剖学、生理学、心理学等各类因素。用通俗的话来说,研究人的因素在于如何达到"人尽其才,才尽其用。"

第二、第三、第四要素是设备、物资和资金。对于这三个要素来说,系统工程学要研究的是如何以有限的资源达到最佳化的效果,使"物尽其用,货畅其流。"

第五个要素是任务指标,这是进行任一工作都不可免的。

最后一个要素是信息。任何系统都由许多子系统和部分所构成,它们之间存在着相互依赖、相互制约的关系,这就必须借信息的传送来实现它们之间的联系,这种信息的传递和反馈在系统工程中起着很重要的作用。

系统工程学是横跨自然科学、社会科学的一门综合性技术学科，它有很大的普遍性，可以应用于广泛的领域，已经产生出众多的分支。例如，研究如何合理地组织和管理整个国家的经济建设，叫做社会系统工程，用于教育系统的规划、组建、管理的，叫教育系统工程；用于解决行政工作，机关办公科学化的，叫行政系统工程；用于各个现代化企业管理的，称为经济系统工程等。系统工程学要求考虑问题必须从全局出发，强调以技术上的合理、经济上的合算和收效时间快为基本原则。

目前，系统工程学深为世界各国所重视，被人们誉为"顾问学"、"参谋学"。美国现在从事系统工程的人员已超过三百万人。我国对系统工程学的研究起步较晚，但正在迎头赶上。1980年底，全国成立了系统工程学会。中国科学院已建立了系统科学研究所。许多高校也先后建立了系统工程研究室（所）和系统工程系。系统工程学的发展将会加快我国四化的进程。

154 现代科学技术三大支柱之一
——信息科学

近些年来，一门崭新的技术学科崭露头角，显示出巨大的魅力，激起人们的极大兴趣和关心——这就是信息科学。

什么是信息？狭义的理解，信息就是消息，即通信的内容。广义的信息则包罗万象，泛指人类感官所能感知的一切有意义的东西。广义的信息是事物运动的状态，不论是自然界、人类社会还是思维领域，信息是普遍存在的；人类的生存和发展，离不开对知识的感知和利用，而且，这种感知和利用的水平越高，人类社会发展的程度也就可能越高。随着现代科学技术的飞速发展和社会的进步，发展信息科学、延长感官、神经和头脑功能的需要就势在必然了。

信息科学是在信息论、控制论、计算机科学、仿生学、人工智能和系统工程学的基础上发展起来的边缘科学。它的任务是研究信息的性质，研究机器、生物和人类关于信息的取得、储存、变换、传递、处理、控制和利用的一般规律，设计和制造各种智能信息处理和控制设备，实现操作的自动化。

进而实现部分脑力劳动的机器化、自动化,不仅把人手而且把人脑从自然力的束缚下尽可能地解放出来,去从事更富有创造性的劳动。

信息科学的范畴大体上包含着信息论、控制论、仿生学、人工智能、计算机科学和系统工程等分支。信息论和控制论共同构成了信息科学的理论基础。信息论主要着眼于对信息的认识,研究从数学上定量描述信息的方法,研究如何多快好省地传送、处理信息的原理;控制论则主要着眼于对信息的利用、处理和控制。仿生学和人工智能是信息科学的重要技术途径,计算机是信息科学的基本技术手段,系统科学为信息——控制系统提供最优化的方法和管理。这就是信息科学的一般概貌。

材料、能量和信息是物质的三个基本方面。因此,材料科学、能源科学和信息科学是现代科学技术的三大支柱。材料科学与能源科学早就得到了巨大的发展,现在仍然很高的速度向前迈进,日新月异地改变着自己的面貌。相比之下信息科学则相当年轻,它是随着信息论、控制论、生物学和计算机科学的发展而崛起不久的新兴科学。这与人的发育与人类的进化相似,总是先有体质(材料)、体力(能量)的发展,然后才有智力(信息)的发展。现在,材料科学,能源科学已经有了巨大的发展,该是信息科学大显身手的时候了。

信息科学作为后起之秀,已经显示出其强大的生命力。是一门具有深远意义的技术科学。目前,它还处在发展的初期阶段,在基本理论和基本技术方面还有大量的问题需要解决。比如:关于信息的更科学更合理的量度、控制理论的更高级的机制、新的数学方法等。而且,信息科学还面临许多深刻的哲学问题,例如,信息的本质是物质的还是精神的?思维的机制是什么等。显然,这些问题的解决,将会使信息科学产生重大的突破。

155 决策和管理的得力工具

——运筹学

从早上起床到上班,人们要做许多相同的事情:穿衣、收拾房间、梳头、洗脸、煮牛奶、吃饭……有人先梳头、洗脸、收拾房间时,再煮牛奶或做饭;

有人先洗手煮牛奶或做饭，然后再梳头、洗脸、收拾房间，等把这些事情做好，早饭也做好了。在相同时间里做同样多的事，前者感到紧张，后者轻松自如。这里边有个巧安排的问题。

一个邮递员每天要到许多大街、小巷、角落送信，应该先到哪里，后到哪里，再到哪里？这里边有个"最短邮路"问题。在国民经济中，有的地方物资需要外调，有的处要调入，应当从哪里调到哪里，其中有个最佳方案；在军事上的战斗或战役中，也有一个最佳部署和最佳指挥的问题。

人们把这种组织人力、物力来完成生产、军事或科学研究等活动的规律加以总结，就形成了一门新的科学——运筹学。

运筹学是从二十世纪四十年代开始形成的一个重要数学分支。它本身现在也已形成规划论、排队论、对策论等若干分支。

规划论研究的问题主要有两类：一是确定了一项任务，研究如何以最小量的人力物力去完成；二是已有一定数量的人力物力，如何安排使用才能发挥最大的效力。这一般可概括为在满足规定条件的前提下，按某种衡量指标来寻求最佳方案的问题。如处理运输问题，已知货物数量和单位运价，怎样在供销平衡的同时，定出流量和流向，才能使运费最少。

排队论起源于有关自动电话的研究。由于叫号次数和通话时间长短都是不确定的，那么线路叫通的机会虽然多，但线路空闲的机会也就多，因此服务质量与设备利用率之间就会出现矛盾。生产与生活中诸如这样的矛盾不计其数，如自动机床的看管，机场、码头、车站的设计等，都会遇到这样的问题。所有这些问题都可以形象地描绘为顾客来到服务台前要求接待，而服务台对面空闲，时而忙碌，顾客有时就要排队。排队论可以帮助人们合理处理这些矛盾和问题。

对策论研究的是，有利害冲突的双方在竞争性活动中是否存在制胜对方的最佳策略以及如何找出这些策略的问题。假如在战争中，甲方要用一定数量的飞机向乙方投弹，可能有几条进攻的路线，乙方备有若干高射炮，可以部署在甲方可能进攻的防线上。这时甲方为使进攻获得最大成功，就要考虑集中一路进攻还是分成几路进攻；而乙方也要依据甲方可能进攻的方式来决定如何部署自己的炮火。

近些年来，运筹学在生产、经济、军事、科研等方面得到广泛应用，正在成为人们制定策略、组织管理、制订规划、科学使用人力物力的得力工具。

156 领导的科学

——决策学

决策是人们经常面临的问题。小至日常生活中的个人行动，诸如添置一件家私啦，提取一笔存款啦；大至天下大事，国家大事，都存在决策问题。历史上曾有过许多伟大的人物，他们运筹帷幄，决胜千里，治国安邦平天下，留下无数动人心魄的历史画卷。同时历史也记录了一些在关键时刻由于判断不明，或自骄自大，或优柔寡断，或俯听偏信，或主观武断而作出错误决策，招致惨重失败以致国破人亡的教训。在古代，重大的决策往往体现在战争中。随着工业化社会的到来，决策慢慢转移到以管理为主要对象上来。在系统理论、运筹学、模糊数字、计算机科学的推动下，决策理论逐步完善，一门几乎涉及所有学科的综合性新学科—决策学建立并迅猛发展起来。在决策学建立中作出重大贡献的是美国著名的管理学家、计算机科学和心理学教授赫伯特·A. 西蒙。由于他在决策理方方面的开创性研究，被授予了1978年诺贝尔经济学奖金。

决策就是寻找解决问题的方法，它贯穿于计划、组织、控制等管理的各个方面和全部过程。因此可以说管理就是决策，或者换句话说，决策就是领导的艺术。决策要寻求的是主观意志与客观现实的统一，以便正确认识、控制客观世界的运动和发展，防止不良后果的出现，并且制定最优方案，提供可供选择的目标、手段和方法。

决策是一个过程，一般可分为四个阶段：

（一）确定目标和搜集情报阶段。首先把决策问题的性质、特点、范围等了解清楚，然后全面搜集有关情报，找到解决问题的关键或症结。只有全面掌握真实情况，才能作出正确的决策。

（二）拟订计划阶段。目标确定和掌握情况之后，对于多目标的决策，要先分清目标层次，在满足决策要求的前提下，尽量归并目标以减少个数。接着就是分析和制订行动方案。对于比较复杂的系统，制订方案往往需分两步走。第一步先作轮廓性设想，从不同角度和多种途径提出各种备选方案，以便为决策者提供广阔的思考和选择余地。这个阶段，要善于运用发散思维，善于倾听不同意见，集思广益。外国首脑机关的决策，这一阶段是由所谓头脑公司或智囊团完成的。有了轮廓以后，第二步是精心设计，通过严格的计算和论证，来确定方案的细节。这一步要求冷静的头脑和求实精神，避免狂热、幻想和猜测。

（三）选择最佳方案，通过可行性分析，决策者从第二阶段提供的各种方案中选择出一项特别的方案付诸实施。

（四）评价计划阶段，在决策执行过程中，对所选择的决策进行评价。决策过程不只限于选择一个方案，而是一个"决策——执行——再决策——再执行"的反复循环趋向最佳状态的动态过程。

由于运筹学、模糊数学、计算机科学的发展，有人认为只要运用数学工具和计算机，就可以得到最佳方案，这是一种机械论的观点。决策者面对的是广阔而复杂的世界，许许多多的条件互相影响、互相制约，而且瞬息万变；变量和变量之间的关系既有线性的，也有非线性的。因此，决策既有规律可循，又没有一成不变的教条。所谓最优化，也只能是在主、客观条件允许范围内的令人满意的解。

决策可分为硬决策和软决策。硬决策是利用数学手段和模型化，由计算机完成的。它又可分为确定型、风险型（随机型）、不确定型、竞争型（对策型）四类。软决策是建立在心理学、行为科学的基础上采取仿真（模拟）、探试（启发式搜索）、推测等灵活实用的方法的决策模拟。通常有专家法、类比法、方案提前分析法等类型。

决策学的理论，广泛被应用于研究社会、经济、科学、技术、军事、人口、资源、生态、环境等领域。目前决策理论正朝着定量、多目标和团体决策等方向发展。辩证地研究和借鉴国外决策学的成就，吸取其中科学成分为我所用，将会大大推动我国社会主义现代化建设的进展。

157 "软技术"的"明星"
——适用技术

一说到"技术"，有人可能会立即联想起诸如摄影、焊接、育种、激光，遥控、通讯等非常具体的技术。然而，适用技术却不是具体的"硬技术"，而是一种决策性的"软技术"。由于适用技术对国计民生影响非常重大，因此有人称它为"软技术"的"明星"。

所谓适用技术，就是将本国工农业生产现状、市场容量、科学技术水平、社会文化环境等方面加以综合考虑，力求取得最大效果的技术。简单一点说，适用技术就是适合于本国特点的技术。

许多发展中国家都十分重视引进发达国家的先进设备和科学技术。但怎样引进？引进什么？却是非同小可，大有学问。通常，发达国家资金充足，知识密集，劳力缺乏，购买力竞争力强，而发展中国家则资金不足，劳力过剩，科学技术和文化教育比较落后。因此，发展中国家绝不能盲目照搬发达国家那一套，而应该根据自己的国情，实行适用技术。

因没有采用适用技术而吃了大亏、影响国计民生的国家并不少见。伊朗就是其中之一。伊朗在世界性能源危机中依靠自己丰富的石油资源发了"石油财"之后，企图用购买先进国家大型工业技术的办法跨入现代化工业强国的行列。于是不考虑本国的教育、工业基础、科学技术和社会经济结构等实际国情，一下子引进了五座大钢铁厂，二十座核电站。结果花掉近一千亿美元，收效甚微。他们还耗费巨资，请美国人建了一个机械化、自动化程度很高的农场，但这种具有西方模式的第一流的现代化农业，与正处于发展中的伊朗的国情很难同步，当地的伊朗人掌握不了这些先进技术，只好高薪聘请美国人帮助经营，十分被动。1979年美国技术人员全部归国后，这个现代化大型农场便几乎沦于荒废。

作为鲜明的对照，瑞士由于实行适用技术而得益匪浅。瑞士是天然资源极为贫乏的国家。它的政府并不盲目引进发达国家大型的工业技术，而是采用适合国情的适用技术，根据本国资源紧缺的特点，选择消耗原材料不多的钟表和精密仪器作为发展工业的基础，在整个国土上，小型钟表厂和作坊星罗棋布，由于有高超的精密机械工业为后盾，瑞士的手表誉满全球，成为"钟表王国"，富甲天下，国民年平均收入居世界第一位。如此成就，不能不归功于适用技术。

即使是发达国家，也必须实行适用技术。自从能源危机以来，许来发达国家都在发展自己的能源工业，地球上将会增加无数的油田、煤矿、铀矿、发电站、核电站……这将会带来严重灾难。能源工业的废热将会使地球、海洋温度升高，废气会使大气中二氧化碳剧增，这不仅破坏了地球大气层的平衡，而且日积月累的二氧化碳会形成一条无形的毯子，把地球包裹起来，迫使地球的温度上升，如此发展下去，将会引起世界性气候异常，从而使极地的巨大冰块融化，人类就要遭受全球性的大水灾。面对这些严酷的事实，发达国家都在困惑如何发展开型能源工业，所以，他们也必须实行适用技术，不然将会钻进毁灭地球的死胡同。

适用技术是一门决策性的先进技术，其作用和效益是无法用数和量来估价的。我国目前正处于对外开放、对内搞活经济的建设时期，实行适用技术，将会使我们在引进外国科学技术和进行经济建设方面，少吃些亏，少交些"学费"。

158 让机器迁就人

——人体工程学

某市有一座大桥，文革期间在桥的一端小广场上竖起一块硕大的标语碑，自从此处屡屡发生车祸。有关方面的调查表明，大多数司机在驾车下桥时，总是感到标语碑扑面而来，不由自主地要拧转方向盘去避开，结果是冲出道路，酿成车祸。实际上，这块标语碑离车道还有相当距离，它的存在却造成司机的心理压力。后来拆除此碑，车祸也随之减少了。

第二次世界大战中，作战飞机经常失事，美军动员了大批工程师、心理学家进行调查，结果却出人意料。失事原因竟在于仪表的形式上。原来机上装的高度计是类似机械表的三针式，飞行员只有看完三根针的各自位置，才能知道飞机的高度。战争中瞬息万变、忙中有错。失事的主要原因，就在于看错了高度。后来改用了单针式高度表，失事便大大减少了。

上面的两个例子，是一门新的学科——人体工程学（又称人类因素工程学）的研究课题，以往设计机器，把人和机器分开作为各自独立、彼此分离的系统，而实际上，人和机器在工作过程中是一个不可分割的系统，人和机器联系的任何环节出现问题，都可造成事故的发生。人体工程学就是把人和机器当作一个系统来考虑，根据人的解剖学、生理学、心理学特征、了解并掌握人的作业能力和极限，让机器、工具、环境和人体相适应的一门科学，它为防止事故产生，改善人的工作条件，起居条件作出贡献。

现代超音速飞机、高速列车和汽车的驾驶员，必须随时注意各种仪表所指示的数字，观察前面各种情况，以便对各类信息综合分析之后，作出相应的操纵动作，稍有差错，便会发生惨剧。因此，除了对驾驶员的技术培训之外，人体工程学家必须对驾驶室各类仪器、仪表、操纵手柄、座椅等作出恰当的设计，才能在使用时一目了然，得心应手。例如，人类视野呈扁形、横向较阔、竖向较窄，为了最大限度地利用人的横向视野，应尽可能把仪表布置在一个横宽竖窄的区域内，最重要的仪表应放在视野中心。人的视区还有"盲点"和"死角"，在设计仪表、报警灯和驾驶窗时，必须考虑这些问题。

椅子恐怕是人们最常用的家具了，在工作环境中，它又成为工具。从原始人用石头、树干当作椅子，到传统的太师椅、八仙椅，直至现代的沙发、钢折椅，确实经历重大的变革。但真正利用人体工程学的成果设计桌椅，却是近二三十年的事。椅子在不同场合有不同的功能。办公用椅和课室用椅，要求舒适、高矮与桌子和使用者身高匹配，以免长期使用导致腰肌劳损、近视眼，妨碍青少年发育等不良效果。菜馆茶座的椅子如果太舒适，茶客乐而忘返，就会导致周转率低，降低营业额，而驾驶室、操纵机构的座椅，则必须首先考虑适合操纵人员进行各种动作的需要。日本等国，已经根据人体工程学的研究成果，制定了学校桌椅和办公室桌椅的标准。在家具设计上，越来越多的技术人员接受人体工程学家的意见，甚至在服装、鞋帽的设计上，也有人体工程学家大显神通的地方。

环境是影响生活和工作的一个重要因素。如何创造舒适而且令人工作效率高的环境，也是人体工程学的课题。环境影响既有噪音、光线、温度、湿度、气味等理化因素，还有心理因素。有一家外国工厂，厂主为了掩盖墙上的污物，将厂房用黑漆涂刷一新。可是结果却事与愿违，工人相继病倒。究其原因，原来是黑色的墙能给人一种精神压抑感，导致精神萎靡，疾病发生，事故频繁。色彩心理效应的研究说明，绿色使人安定，橙色增加食欲，红色使人兴奋……因此在不同的环境使用不同的颜色，可产生意想不到的效果。

现代各种发明，必须考虑人体因素。有时发明者是个特殊的人，他的发明就未必适合多数人，因此，在大量制造之前，必须经各种类型的人反复试用，以便安排最佳设计方案。在一些特异环境，设计也有与一般环境不同之处。曾经有人建议高速公路的停止符号"STOP"应写在曲面上,据说每小时65公里速度汽车上人们看平面上的信号比看半圆柱面上的信号错误多出三倍。这是由于遗速移近信号时,曲面上显示变化大,而平面信号保持较大的对称,不易吸引注意。

人体工程学已使用高速摄影、自动跟踪、肌电图、精神反射电流、模拟和电子计算机等现代科技作为研究手段,它的研究成果,为设计出方便、舒适、安全、高效的工具和生活用具提供科学依据。

159 "大农业"的"指挥家"
——农业工程学

农业是国民经济的基础,各国都十分重视农业生产。二十世纪三四十年代,农业机械普遍使用,农田水利、农田电器设备和农用建筑的推广,使人提出农业工程的概念。进入六十年代,农业工程已包括农业资源、能源的开发利用、土壤改良、农田规划建设、温室栽培、畜禽鱼生产工厂化、农畜鱼产品加工保鲜等多方面,电子、电子计算机、遥感、放射技术等先进科技份份应用到农业上,并形成了对整个农业布局进行统一规划的"大农业"。因此,对农业工程设施提供理论基础,对"大农业"进行系统研究的农业工程学相应诞生了。这是一门介于生物学和工程学之间的边缘科学,在发展农业工程技术,实现农业现代化的宏伟计划中起指挥家的作用。它主要的研究范围有:

一、土地开发利用工程。研究合理开发发、改良、利用土地。建立有利于资源开发和保护兼顾的合理格局和新的生态平衡。在世界许多国家,过去由于不注意土地资源的合理利用,只顾局部的、暂时的利益,滥砍乱伐森林,破坏植被,盲目使用土地,造成水土大量流失,耕地肥力下降,沼泽化、沙漠化,生态平衡遭到破坏。在我国,这种问题也十分严重,对国土资源进行全面整治,已是迫在眉睫的了。

二、农业生物环境工程。研究改善和创造农业生产过程中环境因素的工程理论、工程技术和设备,使农业动,植物在最优环境中达到速生、高产、优质、低耗的综合效果；研究农产品的加工、保鲜、贮藏、转运的有关机械设备，仓库等；研究良种的培育、复壮新技术；研究农业生物生长过程的防害防灾等等。新技术的运用，使人们改变了传统的种植、养殖手段，从而大大提高产量，有效利用各种资源。例如番茄大田露天生产，亩产可达四千斤；采用塑料大棚，亩产可达八千斤；如果应用玻璃温室，亩产可提到至一万二千斤；而在人工控制全气候的温室生产，亩产可达三万斤以上。温室无土栽培蔬菜、机械化养禽养畜、网箱密集养鱼，都使这些生产朝工厂化迈步。

三、农业能源工程。研究农业生产中各种动力和能源的结构与供求规律。合理分配国家能源，因地制宜开发利用各和廉价能源用于农业。例如太阳能、地热能、沼气、工厂余热等的开发利用。随着农业机械化的普及、工厂化农业生产的推广和各种先进技术的应用，农业对能源的需求得越来越大，从理论和工程技术上解决能源问题，是十分迫切需要的。

四、农业工程力学。研究包括土壤—农机系统力学、农业机械力学，农业材料力学的理论和技术问题。土壤—农机系统力学是把土壤和农机具看成一个系统，研究耕作过程中土壤负荷时办学特性以及其动力学参数与农机具的工作部件，行走装置之间的相互关系。例如一部拖拉机，在水田和旱田、不同土质和坡度耕作时，车轮、犁耙等挂具就不能一样。农业机械力学研究农机机组和农机工作机构的理论。农业材料办学研究谷物，秸秆、颖壳、糠麸等农业物料在加工过程中的力学和热力学特性。

五、农业系统工程。把农业看成一个整体、一个系统，研究其内部各因素的相互影响和关系的规律，找出数字模型，运用电子计算机得出最佳方案，合理组织！协调各因素、作出全面整体规划，以便充分利用人力、物力、财力和自然资源提高经济效益。例如对某地区进行具体分析和全面考虑，制订出适合该地区使用的农机具的马力数和相应的配套机械。

六、人体工程。研究农业生产特别是农业机器生产中如何适合人体生理、心理条件，对震动、噪音、温度、灰尘、座位、有毒物质诸因素综合考虑，防止对人体的伤害，提供合适、安全、方便的工作条件，防止工伤、消灭职业病。

要实现我国四个现代化、就必须加强对农业工程学的研究，并积极培养在农业工程方面推广、应用、科研、决策的专门人才。

160 研究"模糊事物"的科学

——模糊数学

在日常生活中，模糊概念和模糊现象比比皆是：

小张是胖还是瘦？是美还是丑？是活泼还是文静？他的某一表情是愉快还是痛苦？这连小孩也能分辨清楚。可是你能用精确的数学方法来表述来计算吗？

何谓"四肢无力"？是劳累后出现疲乏感？是脚酸手软达到不能正常工作？还是严重得接近瘫痪？优秀的医师能根据这一模糊概念所指的症状的轻重合理地开方施治。但这样的好医师毕竟不多，能否用数学方法归纳出某种数学提式为更多的人所应用呢？

"食欲不振"是怎样衡量的？小李原来每餐吃八两饭，现在只吃半斤，算不算"食欲不振"？

生活中许许多多这样的问题提出了科学研究的课题。对这些模糊概念、模糊现象、模糊事物，用数学语言来描述，用数学方法来计算，这就是模糊数学的任务。

模糊数学是用精确的数学方法在模糊事物中求得数量规律的科学，是普通数学的延伸和推广。它是在二十世纪六十年代中期发展起来，1976年才传入我国的一门新兴学科。

模糊数学并不是把数学变得模模糊糊，而是适当地运用数学语言来描述事物的模糊性。模糊性力主要指事物的"不分明性"，也就是说对那种事物的性质、程度很难作出精确规定。就拿"食欲不振"这个概念来说吧。用模糊数学方法来鉴别它时，不需要对它做是或非的判断，而只是把"食欲不振"症状从最轻到最重之间划一个范围，这个范围称为闭区间，并用一定实数（如 [0.1]）去描述它。这个实数就叫"隶属度"，再考虑这个"隶属度"的数是随不同人的具体情况而改变，因而把这个变量称为"隶属函数"。这样，我们如果说某人"食欲不振"的隶属度是 0.8，那就说明他食欲不振的程度是：原来每天吃一斤，现在只能吃二两了！又如一个人去买东西，对某产品喜欢与不喜欢各占一半，则他处于"最模糊状态"。

模糊数学有着强大的生命力、渗透力和广阔的应用前景。我国中央气象科学院的科研人员用模糊数学的理论和方法研究气象资料进行天气预报，已经获得初步成功。北京一些中青年医生，运用模糊数学方法，把我国著名老中医关幼波教授辨证施治肝病的经验编成数学模型，存贮入电子计算机，培养出一位优秀的"电脑医生"。这位电脑医生能模拟关教授辨证施治的实践能力为病人看病。对于同一个病例，这位"电脑医生"开出的药方与关教授开出的药方在药的种类、剂量方面完全相同，只是药类排列顺序不一样。这样的成果，怎不令人惊叹呢？

模糊数学还是一门年轻的学科，还需要不断发展、丰富、充实和完善，使它在更多的领域大显身手，造福人类。

161 应用广泛的计算数学

计算数学是一门新兴应用科学，是数学的一个新分支，它以计算机为工具，解决人类在生产斗争、经济建设、国防建设和科学研究等领域中碰到的数学问题。计算数学研究各类数学问题的数值解法，以及数值计算过程本身的规律性，如数值解法的稳定性、收敛性误差分析、计算过程的复杂性分析等基本理论。

人类在生产斗争、经济建设、国防建设和科学研究中常常会遇到复杂的常微分方程、偏微分方程、积分方程或阶数很高的线性代数问题方程组，这些问题往往是无法用解析方法求出精确解的，只能用计算数学的方法，在电子计算机上求出近似值解。特别是有许多新的、复杂的科学技术提出的计算问题，目前还没有成熟的计算方法，必须探讨和寻求新的方法。由此可见，计算方法的研究在解决实际计算问题中经常起着关键性的作用。

在尖端科学技术尤其是国防尖端武器的发展中，计算数学和计算机起着同等重要的作用。例如，世界上第一台电子计算机就是美国在研制氢弹的过程中制造的；冲击波计算方法也是为了解决氢弹研制过程中的数学问题而提出的，又如，为了控制火箭和人造卫星按预期轨道飞行，必须精确计算它们在高空飞行时周围的空气动力状态；为了使人造卫星返回地面时不至于烧毁，必须计算卫星表面的受热状态，从而采取适当的防护措施。这样的例子不胜枚举。可以说，几乎所有的尖端科学技术都离不开计算数学和计算机。重大的科研设备如核反应堆、加速器、可控热核反应装置、射电天文望远镜、激波管等，在设计制造过程中都要通过计算，给出设计依据。同时，把数值计算和实验手段配合起来，不但可以减少实验次数，而且可以根据实验工作发现的科学现象和观测到的数据，进行数值计算，从而在复杂的数量关系中，找出内在的规律来。例如，在生命起源问题研究中，为了测定胰岛素的空间结构用数值方法对实验数据进行理论上的复杂的计算就是必不可少的重要环节。

计算数学在经济建设方面的应用也极为广泛。例如，目前在水工、桥梁、建筑以及动力和机械制造等许多部门的工程设计中，已普遍地使用数值力法对结构强度进行分析，以选择较好的设计方案。这样不仅可以节省原材料，节省建设资金，还可加快工程进度，提高工程质量。在我国大庆油田初期开发过程中，就曾利用电子计算机进行计算来确定最佳方案，这对于保证油田的合理开发，长期稳产高产起了重要作用。除了工程技术方面之外，目前在大地测量、气象预报、海洋潮汐预报以及地震预报等方面，也广泛使用计算机进行大量计算。几乎在国民经济每个部门，计算数学都在大显身手。

随着科学技术的发展和计算机的广泛使用，计算数学得到了迅速发展，现已成为发展科学技术的必不可少的重要工具，特别在新学科、新技术的研究中，都纷纷借助计算数学作为研究手段，开始形成计算物理、计算力学、计算化学、计算生物学、计算地震学和计算几何学等边缘学科。计算数学本身的发展也扩大了纯粹数学的研究领域，并提供了新的研究手段。因此，发展计算数学，加强对计算数学的理论研究，将会对我国的四化建设起到促进作用。

162 用计算机设计汽车外形
——计算几何学

20世纪六十年代,电子计算机进入各个领域,推动了产业部门、设计部门的发展,也推动了各基础学科的发展。1972年,英国的福雷斯特提出了一门称为计算几何学的新学科,并对它定义为"对几何外形信息的计算机表示、分析和综合",这是一门几何学、函数学、计算数学和电子计算机软件科学等学科交叉而成的边缘学科。

在计算机所能解决的形形色色问题中,大概有三类是同几何图形有关的。第一类是航空、船舶、汽车等制造业中的几何外形设计问题;第二类是绘制地形图等遇到的数据处理问题;第三类是数控加工问题。第一类问题是计算几何研究的重点,其技术方法又称"计算机辅助几何设计"(CAGD),计算几何学就是它的数学基础。在设计过程中,首先通过已知的数学方程并借助于计算机算出的数据,确定出几何图形来。接着是对几何图形进行理论分析。最后考察几何图形是否达到预定的标准,并且在必要时对不合要求的地方进行局部的修改和控制。这三个步骤的工作,即福雷斯特所说的表示、分析和综合。它们都可以由编制计算机算法和程序来自动实现,也可以通过人机对话来进行。

CAGD技术最初使用的是从绘图员用弹性细木条压样画线建立起来的"条样函数",以后又发展了以分片代数多项式为主的插值样条曲线、孔斯曲面方法等。到了七十年代,法国雷诺汽车公司以贝齐尔方法为基础的车身外形设计系统获得很大成功,使人们的注意力纷纷转向贝齐尔曲线曲面和B样条曲线曲面,后者是在前者的基础发展起来的。使这些方法已成为当前开发全新的几何外形设计系统的主要工具。

对于飞机、汽车、轮船等交通工具来说,为了美观和尽可能减少流体阻力,它们的几何外形绝大部分是由凸曲面组成的。因此在利用贝齐尔或B样条曲线曲面表示工程几何外形时,保证曲线或曲面的凸性便是一项极为重要的工作。我国复旦大学数学研究所在最近十年的理论研究和应用开发中,引入了一套几何不变理论,保证了曲线和曲面的凸性,收到良好效果。七十年代以来，这个研究所和国内一些制造二厂合作，取得了多项应用成果。例如他们与上海拖拉机汽车研究所合作，研制成功了汽车车身外形设计系统，得到美学标准高、空气动力性能好的设计图形；与航空工业部608研究所合作。设计出符合空气动力学计算和强度计算要求的燃气涡轮叶片交互设计系统；与几家船厂合作设计出船体建造系统和船体曲面系统（与交通大学合作）等。

随着计算机应用的普及，计算几何学的应用也越来越广泛、深入。可以说，凡是需要由计算机表示几何物体的场合，都是计算几何学的用武之地。我国在应用计算几何进行飞机外形设计、地形图绘制、公路和铁路线型设计、石油勘探建立三维地层结构图、鞋帽设计、模具设计和加工、有限元计算的前置和后置处理、动画片的设计和绘制、飞行模拟训练系统、人体器官X射线断层分析（CT技术）三维图像重建等，已经获得相当的成功。

现在，国际上计算几何已逐渐从以前的研究对象曲线和曲面转向对几何体的研究，其基本方法是把长方体、圆柱体等作为基本元素，经过集合的和、并、减等运算以后，组成各种复杂的"体"用以开发机械零件的设计和制造。计算几何的理论成果转化成生产力，将创造出巨大的经济效益。

163 风景几何学

"为什么几何给人的印象是那么枯燥乏味？原因之一是它不能描绘出云彩、山峰、海滨或树的自然形状。因为云朵不是球面，山坡不是锥体，海岸不是圆弧，树皮不光滑，闪电也不是一条直线。"这段话摘自贝诺瓦·芒代尔布罗1982年新著的《大自然的断裂状物体几何》一书，它阐明了这位法国数学家开拓性研究的核心。

过去，人们在描画云彩的轮廓、树的枝叶或是蜿蜒的河流时，从未求助于几何。芒代尔布罗第一个打破了这种局面。他用纯数学的断裂物集理论，使传统的几何学放出新的光彩。他用电子计算机绘制的风景图，和自然景色相比毫无二致。芒代尔布罗认为，由于大自然的许多结构不规则或凹凸不平，我们无法用传统的现代几何中的平面和规则的线条再现周围复杂的世界，因此必须创造一种崭新的、用数学分析法的几何学。这就是他发明的"断裂物体几何学"。它打破了传统几何的模式，成为人类服务的风景几何学。

这种新创几何学的秘密何在呢？一句话，它是把表面的绝对不规则和内部的实质性对称有机结合起来。不规则十分明显：如山峦的轮廓和分散的岛屿都显示出这一点，一眼望去，只见断续的线条和凹凸的断裂面，似乎毫无规律可寻。对称却不明显，而且不能以习惯的理解来看待这里说的"对称"，而要把对称理解为和整体相比的部分协调，意即如果把这些不规则部分放大后观察，就会看到这种对称。芒代尔布罗认为这是自然结构的基本特性。他说，如果你仔细观察一棵树，就会发现它的每一部分都形似它的整体。花菜的形状比树更典型。如果把花菜掰开，会发现每一小株的形状都酷似整棵花菜，只是比例缩小而已。同样，山峰亦和整座山相像；一片云彩虽不是一个简单的球形，但只是球形外面以接连不断地隆起了大大小小的球形而已。总之，我们的周围世界里充满着部分结构与整体结构相互协调的情况。用科学术语来说，这种结构具有"任何比例的结构不变性。"这种实质上的对称性为断裂状物体理论研究提供了很好的基础。由于这种结构变化纷繁，所以并不像传统几何制图那样给人以干巴巴的感觉。

传统几何是建立在严格的等级之上的，即点、线、平面、空间。因此，所有的几何形物体，除了点之外，都必然属于线、面或体的范畴。但风景几何学不受这个等级的约束。它绘出的形状，往往介于点和线、线和面或面和体之间。此外，这门新兴学科革除了过去惯用的"维"的概念。传统几何把线作为1维，面作2维，体为3维。然而，介于线和面之章的形式该算作几维？1维还是2维？还有面和体之间呢？2维还是3维？是否该把它们列为非整数维？回答是：风景几何学里既有符合传统概念的整数概念的整数维，又有非整数维。

传统几何中常用的"维"是整数的"拓扑维"，它无法反映断裂物体的特殊性。因此，风景几何学引入了一种"内容维"，它把点当0，长当1，宽当2，高当3。在量度一般几何物体中，"内容维"与"拓扑维"并无两样，但在断裂状物体面前就不同了。一条断裂的线，它的拓扑维是1，而它的内容维似乎超过1，因为它长度无限；但又低于2，因为它无宽。依此类推，一个不平的面，因为宽无限，故超过2维，但又低于3维，因为没有高。由此看来，断裂物体内容维不等于它们的拓扑维。内容维的值不一定是完整的。

内容维与拓扑维不同的是，它可以不断地变化，能反映物体的不规则和凹凸的程度。因此，断裂状物体的内容维要高于拓扑维。这正是断裂物体学在数学上的特征。断裂状物越不规则，它的内容维就越高。更具体地说，全平面为 2 维，稍有不平的面为 2.1 维或 2.2 维，极不平的面可达 2.8 维或2.9维。

风景几何学——断裂状物体几何虽然在理论上很晦涩，但它具有极大的实用价值。借助风景几何学将断裂状物体的特征反映出来，编成程序，用计算机绘制出风景图，简直可达到和照片、绘画难以分辨的程度。

164 中国人提出的新学科

——物元学

人们在日常的工作和生活中，常常会碰到一些绞尽脑汁也难以解决的问题。例如，如何使鸡蛋竖立起来？一杆只能称两百斤的秤怎样去称一头大象？弱兵寡将怎样抗拒百万敌兵？对一般人来说这些确实是难题。然而，哥伦布轻轻敲破蛋底，便把鸡蛋竖起来了；"曹冲称象"的故事告诉人们怎样去称大象；诸葛亮则利用"空城计"吓司马懿百万强兵。这些古今智者为什么能想出这些高招？出点子、想办法、解难题有无规律可循？有无理论可依？能不能请计算机帮忙从而找到解决难题最为有效的办法呢？

经过近八年的研究探讨，我国科技工作者蔡文等人在世界上首次提出一门专门研究想事用计出点子的方法、规律和理论的新学科——物元学。

物元学是一门介于数学与实验之间的边缘学科。它包括理论与应用两个部分。理论部分分为物元理论和可拓集合；应用部分由物元变换及其在实际中的应用组成。这门学科以促进事物的转化，解决不相容问题为核心研究内容，涉及数学、思维科学、系统科学、人体科学、计算机科学等众多领域。

"物元学"简而言之就是以事物基本元素（由事物的名称、特征和量值三部分组成）的"物元"去表示问题，并通过分析它们的变化找出解决问题的方法。而解决问题的过程，就是把不相容问题转变成相容问题的过程。以曹冲称象为例。曹冲首先因船载大象于河中，在船舷记下吃水深度，然后把大象牵上岸，换成同等重量的石块，使船吃水深度相同，再用称分称石块的重量。全部石块的重量就是大象的体重。设定大象体重为一万斤吧，曹冲正是对大象的物元（大象、重量、一万斤）和石块的物元（石块、重量、一万斤）进行分析，想到通过石块的变换，使"称象"成为可能。

从某种意义来说，"物元学"就是着重研究事物可变性的科学。它通过物元的变换，特别是通过事物内部结构的变换，寻找解决问题的金钥匙。类似"曹冲称象"解决问题的事例，在日常生活和社会实践中并不少见。我们先人总结出来的"三十六计"，细细想来，计计都是这种方法的典范运用。

物元学作为一门崭新的学科，目前还处在初创阶段，其体系正在逐步完善。近几年来，物元学在价值工程、创造工程、新产品的构思、经济管理、决策分析等方面已显示了良好的应用前景。愿物元学这门中国人提出的新学科开出更绚丽之花，结出更丰硕之果！

165 "纸上的实验物理学"

——计算物理学

太阳，这一团熊熊烈火，千年、万年、几十亿年不停地燃烧着。它是由什么样的物质所组成？它是怎样发展和变化的？传统的物理学不能够回答这样的问题。

传统的物理学一般分为实验物理学和理论物理学两大分支。如果要用实验物理学来回答上述问题，实验室中容不下一个太阳，观测也不能进行万年、亿年之久才去作出结论，况且又不可能到百万度高温的太阳上去做实验。如果要用理论物理学来考虑这类问题，则理论计算牵涉到的物理过程极为复杂：太阳上面是大量的氢原子核、氦原子核、碳原子核互相碰撞，进行着十分剧烈的核反应，释放出大量的能量，在极高温之下，物质都呈现为气体状，不停地流动、翻腾，甚至从太阳表面喷射出去，而太阳本身物质的吸引力，又将这些剧烈运动的气体的绝大部分，紧紧地束缚在一起。这样复杂的情况，涉及到高温高压下的流体力学运动、核反应过程、光子输运过程、物质状态变化过程、电磁作用、万有引力作用、核能释放的互相制约作用等等，要用理论物理学的解析方法求解如此复杂的问题是难以想象的。

类似这样的难题还很多，例如受控热核反应、高速飞行等。物理学的两个传统分支都无能为力，而认识自然的客观需要又迫使人们必须解决这样的问题，怎么办呢？

可谓"山穷水尽疑无路，柳暗花明又一村"。电子计算机的出现和广泛应用，为解决这些问题提供了新的途径，形成了一门新兴的边缘学科——计算物理学。第二次世界大战后，一些国家为了发展核武器和航天技术的需要，大力发展了大型快速的电子计算机和计算数学。在解决核武器设计的同时，计算物理学十分迅速地发展了起来。

计算物理学作为物理学的第三大分支，有其自己的特点。传统的理论物理学主要是利用数学推理为工具，研究物理现象之间的内在联系，以及推导出一些新的论点，供实验物理学加以验证和利用。传统的实验物理学则主要利用实验技术和观测作为依据，寻求物理世界的新现象和过去未被发现的规律，证实或否定理论推导中的某些论点。这两方面相辅相成地推动着物理学的发展。计算物理学呢？如果用形象化的比喻来说，它是"纸上的实验物理学"，也可以说是用现代化的电子计算机武装起来的理论物理学。计算物理学利用现代电子计算机的大存储量和快速计算的有利条件，将物理学、力学、天文学和工程中复杂的多因素相互作用过程用计算机来模拟。

应用计算物理学，就可解决上面提高的那些传统物理学所无法解决的难题。比如关于太阳的演化问题。太阳的光和热的来源，主要是热核聚变反应过程中释放出的能量。太阳中心约有一千五百万度的高温和三千四百亿大气压的高压。在高温高压的条件下，氢原子核在剧烈的碰撞中形成氦原子核。四个氢原子核聚合成一个氦核的过程中，要损失千分之七的质量。这些质量转化为能量便是太阳的光和热的来源。粗略的估计，如果太阳全部是氢核，太阳的寿命将达到千亿年的量级。但是，进一步考虑太阳的组成不完全是氢核，氢核逐步消耗，氢核反应的可能性也逐步减少，因而核能释放的速度也在逐步减慢。到一定的时间，引力的收缩作用将超过由于发热而膨胀的作用，太阳就将会发生比较显著的演化。应用计算物理学的方法，将核反应、流体膨胀和引力收缩这些因素，用微分方程写出，将微分方程化为差分方程，再用电子计算机将差分方程进行计算，这就是将太阳的演化过程用电子计算机进行模拟。这样算出的太阳寿命约为一百亿年，实际上太阳这样燃烧已经经历了大约四十亿年的发展过程。

现在，应用计算物理学的方法，已经可以计算出受控热核反应要维持下去所需要的等离子体的密度、温度和持续时间，提出了工程设计需努力达到的指标。虽然现在工程上还没有达到这样的指标，但"纸上的实验"——计算物理学已经提出了这些指标。这是计算物理学走在实验物理学前面的一个例子。

计算物理学已经迅速发展起来，并广泛地用于物理、力学、天文、工程等学科中，在许多尖端科研领域中起了极大的促进作用。

166 联系天体演化和物质结构的纽带
——宇宙线物理学

十九世纪末，人们发现了X射线、电子和放射性元素；二十世纪初，又发现了原子结构和原子核。在这些发现的基础上，人们开始注意到有一种来自宇宙空间的射线在时时袭击着我们的地球，其中有的粒子可以穿透厚层的岩石达到很深的地下，这种粒子流被命名为"宇宙线"。

宇宙线中包含着能量极高的粒子，证明宇宙线产生于高能或超高能的天体演化过程。宇宙线在宇宙空间中的传播、加速，又和天体及天体系统的结构、性质有关。因此，宇宙线既携带着天体演化，天体结构的信息，也携带着和物质深层结构有关的超高能区相互作用的信息。当今宇宙线研究的特点在于：它从无限小的世界来研究无限大的世界，又由无限大的世界来研究无限小的世界，从而形成了一门新的边缘学科——宇宙线物理学。这门边缘学把天体演化和物质结构两大前沿学科联系了起来。

按照研究内容的侧重点，宇宙线物理学大致可分为三个主要分支：宇宙线天体物理、宇宙线高能物理、宇宙线空间物理和地球物理。

宇宙线天体物理是利用宇宙线进行天文观测，研究天体和宇宙空间的状态、组成和演化规律，研究宇宙线的起源、加速、传播和演变的学科。按探测的方法，又可划分为X射线天文、Y射线天文、中微子天文和荷电粒子天文。宇宙线天文观测和光学天文。射电天文的观测相结合，将组成全波段天文观测。

宇宙线高能物理是利用宇宙线进行高能物理实验，研究"基本"粒子的结构和相互作用、相互转化规律的分支学科。今后的研究工作主要在高能加速器的能量还没有达到的区域进行，分为高能核作用、广延大气簇射、高能μ子和中微子作用及寻找新粒子等领域。

宇宙线空间物理和地球物理是研究宇宙线与行星际空间、磁层、电离层、大气层和地磁场的相互作用及变化规律的分支学科。这方面的研究与航天、通讯、航空、气象有密切的关系。

这三个分支各有侧重，但又是相互渗透、相互交叉的。除了这三个主要的分支外，还有宇宙线探测技术和宇宙线的应用，前者包括各种粒子探测仪器，电子学的控制、数据记录和传输、电子计算机处理信息等。后者，如预报太阳黑子事件，测定高空气温、预报暴雨、洪水、地质考察、考古及军事上某些可能的应用也正在发展。

目前，国内外对宇宙线物理学的研究相当活跃。国际宇宙线会议的文集一次比一次厚，宇宙线给人类带来的信息不断增加。

167 雷霆万钧中的科学

——闪电物理学

在蒙昧时期，人类对雷电这种壮观的自然现象是充满神秘和恐怖感的。中国神话中，雷电是雷公电母奉天帝之命在惩治坏人，而西方则普遍流行雷电是上帝发怒的说法。1752年，伟大的电学开拓者富兰克林以他的献身精神，在著名的风筝实验中证实闪电是大气中的一种放电现象，揭开科学认识雷电的序幕，但专门研究闪电特性及其物理机制的闪电物理学成为一个专门的学科，则是近几十年的事。

闪电和人类活动有极密切的关系。有人认为闪电是生命起源所不可缺少的一个环节。在模拟实验中，从甲烷、氨、水蒸气、氢的混合物（模拟原始大气）通过放电得到氨基酸，支持了这一理论。闪电所引起的森林大火，是人类祖先象征文明起源的第一把火。直至现在，闪电电离空气中的氮仍是植物获得氮肥的一个重要媒介。闪电对生态平衡所起的作用是多方面的。

另一方面，闪电又是人类生命财产的灾难。全球每秒钟约有100余次闪电。据说美国每年有200余人死于雷电，财产损失达1亿美元。北美森林火灾的祸首就是雷电。现代人类社会电力、航空、通信、遥控、航天等技术，受到闪电的极大威胁。因此对闪电的研究有重要的实际意义。

闪电是大气中发生的一种最剧烈的自然电过程，是一种超长距离（可达几十公里）的复杂的瞬间强放电（可达几十万安培）过程。闪电多产生于雷雨云，也可在沙暴、雪暴、火山爆发以至核爆炸中产生。仅存在于大气中的闪电叫云闪，与大地相连的闪电叫地闪。地闪击中地面后造成直接后果，故对它的研究较多。绝大多数闪电是线状闪电，此外还有少数珠状的或链状的闪电，以及特殊的球状闪电，但后者机会极少，至今没有专门仪器观测。闪电物理学把力量集中在对常见的线状闪电的研究上，其研究方法主要是观测闪电所发生的一些物理现象。目前已应用特殊高速摄影、电场探测、雷声接收、光谱探测、电流及光、电磁辐射探测及某些特殊测量。

二十世纪三十年代中期，人们开始认识到一般雷雨云的上部有多余的正电荷，下部有多余的负电荷，当电场强度超过空气的击穿场强时，闪电就发生了。发生在云中相反电荷区之间的就是云闪，发生在云和地表之间的就是地闪。通常地闪是云下部负电荷区向地面输送负电荷的过程。以后的研究证明，从一大气到地表平时存在100伏/米的电场，2000安的电流及地表约5×10^5库仑的电荷，都是靠雷暴活动所维持的。地闪的过程是，一个平均速度约为10^5米/秒的、从云到地呈间歇式分叉推进的弱梯级放电先到达地面（光导），紧接着产生由地面向上推进的、平均速度为10^8米/秒左右的强放电（回击）。这时，地闪达到高潮，回击持续时间为60微秒左右。人们见到的光一般是回击造成的。一次闪电平均有3～4次回击，总持续时间约0.5秒。一般闪电能向地面输送20库仑左右的负电荷。七十年代中期开展的多点同步电磁辐射观测，使人们获得闪电宽带电磁辐射的典型波形与它随距离的变化，推动了模拟通道的开展。电磁测量的进展使中近距离的闪电定位技术在近年有明显改善，它已被成功地用于美国及加拿大森林火灾的监测、部分电力系统的调度作业及气象预报业务中。闪电产生的电磁脉冲在地球只有一些核爆炸造成的电磁脉冲能比它强。目前正在研制的电磁脉冲弹，是一种试图加强核爆炸的电磁脉冲以破坏电子设备而不杀伤人的新型武器。研究闪电辐射有助于了解这种核爆炸电磁脉冲的效应,也有利于研究抗击电磁脉冲弹的措施。

闪电的光谱分析和声测量使人们弄清闪电的时间空间过程,并由此估计出闪电通道中的温度、电离度、压力、通道几何图像、电荷分布、能量传递等。近年来,用卫星探测地球闪电、用空间探测器探测行星大气闪电,以及发射拖线火箭诱发闪电,都获得十分宝贵的资料。特别是诱发闪电在应用上有不可估量的前景,如用它可研究闪电对输电线及电力设备的作用、闪电对飞行器的作用、模拟核致电磁脉冲对尖端武器的作用等等。

168 摆脱"实验科学"的束缚
——理论化学

长期以来,化学主要是通过大量的实验来探索物质的奥秘的。人们一直认为它是一门"实验科学"。但是,有时为了揭开物质的某一秘密或者找到某种新的物质,必须做无数的实验,从几万种甚至几十万种化合物中逐一进行实验筛选。由于缺乏理论指导,许多重要的化学问题,往往走了多年的弯路,迟迟未能解决。例如化学动力学理论问题长期没有得到圆满解决,致使许多成功的实验经过长期中间试验仍没法放大规模应用于工业生产,极大地阻碍了化学的发展。

随着分子、原子结构等物质微观世界研究的深入,化学逐渐从纯粹的实验科学走上理论研究的道路。首先,结构化学脱颖而出,为弄清化学反应基本原理、微观物质运动状态、物质结构与性能的关系,从微观角度去探索化学反应,积累了不少定性方面的成果,弄清了化学键这个结构上的关键问题。20世纪20年代量子力学问世之后,在量子理论基础上建立起来的量子化学,在描述化学键的电子云上十分成功。理论上,电子云可以用波动函数来描述,通过计算可以知道破坏一个分子的化学键需要多大的能量,从而可以自由地把不需要的分子剪下来换上新的分子,合成出新物质。但是实际上,计算的困难成为难以逾越的障碍。例如对两个简单的双原子分子进行计算,就要成千上万个积分。这在大型电子计算机出现之前,是无法实现的。以致有的化学家嗟叹说,要计算铁原子的精确的波动函数,即使用上全世界的纸张也不够。二十世纪六十年代以后，高速大型的电子计算机的应用，终于使理论化学正式建立起来。电子计算机使理论化学的结构化学和量子化学双翅高飞，抛掉了"实验科学"的帽子。

  量子化学在结构化学、量子理论和计算机技术的基础上迅猛发展，反过来又促进了结构化学的发展，使理论化学在研究化学现象的本质问题上更加有力、更加深入。三十年代，运用量子力学的薛定谔方程定量计算氢分子这样最简单的双原子分子的化学键，虽然足足花去一年的时间，但它计算结果的成功，大大鼓舞了理论化学的开创者。现在，理论化学在电子计算机这一强有力的工具的帮助下，计算一个原子数为几十的复杂分子的化学键，仅需数分钟便可完成。电子计算机在理论化学研究、探测新物质的工作中，除了极大地加速计算过程外，还大大地扩展了探测范围，拓深了洞察深度。计算机惊人的记忆本领，能储存极多的信息，掌握更多的、更准确的分子立体构型。特别是对于生物大分子的结构、功能的研究，没有电子计算机是不可想像的。理论化学提供的生物大分子结构，其空间构型十分复杂、分子量十分巨大，用人工作分子骨架模型以便同电子密度图准确迭合是十分困难的。特别是模型的局部转动或改变，都必须经过反复观察和装配才行。运用电子计算机，把初始模型和电子密度图显示在屏幕上，调节分子骨架模型使其与电子密度图配合到最佳位置，结构模型就建立了。把结构模型贮存起来，可供以后长期使用。这样，参照该分子的结构模型，有目的地改变某结构、就能比较自由地设计出我们所需要的特种化学物质、合成新材料、新药物，不再像过去那样盲目筛选。例如维生素 B12 的合成，过去十分盲目，成本高、产量低，现在运用分子轨道对称守恒原理，按照它的立体结构进行合成获得很好的效果。又如美国加利福尼亚大学通过计算机，研制了一种高效抗癌新药阿托米西恩。

  在建立理论化学的工作上，诺贝尔化学奖金获得者、美国的鲍林作出了卓越的贡献。1939 年他首先运用量子力学观点解释了化学键的本质，最近又创立了金属四键理论并着手建立麻醉的分子理论和重新确定 DNA 双螺旋结构。而日本的福井谦一和美国的罗尔德·霍夫曼，因分别提出"前沿轨道理论"和"分子轨道理论"而分享 1981 年诺贝尔化学奖。

169 新兴的等离子化学

通常呈现在人们面前的物质呈现固体、液体和气体三种状态，但是目前人们已发现了物质的第四态——等离子态和第五态——液电态。

当原子失去电子或得到多余的电子时，就呈带电性，这种带电粒子就称为离子。所谓等离子态，实际上是气体电离后呈现的状态。等离子体是由分子、原子、离子和电子组成的不稳定混合体。就整体而言，它呈电中性。在自然界，霹雳万钧的闪电，绚烂夺目的极光，发光发热的星球，灼热耀眼的火焰中，都存在等离子体。当物体处于等离子状态时，就产生原子、游离基、离子等不稳定基团。这些基团吸收了外界的能量而呈激发状态，因而具有很高的化学活性，十分容易和其他物质结合而制成我们所需要的化学产品。1960年美国为实行宇宙计划和海水淡化计划，在放电化学新技术的应用中，发现等离子体的这种特殊性能，正式提出了等离子化学的名称。近年来，世界各国都致力于等离子化学的理论研究和应用探讨。

等离子化学在应用上主要有两种技术：高温等离子技术和低温等离子技术。高温等离子技术借助放电、燃烧、震动和轰击波等方法获得高温，由于热激发和电离活化作用，在电子、离子、中性粒子之间引发快速反应，并通过骤冷来尽量减少逆反应，合成通常化学手段所无法合成的重要化合物。例如由氨气通过静电放电制成肼；由碳和二氧化铀在阳极上反应制成碳化铀；由四氯化硅还原成半导体材料的原始化合物三氯化硅等。

低温等离子技术是利用气体低压放电产生活化能来进行化学反应的。在有机化学方面，通过低温等离子技术可使苯类等环状化合物结构重新排列而产生新物质。在无机化学方面，靠辉光放电使铁表面氮化，生成熔点高、热稳定性能好的氮化铁膜，从而提高了铁的表面物理特性；利用等离子体氧化生成二氧化硅、三氧化二铝等耐高温材料。被应用于宇航工程；利用等离子体化学蒸汽喷镀硅化膜是半导体工业的一项新技术。

随着科学技术的迅猛发展，等离子化学的理论和技术日益完善，广泛应用于各个工业领域，开辟了化学工业的新路。

170 风味和风味化学

提起食物风味,人们自然会联想起令中外美食家赞叹不已的我国风味食物。的确,讲究"色香味全"的中国人,历来十分注重食物风味,然而把风味的研究提高到科学的水平上,我国却落于人后。近年来新兴的风味化学,就是专门研究食品风味的。它研究食品风味的形成、结构,为食品工业和农业等领域开辟了新的天地。

风味包括口味和气味。

口味又称滋味或味道,它是食物中可溶性物质溶于唾液或液体食物刺激舌头味蕾而产生的味觉。我国习惯上把口味分为咸、甜、酸、辣、苦五味,实际上除此之外还有涩味和鲜味。辣味和涩味实际是一种机械刺激,除了舌头之外,身体的敏感部分如黏膜、皮肤等也可感觉到,而咸、甜、酸、鲜则属于化学刺激,只有舌头才尝得其滋味。

气味是食物中挥发性物质刺激鼻黏膜嗅觉细胞所引起的。对气味的喜恶可因人而异,而且有的呈味物质浓度不同所引起的嗅觉感受也不同。例如吲哚在极淡时呈茉莉香味,在较浓时则呈粪臭味。

目前,对口味和气味的呈味化学物质已有相当的了解。一般口味的呈味物质含量较高时才能引起感觉,而气味的呈味物质则在每升空气中只要有一克的十亿分之一至百万分之一,就足以被我们所感知。

食物的风味物质往往十分复杂,其形成过程和变化规律更是扑朔迷离。例如鸡肉中气味的呈味化合物有 220 种,花生有 350 种、咖啡有 450 种、牛肉有 176 种、番茄有 98 种。这些呈味物质的相互影响是难以捉摸的,但是某种特殊风味却往往只是由一两种呈味物质所引起。例如蘑菇味的呈味物质是 1—辛烯—3—醇,牛奶是 S—癸丙酯,海鱼腥味是三甲胺等。

动、植物在其生长、收获、屠宰、储存的过程中,呈味物质会发生变化。正因为这个原因,新米和陈米风味迥异,嫩母鸡和老公鸡味道不可同日而语。

食品在加工过程中,发生各种复杂的化学反应,形成各种独特的风味。人们知道,名酒都要经过陈酿,就是因为在陈酿过程部分酒精发生化学变化，和某些物质结合成使名酒呈现特殊芳香的化合物。一位初学者尽管按照名厨师的配方来烹调一道菜肴，结果往往做不出应有的效果。这是因为厨师在火候的掌握，配料的制作等方面有其丰富的经验。地方风味食品，都有其独特、精湛的加工技巧。风味化学既要研究其加工技巧，更要从这些技巧研究出其"所以然"来，即研究风味形成过程的各种理化条件，为工业化生产风味食品寻找科学根据。

食品的风味还受气候、土壤、栽培条件的影响，因此一些名贵的风味食物、特别要强调产地、产季以至采收方法。风味化学研究品种、栽培技术、微量元素、加工和储藏方法对食品风味的影响，为农业、畜牧业、加工和储藏等环节提供科学指导。

随着科学技术的不断发展，风味化学已采用气相色谱、薄层分析，质谱、同位素示踪等先进技术对食品风味进行研究，并已生产出各种风味调味剂、增效剂，风味前驱添加剂等，从而使人们能轻而易举地制作风味食物、为食品工业开拓新路，为丰富人民的生活而不断努力。

171 电化学长出的新枝

——化学电子学

在电子管和晶体管作为技术发展的重要里程碑相继问世以后，人们自然会提出这样的问题：除了电子管和晶体管之外，是否可能在更广泛的范围内利用自然科学的原理，来实现信息的变换、传递的控制，更好地为人类的生产和生活服务呢？

化学电子学的出现，正好回答了这一问题。化学电子学是以电化学原理为基础的电子学，是一门新兴的技术科学。它一出现就显现出旺盛的生命力，得到了广泛的重视。以电化学原理为基础的元件称为电化学元件，被人们誉为继晶体管以后"电子管的第二个伙伴"。

化学电子学是在人们对电化学和电子学两者都有了深刻认识的基础上产生的。电化学有其自身的规律性；伴随着电流从电解池中通过，在电极附近发生一系列的复杂变化。例如，电极和溶液中离子之间的电子转移，电极上物质的溶解和沉积，溶液中离子的定向扩散等。另外，当电极和溶液发生相对运动时，随着电极—溶液界面结构的变化而产生。"动电现象"正是由于对这些规律的认识和应用，构成了化学电子学和电化学元件的特色，在作为自动控制系统中的敏感元件、传感器和控制元件方面，开辟了广阔的新途径。电化学元件的优点是原理比较简单，在设计和加工上，除对电极的形状尺寸、电解质溶液的纯度外，没有其他要求。此外，电化学元件寿命长、可靠性好、功耗小，为适应小型化需要，还可做成体积十分小、重量十分轻的元件。

化学电子学的发展前景未可限定。它除了探索新的固体电解质外，还可加强与半导体的结合，制造出具有新功能的电子学器件，如光电化学器件等。此外，化学电子学还可能成为生理学研究的一种工具。有人认为，人体内的信息传递过程，和电化学元件相仿。因此，从化学电子学出发，可以更好地理解神经冲动离子学说，对于"钠泵"的作用，轴突在神经细胞中的作用，神经之间突触的传递作用，都可从化学电子学出发来探讨。祖国医学中的"经络"是人体内另一个信息传输体系，它是脏腑与体表联系的渠道；化学电子学很可能成为理解经络本质的有力工具，为中西医结合和祖国医学现代化作出贡献。

172 开发海洋化学资源
——海洋化学

在太阳系的所有行星中，地球是唯一存在着巨大水体的星球。在地球5亿多平方公里的表面积中，海洋覆盖了71%，海水总量为14.5亿立方公里。宇航员在太空中看到的地球是海洋的蔚蓝色。

但是，由于海洋的浩渺和深奥，人们一直在它面前徘徊不前。直到二十世纪七十年代，由于地球资源日渐短缺，以及科学技术的进步，人们才逐渐向海洋的深度和广度进军。海洋资源的勘察和开发促进了海洋学的发展，海洋化学、海洋物理学、海洋生物学、海洋生态学等边缘学科，也纷纷脱颖而出。

海水中含有陆地上所有元素，但是钠、镁、氯、溴、钾等九种元素的含量却占了海水总盐量的99.5%。海洋化学家对海水中离子浓度进行测定，海水中所有离子的相对含量基本是恒定的。总盐量为3.51%，其中钠占1.077%，镁占0.13%，而氯化物占1.94%。实验证实了海水中所含海洋生物的养分主要有氨、亚硝酸盐、硝酸盐、磷酸盐，为海洋生物学和海洋食品再发提供了重要数据。

近年来，由于能源不足，人们十分注意海洋的矿产资源。在海洋底层有约三万亿吨的锰结核，富含锰、铜、镍、钴等元素。铁的储量有三千亿吨。海水中大约有一百亿吨铜和一百亿吨金和其他取之不尽的化学资源。海洋中可作原子能主要原料的铀约五十亿吨，高出陆地储量数千倍；还有20×10^{12}吨的重氢，释放出来的热量可供人类用两百亿年以上。而约占地球总储量1/3的石油，则是目前被开发的主要能源。

海洋化学的研究成果，为海洋环境保护敲响警钟。二十世纪六十年代中期，世界各国已十分重视环境被破坏的问题，但那时人们主要把眼光放在大气和河流上。还以为海洋吸收废物的能力是无穷无尽的呢！

1973年，一批包括海洋化学家在内的专家考察了美国旧金山海港，发现在这个435平方英里的巨大港口中，每天有239磅铬和172磅铜以化合物的形式倾其中；还有60吨石油和滑润油，以及数量巨大的无奇不有的居民垃圾废物倾泻在里面。海洋污染已使近海渔业生产受到极大影响，这种严重局面引起了科学家的关注和担忧。

人们很早就知道从海洋中提取药物。中药中海藻类、贝壳类、鱼类和龟类等海洋药物有一百多种。海洋化学的研究，有助于开发利用海洋这个巨大的药物宝库。六十年代以来，已有相当多的抗菌、抗病毒、止血、止痛、抗凝血、抗肿瘤的药物从海洋生物及海水中分析提纯。

我国在海洋化学方面也有相当的基础和成绩。例如我国不但海水制盐居于世界首位，而且盐卤的综合利用，直接从海水中提取化学物质，也取得很大进展。1980年我国年产海盐1356万吨。已有五十多个盐化工厂能从海盐苦卤中提取氯化钾、溴素、芒硝、硫酸镁、盐酸、氯气、苛性钾、苛性钠、钾镁腮等大批化工产品，直接提取海水中的钾、碘、溴、铀等也取得进展。

现在，先进的科学技术为海洋化学的研究提供锐利的武器。色层分析法、中子激活分析法和原子光谱法取代了简单的比色分析器和滴定分析法。现代的海洋化学家正使用各种精密仪器分析海洋中的各种化学成分。

海洋开发是下一世纪的一项主要科学技术。海洋化学的研究，将为开发海洋这一巨大宝库作出应有的贡献。

173 探索海底世界

——海洋地质学

人类居住的地球表面约有71％为海水所覆盖，陆地面积还不足地球表面积的一半。人类要想了解地球的奥秘，探讨地球的形成和起源，揭示各种矿产资源的成矿规律，研究地震的形成机制等，都离不开对广阔的海底进行调查研究。而且，海底本身蕴藏着巨大的物质财富，在政治上、军事上、经济上都具有极为重要的作用。因此，近二十多年来，许多国家都把研究海底世界的科学——海洋地质学作为重点突破和发展的学科。

海洋地质学独立作为一门科学是在第二次世界大战后，随着军事、渔捞事业以及石油等海底资源的开发等生产实践的发展而逐步建立起来的。六十年代以后，海洋地质学的进展突飞猛进，成为海洋科学中发展最为迅速的一门学科。

海洋地质学是研究海岸和海底的地质、地貌的一门科学，它是海洋科学的一个重要组成部分。或者说，海洋地质学是研究被海水淹没的这一部分地球在时间上的发生和发展，及其在空间上的分布变化规律的科学。它的研究可以为国防建设、矿产预测与开发、地震预报、海洋防护，港口建设等方面提供科学依据和基本材料，同时又可以推进许多地球科学基础理论的发展。

海洋地质学虽然如同其他地球科学一样具备明显的区域性，但由于它的研究领域和研究对象十分广阔，因此它又具备明显的全球性。近三百年来，地质学所依据的主要科学事实，基本上来自对大陆的调查所得到的资料。近二十多年来，由于海洋地质学的飞速发展。已把大陆和海洋作为地球的整体来研究，其目的是阐明地壳、地幔和地球内部的结构状态、物质组成和演化历史，以便为陆地和海洋的矿产资源及地震的预测服务。而海底测是进行这种研究的最有利和非常重要的领域和对象，所以海洋地质学的飞速发展是地球科学发展阶段上的必然结果。

我国的海洋地质学是解放后才从无到有发展起来的。目前已初步形成具有一定数量和水平的科技队伍，已能在我国的大陆架及邻近海域进行海底石油的调查与勘探，在调查研究我国各海域的海底构造、地形地貌、海底沉积物的主要物质组成、海岸地貌及港口的泥沙洄淤规律以及海底资源的评估等方面做了一些工作。但总的来说，我国的海洋地质学仍是一门比较薄弱的学科，海上调查及实验分析的手段和装备还比较落后，离世界先进水平还有不小差距，这些都有待于进一步加强和发展。

174 地质学从经验描述转向科学抽象的"杠杆"

——数学地质学

几十亿年的地球，经历过多少"沧桑"？每次变迁留下哪些"创伤"？换了什么"新装"？那千里无垠的原野，雄伟壮观的山脉，奔流不息的江河，浩瀚无边的大海是如何形成的？金银钢铁、石油煤炭又藏在哪个方位？这一连串的问题都要靠地质科学来解答。

为了解答诸如上述的种种问题，近二十几年来，地质学的研究范围由浅部转向深部，从地球本身扩展到其他星球——陨石、月球，致使许多问题不能用经典地质学的传统方法——直接观测法去解决，只能间接地从其他事物去推断。这样，地质学必须从使用零星资料的定性描述，走向处理系统数据的定量分析；从经验直观的现象反映，进入科学抽象的辩证推理。于是，地质科学伸手向数学和电子计算机求助，促成了地质学与数学的结合，诞生了一门朝气蓬勃的边缘学科——数学地质学。

数学地质学是用数学分析法研究地质问题的科学，具体说，是根据地质学的某些假设，建立初步的数学模型，通过电子计算机的计算或模拟，不断修正数学模型，使其和地质观测、实验分析的新数据一致，从而使地质假设在定量的基础上升华为理论。

数学地质模型可粗略地划分为两类：确定模型和统计模型或称随机模型。如果对地质作用发生的原因和此作用所引起的某地质过程是清楚的，作用和过程间的因果关系是确定的，是受某物理规律或化学规律支配的，则这类地质就能够建立确定的数学模型。现在各种确定模型如雨后春笋。例如，用塑流力学和沉积厚度建立"地槽发展的反馈模型"；根据放射成因热建立"深部温度梯度模型"；用流体力学建立"沉积模型"；根据化学动力学质量作用定律建立"生油层模型"等。但世界上最热门、最吸引人的是探索"板块演化"、"地幔对流"、"地球起源"等对地质学发展有重大意义的确定模型。

某些地质过程往往不可能建立确定的数学模型。因为地质过程常常是由众多的、地质作用强弱不同的、多次影响所完成的复杂过程，作用和过程间的关系时隐时现，作用的出现和影响的大小又因时而异，因地而异，带有很大的偶然性。因此，某些地质作用的出现不能确切地导出某一地质过程一定发生的判断，只能根据多次的观测，指出发生的可能性有多大。基于这种认识而建立的数学模型称统计模型，或叫随机模型。例如，在研究地质量的分类对比问题时采用的"线性判别分析"，在研究地质量随时间和空间变化规律时采用的"趋势面分析"，在研究地质量的相关性问题时采用的"回归分析"等都属统计模型。

数学地质学的发展，终将会使上述两类模型融合起来，使地质过程原有的因果性和统计性统一起来，而不是目前这样人为的分割开来，信息论和控制论必将成为数学地质学的武器，经过实践检验的其他学科的数学模型必将成为数学地质学的借鉴，使它向"自由王国"迈进。

马克思指出：一种科学只有在能运用数学的形式时，才算达到了真正完善的地步。数学地质学的发展必将又一次证明伟大导师这一预见的正确性；数学地质学必将成为地质学从经验描述的科学发展为科学抽象的理论科学的杠杆之一。

175 协调人类与地球的关系
——环境地质学

世间万物有生有灭，无一例外。大约 50 亿年前，太阳系星云的崩溃形成了原始的星球和行星体系，我们的地球应运而生。20 亿年后，地球上有了生命。从此，千千万万种生物体经历了出现、昌盛和衰亡的过程，它们的一席地位只有化石才能作证。几千万年前，我们的祖先也登上的舞台，翻开了地球史的新篇章。地球上的环境对人类和人类的未来——我们的子孙万代有着不可估量的影响。

为了减少环境的恶化，人们把掌握的地质信息应用于利用和改造自然环境，从而诞生了环境地质学这门应用科学。

环境地质学的研究范畴包括：估计各种自然灾害如洪水、地震、火山爆发等，减少人类生命财产的损失；对各种地形进行评价，为选择工程地址、制定土地使用规划和分析环境的影响提供依据，评价地球上的各种物质（像元素、矿物、岩石、土壤和水等），以找到天然资源或废料处置场所，测定这些物质对人体健康的影响，决定是否需要采取保护自然环境的措施等；从广义上说，环境地质学是地球科学的一门分支着重研究人类同周围物质环境之间的相互关系和相互影响。

"环境"所指的是存在于一个人或一个团体周围的全部情况。它的含义有两个，一是影响个人或团体生长发展的物质环境，像空气、水、气体和地形等，二是影响个人或团体行为的社会和文化环境，涉及伦理学、经济学和美学等各个领域。所以，环境地质学不但要考虑物质的环境，还要考虑影响人们观点和行为的哲理和文化方面。

下面的七大概念提供了指导环境地质学的哲理基础。

概念一：地球是动态进化的，各种物质和能量无止境地变迁着，但从自然界各种反复无穷的循环考虑，最好把地球看成一个封闭的体系。

概念二：地球是人类赖以生存的栖息地，它的资源是有限的。

概念三：地球今日的各种自然过程在不断改造着地形环境。这些过程自古老的地质年代一直延续至今，它们的数量和次数受到自然变化和人为变化的支配。

概念四：危害人类的自然过程始终存在。人类一定要充分认识这些自然灾害，尽力避开和尽量缩小它们对人类生命财产的威胁。

概念五：土地与水资源的使用规划一定要尽力保持经济利益和一些较难确定的变量（如环境美）之间的平衡。

概念六：人类使用土地的影响是累积性的，因此我们对子孙万代负有不可推卸的责任。

概念七：我们周围环境的基本组成部分就是地质环境，要深刻理解这个环境就得广泛了解和懂得地球科学和相关学科。

环境地质学是一门跨学科的交叉学科，它涉及地貌学、岩石学、沉积学、大地构造学、天文地质学、土壤学、经济地质学、工程地质学、自然地理、文化地理、经济地理、生物学、环境保护、大气科学、化学、建筑学、工程学、环境法律等众多领域。因此，环境地质学的许多研究项目，必须组织各学科的科学家通力合作、协同攻关才能取得重大突破。

176 风景地质学

近年来，随着旅游事业的大规模发展，新的风景区的不断开辟，一门崭新的学问——风景地质学，正在酝酿之中。

风景的魅力就在于它的独特自然美。但是，风景的自然美常常由于自然界的各种原因被掩盖住了，需要人们去发掘。发掘风景的自然美是风景地质学研究中的一个重要课题，它需要涉及地质学方面众多的专业知识。例如，坐落在江苏宜兴西南山区阳羡茶场境内的灵谷洞！洞内通道曲折险峻。全洞面积约2413米^2，总长347米，洞中共有5个大石厅，各具不同特色。但是，初探时，全洞只有一个洞口，洞口矮小，只能俯卧而入，洞内高深的崖岩要用垂绳攀降，洞底积满了淤泥，漏壁亦是淤泥累累，由于成洞年代久远，在淤泥面上结了一层厚厚的乳质硬壳，上面长满了千姿百态的石笋、石林。从何处开挖淤泥，何处须加固基础，防止洞壁产生滑坡，都需事前做周密的地质勘察和设计，然后才能采用相应的施工方法。灵谷洞在开发初期，由于缺乏风景地质学家的指导，采用了炸药放炮的方法来开挖洞中的壁岩，结果使石火岩溶洞中最宝贵的钟乳石，蒙上了一层难以洗刷的灰黑色，十分可惜。后来，请教了景风地质学家，对灵谷洞重新做了勘察、规划，并改变了原来的施工方法，经过一年多的开发，现在灵谷洞已成为可以与善卷洞、张公洞媲美的巨型石灰岩溶洞。

随着人类足迹的扩大，特别是工农业的规模日渐扩大，风景名胜的开发和保护也成了一个燃眉之急的课题。撇开人为的因素不说，大自然赋予人类的山水，随着岁月的流逝和风雨的侵蚀，世界上有多少著名的山水风光和名胜古迹，正在出现或已经出现种种险情，如果不注意维护，这些天钟地秀的风景名胜也会遭到无可挽回的损坏。

但风景的保护并不容易。有的风景的维护单靠修补和加固还不行，还需要运用风景地质学的知识来恢复它们的青春。例如，兀立在宜兴善卷洞洞口高达7米的钟乳石笋（名砥柱峰），是由洞顶一点一滴的石乳聚积而成的。它的形成估计已有三万多年，但现在风化十分严重，需要进行维修。经风景地质学家研究，发现造成石笋风化的原因，是由于洞顶的水泥天穹，隔断了洞顶的滴水，不仅使石笋不再生长，而且还使它风化日益严重，因此，只需在水泥大穹上开一些小洞，恢复洞顶滴水就可解决问题。

现在，对于保存风景美遇到的问题越来越多，更需要依靠风景地质学来解决。为此，许多国家从事地质研究的专家，纷纷转向风景地质学的研究。

风景地质学既是地球科学中的一个分支，需要掌握地球科学的基本知识，又涉及历史、人文、地理、美学等学科。随着旅游事业的发展，它正含苞待放，必将开出鲜艳的花朵！

177 年轻的法庭科学

法庭科学是一个由医学、生物学、化学、物理学、统计学、法律、社会学等学科的细微分支交织在一起的科学领域，是许多人类知识点滴与创造结晶组成的复杂体系。

最初，法庭审理案件总是首先听取医生的证词，所以医学专家是法庭科学领域的奠基人。

最早将分析化学应用于法庭科学的案例，是1815年比利时的一起凶杀案。该案在侦破中分离和鉴定了被谋杀者消化道中存在的尼古丁。

20世纪初，在法、德、美等国涌现出一批刑事侦察学的先驱者。他们建立了"人身测量学"和"指纹比对法"。随后，弹道学、工具痕迹检查、笔迹分析等技术也有了很大发展。

第二次世界大战之后,由于引用了现代分析化学仪器设备,刑事侦察学取得了突破性的新发展。

近二十年,法庭科学领域中的各个分支学科得到迅速发展。其中,毒物学、血清学和分析化学发展最为迅速。近年来,法庭科学实验室又增设了麻醉品、毛发、血样、精液以及痕迹物证检验等多种项目。

法庭科学是警察部门可以信赖的、不可缺少的同盟者,它具有强大的生命力。

178 从阿基诺被刺谈到声纹学

1983年8月22日,旅美的菲律宾反对党领袖阿基诺回到马尼拉,刚走下飞机就遭到枪杀。这一轰动世界的暗杀事件在菲律宾朝野掀起轩然大波。正当警方一筹莫展的时候,日本音响研究所所长铃木松美利用一位记者的现场录音进行分析,证实在阿基诺走下飞机舷梯到被刺之前,有四个人用当地语言对了话。在混杂的声音中,分出了刺客"开枪!开枪!"的连声呼叫,接着就是一声枪响和阿基诺倒下的声音。经鉴定,对话的是包括带阿基诺下机的警备队负责人在内的四名军人,从而为侦破这一案件点破迷津。

铃木松美是用什么方法大显神通的呢?原来,他用的是由他发明的"声纹鉴定"又称声纹学的方法。这种方法是将声音输入一部称为声音分析器的仪器,经过仪器的处理,便得到一幅不同频率范围内声音强度的分布曲线图,这就是声纹图。

利用声纹图为什么能破案呢?这是因为,一个人自从十几岁发育变声之后到五十多岁,他的声纹是基本保持不变的。而且每个人的发声器官、发音习惯各不相同,所以声纹就像指纹、唇纹一样,是一个人的特殊标记,即使是两个身高,体重都相同,在同一环境下长大,讲起话来连亲生父母都难以区分的双胞胎,利用声纹图也可以清楚地区分出来。相反,一个人无论怎样改变自己的发声,从声纹图上仍能找出其特有标记。在西方,利用电话进行敲诈勒索等犯罪活动的事层出不穷,声纹学的研究成果首先就是被用来对付电话犯罪活动。数年前日本曾发生一个中年妇女冒充田中前首相进行诈骗的案件,尽管罪犯将田中的声音模仿得惟妙惟肖,但用声纹学方法加以鉴定,她立刻就原形毕露了。

声纹分析必须借助计算机,才能从乱糟糟的噪音干扰中把需要的声纹分拣出来。铃木发明的声纹鉴定装置,能在 3、4 秒的时间里,从四万五千个不同的声音中,分辨出每一条连续的声纹,并把它清晰地描绘出来,准确率达 99%。然后再通过计算"偏自相关函数",把得出的数据和计算机内储存的声纹档案进行比较,就能轻而易举地分解真假。目前日本、美国、西德等国家已采用这种方法进行破案,在他们情报机关的大型计算机里,储存了大量社会名流和主要罪犯、嫌疑分子的声音档案。

但是声纹学的应用远不止于破案。它的研究成果被应用手语言研究、语言信息处理、语音教学、语音矫正、语音自动翻译、通讯工程以至人工语言合成。其中通过人工输入信息使机器开口说话的人工合成语言,已达到令人惊叹的效果。

179 一个牙齿可破案

——法牙学

1945 年 5 月 4 日,攻克了柏林的苏联红军在纳粹德国总理府花园里的弹坑中发现两具烧焦了的男女尸体,法医鉴定书上对男尸是这样描述的。

"在被火烧过后极度变形的身体上未发现严重的致命伤或疾病的明显特征……嘴里发现几小块薄型细颈玻璃管碎片……因氰化钾中毒致死。经过解剖,主要发现是镶有大量假齿桥、假牙齿、牙套和填齿料的上下颌,这能作为这具尸体是希特勒本人的物证。"

为了弄清死者究竟是不是希特勒,苏军戈尔布申上校等人经过一番曲折,找到希特勒牙医的助手克特亨,在她的帮助下找到了希特勒牙齿的 X 光片和来不及为他装上的金牙套,和焦尸上牙齿实物完全吻合,于是确认死者就是纳粹头子希特勒。

为什么凭一副牙齿就能证明死者的身份呢？原来牙齿也和指纹一样，世界上没有两个人的牙齿是完全相同的。不论一个人的死因是什么，他的牙齿是最不容易受到破坏的。根据牙齿的排列、数目、形状、龋齿及治疗情况、假牙等，可确定其身份；根据乳齿，恒牙的萌出及磨损状况可判别死者年龄，用牙髓细胞进行涂片及染色体检查可确定血型及性别。某些死因会造成牙齿变化，如溺死者的牙齿中可发现硅藻，一些中毒身亡者可从牙齿中检出毒物，缢死者可因牙髓充血而使牙齿变色，从牙齿还可推断出死亡时间、死者职业、经济情况以至生活、方式。此外，罪犯留下的咬啮齿痕，或被害者在反抗时在罪犯身上或衣物上留下的齿痕，一经与牙齿咬合模型对合，便成为破案的有力证据。

由于牙齿在法医学上的重要作用和特殊地位，法牙学已和研究指纹、唇纹、骨相等科学一样，成为司法实践中的一门重要科学。

180 侦探故事和痕迹学

好的侦探故事是十分脍炙人口的，像福尔摩斯、波洛这样由作家虚构的大侦探，居然能风靡全球，有人甚至煞有其事地为这些子虚乌有的人建立纪念馆，可见侦探故事魅力之强大。在小说中，这些大侦探能从一个人鞋上的泥迹，判断他从何处来；从一个人走路的姿势、讲话的习惯，判断他的出生地、居住地、职业、性格、心情等。的确，在侦破过程中，侦察员要根据罪犯留下的足迹、血迹、指纹、唇纹、分泌物、衣物等蛛丝马迹以及一些无形的痕迹（如心理变化）进行分析推断，才能使案件得以侦破。可以说，侦破过程就是对痕迹的研究过程。

实际上，任何在世界上存在过和存在着的事物，都不可避免地会留下这样那样、或多或少、或长久或短暂的痕迹。在痕迹中，保存有大量的有关该事物的信息。例如：

古生物的痕迹——化石，包含亿万年前生物演化的信息；

古人类的痕迹——遗址、用具、壁画、墓群等，向人们诉说祖先的往事；

宇宙的痕迹——流星、陨石、宇宙射线，带来浩瀚宇宙的珍贵资料；

声音的痕迹——唱片、磁带上的声迹，能展现美妙动人的旋律；

光的痕迹——照片，留下你童稚的笑靥，青春的倩影；

……

痕迹是信息的宝库，在过去和现在之间架起桥梁，使人们能了解在逝去了的时间、空间发生的事件，揭示各种秘密。虽然痕迹本身不包含未来的事物，但通过对痕迹包含过去和现在信息的分析，找出发展规律，便能预示未来。因此，痕迹不仅对刑事侦察学是十分重要的，而且它的作用几乎遍及全部知识领域：自然科学、社会科学、军事科学、美学、心理学……随着科学技术的发展，对痕迹的分析手段也越来越巧妙，获得的信息也越来越多。例如对于宇宙的探测，人们已不满足守株待兔式地等待流星、陨石、宇宙射线的降临，科学家们不但用射电望远镜，向辽远的太空发出问话，而且登堂入室，直接到天体上进行摄影、取样。从月球上带回来的岩石尘土就是第一步。在微观世界，通过粒子在气泡室、云雾室、胶片上留下的痕迹，使人们能够了解到那些连用电子显微镜也看不到的、接近光速而且在几百分之一秒内就消逝的基本粒子的面目，了解它们的质量、电荷数、速度、运动和突变规律。为了解远古地球天气的演变，科学家们千方百计收集以前保存下来的气体，对这些气体所含物质进行分析。光谱分析、气相薄层分析、放射线蜕变分析等，已经分析出能含量数十亿分之一的元素和确定事件发生的准确年代（十万年以内误差仅 10 年）。以往人们认为意识、记忆及心理活动是较物质的，通过对脑细胞氨基酸的分析，发现心理活动会使脑细胞中核糖核酸（RNA）碱基排列发生变化，从而揭示精神活动的奥秘。

痕迹学是因各学科对痕迹研究深入的需要而建立起来的。它研究的不是痕迹本身，而是研究各种痕迹形成、存在、保存、消失的规律，研究寻找痕迹的手段，对痕迹的判断、分析、对痕迹的利用以及痕迹的分类，痕迹的保存等。因此它不但需要自然科学、社会科学知识，还与信息论、系统论、控制论、计算机理论紧密相关。目前痕迹学还处于初创阶段，但已获得不少成果。例如在痕迹的分类方面，有人提出可分为物质和非物质两大类。由于任何痕迹的形成都要产生能量的变化，所以有人提出从痕迹的动力学特征加以划分，如分为机械痕迹、电磁能痕迹、生物化学痕迹、复合痕迹等等。痕迹学的研究，必将使人们从各种痕迹中获得更多的有用信息，推动各学科的发展。

181 古人吃些什么

——考古营养学

二十世纪七十年代末，我国考古工作者在新疆哈密地区发现一处原始社会晚期新疆少数民族的氏族公共基地，出土一批距今三千年的干尸。在随葬品的陶罐中发现当时的食物——粥糜，那依稀可辨的小米粒，为研究古人类的食物提供宝贵的实物资料。闻名世界的湖南长沙马王堆汉墓女尸，经解剖发现胃中有西瓜籽，说明早在两千多年前，我国已经栽培西瓜。同时又说明死者是在盛产西瓜的夏季去世的。

从古墓随葬品和古人类生活遗址中发现果实、种子、骨头、贝壳等，是了解"古代人们吃什么"的重要手段。但这种机会并不多，像马王堆这样保存完好的古尸更属罕见。但是，人们现在已经能够利用现代科学技术，从多方面去了解古代人类的饮食、营养情况，进而为了解古代农业、畜牧业的发展以及为社会的进化过程提供有力的佐证，并为改进现代人的营养结构提供有益的建议。这个任务为新兴的考古学分支——考古营养学所担负。

考古营养学研究的是古人类的营养情况，研究他们摄食的对象，食物对他们的影响，古代人的饮食规律等。

现代科学研究证明：土壤中会有一定比例的钙和锶。植物在其生长过程中通过根系摄入这些元素，并储存在组织中。素食动物通过采食植物，把这两种元素摄入。然而动物对这两种元素的代谢是有差别的，它们把大部分的锶排出体外，留下一部分锶和大部分钙，被储存于肌肉和骨胶中，因此，经常以动物为食的人和以植物为主食的人，其骨胶中钙和锶的含量就有差异。以动物为主食的人骨胶中所含的锶明显低于改植物为主食的人。考古营养学家根据这一原理对尸骨进行分析，便可推知死者生前以何为主食。美国考古工作者在美国中部地区挖掘出近百具生活在公元前1000年到550年的人类尸骨，对其进行锶的定量分析发现，凡是基地规模大，随葬品高级的，尸骨中锶的含量很低，约为 300～400ppm；而没有随葬品的尸骨，锶的含量高达 801～900ppm。由此推知，当时富人食肉量大大高于穷人。这是因为当时还未学会饲养家畜，农业部落中肉类稀少珍贵是富人才能享用的奢侈品。

植物果实中的淀粉，蛋白质等成分，是通过光合作用合成的。不同的植物进行光合作用时所摄入的二氧化碳同位素的相对含量不同。科学家们已经能根据植物的淀粉，蛋白质中所含二氧化碳同位素的相对含量判明植物种类。植物被人类摄食之后，在人体骨胶中同位素的含量也发生相应的变化。如玉米中同位素碳 13 含量较多，碳 12 含量较少，因此以至玉米为主食的人骨胶中同位素碳 13 的含量比碳 12 的含量高得多。根据对美国中部地区古人类尸骨同位素碳含量的分析，证明早在公元前五千多年，这里就开始种植玉米了。

从古代人的营养状况、健康状况和饮食结构的关系，可以判断何种饮食结构对人类最为合适。美国考古学家通过对一个肉食为主的游牧部落和一个以素食为主的农耕部落的遗址进行考察研究，发现 1～3 岁幼儿死亡率，农耕部落是游牧部落的两倍；4～16 岁少年的死亡率，农耕部落是游牧部落的三倍；蛀牙患病率，农耕部落是游牧部落的九倍，而且幼儿蛀牙在游牧部落发病率极低。这是因为以素食为主的农耕部落营养结构中缺乏蛋白质，造成骨骼、牙齿发育不良的结果。从而也说明了从素食向肉食转变在人类进化上的重大意义。

贝类动物的壳、鱼的鳞片、哺乳类动物的骨头、牙齿等，犹如树木年轮那样呈周期变化的生长线。考古营养学家从人类生活遗址中发现古人类摄食后丢弃的贝壳、鱼鳞、牙齿等，可根据生长线的情况来判断出这些动物是何时被捕食的，以此推断出古人的饮食规律。以贝壳为例，在显微镜下可见到贝壳上有规律地布满密密麻麻的细线。原来贝类的壳每天要长出一条细线，这条细线因其生长的环境中水温、水质、食物等含量的变化而改变其间隔。一般冬天生长缓慢，形成密集的"冬轮"；夏天生长旺盛，生长线间隔拉开。因此对生长线进行计算便可推算被捕食的时间。在日本幸田遗址中发掘的贝壳，从冬轮中心算起有 153±8 条生长线，由此推算出这个遗址的古人是在初夏采食贝壳的。

考古营养学正运用多方面的知识，考证古人类的饮食，营养，健康、为研究人类社会发展史及为现代人选择最佳营养结构作为有益的努力。

182 耶稣的裹尸布和放射考古学

在意大利都灵大教堂中，珍藏着一件被基督信徒奉为至高无上的圣物，这就是据称为公元一世纪耶稣遇难后包裹尸体的布幅。在这块长4.3米的亚麻布上，印有斑斑血迹，钉在手腕上的钉子和长矛刺进肋部的地方都留下明显的痕迹，与《福音书》中所描写的耶稣受难情景完全吻合。因此，虽然自从1357年这块裹尸布在法国一个教堂中展出以来，不少人对它的真伪产生怀疑，但虔诚的信徒不容许人们对它有丝毫的疑虑和不敬。

科学家对这块裹尸布也感到兴趣，但他们并非要对它盲目顶礼膜拜。尽管他们中有不少也是基督信徒，但用科学的方法验证其真伪，是他们的责任。习惯势力和宗教狂热使他们的愿望难以实现，直到1973年，教堂才同意可以从布上取少量样品进行研究。

用什么手段进行研究呢？人们自然想起了放射考古学的成果。对于古代留下的珍贵文物，往往需要进行真伪的鉴别并推算其年代。有些赝品仿造得十分逼真，单凭丰富的经验及普通的物理化学方法无法鉴别。放射学的成果，被应用到考古学上来，产生了放射考古学，成为考古科学的锐利武器。其中碳14判断年代法是比较常用而有效的。

自然界中的碳有碳14等几种放射性同位素。碳14处在不断的衰变中，每隔5730年就要减少一半质量，即半衰期为5730年。由含碳有机质的生物、在其生存期间，由于不断与周围环境进行物质交换，所以体内的碳14与外界平衡。当生物死亡后，停止与外界交换物质，体内的碳14就按其规律衰变下去。精确测得被检物中碳14的含量与大气中碳14含量比较，就可推断出其存在年代。这种方法被广泛应用于含碳的动植物残骸或制品等的分析。传统的分析方法，是将样品制成气体（如乙炔）或液体（如苯），再用闪烁计数器测定其碳14的β粒子数。这种方法所需的样品比较多（约1～10克）。科学家们为了在基本无损的条件下对耶稣的裹尸布进行测定，设计了一种新的方法，能利用粒子加速器把碳14直接分离出来，从而更加简便、精确，而且样品只要旧法的一千分之一。对五千年的样品测定，用旧法误差约150年，而新法误差只有 10 年，其可测范围从过去的四万年提高到十万年左右。有朝一日，耶稣裹尸布之谜将大白于天下。

由于自然界大多数元素都有其放射性同位素，所以放射考古学的应用范围很广泛。例如"米格伦疑案"的揭秘就是对钋210和镭226衰变分析而实现的。

第二次世界大战后，荷兰一位三流画家凡·米格伦被指控为贩卖荷兰十七世纪名画家杰·弗美尔的作品给德国人而被捕。米格伦入狱后宣称那是他仿造的赝品，并说出了当时被鉴赏家确认为弗美尔真品的几幅画也是他仿造的，一时舆论大哗。尽管米格伦为洗脱罪责作出很大努力，但未等得到承认，他却因心脏病猝死狱中，此事也成为疑案。直到 1968 年，美国卡纳吉·梅隆大学对 6 幅据称为弗美尔的作品进行放射考古学的鉴定，才使米格伦伸冤昭雪。

原来，绘画颜料中会有铅和其半衰期为 22 年的放射性同位素铅 210。当铅处于矿石阶段时，由于不断有镭 226 衰变为铅 210 的补充，铅 210 和镭 226 的含量保持平衡。铅被制成颜料后，颜料中只残留极少量的镭 226，要经过 2~3 百年以后才建立新的平衡。而由于铅 210 衰变放出 β 粒子后变为钋 210，钋 210 衰变放出 α 粒子，α 粒子能量比 β 粒子大，容易测量，且钋 210 半衰期只有 138 天，仅需几年就和铅 210 保持平衡。所以测定钋 210 再稍作修正就等于测定铅 210 了。从颜料中分别测出钋 210 和镭 226 的衰变率，如果两者接近，就说明它们已建立平衡，是古代绘画；反之则说明原料是新鲜的，画就是伪造的了。对弗美尔 6 幅画测定结果（见表）说明《织花边的女人》和《微笑的少女》是真品，而另 4 幅均是赝品，这与米格伦所说的是相符的。这种方法还可测定像青铜器这样含铅的文物的年代。放射考古学在鉴别珍贵文物、追溯人类文明历史的工作中显示其独特功能。

附表：美国科学家 1968 年的名画测定

画名	210 衰变率	镭 226 衰变率
0.10	在埃玛斯门徒中	8.5
在洗脚	12.6	0.23
看乐谱的女人	10.3	0.30
绘曼陀林女人	8.2	1.70
织花边女人	1.5	1.40
微笑的少女	5.2	6.00

（衰变率单位：衰变数/分钟·克）

183 模拟古代条件作考古
——实验考古学

人类在漫长的历史上,留下许许多多神秘的谜。考古就是揭开这些谜底的最好方法。尽管现代科学产生了放射性同位素考古、激光考古、基因考古等等先进的考古方法,推动了考古科学的进展。但是一种模拟古代条件,用原始方法重现当时历史情景的考古方法——实验考古,以它独到的优点,为考古学开创一个新局面。

埃及尼罗河西岸屹立的金字塔群,是埃及的骄傲和象征,特别是胡夫等三座大金字塔,更为雄伟壮观。安葬 4500 年前埃及第四王朝奠基人胡夫的大金字塔,高 146.6 米(现 137.18 米),底边每边长 230.77 米(现 230.38 米)体积 252 万 1 千立方米,估计由 230 万块每块重 2.5 吨的石灰石堆砌而成。这些金字塔,给人留下许多千古疑团。例如金字塔的水平面和方位异常精确,这在当时科学十分落后、设备十分简陋的情况下,设计者是如何测量和施工的?如此浩大的工程,石块如何开采、运输,又如何堆砌上去的?灵巧的墓室,又是如何建造的?埃及人为什么要把 377 英尺长的墓室隧道造成 216.523 的倾角?墓道入口为什么会指向北极星?一直以来,人们对这些难解的谜提出种种设想,有的人甚至认为金字塔是由外星球高度文明的来者建造的。因此,揭开金字塔之谜,成了考古学家梦寐以求的夙愿。

1978 年 3 月 15 日,在胡夫金字塔前出现一座崭新的金字塔,它高 8 米,由 5445 块重约 2 吨的石埂砌成,为大金字塔的 1/14。这是日本早稻田大学古埃及调查室的一支考古实验队采用模拟的方法建造的,这次成功的模拟弄清了许多金字塔建造的技术问题,使实验考古学名声大振。

胡夫金字塔底面水平程度十分高,其东南角仅比西北角高出 1 厘米。实验证明,当时设计者是采用先在建造地点四面筑低堤,然后灌水,利用水平面校准地基的。实验又证实古埃及人通过先用青铜锤子在岩石上敲出小槽,然后楔入木楔,反复敲击和更换木楔的方法开采石料,又利用木橇把石块运到尼罗河边,待尼罗河泛滥时,在金字塔周围开凿运河,通过运河把石块运到现场。关于墓室的堆砌,实验证实是用先堆砂,后在砂堆上砌石,再使砂漏掉的方法建造的。后来美国的沃克，又用实验方法，说明隧道入口角度，完全是因为这种角度最适合石块的滑动。

秘鲁的那斯卡荒原上的帕尔帕谷地是一个人迹罕至、鸟兽稀少的不毛之地。一个偶然的机会使一位空中摄影师拍下这里的一张照片，冲洗出来竟出现一些奇怪的图案：巨大的鸟兽、硕大无比的几何图案。这神秘的图案在地面是完全看不出来的，古代艺术家如何绘制出如此美丽巨大的图案，又用来干什么呢？瑞士的冯·丹尼肯认为这是外星人驾飞船到地球时降落的标志。但是业余考古学家沃特曼认为这是古代秘鲁人智慧、文明的结晶，他推测古代秘鲁人乘坐热气球升空，指导地面人员绘制图案，欣赏家也乘热气球在空中鸟瞰欣赏。他收集古代秘鲁的文化技术资料，制成一只命名为"神鹰一号"的模拟气球。气球在一堆火上充满热空气之后冉冉上升，沃特曼从空中俯视那斯卡荒原，果然栩栩如生的蜘蛛、卷尾猴等图案尽收眼底。

实验考古是模拟古代的条件，重复某一事件以证实古代产生这一事件的可能性的一种考古方式。实验考古要有广博的知识、丰富的想象、勇敢的胆略。进行实验考古首先应根据。古代文化技术状况、地理状况等提出一个假设，然后按照这个假设进行模拟。实验考古学已经取得巨大的胜利，揭开了许多疑难问题，但是还有许多谜需要有胆识的实验考古学家去考证。

184 年轮的秘密

——树木年代学

年轮是树木横截面上颜色深浅相间的同心环。人们早已知道，这是由于树木在生长过程中每年气候的周期变化引起水分、营养的周期变化在树木上的反映。年轮的数目基本和树木存活年龄相同。因此，从年轮的数目和宽窄等情况可推断出树木的生长年龄和生存环境。

树木的年轮使科学家产生联想：地质学家、考古学家可以从地层情况，从化石和各类遗址的情况推断出地球各个地质年代的地质，自然变化以及生物演化，人类进化的历史，那么年轮是否也能揭示更多的秘密呢？

回答是肯定的。由于树木在其生长过程中与自然界息息相关，它必须不断从周围环境吸取各类有机的和无机的养分,因此,它的生长环境中的变化,包括气温、降水、太阳辐射、灾害性天气、土壤成分、水体成分、大气成分、地壳变动情况等,必然反映到树木上来。年轮,就恰好像编年史一样把这些情况一一忠诚地记录下来,成为一部部珍贵的历史文献。为了揭示年轮的秘密,便产生了一门综合植物学、考古学、历史学、气象学、环境科学等多学科的新兴边缘科学—树木年代学。它根据树木年轮特征及其物质成分,查明自然环境的历史演变规律,追溯和确定某些历史事件的发生年代,为揭开大自然的奥秘而作出贡献。

年轮揭示的秘密是多种多样的。我国气象工作者,通过对祁连山一棵古圆柏年轮的研究,推算出我国近千年的气候,是以寒冷为主的,其中17世纪20年代至19世纪70年代,是一次持续两百五十年漫长寒冷期。这个结论与著名气象学家竺可桢教授在《中国近五千年来气候变化》中的论述完全吻合。

对年轮中微量元素含量的分析,可以掌握各个时间某一地区环境污染的状况,研究其变化规律,为治理环境污染提供科学依据。我国黑龙江省、山东省的"克山病"区,树木年轮中钼的含量在该病高发年份总低于正常年份,这种克山病与钼的负相关性,与地球化学病因学对该病的研究成果是一致的。

令人感兴趣的是年轮还能揭示地震历史。美国莱蒙特—多尔蒂树木年轮实验室的研究人员,从阿拉斯加一个地震活跃区的树木年轮中发现,一些原先生长在海岸线的树木,在1899年一次强烈地震之后生长加快了。研究结果说明这是因为震后地面隆起,使这些树木生长环境得到改善所造成的。而这点在以往地质调查中并未发现。地震也可能造成树木生长破坏,这从年轮中也可以反映出来,因此,从某一区域中树木年轮突变的一致性,可以推断该区域遭受地震的年代及破坏程度。

对于古代留下来的木制品,沉船残骸中的木制品等进行年轮分析,可以确定事件发生的年代,为考古学和历史学作出有力的佐证。

目前,树木年代学已利用放射性同位素、光谱分析等现代科学方法进行研究。对于尚在生长的树木,一种称为生长锥的取样工具,可以取出全部年轮资料而不会影响树木生长,这可使珍贵的千年古树接受考察而不受损伤。

185 大洋海底告诉我们什么

——古海洋学

尽管地质学已是一门具有相当历史的科学，但是在不到四分之一世纪前，人类对占地球表面三分之二之多的浩瀚大海的历史还几乎是一无所知。二十世纪六十年代中后期，随着板块构造理论的崛起，人们重建了大陆大洋盆地在遥远过去的排布方式。闻名遐迩的"格罗玛挑战者号"深海钻井考察船采集到了大量海洋沉积物的岩样，使人们开始把眼光移向海洋地质方面。而根据利用同位素资料校正的海洋微化石带，获得了十分详细的海洋地层年龄资料，成为地质学家以年计的绝对年龄来讨论发生在过去的种种事件的有力工具。正是这三个主要原因使古海洋学这门新学科破土而出并蓬勃兴起。

1981年出版的由 J·肯尼特编著的《海洋地质学》一书就是一本有关古海洋学的综合性著作。肯尼特提出，在过去的1亿5千万年间，地球上出现两种性质截然不同的海洋。一种海洋出现在地球历史的较早时期，持续时间漫长。这种海洋比较温暖，从赤道到两极海洋表面的温度变化较小，两极气候温和；海洋的分层现象不太明显；深海环流表现为滞流。第二种海洋就是现代的海洋。它的性质和早期海洋恰好相反，其特征是：从赤道到两极温差悬殊，极地被茫茫冰所覆盖；海洋中有着稳定的密度分层；由南极四周冷而密度大的海水所产生的深海环流具有较大的活动性，且在很大深度上向北流动。现在看来，那种温暖的分层性差的海洋属于正常的海洋，它出现在整个中生代以及紧接中生代的新生代的大部分时期里，冷而分层明显的海洋，仅是在最近数百万年内才对其取而代之。而且在中生代之前的古生代的大部分时期甚至更早的地质时期，也很可能由这种海洋统霸地球。可惜我们对这种古海洋的了解还微乎其微。

目前，古海洋学家的研究，主要集中在从温暖海洋到寒冷海洋转变这一问题上。这个转变大约始于4千万～5千万年前，跟我们现在所处的一个大冰期是同时发生的。而这个一直支配着现代地球气候，而且在今后的一段时间内仍将继续左右地球气候的大冰期，也许是造成这一转变的主要原因。但是，这个转变本身无疑是由于大陆漂移的发生导致赤道环流堵塞和南极环流沟通而引起的。

1983年,G·凯勒和J·A·巴罗在深入研究过去500万～2500万年间古海洋的基础上提出了一张先进的时间表:在这一时期开始时,海洋在纬向上的温度变化依然是微不足道的;全球的浮游动物群和物种的分布大体相同;深海环流处于停滞状态。当南美大陆和南极大陆分离之后,南半球高纬度处剩下的唯一陆桥便因此遭到了破坏。从而到中新世早期,南极周围就出现了深海环流。新的深海环流犹如一道沟壑,将南极大陆和北面来的温暖海水相隔开,切断了南极大陆的热量来源,使它急剧变冷,原来的浮游生物全部殒命,重新生成分带极为明显的新的浮游动物群。稍后,大约1500万～1600万年前,加勒比海的海岸拔地而起,终于使巴拿马地峡闭合,导致赤道深海环流通道堵塞,太平洋生物日益兴盛,墨西哥暖流改道北行。与此同时,北欧大陆与北美大陆分离,北方寒冷海水涌入大西洋,迫使大西洋深海环流发生改变,导致南极周围表层海水温度略升,大气湿度增高,引起降雪增加而使南极冰盖形成。这一系列作用和变化最终使气候变冷和冰雪积聚,促成北半球最近数百万年来的冰期和间冰期的交替。他们的理论已为深海沉积地层分析所证实。接下来人们将着手研究温暖的古海洋了。

那么,古海洋学的研究有什么实际意义呢?首先,生命出现的大部分历史是以温暖海洋为背景的,因此研究温暖海洋有助于探索生命起源的秘密。其次,当今世界上大多数高储量的石油矿床,年龄都是中生代,这跟分层不明显的温暖海洋有关。第三,研究古海洋可推断古环境,使人们从那种根据生物化石组合推断环境,再按环境解释生物演化的循环论证中摆脱出来。所以有人认为,古海洋学的未来十年,将是可以和板块构造学说兴起而彻底改变我们地球观的二十世纪六十年代相媲美的十年。

186 新技术革命的"主角"
——微电子技术

电子技术的发展已经经历了三个重要阶段:真空电子技术、晶体管半导体技术和微电子技术。方兴未艾的微电子技术是当前新技术革命的"主角",

它以神奇的速度、惊人的威力,影响着其他科学技术领域以及整个社会经济、政治和生活面貌。有人预计,到二十世纪八十年代末,微电子工业有可能成为世界第一大工业。所以,了解和掌握微电子技术,无论对个人还是对国家,都是极为重要的。

微电子技术是在大规模集成电路的基础上发展起来的新兴技术。它的主要内容,是指在半导体材料芯片上通过微细加工制作的电子电路,以及这种电子电路的应用技术和应用产品,如微处理器、微型计算机等。微电子技术的出现,标志着当代电子技术的一场革命。

自从 1971 年世界上制成微处理器以后十几年来,微电子产品本身经历了四代。使电子计算机的体积越来越小,价格越来越便宜,运算速度越来越快,容量越来越大。如果与第一台电子计算机相比,微型机的体积已缩小到三万分之一,价格已下降到一万分之一,速度则增大了二十多万倍;效率竟提高了一百万倍。目前,还没有其他任何一项科学技术有如此巨大的神通。

微电子技术是新技术革命中的核心技术。这不仅因为它是科学技术现代化水平的重要标志,而且在将要到来的新技术革命中充当主角。可以说,世界新技术革命是以微电子技术为中心展开的。

首先,微电子技术是当今的带头技术。众所周知,电脑的发展带来了信息革命。信息技术在国外称为"三 C"技术。所谓"三 C",即通信化(communieation)、计算机化(computerization)和自动控制化(contoe)。以前,"三 C"是互不联系的,各搞各的。在微电子技术迅速发展之后,"三 C"技术才逐步融合,构成强大而又灵活的信息网络,进而广泛地向人类活动的各个方面渗透,并发挥巨大的推动作用。比如,通信技术与微电子技术融合以后,信息源的应用范围大大扩展了,使人们突破时间和空间的局限性,帮助人们在物质生产和社会管理中及时掌握到难以想象的丰富的信息。又如,控制技术与微电子技术融合后,大大改变了生产的方式,其中最为突出的是使生产设备具有极大的灵活性。

其次,微电子技术是推动经济发展的强有力的手段。微电子技术之所以有巨大的生命力,其根本原因在于它的广泛应用大大提高了社会生产力,增加了巨大经济效益。在当代,没有任何一项技术发明在促进生产方面能与微电子技术相比。日本人算过一笔账,如果把微电子技术同传统工业结合起来,可以把原有的物质能量利用率提高一百倍。

其三，微电子技术为扩大人的智力范围开辟了广阔的道路。电子计算机的出现是人脑的延伸，极大地促进了人类智力的飞跃。特别是微型电脑的发明，它体积小，重量轻，价格低，对环境要求不高，几乎可随处安身，在任何东西上适用，而且工作起来反应灵活，速度快，能适应各种需要，发挥各种功能。因此被应用于国民经济的各行各业，并且科学家、医生、律师、作家、管理人员、领导者等个人均适用。它代替了大量脑力劳动，从而使人们最大限度地发挥聪明才智。所以，微电子技术开辟了人类智力解放的光辉前景。

近些年来，无论是发达国家还是发展中国家和地区，都在努力开发微电子技术，并和微电子工业结合起来，改造本国的经济结构。全世界微电子工业的发展年增长率超过 20%。

目前，一个世界性的开发微电子技术，研制微处理器和微型机的热潮已经形成，它标志着新的技术革命或"第四次产业革命"正在兴起，信息化社会的曙光即将来临。

187 前景广阔的能源科学技术

人类离不开能源。人类认识和改造自然的历史实际上就是开发和利用能源的历史。

能源是发展生产和提高人民生活水平的物质基础，是制约社会经济发展的重要因素之一。二十世纪七十年代，由于两次石油供应短缺和大幅度提价造成的世界性能源危机，给西方各国经济以沉重打击，进一步加深了世界各国对能源在社会经济发展中重要地位的认识，促使能源科学技术迅猛发展。

能源科学技术是研究各种能源的开发、生产、转换、传输、储存和综合利用的理论和技术。它广泛涉及物理学、化学、生物学、天文学，地学等基础学科以及现代电力技术，电子技术，半导体技术、生物工程、海洋工程等尖端技术，是综合性很强的科学技术领域。

在能源科学中，通常将能源划分为两种基本类型：一类是直接来源于自然界的能源，叫做"一次能源"，如水力、风力、煤炭、石油、天然气等；另一类是"二次能源",如电力、热能、机械能等,它们是由一次能源转化来的。水力、风力、煤炭、石油等能源由于已经运用多年,因而也称为"常规能源"。在一次能源中,除常规能源之外,还有核能、太阳能、地热能、海洋能等新开发不久的能源,统称为"新能源"。

近些年来,由于种种原因,人类对能源的需求是日益增加,因此利用新能源的问题被迫切地提了出来,肩负重任的能源科学技术格外引人注目。下面介绍几种被认为最有希望的新能源,也是世界各国投入大量人力、财力进行重点研究和开发的新能源。

核能是未来能源的重要支柱。首先,核能具有丰富的资源,据统计,世界铀的储量(不包括海底储量以及中、苏、东欧储量)约有1500万吨,它能产生的电能比已知的矿物能源要高数万倍以上(不包括聚变能)。其次,核能作为一次能源具有很大的能量密度,1克可裂变的核燃料产生的能量约比煤,油气中的1克碳的能量大300万倍。此外,核燃料还便于存贮和运输,可廉价运送到世界上任何地方。目前,各工业发达国家都在大力进行核能开发,世界上已有几个国家拥有核电站。核反应堆、增值堆的研究也有新的进展。

太阳能是理想的技术性能源。据估算,地球每年从太阳获得的总能量可达60亿亿度,比目前全世界各种能源产生的能量总和还要大两万倍。太阳是一个可以源源不断向人类提供清洁能源的巨大的宝库。然而,由于地面上的太阳能过于分散,又受地理条件、环境、季节和昼夜变化的影响,加上目前大规模收集太阳能的转换、储存的技术尚不成熟,这就给太阳能的开发、利用带来了一定的限制。近些年来,由于能源需要量的剧增和现有能源的短缺,对太阳能的开发和利用又引起了人们的重视,许多国家都在加紧研究和试验。当前,太阳能的开发技术正处于突破的边缘。除了把太阳能用来直接采暖、供热之外,太阳能发电是生产离质量能源的一种方法。利用太阳能发电一般存在两种模式:一种是热电转换,即集中太阳的直接辐射于集热器,使之产生蒸气,驱动汽轮发电机,这实际是模仿常规能源的发电方式。由于这种方式依赖于太阳的直接辐射,季节的变化与区域的不同都会构成影响。而且这样的发电系统包含着笨重的机器,复杂的集热器,热的传输与存贮装置,汽轮机、发电机、冷却器以及大面积的土地等。因此它不是一种理想的模式,估计到20世纪末已被淘汰。另一种模式是光电转换系统。采用大型的光电系统中心站,用太阳能电池把太阳能转换成电力,与热电系统相比有一系列的优点。如占地面积小，不仅可用阳光直接辐射，对于漫射也能加以利用；还可用于天气以多云为主的地区；光电系统没有运动部件，寿命比热电系统要长得多，效率可达 20%。当前无论是太阳能热电转换系统还是光电转换系统，其开发和应用都受到建设投资和成本太高的限制。随着能源科学技术的不断进步，这种状况将会得到改善。

对生物能源的开发也是一种获取能源的新途径。植物的光合作用把太阳能有效地转化和贮存起来，形成不断再生的生物能源。据估算，全世界的植物每年贮存的能量，如折合成电力，平均每人可得 50 万度，比每人平均能源消耗大 40 倍。可见，生物能源也是一种潜力很大的再生能源。

从现代能源科学技术发展的趋势来看，在 20 世纪内，世界能源结构仍将以传统的矿物燃料为主、但石油的比重将逐步减小，煤炭的比重将有所回升。并将逐步向持久能源和多能源结构过渡，核能将有较大幅度的增长，太阳能、生物能、地热能、海洋能等其他能源也将起到辅助作用。

188 现代化技术的实力

——材料与材料科学

材料是人们生活和生产必需的物质基础。生产日用的器皿要用金属、陶瓷、玻璃、塑料等材料，修建房屋要用水泥、沙石等建筑材料，制造机器要用钢铁和各种有色金属材料，制造固体电子器件要用硅、锗等半导体材料，在光电子学技术上需要光源、调剂、倍濒、存储等一系列功能材料……材料产品之多，用途之广不胜枚举。

材料的使用与生产力和科学技术水平密切相关。可以说，一个国家材料的品种和产量，是直接衡量一个国家的科学技术与经济发展水平的重要标志之一。

开始，人们对材料的了解仅停留在诸如强度、硬度、热性、透光性、耐腐蚀等宏观性质的观测上。近代物理学和化学的进步和各种精密测试、分析技术的出现，使人们对物质各种物性的了解，深入到原子、电子一级的微观状态，并为阐明材料物性的本质和探索新材料提供了理论基础。特别是固体物理学和结晶化学、量子化学的发展，对推动材料的研究起了重大作用。随着材料的研究逐步由经验性的认识深入到规律性的认识，由宏观现象的观测深入到微观本质的探讨，它与许多科学和联系更加密切并互相渗透。材料科学就是在这样的背景下形成的一门新兴的综合性学科。

材料科学的目的，是依据化学组成和结构来说明材料为什么具有这样那样的物性，并以此为指导来发展具有新性质、新功能的新材料，以满足生产和科学技术发展的需要。材料科学的内容，一是从化学角度出发，研究材料的化学组成、相关系、化学键和合成方法；另一是从物理角度出发研究材料的物性，即以晶体物理学、固体物理学等为基础说明材料的结构与性能的关系。此外，还要研究制取材料和使用材料的有关的工艺性问题。

从材料的使用和发展历史来看，人们对材料的需求是无止境的。开发新能源需要效率高的太阳能电池材料和高温超导材料；发展光电子技术和遥感技术需要各种反应灵敏的功能材料；在工农业生产和人民生活中更需要各种各样价廉物美经久耐用的材料。材料科学的任务就是运用各门科学知识和技术手段研究发展新材料，以满足工农业生产、国防、人民生活和科学技术对材料日益增长的需要。其主要内容具体可分为几个方面：材料的形成机理和制备方法；研究组成、结构，缺陷与性能的关系和探索新材料；材料特性的测试；材料的应用研究。

材料、能源、信息是当代技术的三大基础。材料科学对实现四个现代化具有重要意义。

189 神奇的激光技术

1960年，世界上出现了一种人工制造的神奇之光——激光。它的出现，使古老的光学青春勃发，使整个科学技术以至人类生活发生了深远的变化。

激光是一种最亮的光。它比太阳亮一百亿倍以上。太阳的表面温度大约是六千度，激光却有六十万亿度，这么亮的激光使所有的灯——电灯、日光灯、碘钨灯等大为逊色。只有氢弹爆炸那一刹间的闪光，才能与激光相比。

激光是一种最纯的光。平时我们看到的阳光是白色的，但用一只小三棱镜对着阳光，却会看见条五光十色的彩带。原来阳光的颜色并不纯，是由红、橙、黄、绿、青、蓝、紫七色组成的。而激光则色性单纯，独具一帜。

神奇的激光是怎样产生的呢？它和普通光一样都是由于分子、原子中的电子运动产生的。但激光与普通光具有本质区别：普通光是自发运动产生的，各个原子发光杂乱无章，在发光时间上有的早。有的迟；在方向上有的向东，有的向西，有的向上，有的向下，完全没有秩序。所以普通光亮度不太高。而激光则不同，它是由于受激辐射而产生的光，能使所有原子都按同一步调，向同一方向，以同一色彩发射，因此高度集中。

激光亮度极高、颜色极纯、方向性极好的特性使它妙用无穷。所以激光很快成为一门引人注目的尖端学科，在科研、国防、工农业生产和医疗等方面，展示出广阔的应用前景。

激光是测量距离的精确"尺子"。激光能从地球照射到月球，然后再从月球反射到地球，每秒钟内跑三十万公里。人们从激光自地球到月球，再自月球回到地球往返一次的时间，可以算出地球与月球之间的平均距离是三十八万四千公里。这样测量出来的距离非常精确。现在，人们已发明了"激光雷达"，用它能准确测量出飞机的距离、卫星或云层的高度等等。用于工农业生产的"激光比光仪"准确度达到一根头发丝的三百五十分之一，被称为"神尺子"。

激光是锋利无比的"刀"和"钻"。"激光刀"能够把陶瓷、玻璃、金属材料等任意切割，不费吹灰之力。一束激光射到钢板上，只见钢花四溅，在"丝丝"声中，钢板一分为二，割缝又细又直。用激光制成的钻孔机，能在各种坚硬材料上打出各种各样的孔，有的孔小如头发丝。手表中的钻石比芝麻还小。利用"激光钻"，只须一眨眼工夫，就可在钻石上打一个孔！

激光的方向性可以充当可靠的"向导"。例如在兴修水利、修建铁路和公路中要挖掘长距离的隧道时，可以用激光导向，沿激光照射的方向施工，可保证隧道打后又准又直。在房屋建筑和修造桥梁中，利用激光代替过去人工"划线"、"吊线"，更是方便。

激光是治病的"妙手"。过去医生开刀，离不开钢刀，如今用激光切开人的皮肉的同时，就封住了血管，可以减少流血，减轻痛苦，避免感染。有的人眼睛视网膜脱落了，用激光照一下，能把视网膜焊上，重见光明。

激光在国防、军事上更是大有用武之地。高强度的激光被称为"死光"，把它聚焦到远处，能使敌人的武器，设施化为灰烬。1978年初美国就曾用激光摧毁了正在高速飞行的反坦克导弹。利用激光的良好方向性，还可以制成激光制导武器，对炸弹或导弹进行控制和引导，使炸弹像长了眼睛似的，百发百中。

激光技术的应用不胜枚举。如今，"激光电视"色彩鲜艳；"激光电话"线路容量惊人，几亿个电话机可以同时通话；"激光艺术"大放异彩；"激光计算机"比电子计算机输出速度提高几十倍⋯⋯

激光是一门年轻的科学，只有二十来年的历史。如今，它已经与许多尖端科学攀亲结缘。科学技术和人类生活、生产的各个领域都将是激光大显身手之地。

190 空中"千里眼"

——遥感技术

在古今中外的神话故事里，常常绘声绘色地描写神仙有一双"千里眼"，凭借他们的"火眼金睛"可以遥看千里之外。这仅仅是一种幻想吗？不！如今它已经成为事实了。不信？先看两个事件：

1969年，美国军事情报局通过无线电波向全世界精确报道了苏联的军事部署、部队动态、国防设施、导弹基地等情况。这使一向以保密森严自诩的苏军头目们目瞪口呆，惊恐万状。

1980年，苏军入侵阿富汗时，美国情报机关立即发布消息：苏联动用了什么部队，坦克多少，卡车多少，人数多少⋯⋯一清二楚，言之凿凿。

美国情报机关是怎样迅速而准确地得到这些情报的呢？

他们靠的是被人们称为空中千里眼刀的现代科学新技术——遥感技术。

遥感技术是二十世纪六十年代兴起的一门综合性的探测技术。它利用飞机、火箭、汽球、宇航等空间技术，从千里之外的高空，观察地球的景物，用各种电磁波谱的信息来探测地球表面乃至地下深处的秘密，通过光学、电子光学、红外线、微波、激光、计算机等来处理所得到的信息。所谓遥感，就是不要与探测的目标直接接触，而从遥远的地方来感知、测量目标物的性质。科学研究表明，任何物体，只要其温度超过绝对零度——零下273.16摄氏度，就能发射或吸收电磁波。人们根据这一原理，制造出各种各样的摄影机、扫描仪、雷达等遥感仪器，安装在卫星、飞船、航天飞机等人造天体上，送入宇宙空间，就能传遥感仪器接收和记录目标物发射的电磁波信息，并从数百里以至几千里外的高空传送给地面接收站，再经过信息处理，得出图像或模拟数字，然后由判读人员把图像、数字解释出来，得出结果。

遥感技术有四大特点：

一是"遥"。能在远离地面的高空居高临下观测到地球上的各种情况和变化，拍摄到十分清晰的照片。无论是人迹难以达到的热带森林，还是渺无人烟的戈壁沙滩，它都能高瞻远瞩，一览无余。

二是"感"。就是利用现代化仪器延伸人的感觉器官，开阔人的眼界，去感知识别人眼无法探测的物体，把人们过去看不到的东西尽收眼底，了如指掌。

三是"快"。不仅能及时反映事物的现象，而且能对比分析环境的动态变化，从而赢得预测时间。它是出色的"空中哨兵"，一有"风吹草动"，就会立即报告。

四是"广"。它的应用十分广泛，军事、农业、林业、地质、海洋、水文、环保等领域，都有其广阔的应用前景。

遥感技术虽然刚刚崭露头角，但它将为人类改造自然立下丰功伟绩，对人类未来的生活产生重大、深远的影响。

191 超声和激光"手拉手"
——声光技术

超声技术和激光技术的应用，开拓了许多崭新的领域，取得了许多令人瞩目的成果。二十世纪七十年代，我国科技工作者罗列凡正在进行超声和激光全息摄影的研究，一个偶然的机遇，使他发现这两种技术协同应用，产生了神奇的效应，于是潜心进行声光效应的研究，开辟了一个新的应用领域，一门新的技术——声光技术诞生了。

声光效应发现的契机,是有人请罗列凡分别用超声波和激光作灭菌试验。以每毫升含 123 万个杂菌的溶液作试样,结果超声灭菌效率为 33％,激光灭菌效率为 22％。罗列凡突然萌发念头,两种技术加在一起,效果将如何呢?他用和原来相同频率和能量的超声和激光共同作用,奇迹出现了,灭菌效率竟达 100％!机遇是偏爱于有准备的头脑,垂青于懂得如何追求她的人的,罗列凡抓住这一机遇,对声光效应的原理进行研究,原来,超声灭菌的原理,在于超声波在液体中传播时,形成水分子密度的高速改变,从而震断了液体分子间的联系,产生了极大的断裂压力,使细菌细胞破裂死亡。但是有些细菌能够冒死通过震荡区而逃脱灭亡的命运。激光是靠高能杀伤细菌的,但激光定向性好,通常聚焦成很细的射束,又使细菌有空子可钻,从物理实质上说,超声波是机械波,是一种纵波;而激光是电磁波,是一种横波,超声和激光的结合,并不是两种效应的简单叠加。研究证明,激光穿越超声波场时,受到声波的干扰,使方向性极强的激光发散开来;而超声辐射场中的声子,借助激光辐射场的光子能量,对物质分子中某些化学键发生有力的撞击,致使化学键断裂,某些大分子团变为小分子或成为活化络合物,自行结合成新的分子。因此,不但使细菌分子断裂变性,而且对其他物质也会发生各种变化,因而为这种技术的应用展示了广阔的前景。

在酿酒过程中,美酒要经过"陈化"阶段。通常是经过一段时间的密封保存,用酒精分子与水分子相互渗透。在正常的情况下,这种作用是相当缓慢的,一般需要几十年的时间。这是因为水分子与酒精分子的相互渗透,需要一定的分子活化能,而常温下刚酿成的酒中几乎没有活化分子。如果提高温度,使分子运动平均速度加快,可以出现较多的活化分子。然而温度增高时,酒精分子运动速度比水分子的速度增加得快,很容易挣脱束缚跑到空气中,使酒中酒精含量大大降低,这是得不偿失的。运用声光技术,在常温下为水分子和酒精分子的相互渗透提供活化能,使水分子不断解体成为游离态氢氧根而与酒精分子结合,完成渗透过程。在实验中,对召楼曲酒运用声光技术,在 35 分钟的作用下,取得密封一年的陈化效果。

癌症是严重威胁人类健康的大敌。祖国医学利用中草药治癌有不少宝贵经验。但中草药复方剂量大,疗效不显著。利用声光技术对中草药制剂进行处理的"声光抗癌片",服用剂量只有原药的一小部分,显效率却提高了 4

倍，而且有10.4%的病人肿瘤不同程度的缩小。这是因为有抗癌作用的生物碱，大多是短分子多键杂环化合物，而中草药主要成分却是长分子双键或单键的环状、链状化合物。在声光作用下，这些化合物被捣碎变成短分子多键杂环化合物，从而提高了药效。声光技术还可望直接作用于癌肿部位而治癌。

声光技术可应用于石油和水、航天液态燃料和试剂的结合，人造橡胶、塑料等高分子材料的聚合以及医疗、制药、食品、化工、农业、畜牧等众多领域中。

192 奇迹般的光纤通信

即使在今天的大城市，"打电话难"也还是一个不小的社会问题。公共电话旁常常排长"龙"，好不容易排上了，"忙音"又使人"闻音兴叹"，无可奈何。人们常常会想：要是一条线路能同时通几百路电话该有多好啊！

这不是幻想。如果采用最新科学技术——光纤通信的话，别说几百路，就是几千路、几亿路电话也能同时在一条"通道"上传输！相隔万里的千百万人完全可以同时在一根光导纤维上通话。一根细如头发的光导纤维就能同时传输千万路电话……

光纤通信全称为光导纤维通信，是近年初露头角的一种最新通信技术。它与电缆、电线通信有点相似，同属有线通信。不同的是，它的"线"不是电缆、电线，而是头发那么大小、钢那么坚硬、铜那么韧的光导纤维；在"线"中传播的不是电波，而是光波。

光纤通信系统主要由激光器、光导纤维、检测器等部分组成。各种信号如声音等，先经过电话机转变成电信号，再由电信号转变成激光信号，激光信号输入到光导纤维中，就沿着光导纤维的方向，以每秒三十万公里神速行进，到达目的地后，检测器将激光信号转变成电信号，再把电信号还原为原来的声音或其他信号，从而达到通信的目的。这个过程中，光导纤维好比铁路，激光信号好比列车，声音好比旅客，激光信号这列"列车"，沿着光导纤维这条"铁路"行进，把声音"乘客"载往目的地。

光纤通信具有许多突出的优越性。一是通信容量大：一根头发丝粗细的光导纤维，就能够传输千万路电话；一根直径为几微米的光导纤维，可以传一百亿路电话；如果用几十根，几百根光导纤维扭成"光缆"，通信容量更是惊人。二是保密性好：敌人不易窃听，不受电磁波或热辐射的干扰。三是节约材料：光导纤维质轻，损耗小，原料来源广，而且一公斤光导纤维就可铺设一千公里的通信线路，可以节省大量有色金属。

光纤通信的应用前景十分广阔，民用、医疗、技术交流、国防建设等领域都是它大显身手的用武之地。世界上许多国家把它列为重点发展项目，1977年就已在一些国家进入实用阶段。目前国际上已有许多制造光导纤维产品的公司出现，完全可以预言，在不远的将来，人们现在广泛应用的电话、电报、电传、电视将会被"光话"、"光报刀"、"光传"、"光视"所取代。

193 四盘胶卷就能"装"下美国国会图书馆

——新兴的缩微技术

当你走进图书馆的时候，看到的就是满屋的书架和满架的书刊。随着科学文化的日益发展，出版物急剧增加，资料膨胀，情报爆炸。如果把所有出版物全部积存起来，日积月累。越积越多，靠无止境地扩建图书馆，不是上策。是否有更好的办法来解决这个日益突出的矛盾呢？

影片《沉默的人》里面有一个镜头：一份乐谱布满一个个音符，随着镜头的推近，结果出现一份份写满文字的情报。一个音符里面藏一份情报，应用新兴的"缩微技术"完全可以办到。

所谓缩微技术，就是采用现代化的缩微胶卷摄影机拍摄各种书刊资料，把内容录在缩微胶卷上。利用微缩技术，可在一张邮票大小的底片上存贮大十六开、厚五百页的图书；用六十四开大小的胶片可以复制两千页厚一本书的全部内容。激光的微缩本领更是大得惊人。如果采用激光打点的新技术，一小盒缩微胶卷就可记录一千万册图书的全部内容；用四盘胶卷就能将美国图书馆的五千多万册图书全部缩摄在内。按照这样的密度，一个音符装一份情报是绰绰有余的了。

有人也许会问：那么多的资料集中缩在一张胶片上。怎么阅读呢？这也不难。目前，科学家已研制出一种袖珍放大阅读器。它由屏幕、镜头、光源三部分组成，体积小，重量轻，好像一本书那样。人们坐在沙发上，便可通过屏幕，舒适、清楚地阅读缩微胶卷上的材料。

图书情报资料缩微化已成为一种发展趋势。美国早在二十世纪五十年代就采用缩微技术。现在世界上已有大量缩微资料出版社建成开业，仅美国就有一百多家，缩微复制品畅销全球。我国近些年也已开始采用缩微技术。上海书店已能把一部三大册、四十九百多页、六斤半重的《辞海》，缩摄成只有几两重的八十余张底片，只相当于一本六十四开的笔记本，可以随身携带。天津无线电技术研究所已经能够把三十二开、三百页厚的书一百多册存贮在一块一百九十二毫米见方的特制干版上。完全可以预料，在不远的将来，几十万册藏书的图书馆可以变成人们随身携带的小小手提箱！

随着科学技术的发展，缩微技术的应用前景将会越来越广阔，它不仅是储藏档案资料、传递情报的有效工具，还可以与计算机配套，用光学方法代替打印，使计算机的输出速度提高几十倍。也许不需要过很长的时间，我们还可以从电视屏上收看电视台播放的缩微报纸哩！

194 光子化学加工技术

说起光子生产，似乎使人感到很陌生。其实从远古人类懂得使用燃料以来，就一直在生产光子——人造光，包括柴火、燃气直接电灯等电光源，都是第一代光子产品。

六十年代出现的激光，以其单色性、相干性好和能量集中等优点，成为第二代光子产品。

现在，美国和日本又在进行第三代光子产品的生产，这是由同步加速器生产的高能量的辐射光。根据物理学理论，当电子等带电轻粒子以接近光速高速运动时，就会以放射出光子的形式失去它的能量，以这种方式产生光子称为韧致辐射。在同步加速器中，把电子加速到接近光速，就会发射出强度极高，方向性极强，其波长在 0.1 埃到几百埃之间的第三代光子来。这种从同步加速器所获得的光子，可以根据需要和具体情况，变成低能态（50 兆电子伏特）、中能态（50 兆～10 亿电子伏特）和高能态（10 亿电子伏特以上）。这样一来，人们就可以不受任何外界条件的限制，在工厂里生产出各种人工光子。

以前，人们普遍认为光子能量低，仅能利用其可见光部分作为照明。随着对光的本质研究的深入，人们发现光子能使某些物质分子的化学键发生断裂破坏，例如染料在光照射下会褪色，某些化学药物在光照射下会分解变性，氨吸收光子之后会分解为氢气和氮气等等。可见光的能量是不容忽视的。到了二十世纪六十年代，在量子化学研究对化学键有了足够的认识之后，光子在化学领域的作用被认识，并产生了光化学这样一门独立的边缘科学。

光子参加化学反应的本质，在于物质分子吸收了光子的能量之后，分子能量显著增加，使其内部处于不同的激发态，增加了化学活性，使原来不易参加化学反应的物质变成容易参加化学反应。受激发的分子越多，反应的可能性也就越大，而且特定能量的光子能激发分子的特定部位。这就使光子化学加工具有很强的选择性，可以通过控制不同条件，达到加工不同化学产品的目的。

光子加工不仅能为合成化学开辟更多的途径，而且因为光化学反应可以在低温下进行，所以特别适合于热敏性有机化合物的加工合成，使它们不致受高温所破坏。此外，从合成角度来看，光化学加工具有定向性好、选择性强、效率高等特点，所以在合成指定性能的物质方面有独特的优点。如氢气和氯气在光照下很易合成氯化氢，而副反应少，产率高，产品纯，这是目前的合成法所无法比拟的。又如用 2537 埃波长的光去照射乙烯、丁烯、环辛四烯进行定向聚合，也取得了很好的效果。

总之，光子加工具有化学合成和反应工艺简单、成本低廉，不需催化剂以及可能取代对人有害的辐射聚合等优点，是一门十分有前途的新技术。

光子化学加工也包括激光化学加工。这方面已有不少实际应用，例如利用红外激光器产生的高功率超短脉冲，使反应物吸收多个光子而被激发，从而产生许多室温下无法进行的反应,如二氟甲烷的分解、一氟甲烷和氯气的反应等。

光合作用一直是人们探索和开发的领域。目前国际正在利用"光子生产工厂"获得各种能态的光子来模拟光合作用和光对生物体的作用。微生物能合成谷氨酸、赖氨酸、维生素、油脂、蛋白质等,通过光子对原料进行预加工,可以使微生物繁殖得又快又好,使合成效率大大提高。

"光子生产工厂"制造的光子,还为探测分子和原子世界提供新的工具。例如根据辐射光的强X射线产生的衍射现象,在短时间内便可确定蛋白质那样大分子的结构,有助于抗癌剂的研究和生命现象的剖析。光子荧光分析可进行十亿分之一单位的超微量分析。

光子化学加工是人类开辟新能源、获取新材料的强大武器,从太阳能利用到环境保护,从有机物合成到新型记录材料的研制,它对发展高分子化学、高分子物理、分子生物学等都有深远的影响。人们正在迎接"光子时代"的到来。

195 微小有巨大的作用

——超微粒子技术

材料科学是新技术革命的三大前沿学科之一,是未来世纪科学的支柱。在新型材料中,各种晶态金属、非晶态材料、超塑性合金、新陶瓷材料、超导材料、催化剂及红外线吸收材料等,都是由超微粒子构成的。所谓超微粒子,又称超微细粉末,一般是指粒径小于0.1微米的极微小粒子。构成超微粒子的元素虽然和普通材料没有区别,但由于粒子极其细微,微粒表面的原子数和微粒内部的原子数之比变得很大,当微粒小到一定程度时就成了一种物质分子的原子集合体,使其表面特征显得十分强烈。因此,超微粒子的磁性、导电性、内部压力、光吸收、热阻和熔点、介电常数、比热、晶体结构等方面具有特殊的性质。例如比表面积特别大,0.01~0.1微米粒径的超微粒子的比表面积达每克10~70平方米;表面张力大,在其内部能产生极高的压力;熔点低,在200°~400℃就能发生烧结,且不用加烧结剂;单晶纯度高，径粒均匀，常温下稳定，在大气中可对其进行处理；耐候性好；干法制造的微粒表面清洁，且有一致密的氧化膜；磁性强；活性强，能进行各种反应；在低温下几乎没有热阻；铬系合金超微粒子能充分吸收光等等。这些特性在材料科学中都是非常可贵的。因此，一门新兴的技术——超微粒子技术正受到世界各先进国家的青睐。

制取超微粒子的方法有湿法和干法两类，其中干法的一种叫高频等离子法被认为最有发展前途。这种方法是将反应物导入绝对温度约10000度的等离子体中，使其完全气化后，再经过骤冷生成超微粒子。在物质的蒸发及骤冷的过程中，还可同时进行化学反应，因此可能使其具有更广泛的应用范围。我国用等离子体制取超微粒子的工作已取得不少成果。

那么，超微粒子有些什么实际用途呢？

（一）导电和电阻涂料。用银、镍、铜等的超微粒子作涂料形成导电膜、电阻膜，烧结温度可由原来700℃降到500℃，这样可以用玻璃代替陶瓷作基板材料。

（二）超低温冷冻机热交换材料。现在美、法、日等多所大学和研究所、超低温工厂都研制用银超微粒子作超低温冷冻机热交换壁，其效果比用铜粉末要好得多。

（三）高密度磁性记录材料。这方面应用最多。日本富士照相胶卷厂、松下电器产业、日立制作所以及一些大学都开始试制超微粒子磁带，据说可制成高于现在十倍记录密度的磁带。

（四）燃烧催化剂。把粒径5微米的镍粉作为催化剂加入火箭推进剂中以提高燃烧性能，是目前一般做法；但如果把粒径0.05微米的镍超微粒子加入推进剂，可提高燃烧效率100倍，而且镍粉用量只是原来的百分之几。

（五）烧结剂。把极少量的超微粒子加入一般冶金粉末中作燃结剂，可降低烧结温度，缩短烧结时间，能大幅度节约能源。

（六）烧结材料。各种超微粒子都可烧结成各种形状的材料，所需温度低，不需加烧结剂。例如用碳化硅、氮化硅超微粒子烧成的部件，不仅可耐1200～1400℃的高热，而且还有很好的韧性和机械强度，可用于制造涡轮盘、叶片、陶瓷发动机等。

（七）传导墨水。电子印刷电路布线是靠传导墨水印刷后加热处理制成的，用超微粒子作墨水材料可进行高精度布线，并能在较低温度下进行热处理。

(八) 医学。人们发现在细菌的纤毛中有超微粒子磁石,有人正从事利用这种磁石分离微生物的研究。

(九) 光吸收材料。利用铬系合金超微粒子能充分吸收光的特性制成红外线吸收材料,用于太阳能的开发利用。

此外,超微粒子还可以用作超导材料、宇航用特殊材料,填充剂、吸附剂及微孔过滤材料等。最近发现超微粒子和宇宙尘基本是同一物质,因此搞清超微粒子也将为搞清宇宙的状态发挥作用。

对超微粒子的研究正在不断深入,超微粒子技术前景广阔、方兴未艾。

196 超临界的奇迹
——超临界流体分离技术

1978年,世界各国学者云集西德,进行了以超临界流体分离为主题的国际学术讨论会。与会者普遍认为,二十世纪六十年代发展起来的超临界流体分离技术,具有工艺简单,操作方便,分离效能高,能耗低,载体易除去,无残留毒性等优点,值得在燃料工业、食品工业、医药工业和环境保护等方面推广。

那么,什么是超临界流体分离技术呢?我们知道,通常物体有气态、液态、固态三种状态,当两种或三种状态平衡共存时的状态,叫做临界状态。临界状态具有一定的温度和压力,称为临界温度和临界压力。例如酒精(乙醇)的临界温度为243℃,临界压力为63个大气压,乙烯的临界温度为9.5℃,临界压力为50.7个大气压。超临界,则是温度或压力超过临界状态的温度和压力。化学家们发现,有一些高沸点难挥发,一般溶剂难以溶解的物质,在超临界流体(气体、液体)中很容易被溶解了。与一般常温常压下的溶剂比较,组分的挥发度竟可高达万倍。如果进一步将溶解了难溶物质的超临界流体单独分离开来,再降温降压,被溶解的物质就重新释出,这样就达到提取这种难溶物质的目的。这就是超临界流体分离技术的理论基础。

超临界流体分离技术问世不久,就受到化学工业的青睐,获得广泛的研究和应用。

煤是一种重要的化工原料，但在许多情况下，它被当作普通的燃料，许多重要的组分被白白烧掉了。利用超临界流体分离技术，可以将煤液化，从中取宝，综合利用煤炭。据试验，用甲苯、甲醇等作溶剂，在100个大气压，350～400℃的条件下，可以从煤中提取$\frac{1}{3} \sim \frac{1}{2}$的液体碳氢化合物，同时还能将残余的煤变为活性炭。液体碳氢化合物既可作为石油的代用品，又可作为其他化学工业的原料。

在世界石油蕴藏量日益减少的今日，如何从储量丰富的油砂、油页岩中提炼石油，是人们致力于开发的课题。以往一般采用热水或水蒸汽蒸馏的方法，但这种方法能耗大，造成污染较严重。运用超临界流体分离法，采用丙烷作溶剂，在120～140℃、200个大气压下，即可迅速地将油砂中70%左右的有机物带到丙烷气体中去。然后降低压力到20个大气压，有机物便从丙烷气体中分离出来。

超临界流体分离技术在精细化工领域也大显神通。利用这种技术，可以从黑胡椒、白豆蔻、丁香、肉桂、香草、干辣椒等香料和调味品中提取有效成分；从烟草中抽出尼古丁；从啤酒花中抽去苦味杂质；从植物种子中抽取油脂。例如用90℃、200个大气压的超临界二氧化碳对咖啡豆进行处理，经七小时可以把98%的咖啡因除去，减少了咖啡因的毒害，从而大大提高咖啡饮料的质量。

超临界分离法在中草药有效成分的提取方面也具有广阔的发展前景。最近，美国一家医药公司应用这种新技术从七种植物中抽取有效成分，制成效果良好的抗癌药。这种技术对我国中医中药的研究，具有十分重要的意义。

活性炭在环境保护技术中应用十分广泛，但在它的再生利用上一直碰到困难。最近美国麻省理工学院采用超临界二氧化碳成功地再生活性炭并回收被吸附的苯酚成功，给人们展示了这种新技术在环保工作中的应用前景。

分子量高的有机物质由于没有足够的蒸汽压，所以难以使用通常的色谱技术进行分析。采用超临界气体作为载体，这个问题就迎刃而解了。有人把超临界分离技术和薄层色谱分析技术相结合，成功地对天然有机化合物作出分析。

超临界流体分离术作为一种新颖的化工技术，不仅为现代化工提供高效低耗的分离手段，而且丰富了科学研究的内容，它被迅速推广到工农业各个部门的生产中去，将给这些部门带来新的活力。

197 从人造器官表面加工谈起
——等离子体表面加工技术

医学科学的发展，使某些器官病变难以恢复的病人可以因器官移植而获得第二次生命。但是器官移植由于材料来源少，加上机体排外的免疫作用等，难以普遍推广。随着高分子材料的问世，出现了人造器官：人造皮、丝织血管、钛关节、陶瓷和合金骨骼、人工肾、人工心脏等等已逐渐在医院里推广应用。但是这些人造器官同样碰到机体排斥的问题而屡屡失败。经过分析研究，科学家们认为，如果能在人造器官表面产生氨基酸，使人体细胞和组织的氨基酸与之结合，就能克服排外反应。1984年11月，美国的国际心脏研究所的德夫里斯医师，把一个经过氨和氢—氮等离子体进行表面加工而在其表面产生氨基酸的人工心脏，植入52岁的病人施罗德的身体，获得了成功。检查发现不存在排外现象。入院时走两步停一下喘息不止的施罗德，很快就稳步自如，至今仍生活得很好。而在此之前施行的第一例人造心脏，则因没作表面处理而被排斥，花了10万～25万美元，病人克拉克还是死去。用等离子体表面加工人造器官的成功，极大地鼓舞了医生们，最近，第三例人造心脏植入又获成功。日本采用这项技术处理人造肾脏表面，使人造肾手术成功率大大提高。

等离子体技术对高分子合成材料的改性具有独到的长处。例如工程塑料ABS是一种性能优良、用途广泛的塑料。经过微波等离子体进行表面加工处理，能提高这种塑料的亲水性。通常塑料是不吸水的，作为手柄、笔杆等，常会因沾上手汗而变滑。而改性后的ABS，则因具亲水性而克服了上述缺点，使手感良好。等离子体在高分子合成材料方面，能使性能获得改善或增添某种新的特性，并具有费用少、收益快等特点，已被应用于塑料、合成纤维、合成橡胶等的改性和新产品的开发。如对涤纶、腈纶等纤维采用辉光等离子体表面改性，提高了纤维的亲水性，既保持合成纤维高强度、挺括又轻盈的特性，又像天然棉麻纤维那样能吸汗水，凉爽舒适。

近年来等离子体技术被应用于金属材料加工方面，取得一系列的成果。日本利用等离子体对钢材进行预热和再结晶处理，使钢材内部形成微细化结晶，克服了高速钢延展性差的缺点。采用等离子体对金属材料表面加工，可提高其硬度。如低压下通过氢—氮混合气体的直流辉光放电使钢板表面氮化，可使钢材硬度与金刚钻媲美。采用微波或无线电波放电产生氧、氮等离子体、可制得高纯度的氧化硅、氧化铝、氮化钛、氮化锆等有特殊用途的化合物。

为什么等离子体有如此神奇的能力呢？许多人可能还对等离子体这个名词感到陌生。地球上物质通常以气、液、固三态存在，但宇宙间最大比例的状态却是物质的第四态——等离子态。气体的分子、原子电离之后，变为正、负离子，由等量的正、负离子构成的状态就是等离子态。其实，它在地球上也不常见，闪电、极光、荧光灯霓虹灯中的导电气体、火箭喷出来的电离气体，都是等离子体。这些气体中的大量自由电子，在电场中获得能量被加速，就会摆脱等离子体中正电荷离子的束缚而与其他中性分子或原子碰撞，很容易发生化学反应而生成新的化合物。所以许多采用普通加温、加压、催化难以实现的反应，在等离子体流中便能顺利发生。这就是等离子表面加工技术的原理。这门新兴的技术刚刚问世，已呈现强大的生命力，它将在各个领域发挥越来越大的作用。

198 画片的花香和微囊技术

一幅色彩艳丽的画片，上面一棵玫瑰，枝头绛红色的花朵，有的迎风怒放，有的含苞待放，碧绿的叶片上颗颗晨露、晶莹欲滴，使人忍不住伸手欲摘，咦，手刚一碰画面，就觉一阵玫瑰的清香扑鼻而来。你不禁怀疑是不是你的幻觉欺骗自己，又怀疑那是一株真正的玫瑰。其实，那的确是一幅画，散发的又是玫瑰的香味。不信，你再摸摸画面，又一阵浓郁的清香袭来。不要奇怪，这是利用一种新兴的技术——微囊术印制的画片。在彩色油墨中添加微囊香精，这种微囊香精，是把挥发性的香精用一层薄膜包裹着，成为一个个十分微小的香精袋子。平时香精被包住而不散发香味，当用手抚摸时，一部分微囊破裂，香气便散发出来了。用这种方法印刷的烹饪书，不但可以知道菜谱，看到菜式，还可闻到各种独特风味的菜香，可谓奇妙至极。

微囊技术是二十世纪五十年代才兴起的一门崭新科技，它一诞生，便在许多领域被广泛应用。有一种新型复写纸，一改传统复写纸利用笔尖压力把黏附在复写纸上的颜色转移到普通纸上的方法，它本身既是复写纸，又是书写纸，看上去就像一张普通白纸。几张这样的纸叠在一起，在上面的一张用笔或其他较尖锐的东西书写，下面几张纸立即出现相同的字迹。这种隐色复写纸不会污染衣物，又免去放、揭复写纸的步骤，因此很受欢迎。它的奥妙就在于纸的背面涂有一层肉眼看不见的微囊，里面包含无色染料的微滴。纸的另一面涂一层酸性白土或树脂，书写时笔尖压破微囊，染料渗出与酸性白土发生反应，便显出有色的字来。

一种不粘手的胶带也是利用微囊术制成的。在这种胶带上涂上分别装有胶着剂和溶剂的微囊，使用时，对胶带稍加压力，微囊破裂，胶着剂和溶剂混合变成黏性很强的胶水，使胶带与被黏物粘紧。用同样方法制成平时不显粘性的胶水，使用时把它涂布在需要胶接的地方，稍一用力压破微囊，物体就粘牢了。把它涂在螺栓上，能使螺旋很好的密封固紧。在宇航服夹层中加入这种微囊胶黏剂，一旦宇宙尘穿透宇航服，就能很快自动缝合补牢。

微囊技术包括微囊制备和应用两个方面。目前微囊有人工微囊和生物微囊两类。人工微囊的制法是先把内容物制好，再在其外包上一层明胶或阿拉伯树脂等胶体的囊膜，加以固化即成。生物微囊是七十年代才发展起来的。活细胞可看成是一种天然微囊，细胞膜像囊膜一样包裹着细胞内容物。对细胞进行特殊处理，使其吸收我们所贮存的物质，就成了生物微囊。例如利用霉菌、酵母菌等微生物细胞，与结晶紫罗兰内脂等无色染料和乙醇混合液接触数分钟，染料就进入细胞里成为无色染料微囊。现在生物微囊被应用于制造隐色复写纸、脂溶性调味品、微囊香精、维生素、润滑油等。

1957年，利用微囊术制造的一种人造细胞问世了。它的外面是一层零点零五微米厚，只允许一些物质通过，不允许另一些物质通过的半透膜，里面是酶、蛋白质、解毒剂等生物活性物质。如有一种叫天门冬酰胺酶的人造细胞，能够选择性地除去动物体内的天门冬酰胺，因而能抑制依赖天门冬酰胺的肿瘤生长，是一种抗瘤新药。利用人工细胞制成的新型人工肾，效率高，体积小，有利于微型化，植入体内或随身携带，可免去结构复杂，体积庞大的体外人工透析装置。

液晶具有特殊的光学性能。微囊液晶可制成随温度变色的内墙涂料，温度高时呈蓝、绿等冷色调，温度低时呈红、橙等暖色调，给人以舒适的感觉。用它还可制造温度计、人造首饰，具有特殊功能的感光材料等。此外，微囊饲料、微囊灭火剂等一系列产品的诞生，呈示微囊技术的蓬勃生机和光明应用前景。

199 大有作为的复合材料力学

复合材料力学是近二三十年才发展起来的一门新兴学科，随着现代工业和尖端技术的迅速发展，它越来越受到人们的重视。复合材料力学的研究跟国民经济和国防建设有着极为密切的关系，对宇航、航空、军械装配、造船、石油化工、机械制造、交通运输、建筑和煤炭等现代工业有着深远的影响。

要研究和探讨复合材料力学，首先必须了解复合材料的构造、种类、性能、机理和应用情况。复合材料是当前具有最大强度而又最有效用的材料。它一般由两种或多种具有不同物理——力学性能的材料经人工复合而成，由较软的黏合剂基体和高强度的强化材料组成。通常以金属、高分子材料及无机非金属材料为基体，以上述材料的粉末、纤维、须晶、片、丝等制品为增强剂，通过一定的工艺方法（比如缠绕、压制、沉积、喷涂、铸造等）制成单一均质材料。用作基体的材料包括金属（铝、钛、钨等）、塑料（酚醛、环氧树脂、聚酰亚胺等）、橡皮、石墨和陶瓷等。用作增强材料的东西包括各种纤维（硼纤维、玻璃纤维、碳纤维、石墨纤维等）、各种颗粒（Al_2O_3、MgO、SiO_2、ThO_2、Cr_7C_3 等）、各种须晶（金属须晶、蓝宝石须晶等）以及各种板状薄片等。在复合材料中，基体的作用是将高强度的强化材料紧紧地联结起来，保持一定的方向和间距，成为坚强的整体。复合材料可以发挥各种组成材料的优点，克服单一材料的弱点，从而大大地提高材料的综合性能。

现代复合材料的种类很多，包括非金属——非金属、非金属——金属、金属——非金属、金属——金属等各种具有特殊性能的复合材料，就目前发展情况看，大致分为以下几种：

1. 纤维增强复合材料：这类复合材料是以各种纤维及其制品为增强物，以树脂为基体的一种复合材料。

2. 定向凝固共晶复合材料：这类复合材料是将共晶合金熔化后，在控制热流的条件下进行定向凝固，使共晶从融体中同时成长并成列。

3. 颗粒增强复合材料：这类复合材料是在金属基体中，均匀分布有超过25％的增强颗粒，这颗粒的直径一般大于1微米。

4. 弥散增强复合材料：这类复合材料是在金属基体上，均匀分布有1％～15％的增颗粒，颗粒直径为0.01～0.1微米。

现代复合材料应用之所以十分广泛，因为它在物理——力学性能等方面具有许多优点，例如，有较高的比强度和比刚度；有较高的疲劳强度；耐高温并具有良好的隔热性能；耐腐蚀性能好。除此之外，复合材料还具有耐冲击、减振性能好、容伤性、电绝缘性能好、抗磁性好、使用寿命长、二次损坏小并且易成型加工等优点。

复合材料力学是从二十世纪六十年代中期随着复合材料的迅速发展而逐渐形成的新学科，是研究复合材料在各种条件下的变形、应变、应力和破坏的力学，它研究复合材料的物理——力学性能以及复合材料结构在各种外载条件下的承载能力，如强度、刚度、稳定性和失效等。由于复合材料在现代工业中得到广泛应用，因此要更合理地利用复合材料的性能，使得结构安全可靠，就必须深入研究所碰到的一系列力学问题。

复合材料力学是一门综合性的学科，涉及的知识领域很广，并联的学科有数学、物理、化学、冶金、机械以及力学的各个分支（包括弹性力学、塑性力学、粘弹性力学、冲击、振动、稳定、疲劳和断裂力学等）。它的研究范围既包括微观机制，又包括宏观力学行为，既有高深的理论研究，又有大量的应变—应力分析和实验技术。综合起来，复合材料力学的研究大致包括下列几个方面。

复合材料的微观力学方面：主要研究纤维和基体的两相性（包括它们之间的不均匀性和相互作用性）、复合材料破坏机理研究在简单加载和复杂加载条件下复合材料的应力——应变场计算、应力变应与破坏准则之间的联系，确定复合材料的弹性常数等。

复合材料的宏观力学方面：主要包括复合材料的结构力学和动力学，主要研究和探讨连续介质力学问题、确定复合材料结构的宏观应力—应变关系、建立平衡方程、位移和应变关系，加上适当的边界条件，从而进行求解，它还研究复合材料的强度、稳定、变形、应力和振动冲击等问题，建立复合材料的强度规范和屈伏破坏准则，为工程设计提供资料，并用理论和实验计算复合材料结构的寿命。

复合材料的疲劳断裂力学方面：主要研究复合材料结构在静、动载荷下裂纹的形成、裂纹的生长、裂纹的扩展速率断裂的机理与规律、研究疲劳破坏和断裂判据，应用数理统计方法预计复合材料的疲劳与断裂，把线弹性断裂力学理论用到复合材料问题上以及研究非均匀介质或界面裂纹并将理论推广到复合材料中。

以复合材料代替金属材料来做结构材料，走复合材料的道路，已成为世界材料发展的一个方向。所以复合材料力学的研究是形势和时代的需要，它将呈现强大的生命力和有着非常广阔的前景。目前复合材料力学的研究尚处于刚开始的探索阶段，特别是理论研究方面尤需大力加强。

200 为机械作病理解剖

——失效学

1985年8月12日，日本航空公司的一架波音747巨型客机在东京羽田机场起飞后不久，就失事坠毁，机上五百二十四人，除四名幸存者外全部罹难，成为航空史上最大的一次单机空难事故。事后分析证明，出事原因是起隔离客舱和机体尾部作用的隔板破裂，导致垂直尾翼在空中解体，从而使飞机失控而坠毁。

1984年12月2日，印度博帕尔市的美国联合碳化物公司农药工厂管道破裂，剧毒的异氰酸甲脂逸出，造成两千多人中毒死亡，二十万人受到毒害的惨剧。

1963年4月10日，美国一艘具有当时世界先进水平的核潜艇"长尾鲨"

号，在潜航试验中，由于核动力装置的海水冷却管破裂而葬身海底，艇上129名人员无一生还。

这些严重事故造成极大的危害和损失，为了与事故作斗争，防止因机械设备失效而产生的严重事故，一门综合材料力学、结构力学、断裂力学、工程学、金相学、可靠性分析等学科的新兴学科——失效学应运而生。

一般机械失效有腐蚀、磨损、断裂三种形式。前两者是缓慢进行的，后者是突然发生的，但后者也可由前两者长期积累而来。失效学的研究方法有两种，一是采取事前分析如超声波无伤探测等，但更多的是采取事后分析即"病理解剖"的方法。

我国有一个摩托车厂，原来使用的摩托车减震弹簧是用油漆防锈，后来他们改用镀铬防锈。镀上一层亮晶晶的铬，的确使弹簧增光不少。可是自从采用镀铬防锈之后，弹簧经常发生断裂，用户意见很大。失效分析的结果表明，问题就出现在电镀过程中。原来电镀时镀液中有些氢原子渗入镀层，并随着逐渐渗入金属晶格的空穴、间隔或某些缺陷中，使金属性大大下降而变脆。这种因氢原子渗入金属中导致金属变脆的情况，称为氢脆。据测定，氢原子在金属中结合成氢分子时可产生几百个大气压的破坏应力，难怪电镀的弹簧要发生断裂了。国外因氢脆发生的重大事故也时有报道，如二十世纪五十年代法国腊克油田因阀门氢脆开裂、大量天然气逸出，发生喷火燃烧，损失惨重。找到了氢脆的原因后，改变工艺过程就可以防止这类隐患。

机械设备失效的原因有时是在于设计上，通过失效学的研究可找出改进设计方案的症结之处。例如有一家工厂制造的一种可吊重5吨的电动葫芦的花键轴经常发生断裂，通过检测发现这是由于花键齿轮根部没有倒角，致使应力高度集中所改造的。改进了设计之后，一个小小的倒角，就防止了事故的发生。

随着生产机械化、自动化程度的提高，失效学的研究，必将为人类安全使用各种现代化工具作出贡献。

201 热纹有路

——热纹学

根据物理学知识可知，凡是温度在绝对零度（摄氏零下273.16度）以上的物体，都会辐射出肉眼看不见的红外线。温度越高，辐射的红外线越强烈。红外线虽然肉眼不能看见，但是可以通过一种红外线辐射仪器——热象仪把它拍摄下来，并变成肉眼可以观察到的图像——热纹图。通过对热纹图的分析，可以判断出被测对象发生的热变化，从而推断出与热变化有关的各种变化。这就是热纹学这门新兴学科的理论基础。热纹学在医学、生物学、工程学上的应用，已取得令人瞩目的成果。

热象仪能在1/60～1/30秒内，在不接触、不损伤被测对象的情况下，得到一幅热纹图。在这幅图上，温度高的地方呈明亮的白色，温度低的地方由灰色到黑色，温度高低与黑白度相对应。因此，分析图中的黑白度，便可得到被测对象的温度分布。把它输入电子计算机与计算机中储存的各种资料比较，就可对所测对象有一个正确的诊断。

人体正常温度在37℃左右。成人体表可辐射约300瓦功率的红外线。但是身体各部分由于器官活动情况以及与外界关系的差异，温度分布是不同的。人的生理活动和病理变化，会使温度分布发生变化。热纹学根据这个原理，成为医生诊断疾病的有力助手。

目前治癌的关键在于早期发现，而早期癌症通常没有明显的临床症状。由于癌细胞的活动比正常细胞活跃得多，所以癌肿部位温度要比正常组织高些。在热纹图上，可以看出这种差异。例如早期乳腺癌患者的热纹图，发现患侧温度一般比健侧高出2℃以上。最近利用微波穿透性强的特性制成的微波热象仪，不但能探测到体表的温度分布，而且还能获得人体深处的温度信息，为早期诊断体内癌瘤和其他疾患提供依据。有趣的是，热纹分析还发现吸烟者在吸烟后肢端温度的变化情况。一个吸烟有几年历史，每天吸20支烟的人，经热纹图证实，他每抽一支烟，手脚的温度就要明显下降，经过7分钟后才恢复正常。这是因为尼古丁引起微细血管痉挛，致使肢端血运不良造成的。

集成电路是现代科技的明珠。一片指甲大的电路，集积了成千上万个电子元件。只要有一两个元件发生故障，整个电路就要报废。利用热纹图可探测集成电路元件的发热情况，诊断出电路故障原因，为新的设计提供科学依据。工厂中电机运转要发热，热象仪可以监视设备运转过程中各部分发热情况，一旦出现热，热象仪可以监视设备运转过程中各部分发热情况，一旦出现过热立刻报警以便排除隐患。超音速飞机高速飞行时，表面与空气摩擦发热，如果设计不合理，就会发生过热而导致变形以至毁坏。利用热纹图分析风洞中飞机模型各部分发热情况，可判断设计是否正确，出现缺隔及时补救。现在，热纹学还应用于高空探测。利用遥感技术在飞机、卫星上装上红外线遥感摄像仪，不仅可以分析城市给排水、工厂污染、油田输油等情况，还可以探测到地球资源，作物生长，军事设施，天气变化和各种人类、生物活动情况。热纹学的广泛应用，将对人类了解自然。利用自然为人类服务建立功勋。

202 让风为人类造福

——风力工程学

提起风力工程学，很多读者可能会感到陌生，但风对我们大家来说是熟悉的，风力工程学简单地说就是一门研究风与人和物相互作用的科学。它不但与人类的生活环境密切相关，而且与航空航天有着紧密的联系。自从这门学科诞生以来，它的大部分研究人员都是从空气动力学或其他学科中"改行"过来的（有的兼顾两者），他们利用空气动力学的基本理论和实验方法来解决从实际生活中提出的风力工程问题，为人类改造自然和利用自然资源方面做出了贡献。因此，从某种意义上来说，风力工程学的发展为空气动力这门古老的学科在如何为民用服务方面开辟了广阔的前景。

人们对于风力工程问题的研究早就开始了，但真正确定为一门新的学科——风力工程学，那还是十多年前的事。当时是美国科罗拉多大学的塞马克（Cermak）教授第一个提出来的。他把风力工程学正式定义为"主要研究大气边界层内的风与人类在地球表面活动及人类所创造的物体之间相互作用"的一门边缘学科。这里所指的大气边界层是指大气层内离地球表面最近的一层大气,它与地面物体和人类生活有着直接的关系。

从定义来看,风力工程学的研究范围是非常广泛的。比如说:风对桥梁、高层建筑、体育运动(包括跳伞、滑翔、航模、田径、球类)等的影响;风引起的气体质量迁移(如有毒有害气体的污染扩散)和固体质量迁移(如风雪流、人工降雨、播种等);工厂、城市的风环境、风噪音;以及风暴对人类的危害和风能的利用等。总之,有风存在的地方就有风力工程问题。

我们知道,空气动力学研究的是风行器和空气的相互作用,而风力工程学研究的是人和地面物体与风的相互作用。因此,它们之间存在着极为密切的关系。风力工程这门年轻的学科就是在利用了空气动力学的基本理论、计算和实验方法的基础上发展起来的。当然它们在流场情况和研究对象等方面又是各有区别的。

比如,我们可以应用空气动力学的基本理论推算出大气边界层的模拟准则,求解简单的污染扩散问题。但是近地风是随地形、地貌及时间而变化的,现场情况十分复杂。因而单用理论分析已很难解决问题,必须配合以现场测量和风洞实验。现场测量可以获得宝贵的第一手材料,但既费人力、物力,又费时间。就拿广州市白云宾馆的风载风压测量吧!几十名科技人员花了近两年的时间才完成。

风洞实验本来是随飞机而诞生,为飞行器的研究和设计服务的。但是它又成了风力工程学的重要研究手段,甚至有人说:风洞对于风力工程比对于航空工程还重要。如飞行器的研究工作,有些是可以通过理论计算的方法来完成的,而大多数风力工程问题单靠理论计算是做不到的。至于它们对于风洞本身的要求又是不同的。航空用风洞要求实验段流场均匀、稳定(即流速、密度等变化不大);而风力工程用风洞则要求模拟出速度、温度剖面,纵向压力梯度等于零的流场,一句话就是尽可能真实地模拟靠近地面的自然风。说实在的,要模拟和再现这千变万化的自然风,谈何容易。为了做到这点,一是可以在航空风洞中加设各种各样棒、板、栅栏或人工粗糙装置;二是设计专门的风洞,如环境研究风洞、气象研究风洞、工业气动研究风洞,建筑物研究风洞等。通过这种风洞实验可以比较准确地测得建筑物的风载、风压,了解建筑群周围的风环境等。因此,城市建筑群的布局,大型建筑、桥梁等的设计都必须预先进行风洞实验研究后才能施工建设。

风既能给人类带来灾难，也能为人类造福。据估计全世界每年可以利用的风能约有 1.3×10^{15} 千瓦。这个数字是相当可观的，可相当一百艘超级油轮满载的石油。我国风能资源丰富，风能利用历史悠久，用水平风轮车提水灌溉农田已有 1700 年历史了。只是后来由于电能、水能、核能的广泛应用，使风轮机几乎到了奄奄一息的地步。直到 20 世纪七十年代后，因能源危机却又重新唤起了人们对风车的怀古之情。近年来，由于风力工程科技工作者的努力，风这种取之不尽、用之不竭的能源，正在越来越多地为人类造福。

我国风力发电的研究工作近几年来发展很快。全国很多单位都研制成功了各类风力发电设备，小至几十瓦，大至几十千瓦。随着风能利用研究的深入发展，风车的选址、风车阵尾流的相互影响的问题，这些都将是我国风力工程学研究的新课题……

203 体育电子学

体育科学是一门新兴的研究体育运动规律的综合性科学。在现代科学日益发展，日益相互交叉和渗透的今天，一些最新的科学技术成果迅速被应用到体育训练上来，使体育训练从经验的、定性的逐渐向客观的、定量的方向发展。在实现体育科学现代化的过程中，体育科学与电子学结合起来，使电子技术成为发展体育科学的重要研究手段和基本工具，大大地促进了体育事业的发展，反过来又形成了一门新的边缘科学——体育电子学。

体育电子学的主要任务是在体育训练中和竞赛中对大量信息进行迅速、准确、可靠的采集、传输、处理和储存。

体育训练的基础科学是运动生理、运动医学、运动生物力学和运动心理学。自从 21 世纪初电子管应用以后，在生理学和医学的测量上就逐步使用电子仪器。随着晶体管和集成电路的出现，使电子仪器的小型化，能够在运动生理和医务监督方面，更方便更广泛地应用电子仪器进行脉搏、呼吸、血压、体温、心电、脑电、肌电以及血氧饱和度、血乳酸、尿蛋白等生理生化指标的测定。此外、心率、肌电的遥测装置，也已在训练和比赛中使用。这些手段，为改进训练提供了机能评定、技术分析以及动态分析的必要信息。

运动生物力学是利用力学、解剖学和生理学的理论和实验方法，研究人体在运动过程中受力和动作的方式和规律。这一学科的发展也需要电子学的手段来获取信息，作为技术评定和技术诊断的依据，从而达到纠正缺陷，改进训练的目的。这方面比较成熟的电子仪器有多种测力设备，如从二维到六维的测力台、装备传感器的足底压力软垫。另外利用电子计算机对高速摄影进行图像处理，能迅速得到身体各关节运动轨迹图进行信息分析，得出各关节的线速度和角速度，结合解剖学和生理学的知识，直接给出人体动作的定性和定量的分析结果。这方面的著名例子，是一位美国科学家在1976年奥运会之前用高速摄影机拍下铁饼运动员威尔金斯投掷动作的生物力学影片，送入电子计算机进行分析和模拟计算，发现运动员投掷技术上的欠缺，并提出改进意见。结果威尔金斯在三天之后，成绩提高了三米多，打破了当时的世界纪录。

运用电子计算机进行生物力学的模拟分析，可以得出人类运动技术的极限和运动员在没有生命危险的情况下所能达到的绝对记录。例如男子百米跑的最短时限是9.6秒（目前世界记录是9.9秒），跳高绝对高度是2.70米（目前世界记录为2.37米）。一旦超过这些绝对界限，生物力学的理论证明，肌肉和骨骼将承受不住。

在运动比赛的组织管理方面，电子计算机担当了复杂的场地、时间、赛程安排等处理工作以及临场技术的统计分析工作。目前不论是田径比赛，还是球类比赛都能实现成绩公布自动化。计距、计时、计圈，已经用激光测距代替皮尺，电子计时代替秒表，带微处理器的雷达计算长跑圈数和足球运动员的跑动距离。

在运动器材和设备方面，供运动训练用的电子设备发展迅速。例如电子诱导器是一种有节奏声响的多谐振荡器，可用来帮助运动员在游泳或长跑时动作协调并能按预先安排的最佳时间编排进行赛程体力分配。多功能等力量训练器适用于举重、田径、球类等项目运动员的力量训练。我国研制的"乒乓球发射机"和"乒乓球测转装置"为我国乒乓球运动保持长盛不衰的势头作出了贡献。

此外，利用电子仪器对运动器材进行无损探伤、弹力和谐振频率等的测定，也属体育电子学研究的范围。

体育运动的特点是高速度，被测对象复杂，信息大量和瞬时性、非重复性。因此体育电子学的特点是采用声、光、电的反射、吸收、透射等非接触性技术手段，并借助电子计算机对信息进行信息处理。电视录像和其他光电测量技术互相渗透的图像测量技术，将是一个发展方向。在我国大力发展体育电子学的研究，将有助于迅速提高我国体育运动的水平。

后记

在科学技术突飞猛进的今天，新学科层出不穷。这本《新学科之林》不可能包罗所有的新学科，还有一些新学科尤其是处于潜科学阶段的新学科，在本书中尚未作介绍。

编写这样一本读物，涉及到大量的资料。笔者参考了国内外许多报刊杂志和书籍，吸取了科学界、学术界、科普界许多专家、学者、科普作家的研究成果和作品中的素材、精华，在此一并表示感谢。本书小部分篇目的内容，成书前曾在报刊杂志发表过，书中还收入了杨楚民等同志编写的《妇女学》等十篇文章，特作说明。

本书编写过程，得到关勋添、王一悟、植明等同志的热情指导和帮助；著名教育家、广东省副省长王屏山和著名科普作家叶永烈，百忙中为本书写了序。谨此致以衷心的感谢。

由于编者水平有限，书中肯定存在多种缺点和错误，敬请读者批评指正。

编　者

一九八六年八月

Ⅲ 科技写作漫话

二十世纪八十年代,本书作者曾在广东工学院(现广东工业大学)讲授"科技写作"选修课,并编写了《实用科技写作教程》(1987年2月)。这里收录的篇目,除《序何松新科学诗集〈聪明窗〉》一文之外,均选自该教程,题目略有修改。

不可或缺的"另类"写作

科学的目的在于认识自然。技术的目的在于改造自然。人类在漫长的历史长河中，进行着无数的科学技术活动。随着科学技术的进步和科学事业的发展，一种对文学创作而言的"另类"——科技写作应运而生，逐步兴起。今天，科技写作已经形成一门独立的新兴学科。它不仅被国内外众多的高等院校作为一门课程列入教学计划，而且被一些大学作为独立的专业、学系设置。仅美国就已有五十八所院校设置了科技写作专业，并设有该专业的学士、硕士、博士学位。

最早在高等院校开设科技写作课的是美国。1905年美国的阿华州立大学率先设置了农业新闻学的课程。至今已有八十来年的历史了。我国在二十世纪五六十年代就有人对科技写作进行过探讨。但科技写作教学的兴起，却是近二三十年的事。1983年5月20日，"全国首届科技写作教学讨论会"在安徽省屯溪市举行，"全国理工农医类高等院校《科技写作》课教学协作组"宣告成立，这标志着全国范围的科技写作教学的兴起。

科技写作课是一门科学性、实践性、实用性很强的文理结合的课程。它的任务是向学生传授科技写作的知识和技巧，进行一定的科技写作训练，旨在提高学生的科技写作能力。它的内容一般包科技文、科技应用文、科技情报类和科普作品的写作。在教学中，它仅仅讲授知识，而且要进行写作实践；它不是单项训练，而是写作各种科技文体的综合训练。与基础写作课相比，科技写作是一门专业写作课。

科技写作课和"大学语文"课，是内容不同、性质不同、作用不同、不能互相代替、不能互相包容的两门课程。"大学语文"课是以提高文学修养为目的，欣赏为主，读写结合、综合训练的基础课程，而科技写作课则是以写为目的的专业写作课程。两者相辅相成，互相促进。

科技写作不仅涉及自然科学的有关领域，而且涉及写作学、科学学、情报学、逻辑学、自然辩证法、方法论等。科技写作是一项具有高度专业性，又具有高度综合性的实践活动，需要广博精深的知识和灵活运用知识的才能。

科技写作是科学技术活动的重要环节，是储存、处理、分配和创造信息的手段，是描述和传播科技成果的重要工具。任何一个科研项目，从申请开题、投资上马到取得成果、提出论文以至普及推广，其过程要经过多种多次书面形式的组织和表达才得以完成。在科学技术高度发达的今天，无论是在校大中专学生，还是科技工作者，无论是从事理论研究的人员，还是管理工作者，都会碰到与科技写作有关的问题。每一个立志为科技事业作出贡献的人，都必须具备一定的科技写作能力。

科技写作的"特殊功能"

现代科学技术工作日趋综合化、社会化。一项重大科技活动的开展，往往需要纵向的、横向的、各方面的协作、配合和联系。而协作、配合和联系离不开运用文字等书面符号来传递信息、沟通情况、协调步骤和关系。这使得科技写作成为整个科技活动中必不可少的组成部分。例如，科技管理工作者要拟制、审订各种计划、总结、建议、报告、协议、条例等，科技研究人员要写开题报告、实验报告、科技文摘、学术论文等。工程技术人员要写施工方案、设计说明书、操作指南等。科技写作水平的高低，会直接影响科技工作的进展。一份写得很糟糕的开题报告，可能会贻误一个有前途的科研项目的上马；一篇成功的论文或科普文章，也许会促使某项先进技术得到迅速的推广。

科技写作是科学技术的"软件"设计。如果把科学技术分为"硬件"和"软件"两大构成，那么"硬件"是指那些物质的实体，比如科学研究产生的仪器、设备、产品等，"软件"则主要指科学原理、技术资料、说明书、程序等。有的机器，附带有上万册甚至成吨的技术资料，编写资料的工作量不下于物质生产。而这些"软件"的产生、生成都有赖于科技写作。"硬件"和"软件"是共生的。越是到信息社会，两者就越密不可分。大量"软件"是用文字来表达的，如果表达不好，"硬件"就发挥不了应有的功能。所以科技写作肩负着"软件"设计的重要使命。

科技写作是深化科技研究的手段之一。科技研究是一种创造性的思维活动。这种思维活动离不开语言文字的运用。科技写作并不仅仅是简单地把科技研究的成果用文字等书面符号表达出来，其本身就是科技研究的思维的过程。通过收集、整理和利用各种科技信息，包括实验数据、观测材料以及其他书面和非书面资料，在具体写作过程中，往往能对自己所研究的课题作出更加深入的探讨，发现和弥补原先的不足之处，或者引起新的联想、新的思索，产生新的认识，从而使研究工作达到新的阶段。有时还会在写作中，闪出极为宝贵的思想火花，甚至找到有重大价值的新的研究课题。这是因为，光用脑子思考，内容常常是游移不定的，而一旦写到纸面上，用文字等书面符号使思维活动"物质化"、"视觉化"，就能表现出思考的过程和程度，便于反复推敲，仔细斟酌，把思考一步一步地引入纵深、宽广的境地。这样，朦胧的意识可以明确化，疏漏的思想可以严密化，肤浅的见解可以深刻化。因此，我们应善于运用科技写作这一手段来开拓思维深度和广度。

科技写作是实现科技交流的重要途径。我们处在信息爆炸的社会，交流对于科学技术的发展，意义尤为重大。通过科技写作形成科技文献是实现科技交流的主要途径。科技文献是传递、存储科技信息的良好载体。可以不受时空限制，飞传全球，传播后世。虽然声像资料（如录音、录像、幻灯、电影等）、缩微资料、计算机阅读型资料也是科技信息的载体，但它们制作一般来说也要以文字材料为底本。因此，科技写作几乎可以说是实现科技交流的必由之路。

科技写作是促使科技成果为社会所承认的重要环节。科技研究可分为开拓、完成、发表三个阶段。科技成果只有发表才能为社会所承认。发表科技成果的方式方法是多种多样的，如作报告、讲演、刊发论文、出版专著等，但都离不开科技写作。当今的科学技术日新月异，瞬息万变，及时、准确、明晰地发表科技成果。不仅是使成果尽快转化为社会生产力的需要，而且是科技领域竞争的需要。已发表的科技文献是确认科技工作者对某项发现或发明有优先权的基本依据。如果科技写作能力低，不能尽早将科技成果写成科技文献公之于世，就可能使专利和荣誉旁落他人。此外，科技写作的质量，也会直接影响科技成果为社会所公认。有一个例子很能说明问题。英国科学家米切尔是生物能学的创始人，但他的研究成果发表后却迟迟得不到公认，其重要原因之一是他自己写的论文条理混乱，令人费解。后来，他的成果由另一位科学家格雷维尔执笔作了综合转述，用最鲜明的文献表达出来，很快就为科学界所接受和肯定。可见，科技写作能力还是科学家的重要素质指标之一。

洋洋大观"四大类"

按照性质、功用、写法的不同，科技写作可以大致分为四大类：

科技论文类。科技论文是以发表作者在科学技术方面的发现、创造、见解为主的文献，包括学位论文（学士论文、硕士论文、博士论文）和学术论文（期刊论文）等。

科技应用文类。科技应用文是以记载、报告科技活动的实际过程，处理有关科技工作的各种业务关系的文献，包括科技开题报告、科技考察（调查）报告、科技成果报告、科技合同（协议）书、科技产品说书、专利申报文件等。

科技情报类。科技情报是以搜集和整理科技信息为主的文献，包括科技新闻、科技述评、科技综述、科技文摘、科技备忘录、科技会议纪要等。

科普读物类。科普读物是以普及科学技术为主要目的的作品，其品种相当多，科学浅说、科学史话、科学家传记、科技趣题、科技漫游、通俗技术手册、科学小品、科学相声、科学诗歌、科学散文等，都属科普读物的范畴。

新的"边缘文体"

科技写作是从写作科学体系中派生出来的以科学技术和科学技术活动为写作对象的新的"边缘"文体,是科学技术现代化的产物。它有别于一般的文学写作和诸种应用文写作。它除具备一般写作的基本规律之外,又有其自身的许多特点。

广义的科技写作应包括科普读物和科技新闻等的写作。科普读物和科技新闻的写作有其自己的特色。我们在后面单独讨论。仅就专业性较强的狭义的科技文献的写作而言,其特点颇为鲜明:

目的功利性和时效性。科技写作不是出于审美需要,而是为了总结、推广科技研究成果和协调科技活动的进行,促进科技事业的发展,使科学技术转化为社会生产力。科技写作必须及时,才能收到应有的效果。

内容的科学性和先进性。科技写作与其他写作最显著的区别,就在于它表达的是科技内容,传递的是科技领域中的信息。它的生命在于科学性,它的价值在于先进性。

读者对象的专门性和狭隘性。文艺作品可以雅俗共赏,拥有广泛的读者。通俗科普读物也可以拥有众多、庞大的读者群。而科技论文、科技报告等科技文献的读者面却相当狭窄,主要是本专业的科技工作者和有关管理决策人员。

例如,科研开题报告是写给主管部门和审题人看的,物理学论文主要是写给物理学工作者看的。

语言的客观性和质朴性。科技文献的写作以概念的准确性、论述的严谨性、推理的周密性为特征而有别于其他文体,因此在语言上要求客观、质朴、严实、简洁。与文学创作的追求形象性、典型性、运用夸张手法、虚构、想象、主观介入等大相径庭。

表达手段的多样性。一般写作多运用文字进行表达,而科技写作除使用文字之外，还广泛用人工语言符号系统图像、照片、表格、曲线、公式等，以期有效地展示客观世界的本质和规律。

　　当然，上述几点还不能包括科技写作特点的全部。不同类别的科技文体还有其各自的特点。

远非一日之功

从根本上说，一篇科技文献的价值是由它所富有的科技信息的价值决定的。因此，提高专业业务水平，取得科技工作的成果，掌握大量的有关信息和资料，是写出高质量科技文献的前提。

但是获得成果、信息、资料以后，要用文字等书面符号把它们组织成一篇好的文献或普及文章，这就不是光靠专业业务水平所能做到的，还必须具备科技写作的能力。

科技写作能力的培养和提高，远非一日之功。首先要过好基础写作训练这一关。

所谓基础写作的训练，是指遣词、造句、布局、谋篇，至行款格式等方面的基本训练。如果这些基本功不过关，那么对任何类型的写作都不能胜任，更谈不上进行科技写作。不能设想，一个不通文理的人能写出一篇像样的科技论文，科技报告或科普文章。现在有些科技工作者能取得成果但写不好科技文献，首先一个原因就是没有经过严格的基础写作训练，因而提起笔来有千斤重，写出的文章让别人看了头皮发麻。

其次要系统学习科技写作知识。科技写作毕竟有不同于其他文体的写作要求和特点。即使是基础写作基本过关的人，如果不了解科技写作的特殊规律，仍然不能又快又好地写出科技文献来，因此还必须学些写作知识，掌握科技写作的过程、思维、选题、结构、语言、表达方式等方面的特点，以及常用科技文体的格式要求等。

科技写作发展到今天已经相当成熟了，具备了自己的体裁特点，各种科技文体也都形成了一些习惯性的写法。科技写作知识是对这些特点、写法的归纳和总结，无数人科技写作经验的结晶。

具备科技写作的知识，并不等于具备科技写作能力。写作是实践性很强的活动，不经过写作实践，写作知识就不能转化为写作能力。因此，提高科技写作能力，更重要的是在一定科技写作知识的指导下积极进行写作实践。

科技中的"应用文"

科技应用文是科技工作者在开展科技工作的过程中交流情况、处理事务、解决问题、互通信息时经常使用的具有一定格式的实用文体是组织、协调科技活动的重要工具。

科技应用文种类繁多,难以尽述。依照不同的标准,对科技应用文可以作不同的分类。我们从实用出发,根据科技应用文的内容和功用不同,将其分为六类。

一、报告类

包括科技调查(考察)报告、科技研究报告、科技试验报告、科技成果报告、科技活动可行性研究报告、科研开题报告、科技备忘录等。

二、合同(协议)类

包括科技合同(协议)书、科技成转让书、科技订货合同、技术引进合同等。

三、设计、指导类

包括科技任务书,工程设计任务书、工程设计说明书、科技产品使用维护说明书等。

四、答定类

包括科技鉴定书、职称评定书、专利文件等。

五、公文、纪要类

包括科技公函、科技会议纪要、各种指令性科技文件等。

六、广告、目录类

包括科技广告、产品广告、产品目录等。

科技应用文具有以下几个特点:

——定用性。科技用文都有明确的实用目的。例如,专利说明书是为了获得对专利发明权的法律保护;产品说明书是为了使购买产品的用户学会使用产品的方法和程序等。

——针对性。一般科技文体都讲究在写作时注重研究读者对象。但是，读者面毕竟是较宽的。如：科学论文是写给专业人员和关心本专业的科技人员读的；儿童科普读物是给所有的少年儿童读的。因此，这些作品内容的针对性具有比较宽的范围。而科技应用文的针对性则相当强。一份科技合同，只给合同双方当事人及有关者阅读就行了；一份工程设计书或一份产品说明书，只给工程建筑单位和产品使用者看，连工程所在单位和产品生产单位也只有极少数人看。至于请示报告、学术会议纪要，科研计划任务书等，更是针对科技活动中的特定事件而发的，都具有很强的针对性。

——约束性。科技应用文体都具有不同程度的约束作用。这种约束作用来源于实用上的需要。这是因为科技成果一方面要求受到法律和社会的保护，另一方面又对用户负有一定的责任。例如甲、乙双方就某一工程签订的合同书、就以法律的形式对甲、乙双方起约束作用，双方必须信守合同的条文，任何一方违反合同的规定都要承担一定的责任。正是这种约束作用加强了双方的责任感，保证工程如期按质完成。再如产品说明书规定了产品使用方法和使用程序，虽然没有强制性的要求，但是用户还是乐于遵守说明书的约束，以免损坏产品。

——规范性。科技应用文有一定的格式。尤其像专利说明书、科技合同、技术鉴定书这些约束性很强的文件是必须按规定的程式写作的，科技应用文的规范性也是出于实用的需要。因为科技应用文的约束性要求应用文表达要明确，要全面，绝不许含糊和遗漏，因此只有按一定形式书写才能满足上述要求，才能使阅读者易于理解。

科技论文诸要素

各类科技论文的内容不同，格式也有差别，但基本构成是大体一致的。一般地说，科技论文包括题目、署名、摘要、引论、本论、结论、致谢、参考文献等要素。

一、题目

题目是科技论文最先进入读者眼帘的部分。它往往是论文精髓的集中体现。人们常常先根据对题目的判断之后作出是否阅读的决定，因此科技论文的题目是重要的。

科技论文题目的一般要求是准确的及题，简短精炼，外延和恰如其分的内涵，观点明确，利于索引。

二、署名

科技论文一般只署真名不署笔名。多人合作用的研究成果写成论文时，按贡献大小先后排名研究设想的提出，主要研究工作的承担，关键问题的解决等，都是衡量贡献大小的标准。署名先后的确定应以对本项研的贡献为依据，而不应按职称的高低、资历的长短、分工的不同来排列。

那些对研究工作和论文的完成有过帮助、支持，但没有参加研究工作的人，一般不应署名，必要时可在附注或致谢部分注明。

现在，在论文署名中有一些不正之风。有的要求名家"挂名"，以求易于发表；有的奉送署名，搞"关系学"；有的争着署名，坐享其成；有的自恃地位、职称高于他人，非署第一名不可。这些都是应当坚决抵制的。

三、摘要

摘要又称提要，通常是在标题之下用有别于正文的字号刊出。它最主要的作用是让读者尽快地了解论文的主要内容和结果，以便决定是否精读全文。当今科技文献的数量急剧增加。任何一个科技工作者，都不可能通读每一篇科技论文。读者是否细读某一篇论文。从题目进行初步判断后，主要就是根据摘要来判断了。所以，摘要担负着吸引读者的任务。同时，随着科技情报工作的发展，文摘索引杂志成了科研工作的重要工具，论文写好了摘要，文摘索引杂志就可以不加修改或稍作修改就加以转载，从而避免非本业人员作摘要要所产生的误解、缺欠和错误。

科技论文摘要的内容包括：研究的对象和主要目的；研究的主要内容；主要成果及意义科技论文摘要的写作求是"一短二精"。行文要求简短扼要，字数一般不超过 300 字，最长不超过 500 字。也有人提出摘要的字数为正文全文字数的 5% 左右为好。根据国际标准化组织的建议，科技论文摘要部分应少于 250 个单词，最多不超过 500 个单词。摘要是将论文内容高度"浓缩"的独立短文，它必须包含与论文同等数量的主要信息。因此，摘要必须写得十分精练，做到多一字则无必要，少一字则嫌不足。摘要中不列举例证，不讲研究过程，不用图表，也不应与正文引论和结论的语句雷同。

下面是一篇写得较好的科技论文摘要：

"强子结构模型是基本粒子理论研究中的一个很重要的课题。袋模型是这方面的一种尝试。国外这类模型无法解释 J/ψ 新粒子族的性质。本文作者提出了一个新的袋模型，它兼有国外同类模型的优点，还统一解释了普强强子与 J/ψ 族粒子的质量谱以及矢介子粒子对衰变宽度。"

四、引论

引论又称前言、引言、绪言、导言、概述、缘起，或者连这些小标题也没有，只有一段文字。引论是论文的开头、引子，好比一出长剧的序幕，必须认真写好。

引论的内容包括：进行本研究的目的、意义、背景、理论依据、实验基础、涉及范围，前人的有关工作及存在问题和知识空白，预期的结果及其在相关领域里的地位和作用。这一切必须叙述得简洁明了，不要过于详细烦琐。

在引论中叙述研究工作的目的时，应包括实际应用和在学术上的意义。但若是人所共知、显而易见的效用，意义则不必赘述。引论中的理论依据和实验基础，如果是沿用已知的理论和原理，只需提及一笔，或注出有关文献出处即可。如果论文中出现了前人没有的概念、术语，引论中应加以定义。

下面是伍小平等同志的《空间散斑的运动规律》一文的引论：

"当激光照射物体表面时，由于表面的漫反射和激光的相干性，在整个空间中形成随机分布的散斑。物表面发生迈动时，在整个散斑场也发生运动。它们之间有确定的关系。这个关系就是应用散斑照相测量物体变形的基础。为此，本文将讨论一个微小面元发生运动时，与由它形成的空间散斑运动的关系。

散斑是面无元上所漫射的光相干迭加的结果，漫射光在被观察点 P 有确定的相对位相，因而有一定的光强。当表面发生运动，P 点的状态变化了，而具有原来 P 点那样光强的点移到 P'点。这就是是散斑运动的含意。这里所考虑的是物表面仅发生微小位移，P'是 P 点附近的一个点。

从 Fresnel－Kirchhoff 积分出发，引出了散斑运动的三个基本规则。这三个基本规则可以唯一地确定 P'点的坐标，由此，推导出当物表面运动时散斑的运动公式。在推导时只考虑了入射方向、观察方向与物表面法线共面的特殊情况。因为这样可以使讨论简明，且为了测量的需要，这已完全够了。对所得到的关系式，进行了大量的实验验证，结果是非常一致的。

对此问题，文献［1－4］进行过一些讨论，文献［5］和我们做了平行的工作。文献［6］讨论了更一般的情况，其中大部分结果与本文是一致的。

五、本论

本论是科技论文的主体和核心，是篇幅最长，最能体现研究工作成就和学术水平的部分。"创造性"主要在这一部分显示出来。

由于学科门类、研究方法、课题性质、逻辑思维、表达方式等的不同，科技论文本论部分的撰写格式不可能千篇一律，当然也就不可能有统一的规定。写好本论，要有概念、有数据、有事实、有推理、有判断、有结论，达到明晰、准确、完备、典雅的境地。

在本论部分的写作上，实验型论文与理论型论文有很大的差别，我们分别加以探讨。

（一）实验型论文的本论

实验型论文的本论，可按下列要求分节写作。

1. 实验装置及实验方法

这一节的基本要求是介绍装置和方法的全部要点，以便别人重复该实验时能得到相同的结果。这一部分要将实验原理、实验方案、主要仪器、试剂、材料等交代清楚。如果所使用的装置和测试仪器不是标准设备时，还要对测试精度作出检验和标定。必要时可用示意图、方框图、流程图等来说明装置，既简单明了，又省时易画。

实验过程和方法的叙述要力求简要。例如：

"物体的平动和斑的运动都是用读数量微镜测量的，精度可达到1um。物表面的转角用镜反射测量的，精度可达1。"

这两句话，包含了实验方法、测试装置、测试对象、测量结果和测量度五个内容，表达得简洁而又清楚。由于提及的是常用的仪器和方法，而读者又大多是内行，所以用不着赘述。

2. 实验结果

实验结果的写作最感困难的是如何正确取材。这一部分不是实验数据和观测数据的堆积，不是所有的数据都要写入。通常是先用数理统计和技术处理。对有关数据进行整理、综合、加工，然后绘图制表，依照逻辑顺序制出。只有与论文主题紧密相关的材料才有选用价值。某些公知公用的材料和结果可以扬弃。但是，一切与自己预料和论点不同的数据和现象，不应回避和随意抛弃，而必须在找到确凿证据证明其确系错误之后方可剔除，否则应当认真对待。因为"反常"的数据和现象背后，往往隐藏着重大发现。

数据和图表不能简单列出就了事，还必须用自然语言作出必要的说明。例如，直接测量值是用什么方法转换成结果的；测量的误差是如何确定的，等等。

3. 分析与讨论

对实验结果的深入分析和讨论，将会揭示出更有规律性和本质性的结果。这一部分的写作必须在作者深思熟虑之后进行。具体内容如下：

①用已有的理论解释和证明实验结果，这样就使表面上显得孤立的实验结果变得符合一定的因果关系，变成容易理解和接受的东西，因而可以进一步阐明它的意义。

②对于同自己预期不一致的结果也应作出合乎逻辑的解释，在这种情况下可以大胆提出新假设，大胆修改甚至推翻旧理论，提出既能解释新结果又能解释旧现象的新理论。

③把自己的实验结果及解释，同别人的实验结果果与解释相比较弄清哪些部分是相同的，哪些部分是不同的。

(二) 理论型论文的本论

理论型论文是以理论的阐发为主的，它可能性以完全不涉及实验。例如数学论文，其本论由定义、定理、引理及其说明、证明构成。虽然，除数学以外的理论型论文有些也会涉及实验，但实验不再是主体，而只是出发点或佐证，因此在写作上也不把实验作为重点介绍。

理论型论文的本论大多通过逻辑推理和假说来完成。作者往往是从实验事实出发。利用公认的定律、定理，通过逻辑推理对研究对象层层剖析，得出有实际价值或理论价值的科学结论。对于与数学联系紧密的学科，推理过程是借助数学语言展开的，例如物理学的理论型论文多是这样写的。

假说的写作并非易事。假说作为一种复杂的思想体系，包括许多已知概念和规律，也包括假说本身形成的新概念规律，因此在写作时必须注意使人感到假说的结构是清晰的，因此论文的描述必须做到简单明确。要做到这一点最好的方法是顺着形成假说的思维线索写作。

形成假说的思维方式有以下几种：

1. 由特殊到一般。这是从实验中得到的个别现象和局部的实验规律出发，通过想象和预测提出新的假设，新的概念，于是把局部的规律扩大到普遍情况。例如利用地球上物体的光谱知识去研究宇宙星体的光谱，并由此推断天体的化学组成、温度、运动方式等。

2. 利用类比推理方法。自然界中有许多现象，尽管性质不同，领域不同，但其规律的形式很相似，还有不少现象是对称的，例如有正电子就有负电子，有左手定则就存在右手定则等，这样在知道某种现象及其规律后，就以可大胆地通过类比将类似的规律推广到其他现象，从而建立新的假说。例如著名物理学家德布罗意就光的二象性（粒子性和波动性）推广到实物，大胆提出一切实物也具有二象性的假说。

3. 分类归纳的方法。通过对科技资料的分类归纳，进行分析整理，可能找到某种规律，在此基础上提出相应的假说。例如德国地球物理学家魏格纳就曾对地理学进行归纳分析，他发现如果把南美洲的东海岸同非洲的西海岸拼在一起，竟然大体吻合，继而又发现可以把南美洲、非洲、欧洲、北美洲大体上拼合合起来。这就给人一种启示：某些大陆原来很可能是连在一起的，只是后来才分开的，于是他大胆提出"大陆漂移假说"。

六、结论

科技论文的最末尾，通常要有一段文字，对全篇作总结。这一部分称为结论。它是论文对读者留下影响的最后机会。

结论不是实验结果或论证结果的简单重复，而是更深一步的认识是从本论的全部材料出发，经过推理、判断、归纳等过程而得到的新的总观点。结论的内容应包括以下几方面：

(1) 本文研究结果说明了什么问题？得出了什么规律？解决了什么理论的或实际的问题？

(2) 对前人有关本问题的看法作了哪些检验？哪些与本研究结果一致？哪些不一致？本文作了哪些修改、补充、发展、证实或否定？

(3) 本文得出的规律或结论的适用范围。

(4) 本文研究的不足之处或遗留问题，以及对解决这些问题的可能的关键点和今后的研究方向、展望或建议。

结论的写作要恰如其分，令人信服，不夸大，不缩小。语句要严谨明确，只能作一种解释和理解，不能模棱两可、含糊其辞。当然，对那些尚不能肯定的问题，在措辞上要掌握分寸，留有余地。

七、致谢

致谢通常放在结论之后。以简短的文字，向在研究工作和论文写作过程中间曾经予以帮助、参加讨论、审阅文稿、提出建议、提供资料、绘制插图、借给关键性仪器的单位和个人表示谢意。

致谢辞要分寸适当，恰到好处。常用的有"谨致谢忱"、"深表致意"等。

八、参考文献和附录

参考文献的范围包括书籍、期刊、技术报告等，未公开发表的资料一般不列出。

参考文献的作用有三：其一，反映作者的科学态度和求实精神，表示对他人成果的尊重；其二，便于读者了解该领域的研究情况，可根据列出的文献去查找原文；其三，文献查阅的多少，也反映作者对本课题历史和现状的掌握程度。

引用参考文献，应在博览前人知识的基础上，精选出为数不多的、最重要的、亲自阅读过的文献，列出考文献表，切忌罗列公知公用的陈旧资料。

参考文献的著录项目和格式，国内外极不统一。但著录的原则是相同的。这就是：给出必要而充分的信息，使读者可以凭此找到原文献。所以参考文献的著录项目应包括：著者姓名、文献篇名、期刊名称、发表年月或卷号、页码、出版社全称等项目。

科技论文"六性"显风格

科技论文是描述、记载、总结、推广、交流科技研究成果的文献。科技论文的写作是科技研究工作不可缺少的一环,也是考核科技人员的重要标准之一。科技论文还是一个"窗口",通过它可以看到一个国家的科学技术发展水平。

科技论文就其写作目的和所发挥的作用来看,可以分为学位论文和学术论文两大类。

学位论文是学位申请者为申请学位而提交的论文。这类论文最为突出的作用是为授予学位提供依据。学位论文依学位的高低分为学士论文、硕士论文、博士论文。

学术论文就是我们常说的期刊论文。这类论文主要反映学科领域内最新的最前沿的科学技术成果和学科发展动向。目前,我国的科技新成果大部分是以学术论文的形式发表在专业性期刊上。

比较而言,学位论文无论论述还是介绍实验装置,实验方法都要十分详尽,以便考核和答辩,而学术论文是写给同专业的研究人员看的,总是力求简洁。除此以外二者在写作上并无重要区别。因此,就写作方法而论,把科技论文作这样的分类,似无重大意义。

事实上从事科学研究工作的科技人员的研究方式是存在差别的,有的人以实验为研究手段,他们利用实验发现新现象,寻找新的规律,验证某种理论和假说,总之他们以实验结果作为自己的主要成果。另一种人是以提出假说,进行逻辑推理,借助数学方法等手段作为研究的工具,这些人的理论要依靠实验结果来检验,他们的研究又以实验结果为前提,但他本人并不需要参加实验工作。有的学科,例如数学是完全可以不依赖于实验而发展的。这些人通常称为理论工作者,在物理学科就明确地把物理学家划分为实验物理学和理论物理学家,而有的学科就如数学一般都属于纯理论性的研究。科学研究工作的这种分工就形成了各有明显特色的两种类型的论文,一类是实验型的论文以论述为中心,或提出新的假说,或对原有的理论作出新的补充和发展等。理论型论文也可能涉及实验。但实验部分不再是文章核心部分,而只是用来作为理论讨论的依据和假说的出发点,或者作为结论的证明材料。所以,理论型论文在写作上对实验部分只偏重介绍实验结果。

科技论文具有特定的写作风格,可能标为"六性":

创造性:创造性是衡量科技论文价值的根本标准。创造性大,论文的价值高;创造性小,论文的价值低;论文没有创造性,对科学技术的发展自然没有什么作用。科技论文和科技报告、科技综述、科技教科书、科普作品等相比,后者是传授或传播科技知识,只要结构合理,阐析清楚,使人易于接受就行,有没有创造性的内容并不重要。而前者则是为交流科技新成就,发表新理论、新设想,探索新方法、新定理而写的,没有新的创见就不成其为科技论文。

论文的创造性,是相对于人类总的知识而言的,是在世界范围内来衡量的。由于我国许多学科在国际学术界还很落后,某项科技成果填补了我国国内一项空白,当然是重大科技成果。但是,如果此项目国外早已成功,也有文献发表,就不值得写科技论文了,因为在世界范围内并没有创造性。

有才华的科技工作者,常常把精力放在独创上。他们在观察事物、思考问题、分析现象时,总是以"求异"的眼光去发现别人没有涉及过的问题,然后在综合别人认识的基础上进行创新。一切困于别人的见解,跳不出原来的圈子,不能发现问题,就不可能有突破,就谈不上创造性。

客观性。科技论文的体式,应该反映作者对自己所研究的问题和结果的客观态度。一般地说,科技论文的语气应该比文学作品的较为正式,而不带有个人情感和好恶,尽量不要使用华丽的或带有感情色彩的形容词和语句。不要夸大结论。

写科技论文最重要的是态度要老实,也就是说要绝对尊重客观事实。不能随意修改数据;不能回避不易解释的现象;更不能为了符合自己提出的假说而歪曲事实或妄加议论。那种肆意攻击别人的观点或迁就权威而委曲求全的做法也是错误的。

科学性。科技论文的科学性有两方面的含义:一是内容的科学性;二是表达的科学性。

内容科学性要求是真实、成熟、先进、可行。

真实：要求内容必须是客观存在的事实或被实践检验的理论。探讨的问题必须符合客观事物的发展规律，符合被实践证明的法则，公理、假说不能与已知事实相矛盾。

成熟：要求科技论文总结的成果或阐述的理论在相当长的时期能为生产的发展服务，在相同的条件下其成果能够推广使用，其理论能够指导实践活动。

先进：要求科技论文总的成果具有当代科学技术的先进水平，是新的发现、新的技术、新的理论。

可行：要求科技论文总结的成果在技术上行得通，办得到，不脱离实际，不是空想，有应用价值。

表达科学性的要求是立论正确、论据充足、论证严密。

立论：要求作者从客观实际出发、提出符合客观实际的正确论点。

论据：要求作者周密观察、详细调查、认真实验，尽可能多地占有材料，以最充分、确实有力的事实作为立论的依据。

论证：要求严谨严密，以严格的逻辑推理导出结论、论证不能存在逻辑上的错误。判断不能违背因果关系。

确定性：科技论文阐述的事实不能游移，不能"大概、可能、也许"，模棱两可。科技论文表达的概念必须清晰明确：容不得丝毫的含混与模糊。科技论文的语言必须是确定不移的。它必须抛弃一切歧义与双关。

我们以爱因斯坦对相对论的表达来看科技论文语言的确定性：

下面的考虑是以相对性原理和光速不变原理为依据的，这两条原理我们定义如下。

物理体系的状态据以变化的确定律，同描述这些状态变化时所参照的坐标系究竟是用两个在互相匀速移动着的坐标系中的哪一个并无关系。

"任何光线在'静止的'坐标系中都是以确定的速度 V 运动着，不管这道光是由静止的还是运动的物体发射出来的。这里的"时间间隔"是依照引中所定义的意义来理解的"（《爱因斯坦文集》第二卷第 87 页）。

爱因斯坦这里的阐述真是确定不移。这里没有任何歧义。没有任何双关语，有的是关于狭义相对论的严格界说。爱因斯坦以此为基础，重新审查了"同时性"概念。正是对这一司空见惯、习以为常的概念的重新审查，使爱因斯坦获得了成功。他指出："我们不能给予同时性这概念以任何绝对性的意义；两个事件，从一个坐标系看来是同时的，而从另一个相对于这个坐标系运动着的坐标系看来，它们就不能再被认为是同时的事件了。"

科技论文的确定性还表现在定性描述和定量描述方面。定性描述要表现事物的本质特征，表现一事物与他事物相区别的特殊性。定量描述则在反映事物的性质之外，还要显示出其数量上的差别。

通在性。科技论文有两种价值，一种是理论上的价值，一种是实用上的价值。一般而言，论文不论是偏重理论研究的，还是偏重实际应用的，都讲究通达性。若行文呆板、语句晦涩、结构松散、就会表达不清，失去许多本来应有的读者。因此，科技论文的写作，一定要通理达意，甚至考虑到读者的知识层次。在语言、结构、选题、立论中尽量照顾我国读者的思考习惯和阅读习惯。

规范性。论文的表达方式是有严格要求的。例如数字是否记录准确并符合有效数字的规定，图和表格是否画得清楚并符合规范要求，文字是否通顺，措辞是否确切，有无错别字等，引用文献是否准确。不符合规范的错误会严重降低论文的价值，不仅读者不愿意读，甚至还会怀疑结论是否可靠。

科技论文中的常见错误

科技论文中的错误,许多是逻辑上的错误。为了避免这类错误,主要的办法是:对于所收集的材料要有详尽的分析,对于所要阐明的问题要有透彻的理解。熟悉以下几条规律,对于避免这类明显而又常犯的毛病,会有所帮助。

一、假说不恰当

从事科学研究的人,总是根据自己的实践经验或是别人的研究结果来提出假说的。为了使假说恰当,在提出时应该从以下几方面来考虑:

1. 这假说是不是新的,是不是值得提出来。不要把一个老的假说当作新的提出来。但是,如果前人的假说有不完善的地方,需要改进,则可以作为修正案提出来。

2. 假说必须符合某些极为肯定的客观事实;它应该是根据若干个别的事实所作出的概括性结论,有待用更多的事实来验证它的正确性或可靠性。

3. 假说必须能有实验可以证明。不能用实验证明的假说,很少会能成立。

4. 假说必须能被用来解释以往没有方法解释的一些观象(事实)发生的原因,或是某些因素之间的关系。

5. 假说应该有助于预测新的现象或某些事物之间的关系。

二、错觉

在根据实验记录或数据进行解释、推理、发表意见以及作出结论的时候,应该从以下几个方面仔细考虑,否则会产生错觉。

1. 记录数据的误差，来源很多，主要包括：个人操作或肉眼观察的误差，实验条件或环境改变的误差和计算机的误差等。应该考虑哪些误差是主要的，哪些误差对结果的影响最大。

2. 在运用数学公式时，应该考虑运用得是否恰当。对于一个数学公式，如果不十分了解它是根据什么事实或假说推演出来的，就不要随意运用。

3. 有时几个实验不是在同样很严格控制的条件下进行的。对于这样几次所得的实验结果，应该特别注意主要发生影响的是哪些因素，应该考虑能否当作重复实验。其中的某些实验能否当作全部实验的对照，这样几次实验结果是否可以相互比较。在下结论时，必须特别注意这几个方面。

4. 事实（实验或观测记录）、推论（推理）和意见，是完全不同的。事实是由实验记录提供的，必须先有事实；推论必须以直接事实为根据；意见可以是推测的，可以是设想的，虽然不能毫无根据，但不一定立刻有很具体、很直接的事实为根据。应该注意避免把事实、推论和意见这三方面混淆起来。

三、夸大结论

实验观察的结果，往往是在一定的条件下所获得的，适用是有一定范围的，而不是漫无边际的。在作结论时，甚至早在整理材料时就应该注意以下几点，以免夸大。

1. 不要从很少的数据（事实）就作出结论，更不要从有限的数据就作出很广泛的结论。

2. 在很多情况下，曲线的有效范围是有一定限度的。如有必要从延长的曲线上读数而得出结论时，应该特别慎重。

3. 对于所有结论，应该说明它的适用范围，或是指出预期的出入。

4. 如果试图作出臆断或提出意见，必须在提法上使读者能体会它是臆断（揣测）或是意见，而不是有可靠根据的论断。

四、因果关系不明确

作出因果关系判断时，要注意以下几点：

1. 不要按某些现象出现的次序先后而总是把它们当成前者是原因后者是

结果。

2. 不要试图把相同的结果都看成是由于一样的原因。同样的现象，在某种情况下的出现是某一种原因所造成的，而在另外一种情况下的出现就可能是另外一个原因所造成的。

3. 在两件（或多件）事物中，不要根据它们的一个共同特点，就推想其他特点也都是共同的。例如：有人看见电石（碳压钙）遇水发生的气体可以燃烧，同时看见石灰块遇水也发生气体，也就认为这种气体可以燃烧。两种形态相似的物体，都遇水发生气体，一种气体能燃烧，另一种气体就不一定能燃烧。

4. 从两个实验过程中得出同样数学公式或是得出类似曲线，不能就认为两个机制过程本身就是完全一样的。

五、主观

为了避免作出错误的判断，应该考虑以下几点：

1. 不要有"先入为主"的片面思想。

2. 不要拒绝承认某些不中意的实验结果。无论正面或反面的结果，是不是预期的结果，只要是肯定的事实，就应该受到一律看待。有些反常的现象会成为新发现的根源。

3. 狡辩、苛刻的认断，不但不能增加说服力，反而显得理由不够充足。

六、臆断

应该避免作出毫无根据的判断、推断、揣测，而且把话说得很肯定。为了避免犯臆断的错误，可以从下面几点考虑：

1. 不要把假定当作结论，不要把原来的假定换一个说法变成结论。

2. 不要把未经证实的意见当作真实的。不要根据未经证实的意见作出结论。

3. 不要把权威的意见（未经证实的意见）加以引用从而作出结论。

4. 不要因为自己能把支持某个意见的一些理由驳倒，就肯定那个意见是完全错误的，可能还有更充足的其他理由支持那个意见，使它正确。

七、字句含糊

清楚、确切科技论文的特点，用字和措辞必须恰当，以免引起误解。

1. 名词的定义必须清楚、确切。对于专业名词，特别某些不属于自己专业范围内的技术名词，用时必须谨慎；如果不知道它的确切意义，切勿随便使用。非用不可时，应该请有关专业人员核对。

2. 一个名词可能不只有一个意见；几个名词可能代表同一事物。在一篇文里，一个名词只能用来表示一个意思，一件事物只能用一个名词表示。例如以下的同义名词，不应该在同一篇论文里同时使用：离解；电离；溶解；溶化；溶剂；溶媒；活力、活性；代替，取代；抽取，提取，萃取；特异性，专一性；醣；糖类，碳水化合物。

3. 不要把广义名词当作专义名词，例如以下的广义名词不能相互代替使用：波，电磁波；能，热能；力，万有引力；基本粒子，中子；等等。

4. 对于一些意义相似但确不相同的名词，在使用时必须严格地加以区别，例如：分析，测定，化验；实验，试验；检验；等等。

5. 在科技论文中，用比较词的时候，应该慎重。在普通谈话中，常用的一些比较词，例如："比较满意"，"比较差些"，"相当可观，""实在太坏"，等等，听起来很习惯；但写科技论文时，不可随便使用。

科普读物的门类及体裁

科普，是科学技术普及的简称。科普的实质就是把人类已经掌握的科学技术知识和技能（包括各门学科的概念、理论、技术、历史、最新成果、发展趋势、作用和意义）以及应当提倡的科学思想、科学精神、科学态度和科学方法，通过各种方式和途径，广泛地传播到社会的各个方面、各个阶层，为广大人民群众所了解，用以开阔眼界、启迪思想、丰富知识、提高技能，扩大人类的认识领域。

科普读物是人们为完成一定的科普任务而创作的作品。科学读物是架设在科学与大众之间的桥梁。它将科学王国中的无尽财富源源不断地输送给人民群众，使其转化为认识自然、改造自然的物质力量。

科普读物所涉及的范围十分广阔。宇宙之大，粒子之微，火箭之快，蚂蚁之慢，化工之巧，地球之变，生命之谜，思维之秘，日用之繁……无不都是科普读物的"领地"。

科普读物就其内容和性质来说，可大致分为三大门类：

介绍性知识性科普读物。这类读物侧重于传输知识。基础科学、应用科学、日常生活科学、新兴科学等知识，都是它传输的对象。它以提高人们的科学认识水平为主旨，引导大众到科学的王国中巡礼，到科学的海洋中去遨游；它使艰深难懂的科学知识变得通俗生动，老少咸宜；它以丰沛的科学乳汁哺育大众，启迪人们的心智，激励人们对未知世界进行不懈的探索和追求。

常见的介绍性知识性科普读物有：科学浅说、科学对话、科学漫游、科学史话、科学趣题等。

实用性技术性科普读物。这是科普读物中的又一大类。它与介绍性知识性科普读物不同，其目的不在传输知识从而提高人们的科学认识水平，而是以实用为目的，传授某种生产技能，教会人们掌握生产技术，提高劳动本领。

实用性技术性科普读物的种类也很多，有工业技术读物、农业技术读物、日常技术读物等，每一种又可细分下去。这类读物通常以技术指南、技术问答、技术手册、技术图册、操作须知等的形式出身。

在写作上，实用性技术性读物强调条理性，要不厌其烦地、有条不紊地交代各种技术细节，不能杂乱错置，不宜跳跃跨度过大，以求对读者有切实的效益。这类读物的作者一般必须是有关技术领域的内行里手。

科学文艺读物。著名的苏联科学文艺作家伊林给科学文艺下了一个简明清晰的定义：科学文艺"是用科学全副武装起来的"。科学文艺是科学与文学结婚的产儿。它从文学中吸取了文艺性，从科学中吸取了科学性，把两者融为一体。在科学文艺中，科学是内容，文艺是形式。

一般的科普读物应尽可能具有一定的文艺性，但具有一定文艺性的科普读物不一定就是科学文艺作品。作为一篇科学文艺作品，必须具备两个条件：其一，它是一篇文艺作品；其二，它具有一定的科学内容。

（一）讲述体

这是科普读物中最常见的文体。它通过通俗的讲解、说明、叙述来介绍某种科学或技术。其篇幅长的可以是几万、几十万字的科技知识书籍，短的可以是只有一两百字的科技知识短文。细分起来，讲述体还可分为若干小的类别：

1. 浅说体：这是通常发表在报纸、刊物上的科技知识文章和出版的科技知识普及读物。它的特点在于把深奥的科学道理，用浅显的为一般读者能理解和接受的文字表达出来。如华罗庚的《统筹行方法平话及其补充》，是先用泡茶要烧开水、找茶叶、洗茶杯等家常事来说明怎样的程序可以节省时间，引出统筹方法的基本思想，全书十分通俗易懂，稍有文化的人都可读懂。

2. 对话体：又叫问答体。它除了具备通俗浅易的特点外，主要的特点是写作时要运用对话的形式，如同两个人在当面谈话一般。《十万个为什么》、《地震知识问答》、《栽桑养蚕技术问答》都是问答体的科普读物。这种体裁可以涉及到浅说类读物不易触及的细带，一经提出，启人深思、激发人们阅读的兴趣。

3. 史话体：以故事体裁来讲述某一学科的发展史、发现史、演化史。这类作品的特点是写科学史上真实的故事。例如：刘仁庆的《中国古代造纸史话》、郭正宜的《太阳元素的发现》、谢在永的《中国气象学之最》等。

4. 漫话体：有类似于史话体的一面，但是它不受科学史的限制，更多的是联系人们的生活。社会、生产等各方面的情况，展开话题，海阔天空，纵情漫谈，只是不离主题就是了。这种作品能大开人的眼界，对于某一主题能获得比较全面的知识，如杨钊猷的《肝癌漫话》、周明仁的《漫话肾脏移植》等。

5. **趣味体**：以引人入胜的故事、优美的诗句、益智游戏、趣味题目、科学家轶事等来引入主题，讲述科学中很有趣味的内容。如：《趣味物理学》、《国际通信卫星趣话》等。这种体裁趣味盎然，雅俗共赏，使人们饭后茶余享受科学的洗礼。

6. **实验体**：指导科学实验，介绍科技制作的科技知识作品。如：《怎样装电视机》、《电视机故障检修》、《科技小实验》、《科技小制作》。

这类体裁的作品在文字上不求华丽，只求表达明白，同时要辅以图示、数据等。

7. **荟萃体**：这种体裁就是把具有某一共同属性的科技知识或事件，集中起来，形成一文。每一知识或事件相互之间只有内容种属方面的联系，没有文字上的联系，可以从中任意删去某段，其余各段仍可组合成篇。如《玻璃世界的新秀》把超强玻璃、变色玻璃、核工程玻璃、微晶玻璃等各种玻璃罗列在一起而成篇。

8. **自述体**：这种体裁是用第一人称来进行写作，给人一种特殊的真实的感觉。如高士其的《菌儿自传》、项丽华的《影子的话》、张学恕的《煤矸石的自述》等。

（二）文艺体

即科学文艺。这是运用文艺的体裁来表达科学技术内容的一类作品的总称。

科学文艺几乎将全部文艺体裁都移植到科普创作中来了。包括科学小品（散文）、科学随笔、科学童话、科学寓言、科学故事、科学幻想小说、科学诗、科学曲艺、科学电影、科学电视、科学游记等。

（三）新闻体

采用新闻报道的体裁来普及科技知识。如科技消息、科学珍闻、科技通信、科技综述或科技评述等。

（四）辞书体

用编纂辞典、百科全书等工具书的文体来解释某些科技名词、术语、概念，或介绍某些科学技术事件、人物等，以解决读者在学习中质疑问难的需要。如《农业大辞典》、《××技术手册》、《××实用手册》等。

（五）图说体

运用图画、照片来介绍科学技术知识。它的特点是，借助于画面，比较形象，辅以简洁的说明，把复杂抽象的科技内容变成了直观生动的形象，使读者不仅接受了文字所给予的知识，还接受了图形所给予的形体信息，在头脑中产生综合效应，如《钣金工技术图解》、《兽医针灸图册》等。

当然，不论哪一种体裁都是一种表现形式，它和内容是一对互相依存、互相制约的矛盾。内容决定形式，形式表现内容，并随内容的发展而改变。我们既不能片面追求形式，也不能忽视形式的作用。

科普写作的资料积累

科普写作与文艺创作的重要区别之一在于前者是"科普"——普及科学技术。科普写作涉及的范围很广，上至天文，下至地理；快到火箭，慢至蚂蚁。五花八门，包罗万象。这里，既有最古老的学科，又有新兴的边缘学科。这样广阔的领域、众多的知识，如何去写？这就必然有一个如何积累和运用资料的问题。

科普写作的性质，决定了资料应该广博。一篇好的科普文章，必须给读者传递丰富的信息和知识。如果作者没有掌握丰富的资料，很难设想会写出好的科普文章。可以这样说，资料是科普写作的基础。

中外科普作家向来十分重视资料的积累。他们反复强调"科普作品绝不能尽说空话，要有充实的内容和丰富的资料"，"事实是科学家的空气"；强调"写千字文，读万言书"；强调"写作资料的收集要达到贪婪的程度"，"韩信点兵，多多益善"。

散落在各种书籍、报刊杂志上的资料就像一颗颗珍珠，一经你把它们收集、归纳在一起，它们就好似有了闪光的新的结构，资料就被赋予新的意义。资料中不仅有基础知识，还有许多自己不知道的或知道得不完整的新知识、新观点、新科研成果。许多科普作者都有这样的体会，有些平时头脑里似乎很清楚的概念、数据、认识，等到要落笔写作时就犹豫了，需要查一查文字根据。如果手头没有把有关资料保存起来，写作就会遇到障碍。

至于怎样收集、整理、积累科普写作资料，各有各的习惯和"招术"，尽可能显神通。这主要谈及的是资料的科学性问题。

要特别防止资料中不科学的东西被引用到文章里面去，尤其是数据不允许出差错。在一般情况下，从专业杂志、学报、论文、专著等方面收集的资料比较可靠。而有些非专业杂志提供的数据，有时会叫人啼笑皆非。例如，各地小报上登刊关于心脏的重量、血管长度等数字，其误差达 25%—50%。

有一家报上说心脏重量是人体体重的1/200；另外一家说1/300；究竟谁是谁非？至于血管长度有说10万公里，有说15万公里，甚至更多，叫读者无所适从。

只有所引用资料的科学性才能保证作品的科学性。收集资料的同时应加强审核工作。不要过分迷信书本，即使从书本上收集的资料也要反复核对。从译文中摘录的国外资料，有时还要核对原文。

对国外资料的引用，也要注意其可靠性，国外一些新闻出版单位，往往以猎奇、耸人听闻的材料来吸引读者。我们要根据"国情"引用资料，切忌生搬硬套，不加分析照单全收的做法。在一些报刊上，经常看到互相"打架"的文章。甲报说："胆固醇是冠心病的元凶"，乙报说："胆固醇是人体生长发育不可缺少的物质，还有一定的抗癌作用。"叫读者听谁好？造成这种"打架"现象，主要是文章的编创者在应用资料时带有片面性，没有把胆固醇资料全面分析后写到文章中去。写文章时选择资料，就像沙里淘金一样，因为金沙混杂，必须精心淘炼，才能得到真金。

科普写作的选题和构思

撰写科普文章，无非是两件事：写什么？怎么写？

"写什么？"就是选题问题。有些作者虽有一定的资料积累，但提起笔来不知道写什么好。这是还没有入门时常有的感觉。一旦入门之后，就会感到只要稍加留心，几乎处处有文章可做。

选题的基本原则是"写自己熟悉的东西"。

"自己熟悉的"，就是说，熟悉什么就写什么。但是，这并不意味着一定得写自己专业内的东西，只要求对所写的东西"熟悉"即可。

1. 把自己亲身研究、考察、体验所得的第一手材料通俗化，经过选择、提炼、加工，使其成为科普读物。

2. 把现场参观、采访得到的科学素材加工成大众能够接受的科普读物。

3. 把自己从许多科技文献中获得的科学素材进行综合整理、消化吸收、提炼加工，用自己独特的构思和独有的表现形式写成科普读物。

4. 把某一学术论文、专著、情报资料等科技专业文献，用通俗的语言改写成大众喜闻乐见的科普作品。

5. 从社会形势出发，把自己熟悉的内容放到当时的社会背景来考虑，选择新的写作角度。例如，中央提出科学技术发展的八大重点学科，一时间介绍八大学科的科普读物就很受欢迎。又如，中央宣布了若干自然保护区，就可撰写有关自然保护区的科普文章。

6. 注意重大新闻。新闻中一旦涉及科技事件和科技问题，就可以立即写作有关的科普文章。

7. 选择读者最需要、最关心的主题。例如，冬天到了，可以写怎么样保护花卉越冬；夏天到了，可以写游泳中的科学；等等。

8. 选择本省本地区的重大科技成果作主题。这些成果往往都是第一次报道，因而这种主题的科普文章还带有新闻性，而且不易与别人"撞车"。

结构是作品的骨架。整篇作品需要分成几个部分，哪部分先，哪部分后，哪些内容详写，哪些内容略写，怎样使文章成为一个完整、和谐、主次分明、脉络清楚的统一体，这些都有赖于文章的合理结构。

构思是科普作品的设计过程。下面几个构思角度可供参考：

1. 根据主题设计结构，不出枝蔓，突出主干。切忌喧宾夺主，本末倒置。例如，一篇谈如何制备氧气的科普短文，可以从氧气制备的原理、装置、制备的步骤谈起，而与其无关的东西，一概不介绍。

2. 从要介绍的科技内容本身或它的发展过程和发展规律来设计结构。例如，一篇叫《光子工厂》的科普文章，介绍的是电子同步辐射加速器，在安排文章的结构时就是从这两个方面考虑的。首先，第一段标题叫"灯？不是！"是从介绍的科技内容本身而放在最前面来说的：光子工厂，顾名思义，是生产光子的工厂。那么打开一盏电灯，大量的光子不是唾手可得吗？然而标题上说不是灯。这自然就要讲到光的家族。讲到可见光易得，许多其他光不易得，而自然科学中许多实验要用到可见光以外的光源，那么当然就要有专门的工厂来生产这些不易得的光子了。接下去第二段"不幸的童年"，说的是同步光发展的初期历史，这就是按科学发展过程和发展规律来结构文章。再往后便是讲同步辐射加速器的原理和作用了。

3. 顺应读者的认识规律，按照思维逻辑顺序来安排结构。这就要考虑读者的水平、要求，以及阅读心理，提出问题，分析问题，解决问题，再由此引出新的问题，一步一步深入来安排全文。

4. 对所介绍的科技内容的性质进行分类来设计结构。这种结构方法有并列式、递进式和总分式三种。

并列式：将同类性质内容的若干个小单元组成一个整体。

递进式：内容逐层深入递进。

总分式：提出一个总观点，然后分别用若干分观点加以说明。

5. 从不同体裁的特殊要求来设计结构。

科普作品的评价标准

科普作品是将科学交给大众的利器。它必须具有科学性、渐进性、时代性、趣味性、实感性、通俗性和一定的文学性。

一、科学性

科普作品是传输科学知识的。它必须具有科学性。在这里，科学性表现为知识性和客观性，它要向读者阐述真实、可靠的科学知识，而不是道听途说的伪科学，科普作品要求科学知识的准确、详细、清楚，而不是模糊、简陋、含混。

二、渐进性

鉴于现阶段我国读者的文化水平；知识性科普作品的起点一般不应太高，以初中水准为宜，这样，作品就能为广大读者所接受，而不仅仅是少数人，科普作品对知识的传授要强调渐进，要注意打好基础，而不应一味求高、求深、求新，脱离读者的现有文化水平。

三、时代性

科学在不断地发展，科普作品的内容应该跟上时代的步伐，将最新的知识介绍给人民。就是论述古老的课题，也应注入新鲜的内容，使作品跳动着时代的脉搏，洋溢着时代的气息，激励人们带着新的探求，去迎接新世纪的到来。

四、趣味性

科普作品是要有点趣味性。特别是为青少年读者写作的科普作品，更应该如此。强调科普作品的趣味性不等于耍噱头，将庸俗、下流的东西硬塞进科普作品之中。科普作品要永远保持科学的严肃价值，其趣味应是健康的、文明的。

五、实感性

写作科普作品除了语言通俗、浅近之外，还要注意富有实感，加强形象的效果。有许多相近的事物或抽象的道理，或是复杂的结构，用语言是很难表述清楚的。这时如果辅以图画和照片，便可迎刃而解，收到事半功倍之效。优秀的科普作品无不图文并茂，通过图画、照片向读者传输语言所难以传喻的科学信息。

六、通俗性

通俗易懂是科普作品的普遍风格。无论多么艰深的学问，到了科普作家的笔下，就变得浅近、平易，老妪都解。

一般来说，以下几种方法有助于科普作品的通俗化。

1. 用一看就明白的语言直接解释科技术语。

例如：

"什么是星际分子呢？顾名思义，它就是星际空间产生的分子。它们分布在恒星和恒星之间的广阔空间中。"

又如：

"按摸手腕部或者颈部的血管，你会感到有规则的搏动。这就是脉搏。这类血管有很高的压力，万一外伤出血，血液就像小小的喷泉往外喷涌。这类血管叫动脉。"

在这两段话中，作者用通俗的常人易懂的语言，对"星际分子"、"脉搏"、"动脉"进行了科学而准确的解释。

2. 用由浅入深、具体形象的事物来解释抽象的概念。如，"什么是能源？能源就是能量的来源。"这么解释，文化程度低的听从还是不明白。如果从烧水煮饭用煤、开汽车用汽油、修水坝可以发电等听众都熟悉的内容来说明抽象的能源概念再进一步介绍地热能、太阳能、原子能、风能等，就容易理解了。

3. 运用对比手法使科学知识通俗化。如：

月球表面上的引力只有地球表面六分之一。就是说，地球上60公斤重的人，到月球上只有10公斤了。你如果在地球上可以举起100公斤，那么地球上600公斤的东西拿到月球上，你也举得起来。

4. 运用打比方的方法。用读者熟悉的事物去比喻读者陌生的事物，唤起读者记忆中存储的形象，把要表达的含义转达给读者，当然运用比喻要恰切，不能损害科学性。

七、一定的文学性

除了科学文艺作品必须具有文学性或文艺性以外，其他科普作品也应具有一定的文学色彩。

从读者心理来看，具有文学色彩的科普作品更能引人入胜，更容易达到普及和教育的目的，因为科普作品毕竟不是教科书，不能强迫人家阅读。死板的公式、枯燥的概念、烦琐的运算会对读者起"挡驾"的作用，尽管你讲的是很重要的知识，读者也会不屑一顾。

当然，科普作品坚决反对歪曲科学真理的艺术性；歪曲科学真理的艺术性是对科学的亵渎。科普作品应力求严谨的科学内容与完美的艺术形式的统一。

科普作品标题的"点睛术"

有人把文章的标题比作"眼睛",这是很有道理的。科普文章的标题必须起到"画龙点睛的作用。"

大凡精彩的科普文章标题,一般说来,应具有新、奇、疑、巧、准几个特点。

1. 新——新颖和新意

新颖原指植物新生的小芽。这里引申为初次出现的事物,从读者的心理特点来看,对科学技术上的新进展和新成就,大都有一种特殊的爱好,只要通过标题能传递出作品精华之"神",就能收到出人意料的艺术效果。

请看:

《太空中繁忙的一年》——它向你传递了美国国家航天和航空局1979年向太空进军的信息。

《海洋学探险家时代的结束》——这是一个令人鼓舞的消息,人类对海洋研究计划已经获得巨大成就,代之而起的是:以生物学家、物理学家和化学家为先锋,向全面开发海洋资源进军!

《π介子小卒将了癌的军》——π介子在穿过人体组织时,可使组织受到最小限度的损害,而当它们抵达预定部位时,则会发生高能量爆炸,从而破坏癌细胞。

所谓新意,就是指作品的内容虽然不属最新成就,或者只有部分内容比较新,经过作者的独特构思,同样能通过标题使人感到别有一番新意。例如:《显微镜下的城市》、《机器人在进化》、《细胞"地理学"》、《搜寻恐龙之头》、《世界最繁忙的航线》、《34个月亮》、《远古的"食人之风"》、《1刻不等于15分》、《山本大将之死》等。标题的新意来源于作品的独特构思,就拿《34个月亮》来说,妙处就在于天空的月亮本来只有一个,作者别出心裁地把太阳系里的所有卫星都比作月亮,并且加在一起,这样,使人一看标题就会产生一种新鲜感。

2. 奇——惊奇和奇异

惊奇的标题具有大幅度振动读者心弦的功能。

随着空间技术的发展,人们已经开始考虑用什么方法与宇宙人联系了。用文字?他们看不懂,用语言?他们听不懂。当《勾股定理和星际友谊》突然出现在你眼前时,一看就会产生一种"奇"的感觉,难道勾股定理与星际友谊之间也有科学的联系?

再如,叙述我国珍贵的北京人化石失踪的《轰动世界的失窃案》、介绍遗传工程师烦恼和喜悦的《潜在凶险》、《震惊世界的三里岛核电站事故》等,都属于大幅度震动的惊奇标题。这类标题使人一看就震惊,在一种惊奇感的驱动下,饶有兴味地阅读全文。

《裂脑人》是一个具有奇异感的标题。在现代大脑生理研究中出现的"裂脑人",由于切断了分别掌管各种功能的大脑左、右半球之间的联系,于是出现了一系列怪现象,以致有的学者认为,一个人是两个精神、两个人的混合物。现在,一切有关脑——精神——人关系的争论,正在继续进行这场争论的深入发展,对进一步揭开大脑意识之谜,将具有积极的意义。因此,只要文题紧扣,即使标题振动的幅度不大,也能收到比较理想的效果。

3. 疑——疑问和疑团

这类标题大致可分为"明提"和"潜问"两种。

"明提"就是通过标题直接向作者提出问题。例如:《宇航员为什么要穿充气的宇宙服》、《为什么要对服用安眠药的人提出警告》、《耳朵生在哪里最好》、《蛇是生蛋还是生小蛇》、《螃蟹为什么要吐泡沫》等。"潜问"是指从文字看来,虽然没有明确提出问题但读者的目光只要一触标题,就会产生疑问。这就是"潜问"的特殊功能。例如:《蔬菜牛奶》、《生儿育女的父亲》、《水下棺材》等。

无论"明提"或者"潜问",目的都必须在于通过向读者提出问题,或诱导读者产生疑问,激发读者寻找谜底的积极性。至于哪些标题应"明题",哪些标题应"潜问",哪些标题两者都可采用,这也是一种艺术。比方说,当读者看了《水下棺材》这个标题后,不禁会产生"水下棺材"究竟是什么东西的疑问,如果将它改成《为什么世界上第一艘潜艇又称"水下棺材"》,效果就会产生显著变化,读者往往会据此推测,大概是因为这艘潜艇最后被击沉海底全艇覆没的缘故吧！如果将《生儿育女的父亲》改为《为什么有些雄鱼能生儿育女》就平淡无味，阅读兴趣大为减退。有些标题从"潜问"改作"明提"，读者甚至还会误认为答案早已知道，于是兴趣索然，目光一掠而过。

4. 巧——巧妙

一个以巧取胜的标题，常能给人们留下难忘的印象。有一篇批评某些领导把一切责任都推卸给"自然灾害"的文章的标题，叫《天若有情天也"恼"》，这里仅仅把"天若有情天也老"改动了一个字就使人看了拍案叫绝。

"巧"往往是作者与编辑善于从文艺等方面吸取营养的结果，具有特色的标题经常采用的技巧有：重复、对比、组合和比喻等。

重复就是字或词（包括含义相似）的重复。这类标题的特点是通过重复来加深对读者的印象。例如《发明家谈发明艺术》、《医门寿星谈养生》、《眼科医生和他的眼睛》等。

对比就是运用含义不同的正反概念组成的标题。例如《化石鸭与北京鸭》、《死海不死》等。这类标题的特点，常能使"死"题变成"活"题。有关"死海"的作品，几乎到处可见，加上了"不死"就增强了读者的学习兴趣。

组合就是由几个有内在联系的字、词组成的标题。这类标题的特点常能使比较繁复的文字简练化，并能引起读者的富有兴趣的联想。例如《性别预测·性别控制·试管婴儿》、《珠算·记忆·智力》、《九百万·零·世界第一》等，最后一个标题的作用，就在于它吸引读者亲自去揭开九百万、零、世界第一的谜底——日本怎样在1979年夺下世界航运之冕的。

这类标题还有使平淡的题材产生新奇的功能。例如《苏打·小苏打·大苏打》、《半岛·岛屿·群岛·岛弧》等，经过读者一番巧妙调度在一种曾相识而又不完全相识的驱动下，原本认为已经掌握的知识，现在却出奇地变成了大有必要学习的知识了。

比喻就是用某些有类似之处的事物来比拟想要说明的事物。例如，《金属的烦恼——疲劳》、《力的影子——变形》等，这些标题的妙处，就在于把一般读者看来容易产生枯燥乏味的材料力学和力学研究的方法通过形象化的比喻，使人看来既熟悉、亲切，又鲜明、生动。

5. 准——一矢中"的"

有人说：科普作品的题材要选在读者的心里。这的确是经验之谈。但题材选准了,还得通过标题这个"窗户"传递给读者。例如,在我国人造卫星回收成功后,发表一篇题为《人造卫星是怎样返回地面的》;在美国的天空实验室坠毁后,发表一篇题为《美国的天空实验室》等,都受到广大读者的欢迎。上述标题有的看来似乎比较平凡,但读者一看标题,就知道这还是他自己迫切需要了解的知识,立即被吸引住了。因此,可以这样说,在特定的情况下,明确地传递作品内容的标题,往往具有最大的吸引力。

在科普创作中,标题的新、奇、疑、巧、准,往往是综合采用的,有的新中显疑,有的奇中有巧,有的则一个标题,有几个特点,以此来增强标题的艺术吸引力。在新、奇、疑、巧、准中,以准字为主,其他四个字则在不同程度上也包含了准的成分因为只有选"准"了,才能传文之神,引起读者注意。

科普作品的开头和结尾

俗话说:"万事开头难","头三脚难踢",这话有一定道理。创作一篇科普作品,要写好一个开头,使人一拈手就不肯释卷,一入眼即兴味倍增,的确不是一件容易的事情。一定要做到"语不惊人死不休"。但是,一提起笔来,又觉得"满腹学问不知从何说起",大有"茶壶煮饺子——肚里有货吐不出"之概,为此而大伤脑筋。其实,科普文章的开头,不得要领自然感到难,掌握了它的规律也大可不必为之"愁肠而结"了。

那么,科普文章如何开头呢?当然有很多手法可以因文而别,不应固定一种"模式",形成所谓"科普八股"。但也可提出几种开头方法。

(1) 因借由头

这是以成语、典故、谜语、诗词等为由头来引申议论的一种开头方法。因借的这一类由头,一定要与文章的主题相关联,以能够据以引申、发挥和阐明主题为唯一原则。如一篇名为《蜘蛛珍闻》的科普文章,开头就以科学谜语为由头,颇有特色:"小小诸葛亮,独坐中军帐。摆下八卦阵,要捉飞来将。"这个动物谜语使读者很容易猜到蜘蛛,但又比直接讲出蜘蛛二字来生动有趣得多。作者在紧接引出主题后,只用"蜘蛛种类繁多,生活习性奇特,充满了珍闻趣话",结束了开头,下面四个小标题:"精明的猎手、天才的纺织家、奇特的婚配与育儿、人类的敌和友"来展开中心题材。全文紧凑洗练,知识性、趣味性兼有。

(2) 事件开头

以一桩具体的事件开头,给读者一个生动、直观的印象,容易使人接受和理解将要在正文中展开介绍的科普知识。同时,也使文章生动活泼,趣味横生,有引人入胜之效。如《癌症的免疫治疗》一文的开头就先讲了一个耐人寻味的故事:"不久以前,美国一家医院的一位胃癌患者突然发起高烧来了,不幸的打击使病人痛苦万分。医生认为可能是胃癌继发感染,照例用抗菌素来进行抗感染治疗。病人退烧之后出现了奇迹，胃癌消失了。"这个故事使读者产生了深刻的印象，为了弄清癌症消失与患者发烧的关系，这样的开头既能吸引读者，又能对全文起到提示的作用。

(3) 点题开头

下笔千言，离题万里，是文章之大忌。如果能在文章一开始就单刀直入触及主题，会使人感到文章结构紧凑、简洁，不拖泥带水。例如荣获全国优秀科普作品评选一等奖的《南果与北果》，就是一开始就把主题点了出："忆往昔，南果北移之风曾盛行于一时；看今朝，北果南移的痕迹仍依稀可见。到了现在，不知道能不能这样说，无论北移或南移，成功的固有，但不多见。这是什么原因？"

(4) 提问开头

科普文章如果把要介绍的知识，在开头先向读者提出来，能起到集中读者注意力，引起对问题探求的兴趣的作用。在《会思考的机器》一文中，作者开首就这样提问："说到会思考的机器，大家一定会联想到电子计算机吧？这里介绍的确实是电子计算机。那它又是怎样进行思考的呢？"读者为了寻求答案，会坚持看下去，这就是文章开头所带来的效果。不少科普文章为了增强效果，全篇采取问答的体裁，也是一般人所喜闻乐见的形式。《十万个为什么？》就是一套以回答形式为特色的科普丛书。

(5) 对比引申开头

这种开头先讲道理，然后反其意而用之，引申出另一个道理，在对比中展开内容。例如，有一篇讲林业的科普文章《从无心插柳柳成荫谈起》，开头就是："俗话说：种瓜得瓜，种豆得豆。可是在生产实践中，植物有很多系列繁殖方法，用种子繁殖只是其中之一。这里，让我们从'有意栽花花不开，无心插柳柳成荫'来谈谈植物另一个道理的开头方法。"

(6) 欲擒故纵开头

这种开头似乎有点耸人听闻，但是由于并非故弄玄虚，故而能激发读者的求知欲。像《小虫吃了大鸡》，这篇文章讲的是鸡球虫，岂能相信小虫吃了鸡？读者当然想看个水落石出了，这就抓住了读者的心理。文章的开关是这样的："看到本文的题目，你也许会不信：小虫怎么能吃掉大鸡呢？然而，这种情况确实存在，有的养鸡场里成批成批的大鸡被一种肉眼看不见的单细胞原虫——鸡球虫吃掉了。"

(7) 格言哲理开头

这种开头以精粹的或饱含哲理的格言式语句为全篇奠定基础。

科普文章的结尾，既是文章的有机组成部分，又是文章内容发展的必然结果。一个好的结尾可以加强全文主题的表现力，使文章严密周到，干净利索。相反，如果虎头蛇尾或画蛇添足，就必然使文章大为减色，甚至给人一种草率收场的感觉。

结尾的方法也多种多样，精彩纷呈，常见的可归纳为六种。

1. 点化主题

如科普文章《海阔凭鱼跃——谈鱼类的运动》结尾就是这样的："在浩瀚的大海中，鱼类的运动如此奇特多变，实在令人难以尽善描绘，我们只能浮光掠影地作一介绍。至于海洋里其他水族的特殊运动方式，就更是色彩缤纷，使人神往了，但这已不是本文探讨的内容，故予从略。可是，我们却可以从这里得到一个概念：海洋确实不是一个平静的世界。"

2. 概括全篇

上面说到的《南果与北果》，结尾是概括全篇式的，目的在于加深读者印象："总之，南果与北果在引种试验，从长远和目前来看，都是很有意义的工作；不过，在做这项工作时，既要讲究经济规律的运用，也要在技术上认真采取科学态度，才能有稳操胜券的希望。"

3. 呼应前文

陶鼎来同志写的《英国和法国的免耕法》一文，结尾紧接前文，不仅是补充，而是呼应，使全文具有两分法的特色："免耕法虽然有很多好处，但我们引用时一定要注意这种方法是建立在化学除草的基础上的。没有化学除草这个条件，就不能实行免耕法。另外，就是要实行秸秆还田，增加土壤的有机质。如果土壤的有机质很少，又不能把作物茎叶留在地里，那不耕地能否种好庄稼就值得怀疑了。"

4. 提出问题

《鲻鱼自荐》一文介绍鲻鱼这种海、淡水中都能生活的鱼的生物学特性，它的养殖方法和经济价值。该文结尾说："我国海水可养面积有 700 多万亩，淡水可养面积达 3 亿亩，都是鲻鱼生活的好场所。如果在这些水域里搭养鲻鱼，以亩产 100 斤计算，每年便能生产出 1500 万吨，是目前世界水产养殖总产量的三倍，这可不是一笔小账！有关部门能否也算一算呢？"这样提出问题使读者进一步思索，同时请有识之士和职能部门提出解决办法。

5. 留下余味

结尾言已尽而意不止，用以引起读者沉思和回味，从中悟出道理，得到启迪。如《在树林代表大会上》这篇科普文章用拟人化手法介绍各种经济树林的特殊作用和贡献。文章结尾就采用留下余味式："我又重新打开剪报集，发现梦中的树木和剪报的记述没有什么不同，于是又怀疑起来，也许这不是梦吧？"

6. 戛然而止

当文章中心论点已阐明，在恰到好处时立即刹住，给人以干净利落的感觉，如《聪明而又听话的机器》一文，讲的是电子计算机的应用科普知识。它的结尾就是这样的："总之，对于一台计算机来说，硬件好比一辆汽车，软件好比人们驾驶汽车的技术。只有汽车而没有驾驶汽车的技术，更好的汽车也是没有多大用途的。"

以上说的开头和结尾种种，只是择要而言，运用之妙，存乎一心，融会贯通了，必能有所发挥而另辟蹊径。

科普知识短文的写作

科普知识短文通常发表在报纸副刊或杂志上，其篇幅一般以几百字至一两千字为多见，属"豆腐干"文章之列，随着现代生活节奏的加快，人们越来越喜欢"豆腐干"式的科普知识短文。

科普知识短文可以是对某个科学领域的简介，可以是某一科学专题的浅说，可以是一个重要科技术语的解释，可以是阐发某种自然现象中的科学道理，可以是纠正常识中的错误，可以是科技界和科技活动中的趣闻轶事……总之，它的写作题材十分广泛。

科普知识文贵在一个"短"字，它要求言之有物，短小精悍，内容具体而不空泛。这种短文，一般只要把与主题有关的能够为人们所理解的科学知识讲清就行了，不必过多地旁征博引，东拉西扯，以免枝蔓太多，拖泥带水影响主题的突出。有时题目较大，资料较多，可以分成若干小题目，从不同角度去写，使其既独立成篇，又有机联系；既可分散在各家报刊发表，也可集中在一家报刊，以专栏形式系列发表。

科普知识短文虽不创造知识，但它仍是一个再创造的过程。再创造，就其资料运用来说，不仅仅是一个顺理成章的问题。作者必须跳进去，吃透、消化大量的资料，然后再跳出来，进行再思维、再创造。科普短文不能成为资料的"收容不得所"。老生常谈的一般性资料应一概删除，大胆割爱。"千家说尽何需我？"

编辑界和创作界有句"行话"，叫"捷文先登"。"捷文"就是具有新鲜感的文章。科普知识短文要成为"捷文"，首先在内容上要反映科技新动态、新发展、新知识，引用新鲜资料。这叫"先发制人"。要写老题材，要引用老资料，则必须有新观点、新见解、新角度，这叫"老题新作"，"后发制人"。

"文无定法"。科普知识短文也无一成不变的模式可套。写得多，读得多，注意不断总结，就能熟中生巧，知道该怎么写，不该怎么写。

科学小品的写作

科学小品属于科学文艺作品的范畴。

简单地说,科学小品就是运用小品文的笔调来普及科学知识,或者说是具有科学知识内容的小品文。

小品是一种散文体裁。它不拘形式,不讲格律,深入浅出,夹叙夹议。因此也有人认为,科学小品就是以科学内容为题材的短小的散文,是科学散文中的一种。

著名科普作家叶永烈对科学小品深有研究,发表过《科学小品巡礼》、《科学小品探源》等专论;在他的《论科学文艺》一书中也对科学小品作了深入的论述。他认为:"科学小品行文挥洒自如,文情并重,生动活泼,短小精悍,是科学文艺中的轻骑兵。与其他科学文艺相比,它的文艺性要稍强一些,知识容量大一些。它的读者有少年儿童,但更多是成年人"。

目前科普界对科学小品的见解还不尽一致,但至少有三点是相同的:一是短小,二是以科学内容为题材,三是文艺性较强。

"文艺性较强"是科学小品区别于科普知识短文的重要标志目前报刊上一些冠以"科学小品"的文章,实际上是科普知识短文,很难说是真正的科学小品,因为它们缺少文学的情趣,文艺性不强。

科学小品重在小中见大。它篇幅小,但知识容量和产生的作用却很大。科学是大海,时刻翻滚着巨浪,光彩夺目,奔腾万里;科学小品则要用"快镜头"摄取那些壮丽的浪花。但它晶莹闪烁,小中可见大。科学小品作为科普战线和科学文艺中的"轻骑兵"和"轻武器",肩负着及时而明快地反映科学上的新成果、新知识、新进展、新事物、新思想、新方法、新动态的任务。

有的同志还提出,科学小品除了具有科学性、通俗性、时代感等其他科普作品共有的特色之外,还必须有"诗"和"哲"的味道。

"诗",指的是作品要给读者以优美的形象的画面,极富诗意。这如同在甜食里放上一点盐，很能起提味的作用。

"哲"，指的是以具体而细小的事件阐发一点耐人寻味的哲学道理，给人以启迪，发人深思。

从写作的角度来说，科学小品有着自己特殊的三个要求：

一、源于生活

科学小品是宣传科学知识的文艺作品，它要服从文艺创作的全部规律。它不能从科学的概念出发，而应当有实际生活的依托。如果作者能够把自己放到作品中去，就能够使情景与知识交织得更加紧密、融洽。这样科学小品就会具有诗的意境，富有真情实感。否则，写出来的作品即使文通字顺，通俗易懂，那也只是科学知识短文，谈不上是科学小品。这就是科学小品和科技知识文章的重要区别之一。

二、联系现实

科学小品体裁短小精悍，灵活机动，可以紧密联系实际，宣传和支持科学实验和生产方面的新成果、新趋向；可以适当联系社会现实和思想方面的错误倾向进行批评和斗争。这样写出来的科学小品，就有时代感和新鲜感。不要是把二十世纪五十年代的作品拿到八十年代来发表也看不出来，那样的作品只是科学知识短文，不能列入科学小品的范围。这也是科学小品和科技文章的重要区别之一。

三、精练博采

精练的前提是博采。"观古今之须臾，抚四海于一瞬，旁征博引，广采杂收，尺幅千里，纵横驰骋"。这正是科学小品的长处，也是科学小品创作上的一个难点。科学小品引文如流水，原无定型。谈古论今，天南海北，只要与主题有关的材料都可以用上。为此必须博采百家。平时什么材料都可以收集，写作时进行精心挑选，巧妙搭配，做成玲珑美巧的文章。

我国是科学小品的故乡。科学小品是我国所独有的一种科学文艺体裁。现代享有盛誉的科学小品作家有高士其、周建人、顾均正、贾祖璋、董纯才、叶永烈等。

科学杂文的写作

科学杂文,包括科学随笔,科学杂谈,是一种科学文艺论文,以短小、活泼、锐利为其特点。近年来,在报刊杂志中常有出现,日益受到人们的重视和注意。

科学杂文尖锐泼辣而又深刻,如同匕首投枪,对于科学技术领域内的官僚主义、文牍主义、瞎指挥、压制人才、盲目崇拜等歪风邪气能够迅速揭露,一针见血,起到"良药苦口"的作用。

科学杂文常常结合科技队伍中存在的各种问题,阐述科技人员应有品质和风格,对科技人员进行人生观、世界观、方法论的教育。

科学杂文能够对科技界发生的重要问题、对科技人员迫切关心的问题作出迅速的反应,或赞成,或支持,或反对,以发挥其迅速及时地指导科技工作的作用。

科学杂文的这些特殊作用,是其他科普作品所不能代替的。

科学杂文的题材是广泛的。可以针对科学技术领域里的时弊,揭露科技工作中的矛盾、问题、陈规陋习,抨击与党的科技政策相违背的言行。可以宣传科学研究的指导思想,研究方法以及科学工作者应有的品德、情操等。如:王梓坤的《科学发现纵横谈》,叶永烈、饶忠华等五人合著《科海拾贝》等。可以传播科学知识的同时,宣传辩证唯物主义,既有丰富的科学内容,又有辩证法的思想。如:秦牧的《复杂》等。

科学杂文作为科学文艺的一个品种,要求作者善于把逻辑思维和形像思维结合起来,把情与理结合起来。没有艺术性的科学杂文不能算科学杂文,只能叫它短评、小评论之类。

科学杂文的写作有不少常用技法:

1. 小题大做,以小见大

作者要善于从平凡的小事例中,发掘出重要的意义,生发出深刻的教训来。无论是揭露问题还是歌颂美德，都可以用这种方法。如，王通讯的《科学家与春蚕》(《光明日报》1979年3月9日)是从病中的居里夫人观察蚕儿吃叶、吐丝、结茧的小事生发开去找到"春蚕到死丝方尽"的精神和居里夫人把一切献给人民的品格之间的联系，歌颂居里夫人为科学而献身的精神。文章结尾深情地写道："我学习你，我要像居里夫人那样，做一条将最后一根丝都吐出来献给四个现代化事业的春蚕。"这点题之笔，就是从小中见到的"大"道理。

2. 大题小做，大中取小

有些大的主题，做起论文来，可以是洋洋万言。但是，若用科学杂文来反映这些主题，就可以大题小做，发挥杂文的特长来写。如，盛祖宏写过一篇杂文，写的是大科学家牛顿晚年成了上帝的信徒，竭尽心力写了一百多万字的神学著作，科学上再没有新的创造。从这件事写起，从反面说明正确的世界观对于科学家的科学创造是十分重要的大主题。

3. 虚实结合，夹叙夹议

科学杂文既要有思想，又要有材料，材料和观点要一致，摆事实和讲道理结合起来。讲道理时不要空空洞洞，干干巴巴的，可以通过一个典故、一则科学史话或科学轶事，一句名言，使道理自然地表达出来，读者在不知不觉中受到启发，不能絮絮叨叨，而是要言不烦，点到即可。或者列举大量事实，靠同一类的事例来说明一个道理，只在开头、结尾或关键处，点上几句即可。叶永烈的科学杂文集《为科学而献身》就是这类作品。

4. 反面文章正面做

在具体选题和构思文章时，要考虑到怎样写法社会效果好一些。比如，要批评科学界某些人"文人相相"的现象，有时就不宜正面直言。盛祖宏同志在《科学家要相亲》中，却从"相亲"举了"相亲"的感人事例，再批评"相亲"的现象。这就叫"反面文章正面做。"

科学史话的写作

科学的发展是历史的演进，只有了解人类的过去，才能深刻理解人类的现在，进而展望人类的未来。从历史的角度去阐释科学的发展，能过连续的或相互联系的帮事。使人明了科学发展的脉络的文体，就是科学史话。

科学史话的写作不拘一格。它可以系统介绍某一学科的发属历史，也可以只介绍这一历史中的某一阶段或某一事件。

科学史话作品的篇幅可长可短，可以是短文、长文，也可以是小册子、大部头。

写作科学史话必须忠于史实，不能虚构，不能杜撰，不能道听途说。

科学的发展是一场伟大的接力赛，要真实、客观地再现和反映科学发展演化的历史长河，必须用辩证唯物主义和历史唯物主义的观点去考察和评价科学史中的人和事。此外，科学史知作品不是科学史料的堆砌，写作时必须有观点。有见解，使读者从史中得到启迪和借鉴。

科学家传记的写作

传记有许多种。政治家的自述、艺术家的一生、名人的轶闻趣事等，都属传记。不同的传记有不同的写法。科学家传记的主人公是科学家，因此，科学家的科学活动应成为科学家传记的主要内容。

科学家传记应着重歌颂科学家的发明和创造性劳动，以及他们顽强攻关的精神和科学活动中表现出来的优秀品质，激励人们以科学家为榜样向科学进军。

写作科学家传记，需掌握大量的第一手材料，原则就如无源之水，无本之木。但有了丰富的材料，还必须"把科学的素材同诗意的描写世界结合在一起"（伊林语），这就需要借助文学的笔，在忠实于历史真实的前提下，在细节和描写上作必要的艺术处理。

科学家传记与小说不同。小说是虚构的，科学家传记则应是真人实事。但真人实事并不等于不需要艺术加工，只有进行艺术加工，才能使作品更具有感人的力量，艺术加工不能违背史实；记录史实又不能就事论事，要用艺术的方法去描述。特别是环境、季节、人物、对话的描写，一定要进行艺术加工。

写作科学家传记时，应全局在胸，把科学家摆在历史发展的长河中来立传。注意人物间的纵横关系和继承关系，处理好科学上的人和科学上的事的关系，通过对史料的分析和研究，客观地考察、揭示、评价科学的科学成就、历史地位、思想渊源，以及他们的人格、品质、生活道路和命运。在写作过程，要注意发掘科学家的性格，抓住他们最闪光的东西和最吸引人的风采。当然，不能任意拔高，不要把科学家写成完美无缺的神。

目前我国已出版和发表的科学家传记中，不乏佳作。笔者认为有三本（篇）特别值得一读，一是徐迟的《哥德巴赫猜想》，二是叶永烈的《高士奇爷爷》，三是费米夫人的《原子在我家中》。

科学广播稿的写作

科学广播是广播工作的组成部分。它借助广播的形式，以传播科学技术信息和科学技术知识为主要任务。科学广播的最突出特点是传播迅速，对象广泛，渗透性强。

科学广播按其内容可以分为两大类：一是发布科技新闻的广播；二是普及科技知识的广播。

科技新闻广播属于科技新闻的范畴，也包含有消息、简讯、通讯等。这类广播稿件，除了在语言上要符合广播作品的要求之外，其他在采访、结构、写作等方面，与科技新闻大致相同。

科普广播属于科普创作的范畴。它包括广播科学小品、配乐科技小品、广播科技知识、科学广播对话、科学广播剧等。

科学广播的形式很多，常用的有广播对话、广播谈话、录音报道、配乐科普广播、科学广播剧等。

不同类型的科学广播作品有不同的选材方式。科技新闻广播的选材，同一般科技新闻一样，通过记者的采访，将新近发生的科学技术事实报道出去，不同的是前者使用声音，后者使用文字。科普广播一般应选取听众迫切需要、关心和感兴趣的题材。并不是所有的科学题材都适于在广播中介绍。比如，关于"优选法"，其原理和效用可在广播中介绍，但对某项具体的工艺流程，该如何应用优选法，如何计算等，就不太可能在广播里讲明白了。

科普广播的选材应符合有关专题节目的特定要求。各家电台根据不同的听众设置不同的科技广播节目。例如，中央人民广播电台的"小喇叭"节目是面对学龄前儿童的；"星星火炬"节目是面向小学各年级学生的；而"科学知识"节目则是面向初中文化程度的青年和部分中老年听众。因此选材要考虑有关专题节目特定听众群的需要和接受能力。以少年儿童为对象的科普广播稿，除了从少年儿童的兴趣、知识水平、理解能力来考虑如何介绍科学知识外，还应当注意激发他们对科学的热爱，培养和提高他们的思维能力、分析能力、创造能力。

"抓住开头两分钟"，这是科学广播的作者和编辑们介绍经验时常说的话，并一致认为这是科学广播表达中最重要的环节。

报纸可以用精美的刊头、图片、醒目的标题、套印彩色、安排设计版面等许多办法来突出文章的主题，以吸引读者。读者打开报纸，可以先浏览一遍，再选择重要的、感兴趣的阅读。不同的互相争辉的标题、刊头仍旧在那里竞争读者。广播则不然。不听前面，不知道后面；听了后面前面又过去了；同一时间又不能听两个电台的节目。如果广播一开头就枯燥无味，平铺直叙，听众听不到两分钟，就会不耐烦地关掉收音机，即使后面有与他切身利益相关的内容他也不知道，你写得再好也达不到预期的目的。所以，科学广播的表达手段中，"抓住开头两分钟"的写作技巧是决定命运的手段。把开头写得新颖有趣，别开生面，就会使听众产生继续收听的兴趣。

广播的唯一手段是声音。它不靠实物。不用图片，不作图解，讲话时的表情、手势统统用不上，只让声音从听众耳边流过。因此，科学广播的"可听性"成为重要。许多科技新闻或知识，拿着文稿反复琢磨还不见得能马上领会其含义，在广播中一听而过，稍纵即逝，要让听从听得懂、"跟"得上，非在广播稿的语言表达上下工夫不可。

根据科学广播的作者和编辑们的经验和总结，科学广播稿除了必须符合一般科普作品的语言要求之外，还有下面三个特殊的要求。

1. 朗朗上口——口语化

"念起来上口，听起来顺耳"。这是对广播语言的基本要求，也就是要求广播语言口语化。

下面几种方法，有助于冲破书面语言的束缚和影响，使广播语言口语化。

（1）将适合于看的句子改成适合于听的句子。如长句子、附加成分多的句子、复合句、倒装句等，改写成适合于听的短句子，这叫化整为零。如：

"当你步入力学门槛之际，人们极其熟悉多种物体'运动'。提到运动，谁都不会感到陌生。"

（2）将适合于看的词、成语，一听而不明白的，尽量避免，予以删去。如："极目一望"、"桀骜不驯"、"追根溯源"、"佶周聱牙"等。那些说起来拗口的词换成口语词，如：均——都；途径——路过；分赴——分别到；致函——写信给；宜于——适合；即——就是；愈来愈好——越来越好等。

下面两句话是从广播稿中摘下来的：

"游人留诗赞颂这些捕鳄鱼的人们：年小智商人登仙，

丝扯鳄鱼挂满船……"

"大桥上，行人喜笑颜开，真是人欢观斯情自溢，激起我无限感触：想昨日驾小舟风雨苦飘摇性命难保，看今朝跨长桥恶水变通途自在逍遥。"

这样的话，不用说是用耳朵听，就是写在纸上，也不容易看懂，因此是不合格的广播语言。

(3) 将适合于看的单音词改成双音词。单音词，只有一个音节，看上去可以多停顿一下，以求理解；听起来，一说而过，就不易辨别清楚。双词比单词增加了一个音节，时间比原来延长了倍，而且多数是同意反复，因而词意明确，便于思考理解，声音又比单音词响亮，容易听得清。如：

应——应该　愿——愿意

曾——曾经　溶——溶解

希——希望　已——已经

并——并且　云——云彩

较——比较　时——时候、时刻、时节

液氧——液态氧气

检准——检测标准

(4) 将适合于看的同音异义词改写成不会产生歧义，误解的词。

如：苍鹰在空中翱翔。（"苍鹰"会误听为"苍蝇"，改为"雄鹰"好）

吃发霉的花生会致癌。（"致癌"会误听为"治癌"，改为"生癌"或"产生癌"为好。）

他走近核反应堆。（"走近"会误听为"走进"，改成"他走到……附近"为好。）

还有"途径"易误听为"处境"，"分赴"易误听为"吩咐"，"公司"易误听为"公私"等，都需要在写稿时予以注意。

(5) 多采用象声词，以发挥声音感染听众的功能。如：

"冰雹把玻璃窗打得乒乒乓乓直响"；

"咣当一声，锅盖掉在地上"；

"吓得我的心怦怦直跳"；

"压得板车咯吱吱直响"。

2. 恰到好处的"啰唆"——必要的重复

科学广播稿强调简洁，但有时却必须重复。重复的目的是为了使一些不容易听懂或一听而过难以明白的重要内容，能得到必要的解释说明和反复交代。人们称这是"啰唆的艺术。"无论科学广播还是科普广播，都要介绍科学知识，这些科学知识大多数是听众不熟悉的。在播讲过程中，一些不易为人们听懂的地方，就有必要"啰唆"和重复。

科学广播中"重复"的使用。主要有以下两种：

(1) 简单重复

简单重复即下句直接重复上句中的部分内容。例如：

"有人消化不好，医生常常给他吃胃蛋白酶、淀粉酶这些药物。胃蛋白酶、淀粉酶为什么能治疗消化不良呢？"

这里，后一句重复了前一句中的两个药物名称。如果在书面语言中，后一句可改成"这是为什么呢？"读者读到这句问话若不明白，可回头重新看前面写的是什么，如果在广播中也用这六个字就不适合了。可能听众对头一句没注意听，你这一问，他想知道你问的是什么，已经不可能了。换上现在这样，虽然"啰唆"了些，但却是明了的，听众即使上一句没清楚，只听这一句也可以明白你问的是什么内容。

简单重复在科普广播对话中用得特别多。

例如：

叔叔："对！它的名字叫锰结核。"

芳芳："锰结核是什么东西呀？"

叔叔："锰结核也叫锰矿球、锰团块……"

又如：

甲："豆科植物所以能自己生产氮肥，是因为有根瘤菌的帮助。这些根瘤菌能把空气里庄稼不能吸收的氮气固定下来，变成庄稼能吸收的氮肥。现在要给小麦、水稻、玉米也配上一些有固氮本领的绵细菌……"

乙："这就是说，是根瘤菌使水稻、玉米根部的那些本来没有固氮能力的结菌也具有固氮本领，这等于是创造一种新的细菌。是吧？"

这两例对话里的重复，第一例比较明显，第二例也是简单重复，不过它是将上句是含义换一种说法说出来，是意义上的重复。

(2) 解释性重复

科学广播中，对于科学知识往往只简单重复还不能把问题说清楚，需要进行解释，而且这种解释说一次还不行，需要从另外的角度，换一种说法，再解释一次，以帮助听众理解。听众在第一次例子中没听明白的，可以在重复的第二个例子上听明白。如：

甲："你见过等离子体吗？"

乙："等离子体？没见过，也没听说过。"

甲："你肯定见过。电影院门口霓虹灯停的时候，里面就是等离子体。"

乙："那灯管里的氖变成等离子体了？"

甲："对。还有电路上开关闸刀跳火时，就有等离子体，连太阳也是等离子体组成的。"

这一段对话，既有简单重复，也有解释性重复。前者加深印象，后者便于理解。

(3) 引用大量实例反复说明一个科学道理

这在科普广播中经常使用。当某一个科学道理举一个例子还不足以说明时，需要从各个侧面列举为一般听众都能明白的例子，帮助听众听懂这个科学道理。

比如，系统工程，这是一门新学科，一般听众都感到生疏，有些道理单靠概念并不容易听懂。所以《谈谈系统工程》广播稿中，就引用了大量的例子。开始时，先引用了日常生活的例子。每个人早晨起床，穿衣梳洗，都有自己的一套程序，谁的一套程序最合理，最科学，谁的效率就最高。这就含有系统工程的思想。接着又举了齐惠王和田忌赛马的例子，因而以三比二获胜这是选取最佳方案的办法，是朴素的系统工程的思想，然后，又举了好几个例子，都是说明什么是系统工程学科的。最后，谈到现代系统工程学是在第二次世界大战时，英国为了对搞德国法西斯的空袭设置了雷达网才诞生的。

3. 讲究音韵

为了使广播语言优美动听，必须注意音韵。句子中用字，要注意平仄协调，抑扬交替，字音响亮，可能的话还应尽量押韵。例如：

"设计方案一公布，只见大家你一言，我一语，一声比一声大，一声比一声高……人们的心思都扑到方案的实施上了。"

这句话，"你一言"的"言"字是平声，"我一语"的"语"字是仄声，

"一声比一声大"的"大"字是仄声,"一声比一声高"的"高"字是平声,这里四句结束字的声调是平——仄——仄——平,互相结合,十分协调。而且"大"字和"高"字,韵母是"a","o",都是开口说话,字音响亮。这样几句话连起来念,就和谐、响亮、好听。

如果我们不注意音韵,有的词、字就不适于广播。例如:"这里是赫哲族聚居区"。"聚居区"三字连在一起念,既不响亮,也不真切。如果稿子长,句子长,句式呆板,一连十几句,最后一个字都是仄声,这样的稿子,再好的播音员也只能是"望稿兴叹"。

"科学诗"话

一

"两朵隔墙花,如今成连理"。自然科学向文学奔涌的滚滚潮流,催生出科学与诗联姻的结果——科学诗。

科学诗,既是诗化的科学,又是闪耀着科学灵性的诗。她把科学家的睿智和诗人的激情融为一体。

在科学诗里,科学借助于诗,使科学具有强烈的艺术性,为人们朗朗上口,便于诵记,有利于精神情操的陶冶;而诗则借助于科学,使诗歌具有了科学性,使诗歌创作能够适应现代科学发展的要求,便于人们在吟咏中获得科学知识的教益。这是科学诗以外的其他诗歌所不具备的。

一首好的科学诗,应当既传播科学知识,又给人以美的享受和哲理的启迪。

在科学文艺创作中,科学诗是最薄弱的一环。中国的诗人很多,科学家也不少,但诗人懂科学的不多,科学家懂诗的也不太多。因此,在相当长一段时间,中国科学诗人的队伍和阵容不够壮观。

后来在科学诗坛元老高士其同志的极力倡导和呼吁下,叶永烈、张锋、王一义、王守勋、孟天雄、胡永槐等人,高举科学诗的旗帜,摇旗呐喊,奔走呼告,佳作迭出,给科学诗坛增添了生机活力。

1984年,全国第一家《科学诗刊》在湖南问世;1986年7月,全国首次科学诗会在松花江畔召开并宣告"中国科学诗诗人协会"成立。这标志着我国科学诗创作进入了一个新的阶段。

我们的时代是科学诗的时代。科学诗的时代呼喊着更多的科技工作者步上科学诗坛。

二

科学诗首先是诗，必须遵从诗歌诗歌创作的全部规律：运用形象思维，通过对描述的科学对象的观察和思索，加以高度集中的艺术概括，抒发作者的强烈感情，选择最精练的语言、和谐的韵律和鲜明的节奏。

没有科学内容的诗，不是科学诗；科学内容不正确的诗，也不是科学诗。

科学诗必须情理并茂。情，指诗歌抒发的感情；理，则是科学的道理、知识、思想和哲理。

情是诗的生命。科学诗既然是诗，当然要以情成篇，以情动人。然而，科学诗就其本质来说，又是说理诗，以普及科技知识、阐发哲理为己任，所以又应当是以理胜情。

以情动人和以理胜情，是矛盾的统一。虽然，有无具体的科学内容是科学诗和文艺诗的分界线，但是科学诗毕竟是诗，它不可能像学术论文那样去说理，也不能像科学小品那样去精心描绘，更不能用那些纯理性的语言来解释一切，而应当是富有极美的意境和荡人心脾的韵味。

三

从事科学诗的创作，必须同时具备两种才能，一种是科学家的才能，对于自然界的事物能够做周密的分析，善于发现和认识科学内部所蕴藏的秘密。另一种是艺术家、诗人的才能，他们擅长于运用浪漫主义的艺术手法，善于用形象来说话，使科学的概念和道理溶化在生动感人的形象之中。

四

科学诗贵在精练。诗歌创作本身就要求高度集中。和其他文学体裁相比，诗歌是更加集中和凝练的文学样式。科学诗当然也是如此。

科学诗在表现某一科学内容时，不像别的科技作品那样详尽，抽象，可以直接表现思想感情和知识内容的急剧变化、大胆想象的飞跃，省去那些变化、飞跃之间的过程和联系，并选择那科学中最激动人心的片断和最发人深省的情节来抒发感情。如裘小龙的《高能加速器》：

"我的理想，我的爱情，我的生命

永远地寻求，永远地发现

在每一颗粒子里看到世界

永远地加速，永远地运转

在每一次循环中看到永恒

我的信仰，我的力量，我的青春"

短短的六句六十六个字，就把高能加速器的作用集中地表达出来了，并借用高能加速器的科学内容，引出了人生应当具备的信仰、力量源泉、怎样使青春常在等深刻的哲理。

又如，在回答"雪呵，你跑到了哪里？"时，《雪的问答》这样作了巧妙的回答：

"泉水在回答：我在这里！

露珠在回答：我在这里！

我变成了天上的云朵，

我变成了晶亮的雨滴。"

这里没有抽象的关于水的循环的道理，却把雪的溶化、水分的渗漏、蒸腾和凝结成雨的道理说了个明明白白。

五

科学的内容，表面上往往十分枯燥、单调，如何才能变成丰富感人的画面，只有借助于想象。特别是有许多科学内容，是无法用直觉去体验的，如宇宙天体、原子国度、细菌家族、海底和蓝天、远古和将来，都有诗人无法直接体验的科学内容，只有凭借于想象。

想象，是从特定的科学内容出发，调动记忆中一切实际的生活感受，进行广泛的联想，这是创作的构思过程。诗人在构思过程中，可以完全不受时间和空间的限制，以丰富、新奇、瑰丽为先。

如，王一义在《白洞，宇宙的骄子》中这样写道：

"你慷慨地贡献众多的财富

宛若宇宙中的"喷泉"迸涌

光子、中微子、高能粒子

恰似喷射的水珠，扬扬纷纷

虽说比银河系小十分之一

辐射功率远远超过它一千多亿颗恒星

热切地追求宇宙大同世界的欢乐

毫不吝惜地释放自己的热能。"

据说，黑洞也只是刚拍到一张照片，谁能说白洞该是什么样子、具体在什么地方呢？王一义同志当然不可能去亲眼看一看之后才来写这首诗。同样，他也只能借助于想象。

科学诗的想象不是任意的胡思乱想，而必须有扎实的基础，那就是丰富的生活经历和渊博的科学知识。离开了这一点，科学诗的想象就会误入歧途。王一义同志是从科学文献中了解到白洞，必然是一种可能存在的天体，并且具有拒绝一切光线进入等性质。他对白洞世界的想象正是在这些科学知识的基础上进行的。所以，只有透彻地掌握与主题有关的全部题材，方可恰如其分地想象出典型环境中的典型事件或典型性格。

六

诗歌是用形象来说话的，也是用形象来思考和议论，科学诗当然也是如此，它是用形象来介绍科学知识、宣传科学所蕴涵的哲理。

为达到形象化的目的，常用的手法就是：比喻、夸张和拟人。

著名科普作家高士其的科学诗是最善比喻和拟人的，他把土壤称作"土壤妈妈"，是"地球工厂的女工"、"矿物商店的店员"、"地球的肺"、"地球的肝"等；抽象的时间，被他称为"时间伯伯"，比作"最勇敢的飞行员"、"最伟大的旅行家"。

比喻的关键要求贴切，夸张的关键在于要有现实基础。如"燕山雪花大如席"，这种比喻确是十分贴切而夸张的，但是燕山毕竟有雪，且下得很大。如果说"广州雪花大如席"则成笑料。如果说"燕山雪花大如牛"，则是比喻不当、不贴切了。

七

没有激情，就没有诗歌。科学诗也然。科学诗往往是借助于科学的内涵来抒发激越的感情。科学诗对科学本身并不作具体的、完整的合乎逻辑的论述、描绘，而是将科学内容转化成抒情的因素，集中地加以表现从而富有浓厚的感情色彩。如：艾奇的《气象气球》：

"人们说你一碰就破，
我却赞你一身是胆。
明知此去将是粉身碎骨，
你竟从容不迫地直冲云天……
……
你不要廉价的赞美，
也无须永久的纪念。
你只愿追求、探索，
那怕粉身在广宇之间。"

作者并没有对气球的原理和工作加以描述，而是抓住一点：为探索高空气象资料，由于空气稀薄，大气压力减小，气球内的气压高而导致爆炸这一科学事实，进行了极力的赞扬、歌颂，抒发了作者对那种勇于探索而又不顾个人安危的英雄们十分敬佩的强烈感情。

八

科学诗一般是自由体，不是格律诗。但是要大体整齐、押韵。

大体整齐说的是节奏，是指诗歌中音节停顿的长短和音调的轻重抑扬、高低起伏，构成鲜明的节奏感。

我国著名诗人郭沫若同志说过："节奏之于诗，是它的外形，也是它的生命。我们可以说没有诗是没有节奏的，没有节奏便没有诗。"

押韵之韵，又称韵脚。科学诗中，一般隔句押韵；每句都押韵的在歌谣体科学诗中常见。有的诗一韵到底。也有的诗在中途转韵的。如：

猛虎在山间独来独往，（wǎng）

鸷鹰在天际独自翱翔。（xiáng）
他们倚仗着钢牙铁，
给弱小者以严重杀伤。（shāng）
古猿没有搏斗的犄角蹄爪，（zhǎo）
只有靠集体才能自保。（bǎo）
群声如雷，果、石飞投，
凶猛的野兽吓得奔逃。（táo）

这是刘后一、刘诚的《从猿到人》中的两节。它是一、二、四句押韵。到第二节转韵了。

节奏和押韵只是表现形式上的问题，不必苛求。押韵的未必一定是好诗，排列整齐字数相等并不一定就是诗。为求节奏和押韵而生拉硬凑，伤害了科学内容，那无异舍本逐末。

以节奏和押韵而言，读者对于科学诗，似应宽容一些。

作为示例和献丑，这里附录本人的三首科学诗。

海芒果
你并不出生于遥远的海洋，
脚步踽踽来自热带山岗。
也许热力仍在你的体内澎湃，
谁吞噬你须把生命付偿。
你天生一副芒果模样，
把一生绝技在怀里深藏。
一旦为救治人类扶疴去疾，
你便驱赶毒瘤献出热肠！

（原载杨达寿等主编的《中国科学诗人作品选》，北京科学技术出版社，1988年6月第1版）

雨树
印度故土养育了你这林中巨子，
华荫浓盖足与连须的榕厦并奇。

明月之夜你绿叶合拢，
双手把露水之杯捧起；
朝霞之晨你两臂伸张，
聚集甘霖去挥洒大地。

（原载 1986 年 8 月 25 日《青年科技报》，又载杨达寿等主编的《中国科学诗人作品选》，北京科学技术出版社，1988 年 6 月第 1 版）

地球之音
亿万年来寂寞陷太空，
如今荡漾地球悦耳音。
英中法俄六十问候语，
古今中外四十谱心声。
"旅行者"号去当亲善使，
"外星人"处寻攀连理亲。
联合国代表频致敬辞，
魂兮灵兮何时汇太空……

（原载《中国科学诗集》）

序何松新科学诗集《聪明窗》

科学，严肃严谨严密艰涩深奥公式符号如天书。

诗歌，生动活泼飘逸抒情浪漫语句朗朗上口。

乍一想，这两者犹如隔墙之花，似乎格格不入。

再细想，这两者又似可攀亲结缘，相互交融。

"科学诗"，就是科学与诗联姻的产儿。

我敢说：科学中有诗。科学创造中的美学原则，科学探索中的灵感顿悟，科学图景中的诗情画意，例子不胜枚举。

我敢说：诗中有科学。我国科学家竺可桢为了论述梅雨规律，在无法找到古代有关科学专著的情况下，就曾到古诗词中寻找论据。请看其论述："柳宗元诗：'梅熟迎时雨，苍茫值小春'。柳州梅雨在小春，即农历三月。杜甫《梅雨》诗：'南京犀浦道，四月熟黄梅'。即成都（唐时曾作为'南京'）梅雨是在农历四月。苏轼《舶棹风》诗：'三时已断黄梅雨，万里初来舶棹风'。苏轼作此诗时在浙江湖州一带，三时是夏至节后的十五天，即浙江一带的雨是农历五月……"竺可桢据此推断：我国梅雨在春夏之交从南方渐次地推进到长江流域。这一科学论断的作出，古诗词帮了大忙。

既然如此，为什么不能有科学诗？

人微言轻，还是援引高士其老前辈的两段话吧：

"科学诗是科学与诗的结晶。它有声音之美，有艺术的魅力，有形象的语言，有鲜艳的色彩，有哲理，有生活。在科普百花园里，它是无比芬芳的鲜花。"

"科学注入诗歌，使诗具有更加强大的生命力，诗中具有科学，也使科学的普及具有更多的途径和形式。同时，科学与诗的结合，使得科学诗具有多方面的力量。它既能给人以美的享受，陶冶人们性情，鼓舞人们奋发向上，又能赋予人们以知识的滋养，提高人民的科学文化水平，这恰恰是时代和人民所需要的文艺形式。因为，人民已经不仅仅需要一般的文化的提高和普及，而是需要整个科学文化的提高和普及……"

中国曾有个全国发行的《科学诗刊》，主编是湖南的孟天雄，不知是否还在惨淡经营。中国有个"中国科学诗人协会"，据说是，"（诗）人还在，（诗）心不死"。这些年，我陆续收到各地友人寄赠的科学诗作样书。先是沈阳的王守勋兄的《大自然之恋》、《大自然之歌》、《大自然的回声》，好家伙，一口气出版了三部，煞是壮观。后有杭州的杨达寿等人编的《中国科学诗人作品选》。还有林抒的《海洋之歌》等。眼下，我面前又摆着由贺敬之题写书名，即将付梓的科学诗集书稿《聪明窗》，作者为广东作家、科学诗人何松新。

说起来，与何松新兄相识，还是科学诗牵的线。九年前的仲夏，首届全国科学诗会在吉林市召开，对科学诗一窍不通的我，稀里糊涂地被拉去凑热闹。开会了才知道，广东还来了个何松新。会后，我在报纸上发表了一篇短文，其中有几句话提及何君，自此相交。

在广东，何松新兄可说是最早涉足科学诗创作的极少人之一，至今不改初衷仍在这片园地里苦心耕耘且时有新作问世者，除了何松新，我想不起还有谁。

身处物欲横流的滚滚红尘，仍能一往情深地侍弄时下很不走俏的科学诗，这本身就够难能可贵的了。更何况，何松新兄还是个不大不小的官儿，剪彩、题词、讲话、公差，文山会海，日理万机呢！

我只知道有科学诗，也爱读科学诗，但不会写科学诗，更无资格评论科学诗。关于何松新兄的这部科学诗集，说长道短评头品足的权利还是留给广大读者吧。他们才是最权威的书评家——因为哲人早有高论："任何一本书都只是写了一半，另一半在读者心中"。

(原载《逗号集》，大公报出版有限公司，2000年3月版)